75 Jahre Universität des Saarlandes

Themen, Akteure, Orte ihrer Geschichte

75 Jahre
Universität des Saarlandes

Themen, Akteure, Orte ihrer Geschichte

Herausgegeben im Auftrag des Universitätspräsidenten von

Thilo Offergeld

unter Mitarbeit von

Thomas Kees, Wolfgang Müller, Ute E. Flieger und Junes R. Arib

Geistkirch Verlag

Inhaltsverzeichnis

Das Inhaltsverzeichnis führt die einzelnen Beiträge nicht der Reihe nach auf, sondern gruppiert sie des besseren Überblicks wegen nach den verschiedenen Textkategorien. Im Buch selbst sind die Textarten dagegen in wechselnder Folge zusammengestellt, um Vielfältigkeit im Lesefluss zu bieten.

Grußwort des Universitätspräsidenten

Die Gründung der Universität des Saarlandes vor 75 Jahren war ein Hoffnungszeichen in schwieriger Zeit. Denn die Jahre 1947/1948 waren gekennzeichnet von Kriegszerstörung, vom Mangel an Nahrung, Wohnung und Versorgung und nicht zuletzt von der moralischen Diskreditierung durch das eben erst untergegangene Schreckensregime des Nationalsozialismus. Dass unter solchen Umständen das Projekt der Neugründung einer Universität überhaupt Chancen hatte, wirkt aus heutiger Sicht zunächst kaum nachvollziehbar. Aber sowohl auf Seiten der Siegermacht Frankreich als auch im Saarland selbst sahen viele den Aufbau der Universität als eine Chance – zur Bekämpfung der unmittelbaren materiellen Not, etwa im Hinblick auf die Ausbildung von Ärzten und Fachkräften, und darüber hinaus auch als Beitrag zu einer umfassenden geistigen und gesellschaftlichen Erneuerung.

Was die Gründerpersönlichkeiten auf französischer wie auf saarländischer Seite maßgeblich motivierte, war ihre feste Überzeugung, dass Bildung und Wissenschaft eine positive, gestaltende Kraft entfalten könnten bei der Schaffung einer neuen staatlichen Ordnung, der Heranbildung einer demokratischen Gesellschaft und vor allem bei der Verständigung zwischen den Völkern als Fundament eines dauerhaften Friedens. „Europa“ war deshalb die Devise, die die französischen Gründungsrektoren ausgaben, das Schlüsselwort, in dem gleichermaßen Hoffnungen und Bestrebungen zusammengefasst waren.

Aus den mit großen Ambitionen, aber bescheidenster Ausstattung erfolgten Anfängen in den Homburger Klinikgebäuden und der Saarbrücker Kaserne hat sich die Universität des Saarlandes über die Jahrzehnte zu einem leistungsfähigen und modernen Zentrum der Wissenschaften entwickelt. Als sich im November 1948 gut sechshundert Studentinnen und Studenten in Saarbrücken und Homburg einschrieben, hätte niemand geglaubt, dass diese Zahl einmal auf fünfzehn- oder zwanzigtausend ansteigen würde. Die Grundlage für die erfolgreiche Entwicklung der jungen Hochschule war das beharrliche finanzielle Engagement des Bundeslandes, dem die Universität bei seiner Gründung gewissermaßen mit in die Wiege gelegt worden war und das sich trotz großer wirtschaftlicher Herausforderungen immer wieder dazu entschieden hat, die Universität nicht primär als Kostenfaktor, sondern als tragende Säule des Landes und der Region zu begreifen. Vor allem aber wurden Wachstum und Entfaltung der Universität möglich gemacht durch ihre Mitglieder, durch die zahllosen Studierenden, Wissenschaftlerinnen und Wissenschaftler und Verwaltungs-Beschäftigten, die ihre Arbeitskraft, ihre Begabung und ihre Einsatzbereitschaft dem Aufbau dieser Hochschule gewidmet haben. Denn eine Universität ist seit jeher in ihrem Kern definiert als Vereinigung von Menschen, die sich dem Dienst an der Wissenschaft verschrieben haben – auf diese Menschen kam und kommt es immer und in erster Linie an.

Der Gang durch die 75 Jahre ihrer Geschichte, zu dem das vorliegende Werk einlädt, lässt gerade im historischen Überblick einige charakteristische Merkmale der Universität des Saarlandes erkennbar werden, die ihre Identität bis heute ausmachen:

- ihre ausgeprägte internationale Orientierung auf Basis der besonderen Verbundenheit mit Frankreich und eines entschlossenen Bekenntnisses zur europäischen Idee

- ihre besondere gesellschaftliche Verantwortung als einzige Universität des Bundeslandes und die daraus resultierende Rolle bei der Bewältigung des tiefgreifenden wirtschaftlichen Strukturwandels

- ihre unverwechselbare räumliche Situation als Campus-Universität mit zwei Standorten, die nicht am Reißbrett entstanden, sondern historisch gewachsen sind und die durch kurze Wege Vernetzung und Zusammengehörigkeit befördern

- die bemerkenswert erfolgreiche Entwicklung ihres inhaltlichen Profils, die es ihr trotz vergleichsweise geringer Größe und trotz ständiger Bedrohung durch finanzielle Engpässe erlaubt hat, prägnante wissenschaftliche Schwerpunkte zu bilden und aktuell sogar mit Hoffnung auf Erfolg im bundesweiten Exzellenzwettbewerb der Universitäten an den Start zu gehen.

Dieser Jubiläumsband erzählt erstmals die Geschichte unserer Universität von ihren Anfängen bis zur Gegenwart. Von Historikern und Historikerinnen fachgerecht erarbeitet, will er jedoch nicht in erster Linie methodenstrenge Wissenschaft bieten, sondern auf anschauliche, verständliche und kurzweilige Weise den Leserinnen und Lesern die historische Entwicklung der saarländischen Universität nahebringen. Ich begrüße diese Herangehensweise sehr und sehe darin auch ein Zeugnis für die gesellschaftliche Offenheit unserer Universität, für ihre Verbundenheit mit dem Land, mit den Städten Saarbrücken und Homburg und mit der ganzen Region.

Mein herzlicher Dank gilt dem Herausgeberteam, den Autorinnen und Autoren, Fotografinnen und Fotografen und allen, die mitgeholfen haben, das Erscheinen des Buchs zum 75-jährigen Universitätsjubiläum zu ermöglichen. Es ist mir auch eine persönliche Freude, dass der Band zu diesem besonderen Anlass Gelegenheit gibt, sich jenseits tagesaktueller Probleme und Diskussionen näher mit unserer Universität zu beschäftigen. Ich selbst empfinde es als großes Privileg und als Geschenk, diese wunderbare Universität als amtierender Universitätspräsident ein Stück weit begleiten und damit auch ihre Entwicklung mitgestalten zu dürfen.

Die Universität des Saarlandes blickt in einer Situation auf ihre Geschichte, in der die Erfahrung einer nie dagewesenen Pandemie und eines nie für möglich gehaltenen Krieges in Europa unsere Zukunftsperspektiven eingetrübt, in gewissem Sinne aber auch das Bewusstsein für die Wirkmächtigkeit historischer Prozesse geschärft hat. Der epochalen Überwindung einer generationenlangen Feindschaft durch den Friedensprozess nach dem Zweiten Weltkrieg verdankt diese Universität ihre Entstehung. Wenn man es nicht für vermessen hält, ihr eine historische Bestimmung zuzuschreiben, so wäre es: ihr Einsatz für den fortdauernden Prozess der Einigung Europas in Frieden und Freiheit, geleistet durch Beiträge auf dem Gebiet von Bildung und Wissenschaft.

Ich wünsche Ihnen eine erhellende und entdeckungsreiche Lese-Reise durch Vergangenheit und Gegenwart der Universität des Saarlandes!

Manfred Schmitt
Präsident der Universität des Saarlandes

Vorwort der Herausgeber

Jubiläen gelten seit jeher als Marksteine für die Entwicklung einer Institution. Sie bieten Gelegenheit zur Rückschau auf das Geschehene und zum Ausblick auf Erwartetes und Erhofftes. Nicht zuletzt zeigen sie aber auch die besondere Bedeutung von Erinnerung für die kollektive Identität einer Organisation auf: Wer zurückblickt, der kann die Umstände der eigenen Entstehung und Entwicklung erkennen und dadurch die Bedingungen und Möglichkeiten seiner Existenz besser einschätzen. In diesem Sinne macht sich die Universität des Saarlandes den guten Brauch vieler Hochschulen zu eigen und richtet anlässlich ihres 75-jährigen Bestehens den Blick auf ihre Geschichte – nicht um nostalgische Gefühle zu wecken, sondern weil sie die Kenntnis der Vergangenheit als relevant ansieht für die Orientierung in der Gegenwart.

Dabei ist es der Ehrgeiz des vorliegenden Bandes, sich nicht nur an ohnehin Geschichtsinteressierte zu wenden. Er möchte vielmehr alle diejenigen ansprechen, die – als Universitätsangehörige, als „Ehemalige", als Saarländerinnen und Saarländer oder aus welchen Gründen auch immer – etwas über den Werdegang dieser bemerkenswerten Universität erfahren wollen. Aus dieser Absicht heraus haben sich die Herausgeber für eine besondere Darstellungsform entschieden, in der verschiedene Textarten, ganz unterschiedlich in Länge und inhaltlicher Ausrichtung, zum Blättern einladen: Von Überblicksessays, die das historische Geschehen eines Zeitabschnitts zusammenfassen, reicht der Bogen über Fokus-Kapitel zu ausgewählten Einzelthemen bis zur Schilderung historisch bedeutsamer Gegenstände und zu persönlichen Erinnerungen von Zeitzeuginnen und Zeitzeugen. Querverweise unterstützen das Verfolgen individueller Leseinteressen quer durch die Kapitelstruktur. Spezielle Aufmerksamkeit gilt in den Texten zum einen den *Menschen*, die zur Geschichte dieser Universität gehören – eine Auswahl beachtenswerter Persönlichkeiten wird in kurzen „Biogrammen" vorgestellt –, und zum anderen den *Orten* und *Kunstwerken*, die der Universität ihre sichtbare Gestalt geben; hier skizzieren kleine Porträt-Texte eine Reihe prominenter, aber auch einige weniger bekannte Beispiele.

Das Buch gliedert sich in acht chronologisch aufeinanderfolgende Epochenabschnitte, innerhalb derer jeweils ein historischer Überblick sowie eine Anzahl unterschiedlicher thematischer Beiträge die Aspekte der betreffenden Zeitspanne beleuchten. Durch diese Struktur sollen freie Lese-Streifzüge ebenso ermöglicht werden wie eine zusammenhängende Lektüre. Auf die Epochenkapitel folgt mit „Spektrum 75" eine breitere Sammlung von besonders relevanten Einzelthemen, denen quer durch die Jahrzehnte nachgegangen wird. Den Schluss bilden kurze „Ausblicke", in denen verschiedene für die Saar-Uni engagierte Akteure ihre Erwartungen für die Zukunft der Universität formulieren.

In Aufbau und Konzeption hat der Band wertvolle Anregungen und Bestätigungen durch das Werk zum 100-jährigen Bestehen der Neuen Universität zu Köln erhalten, das eine ähnliche Zielrichtung verfolgt und deren Verantwortlichen für die empfangenen Impulse ausdrücklich gedankt sei. In methodischer Hinsicht sieht unser Ansatz sich den Leitgedanken der aktuellen, institutions- und kulturhistorisch orientierten Universitätsgeschichtsschreibung verpflichtet, ohne diese Ansprüche freilich vollständig einlösen zu können.[1]

Das Jubiläumsbuch versucht, viele interessante Aspekte aufzuzeigen, doch es kann selbstverständlich nicht alles bieten. So kann es keine Geschichte der Fächer, Fakultäten oder Einrichtungen der Universität sein, und es muss aus naheliegenden Gründen weitgehend auf die Darstellung der wissenschaftlichen Entwicklungen in den einzelnen Disziplinen verzichten. Es konzentriert sich ausdrücklich auf die Geschichte der Gesamt-Universität und stellt daher vor allem ihren institutionellen Werdegang dar. Eine Einbettung in den weiteren Rahmen der Universitäts- oder Allgemeingeschichte kann nur in wenigen Ansätzen erfolgen, wenn deren Gang sich auf die Verhältnisse an der

Saar-Universität besonders ausgewirkt hat. Und schließlich ist das Buch auch nicht als Summe der zahlreichen Einzelforschungen zur Geschichte der Universität des Saarlandes zu verstehen. Diese bildeten eine wesentliche Grundlage für unsere Darstellung, die nur gelegentlich den Anspruch eigenständiger Forschungsleistung erhebt, reichen aber in ihrer Fülle und inhaltlichen Tiefe natürlich weit über das hier in kompakter Form Dargebotene hinaus; das Literaturverzeichnis gibt davon einen Eindruck.

Die Universität des Saarlandes mag für Außenstehende nur eine mittelgroße Universität am südwestlichen Rand der Bundesrepublik sein, doch wer näher auf ihre Entwicklung blickt, erkennt eine Reihe bemerkenswerter Besonderheiten. So ist die Saar-Uni (vom Sonderfall West-Berlins abgesehen) die erste nach dem Zweiten Weltkrieg neu, das heißt ohne Vorgänger-Einrichtung gegründete Universität nicht nur Deutschlands, sondern sogar Westeuropas. Ihr singulärer Name zeigt die Einzigartigkeit ihrer Stellung als Landesuniversität im engeren Sinn des Worts, gleichzeitig ist eine Beschränkung ihrer Interessen auf den regionalen Bereich für sie niemals in Betracht gekommen. Sie kann als erste städtebaulich gestaltete Campus-Universität in Deutschland gelten, und sie ist, durch ihren Nachbar Frankreich geprägt wie kaum eine andere Hochschule, sicherlich die „französischste" der deutschen Universitäten. Ihre binationale Gründungsgeschichte hat sie zu einem Pionier der grenzüberschreitenden Hochschulkooperation prädestiniert und sie in die Lage versetzt, Maßstäbe setzende Modelle internationaler Zusammenarbeit zu entwickeln.[2]

So ist zweifellos vieles Wissenswerte über die Universität des Saarlandes zu berichten – und noch zukünftig in Erfahrung zu bringen, weit über die Grenzen dieses Jubiläumsbandes hinaus. Die Erforschung der Universitätsgeschichte, ebenso wie die fortdauernde Sicherung ihrer archivalischen Überlieferung, ist mit den Feierlichkeiten zum 75-jährigen Bestehen nicht abgeschlossen, sondern wird durch sie einen neuen Schub erfahren. Als institutionelles Rückgrat für die historischen Forschungen zur Saar-Universität hat das Universitätspräsidium eigens die Arbeitsstelle Universitätsgeschichte eingerichtet, die ihre Aufgabe auch darin sieht, Universitätsmitgliedern und Interessierten unabhängig von Jubiläumsdaten zeitgemäße Zugänge zur Geschichte der Universität des Saarlandes zu ermöglichen. Die weitere Entwicklung dieser Universität, als einer Gemeinschaft von Lehrenden und Lernenden, wird von einer aufmerksamen Beschäftigung mit ihrer eigenen Vergangenheit ohne Zweifel profitieren.

Thilo Offergeld
Leiter der Arbeitsstelle Universitätsgeschichte

Kapitel 1

Vorgeschichte und Gründung:

1945–1948

HOMBURG

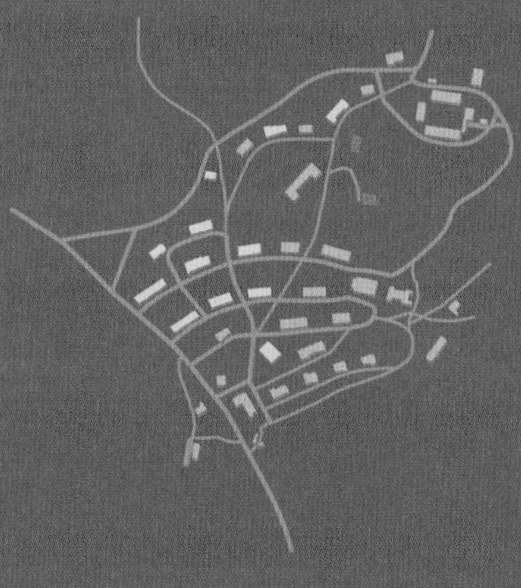

SAARBRÜCKEN

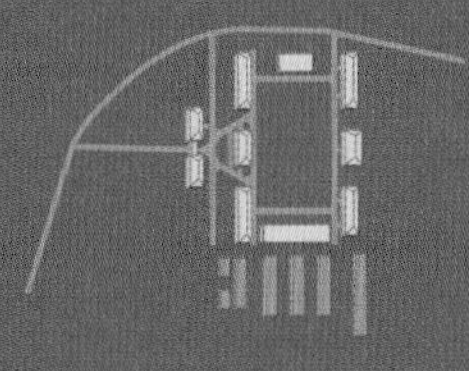

Ausnahmesituation und neue Vorzeichen

Vorgeschichte und Gründung der Universität des Saarlandes sind nicht denkbar ohne die spezielle Situation des französisch-deutschen Spannungsfelds an der Saar in der Zeit nach dem Zweiten Weltkrieg. In vorangegangenen Zeiten, im Kaiserreich etwa oder in der Weimarer Republik, war es niemandem ernsthaft in den Sinn gekommen, in Saarbrücken oder der Saar-Region eine wissenschaftliche Hochschule einzurichten. Eine Ausnahme stellen lediglich französische Entwürfe aus der Besatzungszeit nach dem Ersten Weltkrieg dar, die aber schon im Ansatz steckengeblieben waren. Studienwillige aus dem Saargebiet gingen stattdessen üblicherweise an die moderne preußische Universität in Bonn oder an die traditionsreichen Universitäten in Heidelberg und Freiburg, für den Bergbaubereich an die Technischen Hochschulen in Aachen oder Karlsruhe. Besonders groß war die Gruppe der Studieninteressierten ohnehin nicht, da das Bildungsbürgertum in der zum einen montan-industriell, zum anderen agrarisch geprägten Saar-Region weiterhin unterrepräsentiert war.[1]

Landeskrankenhaus S. 24

Nach 1945 stand die Situation jedoch unter ganz neuen Vorzeichen, denn Frankreich verfolgte als Siegermacht mit der erneuten Übernahme der Kontrolle über das Saarland den Versuch, die Region längerfristig im eigenen Sinne zu prägen und an sich zu binden. Dabei war die konkrete Umsetzung zunächst noch nicht festgelegt; während einige Politiker darauf abzielten, das Saarland zu annektieren und zu einem Teil des französischen Staatsgebiets zu machen, plädierten andere für die Beschränkung auf rein wirtschaftliche Angliederung und politische Kontrolle eines ansonsten weitgehend autonomen Saarstaates. Bemerkenswerterweise spielte die Kulturpolitik in diesen Überlegungen fast durchweg eine zentrale Rolle, ging es doch Frankreich darum, anders als nach dem Ersten Weltkrieg die Saarländerinnen und Saarländer diesmal inhaltlich zu überzeugen und für westlich-französisch geprägte, demokratische Wertvorstellungen zu gewinnen. ◂◂ Im Fall der ersten Option, einer Eingliederung des Saarlands in den französischen Staatsverband, hätte die Gründung einer eigenen Universität an der Saar kaum Sinn ergeben, weshalb auch Gilbert Grandval, der französische Militärgouverneur im Saargebiet und damit maßgebliche Verantwortungsträger, den vom Saarbrücker Regierungspräsidium vorgebrachten Vorschlag zur Errichtung einer Universität an der Saar im Herbst 1945 noch nachdrücklich ablehnte.[2]

Frankreich an der Saar S. 40

Erst im folgenden Jahr, als sich die Annexions-Alternative weitgehend erledigt hatte, traten die französischen Verantwortlichen dem Plan einer Universitätsgründung näher. Den Anstoß hierfür gaben nicht zuletzt praktische Erfordernisse und Bedürfnisse. Denn da Deutschland in weitgehend voneinander abgeschottete Besatzungszonen aufgeteilt war, die sich auf die Versorgung der jeweils eigenen Bevölkerung mit den knappen Ressourcen und Dienstleistungen konzentrieren mussten, war den saarländischen Studierenden, die ihr Studium an einer der deutschen Hochschulen begonnen hatten, der Weg zurück zur Fortsetzung ihres Studiums versperrt.

Die Keimzelle: Medizinische Fortbildung

Besonders dringlich erschien das Problem in der Medizin, da die Ausbildung von Ärztinnen und Ärzten nottat und durch die Kriegszerstörungen auch Klinikplätze zur Mangelware geworden waren. In dieser Situation hatte der Gesundheits-Verantwortliche der französischen Militärregierung, René Springer, bereits im Januar 1946 für einen Notbehelf gesorgt und veranlasst, dass in dem während des Krieges weitgehend unversehrt gebliebenen Landeskrankenhaus Homburg ◂◂ medizinisch-klinische Kurse für fortgeschrittene Studierende angeboten wurden. Diese Kurse konnten an die Tradition der schon seit den späten 1920er Jahren durchgeführten Homburger Ärzteabende und der zahlreichen ambitionierten Fortbildungsprogramme des Landeskrankenhauses anknüpfen. Sie boten Medizinstudierenden die Perspektive auf eine Fortsetzung ihres Studiums, allerdings nur dann, wenn sie von deutschen Hochschulen anerkannt wurden – hierfür versprach Militärgouverneur Grandval sich persönlich einzusetzen.

Am ersten Kurs nahmen 35 Studentinnen und 26 Studenten teil, der zweite Kurs startete im Mai bereits mit 120 Teilnehmern. Die Kurse wurden von den Studierenden wegen des guten fachlichen Niveaus und der familiären Atmosphäre sehr geschätzt, litten jedoch unter dem ungelösten Problem der fehlenden akademischen Anerkennung. Diese hatte man sich vor allem von den anderen deutschen Universitäten in der französischen Zone erhofft, allerdings stießen entsprechende Anfragen sowohl in Tübingen und Freiburg wie auch in der gerade gleichzeitig, im Mai 1946, auf französische Initiative wiedereröffneten Universität Mainz auf Ablehnung. Die Gründe dafür lagen offenbar in Bedenken hinsichtlich des wissenschaftlichen Anspruchs der Homburger Notlösung, vor allem aber in Rivalitäten und Meinungsverschiedenheiten unter den französischen Verantwortungsträgern. Insbesondere der Verwaltungschef der französischen Militärregierung in Deutschland, Generaladministrator Emile Laffon, verfolg-

Der erste Leiter des Hochschulinstituts, Dekan Louis Merklen (Nancy), trat wegen der vielfältigen Probleme schon nach zwei Monaten zurück. Hier mit dem späteren Prorektor Carl Erich Alken (rechts) und dem Krankenhaus-Leiter Rudolf Wilhelm (links).

te insgesamt einen zurückhaltenderen Kurs als Grandval, störte sich an dessen eigenmächtigem Vorgehen im Saarland und hatte deshalb wenig Grund, seine Aktivitäten zu unterstützen.

Grandval sah sich durch die unerwarteten Ablehnungen brüskiert, war freilich nicht der Mann, in einer solchen Situation zurückzustecken; zu wichtig war ihm offenbar das Homburger Projekt für die Erreichung seiner Ziele im Saarland. ▸▸ Er aktivierte seine Kontakte zur Universität Nancy, deren Rektor, Pierre Donzelot, ihm aus dem gemeinsamen Widerstandskampf in der Résistance bekannt war. Und der Schachzug erwies sich als erfolgreich: Binnen kurzer Zeit erklärten sich Rektor Donzelot und die Medizinische Fakultät in Nancy bereit, die Homburger Kurse unter ihre Fittiche zu nehmen und sie als zweijährige medizinpropädeutische Studien in Physik, Chemie und Biologie nach französischem Vorbild und in Zusammenarbeit mit den Medizinern der Homburger Kliniken fortzusetzen. Vermutlich war damit die Hoffnung verbunden, wenigstens auf mittlere Sicht auch die Anerkennung der deutschen Universitäten zu erlangen. Möglicherweise zielte Grandval aber auch schon auf die eigenständige Weiterentwicklung der Homburger Notlösung.

Denn sehr bald zeichnete sich ab, dass die Verbindung nach Nancy für das Saarland auch über die Medizin hinaus fruchtbar zu machen war. Der Bedarf war auch in anderen Fächern offenkundig, zumal die französischen Behörden ernsthaft bestrebt waren, die Saarländerinnen und Saarländer an der Verwaltung des neu zu gestaltenden Landes stärker zu beteiligen. Hierfür fehlte es bislang aber an qualifiziertem Personal und an entsprechenden Ausbildungsmöglichkeiten. Es war daher folgerichtig, dass die neue Institution, das im Januar 1947 beschlossene „Institut d'Etudes Supérieures de l'Université de Nancy", nicht nur für die Medizin, sondern perspektivisch auch für alle anderen Disziplinen ein zweijähriges Anfangsstudium in Homburg vorsah, nach dessen Abschluss das Studium (vorerst: nur) an französischen Hochschulen fortgesetzt werden konnte.

▸ *Biogramm* S. 34

Panzerspalier und Feuerwerk

Am 8. März 1947 wurde das neue Institut eröffnet, und zwar mit bemerkenswertem zeremoniellen Aufwand; dieser setzte die Bedeutung, die dem Homburger Projekt aus Sicht der französischen Verantwortlichen zukam, eindrucksvoll in Szene. Die hochrangigen Festgäste wurden bereits am Bahnhof mit militärischer Ehrenformation und Panzerspalier in Empfang genommen. Aus Paris war Bildungsminister Naegelen erschienen, aus der französischen Grenzregion sämtliche Präfekten der Départements, aus Baden-Baden Generaladministrator Laffon. Selbstverständlich waren mit Militärgouverneur Grandval und Erwin Müller, dem Chef der Verwaltungskommission, die höchsten Würdenträger des Saarlandes anwesend, außerdem professorale Delegationen der Universitäten Nancy, Paris, Straßburg und Poitiers in farbenprächtigen Talaren. Unter dem Applaus zahlreicher Zuschauer zog die Gesellschaft in das Festgebäude des Landeskrankenhauses ein, das eigens zur Institutsaula umgebaut worden war (das heutige Gebäude 34). Zum Auftakt des Festakts erklang die französische Nationalhymne, und in klassisch-humanistischer Manier wurde feierlich eine lateinische Gründungsinschrift in Mosaikform enthüllt, um als eine Art Grundstein des neu gegründeten Instituts den Tag der Eröffnung für alle Zeiten festzuhalten.[3]

Festsaalgebäude S. 42

Inschrift S. 30

> *„Die Besatzungsmacht trat zwar als Gouvernement militaire auf, aber jetzt betont in der Rolle des Maecens, der am Helm noch den Lorbeer des Sieges trug, jedoch in den Händen die Palmes académiques… Das Protektorat demonstriert die Idee und den Willen, hier etwas Geistiges zu schaffen, das vielleicht noch besteht, wenn die Panzer längst verschrottet und die Lorbeeren am Helm verwelkt sind."[4]*
>
> *Prorektor Carl Erich Alken*

Braune Flecken S. 78

In den zahlreichen Festansprachen wurde emphatisch das Ziel eines geistigen Neuanfangs in demokratischem Geiste für das nach Krieg und nationalsozialistischer Barbarei moralisch verwüstete Saarland beschworen, für den die Gründung des Hochschulinstituts einen wichtigen Etappenschritt darstellen sollte. Wenn die französischen Würdenträger in diesen Ansprachen als ausgesprochen selbstbewusste Botschafter freiheitlich-westlicher Kultur und Bildung auftraten, so dürfte dies für die meisten der saarländischen Zuhörer kaum anstößig gewesen sein, bildeten doch die Verheerungen der nationalsozialistischen Unrechtsherrschaft den Hintergrund, der den Beteiligten nur allzu bewusst war. Dennoch rief der teilweise missionarisch anmutende Ton, in dem beispielsweise eine vermeintliche „Wiedervereinigung" zwischen saarländischer und französischer Kultur begrüßt wurde und in dem die Studierenden „als erste Saarländer zu den Quellen des französischen Geistes zugelassen" wurden, bei manchen Zeitgenossen Stirnrunzeln hervor – und wurde später, zumal im Kontext der Saar-Abstimmung, immer wieder als Beleg für einen an der Saar herrschenden französischen „Kulturimperialismus" zitiert.[5]

Militärgouverneur Grandval, der Hauptinitiator der Homburger Gründung, hat solche Kritik stets nachdrücklich zurückgewiesen. Für ihn war mit der Errichtung des Instituts, das manche schon als „Universität" ansahen und auch so bezeichneten, zweifellos aus ehrlicher Überzeugung ein wichtiger Schritt in einer historischen Mission getan. Er handelte als Vertreter der französischen Siegermacht, die, so seine Worte an die Studierenden, „diesen Preußen und diesen Nazis diese Schlüsselstellungen des saarländischen Lebens entrissen haben, um sie euch zu übergeben." Frankreich hege, so Grandval, keine kolonisatorischen Absichten, sondern wolle lediglich beistehen, „euch endgültig von dem preußischen Geiste zu befreien, euch zu helfen, auf allen Gebieten die Meister eures eigenen Geschicks zu werden". Dass die meisten der an der Gründung des Instituts beteiligten Homburger Mediziner sich während des NS-Regimes willig der nationalsozialistischen Gesundheitspolitik mit Zwangssterilisierungen und Euthanasieaktionen verschrieben hatten, erwähnte 1947, und auch noch lange danach, niemand.[6]

Ein prachtvolles Feuerwerk beschloss am Abend die ausgedehnte Festveranstaltung, die große Beachtung im Saarland und weit darüber hinaus fand. So sprach die „Neue Saar" von einem „Meilenstein auf dem Wege der franko-saarländischen Zusammenarbeit", und selbst der „Spiegel" berichtete ausführlich unter der – bezeichnenderweise ambivalent gehaltenen – Überschrift „Medizinische Annäherung – Voran die Marseillaise".[8]

Auf dem Weg zur Universität

Der Vorstoß Grandvals zur Homburger Institutsgründung hatte perspektivisch bereits die Errichtung einer eigenständigen, französisch kontrollierten Universität für das Saarland zum Ziel. Allerdings stieß diese Absicht durchaus nicht nur auf Zustimmung. In der saarländischen Politik befürchtete man eine Überlastung durch hohe Kosten ebenso wie eine Instrumentalisierung des Hochschulprojekts für Pariser Interessen. Aber auch französischerseits wurde kritisiert, dass Grandval mit seiner Bildungspolitik eine vollständige kulturelle Abtrennung der Saar von Deutschland anstrebe, was letztlich der deutschen Opposition gegen Frankreich Auftrieb geben werde.

Doch Grandval gelang es, diese Bedenken zu zerstreuen, indem er auf die Vorteile hinwies, die eine akademische Bildungsstätte für die wirtschaftlichen und sozialen Aufstiegschancen der Saarländerinnen und Saarländer und für die Stärkung ihrer Selbstbestimmungsmöglichkeiten im neu aufzubauenden Saarstaat bringen würde. Vor allem aber passten Grandvals Pläne zu der sich im Laufe des Jahres 1947 verfestigenden Generallinie der Pariser Saarpolitik, die nunmehr einen politisch und kulturell möglichst eigenständigen Saarstaat als eine Art Brücke zwischen Frankreich und Deutschland anstrebte. So beeilte sich schließlich die Militärregierung, noch vor der offiziellen Gründung des Saarstaats Fakten zu schaffen, und verabschiedete im November 1947 ein Statut zur Gründung eines eigenständigen Hochschulinstituts, das rechtlich nunmehr unabhängig von der Universität Nancy bestand und dessen Standort zukünftig auch nicht notwendig mehr in Homburg gesehen wurde.

Für die Praxis des akademischen Unterrichts in Homburg änderte sich durch diesen Beschluss noch nicht viel, hier begannen im Februar 1948 wie geplant die Lehrveranstaltungen in den nichtmedizinischen Fächern: 83 Studierende nahmen ihr Studium im Bereich der Philosophischen Fakultät auf, 95 in naturwissenschaftlichen und 45 in juristischen Veranstaltungen; zusammen mit den Medizinerinnen und Medizinern ergab sich eine Zahl von knapp 400 Studierenden, zu deren Betreuung 22 französische und 12 saarländische Lehrkräfte bereitstanden.

> *„Der Mensch, der guten Willens ist, kann, wenn es nötig ist, einen guten Kampf kämpfen und ihn gewinnen. Nachdem er ihn aber gewonnen hat…, reicht er die Hand… demjenigen Unterlegenen, der die Lehre aus seiner Niederlage gezogen hat, und wünscht, am Wiederaufbau mitzuarbeiten. Man muss den Weg zu einer besseren Zeit wieder finden, zu dem Ideal der Unabhängigkeit, der Gerechtigkeit und der Freiheit. – Und deshalb, meine Herren, wird die Universität Homburg eröffnet.“[7]*
>
> *Pierre Donzelot, Rektor der Universität Nancy*

Zutrauen zum Gefährt: Die Professoren und Dozenten aus Nancy wurden mit dem Dienstwagen regelmäßig morgens nach Homburg und nachmittags wieder zurück transportiert.

Jeder Platz besetzt: Vorlesung im Fach „Physique médicale" bei Prof. Louis Gougerot (Nancy).

Die überlieferten Erinnerungsberichte der frühen Zeit vermitteln einen farbigen Eindruck von den naturgemäß arg improvisierten Verhältnissen, in denen die Lehrveranstaltungen stattfanden. Zwar waren beträchtliche Anstrengungen unternommen worden, um Homburger Klinikgebäude für akademische Zwecke umzubauen und den Studierenden Wohnraum zu bieten, doch blieben die Bedingungen insgesamt außerordentlich beengt und kärglich, besonders was die Ausstattung mit Geräten und mit Büchern anging – letztere fehlten in manchen Fächern völlig. Der permanente Pendelverkehr nach Nancy erwies sich als beschwerlich, der Lernalltag im sperrigen französischen Studiensystem und in der fremden französischen Wissenschaftssprache für die Studentinnen und Studenten als ungewohnt und mühsam. Vor allem aber war weiterhin unklar, ob die Homburger Prüfungen an anderen Hochschulen anerkannt werden würden, so dass sich etliche Studierende von dem jungen Institut bereits wieder abzuwenden begannen.[9]

Der Beschluss zur Gründung

Es war daher dringend erforderlich, klare Zukunftsperspektiven für das immer noch als Provisorium dahintreibende Universitätsprojekt aufzuzeigen. Am 9. April 1948 trat das Leitungsgremium des Hochschulinstituts, der sogenannte Verwaltungsrat, zu einer entscheidenden Sitzung zusammen, die nicht von ungefähr im Pariser Außenministerium stattfand und an der zusätzlich auch Militärgouverneur Grandval, der saarländische Ministerpräsident Johannes Hoffmann und hohe französische Ministerialbeamte teilnahmen. Diese Versammlung fasste nun offiziell den Beschluss zur Umwandlung des Homburger Instituts in eine saarländische Universität und legte wichtige Eckpunkte für deren Ausgestaltung fest.

Hierfür war es notwendig gewesen, eine Kompromisslinie zu finden, denn die Vorstellungen zum Profil der geplanten Hochschule gingen auseinander: Während Grandval sich die Universität als französisch-saarländische Kooperation dachte, die durch ihre fachliche Qualität und ihre zweisprachige Ausbildung eine internationale Ausstrahlung („un rayonnement international") erreichen solle, plädierte Hoffmann für eine strukturell europäische, das heißt über Frankreich und das Saarland hinaus von verschiedenen europäischen Ländern personell und finanziell getragene Universität („université de constitution européenne"). Im Ergebnis setzte Grandval sich durch, was freilich auch bedeutete, dass Frankreich wirtschaftlich und politisch für den Erfolg des ambitionierten Vorhabens einzustehen hatte.[10]

Die neue Universität folgte gemäß den Pariser Beschlüssen auch strukturell dem französischen Muster eines straffen Zentralismus; ihre Leitung lag in den Händen eines Verwaltungsrats und eines von der Regierung ernannten (also nicht aus der Universität gewählten) Rektors sowie Prorektors. Rektorat und Vorsitz des Verwaltungsrats sollten für die nächsten Jahre in französischer Nationalität besetzt sein, das Prorektorat im Ausgleich dagegen saarländisch. Gliedern sollte sich die Hochschule in die bisherigen vier Fakultäten; die Einrichtung einer Technischen und einer Theologischen Fakultät sowie die Angliederung einer Sporthochschule wurden zwar erwogen, aber bis auf weiteres zurückgestellt. Als Sitz der neuen Universität und Hauptstandort bestimmte man Saarbrücken, wo die ehemalige Below-Kaserne einigermaßen geeignete Unterbringungsmöglichkeiten bot. ▸▸ Dorthin sollten die geisteswissenschaftlichen Fächer noch im Herbst 1948 umziehen, die Naturwissenschaftliche Fakultät dagegen erst zwei Jahre später, nach Abschluss der erforderlichen Umbaumaßnahmen. Die Medizinische Fakultät wiederum sah man so lange weiter in Homburg, bis ein neues, entsprechend großes Krankenhaus in Saarbrücken verfügbar sein würde.

Mit diesen Grundsatzentscheidungen hatte sich der Verwaltungsrat auf essentielle Fragen der Struktur und Ausrichtung der neuen Universität konzentriert; die drängenden Probleme des Studienalltags in Homburg aber waren in den Hintergrund getreten. Als die Studierenden erfuhren, dass ihre dem Verwaltungsrat vorgelegte Beschwerdeliste im Wesentlichen unbearbeitet geblieben war, stattdessen die Studiengebühren sogar erhöht worden waren, hatte es ein Ende mit der bisherigen, auf Geduld und Genügsamkeit gegründeten Zurückhaltung: Am 14. Mai 1948 trat die Studierendenschaft geschlossen in den Streik, den berühmt-berüchtigten Homburger Studentenstreik.[11]

Streik als Geburtsstunde

Die Forderungen der Studierenden betrafen die zahlreichen ungelösten Probleme des Homburger Provisoriums; so waren zum Beispiel schon seit Februar aufgrund ausbleibender Finanzzuweisungen die Gehälter der Dozenten nicht gezahlt worden. Vor allem war den Streikenden an der „Errichtung einer Universität" gelegen, wie es in der Streik-Denkschrift hieß, also an einer tatsächlichen und spürbaren Beendigung des provisorischen Schwebezustands des Instituts und damit auch der Unsicherheit bezüglich der Geltung von Prüfungen und Abschlüssen. ▸▸ Zentral waren außerdem die Forderungen nach Senkung der Studiengebühren, nach Behebung der gravierenden Mängel in der Lehre durch Einrichtung von Lehrstühlen und Berufungen von Professoren sowie nach Mitbestimmung bei Studierende betreffenden Themen.[12]

▸ *Bauliches Erbe II* S. 36

▸ *Zeitzeugnis Limburg* S. 49

„Homburger Studentenstreik": Mit ihrem Ausstand setzten die Studierenden das entscheidende Zeichen zur Beendigung des Instituts-Provisoriums. Das Bild zeigt den Protestzug zur Übergabe der Streikresolution.

„Wir streiken zum ersten Mal, wir saarländischen Studenten … Wir streiken nicht nur für uns, sondern auch für alle, die nach uns in späteren Jahren den Namen „saarländische Studenten" tragen werden, und vor denen wollen wir uns nicht zu schämen haben."[13]

Streik-Flugblatt Mai 1948

Schreibmaschine S. 31

Der Streik bedeutete einen politischen Eklat, zum einen weil man in der Regierung bislang gewohnt war, die Homburger Studierenden als dankbare Empfängerinnen und Empfänger sozialer Wohltaten zu sehen, zum anderen aber, weil den Streikenden in der angespannten politischen Atmosphäre des Nachkriegssaarlands sofort nationale oder antifranzösische Motive unterstellt wurden. Selbst Verdächtigungen kommunistischer Umtriebe waren schnell bei der Hand, und die französische Sicherheitspolizei, die berüchtigte Sûreté, wurde eilends auf den Homburger Campus entsandt, um die Rädelsführer zu ermitteln und ihrer habhaft zu werden. Grandval zog die Streikfrage als Chefsache an sich und signalisierte entschlossenes Durchgreifen. Dabei verband er kompromisslose Härte einerseits – wenn der Streik nicht unverzüglich beendet werde, lasse er das Homburger Institut auf der Stelle schließen – mit Gesprächsbereitschaft und ehrlicher Prüfung der studentischen Beschwerden andererseits. So gelang es, nach einigen dramatischen Tagen, in denen auch die Vertreter der Studierenden und die Aktivisten der sogenannten Flugblattgruppe ◂◂ bemerkenswertes Stehvermögen bewiesen, den Konflikt beizulegen und die von den Studierenden monierten Missstände mit großer Ernsthaftigkeit in den Gremien zur Beratung zu bringen.

Biogramm S. 35

Tatsächlich beschloss der Verwaltungsrat schon zwei Wochen später unter anderem eine Verbesserung der Finanzsituation des Instituts, eine Senkung der Studiengebühren sowie die Berufung eines Rektors zum neuen Studienjahr und kam damit den Forderungen der Studierenden weit entgegen. Überhaupt erhielt die Umsetzung der bisher wenig konkret geplanten Maßnahmen zur Etablierung einer „richtigen Universität" (so Studentenschaftspräsident Limburg ◂◂) eine ganz neue Dynamik – offensichtlich aufgrund des engagierten und taktisch geschickten Eingreifens der Studentinnen und Studenten: „Tatsächlich

Die im Krieg beschädigten Gebäude der Below-Kaserne werden zur Unterbringung der gerade gegründeten Universität instandgesetzt.

Eine zweisprachige, binationale Universität: Das Rektoratsgebäude mit mit saarländischer, das benachbarte Fakultätsgebäude mit französischer Flagge.

bedeutete der Studentenstreik für die Geschichte der Universität des Saarlandes einen wesentlichen Einschnitt. Zum ersten Mal meldete sich die Universität selbst zu Wort."[14]

„Und während wir in Homburg noch unsere Examenspunkte zusammenzählten, siehe, da verkündete man uns große Freude: Nach den großen Ferien Einzug in Saarbrücken, Beginn unseres dritten Semesters an der funkelnagelneuen Universität – mit Rektor, mit Dekanen, mit Studienbuch, mit Vorlesungen und Seminaren – mit allem Pipapo. Vergeben und Vergessen aller unserer Sünden … – es war fast zu schön, um wahr zu sein."[15]

Regina Paquet

Die Bahn war nun frei für die weiteren Schritte, die bis zum Herbst 1948 zur Eröffnung der Universität des Saarlandes führen sollten: ab August die Umbauarbeiten an den Gebäuden der Below-Kaserne, die ein kleiner, energisch agierender Leitungsausschuss, das Comité Restreint, in beeindruckend effizienter Weise in die Hand nahm, am 15. September der Amtsantritt des Chemieprofessors Jean Barriol aus Nancy als Gründungsrektor, ▸▸ die Konstituierung der vier Fakultäten im Oktober und schließlich Mitte November der Beginn der Lehrveranstaltungen.

▸ *Ernennung* S. 66

Nach den mühevollen Zeiten der Notlösung, des Provisoriums und des französisch-deutschen Zankapfels sollte das vormalige Institut nun also als „richtige" saarländische Universität seine Wirksamkeit entfalten. Die folgenden Jahre mussten zeigen, ob dies gelingen würde.

Thilo Offergeld

Das Landeskrankenhaus Homburg

Bauliches Erbe I
S. 26

Zur Vorgeschichte der Saar-Universität gehört in besonderem Maße eine Institution, ohne die es eine Universität im Saarland womöglich nicht gegeben hätte und die bis heute aufs engste mit ihr verbunden ist: das Landeskrankenhaus und heutige Universitätsklinikum Homburg. Es blickte 1946/47, als die neu eingerichteten medizinischen Fortbildungskurse an der Homburger Klinik zur „Keimzelle" der späteren Universität wurden, bereits auf eine knapp vierzigjährige, wechselvolle Geschichte zurück.[16]

Eröffnet am 1. Juni 1909, war die damalige „Pfälzische Heil- und Pflegeanstalt Homburg" eine nach modernsten Ansprüchen konzipierte psychiatrische Klinik, die in Ergänzung älterer Einrichtungen in Frankenthal und Klingenmünster errichtet worden war. Im Auftrag der bayerischen Krone hatte der Architekt und damalige bayrisch-pfälzische Bauamtmann Heinrich Ullmann den Anstaltskomplex in Pavillonbauweise entworfen. Der Pavillonstil war, ausgehend von Großstädten wie Berlin, Leipzig und Hamburg, seit den siebziger Jahren des 19. Jahrhunderts in Deutschland die Regel bei der Errichtung von Krankenhäusern geworden. Es handelte sich dabei um Ensembles von kleineren, höchstens dreigeschossigen Einzelbauten, die, oft im Randgebiet der Städte, in harmonisch gestalteten Parklandschaften oder Waldgebieten angelegt wurden. Patientinnen und Patienten sollten hier in wohltuender Naturumgebung, frischer Luft und hellem Tageslicht Genesung finden. Die Häuser selbst wurden offen und gefällig gestaltet, die Innenräume mit Fliesen und versiegelten Böden auf hohem hygienischem Niveau ausgestattet.[17]

Dieses Krankenhauskonzept wurde zunehmend auch für psychiatrische Anstalten übernommen, ein deutliches Zeichen für die inzwischen erreichte Anerkennung der früher als „Irre" bezeichneten und oft eher weggesperrten psychisch leidenden Patienten als Kranke. Statt auf Absonderung und Verwahrung zielte die zunehmend stärker wissenschaftlich ausgerichtete Psychiatrie nun auf menschenwürdige Pflege, Heilung und Wiedereingliederung in die Gesellschaft ab. So wurde in der idyllischen Wald- und Wiesenlandschaft des Kirrberger Tals ein Anstaltskomplex von insgesamt 52 locker im Gelände verteilten Gebäuden mit verschiedenen, aufeinander ausgerichteten Funktionen angelegt. Für geplant bis zu tausend Patientinnen und Patienten standen, nach Erkrankung, Zustand und Geschlecht differenziert, großzügige Wach- und Pflegestationen sowie Privathäusern nachempfundene sogenannte Landhäuser zur Verfügung, außerdem eine auf Selbstversorgung ausgerichtete Infrastruktur mit Werkstätten und einem großen landwirtschaftlichen Gutshof, Stätten zur Arbeitstherapie, aber auch Vergnügungsanlagen, wie etwa eine Kegelbahn.[18] ◂◂

Die Stadt Homburg, damals gerade einmal knapp fünftausend Einwohner zählend, hatte sich in Erwartung wirtschaftlicher Effekte zielstrebig um die Ansiedlung beworben: Erhebliche Teile des Baugeländes wurden unentgeltlich zur Verfügung gestellt und umfassende infrastrukturelle Vorarbeiten schon im Voraus erbracht. Die Investitionen erwiesen sich als gewinnbringend: Für die Anstalt wurde nicht nur die gewaltige Summe von 5,5 Millionen Goldmark an Baugeldern investiert, sie wurde auch dauerhafte Erwerbsquelle für zahlreiche Beschäftigte in Pflege und Dienstleistung sowie in assoziierten Versorgungsunternehmen.[19]

In den folgenden Jahren diente die Anstalt, wie geplant, der „Heilung und Verpflegung heilbarer und unheilbarer Geisteskranker beiderlei Geschlechts". Während des Ersten Weltkrieges wurden einige Gebäude als Lazarett genutzt, und nach 1918 nahmen auch Familien von französischen Zollbeamten und Garnisonstruppen hier Quartier. In Folge der verwaltungsrechtlichen Veränderungen nach der Abtrennung des Saargebiets vom Deutschen Reich und aufgrund des dringenden Bedarfs in der Krankenversorgung wurde die Heil- und Pflegeanstalt 1922 zum allgemeinen Landeskrankenhaus umstrukturiert. Die psychisch Kranken verlegte man in die Pflegeanstalten Merzig und Klingenmünster, die Homburger Anstalt wurde in Teilen umgebaut. Fachabteilungen wie Orthopädie, Chirurgie, Gynäkologie-Geburtshilfe oder Innere Medizin wurden etabliert; im Rahmen der staatlichen Sozialfürsorge richtete man zudem Erziehungsheime für Kinder und Jugendliche ein. Mit der Umwandlung zum Landeskrankenhaus und der dort schon bald aufgenommenen wissenschaftlichen Forschung und Ausbildung medizinischen Personals hatte Homburg nun bereits eine medizinisch-klinische „Zentralstellung" im Land eingenommen.[20]

Die Machtergreifung der Nationalsozialisten bedeutete auch für das Landeskrankenhaus eine unheilvolle Zäsur. Spätestens nach dem Anschluss des Saargebiets ans Deutsche Reich im Jahr 1935 wandte sich die Mehrzahl der Homburger Ärzte der nationalsozialistischen Ideologie zu. Im Rahmen der sogenannten „Erb- und Rassepflege" wurden in Homburg Zwangssterilisationen vorgenommen, zahlreiche Patientinnen und Patienten sukzessive in andere Einrichtungen verlegt und von dort aus auch in die Tötungsanstalt Hadamar gebracht. Homburger Mediziner erfüllten zentrale Funktionen im Rahmen der großangelegten Krankenermordung, die als „T4" bekannt geworden ist.[6] ▸▸

Mit Beginn des Zweiten Weltkriegs wurde das Landeskrankenhaus geräumt und ab 1940 als Reservelazarett sowie zur Unterbringung militärischer Verwaltungseinheiten genutzt. Auch baute man auf dem Klinikgelände Baracken für sowjetische Kriegsgefangene, die zur Zwangsarbeit herangezogen wurden. Viele der Internierten starben infolge schlechter Behandlung und Unterernährung; ein historischer Grabstein auf dem alten Klinikfriedhof erinnert an einige dieser Opfer.[21]

Nach Kriegsende war die Homburger Klinik eines der wenigen noch funktionsfähigen Krankenhäuser im Saarland. An ihre reiche Tradition medizinischer Qualifizierungsmaßnahmen knüpfte die französische Militärregierung an, als sie 1946 Fortbildungskurse einrichtete, die saarländischen Medizinstudierenden eine Fortsetzung ihres Studiums ermöglichen sollten – der Beginn eines Weges, der zwei Jahre später zur Gründung der Universität des Saarlandes und nachfolgend auch der Umwandlung des Landeskrankenhauses zum Universitätsklinikum führte. Trotz zunächst anderslautender Pläne, die eine Verlegung nach Saarbrücken vorsahen, verblieben Medizinische Fakultät und Uniklinik in Homburg und bilden dort heute, an traditionsreicher Stätte und zum Teil weiterhin in den Gebäuden der 1909 errichteten „Anstalt", ein modernes und leistungsfähiges Zentrum für medizinische Forschung, Lehre und Klinik.

▸ *Braune Flecken* S. 78

Ute E. Flieger / Thilo Offergeld

Die parkartige Gesamtanlage des Landeskrankenhauses auf einer Luftaufnahme aus dem Jahr 1935.

Bauliches Erbe I: Die Homburger Heil- und Pflegeanstalt

Das architektonische Erscheinungsbild des heutigen Homburger Klinik-Campus wird von scharfen Kontrasten bestimmt. Während einerseits hochtechnisierte Großbauten für moderne Kliniken und Forschungslaboratorien die Szene dominieren, ziehen andererseits immer wieder deutlich kleinere und ältere Häuser in landhaus- oder villenartigen Formen die Blicke auf sich: die Gebäude der einstigen, 1909 eröffneten „Pfälzischen Heil- und Pflegeanstalt" Homburg.

Seinerzeit bildeten diese einen weitläufigen, in eine parkartige Wiesenlandschaft gebetteten Gebäudekomplex, der in der Gesamtanlage wie in den funktionalen Details einem übergreifenden Gedanken entsprang: der Idee, dass ein ruhiges Leben in angenehmer Naturumgebung, in frischer Luft und hellem Sonnenlicht helfen könne, gereizte Nerven zu beruhigen und selbst schwerwiegende seelische Leiden zu lindern.

Dieser Idee, die nicht zuletzt aufgrund der Umweltbelastungen durch die Hochindustrialisierung des späten 19. Jahrhunderts attraktiv geworden war, folgten die Planungen des bayrisch-pfälzischen Bauamtmanns Heinrich Ullmann (1872–1953). Ullmann, ein gebürtiger Homburger, entwarf in enger Beratung mit sachverständigen Psychiatern eine architektonisch und gestalterisch mustergültige Krankenhausanlage. Bemerkenswert war insbesondere die Struktur der Anstalt, die sich in geschwungenen, vegetabil anmutenden Formen

Naturumgebung als Heilmittel: Die Pavillons der Heil- und Pflegeanstalt in der Wiesenlandschaft bei Homburg.

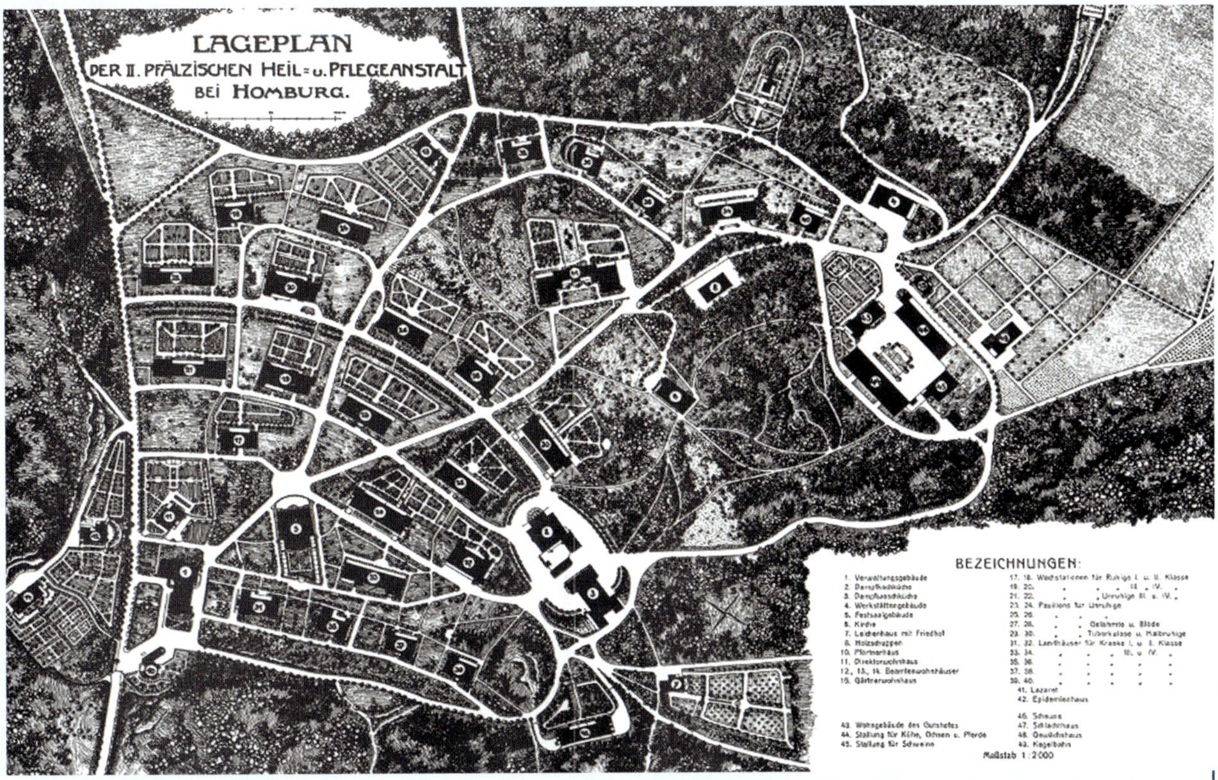

Auch das Wegenetz zeigt harmonisch geschwungene Formen: der Lageplan der Heil- und Pflegeanstalt (gedruckt 1910).

geradezu organisch in das Gelände einfügte und dabei den natürlichen Verlauf der alten Feldwege aufnahm. Das ausgedehnte Areal bot neben landschaftlicher Anmut und guter Erreichbarkeit auch genügend Raum für eine zur Selbstversorgung angelegte Guts-, Garten- und Waldwirtschaft sowie für eventuelle zukünftige Erweiterungen der Anstalt.[22]

Zur Außenseite und der eigens umgeleiteten Distriktstraße hin waren Pförtnerhaus, Verwaltungsgebäude und Häuser für Ärzte und Angestellte platziert. Das dahinter abgeschirmte, „der Sonne frei zugängliche und geschützte Gelände wurde für die Mehrzahl der Krankenpavillons bereit gestellt." Ullmann selbst thematisierte in seiner Baubeschreibung immer wieder, wie Natur, Sonne, Belüftung und Schutz als grundlegende Faktoren für eine physisch und seelisch positive Lebenswelt der Patienten und Bediensteten wirken sollten.

Von den insgesamt 24 Krankengebäuden waren zehn Häuser für die offene Behandlung gedacht, vierzehn für geschlossene Abteilungen. Die Krankengebäude ebenso wie die Versorgungswege wurden zeitgemäß geschlechtergetrennt konzipiert, das heißt jeweils beidseits einer in Ost-West-Richtung verlaufenden sogenannten Geschlechterachse angeordnet. Das Gesellschaftshaus mit attraktiven Laubengängen platzierte man nahe den Landhäusern für erkrankte Frauen, die Kegelbahn mit Veranda zur Männerseite hin. Großer Stellenwert kam Möglichkeiten zur praktischen Betätigung zu, hierfür standen Werkstätten mit Schmiede und Schreinerei zur Verfügung und insbesondere der große Gutshof sowie die Gärtnerei.[23]

Für die bauliche Gestaltung setzte Ullmann auf ruhige und einfache Formen, die den Eindruck von Wohnlichkeit vermitteln und es den Kranken ermöglichen sollten, sich zuhause zu fühlen. Alle Häuser waren durch charakterisierende Formenelemente wie Veranden, Loggien oder Dachreiter jeweils unterschiedlich gestaltet, boten aber durch einheitlich helle Farbgebung, pfälzisch-rote Sandsteinelemente und die großen, Ruhe ausstrahlenden Ziegeldachflächen ein harmonisches Erscheinungsbild. Naturelemente wurden stets mitgedacht; die Kranken sollten sich, wann immer möglich, im Freien aufhalten, auf Veranden ruhend, in Gärten an gemauerten Bänken und Tischen sich beschäftigend oder über die baum- und blumengesäumten Anstaltswege wandelnd. Heilsame

Spaziergänge über baum- und blumengesäumte Anstaltswege sollten den Kranken Linderung ihrer Beschwerden bringen. Das Bild stammt aus der Zeit um 1930.

Lebensbedingungen sollten auch die Innenräume bieten, mittels sicherer, klarer und heller Raumgestaltung, lockerer Belegung der Zimmer und Lazarettsäle sowie Zugang zur Natur. Dass die Realität des Lebens der Kranken in den geschlossenen Abteilungen mit diesem idyllisch gedachten Idealzustand oft nicht viel zu tun hatte, darf bei aller Anerkennung des baulichen Konzepts nicht übersehen werden.[24]

So innovativ sich das Konzept darstellte, so traditionell waren andererseits die verwendeten Bauformen und Materialien. Baugeschichtlich wird daher die Anstalt, für die Ullmann „mit wenigen Ausnahmen jede Anlehnung an historische Stilformen vermieden“ sehen wollte, heute dem sogenannten Heimatstil zugewiesen, einer Stilrichtung, die in den ersten Jahrzehnten des 20. Jahrhunderts als Gegenbewegung zum Modernen Bauen die Orientierung an altüberlieferten, regionalen Formen suchte. Auch Zweckmäßigkeit spielte eine große Rolle in der Baugestaltung, Ullmann wollte beispielsweise „Dachaufbauten und Giebel nur dort angewendet“ sehen, „wo eine Ausnutzung des Dachraumes durch das Bauprogramm geboten war“. Von diesem schlichten und maßvollen Grundansatz waren jedoch drei prominente Einzelgebäude der Anstalt deutlich abgehoben: das kunstvoll im Jugendstil ausgestaltete Gesellschaftshaus oder Festsaalgebäude (die spätere Bibliothek, ▸▸ die in romanischer Formensprache gehaltene Simultankirche auf dem höchsten Punkt der Anlage sowie das mit reicher Bemalung geschmückte Leichenhaus.[25]

Von der geschlossenen Gesamtkonzeption des Jahres 1909 ist heute, kaum verwunderlich, nur noch wenig zu erkennen. Massive Erweiterung und Verdichtung der Klinikgebäude, ökonomische Notwendigkeiten und die technischen Erfordernisse moderner Intensivmedizin haben zum Abriss zahlreicher Altbauten geführt und die Garten- und Parklandschaft der Anstalt in den Hintergrund treten lassen. Erst in den 1980er Jahren wurde auf Initiative von Homburger Professoren der Teil der Anlage unter Denkmalschutz gestellt, der noch am ehesten einen gewissen Eindruck von der Gestaltung und früheren Großzügigkeit des Klinikgeländes vermitteln kann, nämlich der Eingangsbereich mit dem Festsaalgebäude (Gebäude 34), dem Verwaltungsgebäude (11) samt Brunnen und den Arzt-, Oberarzt- und Direktorenwohnhäusern (2, 12 und 17). Während andere wertvolle Altgebäude weiterhin zum Abriss vorgesehen sind, ist der Bestand wenigstens dieses Ensembles für die Zukunft gesichert, und damit auch die Erinnerung an ein beeindruckendes Konzept, das bis heute zum Nachdenken darüber einlädt, wie wissenschaftliche und therapeutische Leitideen in Gebäuden materielle Gestalt finden können.

▸ *Festsaalgebäude* S. 42

Ute E. Flieger / Thilo Offergeld

Für die Zwecke des Hochschulinstituts wurden Liegesäle in Hörsäle umgewandelt, das „Offene Landhaus für 53 Kranke III. und IV. Klasse“ zum Clubhaus mit Mensa und Studentenwerk umgebaut. Bis heute beherbergt es die Homburger Mensa.

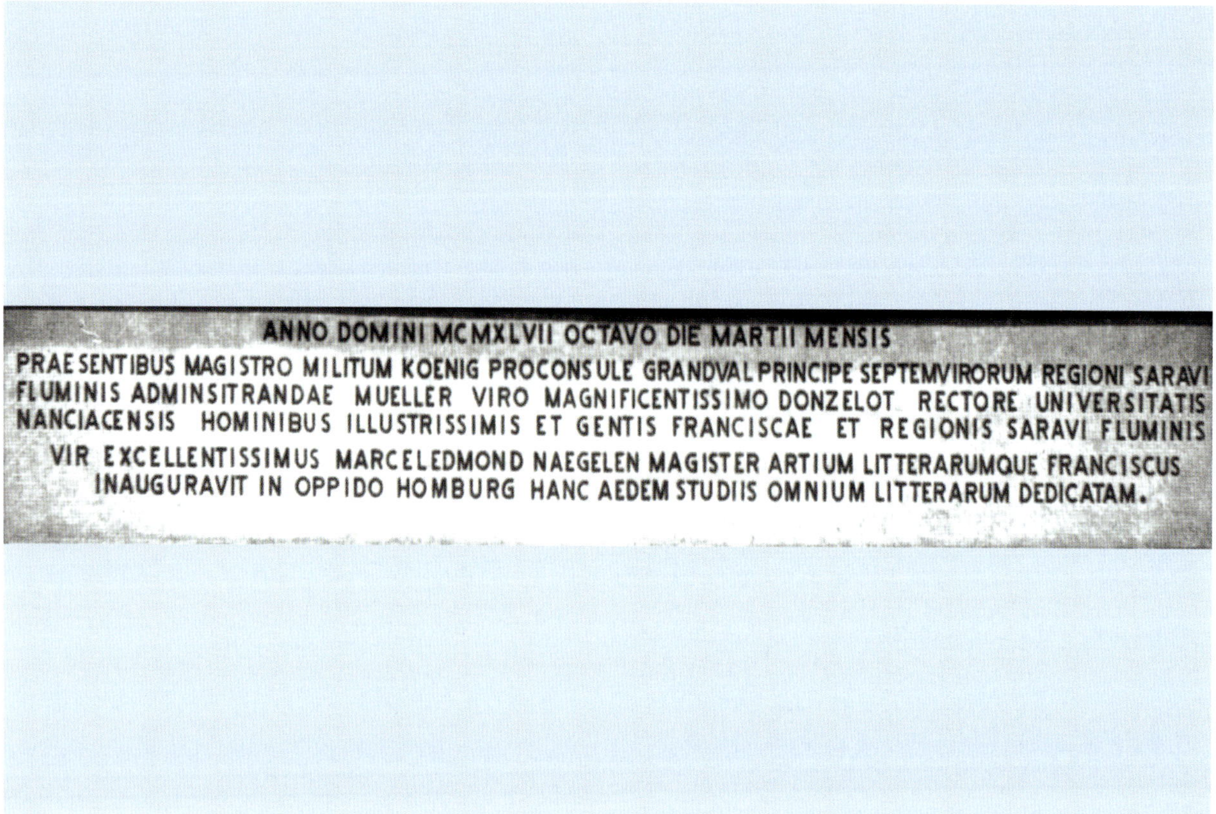

Verschollene Gründungsinschrift

Bei der Eröffnung des Homburger Hochschulinstituts am 8. März 1947 im Festsaalgebäude des Landeskrankenhauses wurde feierlich diese Mosaikinschrift in lateinischer Sprache enthüllt, die über die gesamte Breite der Bühnenrampe reichte. Sie sollte insbesondere die Namen der am Festakt beteiligten Persönlichkeiten verewigen und daran erinnern, dass der französische Bildungsminister Naegelen die „allen Wissenschaften gewidmete“ Einrichtung eingeweiht hatte. Das Mosaik bestand aus rostroten Steinchen aus Mettlacher Produktion, die auf elfenbeinfarbenem Grund aufgetragen waren. Es wird übrigens überliefert, dass in der Nacht zum 8. März ein von der Spätschicht heimkehrender Krankenpfleger im Vorübergehen ein falsches lateinisches Wort entdeckte, das dann noch rechtzeitig ersetzt werden konnte. Der Buchstabendreher „adminsitrandae“ dagegen entging dem Korrektorenauge.

Festsaalgebäude S. 42

Bei Umbaumaßnahmen in den frühen 50er Jahren wurde die Inschrift mitsamt der Bühnenrampe entfernt. Zeitzeugen erinnern sich, dass das zerlegte Mosaik zunächst in einem Schuppen gelagert und nach dessen Abriss teils als Wegbefestigung verwendet, teils in einem Vorgarten vergraben wurde. Der Text der Inschrift wurde später auf einer Tafel an der Außenwand des Gebäudes wiedergegeben, freilich fehlte es bei deren Anbringung 2010 offenbar an kundigen Passanten, da diesmal gleich etliche sprachliche und inhaltliche Fehler unkorrigiert blieben. Eine Überarbeitung der Tafel wurde daher im Jubiläumsjahr veranlasst.[26]

wm/to

Schreibmaschine der Streikführer

Auf dieser Remington-Schreibmaschine aus dem Besitz von Regina Paquet entstand Mitte Mai 1948 in Homburg das vielumstrittene Flugblatt, das nach dem am 14. Mai proklamierten Streik den Widerstandswillen der Studierenden stärken sollte. Paquet hat als Mitglied der „Flugblattgruppe", zu der auch Klaus Altmeyer (später Journalist), Hanns Klein (später Leiter des Stadtarchivs Saarbrücken) und Franz Zapp (später Augenarzt) gehörten, in ihren Erinnerungen die Ereignisse jener Tage geschildert. Das beidseitig und engzeilig beschriebene Flugblatt wurde wohl dreimal mit jeweils acht Durchschlägen auf dünnem Papier abgeschrieben („Meine alte Remington hatte ihren großen Augenblick") und an den Schwarzen Brettern und in der Verwaltung auf dem Campus verteilt. Angesichts der unklaren Zukunft des Homburger Hochschulinstituts und seiner oft nur auf dem Papier, aber nicht in der Realität existierenden Einrichtungen verwies das Blatt auf die studentischen Forderungen: „Wir führen hier keine politische Hetzkampagne gegen Frankreich, wir kämpfen um unsere Existenz. Wir führen einen sozialen Kampf." Nach mehreren, anfangs für die Flugblatt-Autoren durchaus bedrohlichen Gesprächen mit Hochkommissar Grandval, ▸▸der den Streik als Niederlage seiner Saarpolitik wahrnahm und eine nationalistische oder kommunistische Agitation vermutete, gelang schließlich die „große Flurbereinigung" und der Durchbruch zur Gründung der Universität.

▸ Biogramm S. 34

Die Schreibmaschine, vermutlich Baujahr 1933, wurde 2023 von Paquets Sohn dem Universitätsarchiv zur dauerhaften Verwahrung übergeben.[27]

wm

Eine Kaserne wird zur Universität

Bauliches Erbe II S. 36

Als 1948 der Entschluss zur Gründung der Universität und ihrer Ansiedlung in Saarbrücken gefasst wurde, stellte sich angesichts der Wohnungsnot und der weithin noch in Trümmern liegenden Stadt die Frage der räumlichen Unterbringung – die allerdings schnell beantwortet war: Die Uni sollte in den leerstehenden Gebäuden der ehemaligen Below-Kaserne Platz finden.

Der Gedanke, eine Hochschule in einer Truppenunterkunft anzusiedeln, war in der Zeit nach dem Zweiten Weltkrieg zweifellos weniger ungewöhnlich, als er sich aus heutiger Sicht ausnimmt. Viele der Studenten waren Kriegsheimkehrer, trugen Kleider aus Uniformresten, und angesichts der täglichen Not war die Wiederverwertung und Umnutzung militärischer Ressourcen gängige Praxis.

Die Kaserne, die den Bombenkrieg mit verhältnismäßig geringen Schäden überstanden hatte, stand 1948 als eine vergleichsweise neue und moderne Anlage da. Benannt nach dem preußischen Infanteriegeneral Fritz von Below (1853–1918), der während des Ersten Weltkriegs ein in Saarbrücken stationiertes Armeekorps kommandiert hatte, war sie im Zuge der Aufrüstungspolitik des nationalsozialistischen Regimes 1937/38, also bald nach der Rückgliederung des Saargebiets ins Deutsche Reich, errichtet worden. Nach nur vierzehn Monaten waren die Bauarbeiten abgeschlossen, und die zeitgenössische Presse feierte nicht nur die Neuerrichtung einer deutschen Truppenunterkunft an der Saar nach langjähriger französischer Besetzung, sondern auch deren technische Errungenschaften: Zentralheizung, moderne Wasch- und Baderäume mit Warmwasserversorgung, hochleistungsfähige Dampf-Küchenkessel und Elektroherde ermöglichten den Soldaten bislang ungekannten Komfort. Mit feierlichem Gepränge wurde die neue Kaserne am „Tag der Wehrmacht“, dem 27. November 1938, durch das neu gegründete Maschinengewehr-Bataillon 14 bezogen.[28]

Anders als die bisherigen Saarbrücker Kasernen war die neue Soldatenunterkunft weit außerhalb, mitten im St. Johanner Stadtwald, angelegt worden – wie die zeitgenössischen Bilder zeigen, reichte der Wald damals bis dicht an die Kasernenmauer. Die Gebäude sind fast sämtlich noch erhalten; sie stehen inzwischen als Ensemble unter Denkmalschutz und bilden bis heute den unverwechselbaren architektonischen Kernbestand des Universitätscampus, weshalb sich eine nähere Betrachtung auch der baulichen Aspekte lohnt.[29] ◂◂

Nur ein Jahr nach dem Bezug der Below-Kaserne entfesselte das nationalsozialistische Regime den Zweiten Weltkrieg, der bald mit dem Bombenkrieg und seit 1944/45 mit dem Vordringen der alliierten Truppen auf Deutschland und auch Saarbrücken zurückschlug. Bei Bauarbeiten auf dem Campus wurden beträchtliche Mengen an Waffen und Munition sowie Reste von Verteidigungsstellungen gefunden, die nahelegen, dass im Umfeld der Kaserne Vorbereitungen für Abwehrkämpfe gegen die vorrückenden alliierten Truppen getroffen worden waren. Auf den dreigeschossigen Mannschaftsgebäuden waren Flakstellungen in den Dachstühlen errichtet worden, aus denen auf anfliegende Bomber geschossen werden konnte. Bis heute ist bei allen auf dem Campus stattfindenden Erdarbeiten mit gefährlichen Funden von Blindgängern und Munitionsresten zu rechnen.[30]

Als die amerikanischen Truppen im März 1945 nach Saarbrücken einrückten, nahmen sie auch die Below-Kaserne in Besitz und ließen hier sehr bald durch die Nothilfe- und Wiederaufbauorganisation der Vereinten Nationen (UNRRA) ein Lager für sogenannte „displaced persons“ einrichten: Ehemalige Zwangsarbeiter und Kriegsgefangene, von den Nationalsozialisten aus ganz Europa verschleppt, sollten hier gesammelt und möglichst bald in ihre Heimatländer zurückgeführt werden. Insgesamt wurden etwa 7.500 „DPs“, vorwiegend sowjetischer, polnischer und jugoslawischer Herkunft, in der Kaserne untergebracht. Bald brachen Fleckfieber und Typhus aus, die unter den ausgezehrten und lange Zeit unterernährten Menschen zahlreiche Todesopfer forderten. Ende Mai verließen dann die meisten der sowjetrussischen Zwangsarbeiter mit einem Sondertransport unter Bewachung der Roten Armee Saarbrücken Richtung Osten.[31]

Im Juli 1945 übernahm Frankreich von den Amerikanern die Kontrolle der Saarregion, und die Below-Kaserne kam zunächst in militärische Nutzung. Sie beherbergte nun französische Truppen und erhielt den Namen „Caserne Verdun“ – auch mit dieser Bezeichnung wurde also, ebenso wie mit der deutschen, der Rückbezug zur

Wo heute die Serra-Plastik steht: Soldaten des MG-Bataillons 14 marschieren vom Haupttor zum Exerzierplatz. Auf dem Dach des hinteren Gebäudes erkennt man eine Flak-Stellung.

deutsch-französischen Konfrontation im Ersten Weltkrieg gesucht. Unter anderem waren Soldaten aus dem französischen Kolonialgebiet Marokko hier stationiert, wie aus dieser Zeit erhaltene Reste der Innenraumgestaltung belegen. ▸▸ Allerdings verlegten die Franzosen ihre Truppen bald in andere Quartiere, so dass danach die Gebäude leer standen und sich 1948, als für die zu gründende Universität nach einer Alternative zu Homburg gesucht wurde, als geeigneter Standort anboten.[32]

So bedurfte es nur der Beseitigung verbliebener Bombenschäden und einiger eher behelfsmäßiger Umbauten, um in den Kasernenbauten Platz zu bieten für die – zeittypisch bescheidenen – Ansprüche der ersten im November 1948 einziehenden Universitätsinstitute. Aus einem Ort der Waffen wurde damit ein Ort der Wissenschaften, übrigens ohne dass diese Umnutzung von den Zeitgenossen besonderer Erwähnung für wert befunden worden wäre. In den zahlreichen studentischen Erinnerungsberichten aus den Anfangsjahren der Universität finden sich dafür jedenfalls keine Anzeichen. Auch seitens der französischen Verantwortlichen wurde die Thematik nicht eigens hervorgehoben, dabei passte gerade die Verwendung einer militärischen Einrichtung für nunmehr friedliche, kulturelle Zwecke natürlich hervorragend in das französische Konzept der „Entpreußung" des Saarlands, der „déprussianisation administrative et culturelle".[33]

▶ *Wandbild* S. 45

Bemerkenswert ist außerdem, wie sehr die geschlossene Struktur der Kasernenanlage auch in den folgenden Jahren und Jahrzehnten prägend blieb für die bauliche Entwicklung des Universitätsgeländes – ein Umstand, der in anderen Fällen akademischer Kasernennutzung, etwa in Mainz und in Lüneburg, in ähnlicher Weise zu beobachten ist. Der ehemalige Exerzierplatz, zunächst als Sportplatz genutzt, wandelte sich zur zentralen Campus-Wiese, die als Treffpunkt und Kommunikationsort bis heute eine Herzkammer der Universität darstellt, und die militärischen Mannschafts- und Wirtschaftsgebäude nahmen, gemeinsam mit den Erweiterungen der Folgejahre, den Charakter eines „academical village" an. ▸▸ Seither prägt statt Kasernendrill und Kommandoton das lebendige Stimmengewirr akademischer Vielfältigkeit den Platz und die Gebäude – die aus der Not geborene Umnutzung wurde eine wahrlich wirkungsvolle „symbolische Umformulierung eines Ortes".[34]

▶ *Campus* S. 60

Thilo Offergeld

Gilbert Grandval
(1904–1981)

Ohne das Wirken Gilbert Grandvals hätte es keine Universität des Saarlandes gegeben. Der französische Militärgouverneur brachte energisch und beharrlich das Projekt der Hochschulgründung auf den Weg und maß ihm im Rahmen seiner Politik zum Wiederaufbau des Saarlandes einen herausragenden Stellenwert zu.

Der aus einer jüdischen elsässischen Familie stammende Gilbert Hirsch-Ollendorff, der in der Résistance den Namen Grandval angenommen und als Kommandeur der französischen Widerstandskräfte Nancy mit befreit hatte, prägte als Militärgouverneur, später Hochkommissar und Botschafter entscheidend den Sonderweg des Saarlands zwischen 1945 und 1955. Machtfülle und Durchsetzungshärte ließen ihn manchem als „französischer Machiavelli in Saarbrücken" erscheinen.

Die Keimzelle S. 16

Die Homburger „Vereinigung der saarländischen Studenten" ernannte ihn zum Nationalfeiertag am 14. Juli 1947 zu ihrem Ehrenpräsidenten und würdigte damit seinen Einsatz für das gerade gegründete Hochschulinstitut, dessen Ausbau allerdings – wie der von Grandval mit Geschick, aber nicht ohne Mühe bewältigte Studentenstreik im Mai 1948 ◂◂ zeigte –, keineswegs reibungslos verlief. Der begeisterte Flieger stiftete der Universitätsflugsportgruppe 1951 ein Flugzeug mit dem bedeutungsträchtigen Namen „Europa".

Streik S. 21

Nach seinen Saar-Jahren wirkte Grandval unter anderem als Arbeitsminister im Kabinett von Georges Pompidou sowie als Präsident der linksgaullistischen Partei „Union travailliste".[35]

wm

Oscar Orth
(1876–1958)

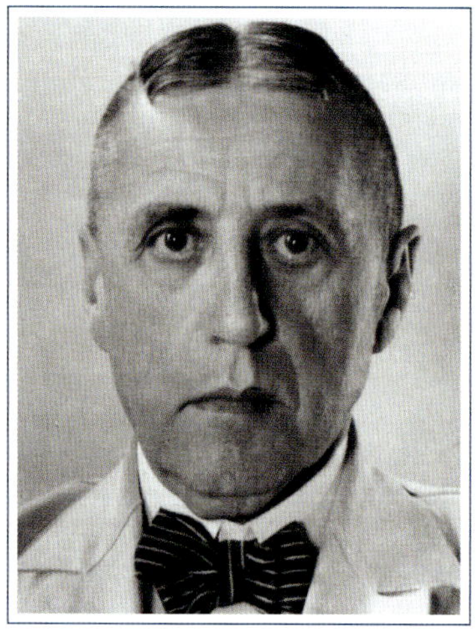

Oscar Orth war zunächst als praktischer Arzt in seinem Geburtsort Ensheim, später an verschiedenen Kliniken in der Region tätig. Von der Gründung 1922 bis ins Nachkriegsjahr 1947 leitete er dann 25 Jahre als Direktor das Landeskrankenhaus für das Saargebiet in Homburg sowie als Chefarzt die Chirurgische Abteilung. Bereits in den späten 1920er Jahren führte er dort medizinische Ferienkurse und Fortbildungen durch; auf dieser Basis organisierte er im Januar 1946 mit Unterstützung der französischen Militärregierung die Homburger Hochschulkurse, aus denen sich dann das Hochschulinstitut und später die Universität des Saarlandes entwickelten. ◂◂

Orth wurde zu Lebzeiten mit zahlreichen Auszeichnungen bedacht und für seine Verdienste gewürdigt. Erst Anfang der 1990er Jahre enthüllten Recherchen von Christoph Braß die Mitwirkung Orths bei Zwangssterilisationen während der NS-Zeit und decouvrierten so den angesehenen Ehrenbürger der Stadt Homburg und der Gemeinde Ensheim.

In ihrer Studie zum Gesundheitswesen an der Saar hat Gisela Tascher das Engagement der Ärzteschaft für die Ziele der NS-Medizin weiter untersucht und die Verantwortung Orths „für die Zwangssterilisierung an über 1.400 Menschen und die Euthanasiemaßnahmen" betont. Die Diskussionen um die Umbenennung der nach ihm benannten Straßen, Preise und Brunnen sind signifikante Beispiele regionaler Erinnerungspolitik. So wurde unter anderem die Homburger Oscar-Orth-Straße, Adresse der Universitätsklinik, wieder in Kirrberger Straße rückbenannt.[36]

wm

Regina Paquet

(1927–2017)

„Das Bewußtsein, bei der Geburt dieses ungewollten und lange ungeliebten Kindes ein paar bescheidene Hebammen-Dienste geleistet zu haben, bereitet mir heute noch eine kleine Freude." Mit diesen Worten enden die autobiographischen Impressionen, in denen Regina Paquet, eine Studentin der ersten Stunde, auf die Gründungsjahre der Universität zurückblickte. Es ist der wohl farbigste und lebendigste Erinnerungstext, der zur Geschichte der Saar-Universität vorliegt. ▸▸

Pointiert, kritisch und mit Freude an der effektvollen Zuspitzung schildert Paquet darin ihren Weg vom ersten Zentralabitur an der Saar 1947 über das propädeutische Jahr am Homburger „Institut d'Etudes Supérieures" und ihr Engagement während des für die Universitätsgründung so wichtigen Studentenstreiks um Pfingsten 1948.

Eindringlich skizziert sie ihre Begegnungen mit prägenden, zeitgenössisch hoch umstrittenen Persönlichkeiten wie Hochkommissar Gilbert Grandval, Ministerpräsident Johannes Hoffmann und Kultusminister Emil Straus oder den Besuch Robert Schumans an der Universität im Dezember 1948. Als Studentin der Germanistik, Anglistik und Geographie repräsentierte sie ihre Fakultät in der studentischen Selbstverwaltung und verfasste Artikel zum Frauenstudium und zu aktuellen Fragen. Nach obligatorischem Auslandsaufenthalt und Studienabschluss begann Paquet 1952 ihre Lehramtslaufbahn und war dann bis 1989 am Robert-Schuman-Gymnasium in Saarlouis tätig.[37]

wm

Ludwig Limburg

(1912–2000)

Als Anführer des Homburger Studentenstreiks, kommissarischer Präsident der „Assocation des Etudiants Sarrois" und dann als erster Präsident der Studentenschaft hat Ludwig Limburg die Anfänge der studentischen Selbstverwaltung an der Universität des Saarlandes maßgeblich geprägt. Seit November 1947 in Homburg an der nur auf dem Papier existierenden bergbaulichen Fakultät und bald an der Juristischen Fakultät immatrikuliert, war der Studentenstreik im Mai 1948 für ihn der eigentliche Gründungsakt der Universität. ▸▸

▸ *Zeitzeugnisse Paquet und Limburg* S. 48 f.

Tief beeindruckte ihn der Besuch des französischen Außenministers Robert Schuman im Dezember 1948, der im Gespräch mit ihm seine Genugtuung äußerte, „mal wieder auf dem Boden einer deutschen Universität zu sein". Die Äußerung machte Limburg klar, dass das Konzept einer Abspaltung der Saar zum Scheitern verurteilt war.

Seine anhaltende Kritik an den schwierigen universitären Zuständen und an Rektor Barriol sowie ein hitziges Rededuell mit Kultusminister Straus bei einem festlichen Studentenabend führten Ende März 1949 zu Limburgs Relegation, wobei er auf eine Anhörung vor dem universitären Verwaltungsrat verzichtete.

Zum 50-jährigen Universitätsjubiläum kehrte Limburg, den sein Berufsleben in die Stahlbranche geführt hatte, an seine Alma Mater zurück, erinnerte in einem Grußwort an den Schuman-Besuch und betonte die daraus erwachsende universitäre Verpflichtung, weiter im Geiste der Völkerversöhnung in Europa und der Welt zu wirken.[38]

wm

Bauliches Erbe II: Die Kasernengebäude

Die Gebäude der 1937/38 errichteten Below-Kaserne bilden bis heute den denkmalgeschützten Kern des Universitätscampus und sind auch für das ungeübte Auge leicht noch als solche erkennbar. Selbst die Kasernenmauer, von der das Gelände ursprünglich vollständig umgeben war, ist in Teilen noch erhalten und bildet einen expliziten Bestandteil des Denkmalensembles. Der Blick auf die Gesamtanlage zeigt, dass die Kasernenbauten sich in strenger, an der Nord-Süd-Achse ausgerichteter Symmetrie um den großen, zentralen Kasernenhof gruppierten, der als Exerzier- und Paradeplatz diente.[39]

An den Längsseiten des Platzes reihen sich die langgestreckten, dreigeschossigen Häuser auf, die seinerzeit als Mannschaftsunterkünfte dienten. In ihre Mitte eingeschoben ist jeweils ein deutlich kürzerer und um ein Geschoss niedrigerer Bau, die heutigen Gebäude A2 3 und A5 3, die damals als Wirtschaftsgebäude zentrale Infrastrukturen wie Küche, Speisesäle, Aufenthaltsräume und Unteroffizierswohnungen aufnahmen. Beide Häuser sind hervorgehoben durch die repräsentative Gestaltung ihrer Haupteingänge mit Treppenpodest und massivem Portalbalkon aus Sandstein. Ihre Portaleingänge öffnen sich beide nach Westen, also zur Stadt hin, während die Eingangstüren der Mannschaftshäuser auf die Mitte, den früheren Exerzierplatz, hin ausgerichtet sind. Das westliche Wirtschaftsgebäude, das heutige Präsidialamt, ist zusätzlich akzentuiert durch sein charakteristisches, zentral auf dem Dachfirst

Das repräsentative Wirtschaftsgebäude hinter dem Haupttor der Kaserne wurde zum Universitäts-Rektorat. Das große Tor-Gitter ist bis heute erhalten, versperrt allerdings so gut wie nie mehr den Zugang.

Die Luftaufnahme aus dem Jahr 1951 zeigt das gesamte Kasernenareal, eng von Wald umschlossen. Links angrenzend der große Bereich der – hier schon abgebrochenen – Fahrzeughallen.

aufgesetztes Uhrentürmchen, das dem Bau etwas vom Gepräge eines kleinstädtischen Rathauses verleiht.[40]

Einen anderen Charakter hatten die beiden Gebäude an den Schmalseiten des Kasernenhofs: Noch erhalten ist an der Nordseite die eingeschossige, als Zweckbau ausgeführte und mit großer Glasfront versehene Sport- und Exerzierhalle, die heute als Universitätsaula einen prominenten Stellenwert besitzt. Dass sie seinerzeit als Reithalle genutzt worden sei, wie häufig kolportiert wird, ist aus den Quellen nicht zu belegen und vom Kontext her unwahrscheinlich. Ihr gegenüber, an der Südseite des Platzes, lag die große und breit gestaffelte Werkstatthalle, ein Flachdachbau im sachlichen Stil des Neuen Bauens der 1920er Jahre, der während des Krieges als Panzerreparaturwerkstatt genutzt wurde. Als einziger der zentralen Kasernenbauten ist er nicht mehr erhalten, sondern musste Anfang der 70er Jahre Platz machen für Erweiterungsbauten zur Aufnahme des wachsenden Studierendenzustroms – die heutigen Gebäude A4 1 und A4 2. Schon bald nach dem Krieg beseitigt worden war der ehemals südlich der Kaserne angelagerte

Komplex aus Funktionsbauten wie Fahrzeughallen und einer – teilweise in unterirdischen Betonröhren angelegten – Kleinkaliber-Schießanlage.

Eine Bauformation eigenen Charakters stellt die wehrhaft anmutende und ursprünglich figurengeschmückte Toreinfahrt zum früheren Kasernengelände dar, flankiert von zwei Gebäuden, die seinerzeit als Unterkünfte für Stabs- und Kommandostellen dienten (A13 und A15). Die Einfahrt markiert den auffälligsten architektonischen Akzent der Kasernenanlage und wird in einem eigenen Kapitel näher vorgestellt.

Toreinfahrt S. 46

Insgesamt entsprechen die Kasernenbauten weitgehend dem Modell, nach dem in den späteren 1930er Jahren im Zuge der nationalsozialistischen Wiederaufrüstung zahlreiche Heereskasernen in ganz Deutschland errichtet wurden. Das Grundmuster wurde dabei in Bauausführung und Materialien jeweils nach den regionalen Gegebenheiten und Traditionen abgewandelt. Die Anlage der Below-Kaserne bot so einen zwar strengen, aber architektonisch insgesamt eher nüchternen Eindruck, der (im Unterschied zu anderen gleichzeitigen Kasernen, etwa in St. Wendel) auch kaum durch martialische Architektur-Gesten geprägt wurde. Der Gesamtplan mit den mittig angeordneten Infrastruktur-Gebäuden und der für die Tageslicht-Versorgung der Stuben optimalen Nord-Süd-Ausrichtung der Häuser war vorrangig an Kriterien der Funktionalität orientiert; die bauliche Ausgestaltung zielte auf eine gewisse Bodenständigkeit. Es handelt sich um verputzte Backsteingebäude mit markanten Sandsteinsockeln, deren Fensterreihen, Türeingänge und Fassadengestaltungen konventionellen Mustern folgen; die Walmdächer sind mit Biberschwanzziegeln gedeckt und mit (zwischenzeitlich modernisierten) Dachgauben ausgestattet. Das Erscheinungsbild entspricht damit deutlich dem sogenannten Heimatschutzstil, der seit der Jahrhundertwende durch Rückgriff auf traditionelle Formen, Materialien und Techniken regionaler und nationaler Verwurzelung Ausdruck geben wollte und der in der nationalsozialistischen Zeit vor allem im Wohnungsbau sowie bei Schul- und Verwaltungsbauten Anwendung fand.[41]

Dem zurückhaltend-schlichten Eindruck entsprach in gewisser Weise auch der zentrale Exerzierplatz, der kein bloßes kahles Karree bildete, sondern mit Baumgruppen, Grünflächen und Wegen gestaltet worden war, so dass die Anlage sich für zeitgenössische Berichterstatter, die spar-

Die Kasernenbauten, inzwischen fast komplett saniert, haben sich als Universitätsgebäude insgesamt gut bewährt. Hier der Blick vom Botanischen Garten auf A13 und A15.

Die Hauptzufahrt vom Campus her gesehen, das Torhaus ist eingepasst zwischen zwei Stabs-Gebäude. Heute sind hier Psychologie (rechts) und Biologie (links) untergebracht.

tanischere Truppenbehausungen gewöhnt waren, geradezu wie eine Parklandschaft ausnahm. Ob ähnliche Eindrücke auch bei den Wehrpflichtigen aufkamen, die auf diesem Platz militärisch gedrillt wurden und später von hier aus in einen verbrecherischen Angriffskrieg auszurücken hatten, mag bezweifelt werden. Der Grund für die aufgelockerte Gestaltung ist denn auch nicht in ästhetischen oder menschenfreundlichen Motiven zu suchen, sondern im Schutz vor Luftangriffen: Nach Maßgabe der Luftschutz-Vorschriften sollten Kasernenanlagen sich möglichst wenig von ihrem Umfeld abheben und unter anderem durch Baumbepflanzungen der umgebenden Landschaft angeglichen werden.[42]

Den einzigen Bauschmuck der Kasernenhäuser stellen die hoch in der oberen Fassadenzone über den Eingängen aufgebrachten, farbig ausgeführten Stadtwappen dar. Sie repräsentieren insgesamt zehn saarländische Gemeinden von Kirkel bis Saarbrücken und setzten damit einen weiteren regional-landsmannschaftlichen Akzent, ebenso übrigens wie die (später beseitigte) Innenausmalung, deren Entwürfe von dem in der Nachkriegszeit und bis heute hoch geschätzten saarländischen Künstler Fritz Zolnhofer stammten. Dagegen zeigten die Fassadenwappen an den beiden Wirtschaftsgebäuden (A23 und A53) vermutlich militärische Motive wie etwa Truppenkennzeichen. Sie wurden nach dem Krieg entfernt und, jedenfalls am nunmehrigen Präsidialamt (A23), durch das Wappen des Saarstaats ersetzt. Der Kurswechsel nach der Rückkehr des Saarlands zu Deutschland führte dann dazu, dass auch dieses Symbol entfernt wurde, und so zeigen sich beide Wappenfelder bis heute im abgeschabten, unkenntlich gemachten Zustand.[43]

Die Kasernengebäude haben in der allgemeinen Wahrnehmung, wie andernorts auch, die Erinnerung an ihre Ursprünge in einem menschenverachtenden Unrechtsregime bald verloren, wozu auch ihre nüchterne, traditionelle Bauweise beigetragen haben mag. Für die universitäre Nutzung haben sie sich als durchaus zweckmäßig erwiesen; sie werden baulich als ausgesprochen solide und dauerhaft bewertet und bereiten in der Instandhaltung deutlich weniger Probleme als die meisten anderen, wesentlich jüngeren Campusgebäude. Ihre sukzessive Sanierung, die in den 1990er Jahren begonnen wurde und deren Abschluss bis etwa 2030 vorgesehen ist, hat den Gebäuden ein gewissermaßen verjüngtes Aussehen beschert: funktionale Dachgauben und Fenster, aufgehellte Fassadenfarben, zum Teil auch barrierefreie Zugänge zu den Obergeschossen. Beseitigt wurde bei diesen Arbeiten auch die Fassadenberankung mit wildem Wein, die den ehemaligen Kasernenhäusern einen Hauch von Ivy-League-Flair verliehen und sie zu gefragten Fotomotiven hatte werden lassen.

Thilo Offergeld

Frankreich an der Saar: Politik und Kultur

Ganz schön viel Geschichte für ein kleines Land! – Eine Geschichte der 1920er bis 1950er Jahre, die die Menschen an der Saar zunächst nicht selbst bestimmen konnten. Es war der Kohlereichtum, der die Region nach Kriegsende 1918 und 1945 auf die internationale Bühne spülte: freilich nicht als Akteur, sondern als Objekt, als Spielball eines europäischen Interessenausgleichs zwischen Siegern und Besiegten, der 1920 das Völkerbundregime und 1947 den teilautonomen Saar-Staat hervorbrachte. Zweimal – am 13. Januar 1935 und am 23. Oktober 1955 – war die Saar-Bevölkerung allerdings aufgerufen, selbst zu entscheiden, wohin die Reise gehen solle. Die Volksabstimmungen brachten nach leidenschaftlichen Auseinandersetzungen eindeutige Ergebnisse: 1935 entfielen über 90 Prozent auf die Option „Heim ins ‚Dritte Reich'", 1955 über 67 Prozent gegen die Option „europäisches Saarstatut", sprich: für ein Eingliedern der Saar als zehntes Land in die Bundesrepublik.[44]

90,7 Prozent im Jahre 1935: Offenbar bot die seit zwei Jahren errichtete NS-Diktatur als Regime enthemmter Gewalt, Entrechtung und Ausgrenzung keinen hinreichenden Grund, gegen eine Rückkehr nach Deutschland zu stimmen. Die ganze Völkerbund-Ära über hatte Frankreich als Negativfolie im Saargebiet gedient und alle im Deutsch-Sein zusammengeschweißt. Die profunde Nationalisierung des Alltags, die gefühlte „doppelte Opferrolle" durch Kriegsschuld und Abtrennung sowie die nie „verdaute" Niederlage gegen den Nachbarn spielten eine zentrale Rolle. Alles Französische stand unter Vorbehalt, „Frankreich an der Saar" vermochte nie Attraktionspotenzial zu erzeugen. Dies war nach 1945 ganz anders. Denn bei allen Analogien zwischen erster und zweiter Nachweltkriegszeit dominierten die Unterschiede, Bruchlinien und Lernprozesse derer, die neue Geschäftsgrundlagen schaffen wollten.

Lernen aus der Vergangenheit 1945, das hatte auf deutscher Seite mit dem Ausmaß der Katastrophe zu tun: Weltkrieg und Kapitulation, Verbrechen und Holocaust. Der Zivilisationsbruch überstieg alles Begreifbare und machte ein erneutes Verschanzen hinter Dolchstoßthesen undenkbar. Auch auf französischer Seite waren Lernprozesse greifbar, gerade unter den oft jungen Politik-Akteuren aus Résistance-Kreisen. Die Idee, die Saar könne etwas anderes als deutsch sein, war vom Tisch; Annexionsabsichten mochten 1945 in der Luft liegen, fanden aber nie Eingang in die politische Praxis. Hauptziele in Paris waren „Kohle und Kultur": Kohle für den Wiederaufbau der ausgebeuteten „Grande Nation", Kultur für gesellschaftliche Demokratisierung und kooperatives Miteinander.

Dazu diente auch eine beherzte Hochschulpolitik. Charles de Gaulle selbst war es, der in der Besatzungszone das Einrichten einer Dolmetscherschule in Germersheim und das zügige Eröffnen der Universitäten Freiburg, Tübingen und Mainz vorantrieb. An der Saar war es der französische Vertreter vor Ort, Gilbert Grandval, ◂◂ der im Schulterschluss mit Ministerpräsident Johannes Hoffmann die Gründung eines Hochschulinstituts, dann der Universität des Saarlandes durchsetzte. Beide strebten einen möglichst autonomen Kleinstaat an: als Brücke zwischen Deutschland und Frankreich und als Symbol für ein neues Europa. Und dazu bedurfte es selbstbewusster einheimischer Akademiker und Eliten, nunmehr ausgebildet an der Saar-Universität. Zugrunde lagen diesem Konzept ebenfalls Lernprozesse, die an der Saar stark in den Lebens- und Emigrationserfahrungen derer wurzelten, die 1935 – wie Johannes Hoffmann – aus Sorge um Leib und Leben fliehen mussten.[45]

▸ Biogramm S. 34

Zu Teilautonomie und Wirtschaftsanschluss sah niemand 1945/46 gangbare, geschweige denn attraktivere Alternativen. London und Washington hielten von Anfang an die Pariser Wirtschaftsinteressen für legitim. Die nationale Frage war gedeckelt, einen deutschen Staat gab es nicht mehr. Und allem Europäischen blies der Wind die Segel. Auch materiell zahlte sich der Status für die Menschen aus: keine Demontagen, kaum Ostflüchtlinge, mehr Lebensmittel und materielle Besserstellung. Der Saar-Staat mit seiner Verfassung im Dezember 1947 war wiederum das Ergebnis französisch-saarländischer Zusammenarbeit. Kaum jemand fand das prinzipiell ehrenrührig. Der Text selbst orientierte sich an deutschen Vorbildern; erstmalig ließen sich auf seiner Basis breitere Erfahrungen mit parlamentarischen Spielregeln und gewählten Politikern sammeln, die die Saar „aus dem Land heraus" regierten.

Gewiss war die Saar der „Ära Hoffmann" kein demokratischer Musterstaat, aber auch kein autoritäres Regime wie

Saarländische Eigenständigkeit sollte auch durch den Sport entwickelt werden: die Mannschaft des Saar-Staats bei der Internationalen Hochschulsportwoche 1955 in San Sebastián.

in Portugal oder Spanien. „Johos" paternalistisches Regierungsverständnis und die Skepsis, was das damalige Verinnerlichen demokratischer Werte anging, teilte Hoffmann mit manch anderen Staatslenkern in Westeuropa, auch mit Konrad Adenauer. Erst nach und nach verschlechterte sich das Klima, schwand die Rückendeckung des Saar-Staats. Wegen verstärkter Pressezensur und restriktiver Parteienzulassung, vor allem wegen der Bundesrepublik, die seit 1949 eine Projektionsfläche des Deutsch-Seins bot. Ihre Attraktivität stieg, politisch wie wirtschaftlich, während in Paris weiter die Regierungen purzelten und Kolonialkriege auf der Agenda standen. Auch das Scheitern der Europäischen Verteidigungsgemeinschaft 1954 war ein herber Dämpfer für alle Europabewegten der Zeit.[46]

Dass im Oktober 1955 trotz widriger Begleitumstände ein gutes Drittel der Wählerschaft einer autonomen Saar in Europa eine Chance geben wollte, auch das hat mit Lernprozessen zu tun. Nicht weniger mit Errungenschaften: auf dem Gebiet wohlfahrtsstaatlicher Absicherung oder im privaten Wohnungsbau; mit dem Saarländischen Rundfunk, der Saar-Uni oder den Vorläufern von Kunst- und Fachhochschule etablierten sich damals innovative Institutionen, die deutsch-französische und europäische Mehrwerte bescherten. Frühe Europäisierungsmuster im Alltäglichen gingen zurück auf forcierte Begegnungsmöglichkeiten, gerade in der Hochschullandschaft, auf prägende Frankreichaufenthalte für junge Leute oder auf „buntere" Konsum-, Kultur- und Musikwelten, die über Frankreich Einzug hielten. Dass Europäisierung umstandslos einherging mit einem wachsenden Bewusstsein saarländischer Eigenständigkeit, zeigte sich im erregten Mitfiebern mit Saar-Sportlern bei internationalen Wettbewerben.

„Frankreich an der Saar": das war nach 1945 keine Geschichte mehr, in der „Französisches" unter Quarantäne stand. Bei allen kulturellen Missverständnissen im Kleinen gestaltete sich das Miteinander im Großen entspannter als nach 1918. Im Gegensatz zu den Völkerbund- und den zehn Saar-Jahren des „1000-jährigen Reiches" sind in der „Franzosenzeit" zwischen 1945 und 1955 zahlreiche Momente, Institutionen und Praktiken auszumachen, die die Saar-Geschichte als eine europäische Geschichte ausweisen. Gerade im „gelebten Europa", gerade in Kultur, Medien und Bildung, nicht zuletzt an der Universität des Saarlandes, gab es eine Menge Kontinuität über 1955 hinaus.

Dietmar Hüser

Festsaal- und Bibliotheksgebäude Homburg

Das Festsaalgebäude der ehemaligen Pfälzischen Heil- und Pflegeanstalt, späteren Generationen als Bibliothek der Medizinischen Fakultät bekannt, nahm im Bauensemble der damaligen Krankenhausanlage eine herausgehobene Stellung ein. ◂◂ Zentral gelegen am sternförmigen Zusammenlauf der Anstaltswege war es als einziges Gebäude nicht parallel, sondern in Schrägstellung in den fächerförmig angelegten Gesamtkomplex eingefügt. Als „Gesellschaftshaus" bot es den Klinik-Angehörigen Raum für verschiedenste Formen der Freizeitgestaltung und festlicher Veranstaltungen und besaß dadurch eine besondere Bedeutung. Vor allem aber war es architektonisch das (neben der Kirche) mit Abstand am kunstvollsten gestaltete Gebäude der Anlage, als einziges durchgängig im damals noch neuen Jugendstil ausgeführt.[47]

▸ *Bauliches Erbe I* S. 26

Das elegante Haus, in der Grundsubstanz bis heute erhalten, zeigt sich seiner zentralen Lage entsprechend von allen vier Seiten attraktiv gestaltet, ein bandförmiger Schmuckfries umläuft den gesamten Baukörper. Die Hauptfassade zum Vorplatz prägt ein flacher, durchfensterter und ornamental geschmückter Blend-Portikus, also eine auf die Fassade aufgebrachte, gewissermaßen nur angedeutete Säulenarchitektur. Sie wird überwölbt von einem bogenförmigen Giebel, der das Baujahr 1909 anzeigt, und beidseits gerahmt durch zwei Eingänge, dem psychiatrischen Grundkonzept gemäß getrennt für Frauen und Männer. Auch die gegenüberliegende Nordseite war ursprünglich baulich akzentuiert, und zwar durch angefügte Veranden, die in Laubengänge, Gartenhof und Terrasse mit Treppen- und Brunnenanlage ausliefen.

Die historische Zeichnung zeigt den ursprünglichen Zustand der Schaufassade. Das frühere Festsaalgebäude ist der einzige wirkliche Jugendstil-Bau des Homburger Klinikensembles.

Jahrzehntelang wurde das Gebäude als Bibliothek genutzt und im Inneren entsprechend umgebaut. Heute dient es nur noch als Bücherspeicher, eine Sanierung ist überfällig.

Im Inneren lagen über einem Kellergeschoss, das die technische Ausstattung aufnahm, ebenerdige Funktionsräume wie Garderobenanlagen (auch diese nach Geschlechtern getrennt), Musikzimmer, Lesezimmer und Requisitenräume. Der große, zentrale Festsaal vermittelte durch den Lichteinfall des Portikus sowie der hoch angebrachten, querovalen Fenster eine helle, einladende Freundlichkeit und war durch Wandbemalung in geschwungenen Formen opulent dekoriert. Gegenüber dem Portikus, der im Innenraum als Empore ausgearbeitet war, befand sich eine aufwendig mit Kulissentechnik und Beleuchtungsanlage ausgestattete Bühneneinrichtung mit Platz für Orchester oder Chor.

In seiner kunstvollen, aber zurückhaltenden Würde, die bei allem architektonischen Aufwand jede Monumentalität vermied, steht das Gebäude in einer Reihe mit erstrangigen Avantgarde-Bauten seiner Zeit, etwa der Darmstädter Mathildenhöhe. Im Lauf der Jahre hat es freilich beträchtliche Änderungen erfahren, so wurden vor allem die Veranden und Laubengänge entfernt, die umgebende Gartenanlage aufgegeben.

Auch die Nutzung als Bibliothek, welche die zurückliegenden Jahrzehnte bestimmte, brachte erhebliche Eingriffe mit sich. So wurde in den Festsaal, der als zentraler Bibliotheksraum eine zweite Nutzungsebene für Bücherregale erhalten sollte, eine umfangreiche Stahlkonstruktion eingefügt, außerdem eine hölzerne Wandverschalung angebracht. Freilich vermochte das Gebäude, innen inzwischen vielfach zergliedert und verwinkelt, weder strengeren Arbeitsschutzbestimmungen noch nutzerorientierten Lernraumkonzepten auf die Dauer zu genügen. Schon 1964 kritisierte der Wissenschaftsrat in einem Gutachten die räumliche Bibliothekssituation in Homburg als „unzureichend" und empfahl „so bald wie möglich" die Erstellung eines Neubaus. Doch erst im Jahre 2021 erfuhr die Bibliothek im neu errichteten Hörsaalgebäude ▸▸ eine neue Unterbringung, freilich in deutlich reduzierten Dimensionen, was nicht zuletzt dem Bedeutungsverlust papiergestützter Informationsquellen gerade im Fach Medizin geschuldet ist. Das Festsaalgebäude, der architekturhistorisch wohl bedeutendste Bau der Universität, bedarf dringend der Sanierung. Vorläufig dient es derzeit noch als Bücherspeicher, seine zukünftige Nutzung ist offen.[48]

Hörsaalgebäude S. 276

Ute E. Flieger / Bernd Hagenau

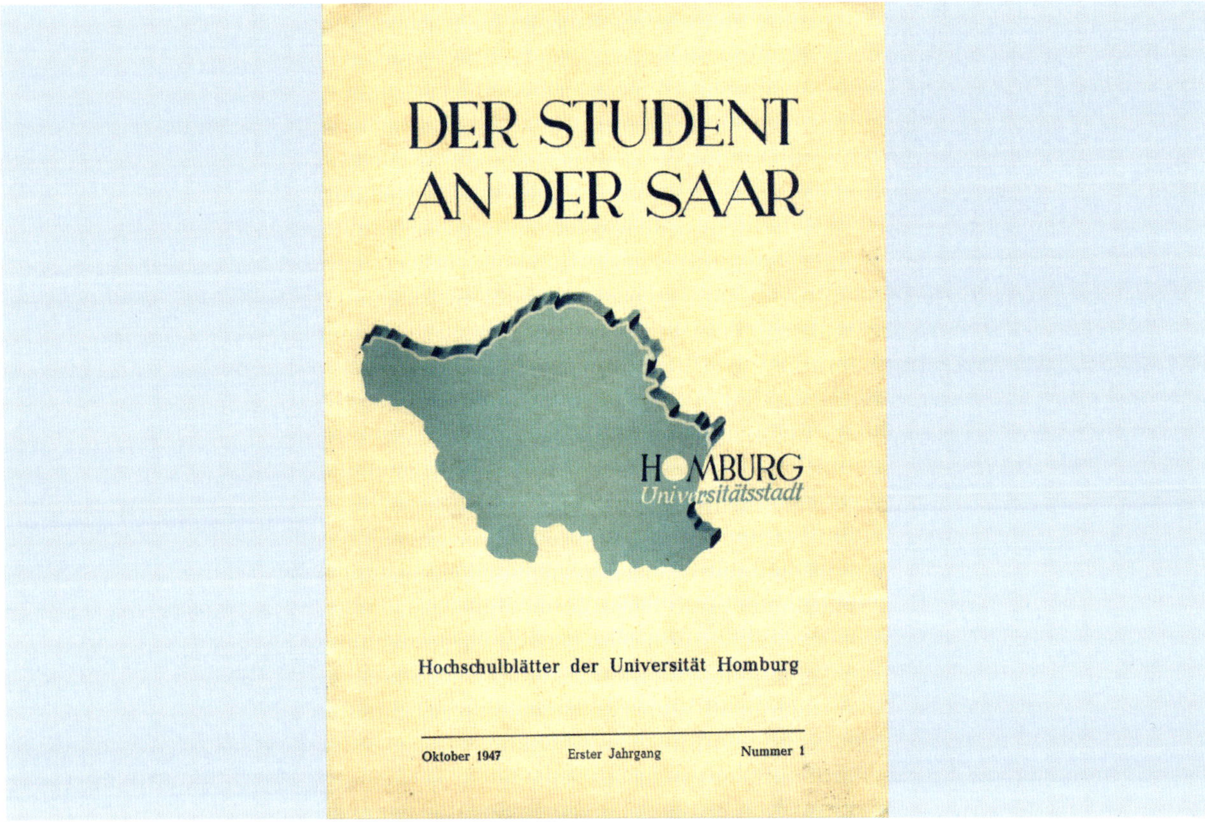

Erste studentische Zeitschrift

Als Organ der im Juni 1947 gegründeten „Vereinigung saarländischer Studenten“ eröffnete „Der Student an der Saar“ im Oktober 1947 die bis zum heutigen AStA-Magazin „Champus“ reichende Reihe studentischer Periodika. Die Zeitschrift sollte nicht nur den Kontakt mit den saarländischen Studierenden in Frankreich herstellen, sondern auch insgesamt im Zeichen der Völkerverständigung „eine Verbindung zwischen der saarländischen studentischen Jugend und der französischen … schaffen“.

Nach vier Ausgaben bis zum Jahresbeginn 1948 stellte die Zeitschrift wegen der Währungsumstellung ihr Erscheinen ein. Während in der ersten Nummer vor allem die Feierlichkeiten zur Eröffnung des Homburger Hochschulinstituts am 8. März 1947 ◀◀ dokumentiert sind, finden sich ansonsten in den Heften vielfältige Informationen über den Homburger Studienalltag, die Aktivitäten der Studierendenschaft und die Gründung des Universitätssportverbandes Saar, daneben auch philosophische Reflexionen über das Selbstverständnis und die Erwartungen der Studierenden im Zeichen des Neubeginns nach den Erfahrungen der Diktatur.

▶ *Panzerspalier* S. 17

Kurios ist aus heutiger Sicht die Bezeichnung des Hochschulinstituts als „Universität Homburg“, die natürlich keinen offiziellen Charakter hatte. Es kursierten damals zahlreiche Benennungen für das noch ungewohnte und in seiner institutionellen Zuordnung auch ungewöhnliche Institut, das im Oktober 1947 noch zur Universität Nancy gehörte.[49]

wm

Wiederentdecktes Wandbild

Bei einer Renovierung im Oktober 2013 fand sich unter der Tapete im Dienstzimmer des Leiters des Haushaltsreferats im ersten Obergeschoss des Präsidialamtes diese zunächst rätselhafte Wandbemalung: Ein Löwenkopf in einem fünfzackigen grünen Stern, umrahmt von einem arabischen Schriftzug, dazu die Buchstaben T links und M rechts sowie die Zahl 5. Die Recherchen des Universitätsarchivs ergaben, dass sich damit 1945 oder 1946 das 5. Regiment der „Tirailleurs Marocains", der marokkanischen Schützen, verewigt hatte, als die Kasernengebäude nach dem Krieg von französischen Besatzungstruppen genutzt wurden. ››

Diese zum französischen Heer gehörende und in Marokko zur Ausbildung einheimischer Rekruten stationierte Infanterieeinheit war 1920 als „5e régiment de marche de tirailleurs marocains" gegründet worden. Ihr Wahlspruch lautete „sans peur et sans pitié", „ohne Furcht und ohne Mitleid", und eben dies erwies sich als Inhalt des arabischen Schriftzugs im Wandzeichen.

Das Regiment gehörte 1923 zur französischen Besatzung des Rheinlandes, kämpfte kurz darauf in Marokko gegen die Unabhängigkeitsbestrebungen und war im Zweiten Weltkrieg zunächst in Italien eingesetzt. 1944 war es Teil der 1. Französischen Armee, die im Elsass und im Schwarzwald kämpfte und sich nach Kriegsende wohl kurz im Saarland aufhielt. Das Regiment wurde 1946 aufgelöst, aber 1950 im Zeichen des Indochina-Krieges erneut aufgestellt und existierte bis 1965.[50]

wm

▶ *Kaserne* S. 32

Die Toreinfahrt

Wer von der Stadt aus zur Universität fährt, erreicht den Campus auch heute noch in der Regel durch die Toreinfahrt der früheren Below-Kaserne. Der markante Portal-Bogen ist mit seinen mächtigen, unverputzten Sandsteinblöcken und den auffälligen Fassadenfeldern eines der prägnantesten Gebäude der Universität; er begrüßt heute die Eintretenden mit dem Namens-Transparent der Universität des Saarlandes samt Eulen-Logo und dürfte als Entree-Bau zu einem Universitätsgelände in Deutschland einzigartig sein.

Kaserne S. 32

Seine Wirkung verdankt der Bau nicht zuletzt der erhöhten Position als Zielpunkt der vom Meerwiesertal her ansteigenden Zufahrtsstraße – man nähert sich ihm also unweigerlich von unten her. Hinzu kommen die wehrhafte Wuchtigkeit seiner fensterlosen Fassadenmauer und die Zwischenstellung inmitten der beiden angrenzenden Stabs-Gebäude, durch welche die Anlage beinahe an ein Burgtor erinnert. Verstärkt wird dieser Eindruck durch bauliche Elemente wie die oben abschließende massive Sandstein-Balustrade, durch das schmiedeeiserne Torgitter, das aus Kasernenzeiten erhalten und bis heute funktionsfähig ist, und durch die beiden niedrigen Seitengänge neben dem Haupt-Torbogen.

Die Below-Kaserne hatte außer diesem Haupteingang wohl nur kleine Seitenpforten, und da die Kasernenmauer seinerzeit das gesamte Areal umschloss, kam dem Torbau damals eine ungleich höhere funktionale Bedeutung zu. Dies galt auch noch für die Frühzeit der Universität, in der sowohl der Haupt- wie auch der seitlich hinten gelegene Nebeneingang zum Campus abends um 22 Uhr geschlos-

Das Foto von 1943 zeigt die Gestaltung der Einfahrts-Fassade während der Kasernen-Zeit: Reichsadler mit Hakenkreuz und Namenszug, darunter die Figurengruppen der Soldaten und der Bergleute.

sen wurden, so dass die Bewohnerinnen und Bewohner der Studentenheime, wie sich die damalige Studentin Regina Paquet erinnerte, nicht selten zu nächtlichen Kletteraktionen über die Mauer genötigt waren.[51]

Zeitzeugnis Paquet S. 48

Innerhalb des Torbaus, auf der rechten Seite, war auch die Kasernenwache untergebracht, wahrscheinlich außerdem einige Arrestzellen. Eine Hauptfunktion des Portals bestand jedoch zweifellos in der repräsentativen Außenwirkung seiner Fassadenmauer, die ihren zentralen Inhalt ursprünglich in der (nach dem Krieg entfernten) Skulpturengestaltung hatte: In der Mitte dominierte ein großer, geometrisch stilisierter Reichsadler mit Hakenkreuz und waagerecht ausgebreiteten Schwingen samt dem Schriftzug „Below-Kaserne" fast die gesamte Breite der Mittelachse. Seitlich in den Nischenfeldern über den Seitengängen waren zwei Figurengruppen zu sehen: links zwei Soldaten, mit abgesetztem Gewehr oder mit Fernglas in den Händen als Wachende dargestellt, rechts zwei Bergleute, von denen einer eine Grubenlampe hielt. Neben das NS-Hoheitszeichen als zentraler Standardvorgabe trat also, wie im Kasernenbau der 1930er Jahre üblich, die Präsentation regionaltypischer Besonderheiten, hier speziell der Bezug auf den Bergbau.[52]

Bauliches Erbe II S. 36

Alle drei Fassadenelemente wurden nach dem Krieg beseitigt, vermutlich bereits durch die einrückenden alliierten Truppen. Dies war keineswegs grundsätzlich und überall der Fall, wie zahlreiche erhaltene Beispiele von Kasernen-Bauschmuck aus der NS-Zeit zeigen, besonders prominent etwa bei der früheren „Großdeutschlandkaserne" in Heidelberg. Nicht ganz selbstverständlich erscheint auch der Umstand, dass die leeren Fassadenfelder in der Folgezeit nicht wieder mit Symbolen oder Inschriften gefüllt wurden – angesichts der politisch richtungsweisenden Umnutzung der Militärkaserne für die friedliche Bildungsinstitution Universität hätte dies eigentlich nahegelegen. In der französischen Zeit wurde lediglich ein schlichtes Namensschild mit dem zweisprachigen Universitätsnamen (Universität des Saarlandes – Université de la Sarre) im mittleren Feld angebracht, zunächst in einer wohl improvisierten kleinen, später dann in einer das Feld vollständig ausfüllenden größeren Version. Nach dem Referendum von 1955, in dessen Folge die Saar-Uni ins deutsche Hochschulsystem wechselte und ihre Zweisprachigkeit aufgab, wurde das Schild wieder entfernt, ebenso wie übrigens die zweisprachigen Institutsschilder an den Eingängen der Universitätsgebäude.[53]

Nach dem Krieg wurden die Skulpturen entfernt. Die Fassadenfelder blieben leer, außer dem mittleren, das bis 1956 ein zweisprachiges Namensschild zeigte. Eine veränderte Version wurde 2008 erneut über dem Torbogen angebracht.

Erst 2008, zum 60-jährigen Universitätsjubiläum, wies man durch die Anbringung einer zweisprachigen, zudem mit den Europa-Sternen versehenen Namenstafel erneut auf das völkerverbindende Element hin, das die Universität traditionell auszeichnete und das sie nun auch buchstäblich „im Schilde führte". Seit den späten 2010er Jahren zeigt sich das Schild – dem Trend der Zeit gemäß, jedoch auf Kosten der historischen Schlüssigkeit – ergänzt um eine dritte, englische Version. Im Jubiläumsjahr 2023 war allerdings eine Rückkehr zur Zweisprachigkeit in Vorbereitung, im Sinne eines Bekenntnisses zur französisch-deutschen Geschichte der Universität.[54]

Thilo Offergeld

ZEITZEUGNIS

Regina Paquet

Studentin der ersten Stunde in Homburg und Saarbrücken

Geboren 1927, Schulzeit in Saarbrücken und im Internat Salem, 1947–1952 Studium der Germanistik, Anglistik und Geographie an der UdS, Lehrerin am Robert-Schuman-Gymnasium in Saarlouis bis 1989, gestorben 2017.
Die Texte sind Auszüge aus ihrem 1996 erschienenen Erinnerungsbuch „Ab ovo – Aus den Anfängen der Universität des Saarlandes".

Anfänge in Homburg

„Die deutschen Universitäten waren hoffnungslos überlaufen mit heimkehrenden Kriegsteilnehmern, da hatte ein halber ‚Ausländer' aus dem Saarland keine Chance. … So vernahmen wir denn mit Freude die Frohbotschaft von der Eröffnung eines ‚Institut d'études supérieures' in Homburg. *Ganz* genau, was das war und wie gemeint, wußten wir allerdings nicht – was wiederum keine Schande war. Denn ganz genau wußte das überhaupt niemand, nicht einmal die Initiatoren dieses Etablissements. … Wenn ich alles zusammenrechne, was ich heute weiß und damals erlebte, so komme ich unausweichlich zu dem Schluß, daß das Homburger Institut offenbar eine Verlegenheitslösung war, mit der alle Beteiligten nicht glücklich waren, mit der sie aber vor allen Dingen zunächst einmal Zeit gewinnen wollten, um ihre ziemlich weit auseinandergehenden Vorstellungen von einer optimalen Lösung der Studienfrage für junge Saarländer zu einem späteren, günstigeren Zeitpunkt verwirklichen zu können."

Der Einfluss Frankreichs

„Aber zweifellos waren ein dauernder wirtschaftlicher Anschluß an Frankreich und eine möglichst weitergehende kulturelle Umpolung der Saarländer das Ziel und der Auftrag Grandvals ◂◂. Die Situation war für beides denkbar günstig. Mir ist unbegreiflich, wie man die Absicht zur ‚pénétration culturelle' überhaupt anzweifeln kann. Wir haben sie erlebt, wir haben in ihr gelebt, sie mit jedem Atemzug eingeatmet, standen ihr tagtäglich gegenüber. Eine kulturelle Diaspora wie unser Saarländchen war ja von einem Kulturgiganten wie Frankreich nicht eben schwer zu überwältigen. Das Homburger Institut war das Fließband, das uns mit sanfter oder auch nicht ganz so sanfter Gewalt in die Arme der französischen Kultur transportieren sollte."

▸ Biogramm S. 34

Anfänge in Saarbrücken

„Alle alten Wehrmachtsbauten waren von uns im Originalzustand übernommen worden – die hallenden Steinkorridore, die spartanischen Waschräume und Latrinen, die steinernen Treppenhäuser, in denen man noch die ‚Knobelbecher' der Soldaten dröhnen zu hören glaubte, die großen Zimmer, die ursprünglich als ‚Stube 26, belegt mit acht Mann' dem Unteroffizier vom Dienst gemeldet worden sein dürften, während wir sie nun zu viert bewohnen durften! Die Einrichtung war genauso spartanisch wie in Homburg, sie war ja zum Teil auch einfach von dort nach Saarbrücken transportiert worden. Ich entsinne mich, dass meine ersten Tage im neuen Quartier mit dem Verglasen von Fenstern ausgefüllt waren. Denn die Gebäude waren in einem desolaten Zustand, und wir mußten selber zupacken, um sie bewohnbarer zu machen. Die Kaserne hatte ja immerhin drei Jahre leergestanden und aufbaubeflissene Hausbesitzer aus den umliegenden Ortschaften hatten die Ziegel vom Dach und die Türen aus den Zimmern geklaut … und vor allem waren die Tiere des Waldes in das verlassene Gemäuer eingezogen und nur außerordentlich schwer zu bewegen, uns nun Platz zu machen. Gegen die Mäuse haben wir jahrelang einen erbitterten Kleinkrieg geführt, dessen Ausgang noch völlig offen war, als ich das Studentinnen-Wohnheim 1951 verließ."

„Den Campus schlossen nach hinten drei weitere Gebäude ab, links das Wohnheim für Studenten, rechts das für Studentinnen. Diese waren strikt ‚off limits' für Angehörige des jeweils anderen Geschlechts, und die trickreichen Verstöße gegen dieses Gebot nahmen einen beträchtlichen Teil unseres Erfindungsreichtums, unsere Energie und unsere Zeit in Anspruch. Der etwas kleinere Bau zwischen den Wohnheimen beherbergte die Mensa, wo wir unsere Atzung einnahmen und unsere Feste feierten. Rund um das Ganze schloß eine solide Mauer die Lücken zwischen den Gebäuden. Die günstigste Stelle zum Überklettern derselben befand sich in der linken hinteren Ecke in der Nähe des Ausgangs nach der Bushaltestelle zu. Notwendigkeit zu dieser sportlichen Hochleistung ergab sich aus der Tatsache, daß beide Zugänge zum Campus selbstverständlich um 22h geschlossen wurden."[55]

ZEITZEUGNIS

Ludwig Limburg

Anführer des Homburger Studentenstreiks, erster Präsident der Studentenschaft

Geboren 1923, nach Kriegsdienst und Bergmannstätigkeit in der Grube Camphausen 1947 Studium des Bergbauwesens in Homburg, kommissarischer Präsident der Association des Etudiants Sarrois (AES), 1948 Jurastudium in Saarbrücken, Präsident der Studentenschaft, 1949 wegen kritischer Äußerungen der Universität verwiesen; gestorben 2000.
Die Textauszüge basieren auf einem 1992 geführten Zeitzeugengespräch.

Schwierige Studienbedingungen

„Nach einer Bescheinigung war ich im Studienjahr 1947/48 ‚ordentlicher Studierender in der bergbaulichen Fakultät der Universität des Saarlandes' und hörte ‚in den beiden Semestern des vorgenannten Studienjahres die Vorlesungen der M.P.C [Mathematik, Physik, Chemie].' Die technische Ausstattung der Universität Homburg bestand damals nur auf dem Papier. Abgesehen von geplättelten Räumen und Toiletten war in den Regalen der Bibliotheksräume kein einziges Buch, in den naturwissenschaftlichen Labors kein einziges Reagenzglas zu finden. Der Unterricht – ich war kurzzeitig auch als Moniteur in der Physik tätig – beinhaltete demnach keine Praxis, sondern reine Theorie. Eine Ausnahme bildete die Medizinische Fakultät, die auf die Einrichtungen des Landeskrankenhauses zurückgreifen konnte und an der teilweise ordentliche, d. h. habilitierte Professoren lehrten."

Die Rolle der Studierenden

„Ohnehin wurde Homburg in seinen Anfängen besonders durch den Geist der Studenten geprägt, und in der Erinnerung betrachte ich den Studentenstreik im Mai 1948 als eigentliche Gründungsphase der Universität des Saarlandes. Die Studentenschaft hatte nämlich nach alter, nicht nur in Deutschland, sondern auch in Europa geltender studentischer Tradition das Heft in die Hand genommen, um das ‚Siebenmonatskind Universität' aus der Taufe zu heben. Nach meiner Einschätzung zeigt der historische Rückblick das französische Bestreben, wie in Elsaß-Lothringen über die französische Sprache französische Kultur in das Saarland zu importieren. Dazu hatte das Hohe Kommissariat in der Person des damaligen Kultusministers Emil Straus einen willfährigen Handlanger gefunden, der bereits in der Volksschule den Französisch-Unterricht einführte."

Der Studentenstreik – Entscheidende Gespräche

„Eine Entscheidung war gefordert: Entweder: Wir bekamen eine richtige Universität, oder wir setzten unser Studium an deutschen Universitäten fort. … Alle Studierenden – rund 300 hatten sich eingefunden – billigten unsere Resolution. Demnach wollte die gesamte Studentenschaft nichts anderes, als an der Universität – in der Einheit von Forschung und Lehre – zu studieren. Am Nachmittag des gleichen Tages fuhr ein schwarzer Mercedes in Homburg vor, mit dem Auftrag, uns sofort nach Saarbrücken zum Hohen Kommissariat zu bringen. Mit sehr gemischten Gefühlen bestiegen wir den Wagen, um in Saarbrücken einen sehr aufgebrachten Gilbert Grandval ▸▸ anzutreffen. Da ich nicht sonderlich gut französisch sprach, bat ich um einen Dolmetscher, um so auch die für die Übersetzung erforderliche Zeit zu weiteren Überlegungen zu nutzen.

▸ Biogramm S. 34

Zu Beginn der lange andauernden Diskussion versuchte der Hohe Kommissar wieder, mir zu unterstellen, im Auftrag dieser oder jener politischen Gruppierung zu handeln. Im Mittelpunkt der Unterredung, die ich heute in der Rückschau als Gründungstag der Universität des Saarlandes bezeichnen möchte, standen die Dialoge zwischen Grandval und mir als Vizepräsident des AES. Allmählich konnte ich Grandval von der Sachlichkeit unseres Anliegens und den Belangen der Studentenschaft überzeugen. Aus späteren Reaktionen des Hohen Kommissars geht eindeutig hervor, daß er von der Sachlichkeit unserer Argumente wirklich überzeugt schien.

Bei unserer Rückkehr aus Saarbrücken war bereits der Homburger Bürochef der Sûreté [der französischen Geheimpolizei] Simonon in meiner Studentenbude erschienen, um ebenfalls die vermeintlichen politischen Hintergründe des Streiks zu erfahren."[56]

Kapitel 2

Anfänge und französische Zeit:

1948–1956

HOMBURG

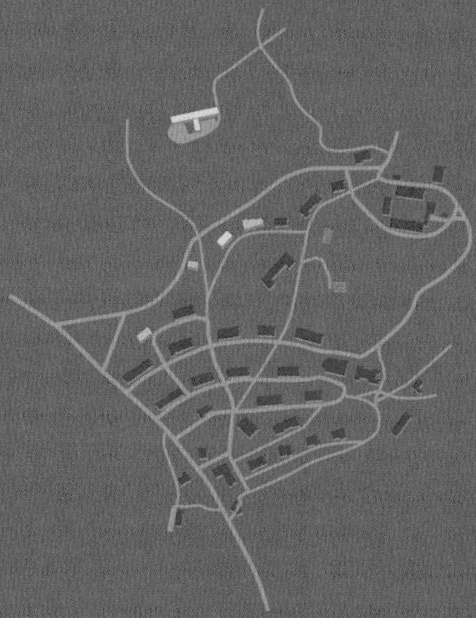

SAARBRÜCKEN

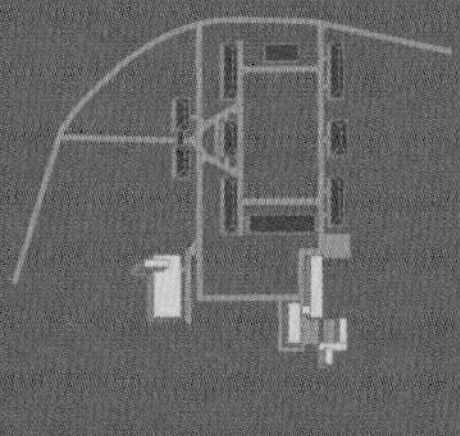

Ein neuer Anfang

Am 15. November 1948, einem Sonntag, wurde das Gründungssemester der Universität des Saarlandes feierlich eröffnet; Prorektor Carl Erich Alken erklärte bei der Immatrikulationsfeier, die noch im alten Festsaalgebäude in Homburg stattfand, ◂◂ den Tag zum eigentlichen Geburtstag der Universität. In den Eröffnungsreden stellten französische und saarländische Vertreter die Universitätsgründung erneut ausdrücklich unter das Ziel der internationalen Versöhnung und Verständigung; eröffnet werde eine Universität, die, in den Worten des Hochkommissars Grandval, „nicht nur die Bildung der saarländischen Elite, sondern auch, über nationale Vorurteile hinaus, die Annäherung der Jugend ermöglicht, die das Europa von morgen gestalten wird".[1]

Festsaalgebäude S. 42

Konkret richteten sich die Hoffnungen aller Beteiligten, besonders die der rund 600 Studierenden, auf ein Ende der mühseligen Provisorien und auf eine durchgreifende Verbesserung vor allem der Raum- und Ausstattungssituation durch den Neustart in den früheren Kasernengebäuden im Saarbrücker Stadtwald. Die Einschreibezahlen belegten die neue Zuversicht: Während das Homburger Institut zuletzt immer mehr Studierende verlassen hatten, stieg die Zahl der Immatrikulierten zum Wintersemester 1948/49 um mehr als 50 Prozent. Und die neuen Räumlichkeiten bedeuteten natürlich eine erhebliche Entlastung, sowohl für die in Homburg verbliebenen medizinischen und naturwissenschaftlichen Fächer als auch für die Institute, die sich in Saarbrücken neu einrichteten: Das Gebäude 4 (heute A2 2) bezogen die Rechtswissenschaftliche und die Philosophische Fakultät, den Nachbarbau (A2 3) die Verwaltung und das Rektorat. Das frühere Unteroffizierskasino wurde als Mensa genutzt (A5 3), die rechts und links angrenzenden Häuser (A5 1, A5 4) als Wohnheime. Auch in anderen Gebäuden, etwa dem heutigen A2 2 neben der Toreinfahrt, waren noch Wohnungen eingerichtet, weil der Bedarf an Wohnraum auch bei den Universitätsbeschäftigten weiterhin groß war.

Freilich waren auch mit dem Saarbrücker Universitätsprojekt noch beträchtliche Probleme verbunden. Nicht nur dass die Lehr- und Lernbedingungen in den notdürftig umgebauten Kasernenbauten zunächst nur bescheidene Anfänge erlaubten, auch der rechtliche Status der neuen Hochschule

Der Blick vom Rektorat zur Toreinfahrt um 1950. Autos, wie hier links im Bild, waren auf dem Campus selten; die Studenten in der Bildmitte können daher auch unbedenklich auf der Straße stehen. Am Fahnenmast die Flagge des Saar-Staats.

Vor dem ehemaligen Mannschaftsgebäude im Vordergrund ist der frisch angelegte Botanische Garten zu sehen. Hinter dem Haus die große Werkstatthalle, die als einziges Kasernengebäude später abgerissen wurde.

war noch unsicher. Denn die Gründung der Universität und ihre – nicht zuletzt finanzielle – Unterstützung durch Frankreich waren zwar im saarländisch-französischen Kulturabkommen verankert worden, es fehlte allerdings noch dessen Ratifizierung durch das französische Parlament, die sich immer weiter verzögerte. Wichtige rechtlich-administrative Entscheidungen im Aufbau der Universität, gerade auch Personaleinstellungen, waren damit verzögert oder erschwert.

> *„Die Gründung einer Universität muss einer neuen Idee, einem neuen Ziel entsprechen. Es handelt sich darum, diese Universität, an der Professoren und Studenten verschiedener Sprachen zusammenkommen werden, zum Werkzeug einer wahrhaft europäischen Gesinnung zu machen."[2]*
> *Gründungsrektor Jean Barriol*

Ein bedeutendes, atmosphärisch geradezu entscheidendes Signal war in dieser Situation der Besuch, den Robert Schuman, der französische Außenminister und Architekt der europäischen Einigung, im Dezember 1948 der gerade gegründeten Universität abstattete. Durch die Geste des Besuchs selbst und durch den großen persönlichen Eindruck, den Schuman mit seiner zugewandten Art bei den Beteiligten hinterließ, war viel Zutrauen in eine erfolgreiche Zukunft der jungen Universität gewonnen.[3]

Jean Barriol, seit September der erste Rektor der Universität, ▸▸ war soeben erst als Chemie-Professor nach Nancy berufen worden, hatte also keinerlei einschlägige Leitungserfahrung. Er darf als Kandidat des dortigen Rektors Pierre Donzelot gelten, der schon beim Homburger Hochschulinstitut Pate gestanden hatte und auch jetzt als Vorsitzender des Verwaltungsrats der Universität mehr Macht in den Händen hatte als der Rektor selbst. Barriol persönlich war zudem von eher zurückhaltender Natur und wohl weder willens noch in der Lage, der jungen Universität seinen Stempel aufzudrücken.

▸ *Biogramm* S. 63

Unter den mannigfachen Schwierigkeiten der Anfangsjahre war nicht die geringste die der Berufung von Professoren. Denn für französische Wissenschaftler hätte ein Wechsel ins Saarland ein Risiko für die Fortsetzung ihrer Karriere in Frankreich bedeutet, hinzu kamen die zahlreichen Defizite und Mängel in Hinsicht auf Bauten, Ausstattung und Wohnungen, so dass auch viele der Nancyer Professoren, die bislang in Homburg gelehrt hatten, sich bald zurückzogen. Dagegen konnte die Universitätsleitung bei Verhandlungen mit deutschen Professoren (es ging in dieser Zeit ausschließlich um männliche Personen) auf den höheren Lebensstandard verweisen, der an der Saar im Vergleich zu Deutschland dank der französischen Unterstützung zu erwarten war. Doch in vielen Fällen verhinderten auch hier bürokratische Schwierigkeiten und die anfängliche Beschränkung auf befristete Verträge den Wechsel über die Grenze. Hinzu kamen politische Probleme durch Fragen der NS-Belastung, aber auch der Einstellung der deutschen Kandidaten zur politisch heiklen Saarfrage, bei der sich nicht selten die französische Sicherheitspolizei sehr rasch ins Geschehen einschaltete.

Familiäre Atmosphäre auf dem Campus: Rektor Angelloz mit Mitgliedern der Studentenvertretung.

Studierende treiben die Universität voran

Da sich somit die Professoren noch keineswegs als akademische Körperschaft zusammengefunden hatten und auch der Aufbau einer handlungsfähigen Verwaltung manche Rückschläge zu erleiden hatte – im September 1949 kündigte sogar der verdiente Prorektor Alken ◀◀ wegen Überlastung und mancher Unzufriedenheiten seinen Rücktritt an –, wurde die weitere Entwicklung und Selbstfindung der jungen Hochschule weitgehend von den Studierenden getragen. Schon der Homburger Studentenstreik hatte gezeigt, dass die Studentinnen und Studenten bereit waren, ihre Bildungsinteressen auch gegen Widerstände zu verfechten. Nicht vergessen werden darf dabei, dass viele von ihnen Kriegsteilnehmer waren, ältere Jahrgänge mit Lebenserfahrung und dem festen Willen, mit dem Studium ihr Leben endlich in die eigene Hand zu nehmen.

▶ *Biogramm S. 62*

> *„War ein großgewachsener, magerer Mann mit einem faltigen Gesicht und über einer komischen Entenschnabel-Nase ungemein gütigen Augen. Ein Mensch. Stellte sich vor uns und sprach zu uns, mit uns. Und war wie ein Vater, nein: war, wie wir alle uns unseren Vater immer schon gewünscht hatten. Kannte unsere Probleme, unsere Ängste, unsere Erbitterung, machte uns Mut."[4]*
>
> *Regina Paquet zum Besuch Robert Schumans*

Ein wichtiges Feld der Auseinandersetzung zwischen Studierenden und Lehrenden war das strikte, an schulmäßiger Wissensvermittlung orientierte Studien- und Prüfungssystem französischer Prägung. Seine Merkmale waren propädeutische Veranstaltungen und vor allem die gefürchteten jährlichen Prüfungen, welche die Studierenden als enorme Belastung empfanden, außerdem natürlich die französische Sprache, in der ein Großteil der Lehrveranstaltungen abgehalten wurde und die längst nicht von allen Studierenden ausreichend beherrscht wurde, erst recht nicht die jeweilige Fachterminologie. In beharrlichem, durchaus kompromissbereit über Jahre fortgesetztem Bemühen schafften es die Studierenden, zunehmende Freiheiten zu erkämpfen und schließlich eine Art Wahlsystem zwischen deutschem und französischem Studiensystem zu erreichen.[5]

▶ *Biogramm S. 62*

„Europa!"

Seit 1950 gelang es der jungen Universität, sich von den Anfangsschwierigkeiten zunehmend zu befreien und ein eigenes, markantes Profil zu entwickeln. Wichtige Faktoren hierfür waren die endlich erfolgte Ratifizierung des saarländisch-französischen Kulturabkommens, die es der Uni erlaubte, ihre innere Verfassung im Universitätsstatut zu regeln (April 1950), sowie die Amtsübernahme des neuen Rektors: Joseph-François Angelloz ◀◀ war nicht nur Germanist und entschiedener Kämpfer für eine französisch-deutsche Aussöhnung, sondern vor allem eine energische, selbstbewusste Führungspersönlichkeit mit ausgesprochener Begabung auch für die praktische Seite der Leitungsgeschäfte.

Unter seiner Leitung wurde der dezidiert europäische Auftrag, der schon in den vorangegangenen Jahren der Saar-Universität immer wieder zugedacht worden war, zu einer hochgestimmten, kraftvollen Mission weiterentwickelt, mit der viele im In- und Ausland die Saar-Universität identifizierten. Die berühmten Worte seiner teils französisch, teils deutsch gehaltenen Antrittsrede im November 1950 setzten den Ton für sein Wirken als Rektor: „Europa! Das ist das Wort, das wir als Losung und Parole wählen, indem wir uns als europäische Universität bekennen. ... Vor einigen Monaten schlug … Robert Schuman den wirtschaftlichen Zusammenschluss der Völker des europäischen Abendlandes vor, wir aber wollen die Synthese der geistigen Kräfte Europas erreichen …" Die Berichterstattung der Saarbrücker Zeitung zu seinem Amtsantritt erschien unter der Schlagzeile „Universität des Saarlandes wird EUROPÄISCHE UNIVERSITÄT". Diesen emphatisch verwendeten Begriff hatte einige Monate zuvor schon die saarländische Landesregierung mit politischem Gewicht zu füllen versucht, als sie beim Europarat, kurz nach der Aufnahme des Saarlands als Mitglied, die Anerkennung der Saar-Universität als Europäische Universität beantragte.[6] ▸▸

Europäische Universität S. 68

Die Leit-Institution dieser europäischen Ausrichtung sollte das auf Angelloz' Initiative 1951 gegründete Europa-Institut werden, das er als „Krone und Symbol" der europäisch gedachten Saar-Universität ansah und das sich zur Aufgabe stellte, aus wissenschaftlicher Perspektive „an der Gestaltung Europas mitzuarbeiten". Ursprünglich als geistes- und kulturgeschichtliche Einrichtung angelegt, wandte sich das Institut später mehr der politischen und wirtschaftlichen Seite der europäischen Einigung zu, bot Fortbildungsstudien an und avancierte später zeitweise zur Ausbildungsstätte für den diplomatischen Dienst des Saarstaates.[7]

Parallel zur inhaltlichen Stabilisierung entwickelte sich der äußere Ausbau der Universität. In einem bemerkenswert groß angelegten Schritt gingen Land und Universität ab 1951 daran, das Universitätsgelände zu erweitern, da die Kasernengebäude angesichts stetig anwachsender Studierendenzahlen und spätestens seit der Übersiedlung der na-

Lernen und Entspannen auf der Campus-Wiese, dem früheren Exerzierplatz. Die Aufnahme entstand im Bereich des heutigen AC.

turwissenschaftlichen Institute aus Homburg nicht mehr genügend Platz boten. Durch die neuen Fakultätsgebäude rund um das damalige Forum, den heutigen Französischen Platz, mauserte sich die Kasernen-Notlösung allmählich zu einer modernen und in vieler Hinsicht attraktiven Campus-Universität in landschaftlich reizvoller Lage. Schon der erste Bau, die Universitätsbibliothek mit ihrem hoch aufgerichteten, wahrzeichentauglichen Bücherturm (1954 fertiggestellt), ◂◂ zeigte das beachtliche Selbstbewusstsein, das die junge Universität zunehmend zu erfüllen begann.

▸ *Campus* S. 60

Fakultäten und Institute

Die Universität gliederte sich weiterhin in vier Fakultäten, wenn diese auch so gut wie keine Autonomiebefugnisse besaßen, da die Universität nach französischem Muster hierarchisch-zentralistisch organisiert blieb. Die Juristische Fakultät war nach der Zahl der Studierenden die größte, sie bestand anfangs fast ausschließlich aus französischen Professoren, die das französische Recht lehrten, öffnete sich dann aber sowohl personell wie inhaltlich zunehmend dem deutschen Rechtssystem. Seit 1950 bestand sie unter der neuen Bezeichnung „Rechts- und Wirtschaftswissenschaftliche Fakultät" aus einer Juristischen und einer Wirtschaftswissenschaftlichen Sektion.[9]

▸ *Neubau* S. 74

Der Besuch Robert Schumans – hier beim Gang über den Campus neben Militärgouverneur Grandval – war ein bedeutendes Signal für die gerade erst gegründete Universität.

> *„Allem Anschein nach ist das Saarland für die erfolgreiche Tätigkeit einer europäischen Universität vorzüglich geeignet, und ein deutscher Kollege schrieb mir, es sei wohl möglich, hier das zu verwirklichen, was man weder in Deutschland noch in Frankreich erreichen könnte."[8]*
> *Rektor Joseph-François Angelloz*

Die Philosophische Fakultät umfasste anfangs die sieben Fächer Philosophie, Klassische Philologie, Germanistik, Romanistik, Anglistik, Geschichte und Geographie, differenzierte sich aber rasch weiter aus, so dass der ihr gewidmete Neubau 1954 bereits dreizehn gleich große Raumgruppen für dreizehn Institute vorsah (Gebäude 10, heute B3 1. ◂◂ Von ihren Studierenden wurde gemäß deutscher Tradition die Belegung dreier Studienfächer verlangt, ansonsten aber dominierte auch hier das französische Studiensystem. Für die Naturwissenschaftliche Fakultät mit ihren vier Fächern Mathematik, Physik, Chemie und Geologie/Biologie waren die Jahre nach dem verzögerten Umzug nach Saarbrücken erst recht Aufbaujahre; bei nur etwa 150 bis 200 Studierenden, die von anfangs dreizehn, dann siebzehn Professuren unterrichtet wurden, waren allerdings nahezu ideale Betreuungsverhältnisse gegeben.[10]

Die Medizinische Fakultät schließlich verblieb mit den Kliniken am alten Standort in Homburg; sie hatte durch den Wegzug der naturwissenschaftlichen Institute mit Anpassungsschwierigkeiten in der Vorklinik zu kämpfen und geriet zudem unter gesteigerten Rechtfertigungsdruck, weil die Nachfrage des Arbeitsmarktes nach Ärztinnen und Ärzten deutlich nachließ. In Reaktion darauf bemühte sich die Fakultät um eine zeitgemäße Ausweitung ihres Fächerspektrums, bei der man den Blick durchaus auch auf den französischen Arbeitsmarkt richtete, und führte 1953 neben dem französischen System auch das Staatsexamen nach deutschem Muster ein. Immer wieder wurde auch die Verlagerung von Fakultät und Klinikum nach Saarbrücken diskutiert, erst Anfang der 1960er Jahre brachte ein Regierungsbeschluss die vornehmlich finanziell motivierte Entscheidung zum dauerhaften Verbleib in Homburg.[11]

Neben die Fakultäten traten zudem einzelne, aber beachtenswerte fakultätsunabhängige Institute: Schon 1948 war das Dolmetscherinstitut eröffnet worden, das für die internationale Orientierung der zweisprachigen Universität

Zum Kongress der „Nouvelles Equipes Internationales" im Juli 1953 zeigte sich die Aula im Schmuck internationaler Flaggen.

naheliegenderweise eine besondere Rolle spielte, ▸ Dolmetscherinstitut S. 240 1949 dann das Metallforschungsinstitut, aus dem schwäbischen Tettnang nach Saarbrücken verlagert, weil sich insbesondere die französische Seite davon Impulse für die Eisen- und Stahl-Industrie erhoffte. Es war formal von der Uni unabhängig, aber auf dem Campus an prominenter Stelle im Bau 2 gleich neben dem Haupttor untergebracht (heute A1 5). Das Berufspädagogische Institut schließlich übernahm die Ausbildung der Gewerbelehrerinnen und -lehrer, für dieses Institut wurde eigens ein Anbau an das Hauptgebäude der Philosophischen Fakultät errichtet (heute B3 2). Die schon 1948 aufgeworfene Frage, ob die Universität nicht auch eine Technische Fakultät erhalten sollte, um den saarländischen Ingenieurnachwuchs heranzubilden, wurde vor allem 1953/54 erneut intensiv diskutiert. Angesichts der hohen zu erwartenden Kosten und gewisser Bedenken sowohl aus der Universität als auch aus Nancy und Paris kam es zu keiner positiven Entscheidung.[12]

Konkurrenzlos günstig

Was die Studierendenschaft angeht, so ließ sich der hohe europäische Anspruch, den die Universität erhob, nur zum Teil erfüllen: Der erhoffte Zustrom internationaler Studentinnen und Studenten blieb weitgehend aus (nur französische Studierende kamen in nennenswerten, zunehmenden Zahlen), so dass die Saar-Universität vorwiegend eine Sache der Saarländerinnen und Saarländer blieb. Von diesen allerdings wandten sich viele mit Begeisterung den Möglichkeiten zu, die die neue, betont international ausgerichtete Universität bot. Zahlreiche Austauschprojekte wurden begonnen, Exkursionen, Fahrten und Sportveranstaltungen erschlossen den jungen Leuten das europäische Ausland, und ihre Berichte lassen die Faszination und die Freude spüren, die der Gedanke der internationalen Verständigung und der kulturellen Vielfalt in dieser zuvor durch Nationalismus und Krieg geprägten Generation auslöste. Die Saar-Uni mit ihren vielen jungen, engagierten Lehrkräften war ein Vorreiter für solche internationalen Projekte. Große Aufmerksamkeit fand beispielsweise ihr „Freundschaftsbündnis" („Amicale") mit den Unis in Aix, Marseille und Hamburg, dem sich später noch andere Hochschulen anschlossen und das über viele Jahre rege Aktivitäten entfaltete.[13]

Aber auch in praktischer Hinsicht bot die junge Universität viele Vorteile: Durch die Konzentration der Institute auf engem Raum und die überschaubare Größe herrschte eine

Scheibengardinen, Tischdeckchen, Zentralheizung, Radio – die Vierbett-Zimmer des Studentenwohnheims auf dem Campus (heute Gebäude A5 1) waren mit dem Wohnkomfort der frühen 50er Jahre ausgestattet.

spürbar familiäre Atmosphäre auf dem Campus, zumal viele Studierende auch in den Wohnheimen auf dem Gelände Unterkunft fanden: Man kannte sich gegenseitig, sowohl unter Studierenden wie unter Lehrenden, es entwickelten sich zahlreiche Kultur- und Freizeitaktivitäten, und es herrschte eine soziale Offenheit, die an traditionellen Universitäten so nicht üblich war. Der Anteil an Studierenden aus der Arbeiterschaft war weit höher als sonst in Deutschland üblich; für 1952 wurde er mit 27 Prozent beziffert, während etwa in Heidelberg der Wert bei 6 Prozent lag. Zweifellos spielten hierfür auch die niedrigen Kosten eine Rolle: Dank günstiger Wohnheimplätze und geringer privater Wohnkosten in Dudweiler oder Saarbrücken, dank einer großzügigen Stipendienvergabe und vor allem dank der äußerst niedrigen Studiengebühren, die nur einen Bruchteil der an bundesdeutschen Unis erhobenen Beträge ausmachten, war das Studium an der Saar-Uni geradezu konkurrenzlos günstig. Dies erleichterte den Zugang nicht zuletzt für Frauen: Der Anteil weiblicher Studierender stieg Ende 1955 auf etwa ein Drittel an und lag damit zeitweise deutlich höher als im Durchschnitt der bundesdeutschen Universitäten.[14]

Streitfrage S. 86

Da auch bei der Rekrutierung des Lehrkörpers Verbesserungen erreicht worden waren und etliche vielversprechende junge Wissenschaftler für Saarbrücken und Homburg gewonnen werden konnten, lässt sich die Entwicklung der Universität bis 1955 zweifellos unter positiven Vorzeichen bilanzieren: steigende Studierendenzahlen, inhaltliche Profilierung, bauliche Erweiterung, wachsende Anerkennung und – kaum zu glauben – eine auskömmliche Finanzierung: Weil sowohl die französische wie auch die saarländische Regierung bemüht waren, das Projekt Saar-Universität in ihrem Sinne zu beeinflussen, engagierten sich beide Seiten finanziell ganz erheblich. Die junge Hochschule fand sich auf diese Weise budgetmäßig wesentlich besser ausgestattet als vergleichbare Universitäten in Frankreich oder Deutschland, ihr Haushalt wies sogar Jahr für Jahr Überschüsse auf.[15]

Große Veränderungen

Freilich blieb die Saar-Universität ungeachtet ihrer positiven Entwicklung und ihres europäischen Aufbruchsgeistes nicht unberührt von der Anspannung, die von der weiterhin ungelösten „Saarfrage" ausging. ◂◂ Wie das Land war auch die Uni gespalten zwischen den „Ja-Sagern", die das zwischen Frankreich und Deutschland ausgehandelte Statut eines europäisierten Saar-Staats befürworteten, und „Nein-Sagern", die das Saarland als Teil der Bundesrepublik Deutschland sehen wollten. Als nach erbittert geführtem Wahlkampf am 23. Oktober 1955 zwei Drittel der Wahlberechtigten für die Rückkehr des Saarlands nach Deutschland votierten, war für die Universität nicht nur ihre künftige inhaltliche Ausrichtung, sondern ihre schiere Existenz in Frage gestellt. Viele sahen die „frankophile Institution" schon vor der Schließung, zumal die neu gewählte Landesregierung lange ein klares Wort zur Zukunft der Universität vermissen ließ.[16]

Gegen Ende des Jahres zeichnete sich allerdings ab, dass nicht die Schließung, sondern die Umgestaltung der Saar-Universität das Ziel der neuen Regierung darstellte. Anstelle der als autoritär und zentralistisch kritisierten Hochschulstruktur und des rigiden Studien- und Prüfungssystems nach französischem Muster strebten die Verantwortlichen einen „Anschluss an die deutsche Universitätstradition" an: Wahl des Rektors durch die Universität, Freiheit von Forschung und Lehre, Fakultätsautonomie in Fragen des akademischen Lebens. Zugespitzt formulierte die „Deutsche Saar" den neuen Kurs in der berühmten Schlagzeile „Universität in deutsche Hände".[17]

„Es wäre unverantwortlich, den internationalen Charakter der saarländischen Universität in einem Zeitpunkt aufzugeben, wo sie mehr als je ihre völkerverbindende Mission auf akademischer Ebene zu erfüllen hat."[19]
Manifest der internationalen Professoren

Aus der europäischen Universität sollte also eine Landesuniversität werden. Freilich war man gleichzeitig bemüht, die besondere internationale Orientierung der Hochschule weiterhin zu erhalten. Die im besonderen Sinne „internationalen", nämlich nicht-deutschen und nicht-französischen Professoren der Uni schlossen sich Anfang 1956 in einer bemerkenswerten Aktion zusammen und verfassten ein Manifest zur „Beibehaltung des übernationalen Universitätscharakters", das prominente Unterstützung unter anderem durch die Nobelpreisträger Adolf Butenandt und Otto Hahn fand.[18]

Die weiterhin aufgeheizte Stimmung ließ jedoch keinen Raum für solche hochfliegenden Pläne von international finanzierten Forschungsprojekten und Stiftungslehrstühlen. Die polemische prodeutsche Presse hatte Oberwasser bekommen und nahm insbesondere Rektor Angelloz als Repräsentanten der „französischen" Universität, aber auch ihm nahestehende Professoren wie den politisch engagierten Gastprofessor von der Heydte weiterhin unter scharfen Beschuss. Es sagt viel über das politische Klima der Zeit, wenn von der Heydte den Führungswechsel nach der Volksabstimmung mit der nationalsozialistischen Machtergreifung 1933 verglich und sich im Gegenzug als „Brunnenvergifter" bezeichnen lassen musste.[20]

Beschauliches Campus-Idyll der frühen 1950er Jahre.

Im Hintergrund arbeiteten derweil besonnene Kräfte der Rechts- und Wirtschaftswissenschaftlichen Fakultät um die Juraprofessoren und späteren Rektoren Werner Maihofer ▸▸ und Heinz Hübner an dem Entwurf einer neuen Universitätsverfassung und stellten so, in enger Absprache mit der Landespolitik, in unruhigen Zeiten die Weichen für die zukünftige Universität des Saarlandes. Der Rektoratswechsel von Joseph-François Angelloz zu Heinz Hübner am 1. Oktober 1956 bedeutete vor diesem Hintergrund eine gravierende Zäsur in der jungen Geschichte der Universität des Saarlandes. Auf eine Abschiedsfeier für den verdienten Rektor wurde bezeichnenderweise verzichtet. Angelloz verteidigte in einem ausführlichen Abschiedsbrief an die Saar-Bevölkerung noch einmal nachdrücklich sein Eintreten für die „dreifache, saarländische, deutsch-französische und europäische Aufgabe der Universität des Saarlandes". Ebenso wie der Rektor verließen im folgenden Jahr fast alle französischen Dozenten die Saar-Uni; damit verlor beispielsweise die Juristische Fakultät ein Drittel, die Naturwissenschaftliche Fakultät sogar die Hälfte ihres Lehrkörpers. Ein erster Schritt in die neue Zeit war es, dass auf Basis der von Hübner geführten Gespräche noch im Oktober 1956 die Gründung des Französischen Instituts vereinbart wurde – ein Signal für die besondere Verbindung, die das Saarland und seine Universität auch von Deutschland aus weiterhin zu Frankreich bewahren wollten.[21]

▸ *Biogramm* S. 142

Thilo Offergeld

Ein Campus entsteht

In den Gebäuden der früheren Below-Kaserne hatte die junge Universität das erste, in vieler Hinsicht noch behelfsmäßige Quartier gefunden. Doch spätestens seitdem auch die naturwissenschaftlichen Fächer 1950 von Homburg nach Saarbrücken umgesiedelt waren, stand außer Frage, dass die Kasernengebäude allein für die wachsende Hochschule nicht ausreichen würden. Landesregierung und französische Behörden zeigten sich nunmehr gemeinsam mit der Uni entschlossen zu einem großen Wurf: Mit der Ausschreibung eines internationalen Architektenwettbewerbs wurde ein überzeugender Plan für eine neue Gesamtanlage des Universitätsgeländes gefordert, der eine bedeutende Erweiterung der baulichen Kapazitäten einschließlich der Errichtung einer Universitätsbibliothek vorsehen sollte.[22]

Der Wettbewerb endete ohne ersten Preis, vielmehr wurden die zweit- und drittplatzierten Architekten zur Zusammenarbeit bei der endgültigen Konzeption aufgefordert: Richard Döcker und André Remondet, beide namhafte Vertreter des „Neuen Bauens", die nun passenderweise ein deutsch-französisches Führungstandem bildeten. Doch ihre Planung bot schließlich das angestrebte Gesamtkonzept, das auf zwei Kerninhalten fußte: Zum einen sollte die Kasernenanlage als solche bestehen bleiben und nicht gravierend verändert werden, vor allem auf eine Bebauung des Exerzierplatzes wurde verzichtet. Zum anderen sollte südlich angrenzend den Kasernenbauten auf dem bereits eingeebneten Gelände der früheren Fahrzeughallen ein neues, selbstständiges Areal an die Seite gestellt werden: der heute als Französischer Platz bekannte und ursprünglich „Forum" genannte Bereich mit der Bibliothek und dem Audimax als den zwei prominentesten Gebäuden.

▸ *Der größte Bau* S. 104

Der neue Platz entstand schrittweise: Den Anfang machte ab 1952 Richard Döckers Universitätsbibliothek; ◂◂ sie setzte mit dem elfstöckigen Bücherturm und den horizontal davor gestreckten Lesesaal- und Verwaltungsräumen ein aufsehenerregendes Signal für die neue Universitätsanlage und wurde als „Kathedrale des Geistes" gefeiert. Wenig später folgte als Pendant auf der gegenüberliegenden Seite Remondets Neubau für die Philosophische Fakultät (heute B3 1), bald ergänzt um den direkt angrenzenden Bau für das Berufspädagogische Institut (B3 3). Erst ab Ende der 50er Jahre entstand als langer, nördlich abschließender Riegel der Erweiterungsbau der Naturwissenschaftlichen Fakultät (B2 2), so dass sich nun drei Großbauten um den neuen Platz gruppierten. Nach Süden, zum Schwarzenberg hin, wollte die Döckersche Planung den Platz weitgehend offenlassen. Dies entsprach nicht zuletzt der Wettbewerbsausschreibung, die besonderen Wert auf die Verbindung zwischen der Architektur und der reizvollen landschaftlichen Umgebung gelegt hatte. Döcker und Remondet schwebte also nicht eine Komplettumbauung des neuen Platzes im Sinne eines abgeschlossenen „Forums" vor, sondern eine Öffnung zum Wald und zu den am Hang geplanten Sport- und Spielflächen hin; das Universitätsgelände wäre damit als eine lockere Gebäudegruppierung interpretiert worden, die eher der von US-amerikanischen Universitäten bekannten „Campus"-Idee entsprochen hätte.[23]

▸ *Bibliotheksgebäude* S. 64
Bauliches Erbe II S. 36

Doch es kam anders, denn das Audimax-Gebäude als neue Heimstatt der Rechts- und Wirtschaftswissenschaftlichen Fakultät wurde 1959 bis 1964 nicht wie ursprünglich geplant in bescheidener Größe neben der Bibliothek errichtet, sondern in ausgreifender Dimensionierung als vierflügeliger Komplex gebaut, so dass der Platz nach Süden hin nun komplett abgeschlossen wurde. ◂◂ Zwar bemühte man sich durch die niedrige Gesamthöhe des Gebäudes und durch die zum Platz hin abgestufte Fassadengestaltung weiterhin um die Sichtverbindung zum Waldhang. Dennoch war im Ergebnis ein zweiter an allen vier Seiten umbauter Platz entstanden, der in einer gewissen Parallelität zur Kasernenanlage nun den Gebäudebestand der Universität bildete.

Baulich grenzte sich der neue Bereich von der Kaserne entschieden ab: An die Stelle von ziegelgedeckten Steildächern und traditionellen Bauformen wie Gauben und Balkonen ◂◂ traten die Flachdächer der Moderne und die geometrische Formensprache der Fassaden. Statt Mauer- und Torarchitekturen bestimmte eine offene Gestaltung die Szenerie, statt Gleichförmigkeit und strenger Symmetrie eine lockere Zuordnung der eigenständig geformten Bauten zueinander.

Aber neben dem Gegensätzlichen waren – und sind – die Ensembles auch durch Gemeinsamkeiten geprägt. Wie in

Parallel und doch ganz anders – neben dem Kasernengelände entsteht das „Forum" als zweites Uni-Areal.

der Kaserne halten auch im Forum die Gebäude eine mehr oder minder einheitliche Gebäudehöhe ein (mit Ausnahme des singulären Bücherturms als Wahrzeichen) und gruppieren sich in rechtwinkliger Anordnung um einen zentralen Platz, der mit Grünflächen und Sitzgelegenheiten als Aufenthaltsort und Treffpunkt (und nur zu einem geringen Teil als Parkplatz) angelegt war. Beiden Platzanlagen ist damit ein Element der Introvertiertheit und Geschlossenheit zu eigen, das von ferne an die rechteckigen Hofanlagen („quadrangles") englischer College-Universitäten denken lässt. Hierzu passt auch, dass mit den Neubauten nun sämtliche in Saarbrücken vertretenen Fakultäten (die Medizin verblieb in Homburg) mit ihren Hauptsitzen gemeinsam um den neuen Platz versammelt waren, komplettiert durch den für alle Fächer wichtigen Bibliotheksbau. Und nicht zuletzt die besondere, von zeitgenössischen Beobachtern immer wieder hervorgehobene Abgeschiedenheit des Universitätsgeländes im Wald verstärkte den separierten, auf sich selbst konzentrierten Charakter der Anlage.[24]

Kasernenanlage und Forumsplatz waren also planerisch-konzeptionell zum zweiteiligen Gesamtensemble der jungen Hochschule zusammengefügt worden. Die Universität des Saarlandes zeigte sich damit als eine Campus-Universität, und zwar nicht nur, wie bislang, aus der Not geboren, sondern baulich bewusst gestaltet. Als solche war sie wohl die erste in Deutschland. Der Begriff „Campus" wurde freilich nicht verwendet, damals war die Bezeichnung ausschließlich für amerikanische Hochschulen gebräuchlich. Aber von den traditionellen deutschen Universitäten, typischerweise in Städte integriert und auf Einzelgebäude verteilt, hob sich die Saarbrücker Hochschule mit ihrem charakteristischen Bauensemble in markanter und, denkt man an die in den 60er Jahren einsetzende Welle von Unigründungen, zweifellos zukunftsträchtiger Weise ab.[25]

Allerdings hat der schon in den 1950er Jahren dramatische und in der Folgezeit ungeahnte Dimensionen erreichende Anstieg der Studierendenzahlen die skizzierte Bauentwicklung bald obsolet werden lassen: Als Anfang der 60er Jahre der Abschluss des Forumsplatzes mit dem Audimax-Gebäude noch nicht einmal vollendet war, liefen schon die Bauarbeiten für zusätzliche Erweiterungen des Uni-Campus, welche die Grenzen der Döckerschen Konzeption sprengen sollten. Aber das ist eine andere Geschichte – sie wird an späterer Stelle ▸▸ näher ausgeführt.

▸ Rechte Winkel
S. 308

Thilo Offergeld

Friedrich Doenecke

(1901 – 1979)

In Halle und Frankfurt hatte Friedrich Doenecke seine Ausbildung vom Assistenten bis zum Habilitanden und Oberarzt bei dem als „Nierenpapst" Weltruf genießenden Franz Volhard erhalten und sich in der Folge vor allem mit Nierenerkrankungen und Aspekten des Bluthochdrucks beschäftigt. Seit 1936 Leiter der Inneren Abteilung des Homburger Landeskrankenhauses, gehörte er 1946 zu den Dozenten der beiden Hochschulkurse ◂◂ und agierte seit 1950 als erster Ordinarius für Innere Medizin. Dabei widmete er sich dem Ausbau der Klinik in baulicher Hinsicht und mit Blick auf die Ausstattung, indem er neben einer Tuberkulose- und kardiologischen Abteilung und einem klinisch-chemischen Laboratorium den Weg zu der von Hanns-Peter Wolff geleiteten Poliklinik und zur Einführung neuer Dialyseverfahren durch Gustav Adolf Jutzler ebnete. Am 1. Oktober 1969, dem Tag seiner Emeritierung, erfolgte die Einweihung des Neubaus der Medizinischen Klinik mit 180 Betten in sechs Stationen.

▸ *Die Keimzelle* S. 16

Als erster Prodekan (1948 – 50), zweiter Dekan (1951 – 55) und späterer Prorektor (1957/58) engagierte sich Doenecke intensiv beim Auf- und Ausbau der Medizinischen Fakultät aus bescheidensten Anfängen. Sein Sohn Friedrich Claudius bereitet derzeit die Publikation seiner facettenreichen Erinnerungen vor, in denen er seine Kindheit und Jugend im Landeskrankenhaus und damit die familiäre, universitäre Lebenswelt von den späten 30er bis zu den frühen 60er Jahren Revue passieren lässt.[1] *wm*

Carl Erich Alken

(1909 – 1986)

Carl Erich Alken hat nicht nur als erster Professor für Urologie im deutschsprachigen Raum und als weltweit renommierter Vertreter seines Fachs Wissenschaftsgeschichte geschrieben, sondern auch die frühen Jahre der Saar-Universität als engagierter Akteur der ersten Stunde und Gründungs-Prorektor entscheidend mitgestaltet.

Nach Studien in Greifswald, Graz, Innsbruck und Köln war Alken am Berliner Hedwigskrankenhaus und während des Zweiten Weltkriegs in italienischen Lazaretten tätig. Dank der Unterstützung der französischen Militärregierung übernahm er 1946 als leitender Arzt die Urologische Abteilung des Homburger Landeskrankenhauses. Nachdem er sich 1947 in Paris für allgemeine Chirurgie habilitiert hatte, baute er seine Abteilung, unter anderem durch einen wegweisenden Neubau, zu einer europaweit beispielhaften Klinik aus.

Der bei den Studierenden als „Charly" legendäre Wissenschaftler begründete das „Handbuch der Urologie", war Träger höchster Auszeichnungen und nicht zuletzt Ehrensenator der Saar-Uni. Seinen Namen tragen eine Stiftung, eine von der Ärztekammer des Saarlandes verliehene Ehrenmedaille sowie eine in Sri Lanka gezüchtete Orchidee. Einen Schatten auf sein beeindruckendes Lebenswerk wirft die Tatsache, dass Alken nicht nur NSDAP-Mitglied war, sondern sich bereits 1933 der SA angeschlossen hatte und 1940 in die Organisation Todt einberufen wurde. Seine Biographie in jener Zeit bleibt daher noch weiter zu erforschen.[27]

wm

Jean Barriol
(1909 – 1989)

Im ersten Vorlesungsverzeichnis 1948/49 wies ihr Gründungsrektor der neuen Universität die später vielzitierte Aufgabe zu, sich zum „Werkzeug einer wahrhaft europäischen Gesinnung" zu entwickeln. Den Naturwissenschaftler Jean Barriol hatte seine Laufbahn zunächst in den höheren Schuldienst und nach fünfjähriger deutscher Kriegsgefangenschaft an die Universität Nancy geführt, wo er im Herbst 1948 die zwischen Physik und Chemie angesiedelte Professur für „Chimie théorique" übernahm.

Praktisch gleichzeitig wurde er als Rektor nach Saarbrücken berufen, nachdem zuvor die beiden Germanisten Robert Minder und Joseph-François Angelloz abgelehnt hatten. Persönlich keine ausgeprägte Führungsfigur, widmete sich Barriol dennoch engagiert und besonnen den vielfältigen Herausforderungen des Aufbaus – zwischen administrativem Chaos, quälenden Provisorien und einem von sehr verschiedenen Traditionen geprägten Lehrkörper. Bei seiner Verabschiedung 1950 registrierte er dankbar die gemeinsam erreichten Fortschritte, darunter die Verabschiedung des Universitätsstatuts, und kehrte nach Nancy zurück.

Dort baute er seinen Lehrstuhl zu einem Zentrum der Physikalischen Chemie aus und setzte seine Forschungen zur Quantenmechanik und zu den dielektrischen Eigenschaften von Flüssigkeiten fort. Den Ritter der Ehrenlegion ernannte die Saar-Uni 1953 zu ihrem „Recteur Honoraire", und das „Institut de chimie et physique moléculaires et biomoléculaires de Lorraine" in Nancy trägt seinen Namen.[28] *wm*

Joseph-François Angelloz
(1893 – 1978)

Joseph-François Angelloz war zweifellos die prägende Figur der frühen Jahre für die Universität des Saarlandes. Als renommierter Rilke- und Goethe-Forscher und als Fürsprecher eines positiven, gewinnenden Deutschlandbildes in Frankreich hervorgetreten, wurde er 1950 zum zweiten Rektor ernannt und erwies sich rasch als eine Art Idealbesetzung im Sinne der Gründungsidee. Mit einer charakteristischen Mischung aus Sendungsbewusstsein, Führungsstärke und persönlichem Engagement formte der pragmatische Visionär die junge Universität, die unter seiner Führung ihr Profil als europäisch orientierte, wissenschaftlich ambitionierte und sozial besonders offene Hochschule gewann, nicht zuletzt durch die Gründung des von ihm geleiteten Europa-Instituts. ▸▸

▸ *„Europa!"* S. 54

Dabei war sein Auftreten und Wirken von hohem, katholisch-abendländisch geprägtem Bildungspathos und markantem Selbstbewusstsein gekennzeichnet. Im Umfeld der Volksabstimmung von 1955 wurde er von der prodeutsch orientierten Presse als machtorientierter Repräsentant des französischen Universitätssystems attackiert und verließ Ende September 1956 ohne Abschiedsfeier enttäuscht die Universität, die ihm gleichwohl viel zu verdanken hatte und ihm später die Würden eines Ehrendoktors (1961) und Ehrensenators (1973) verlieh. Er wirkte anschließend als Rektor der Akademien Montpellier und Straßburg sowie noch im Ruhestand als Bürgermeister seines Wohnorts Thônes in der Heimatregion Haute-Savoie.[29]

to/wm

Das Bibliotheksgebäude

Das markante Gebäude der zentralen Universitätsbibliothek, konzipiert von dem renommierten Stuttgarter Architekten Richard Döcker, wurde im Jahre 1954 als erster Neubau des Saarbrücker Campus fertiggestellt. Es eröffnete die Bebauung des neuen, südlich neben dem Kasernenareal angelegten Platzes, des sogenannten Forums, an dem bald darauf die Neubauten für die Philosophische, etwas später für die Naturwissenschaftliche Fakultät folgen sollten. ◂◂ Ein feierlich mit lateinischer Inschrift versehener Grundstein, der bis heute neben der Eingangstür zu sehen ist, markierte zum Baubeginn 1952 die besondere Bedeutung dieses Gebäudes – von dem es in der eingemauerten Urkunde hieß, es werde „der ganzen Welt gehören". In diesem Sinne war der hoch aufragende „Bücherturm" ein unübersehbares Signal des Selbstbewusstseins und des Aufbruchsgeistes für die junge Universität; er stand in der erst gut zwanzig Jahre vorher begonnenen Tradition der Bibliothekshochhäuser und war in seiner modernen, an der Bauhaus-Architektur orientierten Form seinerzeit sogar das erste Hochhaus des Saarlands.[30] ◂◂

▸ *Briefmarke* S. 76

▸ *Campus* S. 60

Zuvor war die 1950 gegründete Universitätsbibliothek im Kasernengebäude 6 (heute A5 4) zusammen mit dem Studentinnenwohnheim untergebracht gewesen. Sie hatte sich auf keinen älteren wissenschaftlichen Bücherfundus in der Region stützen können, in der es bis dahin fast ausschließlich kommunale und kirchliche Bibliotheken gegeben hatte. Der Bestandsaufbau erfolgte innerhalb kürzester Zeit durch den Ankauf teilweise kompletter Gelehrtenbibliotheken und Antiquariatsbestände, vorwiegend in Frankreich, da auch viele bundesdeutsche wissenschaftliche Bibliotheken ihre kriegs-

Die „Kathedrale des Geistes" (Angelloz) eröffnete 1952–1954 das großangelegte Ausbauprogramm, mit dem die junge Universität auch architektonisch Zeichen setzte.

Das Kernstück der Bibliothek: der durch eine wandbreite Fensterfront erhellte, großzügig gestaltete Lesesaal.

bedingten Bestandsverluste antiquarisch zu ersetzen suchten.[31]

Der Aufbau des Bibliothekswesens der Universität folgte Vorkriegskonzepten, indem eine zentrale Magazinbibliothek (statt der bald darauf üblichen Freihandbibliotheken) vorgesehen und zusätzlich, trotz der räumlichen Nähe, eigenständige Präsenzbibliotheken in den Fachbereichen etabliert wurden. Auch die Architektur des zentralen Bibliotheksgebäudes übernahm die „klassische" Dreiteilung in Magazin, Verwaltung und Benutzungsbereich. Neben dem Magazin im Bibliotheksturm erstreckte sich horizontal der zweigeschossige Flachbau des Verwaltungstrakts mit seiner charakteristischen, elfenbeinfarbenen Kachelfassade, er umriegelte die fensterlosen Benutzungsbereiche des Katalogsaals und Freihandbereichs. Repräsentativ wirkte besonders die Eingangshalle mit aufwendigem Pflanzenschmuck aus Palmen und einem eleganten „Professorenlesesaal" im Bereich des heutigen Ausstellungsfoyers. Über Fenster verfügte nur der großzügige Lesesaal, der 2012 eine Galerie erhalten sollte, allerdings dafür umso reichlicher, nämlich eine die gesamte Gebäude-Rückseite ausfüllende Glasfront mit Blick ins Grüne.[32]

Unter der dort gelegenen Rasenfläche befindet sich seit 2002 ein zweigeschossiges Tiefmagazin für bis zu zwei Millionen Bände, erstellt im ersten Bauabschnitt einer tiefgreifenden Sanierung und Umgestaltung des mittlerweile denkmalgeschützten Gebäudes. Die Bibliothek war ursprünglich für höchstens 4.000 Studierende (immerhin mehr als das Dreifache der seinerzeitigen Studierendenzahl) und einen Bestand von – auch das durchaus großzügig geplant – rund 850.000 Bänden ausgelegt. Der späteren Expansion der Universität konnte sie trotz eines 1984 erstellten, bei der Umgestaltung 2002 dann wieder abgerissenen Erweiterungsbaus nicht mehr Rechnung tragen. Deshalb wurden die Buchbestände bei der im Jahr 2012 abgeschlossenen Neukonzeption in das neue Tiefmagazin verlagert, während die Bibliotheksverwaltung in den Turm umzog und die flachen Gebäudeteile seither als Freihand-, Lern- und Arbeitsbereiche genutzt werden. Das damit verfolgte lernort-orientierte Nutzungskonzept ist allerdings zwischenzeitlich wieder verwässert worden, da einzelne Institutsbibliotheken aufgrund von universitären Raumproblemen im Zentralgebäude untergebracht werden mussten.[33]

Bernd Hagenau / Thilo Offergeld

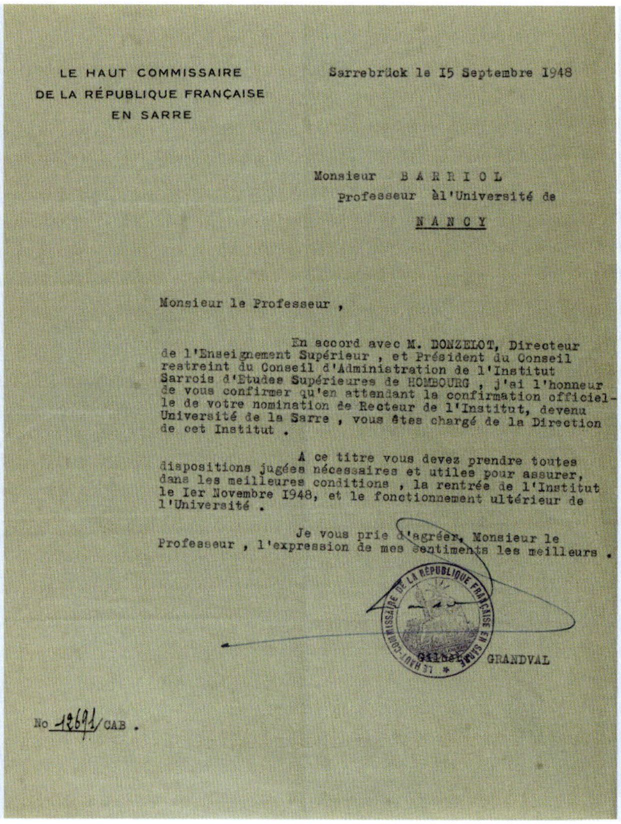

LE HAUT COMMISSAIRE
DE LA RÉPUBLIQUE FRANÇAISE
EN SARRE

Sarrebrück le I5 Septembre 1948

Monsieur B A R R I O L
Professeur àl'Université de
N A N C Y

Monsieur le Professeur ,

En accord avec M. DONZELOT, Directeur de l'Enseignement Supérieur , et Président du Conseil restreint du Conseil d'Administration de l'Institut Sarrois d'Etudes Supérieures de HOMBOURG , j'ai l'honneur de vous confirmer qu'en attendant la confirmation officielle de votre nomination de Recteur de l'Institut, devenu Université de la Sarre , vous êtes chargé de la Direction de cet Institut .

A ce titre vous devez prendre toutes dispositions jugées nécessaires et utiles pour assurer, dans les meilleures conditions , la rentrée de l'Institut le Ier Novembre 1948, et le fonctionnement ultérieur de l'Université .

Je vous prie d'agréer, Monsieur le Professeur , l'expression de mes sentiments les meilleurs .

Gilbert GRANDVAL

No 12691/CAB .

Ernennung des Gründungsrektors

Dieses auf einem Kopfbogen des Hochkommissars der Französischen Republik an der Saar ausgefertigte, mit der raumgreifenden Unterschrift Gilbert Grandvals, dem Dienstsiegel und dem Registraturvermerk No 12691/CAB [inet] versehene Schriftstück dokumentiert ein zentrales Ereignis der Universitätsgeschichte. Im Einvernehmen mit Pierre Donzelot, dem Pariser Direktor des höheren Erziehungswesens, teilt Hochkommissar Grandval am 15. September 1948 dem an der Universität Nancy tätigen Professor Jean Barriol ◀◀ seine Ernennung als Rektor des Homburger Hochschulinstituts, „devenu Université de la Sarre", mit. Er fordert ihn auf, alles Nötige zu tun, um die besten Bedingungen zum Semesterstart des Instituts am 1. November 1948 „und zum späteren Betrieb der Universität" zu schaffen. Die ambivalenten Formulierungen lassen deutlich die Übergangsphase zwischen dem Hochschulinstitut und der Universitätsgründung erkennen.

▶ Biogramm S. 63

Der Verwaltungsrat des Instituts stimmte am 1. Oktober 1948 nachträglich der Bestellung zum, wie es jetzt hieß, „Recteur de l'Université de la Sarre" zu: Donzelot präsentierte Barriol als geeigneten Rektor und würdigte seine persönlichen Qualitäten auch als Physiker und Mathematiker. Der Direktor der Kulturabteilung des französischen Außenministeriums Jean Baillou hielt eine Eloge auf seinen alten Weggefährten Barriol aus der Ecole Normale Supérieure, der sich der Vorsitzende der CVP-Fraktion im Landtag des Saarlandes Erwin Müller anschloss.[34] *wm*

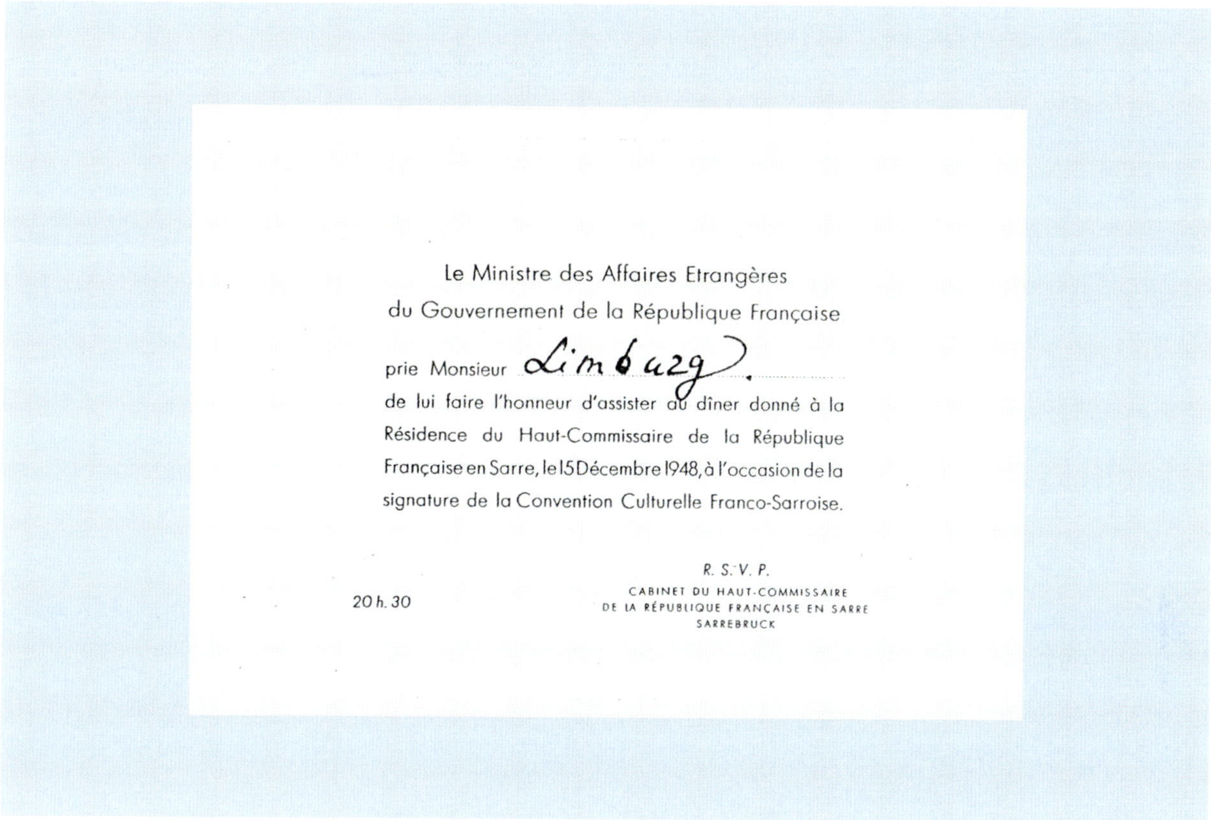

Le Ministre des Affaires Etrangères
du Gouvernement de la République Française
prie Monsieur Limburg.
de lui faire l'honneur d'assister au dîner donné à la Résidence du Haut-Commissaire de la République Française en Sarre, le 15 Décembre 1948, à l'occasion de la signature de la Convention Culturelle Franco-Sarroise.

R. S. V. P.
CABINET DU HAUT-COMMISSAIRE
DE LA RÉPUBLIQUE FRANÇAISE EN SARRE
SARREBRUCK

20 h. 30

Diner mit Robert Schuman

Die dem ersten Präsidenten der Studentenschaft Ludwig Limburg übermittelte Einladung zum abendlichen Diner erinnert an den eindrucksvollen Besuch Robert Schumans an der gerade gegründeten Universität des Saarlandes. Der Pionier der Europabewegung und französische Außenminister war am 15. Dezember 1948 mit Bildungsminister Yvon Delbos zur Unterzeichnung des saarländisch-französischen Kulturabkommens nach Saarbrücken gekommen. ▸▸ Das zweite Kapitel dieser Konvention widmete sich dem Hochschulwesen und enthielt die Verpflichtung Frankreichs, „der Regierung des Saarlandes bei der Schaffung und Entwicklung der Universität des Saarlandes kulturell und wirtschaftlich beizustehen“.

Ihr Weg führte die französischen Gäste, wie die Saarbrücker Zeitung berichtete, „durch die festlich geflaggten Straßen Saarbrückens hinauf zur jüngsten Universität Europas, die mitten im Walde, aber auch … am Schnittpunkt lateinischer und germanischer Kultur liegt“. Beim Empfang in der Aula wertete Rektor Jean Barriol den Besuch als besonderes Zeichen „für das Interesse, das Frankreich am Aufbau der jungen Universität nimmt“. Schuman wandte sich „in warmen, herzlichen Worten“ an die Studierenden, erinnerte sich – auch im persönlichen Gespräch mit Ludwig Limburg – an seine Studien an deutschen Universitäten und plädierte dafür, „dass in der Universität in kleinem Rahmen das begründet werden müsse, was im Großen an konstruktiver Friedensarbeit für unsere Völker, für ganz Europa zu leisten sei“.[35]

wm

▸ *Ein neuer Anfang*
S. 52

Europäische Universität

„Europa! Das ist das Wort, das wir als Losung und Parole wählen, indem wir uns als europäische Universität bekennen." Der vielzitierte Satz war die Quintessenz der Antrittsrede des zweiten Rektors der Universität des Saarlandes, Professor Joseph-François Angelloz, im November 1950. Der Germanist und deutsch-französische Mittler sah die Saar als „Bindeglied zwischen Frankreich und Deutschland und Keimzelle für ein künftiges Europa", was der Vision des saarländischen Ministerpräsidenten Johannes Hoffmann entsprach, der ebenso wie der französische Hochkommissar Gilbert Grandval bei Angelloz' Ansprache zugegen war. Ganz in diese Richtung wies auch Angelloz' Vortrag „Auf dem Wege zum europäischen Vaterland", den er anlässlich der Eröffnung des Europa-Instituts 1951 hielt. Neben dem Europa-Institut als „Krone und Symbol der gesamten Universität" symbolisierte das 1955 gegründete „Institut für die Vergleichung und Annäherung des europäischen Rechts", das Einblicke in die herausfordernde Praxis europäischer Zusammenarbeit versprach, den europäischen Anspruch der Saar-Universität. Angelloz' Konzept einer „europäischen Universität" deckte sich mit den Zielsetzungen der politischen Entscheider: Nach Ansicht Gilbert Grandvals dokumentierte eine „Université de rayonnement européen" die erfolgreiche und notwendige saarländisch-französische Zusammenarbeit; Johannes Hoffmanns Idee einer „Université de constitution européenne" versprach saarländische Autonomie und Anerkennung auch über die Grenzen des Saarlandes hinaus.[36]

Biogramm S. 63

Streitfrage S. 86

Die meisten Saar-Medien griffen die Idee einer europäischen Hochschule euphorisch auf; die Saarbrücker Zeitung sah in Angelloz' Rede gar eine Art Startschuss für die „Europäische Universität des Saarlandes". Etlichen Presseorganen in Westdeutschland und der Europa-Ausgabe der „Herald Tribune" galt die „European University of the Saar" als vorbildhaft. Im „Journal de Genève" stand zu lesen, Europa sei an der Saar-Universität kein Mysterium, sondern eine Lösung. Doch es gab auch weniger Gegenliebe, gerade unter denen, die den Saar-Staat kritisch beäugten. Die Hamburger Wochenzeitung „Die Zeit" brachte die Vorbehalte auf den Punkt und titelte Ende 1954: „Alma Mater Saraviensis. Europäische Universität oder französisches Propaganda-Institut?" Auch um solcher Kritik zu begegnen, warben die Befürworter der Saarbrücker Hochschule um Unterstützung und Anerkennung, auch außerhalb der Saarregion.[37]

Allerdings war der Versuch, der Saarbrücker Hochschule offiziell das Label „Europäische Universität" zukommen zu lassen, bereits 1950 unternommen worden und im Sande verlaufen. Im August hatte sich eine hochrangige Delegation saarländischer Politiker zum Europarat nach Straßburg aufgemacht: Zwar wusste Kultusminister Emil Straus anfangs noch Positives vom Gang der Dinge zu berichten, doch geriet rasch Sand ins Getriebe, als der Europarat weitere Beratungen aufschob und nicht mehr aufnahm. Auch spätere Anläufe in diese Richtung blieben erfolglos. So etwa die Initiative des Neuzeithistorikers Jean-Baptiste Duroselle, mit Rückendeckung von Europarat und UNESCO ein „Institut européen des sciences sociales" zu gründen, oder der Vorschlag des niederländischen Politikers Marinus van der Goes van Naters, 1953 Verfasser eines Europarat-Berichts zur Saar-Frage, die Universität des Saarlandes unter die Obhut des Europarates zu stellen.[38]

Ob die Saarbrücker Universität auch ohne offiziellen Status eine „europäische" war, blieb kontrovers im öffentlichen Raum diskutiert. Doch unabhängig davon war sie im Laufe der 1950er Jahre eine zweisprachige Landesuniversität geworden, die Elemente deutscher Bildungstradition mit erkennbaren europäischen Momenten verband und damit sowohl im deutschen wie im internationalen Kontext etwas Besonderes darstellte. Personell wie institutionell wirkte der europäische Anspruch als wichtiges Regulativ, wobei „europäisch" in Forschung, Lehre, Dozentenschaft de facto meist „deutsch-französisch" meinte. Dies galt auch für das Europa-Institut, das trotz enger Kooperation mit anderen Europa-Einrichtungen, trotz europäischer Tagungen und Studienreisen, einen gewissen deutsch-französischen Anstrich hatte und besonders Studierende aus dem Saarland, Deutschland und Frankeich anzog. Offensichtlich gelang es dem Saar-Staat der frühen 1950er Jahre gerade im Hochschulbereich, „saarländische Wirklichkeit als deutsch-französische Mischform zu gestalten".[39]

In das Fahrwasser des harsch ausgefochtenen Abstimmungskampfes über das Europastatut 1955 gerieten auch die Universität und die Debatten über deren Zukunft. Nach dem mehrheitlichen Nein zur Europäisierung der Saar im Referendum vom 23. Oktober wurden Forderungen nach der Schließung der Hochschule und des Europa-Instituts als „angeblicher Propagandazentrale der Hoffmann-Regierung“ laut. ▸▸ Diese Appelle standen neben zwiespältigen Einschätzungen, die einerseits zwar eine Abhängigkeit von der Saar-Politik beobachteten, aber zugleich die Universität als Stätte freundlicher kultureller Begegnung wertschätzten. Dritte plädierten für den Erhalt der Universität als „übernationales wissenschaftliches Zentrum deutsch-französischer Versöhnung“ unter Schirmherrschaft des Europarats. Dies wiederum rief die prodeutschen Kräfte auf den Plan, die die Hochschule in aller Schärfe als „Produkt“ des Rektors Angelloz anprangerten. Engagierten Studierenden ging es vorrangig darum, die ausgetretenen politischen Pfade hinter sich zu lassen; der Präsident des Studierendenparlaments hoffte auf ein Ende wahltaktisch bedingter Diffamierungen und forderte den Erhalt des übernationalen Charakters der Universität.[40]

Mit dem Eingliedern der Saar in die Bundesrepublik 1957 erfolgten nach und nach strukturelle Anpassungen; bereits im Mai wurde die Universität des Saarlandes in die westdeutsche Rektorenkonferenz aufgenommen. Formal war die Hochschule fortan eine „normale“ westdeutsche Landesuniversität, allerdings mit einer spezifischen deutsch-französischen Gründungsgeschichte und einem fortwährenden europäischen Anspruch in „Ausstrahlungs-“ und „Einstrahlungskraft“, wie der neue Rektor Heinz Hübner 1957 betonte. Gewiss kehrten etliche französische Lehrkräfte der Universität den Rücken, doch wurden einige vom Verwaltungsrat Ende März 1957 auch auf Ordinariate und Extraordinariate berufen. Weitere Berufungen französischer Kollegen waren in Vorbereitung, ebenso der Einsatz „einer größeren Anzahl von Gastprofessoren und Lehrbeauftragten von den benachbarten französischen Universitäten“.[41]

▸ *Streitfrage* S. 86

Vor der Folie deutsch-französischer Hochschulrealitäten zu Zeiten des Saar-Staats mochte es manchem Studieren-

„...zählt zu den ersten Institutionen Europas“ – stolz zitierte die Universität die positiven internationalen Pressestimmen, hier aus der New York Herald Tribune.

den später so erscheinen, als sei der europäische Gedanke mit der Übergabe in deutsche Hände begraben worden. Doch entsprach dies nur bedingt den Tatsachen, denn die Saar-Universität hielt am Gründungsauftrag fest: keine andere westdeutsche Hochschule vergleichbarer Größe hatte Mitte der 1960er Jahre mehr Menschen aus Frankreich im Lehrkörper, mehr Studierende aus Frankreich auf dem Campus. Die Zahlen gingen im Laufe der 1970er Jahre zurück, doch auch in den 1980ern waren es deutsch-französische Aktivitäten, die der Saar-Universität überregionale Außenwirkung bescherten: „Wo Franzosen und Deutsche zusammen studieren", wie dies die Frankfurter Allgemeine Zeitung 1986 in einem Artikel über deutsch-französische Studienmöglichkeiten an der Saar-Uni auf den Punkt brachte. Um neuerlich zu unterstreichen, dass der Saarbrücker Europaschwerpunkt ein besonderes Augenmerk auf den westlichen Nachbarn legt, entstand 1996 das Frankreichzentrum. Seitdem initiiert, koordiniert, kommuniziert und dokumentiert es die Fülle frankreichbezogener Aktivitäten aller Fakultäten; seit einiger Zeit engagiert es sich mehr noch als zuvor selbst in der Forschung. Sicherlich gute Gründe, Saarbrücken letztlich den Zuschlag für den Verwaltungssitz der seit 1999 tätigen Deutsch-Französischen Hochschule zu geben. Die Einrichtung wurde 1997 von Deutschland und Frankreich gegründet und wird seither paritätisch finanziert, um deutsch-französische Studiengänge und Promotionsprogramme zu initiieren und evaluieren sowie finanziell zu fördern.[42]

Institutionell wie ideell lassen sich zahlreiche Kontinuitätslinien von den Anfängen der Saar-Universität bis in die Gegenwart ziehen. Das 1955 gegründete und von Angelloz initiierte „Centre d'Etudes Juridiques Françaises" wurde 1995 zum „Centre Juridique Franco-Allemand" und bietet einen binationalen Abschluss, der noch heute seinesgleichen sucht. Weiteres Beispiel ist das Europa-Institut: 2021 feierte es sein 70-jähriges Jubiläum und wusste von bislang 5.500 Absolventinnen und Absolventen sowie aktuell 75 Studierenden pro Jahr aus mehr als dreißig Ländern zu berichten. Die kulturwissenschaftliche Ausrichtung wich einem rechtswissenschaftlichen Fokus, doch die ideelle Ausrichtung – begeisterte Europäerinnen und Europäer heranzubilden, – erinnert weiterhin an Angelloz' Gründungsvision.[43]

Der französische Außenminister Robert Schuman spricht am 15. Dezember 1948 in der Aula der Saar-Universität, neben ihm im Vordergrund Rektor Jean Barriol.

Die Studentenzeitschrift „Speculum" karikiert Anfang 1957 Rektor Angelloz bei seinem aussichtslos wirkenden Versuch, die Universitas Saraviensis trotz der vielen Nein-Stimmen des Saar-Referendums in Richtung Europa zu ziehen.

Zum anderen verdeutlichen das Europa-Institut einerseits und zahlreiche Partnerschaften mit europäischen Hochschulen andererseits, dass die starke Frankreichorientierung nicht blind machte für ganz Europa. Die in den späten 1970er und frühen 1980er Jahren begonnenen Kooperationen mit den osteuropäischen Universitäten in Sofia, Tiflis und Warschau bauten eine Brücke über den Eisernen Vorhang. ▸▸ Dass die Zusammenarbeit mit allen grenznahen Nachbarn Teil des Europaprofils der Universität des Saarlandes war und ist, illustriert die Kooperation zwischen Saarbrücken, Metz/Nancy, Trier, Kaiserslautern, Lüttich und Luxemburg, die 1984 mit der „Charte de Cooperation" ihren Anfang nahm und aus der 2008 die „Universität der Großregion" hervorging.[44]

Zwei weitere Initiativen der letzten Jahre zeugen davon, dass selbst zu Zeiten klammer Finanzkassen hochschulpolitische Richtungsentscheidungen mit Blick auf noch mehr Europa möglich sind. Dies gilt für das Europakolleg CEUS, das 2012 zunächst als „Collegium Europaeum Universitatis Saraviensis" seine Tätigkeit aufnahm. Durch das Einsetzen einer universitätsinternen „Strategiegruppe Europa" und die Bereitschaft, die dort 2019/20 ausgearbeiteten Vorschläge zu unterstützen, hat die Hochschulleitung das CEUS als „Cluster für Europaforschung der Universität des Saarlandes" 2021 neu gegründet und strukturell wie personell ausgebaut. Dies mit dem Ziel, den Europaschwerpunkt in Forschung und Lehre zukunftsfähig weiterzuentwickeln, klarer inhaltlich zu konturieren und nach außen sichtbarer zu machen. Darüber hinaus gelang es, die Universität des Saarlandes als „Europäische Hochschule" zu etablieren: Die begehrte Auszeichnung verlieh die Europäische Kommission 2020 für die Allianz „Transform4Europe", die die Saar-Universität mit Partnern in zunächst sechs, inzwischen zehn europäischen Ländern auf den Weg brachte. ▸▸ Sieben Jahrzehnte nach der Antrittsrede des damaligen Rektors Joseph-François Angelloz, in denen der Studien- und Forschungsstandort Saarbrücken stets vergleichsweise stark deutsch-französisch und europäisch geprägt war, darf sich die Universität des Saarlandes nunmehr auch ganz offiziell „europäisch" nennen.[45]

▸ *Internationale Kooperationen II* S. 204

▸ *UniGR* S. 266

Melanie Bardian / Dietmar Hüser

Josef Adolf Schmoll genannt Eisenwerth

(1915–2010)

In einem Memoirenbeitrag hat der Begründer des Saarbrücker Kunstgeschichtlichen Instituts beschrieben, wie er neben seiner Tätigkeit an der TH Darmstadt 1948 einen Lehrauftrag an der 1946 in Saarbrücken gegründeten „Schule für Kunst und Handwerk" annahm und dort wegweisenden Künstlern wie Boris Kleint, Frans Masareel oder Otto Steinert begegnete. Nach der Auguste Rodin gewidmeten Habilitation folgte 1951 die Berufung auf den universitären Lehrstuhl für Kunstgeschichte und der Aufbau des kunsthistorischen Instituts praktisch aus dem Nichts.

Schmoll entwickelte sich zu einem führenden, öffentlich wirksamen „Souverän" seines Fachs, sein Forschungsfeld reichte von der Architektur der Zisterzienser über die lothringische Skulptur der Hochgotik bis zur Ecole de Nancy oder vielfältigen Aspekten der Photographie. In Saarbrücken pflegte er enge Verbindungen zu zeitgenössischen saarländischen Künstlern und dem von Rudolf Bornschein geleiteten, die Moderne akzentuierenden Saarlandmuseum, trat aber auch energisch für den stilgerechten Wiederaufbau der barocken Ludwigskirche ein. In der akademischen Selbstverwaltung engagierte er sich in prägenden Jahren als Prodekan und Dekan der Philosophischen Fakultät; vor seinem Wechsel nach München 1966 setzte er noch das von Otto Hajek entwickelte Farbkonzept für den Mensa-Neubau ◂◂ als „für eine junge Universität mit einer jugendlichen Studentenschaft geradezu sinnvoll passend" durch.[1]

wm

▸ *Mensa* S. 166

Jacques Moreau

(1918–1961)

„Le maître, qui représente si dignement l'humanisme belge à l'Université Européenne de la Sarre" – so charakterisierte im Januar 1955 der bekannte Althistoriker Henri Gregoire bei einer Sitzung der belgischen Académie Royale seinen Schüler Jacques Moreau. Dieser war im November 1950 als erster Professor für Alte Geschichte nach Saarbrücken berufen worden und hatte mit seinen Arbeiten zur Spätantike und zum frühen Christentum Maßstäbe einer nationale Perspektiven überwindenden Geschichtsbetrachtung gesetzt. Ganz den Ideen der Völkerverständigung und des europäischen Föderalismus verpflichtet, prägte Jacques Moreau als sensibel und ausgleichend agierender Dekan, Prodekan und Senator die Entwicklung der Philosophischen Fakultät zwischen 1951 und 1958. Insbesondere engagierte er sich nach der Saar-Abstimmung 1955 für die Wahrung des internationalen Charakters der Saar-Universität und verteidigte ihre französischen Mitglieder gegen die nationalistischen Attacken der Heimatbund-Presse.

Auch nach seinem Wechsel nach Heidelberg 1960 hielt er weiterhin enge Verbindung nach Saarbrücken. Tragischerweise verunglückte Moreau im Alter von nur 43 Jahren tödlich zusammen mit neun Mitgliedern seines Exkursionsteams bei einem Flugzeugabsturz in der Türkei, zutiefst betrauert von der internationalen akademischen Gemeinschaft. Noch heute erinnert der Hauptteil seiner Bibliothek im Saarbrücker Institut für Alte Geschichte an diesen beispielhaft europäischen Gelehrten.[47]

wm

Gottfried Koller

(1902–1959)

„Wichtiger sind die politischen Ereignisse. Die französische Vorherrschaft an der Saar und damit auch an unserer Uni wird nun wohl in absehbarer Zeit zu Ende gehen. Ich hoffe, daß dies für das Gedeihen der Universität ein großer Fortschritt sein wird. Daß solche Geschehnisse mit dem Wurstkranz des Komischen umgeben sind …, ist klar. Ich selbst bin ganz dicht dran an den Geschehnissen, bringe aber meine Finger nicht ins Getriebe. Meine Stärke: Ich habe nicht den Ehrgeiz an der Rampe zu stehen." Diese Sätze notierte der zweite Prorektor der Universität Gottfried Koller vier Tage nach der Volksabstimmung vom 23. Oktober 1955 ▸▸ in sein Tagebuch, in dem er mit spitzer Feder das Tagesgeschehen und die saarländischen Besonderheiten jener Zeit glossierte.

Seine wechselvolle Laufbahn hatte den politisch unbelasteten und durch wichtige Beiträge zur Hormonphysiologie bekannten Zoologen von Kiel über die Staatliche Tungchi-Universität in Shanghai-Woosong, die Deutsche Karls-Universität Prag und die Universität Marburg schließlich am 1. Januar 1949 nach Saarbrücken geführt, wo er von 1951 bis 1956 als Prorektor und Repräsentant des nicht-französischen Lehrkörpers agierte. So begleitete er wie ein „1. Offizier auf einem großen Schiff" (Koller) den universitären Aufbau und den Wechsel zum deutschen System, der mit der von ihm vollzogenen Vereidigung des ersten deutschen Rektors Heinz Hübner am 14. November 1956 seinen sichtbaren Ausdruck fand.[1]

wm

Adolphe Michel Jung

(1902–1992)

Die populäre Fernsehserie zur Geschichte der Charité rückte nicht allein das schillernde Arrangement Ferdinand Sauerbruchs mit der NS-Diktatur wieder in den Blickpunkt. Vielmehr erinnerte sie auch an den bislang wenig bekannten Mitarbeiter des Auswärtigen Amtes Fritz Kolbe, der während des Zweiten Weltkrieges zahllose dienstliche Unterlagen dem amerikanischen Geheimdienst zuspielte, und an den ihm assistierenden „Spion mit weißem Kittel" – Adolphe Michel Jung.

Die facettenreichen Tagebuch-Aufzeichnungen Jungs sind unter dem Titel „Zwangsversetzt" 2019 erschienen und illustrieren ein bewegtes Chirurgen-Leben in den Umbrüchen des 20. Jahrhunderts. Das operative Können des erstklassigen, von René Leriche ausgebildeten und von Sauerbruch hoch geschätzten Chirurgen vor allem im Bereich der Gefäßchirurgie, seine Studien – etwa zum Kalkstoffwechsel – und seine beeindruckende, deutsche wie französische Kultur, Sprache und Wissenschaftlichkeit vereinende Persönlichkeit prädestinierten den gebürtigen Straßburger für eine Aufgabe an der Universität des Saarlandes. So leitete er zwischen 1954 und 1957 die Chirurgische Universitätsklinik in Homburg und hatte in der kritischen Zeit des Übergangs vom französischen zum deutschen Universitätssystem 1956/57 das wichtige Amt des Prorektors inne. ▸▸ Im Anschluss wechselte er an seine Heimatuniversität Straßburg, wo er bis 1972 als Klinikdirektor wirkte, erfolgreich und hochgeehrt, unter anderem mit dem Ordre des Palmes académiques.[1]

wm

▸ *Streitfrage* S. 86

▸ *Noch einmal Neubeginn* S. 92

Der Neubau der Philosophischen Fakultät

Nach dem Bücherturm der Universitätsbibliothek war das gegenüberliegende, für die damalige Philosophische Fakultät errichtete Gebäude (heute B3 1) der zweite repräsentative Neubau im Erweiterungskonzept für die junge Saar-Universität. Der Bau ist ein Werk des französischen Architekten André Remondet (1908–1998), der gemeinsam mit Richard Döcker den Ausbau des Universitätscampus gestaltete. ◂◂ Wie Döcker war auch Remondet international renommiert; er hatte bereits 1936 den Prix de Rome erhalten, residierte daher vor dem Krieg in der Villa Medici, war Absolvent der Pariser Ecole nationale supérieure des Beaux-Arts sowie der George Washington University.[50]

▸ *Campus* S. 60

Mit den beiden Gebäuden, 1954 fertiggestellt, waren die Schmalseiten des neu entstehenden „Forum"-Platzes besetzt, und beide Bauten zeigten sich dezidiert in den klaren, aufs Wesentliche reduzierten Formen der architektonischen Moderne. Die dementsprechend strenge, gleichförmige Raster-Struktur von Remondets Gebäude wird dabei freilich bespielt und gewissermaßen relativiert durch geometrische Strukturen grau-blauer sowie zartgelber Keramikriegel, welche die Fenster in variierender Reihung umgeben. Dazwischen sind die Linien des Stahlbetonskeletts gut sichtbar; dieses wurde also nicht, wie es etwa noch am Flachbau des Bibliotheksgebäudes der Fall war, durchgehend verkleidet. Dominierend ist allerdings die optische Gestaltung der Fassade durch die farbigen Kacheln – die Zeit des kompromisslosen Sichtbetons, wie beim Fakultätsneubau der 60er Jahre (C5 2), war noch nicht gekommen.

Der langgezogene Riegel des Neubaus war durch einen Quertrakt verbunden mit dem Parallelgebäude des damaligen Berufspädagogischen Instituts. Im Hintergrund der nur spärlich bewaldete Schwarzenberg.

In charakteristischer Kombination von Variation und Regelmäßigkeit prägen hellblaue und zartgelbe Fliesen zusammen mit den versetzten Fenstern die Fassade des heute von den historisch orientierten Fächern genutzten Baus.

Die Stirnseiten der Fassade sind durch ein Quadratrelief aus Waschbeton gegliedert, womit die ganz ähnliche Waschbeton-Gestaltung des Bibliotheksturms aufgenommen und so ein gestalterisches Wechselspiel zwischen beiden Gebäuden erzeugt wird. Gleichzeitig stellen die Sockelbereiche aus roten Sandsteinblöcken aber auch einen bemerkenswerten Bezug zu den ebenso aufgesockelten Kasernengebäuden des Campus her – neben der entschiedenen Moderne ein Zitat des Traditionellen.

Der äußere Wandelgang an der Hauptfassade mit der künstlerischen Tonziegel-Gestaltung des Universitätszeichenlehrers Wolfram Huschens.

Hervorzuheben sind die in das Gebäude integrierten Gestaltungselemente des saarländischen Künstlers Wolfram Huschens (1921–1989), besonders etwa die dreiteilige, rund dreißig Meter lange Wandgestaltung aus farbig glasierten Tonziegeln, welche die Trennwand des sowohl innen wie außen verlaufenden Wandelgangs an der Platzseite des Gebäudes auffällig sichtbar macht. Reduzierte, geometrische Formensprache sowie die Verbindung von Gleichförmigkeit (der Ziegel) und Variation (der Farbgestaltung) sind, wie bei der Hauptfassade, auch hier die künstlerischen Mittel, mit denen eine beachtliche Wirkung im Widerspiel von Hell und Dunkel, Innen und Außen erzielt wird.[51]

Das Gebäude wurde in den Jahren 2002–2005 umgebaut und saniert, erfreulicherweise in denkmalgerechter Form. Seitdem befindet sich im Gebäudeteil B3 2 über alle Etagen verteilt die Bereichsbibliothek für die historisch orientierten Fächer, deren Institutsräume weiterhin im Hauptgebäude Remondets (B3 1) untergebracht sind. Über seinem Eingang ist, wie 1954, im Originalschriftzug die französische Bezeichnung der Institution zu lesen, für die es gebaut wurde: „Faculté des Lettres“.

Bernd Hagenau / Thilo Offergeld

Universitäts-Briefmarke

Seit 1954 erhebt sich die Universitätsbibliothek als „Kathedrale des Geistes“ (so Rektor Angelloz bei der Grundsteinlegung am 5. November 1952) über das ehemalige Kasernengelände. Die größte wissenschaftliche Bibliothek des Landes trägt seit 1994 die Bezeichnung „Saarländische Universitäts- und Landesbibliothek“. Ihr „Bücherturm“ gilt als ein frühes Wahrzeichen der Universität, ◂◂ auch wenn sich seit 2004 darin die Büros der Bibliotheksverwaltung befinden.[52]

▸ *Bibliotheksgebäude* S. 64

Nach einem Entwurf des niederländischen Künstlers Herman Mees zierte das Gebäude eine von vierzehn hochwertigen Briefmarken der Dauerserie, die markante Neubauten eines jungen, eigenständigen Saarlandes im Aufbruch darstellten. Rektor Angelloz sowie der prominente Journalist und Chansonnier Pierre Séguy hatten sich gemeinsam für diese Motivauswahl eingesetzt. Am Erstausgabetag (3. Juni 1953) befand sich die Bibliothek noch im Bau, so dass das Bild der Realität vorausgriff. Der Frankaturwert von 30 Francs diente dem Versand eines Standardbriefes ins Ausland (einschließlich Deutschlands, Frankreich hingegen galt als „Inland“); die Briefmarke war also quasi die „Visitenkarte“ des Saarlandes für die weite Welt.

Bereits im April 1949 war zum ersten Universitätsgeburtstag eine ebenfalls von Mees entworfene Sondermarke (15 Francs) erschienen, auf der ein Mikroskop, ein Äskulapstab, ein Buch und eine Retorte (Destilliergefäß) als Insignien der Wissenschaft abgebildet waren.[53]

bh

Universitätssiegel

„Die Verwendung eines Siegels und Stempels ist auf Schriftstücke zu beschränken, welche mit erhöhter Beweiskraft ausgestattet werden sollen.“ Diese Bestimmung der aktuellen Universitätssiegelordnung unterstreicht die besondere Bedeutung von Siegeln und Stempeln in einer Institution wie der Universität, in der dem Präsidenten die Führung des „großen Siegels“ bei feierlichen Beurkundungen wie der Ausfertigung von Ordnungen oder Ernennungsurkunden vorbehalten ist und auch die Verwendung von Siegeln und Stempeln in den Einrichtungen, Fakultäten und Fachrichtungen geregelt wird. Bereits in den 50er Jahren war nach einer Diskussion über Kopfform, Gefieder und Schriftbild als Emblem „eine frontal gesehene Eule mit ausgebreiteten Schwingen“ ►► gewählt worden, die nach verschiedenen graphischen Anpassungen auf dem noch heute verwendeten Siegel mit der Umschrift „Universität des Saarlandes“ zu sehen ist.[54]

In die „Vor-Eulen-Zeit“ zurück führt dagegen der französische Stempel mit dem Schriftzug „Le Président – A.E.S – ASSOCIATION DES ETUDIANTS SARROIS“. Ihn hat Ludwig Limburg, der erste Präsident der Studentenschaft, nach einem Zeitzeugengespräch am 6. Mai 1992 persönlich dem Universitätsarchiv übereignet. Die Association, die dann auch als „Verband Saarländischer Studenten“ bezeichnet wurde, war am 16. Juni 1947 durch Studierende des damaligen Homburger Hochschulinstituts gegründet worden und gab zeitweilig auch die Zeitschrift „Der Student an der Saar – Hochschulblätter der Universität Homburg“ heraus.[55]

wm

► *Die Eule*
S. 314

„Braune Flecken" – das personelle Erbe der NS-Zeit

Im Juli 1961 hielt Rektor Helmut Stimm die Laudatio bei der Verleihung der ersten Ehrensenatorenwürde der Universität des Saarlandes an den Juristen Heinrich Welsch (1888–1976). Er erinnerte an dessen „strenge Rechtlichkeit", die er an seinen beruflichen Einsatzorten in Trier, Zweibrücken und Metz gezeigt habe, und betonte seine großen Verdienste als saarländischer Ministerpräsident in der Übergangszeit nach dem gescheiterten Referendum über das Europastatut 1955 und als Vorsitzender des Universitätsrates seit 1957. Dass Welsch in Trier 1934/35 die Staatspolizeistelle geleitet, danach in Zweibrücken als oberster Ankläger die NS-Unrechtsjustiz sowohl in der Region als auch während des Krieges in Metz im völkerrechtswidrig annektierten Lothringen verkörpert hatte, blieb ebenso unerwähnt wie seine über die gesamte NS-Zeit enge und harmonische Zusammenarbeit mit dem saarpfälzischen NS-Gauleiter und Reichskommissar Josef Bürckel.[56]

(Historische) Erinnerung ist ein dynamischer Prozess, der stets aufs Neue in der Gegenwart stattfindet, aufgrund aktueller Interessenlagen, Erfahrungen und moralischer Bewertungen. Für die zeitgenössische deutsche Mehrheitsgesellschaft, die ehemalige „Volksgemeinschaft", war die NS-Zeit seit den späten 1940er Jahren eine vergangene Zeit, unter die am besten ein Schlussstrich gezogen werden sollte. Die intensive politische und kulturelle Aufklärungsarbeit der alliierten Besatzungsmächte über die verbrecherische NS-Politik wurde oft als „Charakterwäsche" und „Siegerjustiz" abgetan und stattdessen bereitwillig den beschönigenden Erzählungen in den „Persilscheinen" der Entnazifizierungsverfahren Glauben geschenkt.[57]

In diesem gesellschaftlich-kulturellen Umfeld der „Stunde-Null-Mentalität", das sich an der Saar in keiner Weise von dem in den Westzonen der späteren Bundesrepublik Deutschland unterschied, erfolgte seit 1948 unter dem saarländischen Ministerpräsidenten Johannes Hoffmann und dem Kultusminister Emil Straus, beide vom NS-Staat Verfolgte und aus der Emigration zurückgekehrte Saarländer, die Gründung und der Aufbau der Universität des Saarlandes. Die hochschulpolitischen Akteure vor Ort, tatkräftig unterstützt durch die französische Militärregierung, strebten eine europäisch ausgerichtete, zweisprachige Universität an, deren Lehrkörper fachlich ausgewiesen, politisch unverdächtig und der besonderen Ausrichtung des Saar-Staates im Sinne einer engen Anbindung an Frankreich wohlgesonnen sein sollte. Um eine baldige Eröffnung sicherzustellen, wurde bei der Suche nach geeigneten Professoren in den Anfangsjahren nicht auf jüngere Nachwuchswissenschaftler, sondern auf erfahrene, arrivierte Kräfte zurückgegriffen. Nennenswerte Bemühungen, vom NS-Staat nach 1933 in die Emigration getriebene Professoren zu einer Heimkehr zu bewegen, sind nicht festzustellen.[58]

Die prekäre Zukunft des neuen Saar-Staates und der drohende Verlust erworbener deutscher Beamtenrechte bei Annahme der saarländischen Staatsangehörigkeit führten dazu, dass sich oft nur „Flüchtlingsprofessoren" aus den seit Kriegsende verlorenen reichsdeutschen Grenzgebieten sowie „amtsverdrängte", das heißt durch Entnazifizierungsmaßnahmen entlassene Professoren bewarben; zudem wurden bereits ernannte Professoren beauftragt, ihrerseits nach geeigneten Kollegen Ausschau zu halten. Bei der Überprüfung der politischen Belastung der Bewerber war der französisch-saarländische Verwaltungsrat der Universität vor allem auf deren Selbstangaben sowie auf mitgeschickte Leumundszeugnisse und Entnazifizierungsbescheide angewiesen.

Unabhängige Auskünfte waren nur schwer einzuholen, und sehr selten findet sich in den Universitätsakten ein warnender Hinweis vor einer zu starken NS-Belastung wie bei dem Anglisten Hans Galinsky (1909–1991): Die französische Militärregierung in Baden-Baden warnte 1948 eindrücklich vor seiner Berufung, die dann allerdings wenig später an die ebenfalls in der französischen Besatzungszone gelegene Universität Mainz erfolgte. Der hohe Anteil von französischen und internationalen Dozenten im Lehrkörper der neu errichteten Universität,

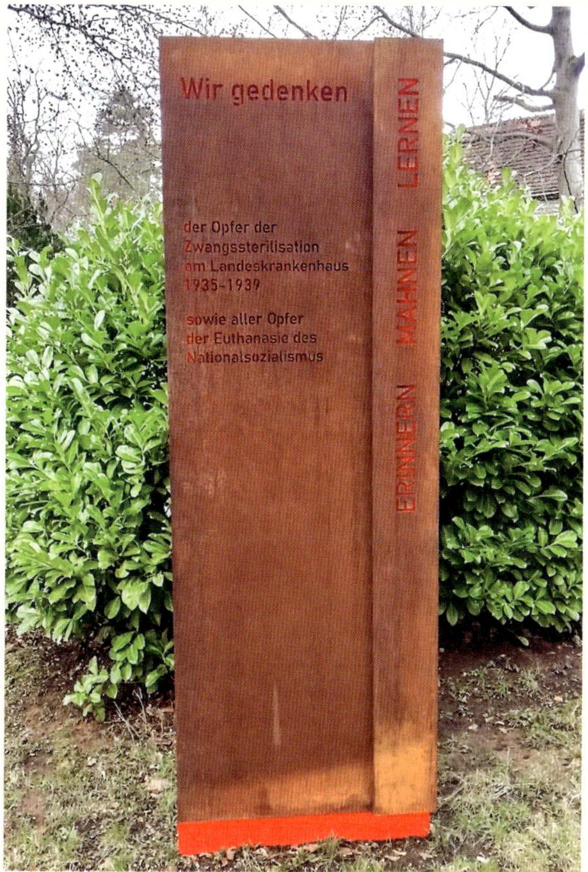

Auf dem historischen Friedhof des Universitätsklinikums erinnert seit 2020 eine Gedenkstele an die Opfer von Zwangssterilisationen im früheren Landeskrankenhaus.

in denen sie nur in der Medizinischen Fakultät nicht die Mehrheit stellten, wurde als zusätzliche Sicherheit für eine künftige positive politische Ausrichtung der Professorenschaft angesehen.[59]

Der eingeschränkte Bewerberkreis brachte es mit sich, dass politische Belastungen durch eine NS-Vergangenheit in allen vier Fakultäten der Universität des Saarlandes gegeben waren. Allerdings kamen an der Saar keine Gerüchte wie in Mainz auf, die dort vor einem „Nazinest" und einer drohenden „Renazifizierung" warnten und 1947/48 eine erneute Entnazifizierung des gesamten Universitätspersonals zur Folge hatten. Auch Einzelfälle von nationalem Interesse waren selten: Die zeitgenössische Dokumentation „Braune Universität. Deutsche Hochschullehrer gestern und heute" (1964–1968) ergibt als einzigen Saar-Treffer den des Juristen und Gastprofessors von 1952 bis 1956, Friedrich August Freiherr von der Heydte (1907–1994), der allerdings nur wegen seiner Rolle bei der Auslösung der „Spiegelaffäre" 1962 erwähnt wurde. Ebenfalls lediglich Gastprofessor, Lehrbeauftragter für „Haushaltsrecht" in den Jahren 1959 bis 1965, war der Bonner Ministerialbeamte und Staatssekretär Friedrich Karl Vialon (1905–1990), ▸▸ der während des Zweiten Weltkrieges im Reichskommissariat Ostland in Riga für die „Sicherung der jüdischen Vermögenswerte" zuständig gewesen war.[60]

▸ Biogramm S. 117

Als Indiz für eine politische Belastung eines Professors soll hier vor allem eine Mitgliedschaft in der NSDAP oder einer ihrer Gliederungen dienen, die stets auf ein zumindest temporäres nationalsozialistisches Engagement verweist und – entgegen der nach 1945 erfolgreich verbreiteten exkulpierenden Behauptung – für Beamte zu keiner Zeit obligatorisch war. Auch eine außergewöhnlich schnelle, politisch unterstützte akademische Karriere oder eine berufliche Tätigkeit in der NS-Zeit, die heutzutage als politisch-belastend bis verbrecherisch angesehen wird, wie zum Beispiel die Mitwirkung an der nationalsozialistischen Erbgesundheitspolitik, können als weitere Hinweise dienen.[61]

Eine erste Suche nach „braunen Flecken" ergibt folgendes Bild: Eine einfache Mitgliedschaft in der NSDAP („Pg") findet sich bei den Medizinern Robert Ammon (1902–1997) und Klaus Conrad (1905–1961), dem außerplanmäßigen Professor für Wirtschafts- und Sozialgeschichte Hektor Ammann (1894–1967), der 1946 wegen seiner deutschvölkischen Propagandatätigkeit aus dem Schweizer Staatsdienst entlassen worden war, dem Germanisten Josef Quint (1898–1976), der auch förderndes Mitglied der SS gewesen war, dem klassischen Philologen Rudolf Stark (1912–1966), dem Betriebswirt Ewald Aufermann (1892–1958), dem Juristen Arnold Liebisch (1896–1958) und dem Physiker Ernst Plötze (1902–1984), der zudem den Rang eines SA-Obertruppführers innegehabt hatte. Bei dem Physiologen Hans Lullies (1898–1982), NSDAP- und SA-Mitglied, verhinderte auch seine letzte Anstellung an der nationalsozialistischen Reichsuniversität Straßburg nicht seine Berufung an die Saar und umgehende Ernennung zum Homburger Gründungsdekan der Medizinischen Fakultät.[62]

Bei seinem ehemaligen Straßburger Kollegen und Musikwissenschaftler Joseph Müller-Blattau (1895–1976) ▸▸ lag dagegen nicht nur die formale Belastung als SA- und NSDAP-Mitglied seit 1933 vor, sondern auch eine unmittelbare Nutznießerschaft infolge der intriganten Mithilfe bei der Entfernung seines „jüdisch-versippten"

▸ Biogramm S. 82

Doktorvaters von dessen Freiburger Lehrstuhl sowie eine intensive publizistische Tätigkeit für das „völkische" Liedgut. Müller-Blattau hatte 1933 die „nationalsozialistische Revolution" umgehend mit einer musikwissenschaftlichen Abhandlung zum „Horst-Wessel-Lied" begrüßt, dem „Fest- und Feierlied der ganzen geeinten Nation": In einem „Übermenschenpuls eines 4/2-Taktes" werde der „getragene, männlich-harte Ernst der Melodie zum feierlichen Hymnus". Auch fünf Jahre später noch, in seinem Buch „Germanisches Erbe in deutscher Tonkunst", das 1938 mit einem Geleitwort von Reichsführer SS Heinrich Himmler versehen im Verlag des SS-Ahnenerbes erschien, war seine Begeisterung für den Nationalsozialismus deutlich spürbar: „Die Erfüllung kam. Die Erneuerung des deutschen Volkes durch die nationalsozialistische Revolution führte eine neue Volksliedzeit herauf. Und nun trat, aus Blutstiefen des Volkes, der alte Grundstoff in neuen Liedern ans Licht".[63]

Biogramm S. 34

Ebenfalls eine stärkere NS-Belastung weisen der Homburger Medizinhistoriker Joseph Gottlieb auf, der auf eine erfolgreiche Karriere als SS-Arzt, zuletzt als Kommandeur der SS-Ärztlichen Akademie in Graz, zurückblicken konnte, sowie der Jurist Heinrich Lange (1900–1977), Teilnehmer am Kapp-Lüttwitz-Putsch gegen die Weimarer Republik im März 1920 und Alt-Pg von 1932, der 1939 sein Fach in der Festschrift „Deutsche Wissenschaft" für Adolf Hitler zu dessen 50. Geburtstag vorstellen durfte. Sein Fachkollege Ulrich Stock (1896–1974), Pg seit 1933, hatte als Richter am Reichskriegsgericht die „Zersetzung der Wehrkraft" mit Todesurteilen bekämpft, während der Kriminalbiologe Ernst Seelig (1895–1955) in Graz seit 1939 „Mischlingsuntersuchungen" durchgeführt hatte und dort erst wieder seit 1951 zur Lehre zugelassen worden war. Der Betriebswirt Georg Scheller (1895–1955), Freikorpskämpfer und Pg seit 1933, wird in der Literatur als einer „der einflussreichen Nationalsozialisten" an seiner damaligen Handelshochschule Nürnberg bezeichnet, während mit dem Physikalischen Chemiker Erhard Landt (1900–1958) drei Jahre lang bis 1951 ein Alt-Pg (NSDAP und SA 1932) und aktiver NS-Hochschulpolitiker an der Saar-Universität lehrte. Sein Vertrag wurde allerdings nicht verlängert, nachdem ein ehemaliger Kollege, der Berliner Staatsrechtslehrer Hans Peters, sich im Oktober 1948 nicht nur weigerte, seiner Bitte nach einem Entlastungsschreiben zu entsprechen, sondern ihn stattdessen „als eine[n] der fanatischsten Anhänger des Nationalsozialismus" charakterisierte: „Das heutige materielle wie geistige Trümmerfeld Deutschlands und Berlins verdanken wir Männern wie Ihnen."[64]

Dass der Landauer Obermedizinalrat Hermann Arnold (1912–2005), der sich in seinen Publikationen zur „Zigeunerfrage" vor allem auf die in den Konzentrationslagern durch den Leiter der Rassenhygienischen Forschungsstelle beim Reichsgesundheitsamt Robert Ritter gewonnenen „rassenbiologischen Erkenntnisse" stützte, sich 1970 an der Medizinischen Fakultät der Universität des Saarlandes habilitieren konnte und danach als außerplanmäßiger Professor für „Sozialhygiene" Lehrveranstaltungen anbot, erregte zeitgenössisch ebenso wenig Kritik wie die NS- und Nachkriegskarrieren des Psychiaters und T4-Gutachters Hanns Heene (1896–1948) und des Chirurgen Oscar Orth (1876–1958), ◂◂ die beide tief in die verbrecherische NS-Erbgesundheitspolitik der Patientenmorde und Zwangssterilisationen verstrickt waren.[65]

Erst Ende der 1970er Jahre setzte sich allmählich eine geänderte Sichtweise auf dieses und anderes NS-Unrecht durch; einzelne Wissenschaften, zunächst die Medizin und die Rechtswissenschaft, später auch die Geschichtswissenschaft, begannen, ihre Fachgeschichte in der NS-Zeit zu

Heinrich Welsch, NS-Jurist, dann Ministerpräsident und Vorsitzender des Universitätsrates, wurde 1961 zum ersten Ehrensenator der Universität ernannt.

Während der 68er Proteste wurden Autoritäten häufig auf ihre NS-Vergangenheit hin befragt. Hier demonstrieren Studierende gemeinsam mit Rektor Maihofer gegen die Notstandsgesetze.

beleuchten. In Saarbrücken führte 1978 studentischer Protest dazu, dass der seit längerem inaktive Honorarprofessor Friedrich Karl Vialon, aktiv an der nationalsozialistischen Politik der „Arisierung“ in den besetzten Ostgebieten beteiligt, jetzt auch aus dem Personal- und Vorlesungsverzeichnis der Universität gestrichen wurde. Und erst seit Mitte der 1990er Jahre, angestoßen durch die Forschungen des Historikers Christoph Braß, erfolgte auch im Saarland eine Neubewertung der nationalsozialistischen Erbgesundheitspolitik und die moralische Verurteilung der tatkräftigen Mitwirkung des vielfach geehrten, jahrzehntelangen Direktors des Homburger Landeskrankenhauses Oscar Orth, der persönlich mehr als 1.400 Zwangssterilisationen durchgeführt hatte.[66]

Dieser Prozess einer sich ständig aktualisierenden historisch-moralischen Bewertung der Vergangenheit hat seit einigen Jahren auch die Gruppe der Ehrensenatoren und Ehrenbürger der Universität des Saarlandes erfasst. Nach einer kurzen Debatte wurde 2018 dem eingangs erwähnten Heinrich Welsch „symbolisch-deklaratorisch posthum“ wegen „seiner aktiven Rolle in der NS-Diktatur“ die Ehrensenatorenwürde aberkannt; ebenso im Juli 2022 die Ehrenbürgerschaft für Max Obé (1889–1969), in der NS-Zeit oberster leitender Medizinfunktionär der Saarregion und ab 1950 Präsident der Ärztekammer Saar, wegen seiner Mitwirkung an der Umsetzung der verbrecherischen NS-Erbgesundheitspolitik. Im Fall von Ernst Röchling (1888–1964) konnte sich der Senat der Universität in derselben Sitzung wegen der Vielschichtigkeit der Biographie Röchlings dagegen nur zu einer Distanzierung von der 1962 verliehenen Ehrensenatorenwürde entschließen. Die Beschäftigung mit diesen Einzelfällen führte zu einem Beschluss über ein künftig systematischeres Vorgehen: Im Auftrag des Präsidiums werden seit März 2023 in einem auf zwei Jahre angelegten Forschungsprojekt die Biographien aller auf Universitätsebene geehrten Persönlichkeiten der Universität des Saarlandes einer historischen Überprüfung unterzogen.

Rainer Möhler

Jean-Baptiste Duroselle

(1917–1994)

Der mit 33 Jahren 1950 nach Saarbrücken berufene Historiker zählte zu den markantesten Persönlichkeiten des damaligen Lehrkörpers. Er warb bereits in seiner Antrittsvorlesung für „freundschaftliche Beziehungen zu den Historischen Instituten französischer Universitäten", initiierte bald einen Studentenaustausch mit Paris und leitete gemeinsam mit dem befreundeten Prodekan Jacques Moreau ◀◀ als Dekan die Philosophische Fakultät in der wichtigen Phase des Aufbaus neuer Institute.

▶ *Biogramm* S. 72

Der wegen seiner faszinierenden Persönlichkeit und seiner anregenden Forschungsfelder Frühsozialismus, Katholizismus und internationale Beziehungen hochgeschätzte akademische Lehrer vermittelte den Studierenden in mehreren Exkursionen Kultur und Lebensart des Nachbarlandes und agierte bei zahlreichen Gastvorträgen von Tunis bis Athen und Edinburgh sowie bei Gastprofessuren in den USA als Botschafter der Universität des Saarlandes.

Das Ergebnis der Volksabstimmung von 1955 wertete Duroselle als legitime Reaktion auf die Politik des französischen Hochkommissars Grandval und bekannte, er habe an der Universität das wahre Deutschland kennen- und verstehen gelernt, das weder den nationalsozialistischen noch den französischen Stereotypen entsprach. 1957 wechselte er an die Universität Lille und bald nach Paris, wo er seine wegweisenden Forschungen zu den internationalen Beziehungen fortsetzte, in der Fachwelt hochgeachtet und geehrt durch herausragende Auszeichnungen wie den Balzan-Preis (1982).[67] *wm*

Joseph Müller-Blattau

(1895–1976)

Joseph Müller-Blattau war die prägende Gestalt der Saarbrücker Musikwissenschaft in den beiden Nachkriegsjahrzehnten. Der gebürtige Elsässer hatte sich in Königsberg habilitiert, Professuren in Frankfurt, Freiburg und Straßburg innegehabt und aktiv im Musikwesen des „Dritten Reichs" mitgewirkt. Sein schillerndes und als opportunistisch charakterisiertes Verhalten in der NS-Diktatur und seine ideologisch gefärbten Publikationen, in denen er etwa das Horst-Wessel-Lied als Inbegriff des neuen Volksliedes feierte, sind nach dem Ende der NS-Herrschaft lange tabuisiert worden. Seit 1946 wirkte Müller-Blattau zunächst als Dozent an der Pädagogischen Akademie Kusel, wo er den späteren Star-Tenor Fritz Wunderlich förderte. Im Mai 1952 zum Direktor des Saarbrücker Konservatoriums, der späteren Hochschule für Musik, berufen, begann er bald darauf mit dem Aufbau des Musikwissenschaftlichen Instituts an der Universität und begründete das dann von seinem Sohn Wendelin geleitete, der Musikpflege dienende Collegium Musicum.

1958 legte er die Leitung der Musikhochschule nieder und wechselte als Ordinarius an die Universität, wo er über seine Emeritierung hinaus auch Vorlesungen zur Theaterwissenschaft übernahm. Als langjähriger Präsident des Saar-Sänger-Bundes wurde er 1960 mit dem Bundesverdienstkreuz I. Klasse ausgezeichnet; sein Korrespondenzpartner Theodor Adorno zweifelte übrigens „keine Sekunde" an Müller-Blattaus „Integrität".[68] *wm*

Jacques-Emile Dubois

(1920–2005)

Pierre Donzelot, der als Rektor der Universität Nancy an der Wiege der Universität des Saarlandes gestanden hatte und als Direktor für das höhere Erziehungswesen in Paris agierte, rekrutierte für die neue Universität an der Saar mehrere jüngere französische Wissenschaftler, die später zu international renommierten Repräsentanten ihres Fachs aufstiegen. Zu diesem Kreis gehörte auch der mit 29 Jahren nach Homburg berufene Chemiker Jacques-Emile Dubois, der zuvor als Berater des französischen Kulturattachés in London tätig gewesen war. Dank seiner vielfältigen Vernetzungen trieb Dubois den international angelegten Aufbau der Saarbrücker Chemie entscheidend voran und entwickelte ausgreifende Pläne nicht nur für einen trilingualen Studiengang, sondern auch für ein Forschungszentrum für Kohle- und Erdölchemie und die Gründung einer Technischen Fakultät. Als Dekan gestaltete er zwischen 1953 und 1957 den Ausbau der Naturwissenschaftlichen Fakultät.

Von Saarbrücken wurde er 1958 nach Paris auf den ersten Lehrstuhl für Physikalisch-Organische Chemie in Frankreich berufen und profilierte sich dort auf nationaler und auch militärischer Ebene als herausragender Wissenschaftsadministrator. Bleibende Verdienste erwarb er sich als Pionier der Anwendung mathematisch-informationstechnologischer Methoden in der Chemie, vor allem durch sein seit 1964 entwickeltes revolutionäres Informationsgewinnungssystem DARC (Documentation and Automated Research of Correlations).[69] *wm*

Ralf Dahrendorf

(1929–2009)

Die bewegte wissenschaftliche und politische Biographie dieses nach Jürgen Habermas wohl bedeutendsten Intellektuellen seiner Generation, der als Repräsentant liberaler Gesellschafts- und Staatstheorie seine beiden „Vaterländer" Deutschland und England geprägt hat, umfasst auch ein dreijähriges Zwischenspiel an der Universität des Saarlandes. Von November 1954 bis August 1957 amtierte der später als „Wunderkind der Soziologie" Gefeierte als Assistent am Soziologischen Institut, erarbeitete dabei in Rekordzeit als vierter Habilitand der Philosophischen Fakultät seine Studie „Soziale Klassen und Klassenkonflikte in der industriellen Gesellschaft" und hielt seinen Probevortrag über „Das Prestige von Frauenberufen".

In dieser Zeit erlebte er als Assistentenvertreter in der akademischen Selbstverwaltung nach eigenen Worten auch den Übergang von der „Europäisierung" zur „Germanisierung" der Universität. Dahrendorf verließ Saarbrücken aufgrund des Angebots eines Forschungsaufenthaltes in Stanford und Berkeley und einer rasch folgenden Professur in Hamburg.

Als EU-Kommissar für Forschung, Bildung und Wissenschaft kehrte er zum 25-jährigen Universitätsjubiläum im November 1973 nach Saarbrücken zurück, um die Festrede zu halten. Und 2003 eröffnete er, inzwischen als Baron Dahrendorf Mitglied des House of Lords, das neue Studienjahr am Europa-Institut mit Reflexionen über „Europa und der Westen".[70] *wm*

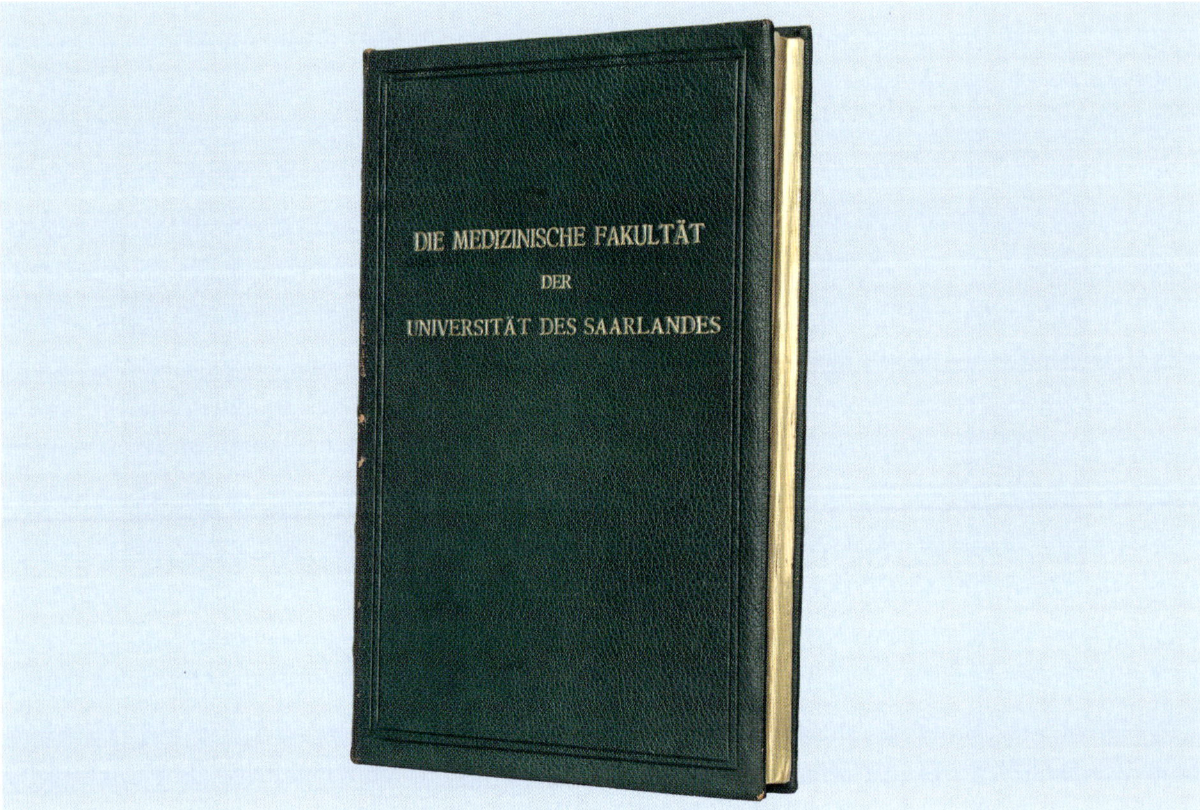

Das „Goldene Buch" der Medizinischen Fakultät

In seinen Beständen verwahrt das Universitätsarchiv neben eher unspektakulären Protokollbänden einige meist im DIN-A4-Format gehaltene Amtsbücher, darunter etwa die ersten Immatrikulationsalben der verschiedenen Fakultäten und Institute. Ein herausragendes Archivstück stellt daneben aber das im Nachlass des früheren Dekans und Pathologie-Professors Georg Dhom (1922–2014) aufgefundene sogenannte Goldene Buch der Medizinischen Fakultät dar, das sich auszeichnet durch glänzenden Goldschnitt, seinen in Grün, der Farbe der Medizinischen Fakultät, gehaltenen Einband und die golden geprägte Aufschrift „Die Medizinische Fakultät der Universität des Saarlandes".

Der Band wurde 1954 angelegt und ziemlich kontinuierlich bis 1957 geführt – ein Beleg für die besondere, durch starkes kollegiales Zusammengehörigkeitsgefühl geprägte Atmosphäre der Zeit. In 23 meist zweiseitigen handschriftlichen Einträgen stellen sich die damaligen Professoren mit ihren wesentlichen biographischen Informationen vor, beschreiben ihre wissenschaftliche Laufbahn sowie ihr Forschungsgebiet und berichten über besondere Ehrungen und ihre familiären Verhältnisse.

Die aufschlussreichen Informationen betreffen allerdings weitgehend nur den frühen Lehrkörper der Medizinischen Fakultät, denn nach 1957 geriet das Buch außer Gebrauch, und die Seiten, obgleich teilweise mit Bleistift schon namentlich vorbeschriftet, blieben leer. Ein einzelner letzter Eintrag erfolgte nach fast vier Jahrzehnten erst wieder Anfang 1996.[71]

wm

Titelseite des „Speculum"

Drei Studentinnen vor dem damaligen Neubau der Philosophischen Fakultät, dem heutigen Gebäude B31, zeigt die Titelseite der ersten Ausgabe der „Saarländischen Studentenzeitschrift Speculum". Zur 5. Internationalen Studentenpressekonferenz im Herbst 1955 auf dem Saarbrücker Campus begründet, war damit – nach den vier Heften des „Studenten an der Saar" 1947/48 und der von 1949 bis 1952 „von Studenten für Studenten" verfassten Beilage „Auditorium" der Saarbrücker Zeitung – erstmals ein dauerhaftes studentisches Periodikum entstanden. Es sollte immerhin siebzehn Jahrgänge bis 1971 erleben. Da der Pressereferent der Studentenschaft zuvor in Hamburg studiert hatte, orientierte er sich – recht selbstbewusst – am Namen und auch am Charakter des bekannten deutschen Nachrichtenmagazins.

Die ersten Ausgaben kosteten 50 Francs, was etwa 50 Pfennigen entsprach, und finanzierten sich zusätzlich durch Inserate und einen Zuschuss des Kultusministeriums.

Die Zeitschrift, zu deren Redakteuren auch spätere namhafte Journalisten wie Heiko Flottau oder Robert Leicht ▸▸ zählten, berichtete in Nachricht und Kommentar über die Aktivitäten der Studierendenschaft, über die nach 1965 zunehmend ideologisch aufgeladene studentische Politik sowie über die universitären und gesellschaftlichen Umbrüche. Im Zeichen zunehmender Ideologisierung feierte man 1970 den 100. Geburtstag Lenins, bot auf der „Rote-Fahne-Plattform" neue Mao-Texte und würdigte die Errungenschaften der chinesischen Kulturrevolution.[72]

▸ *Zeitzeugnis Leicht* S. 328

wm

„Französisch gesteuerte Einrichtung"? Streitfrage Universität

„Europa" war für viele an der Saar-Universität die Leitidee für eine bessere Zukunft, an der mitzuarbeiten sich gerade auch Lehrende und Studierende aufgerufen sahen. Doch in der Realität des Alltags beherrschte vielfach die „Saarfrage", das ungelöste Problem der künftigen Staatszugehörigkeit des Saarlandes, die Diskussionen. Immer wieder kam es zu Missstimmungen und Konflikten, weil viele Saarländerinnen und Saarländer sich durch die französisch dominierte Autonomie des Landes in ihrer deutschen Nationszugehörigkeit in Frage gestellt sahen und auch mit der ihnen zugedachten Identität als „Vorzeigeeuropäer" (Linsmayer/Reichelt) nicht viel anfangen konnten. Und so wie die Saar-Regierung unter dem zunehmend autoritär agierenden Ministerpräsidenten Johannes Hoffmann scharf gegen prodeutsche Bestrebungen im Land vorging, so wurden auch an der Universität harsche Sanktionen verhängt, wenn sich der Verdacht einer prodeutschen Haltung einstellte.[73]

Mit einer Karikatur des Ministerpräsidenten Hoffmann bekundete dieser Student 1955 seine Ablehnung des Saar-Statuts.

Hohe Wellen schlug es beispielsweise, als 1951 einer Studentendelegation eine Reise zur Saar-Debatte im Deutschen Bundestag durch Strafandrohungen untersagt wurde, wohl weil man fürchtete, sie werde sich dort im Sinne einer Zugehörigkeit zu Deutschland positionieren. Studierende, die sich offen für eine Rückkehr des Saarlands nach Deutschland aussprachen, mussten mit Strafmaßnahmen bis hin zur Zwangsexmatrikulation rechnen; polizeiliche Ermittlungen, die schon bei nichtigen Anlässen angestrengt wurden, und Durchsuchungen von Räumlichkeiten auf dem Campus erregten die Gemüter. Als der Präsident der Saar-Studentenschaft 1952 beim Studententag in Berlin die Verbundenheit der saarländischen Studierenden mit ihren deutschen Kommilitonen betonte, wurden seine Eltern daheim anderntags gefragt, ob ihr Sohn bereits exmatrikuliert worden sei.[74]

Durch derlei Vorkommnisse fühlten sich diejenigen bestätigt, die die Universität von Anfang an vor allem als französisches Propaganda-Instrument, als Mittel zur Durchsetzung der gefürchteten „pénétration culturelle" gesehen hatten. Unterstützung und Bekräftigung erfuhren solche kritischen Stimmen nicht zuletzt aus der Bonner Bundespolitik, wo man um die Zugehörigkeit der Saarregion zur deutschen Nation besorgt war und deshalb ausgesprochen kritisch auf das französische Engagement an der Saar gerade im Bildungsbereich blickte: „Die Universität Saarbrücken ist eine primär französisch gesteuerte und orientierte Einrichtung, welche die auf politischem und wirtschaftlichem Gebiet vom Besetzer gewonnene Machtstellung auf der kulturellen Ebene vertiefen und festigen soll" , so noch 1954 die maßgebliche Bewertung im Ministerium für Gesamtdeutsche Fragen. Vor diesem Hintergrund war auch die Kooperationsbereitschaft des Bundes und der Länder mit der Saar-Uni ausgesprochen gering, wurde vielmehr eine teilweise dezidierte Politik der „Isolation" verfolgt und beispielsweise die Tätigkeit bundesdeutscher Professoren im Saarland entschieden abgelehnt.[75]

Die über Jahre hinweg angespannte politische Atmosphäre heizte sich nach der Landtagswahl 1952, vor der die prodeutschen Parteien von der Regierung Hoffmann verboten worden waren, immer weiter auf und steigerte sich erst recht im Vorfeld der schließlich zwischen Frankreich und Deutschland vereinbarten Volksabstimmung über den zukünftigen Status des Saarlands, des Saar-Referendums vom 23. Oktober 1955. Monatelang tobte im Saarland ein unerhört heftiger und leidenschaftlicher Meinungskampf, dessen Schärfe wohl auch aus den Kontroversen der ersten Saarabstimmung 1935 und der danach folgenden Frontstellung zwischen Emigranten und Daheimgebliebenen aus der NS-Zeit herrührte. So ging es nicht nur um eine politische Grundsatzfrage, sondern um eine Art Generalabrechnung über kontrastierende Lebensgeschichten der vergangenen Jahrzehnte. Der Konflikt dominierte das Land völlig; er machte aus Freunden und Kollegen, selbst aus Familienmitgliedern unversöhnliche Gegner und hinterließ Narben, die noch viele Jahre lang zu spüren waren.[76]

Im akademischen Kontext der Universität waren die Verhältnisse weniger hitzig, doch auch hier standen sich Gegner und Befürworter des Saar-Statuts, das eine autonome, europäische Zukunft für das Saarland zum Ziel hatte, in erregten Diskussionen gegenüber, waren die Toiletten und Schwarzen Bretter mit Aufklebern und Flugblättern gepflastert, gab es anonyme Briefe an französische Mitarbeiter, spaltete sich die Redaktion der ambitionierten Studentenzeitung „Speculum" in „Ja-Sager" und „Nein-Sager".[77]

Bei der Semestereröffnung 1955/56, kurz nach dem Saar-Referendum, wurde Rektor Angelloz demonstrativ von Vertretern der neuen Übergangsregierung begleitet: links Finanzminister Prof. Blind, rechts Prof. Meyer, Direktor im Kultusministerium.

Vor allem aber stellte die Saar-Uni mit ihrem französischen Rektor, dem hohen Anteil französischer Dozenten, der als frankophil angesehenen Universitätsverwaltung und der französisch orientierten Studierendenvereinigung AGA (Association Générale des Anciens Etudiants en France) ein bevorzugtes Ziel der prodeutschen, häufig stark polemisch agierenden Presse dar. In der Tat war wohl die Universität diejenige Institution, in der das Grundkonzept der Hoffmann-Regierung, den Saar-Staat als Verbindung deutscher und französischer Elemente zu gestalten, am deutlichsten verwirklicht worden war. Dass die Leitungspositionen in den akademischen Entscheidungsgremien, aber auch in Fakultäten, zentralen Instituten und Verwaltungsabteilungen überwiegend französisch besetzt waren, wurde von den Kritikern als Beleg französischer Dominanz angeprangert. Die europäische Mission der Universität galt ihnen, analog zum anvisierten europäischen Saar-Statut, als „europäisches Mäntelchen", das hauptsächlich als Tarnung für das „Bollwerk der französischen Politik" diene, welches die Saar-Universität in Wahrheit darstelle. Und auch in seriösen überregionalen Zeitungen wurde gefragt, ob die vermeintlich Europäische Universität ▸▸ nicht eher ein „französisches Propaganda-Institut" (ZEIT), ein „subtiles Instrument der Kulturpropaganda" Frankreichs (FAZ) darstelle.[78]

▸ Europäische Universität S. 68

So strittig die Debatten waren, das Ergebnis der Abstimmung fiel eindeutig aus: Bei einer heute beinahe unglaublich erscheinenden Wahlbeteiligung von 98 Prozent votierten gut zwei Drittel der Wahlberechtigten für die Rückkehr des Saarlands nach Deutschland. Für die Universität, die französische Gründung, folgte daraus eine scharfe Zäsur, nämlich die Umstrukturierung zu einer deutschen Landesuniversität – freilich mit einem europäisch-französischen Erbteil, das nicht gänzlich aufgegeben werden sollte. Die Debatten um die Saar-Uni gingen weiter.

Thilo Offergeld

ZEITZEUGNIS

Hermann Weiand

Präsident der Studentenschaft 1951/52

Geboren 1926, Bergmannssohn aus Rimlingen/Saar, nach Krieg und Gefangenschaft zunächst Hilfsarbeiter, 1949–1954 Studium an der UdS und der Sorbonne, 1958–1966 Lehrer in Lebach und Dillingen, 1967–1991 Professor für Didaktik, Englische Sprache und Literatur an der PH Freiburg, gestorben 2020.
Die Erinnerungen hat Hermann Weiand 2002 für das Universitätsarchiv verfasst.

Die Universität – ein Geschenk

„Nach den langen, ziel- und orientierungslosen Jahren in Krieg und Gefangenschaft war die Möglichkeit des Studiums ein großes Geschenk und Privileg. Da die Geisteswissenschaften insgesamt in einem Block der ehemaligen Kaserne in Saarbrücken untergebracht waren, konnte eine breite Angebotspalette nach Belieben genutzt werden. Überhaupt bot die Entstehung der Universität innerhalb eines zusammenhängenden Kasernengeländes als echter Campus mancherlei Vorteile. Viele wenig begüterte saarländische Studenten (andere gab es zu diesem frühen Zeitpunkt kaum) konnten z. B. in den Wohnheimen auf dem Universitätsgelände kostengünstig untergebracht werden. Dies erwies sich auch für die studentische Selbstverwaltung als segensreich und half mir, ein Gemeinschafts- und Zugehörigkeitsgefühl entstehen zu lassen. Als Bedürftiger erhielt ich mit Glück ein Bett im Viererzimmer Nr. 13, neben Albert Gräser, dem späteren Pressereferenten."

Bauliches Erbe II S. 36

„Schon aus materiellen Gründen wäre für mich und viele andere saarländische Kommilitonen ein Studium in Deutschland oder Frankreich kaum realisierbar gewesen, weshalb man von vornherein für das Vorhandensein dieser Universität ganz einfach dankbar war, gleich welche Mängel zweifelsohne am Anfang noch in Fülle vorhanden waren (Mangel an Büchern, Arbeitsmitteln, allgemeine Ausstattung, Defizite im Lehrkörper). Nach dem Verlust von so vielen Jahren wurde das Studium mit Eifer und Fleiß und der festen Absicht begonnen, alles andere außen vor zu lassen – was sich sehr bald als Illusion erweisen sollte."

Studentisches Engagement – nicht ungefährlich

„Schon vor der Pflichtprüfung nach dem ersten Jahr (Propädeutikum) in Englisch, Deutsch, Philosophie, deren Ergebnis mir einen Stipendiumsanspruch einbrachte, besuchte ich eines schönen Morgens (1950) eine Versammlung der Studierenden der Philosophischen Fakultät, auf der Vertreter gewählt werden sollten. Nach der … Vorgeschichte der Versuche, eine studentische Vertretung oder gar Selbstverwaltung aufzubauen, war kaum jemand sonderlich erpicht darauf, sich der Brisanz dieser Interessenvertretung auszusetzen. Als ich überraschend für die Wahl vorgeschlagen wurde, sah ich mich bestenfalls als Lückenbüßer und wurde zu meiner Verblüffung gleich im ersten Wahlgang mit großer Mehrheit gewählt.

Binnen einer Stunde nach dieser Versammlung wurde ich telefonisch für 3 Uhr nachmittags ins Kultusministerium bestellt (Sûreté?) [*die französische Sicherheitspolizei*], wo mich der damalige Kultusminister Dr. Emil Straus in einem Gespräch unter vier Augen (er hatte meine Studienunterlagen bereits vor sich liegen) ohne Umschweife wissen ließ, dass man ein Reifezeugnis wie das meinige normalerweise nicht anerkenne. Mein Einwand, dass ich der einzige Saarländer bei diesem Abiturkurs gewesen sei, fruchtete nichts – das sei belanglos. Ich leitete aus diesem Versuch der Einschüchterung die feste Absicht ab, nach besten Kräften Verhältnisse schaffen zu helfen, die dergleichen ein und für allemal unmöglich machen sollten."[79]

ZEITZEUGNIS

Peter Scholl-Latour

Sprecher für Europäische und Auswärtige Angelegenheiten des Saarlandes und Dozent an der Universität 1954/55

Geboren 1924, nach Krieg und Gefangenschaft Studium in Mainz und Paris, ab 1948 internationaler journalistischer Korrespondent, 1954–1955 Sprecher der Saar-Regierung, 1963–1969 Leiter des Pariser ARD-Studios, 1975–1983 Leiter des Pariser ZDF-Studios, später als freier Autor populär, renommierter Asien- und Nahost-Experte, gestorben 2014.
Die Texte sind Auszüge aus einem 2005 publizierten Erinnerungs-Interview mit Scholl-Latour.

Als junger Dozent an einer jungen Universität

„So war ich also publizistisch durchaus bekannt und wurde ausgesucht, um nicht nur eine Instruktion oder einen Unterricht im Sinne der Sciences politiques, wie sie in Paris gelehrt wurden, zu geben, sondern auch weltweite Erfahrungen einzubringen und damit den Horizont des Europäischen Instituts zu erweitern. … Ich kam ja gerade aus der Studienzeit heraus und hatte noch – sagen wir – den studentischen Habitus. Aber auch sonst war es damals, da es ja eine kleine, eben erst gegründete Universität war, zu einem sehr engen Kontakt gerade auch unter den wissenschaftlichen Assistenten und den Studenten gekommen. Es herrschte – wie soll ich es sagen – die Atmosphäre eines Familienbetriebes. In den ersten Jahren, als es ja vor allem für jeden darum ging, einen Beruf zu erlernen und auch eine wissenschaftliche Qualifikation zu erwerben, haben an der Universität politische Probleme, die zweifellos auch existierten, keine besondere Rolle gespielt…“

„Ich habe damals anhand von Stichworten meine Vorträge gehalten und anschließend auch Diskussionen geführt. … Es ist auch keineswegs zu politischen Kontroversen gekommen, weil ich mich wohlweislich auf innenpolitische Fragen oder unmittelbare Streitfragen ▸▸ im deutsch-französischen Verhältnis in diesem Rahmen nicht eingelassen habe.“

Politischer Auftrag, unpolitische Dozenten

„Aber auch dort habe ich nie den Eindruck gehabt, dass es zu Animositäten gekommen ist, was wohl auch darauf zurückzuführen ist, daß zwar Angelloz – meines Erachtens – einen ganz eindeutigen politischen Auftrag hatte, nämlich – sagen wir – die ‚pénétration culturelle‘ auf dem linken Rheinufer, im Bereich des Saarlandes, zweifellos zu fördern, daß aber doch die meisten der französischen Professoren und Dozenten unpolitisch waren und teilweise sogar der Politik des damaligen Hochkommissars Grandval mit einer gewissen Skepsis gegenüberstanden. Es ist durchaus nicht so gewesen, daß die Franzosen, die damals an der Universität des Saarlandes unterrichteten, sich als Apostel eines kulturellen französischen Ausdehnungsdrangs betrachteten und schon gar nicht als politische Missionare.“

Der Stellenwert der Universität und ihr Image

„Ich glaube, daß sehr schnell der Status der Universität des Saarlandes durchaus respektabel wurde und auch die dortigen Diplome oder Doktorarbeiten durchaus den hohen Ansprüchen guter Universitäten entsprachen. Es war also keineswegs eine Behelfseinrichtung, und im Rückblick glaube ich, daß es eine sehr positive Initiative gewesen ist auch für die ganze intellektuelle Atmosphäre im heutigen Saarland.“

„Nach und nach hat die Universität des Saarlandes nicht nur Ansehen, sondern auch eine gewisse Beliebtheit bei der Bevölkerung gewonnen. Es kann durchaus sein, daß in gehobenen Schichten, die ja oft mit dem Heimatbund sympathisierten, gewisse Vorbehalte gegenüber den politischen Intentionen der Universität bestanden. Aber die einfachen Leute, die breite Bevölkerung, war doch im Grunde geschmeichelt, daß in ihrem Revier jetzt ein solches kulturelles und intellektuelles Zentrum entstanden war.“

„Nun, die Franzosen haben die Universität ein bißchen wie ihr Ziehkind betrachtet und natürlich gemerkt, daß es ihnen allmählich aus den Händen wuchs, haben es aber – glaube ich – trotzdem bis zum Ende, bis zur Abstimmung, als eine positive Initiative betrachtet. Ich glaube auch, daß diese Einschätzung weiterwirkt. Denn die Universität hat ja im Grunde ihren versöhnenden und Grenzen überbrückenden Auftrag auch nach der Rückgliederung des Saarlandes nach Deutschland voll beibehalten und sucht ja darin gerade ihre besondere Identität.“[80]

▸ *Streitfrage* S. 86

FACULTAS SCIENTIARUM
ZOOLOGICA MATHEMATICA
MINERALOGICA

Kapitel 3

Ausbau und Aufschwung:

1956–1967

HOMBURG

SAARBRÜCKEN

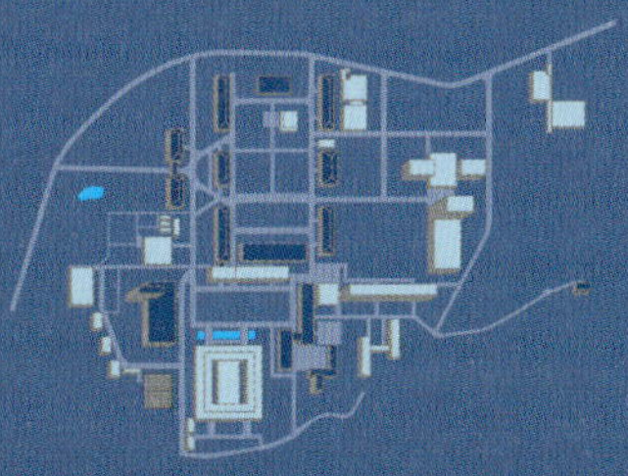

Noch einmal ein Neubeginn

„Was wird aus unserer Universität?“ Unter dieser Schlagzeile wurde im Frühjahr 1956 eine erregte Pressediskussion ausgefochten, und mit dieser Frage gingen natürlich auch die Universitätsmitglieder in den neuen Zeitabschnitt, der mit der Saarabstimmung vom Oktober 1955 eingeläutet worden war. Dass die Universität, die französische Gründung, auch im nun bundesdeutschen Saarland weiterbestehen würde, hatte die Landesregierung nach anfänglichem Zögern zu Beginn des Jahres 1956 klargestellt. Aber welche Veränderungen damit verbunden sein würden, hinsichtlich ihrer inneren Struktur, des Fächer- und Studienangebots, der Finanzierung – all dies war zunächst offen.[1]

Streitfrage S. 86

Die wichtigsten Antworten darauf gab das Universitätsgesetz, das 1956 erarbeitet und im März 1957 in Kraft gesetzt wurde. Dabei ließ schon die Art seiner Entstehung wichtige Faktoren der künftigen Entwicklung erkennen: Es war „intra muros“, also von engagierten und sachkundigen Akteuren der Universität selbst konzipiert und daher, wie es der maßgeblich daran beteiligte Werner Maihofer ausdrückte, „ganz und gar aus der Universitätspraxis entwickelt“ worden. Und, mindestens ebenso wichtig, es war den Initiatoren gelungen, ihren Entwurf in mehr oder minder informellen Begegnungen mit Mitgliedern der Landesregierung und auch der Opposition abzustimmen, so dass der Weg in die parlamentarische Entscheidungsfindung gewissermaßen „auf saarländische Weise“ gebahnt war. Der spätere Kanzler Hermann Josef Schuster nannte dies eine „Art virtuosen Kabinettsstücks“. Auch aus heutiger Sicht erscheint es keineswegs selbstverständlich, dass die Landesregierung, die ja nach dem Richtungswechsel der 1955er-Volksabstimmung von dezidiert prodeutschen Kräften geprägt war, den Professoren der „frankophilen Institution“ so viel Vertrauen entgegenbrachte.[2] ◂◂

Das Vertrauen zeigte sich nicht nur im Prozedere, sondern auch im Inhalt: Das Gesetz überführte zunächst die Universität, wie allgemein erwartet, durch die Etablierung eines gewählten, mit Leitungsbefugnissen ausgestatteten Rektors und durch die Definition von Mitwirkungsrechten für Senat und Fakultäten aus der französisch-zentralistischen Struktur in die korporativ-freiheitliche Tradition deutscher Universitäten. Vor allem aber bekräftigte es die im Vergleich zu anderen deutschen Hochschulen bereits außergewöhn-

Der Campus wächst enorm. Nach Fertigstellung des „Forums“-Platzes weitet er sich mit Philosophischer Fakultät, Physik und Chemie in Richtung Osten aus (oberer Bildbereich).

Schlechtes Essen, zu wenig Platz: Per Sitzblockade bestreiken die Studierenden im April 1957 die Mensa.

lich ausgeprägte Autonomie der Saar-Uni gegenüber dem Staat. So besaß die Universität etwa eigenes Vermögen und einen eigenen Haushalt mit weitreichender finanzieller Flexibilität, und sie war Dienstherrin ihrer Beschäftigten, mit Ausnahme der Hochschullehrerinnen und -lehrer. Außerdem fand das Gesetz einen innovativen, sich in der Folge außerordentlich gut bewährenden Weg zur Ausbalancierung staatlich-hoheitlicher und universitär-wissenschaftlicher Interessen, indem es ein beide Sphären vereinendes Gremium etablierte: Im neu eingeführten Universitätsrat, der auf die Tradition des Verwaltungsrats aus französischer Zeit zurückgriff, aber auch Impulse aus der Verfassung der Freien Universität Berlin aufnahm, entschieden gewählte Universitätsmitglieder gemeinsam mit Vertretern der Landesregierung, des Landtags, des öffentlichen Lebens und der Stadt Saarbrücken über wichtige Universitätsfragen, insbesondere solche wirtschaftlicher und finanzieller Natur.[3]

„In wissenschaftlicher und verwaltungsmäßiger Hinsicht sieht das Gesetz – erstmals in der deutschen Universitätsgeschichte – eine nahezu völlige Selbständigkeit der Universität vor."

Handelsblatt, 5.4.1957

Die so erneuerte, in vielem veränderte Universität des Saarlandes blieb freilich auch weiterhin durch ihre Anfangsjahre geprägt, und sie war bestrebt, wichtige Elemente ihres französischen Erbes zu bewahren: Anders als die meisten bundesdeutschen Universitäten erhob die Saar-Uni keine Studiengebühren und blieb, wohl auch deshalb, in sozialer Hinsicht deutlich offener als traditionelle Hochschulen. Sie war fest entschlossen, ihre ausgeprägte internationale Orientierung und die besondere Beziehung zu Frankreich beizubehalten und so eine „deutsche Universität mit ‚europäischem Charakter'" (Schuster) zu sein: Die internationale Zusammenarbeit wurde sogar, was eine Novität darstellte, im Universitätsgesetz als Aufgabe der Saar-Universität definiert, ▸▸ und für die fortgesetzte Vernetzung mit Frankreich standen Institutionen wie das 1955 gegründete Centre d'Etudes Juridiques Françaises, welches weiterhin die Möglichkeit zum Studium des französischen Rechts in Saarbrücken bot, das als „Europäisches Forschungsinstitut" nach einer Unterbrechung neu aufgestellte Europa-Institut, das per französisch-saarländisches Kulturabkommen eingerichtete Institut Français und auch die Intensivierung der Kooperation mit der Universität Nancy. Die Entscheidung des Saarlandes für Deutschland hatte offensichtlich sogar in gewisser Weise be-

Internationalität
S. 304

Der Klinikcampus in Homburg ist noch weitgehend durch den Gebäudebestand der früheren Heil- und Pflegeanstalt geprägt. Hier das markante Verwaltungsgebäude.

Konsequent horizontal S. 110

freiende Wirkung gehabt, sich Frankreich nun aus eigenen Stücken um so offener zuwenden zu können.[4]

„Glanzzeit"

Mit ihrem neuen Profil und dem auch bundesweit wegweisenden neuen Universitätsgesetz stand die Universität des Saarlandes an der Spitze der Modernisierungsbewegung der deutschen Hochschulen und fand damit in einer Öffentlichkeit, die den Ausbau des Hochschulsystems zunehmend als Gebot der Stunde empfand, große Aufmerksamkeit. Wichtiger noch, es gelang ihr in der Folgezeit, die gewährten Freiheiten tatkräftig und wirkungsvoll zu nutzen: Die folgenden Jahre bis zum Einschnitt 1967/68 wurden so etwas wie eine „Glanzzeit" (Schuster) der Saar-Universität.[5]

Professorenhäuser S. 124

Erfolgreich setzte die Universität beispielsweise in dem personellen Umbruch, der nach dem Weggang der Mehrzahl der französischen Dozenten notwendig wurde, auf leistungsfähige Nachwuchskräfte, die in ihren Fächern und Instituten für einen raschen Aufschwung sorgten. In Studium und Lehre kümmerten sich die Fakultäten vorbildlich um reibungslose Organisation und rasche Anpassungen an die steigenden Studierendenzahlen. Denn die Uni zog wegen der weiterhin materiell günstigen Studienbedingungen, aber auch wegen ihres rasch sich verbreitenden guten Rufs Studierende in konstant zunehmenden Scharen an, die jetzt verstärkt auch aus der Bundesrepublik kamen: Innerhalb von nur sieben Jahren verdreifachte sich die Zahl der eingeschriebenen Studierenden von etwa 2.000 (1956) auf über 6.000 (1963). Die Zahl der Professuren hielt damit nicht ganz Schritt, stieg jedoch ebenfalls bis zum Ende des Jahrzehnts auf mehr als das Doppelte an.[6]

Botanischer Garten S. 282

Dem personellen Wachstum entsprach eine intensive Bautätigkeit. Über das Kasernengelände und den südlich angrenzenden Forums-Platz hinaus, der mit den Neubauten der Naturwissenschaftlichen Fakultät (B2 2, 1961) und der Rechts- und Wirtschaftswissenschaftlichen Fakultät (Audimax, 1963) komplettiert wurde, dehnte sich die Universität nun weiter nach Osten aus: Mehrere Großkomplexe wurden „im Waldgelände hinter der Mensa", wie es 1959 hieß, geplant – gemeint war natürlich die alte Mensa, also der spätere Bau 14 (heute A5 3) –, und der Planung folgte eine beeindruckend rasche Realisierung. Eines der größten Gebäude überhaupt wurde der langgestreckte zweite Neubau für die Philosophische Fakultät (C5 2, fertiggestellt 1964), ◂◂ da deren erster, gerade erst zehn Jahre alter Neubau (Bau 10, B3 1), schon längst nicht mehr ausreichte. Hochhauskomplexe wurden ebenfalls errichtet für die Chemischen und die Physikalischen Institute (C4 1 – C4 3 und C6 3 mit C6 4, 1966/67), beträchtliche Ausmaße erhielten außerdem die technischen Gebäude der Heizungszentrale (mit hoch aufragendem Schlot) und der Technischen Betriebsdirektion (C1 1-2, 1961).[7]

Hinzu kamen noch auf dem zentralen Kasernenplatz das Zentrum für die ausländischen Studierenden, der sogenannte Ausländer-Club (A3 2, 1961), außerdem einige Bauten im Umfeld der Universitätsbibliothek (die Professorenhäuser 1961 ◂◂ sowie der architektonisch ambitionierte Biologie-Hörsaal A1 7, 1966) und am Campus-Rand zum Schwarzenberg hin die neuen Wohnheimbauten (das sogenannte Mädchenwohnheim, heute C7 1-3, 1957, und Wohnheim D, 1958) sowie der Musiksaal (1964). Projektiert waren auch zwei Kirchenbauten, eine katholische und eine evangelische, doch wurden diese Pläne dann zurückgestellt. Begleitet wurde das Bauprogramm durch die Anlage der großzügigen Schnellstraße, um den Stuhlsatzenhausweg vom Durchgangsverkehr zu entlasten (ab 1965), und durch die Verlagerung des Botanischen Gartens ◂◂ in den Bereich vor der Haupteinfahrt (1963).[8]

Dass diese Fülle von Bauprojekten in wenigen Jahren fertiggestellt wurde, war maßgeblich einem weiteren Element der Saarbrücker Hochschulautonomie zu verdanken, nämlich dem universitätseigenen Bauamt, das, seinerzeit einzigartig in Deutschland, in selbständiger Planung maßgeblich die Baumaßnahmen vorbereitete. Finanziell wäre das gewaltige Neubauprogramm nicht möglich gewesen ohne die maßgebliche Beteiligung des Bundes. Diese war zwar zunächst nicht leicht auszuhandeln, wurde dann aber doch, nicht zuletzt dank der wegweisenden Empfehlungen des 1957 gegründeten Wissenschaftsrats zum Ausbau des Hochschulsystems, in beträchtlichem Umfang bewilligt und zuverlässig zugewiesen.[9]

Selbst der Bau einer neuen Großklinik in Saarbrücken samt Verlagerung des Homburger Klinikums mit der Medizinischen Fakultät wurde in dieser Zeit ernsthaft ins Auge gefasst, nach Erstellung eines Expertengutachtens dann aber doch zunächst vorläufig, einige Jahre später endgültig ad acta gelegt. Stattdessen entstanden zahlreiche Neubauten auch auf dem Homburger Klinikgelände, darunter die universitären Institute für Biophysik (1963) und, architektonisch als Dreieckskomplex besonders beeindruckend, Anatomie (1967).[10]

Die Erfolgsgeschichte dieser Jahre hatte auch ihre personellen Komponenten: Eine wichtige Rolle spielte als sachkundige, gleichermaßen besonnene wie durchsetzungsfähige Führungsfigur der erste deutsche Rektor Heinz Hübner: ein Jurist von „konservativem Temperament, aber entschiedenen reformerischem Engagement" (so Maihofer), der zunächst noch nach französischem Muster ohne Wahl durch die Regierung ernannt, im Juli 1957 dann aber durch die Wahl des Universitätskonzils nochmals nach den neuen Regeln legitimiert worden war. Die Reihe seiner Nachfolger zeigte nicht immer dasselbe außergewöhnliche Format, ihre Herkunft aus verschiedenen Fakultäten nach einem festen (wenn auch gelegentlich umstrittenen) Turnus gewährleistete jedoch verlässlich die inneruniversitäre Partizipation und Konsensbildung. Von zentraler Bedeutung war daneben die personelle Verbindung zur Landesregierung, die über lange Jahre hinweg durch den mit Kompetenz und Integrität agierenden und eine geschickte Berufungspolitik betreibenden Hochschulreferenten Walter Braun zu einem Vertrauensverhältnis ausgestaltet wurde. Verstärkt wurde die enge Bindung durch die zeitweise Zugehörigkeit von Universitätsprofessoren zur Landesregierung, in Person des Statistikprofessors Adolf Blind und des Finanzwissenschaftlers Paul Senf, ▸▸ die beide als Finanzminister amtierten (1955–1957 sowie 1954/55 und 1963–1965).[11]

Biogramm S. 103

Studentenproteste auf dem St. Johanner Markt gegen die Erhöhung der Straßenbahn-Preise infolge des Währungswechsels 1959. Ministerpräsident Franz Josef Röder sah dabei „Agitatoren aus der Sowjetzone" am Werk.

Als im Herbst 1960 der AStA-Vorsitzende von Journalisten gefragt wurde, welche Kritikpunkte es aus studentischer Sicht an der Uni gebe, kam die Antwort: „Ich wüßte nicht, was man hier an der Universität aussetzen sollte." Begleitet wurde diese bemerkenswerte Äußerung von dem Hinweis auf die bundesweit einzigartigen Mitbestimmungsmöglichkeiten der Studierenden an der Uni des Saarlandes. Und auch der saarländischen Öffentlichkeit präsentierte die Universität sich zunehmend offen und selbstbewusst: In der Saarbrücker Zeitung stellten sich seit Frühjahr 1960 in einer groß angelegten Porträtreihe die einzelnen Institute und Fakultäten vor, und 1965 lud die Uni zum ersten Mal zum Tag der Offenen Tür für Schüler und Abiturienten ein.[12] ◀◀

▶ *Landesuniversität* S. 210

Probleme des Erfolgs

Mit dem Erfolg stellten sich naturgemäß auch Probleme ein. Vor allem der massive Anstieg der Studierendenzahlen warf Fragen auf, sowohl was das Selbstverständnis der Universität anging, die sich dagegen wehrte, eine „Massenuniversität" zu werden, als auch hinsichtlich praktischer Gesichtspunkte. Registrierte Rektor Heinz Diedrich Wulff im Jahresbericht 1959/60 noch die „sehr erfreulichen Züge der Studierendenentwicklung", so sah sein Nachfolger Helmut Stimm zwei Jahre später schon „mit Sorge" auf den ungebremsten Anstieg. Mit ersten Maßnahmen zur besseren Organisation des Studiums und der Einführung zusätzlicher Leistungskontrollen versuchte man, die zunehmende Verlängerung der Studienzeiten zu begrenzen, konnte schließlich jedoch nicht umhin, das ungeliebte und lange Zeit entschieden zurückgewiesene Instrument der Zulassungsbeschränkungen einzuführen.[13]

Auf Forderungen nach zusätzlichen Mitteln zur Behebung der Probleme reagierte die Landesregierung durchaus gereizt; so empfahl Ministerpräsident Franz Josef Röder der Universität 1962, sich zu bescheiden und die Dimensionen einer Landesuni nicht zu überschreiten. In der Tat war es inzwischen so, dass die Zahl der Studienplätze an der Saar-Uni deutlich höher lag als die Gesamtzahl aller saarländischen Studierenden. Atmosphärisch war das anfangs ausgesprochen gute Verhältnis des Ministerpräsidenten zur Universität spürbar eingetrübt, seit 1959 im Kontext eines Besuches von Wirtschaftsminister Ludwig Erhard eine studentische Demonstration gegen die Erhöhung der Straßenbahn-Preise (im Gefolge des Übergangs vom Franc zur

Ein Gläschen für die Zaungäste – gelöste Stimmung beim Besuch von Bundeskanzler Ludwig Erhard im Juni 1965.

Rektor Heinz-Diedrich Wulff stellt Bundespräsident Heinrich Lübke anhand eines Campus-Modells die Ausbaupläne der Universität vor (November 1959). Rechts Ministerpräsident Röder.

D-Mark) zunächst abgesagt, dann aber doch durchgeführt worden war. ▸▸ Röder sah sich getäuscht und stellte die Protestierenden in einer heftigen Reaktion in die feindliche Ecke: „Diese jungen Leute, die von unserem Schweiß und unserer Arbeit kostenlos studieren, haben die Staffage abgegeben für Agitatoren aus der Sowjetzone." Die Studierenden forderten empört die Rücknahme dieser Äußerung, der Ministerpräsident seinerseits zeigte sich dauerhaft verärgert und ließ sich über Jahre hinweg bei offiziellen Terminen an der Uni in der Regel vertreten. Die emotionale Attacke Röders zeigte, jenseits des persönlichen Grolls, dass sich Vorbehalte des eingesessenen Saarbrücker Bürgertums gegenüber den immer noch ungewohnten Akademikern im Stadtwald jederzeit aktivieren ließen.[14]

▸ *Zeitzeugnis Kirchmeier* S. 129

Zu den handfesten Problemen gehörte die trotz aller Baumaßnahmen zusehends verschärfte Raumnot. Vor allem die Verhältnisse in der Mensa, die immer noch im alten Unteroffizierskasino untergebracht war, gaben immer wieder Anlass zu wütenden Protesten, 1957 und erneut 1961 sogar zu spontanen Streik- und Blockadeaktionen der von Wartezeiten und drangvoller Enge genervten Studierenden. Selbst der Rektor sprach 1963 von menschenunwürdigen Zuständen, von allen Seiten wurde auf den Neubau eines „Studentenhauses" als Zentrum des universitären Lebens gedrängt. 1962 war endlich der Wettbewerb ausgeschrieben worden, doch dauerte es noch acht Jahre, bis der gewaltige, architektonisch aufsehenerregende Neubau schließlich 1970 in Betrieb genommen werden konnte. ▸▸

▸ *Mensa* S. 166

> *„Es gibt eine Schlange für diejenigen, die erst die Karten lösen müssen. Dann muß das Ende der Warteschlange, die dem Essenschalter zustrebt, gefunden werden, ein Unterfangen, das fast einem Besuch im Irrgarten gleicht, denn sie kann doppelt, drei- oder gar vierfach stehen. Dazwischen drängen sich mit Elan diejenigen, die bereits ein Essen erobert haben…"*
>
> *Bericht zur Mensa, Saarbrücker Zeitung, 19.11.1964*

Auch in finanzieller Hinsicht setzte das Größenwachstum Universität und Landesregierung immer mehr unter Druck. Als 1962 der Haushaltsplan der Uni von einer Regierungskommission empfindlich gekürzt wurde, sprach man auf dem Campus zwar noch eher scherzhaft von der „Mordkommission". Doch mit den Jahren wurde immer

Die Schlangen der Wartenden winden sich zwischen den Tischen hindurch – drangvolle Enge in der alten Mensa.

klarer, dass das Land nicht in der Lage sein würde, den zunächst als verlässliche Grundlage angesehenen Empfehlungen des Wissenschaftsrats zum weiteren Ausbau der Uni zu folgen. Schon recht schmallippig äußerte Ministerpräsident Röder Anfang 1963, wenn der Bund die Saar-Uni übernehmen wolle, habe er nichts dagegen einzuwenden. Und 1967, als die Finanznöte des Landes infolge der ersten großen Wirtschaftsrezession drängender wurden, scheute die Landesregierung nicht davor zurück, eine Umwandlung der bislang erhobenen, finanziell marginalen Immatrikulationsgebühren zu echten Studiengebühren zu fordern, und zwar speziell für nicht-saarländische Studierende. Die heftigen Proteste gegen diesen Plan gehörten dann schon in den Kontext der viel weiter reichenden gesellschaftlichen Auseinandersetzungen um das Bildungswesen, mit den Worten der Zeit gesagt: den Bildungsnotstand.[16]

Vorreiter der Studienreform

Dass im gesamten Bildungsbereich in Deutschland gravierende Defizite bestanden und behoben werden mussten, hatte sich im Zeichen des wirtschaftlichen Aufschwungs der 60er Jahre und der damit verbundenen Nachfrage nach Fachkräften immer deutlicher herausgestellt. Auch der für die Zukunft prognostizierte eklatante Mangel an Lehrkräften in Schulen und Hochschulen wurde zunehmend dringlicher diskutiert. 1964 bereits hatte Georg Picht eine nationale „Bildungskatastrophe" ausgerufen, ein Jahr später Ralf Dahrendorf die Devise „Bildung ist Bürgerrecht" geprägt. Die Debatte war auch im Saarland virulent. So verlangte eine studentische Demonstration auf dem Ludwigsplatz im Juli 1965, die Bildungspolitik in den Mittelpunkt aller Aktivitäten zu rücken, und Rektor Conrad von Fragstein bezeichnete in seiner Abschiedsrede im Herbst 1965 den Bildungsnotstand als in absehbarer Zeit unbehebbar.[17]

Gefordert wurde eine massive Ausweitung der Bildungsanstrengungen, so etwa die Einführung des neunten und zehnten Volksschuljahres, die Verdoppelung der Abiturientenzahlen und die Verlagerung der Volksschullehrer-Ausbildung an die Universitäten. Speziell im Hochschulbereich verbanden sich diese Forderungen aber auch mit dem schon länger schwelenden Bedürfnis, angesichts kontinuierlich ansteigender Studierenden- und Lehrendenzahlen die Studienstruktur einer tiefgreifenden Reform zu unterziehen. Anläufe zu einer solchen Studienreform waren gerade in Saarbrücken schon früh unternommen worden. Gegen die Überfüllung der Studiengänge, die wachsende Orientierungslosigkeit der Studierenden und vor allem den als Erzübel empfundenen Numerus clausus hatte man sich mit verbesserter Betreuung, Straffung des Prüfungsstoffs, stärkerer Strukturierung der Studienprogramme und Einführung von Zwischenprüfungen zu wehren gesucht. Auch die Einführung des Magister Artium als Studienabschluss schon 1959 gehörte dazu, sie sollten denjenigen Studierenden „zu einem ordnungsgemäßen Abgang verhelfen", die keine Promotion anstrebten. Das Programm war nicht ohne Erfolg geblieben. Die Stichworte lesen sich aus heutiger Sicht wie ein Bologna-Programm avant la lettre, zu-

Der prominenteste Uni-Neubau in Homburg: das modernistische Beton-Dreieck des Anatomischen Instituts (1964–68). Es trug den Spitznamen „Trigonum Vesalii", nach dem Begründer der neuzeitlichen Anatomie, Andreas Vesalius (†1564).

Große Komfort-Fortschritte brachte 1957 das neue Wohnheim (heute C7 1-3), das neben fließendem Wasser auf den Zimmern auch „sieben Wannenbäder und drei Brausebäder" im Untergeschoss aufwies (SZ, 2.9.1955). Besonders beliebt: die Dachterrasse.

mal die anfangs enge, dann offenere Studienstruktur als „fortschreitende Einräumung eines Freiheitsspielraums" (Rektor Hermann Krings ▸▸) für die Studierenden charakterisiert wurde – bekanntlich ein Kernelement der späteren Bachelor-Master-Idee. ▸▸ Im Dezember 1965 rühmte die Frankfurter Allgemeine Zeitung die Saar-Universität als Modell für die Studienreform, da hier bereits praktiziert werde, was der Wissenschaftsrat – mit seinen 1966 veröffentlichten Empfehlungen zur Neuordnung des Studiums – theoretisch noch fordere.[18]

> *„Es sieht so aus, als sei die Universität des Saarlandes auf dem besten Wege, zum Vorreiter der anderen Hochschulen in der Bundesrepublik zu werden."*
>
> *FAZ, 22.12.1965*

Trotz bestehender Probleme waren es also keine schlechten Voraussetzungen, mit denen die Universität des Saarlandes 1967 den kommenden unruhigen Zeiten entgegenging: Sie verfügte über ein vorbildliches Modell universitärer Selbstbestimmung, über zwar nicht sorgenfreie, aber doch noch geordnete finanzielle Verhältnisse, und über ein vergleichsweise hohes Maß an inneruniversitärer Übereinstimmung in der Problemanalyse und -bekämpfung. Hinzu kam, dass mit dem neuen Rektor Werner Maihofer soeben ein hochangesehener, aufgeschlossener Staatsrechtslehrer und eminent politischer Geist an die Spitze gewählt worden war.

▸ *Biogramm* S. 122
▸ *Bologna* S. 260

Doch ein neues, bisher ungekanntes Maß an Politisierung kündigte sich an, als 1966 und 1967 in der Universität wie überall sonst in der Bundesrepublik zunehmend kontrovers über die Notstandsgesetze debattiert wurde und als im Juni 1967 der Tod des Studenten Benno Ohnesorg bei einer Demonstration in Berlin die Bundesrepublik erschütterte. An der Protestkundgebung der Studierenden auf dem Uni-Forum nahm auch der amtierende Rektor Krings teil und richtete eine eindringliche Ansprache an die Teilnehmenden: „Ich höre eine Warnung, eine ernste Warnung an uns und an alle, die – wiewohl todernst – doch mit dem Tod dieses Studenten zu teuer erkauft worden ist. Die Warnung lautet: keine Gewalt."[19]

Thilo Offergeld

Im Geist der Tradition

Der Wechsel der Saar-Universität ins deutsche Hochschulsystem nach 1955 brachte eine deutliche Veränderung ihrer nationalen und sprachlichen Orientierung, außerdem eine Umstellung ihrer inneren Organisation, in der die Fakultäten und Institute größeres Gewicht gegenüber der Zentrale erlangten. In der geistigen Grundausrichtung der Hochschule jedoch, besonders in der Professorenschaft, überwogen die Konstanten: Vor wie nach 1955 war man, im Saarland wie andernorts in Deutschland, überzeugt, dass die Universität als Institution die Katastrophe von Krieg und nationalsozialistischer Barbarei „in ihrem Kern gesund" überstanden habe. Wissenschaftliches Erkenntnisstreben, frei von konkreten Zwecksetzungen, und humanistische Bildung der Persönlichkeit stellten für viele

Braune Flecken S. 78

Junge Universität und mittelalterliches Vorbild: Vorlesungsverzeichnis mit der Darstellung lesender und diskutierender Studenten vom Südportal der Kathedrale Notre-Dame in Paris.

Bibliotheksgebäude S. 64

Inschrift S. 30

lang entbehrte Ideale dar, denen man sich nun erst recht wieder zuwenden wollte; das Humboldtsche Konzept der Bildung durch Wissenschaft galt als eine der wenigen nicht vom Nationalsozialismus kompromittierten Traditionen. Dies traf besonders an der Saar-Universität zu, die sich als Nachkriegsgründung vermeintlich nicht oder zumindest in geringerem Maß als andere Hochschulen mit der Aufarbeitung des NS-Unrechts auseinanderzusetzen hatte.[20] ◀◀

Insofern waren Gründung und Aufbau der Saar-Universität auch als eine Rückbesinnung auf ideelle und moralische Werte verstanden worden. Mit der volkspädagogischen Grundtendenz, die von den französischen Verantwortlichen bei der Universitätsgründung (im Sinn einer „Re-Education") verfolgt worden war, stimmte diese Haltung durchaus überein, zumal auf französischer wie auf saarländischer Seite ein dezidiert christlich-katholischer Zug dominierte. Das europäische Abendland mit seiner die Völker vereinenden christlichen Kultur galt vielen als Vorbild und als positive Kontrastfolie gegenüber dem Nationalismus oder Materialismus der Moderne. Gerade eine prägende Figur wie Rektor Joseph François Angelloz, Beiratsmitglied in der „Abendländischen Akademie", betonte häufig diesen Gedanken und griff immer wieder auf das entsprechende Motivarsenal zurück. So wurde ihm die Universitätsbibliothek zur „Kathedrale des Geistes", ◀◀ berief er sich auf die Universitäten des Mittelalters als Vorbilder eines übernationalen, völkerverbindenden Studiums, und natürlich sah er die französisch-deutsche Universität des Saarlandes als berufene Institution zur Wiederanknüpfung an dieses Ideal. Nicht zufällig zierte ein Bild mittelalterlicher Scholaren den Umschlag der frühen Vorlesungsverzeichnisse.[21]

So zeichnete die junge Saar-Universität, ähnlich wie andere westdeutsche Hochschulen, bei allem Aufbruchsgeist eine konservative, ja restaurative Grundtendenz aus. Mit Freude und Überzeugung wandten sich viele Universitätsmitglieder, sowohl in französischer wie in deutscher Zeit, den altüberlieferten Formen zu, legten Talare an und verwendeten das Lateinische, verpflichtete der Rektor die Studienanfängerinnen und -anfänger nach altem Brauch per Handschlag auf das akademische Bürgerrecht. Die feierliche lateinische Homburger Gründungsinschrift, ▶▶ die Bezeichnung der Universität als „Universitas Saraviensis" und auch Namen von Studierendenzeitschriften wie „Auditorium" oder „Speculum" gehören in diesen Kontext. Auch der für die Saar-Universität zentrale Begriff „Europa" erhielt vor diesem Hintergrund eine konservativ-abendländische Konnotation, wurde als Rückkehr zum Ideal einer – kulturell-literarisch verstandenen – Völkerfreundschaft verstanden. Der historische Rückgriff spielte gerade für das Europa-Institut eine große Rolle, dessen Profil zunächst primär geistesgeschichtlich bestimmt war und das sich erst nach dem Wechsel von 1955 „handfesteren", das heißt juristischen und wirtschaftlichen Themen zuwandte.[22]

Name der Uni S. 114

Diesem neotraditionellen Universitätsmodell, das die 50er und trotz zunehmender Reformimpulse auch noch die 60er Jahre dominierte, war ein tendenziell elitärer Grundzug zu eigen: Die Universität war in diesem Verständnis keine Sache der Vielen – um 1950 machten in Deutschland nur drei Prozent eines Jahrgangs Abitur –, sondern ein Projekt der Gebildeten. Die schon in den 50er Jahren steigende Zahl an Studieninteressierten wurde demgegenüber als „Andrang" empfunden, die Vorstellung einer „Massenuniversität" entschieden abgelehnt.[23]

Entsprechend stand im Vordergrund des Studiums aus Sicht der Lehrenden nicht die Ausbildung für einen Beruf, sondern die Bildung der Persönlichkeit; das Humboldtsche Ideal, schon in der Vorkriegszeit eher konstruiert als realisiert, erlebte einen „zweiten Frühling". Dass die Humboldtschen Konzepte mit der Realität nicht viel zu tun hatten, war freilich bereits in den 50er, erst recht in den 60er Jahren zu spüren: „Einsamkeit und Freiheit" der Gelehrten passten schlecht zur staatlichen Finanzierung der Universität und zum politischen Streit um sie. Die „Einheit von Forschung und Lehre" ließ sich gegen den Trend zur Groß- und Spezialforschung, auch gegen den Wunsch der Studierenden nach Berufsvorbereitung immer weniger behaupten. Dennoch blieb die Berufung auf das Bildungsideal Humboldts bis in die Stürme der 68er Unruhen das dominierende Narrativ.[24]

Strukturell schlug sich die Traditionsorientierung nieder in der zentralen Bedeutung des Lehrstuhls als universitärer Kern-Einheit und in der Dominanz seines Inhabers, des Ordinarius. Der „ordentliche", das heißt mit Personal und Finanzmitteln ausgestattete, sein Fachgebiet repräsentierende Professor stellte in Forschung wie Lehre die entscheidende Instanz dar. Er bildete den wissenschaftlichen Nachwuchs heran, entschied über die Selbstergänzung des Lehrkörpers durch Berufungen und hatte in allen Fragen der akademischen Selbstverwaltung das alleinige Sagen. Das bedeutete

Letztmals im Talar: Einzug zur Rektoratsfeier im Oktober 1967, links Rektor Hermann Krings, rechts sein Nachfolger Werner Maihofer.

eine enorme wissenschaftliche Freiheit und Gestaltungsmöglichkeit für die Ordinarien, ließ allerdings Autorität und Hierarchie zu prägenden Elementen in Forschung und Lehre und im sozialen Umgang werden. Letzteres scheint an der Saar-Uni freilich durch das informelle Miteinander auf dem Campus und durch die persönliche Offenheit der häufig noch jungen Professoren und (erst seit Mitte der 60er Jahre) Professorinnen abgemildert worden zu sein.[25]

Einige Merkmale dieser geistigen Grundausstattung der Nachkriegsuniversität, zumal die beherrschende Stellung der Ordinarien, verloren ihre Geltung durch die Reformen der 68er; andere, wie die Skepsis gegenüber dem Massenstudium und die Orientierung am Humboldtschen Ideal, setzten sich fort bis in die Debatten der jüngeren Vergangenheit um Bachelor und Master. Die katholische Prägung der Saar-Uni verblasste recht rasch, das christliche Abendland tauchte schon bald kaum noch als Idealvorstellung auf. An dessen Stelle traten andere Leitideen, etwa die demokratische Universität, später die globale „scientific community" oder der grenzüberschreitende „Europäische Hochschulraum" der Bologna-Reform.[26]

Thilo Offergeld

Robert Stämpfli

(1914–2002)

Das Forschungsprofil der Medizinischen Fakultät hat wohl niemand maßgeblicher und dauerhafter geprägt als Robert Stämpfli. Der aus einer Berner Verlegerdynastie stammende Physiologe war 1954 dem Ruf der Saar-Universität gefolgt und hatte das Physiologische Institut zu einem international renommierten Zentrum der Elektrophysiologie und Membranbiologie ausgebaut. 1968 begründete er den Sonderforschungsbereich „Membranforschung", dessen Thematik auf Jahrzehnte einen Kern der Homburger Universitätsmedizin bildete und in zahlreichen Nachfolgeprojekten bis heute fortgeführt wird.

Bereits in den 1940er Jahren hatte Stämpfli in Cambridge mit dem späteren Nobelpreisträger und ersten Ehrendoktor der Homburger Fakultät Andrew F. Huxley Forschungen über markhaltige Nervenfasern begonnen. Dabei hatte er neue Methoden zur Präparation einzelner Nervenfasern und zur Messung der elektrischen Spannungen entwickelt, die an der Nervenfaser in Ruhe oder in Erregung auftreten. ◂◂

▸ *Nervenfaser* S. 126

Gemeinsam mit dem Althistoriker Jacques Moreau setzte er sich 1955 nach der Saar-Abstimmung auch dank seiner Verbindungen zu den Nobelpreisträgern Otto Hahn und Adolf Butenandt für die Wahrung des internationalen Profils der Saar-Universität ein. International vielfach geehrt, hielt er trotz zahlreicher Rufe dem Homburger Campus die Treue, bis weit über die Emeritierung hinaus. Seit 2006 trägt der Hörsaal der Physiologie seinen Namen, seinen wissenschaftlichen Nachlass verwahrt das Saarbrücker Universitätsarchiv.[27]

wm

Helene Homeyer

(1898–1996)

Das Leben Helene Homeyers, Tochter eines Münchener Indologie-Professors, war von den leidvollen Erfahrungen des 20. Jahrhunderts, von Verfolgung und Emigration geprägt. Da die angestrebte akademische Laufbahn für sie als Frau jüdischer Herkunft kaum erreichbar war, arbeitete sie nach dem Studium der Klassischen Philologie, Archäologie und Allgemeinen Sprachwissenschaft im wissenschaftlichen Buchverlag. Dort lernte sie den Antiquar und Germanisten Fritz Homeyer kennen, den sie 1930 heiratete. Als die NS-Reichsschrifttumskammer ein Arbeits- und Publikationsverbot über sie verhängte und ihren Mann zur „untragbaren Person" erklärte, emigrierte das Ehepaar im Frühjahr 1938 nach England, wo Helene Homeyer sowohl im Universitäts- als auch im Schulbereich tätig war und ein deutsch-englisches Wörterbuch herausgab.

Im Juni 1950 bewarb sie sich um einen Lehrstuhl oder ein Lektorat für Allgemeine Sprachwissenschaft an der jungen Universität des Saarlandes. Eingestellt wurde sie 1951 zunächst als „Assistentin 5. Klasse" für Klassische Philologie, nach ihrer Tübinger Habilitation 1955 und der anschließenden Umhabilitation dann aber zur Dozentin und 1962 zur außerplanmäßigen Professorin ernannt. Damit wurde sie trotz ihres fortgeschrittenen Alters eine Pionierfigur weiblicher Wissenschaft, zumal sie auch über Dichterinnen des Altertums und Mittelalters publizierte. Ein Jahr später trat sie in den Ruhestand und lebte zunächst wieder in London, bevor sie 1978 nochmals nach Deutschland zurückkehrte.[28]

wm

Paul Senf (1915–1998)
Jochen Senf (1942–2018)

Paul Senf war eine prägende Figur der frühen Saarbrücker Wirtschaftswissenschaft. Nach der Frankfurter Habilitation wechselte er 1951 an die neue Universität in seiner saarländischen Heimat, wo er drei Jahrzehnte das Institut für Finanzwissenschaft leitete.

Senf begriff sein Fach nicht als theoretisches Spiel mit Formeln, sondern in charakteristischer Weise als Teil des politischen Handelns. So engagierte er sich als gefragter Experte unter anderem im Wissenschaftsrat, als Berater der türkischen und der kolumbianischen Regierung und nicht zuletzt auf landespolitischer Ebene. Er amtierte als parteiloser Finanzminister von Juli 1954 bis zu seinem spektakulären Rücktritt zwei Wochen vor der wegweisenden Volksabstimmung 1955 ▸▸ und nochmals zwischen 1963 und 1965 und förderte aus dieser Position die glanzvolle Entwicklung der Saarbrücker Wirtschaftswissenschaft.

Sein Sohn Jochen Senf, der durch seine Rolle als Tatort-Kommissar Max Palu einem breiten Publikum bekannt wurde, wuchs auf dem Saarbrücker Campus auf, studierte dort auch Romanistik und Germanistik und war später Mitbegründer des Kinder- und Jugendtheaters „Überzwerg". Der vielseitige Schauspieler, Regisseur und Krimiautor engagierte sich als Schirmherr für „Terre des Femmes". In der autobiographischen Skizze „Von Mann zu Mann" beschrieb er 2002 die schockierenden Gewalttätigkeiten seines Vaters gegen die eigene Familie und den hilflos-ignoranten Umgang auch des akademischen Umfelds damit.[29]

to/wm

Ernst Eduard Boesch
(1916–2014)

Der in St. Gallen geborene und 1951 nach Saarbrücken berufene Gründer des Psychologischen Instituts gehörte zu den frühen Repräsentanten des signifikant internationalen Lehrkörpers der Saar-Universität. Er leitete im Auftrag der UNESCO von 1955 bis 1958 das „International Institute for Child Study" in Bangkok und von 1962 bis 1987 das auf seine Initiative entstandene „Institut für Entwicklungshilfe", die spätere „Sozialpsychologische Forschungsstelle für Entwicklungsplanung", an der Universität des Saarlandes. Daraus resultierte die kulturpsychologische Ausrichtung der frühen Saarbrücker Psychologie und die internationale Wahrnehmung der „Saarbruecken School of Cultural Psychology".

Seine aus kulturellen, psychoanalytischen und alltagspsychologischen Elementen entwickelte „Symbolische Handlungstheorie" beeinflusste nicht nur die Kulturpsychologie, Kunstpsychologie und Psychotherapie, sondern auch die Umweltpsychologie im deutschsprachigen Raum. Dieses Forschungsfeld hat der trotz mehrerer Rufe über seine Emeritierung in Saarbrücken hinaus wirkende Ehrendoktor der Universitäten Bern und Srinakharinwirot (Bangkok) in seinen über 100 Publikationen bearbeitet.

▸ *Streitfrage* S. 86

Seit 2015 verleiht die „Gesellschaft für Kulturpsychologie" den Ernst-Eduard-Boesch-Preis für Verdienste um die Förderung der wissenschaftlichen Kulturpsychologie, und seitdem widmet sich auch das an der Ruhr-Universität Bochum eingerichtete Ernst E. Boesch-Archiv der Erschließung seines Œuvres.[30]

wm

Der größte Bau der Universität

Als der Neubau für die Rechts- und Wirtschaftswissenschaftliche Fakultät 1957 geplant wurde, war das wichtigste Kriterium, bemerkenswerterweise, seine Einpassung in die umgebende Landschaft. Zwar musste das Gebäude von beträchtlicher Größe sein, denn es hatte die Studierenden der damals größten Fakultät der Saar-Universität aufzunehmen, deren Zahl allein während der Bauzeit in den Jahren 1956 bis 1961 noch um das Achtfache anstieg. Dennoch war für die Planer von entscheidender Bedeutung, dass der Neubau den Blick auf den bewaldeten Hang des Schwarzenbergs nicht verstellen, sondern, so der Sprecher des Preisgerichts, in das Grün gewissermaßen „hineinklingen" sollte.[31]

Campus S. 60

Die Lösung war, den Bau nicht wie die Nachbargebäude in die Höhe, sondern in die Breite zu entwickeln. Den Zuschlag erhielt deshalb das Konzept des jungen Saarbrücker Architekten Rolf Heinz Lamour, das nur zweieinhalb Geschosse vorsah, den Bau aber in einer ungemein großzügigen Vierflügelanlage auf die Ausmaße von 95 mal 86 Metern erstreckte – damit war der damalige „Bau 16" das mit Abstand größte Gebäude der Universität, und ist es bis heute.

Lamour ordnete die vier Gebäudeteile als Rechteck um einen inneren Lichthof an. Mit seiner Frontseite schloss der Bau bei der Fertigstellung 1964 die letzte offene Seite des damaligen „Forums", des heutigen Französischen Platzes, ab. ◂◂ Die geradlinige Fassade zeigt eine Kombination aus Sichtbeton, Glas und Trägerelementen und setzt damit im Vergleich zu den Stahlskelett-Strukturen der Nachbarbauten einen deutlichen Akzent der Transparenz, der auch in der langen Reihe der identisch wieder-

Er sollte nicht den Blick auf den Berghang verstellen: der 1964 vollendete Neubau mit langgestreckter Fassade und zurückgesetztem Obergeschoss.

Enorme Ausdehnung auch in die Tiefe: Die Vierflügelanlage um das zentrale Auditorium Maximum ist bis heute das größte Gebäude der Universität.

holten Fensterelemente im Obergeschoss sowie der damit korrespondierenden Glastüren im Erdgeschoss zum Ausdruck kommt.[32]

Dem gesamten Gebäude, das sich durch die Platzierung auf einem Eingangspodest dezent vom Platzniveau abhebt, ist ein langgestreckter Teich vorgelagert, der auf zwei Übergängen überquert werden kann. Der von Bepflanzungen umgebene und von allerlei Tieren bevölkerte Natur-Ort wirkt als Ruhezone und als zur nahen Waldlandschaft vermittelndes Element.

Im Inneren entspricht der offenen Fassade die weiträumige Anlage des repräsentativen Foyers und der breiten Flure mit ihren Pflanzenbecken und den begrünten Innenhöfen. Zentraler Raum des Komplexes ist das in den Lichthof gesetzte Auditorium Maximum, mit 840 Plätzen der größte Hörsaal der Universität und als Schauplatz vieler Großveranstaltungen eine universitäre Herzkammer: Kongresse, Semestereröffnungen, Filmvorführungen und Vollversammlungen fanden und finden hier statt, so drängten sich etwa 1997 beim Protest gegen die Sparpläne der Lafontaine-Regierung 2.000 Studentinnen und Studenten in den Raum.[33]

Das als Einzeldenkmal geschützte Gebäude, das 2006–2011 einer umfassenden, zwölf Millionen Euro teuren Renovierung unterzogen wurde, ist mit zahlreichen Kunstwerken ausgestattet. Dabei wurde das für den Bau zentrale Motiv des Zugangs – nicht weniger als vierzehn doppelflügelige Türen öffnen sich im Erdgeschoss den Besuchenden – besonders prägnant in der Wandgestaltung des Audimax-Eingangs von Boris Kleint aufgenommen und variiert: Hier zeigen sich die Eingangstüren in ein Relief aus kleinen Aluminiumplatten integriert, die in unterschiedlichen Winkeln von der Wand abstehen, so dass sie „für den Betrachter das Bild kleiner Türchen suggerieren, die sich im Zusammenspiel mit dem Licht höchst lebendig zu öffnen und zu schließen scheinen". Im geschlossenen Zustand werden die realen Türen dagegen geradezu unsichtbar; erst beim Zufassen stellen sich je zwei der Aluminiumrechtecke als Türgriffe heraus und lassen im Öffnen den Zugang erkennbar werden.[34]

Ute E. Flieger / Thilo Offergeld

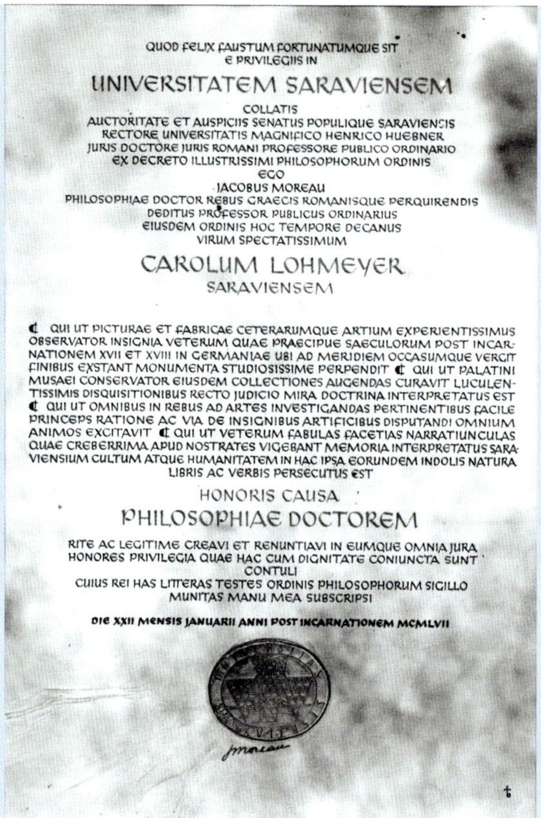

QUOD FELIX FAUSTUM FORTUNATUMQUE SIT
E PRIVILEGIIS IN
UNIVERSITATEM SARAVIENSEM
COLLATIS
AUCTORITATE ET AUSPICIIS SENATUS POPULIQUE SARAVIENSIS
RECTORE UNIVERSITATIS MAGNIFICO HENRICO HUEBNER
JURIS DOCTORE JURIS ROMANI PROFESSORE PUBLICO ORDINARIO
EX DECRETO ILLUSTRISSIMI PHILOSOPHORUM ORDINIS
EGO
JACOBUS MOREAU
PHILOSOPHIAE DOCTOR REBUS GRAECIS ROMANISQUE PERQUIRENDIS
DEDITUS PROFESSOR PUBLICUS ORDINARIUS
EIUSDEM ORDINIS HOC TEMPORE DECANUS
VIRUM SPECTATISSIMUM
CAROLUM LOHMEYER
SARAVIENSEM

QUI UT PICTURAE ET FABRICAE CETERARUMQUE ARTIUM EXPERIENTISSIMUS OBSERVATOR INSIGNIA VETERUM QUAE PRAECIPUE SAECULORUM POST INCARNATIONEM XVII ET XVIII IN GERMANIAE UBI AD MERIDIEM OCCASUMQUE VERGIT FINIBUS EXSTANT MONUMENTA STUDIOSISSIME PERPENDIT QUI UT PALATINI MUSAEI CONSERVATOR EIUSDEM COLLECTIONES AUGENDAS CURAVIT LUCULENTISSIMIS DISQUISITIONIBUS RECTO JUDICIO MIRA DOCTRINA INTERPRETATUS EST QUI UT OMNIBUS IN REBUS AD ARTES INVESTIGANDAS PERTINENTIBUS FACILE PRINCEPS RATIONE AC VIA DE INSIGNIBUS ARTIFICIBUS DISPUTANDI OMNIUM ANIMOS EXCITAVIT QUI UT VETERUM FABULAS FACETIAS NARRATIUNCULAS QUAE CREBERRIMA APUD NOSTRATES VIGEBANT MEMORIA INTERPRETATUS SARAVIENSIUM CULTUM ATQUE HUMANITATEM IN HAC IPSA EORUNDEM INDOLIS NATURA LIBRIS AC VERBIS PERSECUTUS EST

HONORIS CAUSA
PHILOSOPHIAE DOCTOREM

RITE AC LEGITIME CREAVI ET RENUNTIAVI IN EUMQUE OMNIA JURA HONORES PRIVILEGIA QUAE HAC CUM DIGNITATE CONIUNCTA SUNT CONTULI
CUIUS REI HAS LITTERAS TESTES ORDINIS PHILOSOPHORUM SIGILLO MUNITAS MANU MEA SUBSCRIPSI

DIE XXII MENSIS JANUARII ANNI POST INCARNATIONEM MCMLVII

Ehrendoktorwürde

Die vom Dekan der Philosophischen Fakultät, dem Althistoriker Jacques Moreau, in lateinischer Sprache verfasste und mit dem Fakultätssiegel versehene Urkunde dokumentiert die erste an der Saar-Universität vollzogene Ehrenpromotion. Auf Antrag des von Josef Adolf Schmoll genannt Eisenwerth ◂◂ geleiteten Kunsthistorischen Instituts wurde dem aus Saarbrücken stammenden Kunsthistoriker und Nestor der südwestdeutschen Barockforschung Geheimrat Karl Lohmeyer (1878–1957) am 22. Januar 1957, dem Tag nach seinem 79. Geburtstag, die Ehrendoktorwürde verliehen. Der Geehrte war bereits zuvor wegen seiner Arbeiten über die Nassauer Fürstenfamilie mit dem Titel eines Geheimen Hofrats des Großherzogtums Luxemburg und dem Komturkreuz vom Orden König Adolfs von Nassau, außerdem als Gründer und langjähriger Direktor des Kurpfälzischen Museums Heidelberg mit der Heidelberger Ehrendoktorwürde und wegen seiner bahnbrechenden Architekturforschung mit dem Ehrendoktor der TH Karlsruhe ausgezeichnet worden. Der Ehrenbürger der Städte Heidelberg und Saarbrücken hatte die Gründung des Saarbrücker Kunsthistorischen Instituts begleitet, und das universitäre „Mitteilungsblatt“ vermerkte: „Die junge Universität des Saarlandes hat mit ihrer ersten Ehrenpromotion eine saarländische Persönlichkeit ausgezeichnet, deren wissenschaftliches Wirken und deren kulturelle Bedeutung allgemeine Anerkennung gefunden hat.“[35]

▸ Biogramm S. 72

wm

Talar

Zur Eröffnungsfeier des Homburger Hochschulinstituts am 8. März 1947 erschienen die Rektoren und Dekane der französischen Universitäten nach einem Zeitzeugenbericht „in ihren prunkvollen Talaren, Hermelin auf karmesinroter Seide, Spitzenjabot und goldene Kette", und auch bei den ersten Immatrikulationsfeiern der Universität trugen lediglich die französischen Professoren den Talar, die anderen Mitglieder des Lehrkörpers dagegen Anzug. Erst sechs Jahre nach der Universitätsgründung – im November 1954 – hielt der gesamte Lehrkörper erstmals mit Talar und Barett feierlich Einzug, und Rektor Angelloz trug die Amtskette als Zeichen seiner Würde. Für die Fakultäten waren folgende Farben gewählt worden: Rechts- und Wirtschaftswissenschaften rot, Philosophie dunkelblau, Medizin grün sowie Naturwissenschaften grau. So erinnerte sich der 1954 berufene Schweizer Physiologe Robert Stämpfli später augenzwinkernd an seinen „dunklen, schlafrock-ähnlichen Talar mit grünem Kragen und eine Kopfbedeckung, die … am ehesten mit der eines Chasseur Alpin vergleichbar war".

Der Studentenbewegung galten die Talare als Inbegriff der verhassten Ordinarienuniversität; ▸▸ an der Saar-Uni erfolgte der letzte Einzug im Talar bereits im Oktober 1967 beim Amtsantritt des liberalen Rektors Werner Maihofer. In jüngerer Zeit werden Talare vorwiegend bei Ehrenpromotionen im Ausland, vereinzelt aber auch wieder bei heimischen Festanlässen getragen. Das Bild zeigt den leuchtend roten Dekans-Talar der heutigen Juristischen Fakultät.[36]

wm/to

▸ *Heißer Herbst* S. 135

Carl Rathjens jun.

(1914–1994)

Schon Carl Rathjens' Vater, der den gleichen Namen trug, war als Geograph und durch abenteuerliche Expeditionen nach Abessinien und dem Jemen bekannt geworden. Sein Sohn trat in die väterlichen Fußstapfen und hat in posthum erschienenen Memoiren seine erlebnisreichen „Wege eines Geographen" beschrieben.

Nach dem Abitur auf der reformpädagogischen Schulfarm Insel Scharfenberg und dem durch Wehrdienst und Weltkrieg unterbrochenen Studium hatte er sich 1947 in München habilitiert und war 1956 dem Ruf auf den Saarbrücker Lehrstuhl für Physikalische Geographie gefolgt. Hier leitete er 1958/59 die Allgemeine Abteilung des Europäischen Forschungsinstituts und arbeitete im Geographischen Institut eng mit seinem 1962 berufenen Kollegen Josef Schmithüsen, dem Begründer der modernen Pflanzengeographie, zusammen.

Geprägt von seinen Münchner Lehrern widmete sich Rathjens dem Gesamtspektrum der Geographie und erschloss in mehreren Forschungsreisen (1954/55, 1963, 1966, 1973) Afghanistan, damals das am wenigsten bekannte und von westlicher Zivilisation am wenigsten beeinflusste Land des Orients, und zwar nicht nur für die Geographie, sondern im Rahmen der interdisziplinären Orientforschung auch für weitere Fächer. Außerdem förderte er die klimatische und anthropogenetische Geomorphologie und spannte in seiner „Geographie des Hochgebirges" den Bogen der Untersuchungen von den bayerischen Alpen über die Karst-Formationen des Balkans bis zum afghanischen Hindukusch.[37] *wm*

Egon Franz

(1915–1995)

Der erste hauptamtliche Pfarrer der evangelischen Saarbrücker Studierendengemeinde, tätig von Oktober 1956 bis Juli 1964, hat in einem im Universitätsarchiv verwahrten „Bericht aus seinem Leben" seine Lebensgeschichte skizziert. Von seinem Freund, dem umstrittenen Holocaust-Zeugen Kurt Gerstein, bereits 1942 über die nationalsozialistischen Vernichtungslager informiert, war der von der Bekennenden Kirche geprägte Theologe im April 1945 nach Schweden geflüchtet und hatte von dort aus 1947 und 1948 internationale Studentenkonferenzen organisiert.

Als ihn die rheinische Kirchenleitung im Herbst 1956 auf die neu errichtete Studentenpfarrstelle berief, war ihm der Universitätscampus keineswegs unbekannt. Denn der Sohn eines Saarbrücker Bäckermeisters hatte in der Below-Kaserne ◂◂ im St. Johanner Stadtwald einen Teil seiner Wehrdienstzeit verbracht. Jetzt bildete er den „geistigen und geistlichen Mittelpunkt" der Evangelischen Studentengemeinde (ESG), wobei für ihn die Seelsorge für die Studierenden und die Lehrenden im Zentrum stand.

▸ *Kaserne* S. 32

Der promovierte Theologe übernahm mehrere Lehraufträge, veranstaltete Vortragsreihen und Exkursionen und arbeitete eng mit seinem ökumenisch aufgeschlossenen katholischen Kollegen Peter Jung zusammen. Er begründete über den Eisernen Vorhang hinweg eine Partnerschaft mit der Evangelischen Studentengemeinde Leipzig und stellte zuletzt noch die Weichen für ein neues Domizil der Saarbrücker ESG am Waldhausweg.[38] *wm*

Herbert Giersch
(1921–2010)

Es ist zweifellos ungewöhnlich, dass der Wirkungszeitraum eines Gelehrten als „Zeitalter“ gilt und mit seinem Namen versehen wird. Doch im Fall des bedeutenden Nationalökonomen Herbert Giersch verwendeten nicht nur seine Schüler den Titel eines 2013 erschienenen Sammelbandes „Das Zeitalter des Herbert Giersch, Wirtschaftspolitik für eine offene Welt“ als Epochenbezeichnung.

Der gebürtige Schlesier hatte 1955 die Saarbrücker Professur für Volkswirtschaftslehre, insbesondere Wirtschaftspolitik, übernommen. 1964 als Gründungsmitglied in den Sachverständigenrat zur Begutachtung der gesamtwirtschaftlichen Entwicklung berufen, trug Giersch maßgeblich dazu bei, die Saar-Universität in den 60er Jahren als ein international anerkanntes Zentrum nationalökonomischer Forschung zu etablieren. Gemeinsam mit Karl Schiller entwickelte er keynesianische Konjunktursteuerungskonzepte, warb aber zunehmend für offene, durch das Unternehmertum geprägte Märkte. Die Bekämpfung der „Eurosklerose“ (Giersch), also der Wettbewerbsschwächen einer überregulierten europäischen Wirtschaftsordnung, gehörte zu Gierschs Markenzeichen.

Obwohl er das Saarland 1969 verließ, um in Kiel Direktor des Instituts für Weltwirtschaft zu werden, prägte sein Wirken ganze Generationen von Nationalökonomen der „Saarbrücker Schule“, die nicht selten ebenfalls in den Rat der „Fünf Weisen“ berufen wurden. Die Saar-Uni ehrte den Träger des Großen Bundesverdienstkreuzes mit Stern 1993 mit der Ehrendoktorwürde für seine bleibenden Verdienste.[39]

tk

Elisabeth Liefmann-Keil
(1908–1975)

Als Elisabeth Liefmann-Keil 1956 nach Saarbrücken berufen wurde, war sie die erste Ordinaria für Volkswirtschaftslehre in Deutschland, ja, überhaupt erst die zweite Frau auf einem deutschen Universitäts-Lehrstuhl.

Sie hatte im Ersten Weltkrieg mit sieben Jahren ihren Vater verloren, zwei Jahre später selbst durch eine Fliegerbombenexplosion ein lebenslanges Nervenleiden davongetragen. Dennoch studierte sie in Freiburg Nationalökonomie und steuerte 1933 die Promotion an. Als „Halbarierin“ war sie massiven Restriktionen der NS-Diktatur ausgesetzt, entschied sich aber aus Liebe zu ihrem Vaterland gegen die Emigration. Als „Veteranenkind“ konnte sie 1935 noch promovieren, bis 1943 auch publizieren und danach, dank der Unterstützung Walter Euckens, Kurse in Volkswirtschaftslehre durchführen.

1946 habilitierte sie sich, knüpfte als Rockefeller-Stipendiatin internationale Kontakte und wurde wohl auf Initiative von Paul Senf ▸▸ und Fritz Neumark an die Saar-Uni berufen. Hier wirkte sie außerordentlich erfolgreich bis zu ihrer Emeritierung 1974; ihre weiteren Pläne zerstörte ein Verkehrsunfall, dessen Folgen sie schließlich erlag.

▸ *Biogramm* S. 103

Liefmann-Keil engagierte sich wissenschaftspolitisch unter anderem im Wissenschaftsrat und als erste Präsidentin der „European Public Choice Society“. Ihr wichtigstes Werk, „Ökonomische Theorie der Sozialpolitik“, gilt als maßgebliche Fundierung der ordoliberalen Sozialpolitik im Sinne der Freiburger Schule.[40]

wm

Konsequent horizontal: Gebäude C5 2

Nur zehn Jahre nach Errichtung des ersten Neubaus für die Philosophische Fakultät (Gebäude 10, heute B3 1) war durch das schnelle Wachstum der Universität schon ein neuerlicher Ergänzungsbau notwendig geworden. Dieser setzte auf Größe: 116 Meter lang und neun Geschosse hoch erstreckt sich das damalige Gebäude 11 (heute C5 2) seit 1964 vor dem Schwarzenberg. Zum Ausgleich des Höhenunterschieds wurden die unteren Etagen teilweise nur als Luftgeschosse ausgeführt, so dass der Bau trotz des abschüssigen Geländes unbeirrbar die Waagrechte hält und sich in funktionalistischer Strenge als eine Dominante im Campusgefüge präsentiert.

Rechte Winkel S. 308

Das Gebäude brach erstmals mit der bisherigen städtebaulichen Grundkonzeption der Universität, ◂◂ die um die beiden zentralen Plätze des früheren Exerzierplatzes und des in den 50er Jahren neu angelegten Forums orientiert war. Der neue Großbau griff dagegen mit einem kraftvollen Schritt über dieses frühere Kasernen-Areal hinaus und bildete damit den Auftakt für künftige Erweiterungen in Richtung Osten. ◂◂

Campus S. 60

Architektonisch zeichnet sich der Gebäuderiegel vor allem durch seine konsequent horizontal definierte Struktur aus. Die Fassade ist gleichförmig gerastert und stellt, anders als noch die wenige Jahre zuvor errichteten Gebäude am Forumsplatz, ihr Betonmaterial selbstbewusst und ohne Verkleidung zur Schau. Die großen Fenster, die im Inneren jeweils die Breite der Räume ausfüllen, scheinen von außen wie Bänder die Etagen zu umspannen, ein Eindruck, der durch die Sonnenblenden auf der Südseite noch verstärkt wird.[41]

Der Beton als Baumaterial wird nunmehr selbstbewusst und unverkleidet präsentiert.

Auftakt zur Erweiterung: Mit dem zweiten Neubau für die Philosophische Fakultät griff die Universität erstmals über das frühere Kasernen-Areal hinaus.

Wie die Fassade setzt auch die Innengestaltung ganz im Geist der 1960er Jahre auf reduzierte Formen und rationale Struktur. Die sechs Hauptetagen werden von jeweils mittig angelegten Fluren durchzogen, an deren Enden und Seiten die Funktionsräume sowie Treppenhäuser abgehen. Jeder Fensterachse ist dabei ein Komplex von drei Büros zugeordnet, so dass eine hohe Flexibilität in der Nutzung gewährleistet ist.[42]

Trotz seiner Größe vermochte der – im Jubiläumsjahr seit langem leerstehende – Bau im Inneren durch Raumgliederung und Ausstattung eine ansprechende Atmosphäre zu erzeugen. Die vielen hier untergebrachten Abteilungen geisteswissenschaftlicher Fächer profitierten von kollegialer Nachbarschaft und kurzen Wegen. Der zurückgenommene, aber stimmige und qualitätsorientierte Stil prägte auch den gestaffelten Eingangsbereich, der mit seinen Sitzgelegenheiten und Schwarzen Brettern einen beliebten Treff- und Kommunikationspunkt darstellte. Er wurde künstlerisch bereichert durch die vierteilige Wandgestaltung von Horst Linn, in der filigran gefaltete Kupferbleche sich streifenartig über die holzgetäfelten Wände zogen und in zwei Paaren die beiden zentralen Durchgänge flankierten.[43]

Das Gebäude hat in den letzten Jahren eine schwierige Geschichte erlebt. Aufgrund anhaltender Raumnot und Finanzknappheit war die Modernisierung seiner Infrastruktur über Jahre hinausgeschoben worden. Als kritisch galten insbesondere die marode Elektrik und die veralteten Brandschutzvorkehrungen. Im Frühjahr 2017 hatte dann ein – für sich genommen überschaubarer – Schwelbrand schockartige Wirkung. Das Gebäude wurde aus Sicherheitsgründen stillgelegt, alle Lehrveranstaltungen, Bibliotheken und Fachrichtungen mussten in andere Räumlichkeiten umgesiedelt werden – ein angesichts der enormen Größe des Gebäudes beispielloser Vorgang. C5 2 wurde damit endgültig zum Symbol der zunehmend als inakzeptabel angesehenen Unterfinanzierung und Vernachlässigung des universitären Gebäudebestands. Für zusätzliche Diskussionen sorgte die Entscheidung der Unileitung, die ausgelagerten Institute in Ausweichquartieren auf dem Campus unterzubringen und den Großteil der Universitätsverwaltung – um dies zu ermöglichen – in ein eigens angemietetes Gebäude außerhalb des Campus, im unteren Bereich des Meerwiesertalwegs auszulagern. Die notwendige Komplettsanierung konnte trotz der Notlage erst nach Abschluss der umfangreichen Vorplanungen drei Jahre später zugesagt werden, die Bauarbeiten laufen seit Ende 2021 und sollen planmäßig 2025 beendet sein.[44]

Ute E. Flieger / Thilo Offergeld

Meist dicht bevölkert, hier verwaist: der holzgetäfelte Eingangsbereich im Verteilergeschoss.

„Justitia" und „Hermes"

Die beiden Bronzeplastiken „Justitia" und „Hermes" des saarländischen Künstlers Max Mertz wurden 1963 für den Neubau der Rechts- und Wirtschaftswissenschaftlichen Fakultät (seinerzeit Gebäude 16, heute B4 1) geschaffen. In paralleler Aufstellung sind sie im inneren Lichthof des Riesenbaus platziert, beidseits des darin eingeschobenen Auditorium Maximum: auf der rechten Seite, vom Eingangsfoyer her gesehen, der „Hermes", links die „Justitia". Die Namen, auf kleinen Etiketten zu lesen, geben Hinweise auf die sinnbildliche Bedeutung der Plastiken: Justitia, die Gerechtigkeit, steht naheliegenderweise für die Rechtswissenschaft, Hermes, lateinisch Mercurius, der antike Schutzgott der Kaufleute, für die Wirtschaftswissenschaft. Damit sind die beiden Abteilungen, die über Jahrzehnte (von 1950 bis 2016) in zeitweise fruchtbarer Zusammenarbeit, zeitweise aber auch strikter Abgrenzung gemeinsam die Rechts- und Wirtschaftswissenschaftliche Fakultät bildeten, in den Skulpturen dargestellt, und zwar in einer künstlerischen Weise, in der sowohl Verbundenheit als auch Trennung zum Ausdruck kommen.[45]

Der größte Bau S. 104

Beide Plastiken sind in derselben, abstrakten Formensprache gehalten, gewissermaßen als „Variationen ihrer selbst", mit geschwungenen Bögen, die wirkungsvoll mit der Gradlinigkeit der umgebenden Architektur kontrastieren. Jeweils etwa drei mal vier Meter groß, werden beide durch bronzene Bänder gebildet, die sich um eine mittig aus dem Boden ragende Achse schleifenartig herumwinden. Die Bronzen wirken raumgreifend und werden durch die dahinterliegenden Betonreliefs von Helmut Kreutzer auf den Wänden des Audimax noch akzentuiert.[46]

Schlangen umwinden den Stab des Hermes: Die Plastik symbolisiert den Schutzgott der Kaufleute.

Andeutung von zwei Waagschalen:
Justitia als personifizierte Gerechtigkeit wird ebenfalls nur durch ihr abstrahiertes Attribut dargestellt.

Wer die Titel der Kunstwerke kennt, kann in assoziativer Betrachtung ihren Formen einen gewissen konkreten Sinn abgewinnen. So kann in dem horizontalen, leicht geneigten Querband mit den außen angedeuteten Kreisformen eine Waage mit zwei Waagschalen gesehen werden, das traditionelle Attribut der abwägenden Justitia. Und in ähnlicher Weise lässt sich, freilich unter Voraussetzung einer gewissen kunsthistorischen Vorbildung, in den verschlungenen Bändern der zweiten Figur eine Andeutung der beiden Schlangen erkennen, die in der klassischen Ikonographie den Stab des Hermes umwinden und damit den „Caduceus", das Erkennungszeichen des Götterboten darstellen. Beide Plastiken verzichten aber demonstrativ darauf, die Personen darzustellen, deren Namen sie als Titel tragen

Der Hermes der Mythologie ist, im Unterschied zur inhaltlich recht eindeutig definierten Göttin der Gerechtigkeit, eine schillernde Gestalt. Neben seinem Patronat für die Kaufleute gilt er auch als Gott der Reisenden, der Hirten und nicht zuletzt der Diebe – was ein spezielles Licht auf sein Verhältnis zu der die Justiz verkörpernden Schwesterfigur wirft. Darüber hinaus ist Hermes vor allem der Überbringer göttlicher Nachrichten und, da diese inhaltlich gedeutet und verstanden werden müssen, Namensgeber für die grundlegende wissenschaftliche Methode des Verstehens, Auslegens, Vermittelns von Texten, der Hermeneutik, der nicht zuletzt in der Rechtswissenschaft eine entscheidende Rolle zukommt. In den beiden formal so ähnlichen, doch kontrastiv voneinander getrennten Plastiken scheint so ein Spannungsfeld auf, das zur Reflexion über die Beziehung zwischen Recht und Wirtschaft und zwischen den ihnen gewidmeten Wissenschaftsdisziplinen anregen kann.

Ute E. Flieger/Thilo Offergeld

Der Name der Uni

Die „Universität des Saarlandes" trägt einen einfachen Namen, der auf den ersten Blick selbstverständlich wirkt und selbst vor dem aktuellen Hintergrund kontroverser Debatten über Universitätsnamen wenig abzuwerfen scheint. Neben der Gattungsbezeichnung „Universität" ist lediglich der Name des Bundeslandes genannt, das als ihr Träger fungiert und dessen einzige Universität sie ist.

Streitfrage S. 86

Doch ist genau dies bemerkenswert. Keine andere der deutschen Universitäten, die doch alle gemäß föderalem Prinzip in der Zuständigkeit der Länder liegen, führt ausschließlich ihr Bundesland im Namen. Man mag auf Hamburg und Bremen als Parallelbeispiele verweisen, doch bezieht sich in beiden Fällen der Name auf die Stadt als Standort, das häufigste Modell universitärer Namengebung seit 1945. Erst in jüngster Zeit kamen mit den Universitäts-Fusionen in Kaiserslautern und in Cottbus vergleichbare, jedoch nicht identische Namensformen mit Bundesland-Bezug hinzu. Die Singularität ist sicher ein Reflex der Sondersituation des Saarlandes, das 1948 eben nicht nur ein Bundesland, sondern ein teilautonomer Staat war und zudem nur eine einzige Universität einrichtete. Bis heute drückt jedenfalls der Name der Saar-Universität eine enge und ausschließliche Beziehung zwischen Land und Hochschule aus, die in dieser Form einzigartig ist.[47]

Die Eule S. 314

Auch der Namensbestandteil „Saarland" erscheint aus historischer Perspektive bemerkenswert, denn er stellte zur Zeit der Universitätsgründung noch keineswegs die selbstverständliche Landesbezeichnung dar. Als die Region an der Saar 1919/20 durch den Versailler Vertrag als politisches Gebilde geschaffen wurde, firmierte sie als „Saargebiet". Erst bei der Rückgliederung ins Deutsche Reich 1935 erhielt dann der Name „Saarland" offiziellen Charakter – wohlgemerkt unter nationalsozialistischen Vorzeichen, so dass nach dem Krieg unter alliierter Herrschaft zunächst alternative Bezeichnungen wie „Saar" und „Saargebiet" wieder auftauchten. Doch der „Saarland"-Name hatte sich offenbar zwischenzeitlich eingebürgert; aus französischer Sicht gewann er im Sinne der betonten Eigenständigkeit des „Saar-Lands" gegenüber „Deutsch-Land" sogar an Attraktivität. Dagegen wurde im bundesdeutschen Sprachgebrauch an der Bezeichnung „Saargebiet" demonstrativ festgehalten, um den provisorischen Charakter dieses Gebildes zu unterstreichen und „ihm den Staatscharakter abzusprechen" (W. Laufer). Die skeptische Haltung, mit der die bundesdeutschen Stellen in den frühen Jahren der Saar-Universität begegneten, war insofern auch eine Reaktion auf ihren Namen. ◂◂ Hinzu kam, dass die offizielle Bezeichnung der saarländisch-französisch konzipierten Universität bei ihrer Gründung natürlich zweisprachig lautete: „Universität des Saarlandes – Université de la Sarre".[48]

Die Zweisprachigkeit war eine Besonderheit, auf die die junge Hochschule stolz war, die aber auch manche Schwierigkeiten aufwarf. Um einen politisch neutralen Mittelkurs zwischen dem Deutschen und dem Französischen steuern zu können, griff man daher auf das Lateinische als klassische Bildungssprache der Universitäten zurück und bezeichnete die Uni vor allem in Siegeln und Logos, wo Kürze gefragt war, als „Universitas Saraviensis". Diese Formulierung erschien auch in dem 1955 eingeführten, in veränderter Form bis heute verwendeten Signet, als Umschrift um die zentrale Bildfigur der Eule.[49] ◂◂

Jahrzehnte später wurde der philologische Einwand erhoben, dass „Saraviensis" im Lateinischen jemanden bezeichne, der im Saarland tätig ist oder mit dem Saarland in Beziehung steht, nicht aber eine Person, die aus dem Saarland stammt, der richtige Begriff sei daher „Universitas Saravica".[50]

Die Anregung der Philologen blieb ohne große Resonanz. Dagegen gewann die Namensfrage an politischer Bedeutung, als nach der Saarabstimmung von 1955 und dem Wechsel der Universität ins deutsche System auch der Universitätsname neu zur Debatte stand. Dass der französische Namensbestandteil nun wegfiel, verstand sich von selbst, das zweisprachige Schild am Haupttor wurde entfernt. Neutralere Benennungen wie „Saar-Universität" wurden erwogen, doch nachdem die Nationalitäts-Frage ja geklärt war, richtete sich das Interesse vor allem auf geistig-kulturelle Inhalte der Benennung. Während traditionsreiche Hochschulen in ihren Namen oft auf historische Stifter-Gestalten Bezug nahmen, bot sich jüngeren Universitäten die Benennung nach bedeutenden Persönlichkeiten mit lokalem Bezug an, so in Mainz, wo die Universität 1946 nach Johannes Guten-

Nur scheinbar selbstverständlich: Schild mit dem zweisprachigen Namen der Universität aus französischer Zeit (1948–1956).

berg benannt wurde, oder in Frankfurt, das 1932 Johann Wolfgang Goethe als Namenspatron gewählt hatte.[51]

Ähnliche Ideen diskutierte ein Ausschuss des Senats 1957 auch an der Saar-Uni, speziell solche, die dem christlich-restaurativen Geist der 50er Jahre ▸▸ entsprachen: „Kaiser-Karls-Universität“ mit Bezug auf den Herrscher, aus dessen Reich sich sowohl Frankreich als auch Deutschland entwickelt hatten, und „Cusanus-Universität“, nach dem an der Mosel geborenen und im saarländischen St. Wendel begüterten Früh-Humanisten Nikolaus von Kues. Einige Jahre früher hatte schon Rektor Angelloz eine Namensgebung nach Peter Wust in Betracht gezogen, dem aus dem Saarland gebürtigen, in der Nachkriegszeit einflussreichen katholischen Philosophen. Nach ihm wurde später die katholische Lehrerbildungs-Akademie in Saarbrücken benannt.[52]

Eine Mehrheit fand sich für die Vorschläge nicht, und so blieb es letztlich bei der bisherigen Bezeichnung. Diese wurde freilich in vielen Kontexten durch den programmatischen Zusatz „Europäisch“ ergänzt, den schon Angelloz 1950 für die Saar-Universität reklamiert hatte.[53] ▸▸

In jüngerer Zeit stellte sich mit der Bedeutungszunahme des Englischen als internationaler Wissenschaftssprache die Frage nach der Wiedergabe des Universitätsnamens im Englischen. Offiziell wurde mit Blick auf die sprachliche Prägnanz die Variante „Saarland University“ bevorzugt, aber auch diesmal wurden sprachliche Einwände erhoben: Das erste Element dieser Namensform stehe bei amerikanischen Vorbild-Universitäten wie Stanford oder Harvard typischerweise nicht für eine geographische Zugehörigkeit, sondern für den Stifter der Hochschule; richtiger sei daher „University of (the) Saarland“.

▸ *Geist der Tradition* S. 100

Die Diskussion wird wohl noch weitergehen, zumal der eindeutigen Benennung der Universität in Zeiten automatischer Datenverarbeitung nicht mehr nur symbolische, sondern durchaus handfeste Bedeutung zukommt, etwa bei Rankings oder Daten-Analysen. Probleme wirft hier auch die in überregionalen Medien häufige Version „Universität Saarbrücken“ auf, die begreiflicherweise gerade bei Homburger Uni-Angehörigen auf Widerspruch trifft. Sie verweisen dann auf die Homburger Pionier-Rolle und haben die Pointe für sich, dass das damalige Hochschulinstitut, der Vorläufer der Saar-Uni, seine ersten Schritte nicht selten unter der Bezeichnung „Universität Homburg“ machte.[54]

▸ *Europäische Universität* S. 68

Thilo Offergeld

Egon Stahl

(1924–1986)

Mit dem Namen Egon Stahl ist untrennbar die von ihm so benannte „Dünnschichtchromatographie" verbunden – ein fundamental wichtiges Verfahren zur Trennung von Verbindungen, das er in innovativen Experimenten entwickelte und erstmals 1962 in seinem „Laboratoriumshandbuch" vorstellte. In der Folge etablierte es sich als qualitative und quantitative Analysemethode in Chemie und Pharmazie und wurde bald weltweit standardmäßig eingesetzt.

Nach der Promotion an der TH Karlsruhe und der Mainzer Habilitation erhielt Stahl 1958 das Carl-Mannich-Stipendium der „Deutschen Pharmazeutischen Gesellschaft" und setzte seine Laufbahn am Saarbrücker Botanischen Institut fort. Von 1965 bis zur Emeritierung 1985 war er an der Saar-Uni als Professor und Direktor des Instituts für Pharmakognosie und Phytochemie tätig und widmete sich auch der Administration des Akademischen Auslandsamtes. Seine Publikationen verteilen sich auf die Forschungsfelder der ätherischen Öle, der chemischen Rassen von Arzneipflanzen, Thermo-Mikroverfahren sowie die viel beachtete, zu anwendungstechnischen Verfahren führende Hochdruckextraktion von Naturstoffen mit komprimierten Gasen.

Als Pionier der Dünnschichtchromatographie genoss Stahl höchstes internationales Renommee, war Ehrendoktor der Universitäten Löwen, Berlin und Graz sowie Ehrenmitglied zahlreicher internationaler Fachgesellschaften und Akademien. 1984 stiftete er den „Egon-Stahl-Preis", den heute die „Gesellschaft für Arzneipflanzen- und Naturstoff-Forschung" vergibt.[55]

wm

Bernd Eistert

(1902–1978)

Durch die „Arndt-Eistert-Synthese", das 1935 gemeinsam mit seinem früheren Breslauer Doktorvater Fritz Arndt publizierte „Verfahren zur Überführung von Carbonsäuren in ihre höheren Homologen bzw. Derivate" ist Bernd Eistert, der spätere Gründungsdirektor des Saarbrücker Instituts für Organische Chemie, weltweit bekannt geworden. Nach den Studienjahren hatte er von 1929 bis 1957 im Hauptlabor und der Patentabteilung der BASF gearbeitet, sich 1942 in Heidelberg über „Farbe und Konstitution" habilitiert und seit 1943 Lehrveranstaltungen an der TH Darmstadt übernommen.

Als erster deutscher Chemiker war Eistert, der international beachtete Studien zu „Tantomerie und Mesomerie" (1938) und „Chemismus und Konstitution" (1948) vorgelegt hatte, in der Nachkriegszeit zu Vorträgen in Dänemark und Schweden eingeladen und 1951 mit der Scheele-Medaille der Stockholmer Chemischen Gesellschaft ausgezeichnet worden. Während des Übergangs der Saar-Universität zum deutschen System und der Aufgliederung des Chemischen Instituts in einzelne Abteilungen folgte er 1957 dem Saarbrücker Ruf und prägte als Ordinarius bis 1971 das Institut für Organische Chemie. Unter seiner Leitung wurde die Studienordnung nach deutschem Muster novelliert und 1965 ein Neubau des Instituts errichtet. Dort trägt der große Hörsaal seinen Namen, in dem zu seinem 100. Geburtstag am 18. November 2002 die Fachrichtung mit einem „Bernd-Eistert-Symposium" seiner gedachte.[56]

wm

Friedrich Karl Vialon

(1905–1990)

Friedrich Karl Vialon hatte von 1959/60 bis 1964/65 einen Lehrauftrag für „Haushaltsrecht" an der Saar-Universität inne und wurde 1961 zum Honorarprofessor ernannt. Der hochrangige Ministerialbeamte im Bundeskanzleramt und (seit 1962) Staatssekretär im neuen Bundesministerium für wirtschaftliche Zusammenarbeit galt in Bonn als „einer der fähigsten Beamten" mit „tiefer Kenntnis der wirtschafts- und finanzpolitischen Zusammenhänge" (K. Wille) und als „Glücksfall" für Minister Scheel beim Aufbau seines Ministeriums.

Bei einer Pressekonferenz in Moskau 1963 wurden erstmals Vorwürfe gegen den nach 1945 als „entlastet" eingestuften Beamten erhoben, da er von 1942 bis 1944 im Reichskommissariat Ostland in Riga für die „Sicherung der jüdischen Vermögenswerte" zuständig gewesen war und bei einem späteren Kriegsverbrecherprozess als Zeuge behauptet hatte, von der Vernichtung der jüdischen Bevölkerung nichts gewusst zu haben.

Ein Verfahren wegen Meineids endete zwar mit Freispruch, aber im Mai 1978 forderte der AStA erneut den Entzug der Honorarprofessur. ▸▸ Kurz darauf griff Simon Wiesenthal mit großem Presseecho Vialons Tätigkeit als „Judenkommissar" in Riga nochmals auf. Da Vialon nicht mehr in Saarbrücken lehrte, beschloss Universitätspräsident Faillard, dessen Nennung als Honorarprofessor aus dem Vorlesungsverzeichnis zu streichen, um „die unglückliche Verbindung unserer Universität mit Vorwürfen, die, aus Dokumenten glaubhaft gemacht, die Öffentlichkeit zumindest erschauern lassen", zu verhindern.[57] *wm*

Arthur Kaufmann

(1923–2001)

Bald nach seiner Heidelberger Habilitation über „Das Schuldprinzip" folgte Arthur Kaufmann, der später zum „Wissenschaftler mit Weltgeltung" aufsteigen sollte, 1960 dem Saarbrücker Ruf auf den Lehrstuhl für Strafrecht, Strafprozessrecht und Rechtsphilosophie. Maßgeblich hatten zu dieser Entscheidung das Profil der Fakultät und das von Werner Maihofer begründete, gut ausgestattete Institut für Rechts- und Sozialphilosophie beigetragen, das beide nun in zielstrebiger Kooperation weiter ausbauten.

Bei der Immatrikulationsfeier im folgenden Jahr präsentierte Kaufmann bereits den Festvortrag über „Gesetz und Recht". Er engagierte sich unter anderem im kriminalpolitischen Arbeitskreis der „Alternativprofessoren", wandte sich aber verstärkt der Rechtsphilosophie zu, die er letztlich zu einer „Philosophie der Toleranz" (Neumann) entwickelte. ▸▸

▸ *Zeitzeugnis Leicht* S. 328

Nachdem er 1968 noch die Anfänge des hochschulpolitischen Umbruchs in Saarbrücken erlebt und teilweise verteidigt hatte, folgte Kaufmann, wie kurz zuvor die beiden früheren Rektoren Helmut Stimm und Hermann Krings, 1969 dem Ruf nach München. Hier wirkte der fünffache Ehrendoktor über seine Emeritierung hinaus weiterhin mit international beachteten Publikationen und hinterließ mit seiner in zwanzig Sprachen übersetzten „Rechtsphilosophie", der zwanzigbändigen Edition der Schriften seines Lehrers Gustav Radbruch und rund 650 weiteren Veröffentlichungen ein beeindruckendes Lebenswerk.[58] *wm*

▸ *Braune Flecken* S. 78

Der Physikturm

Als das Hochhaus für die Physikalischen Institute 1967 nach vierjähriger Bauzeit fertiggestellt wurde, setzte es mit seinen 58 Metern Höhe ein deutliches Zeichen: Der Turm der Universitätsbibliothek, der bis dahin die Campus-Silhouette dominiert hatte, ◂◂ war damit „als höchstes Gebäude der Uni entthront", wie die Saarbrücker Zeitung meldete. Für lange Zeit prägten seither Physikturm und Bücher-Turm die Uni-„Skyline", bevor ab 2005 zunächst der Science Park II und dann die beiden Scheer Towers ebenfalls in die Höhe strebten und damit nun ein Turm-Quintett auf dem Campus bilden.[59]

▸ *Bibliotheks-gebäude* S. 64

Dem vertikalen Akzent des Physikturms korrespondiert, wie bei der Bibliothek, ein langgestreckter horizontaler Gebäudeteil, in dem Hörsäle und Versuchslabore untergebracht sind. Beide Baukörper bilden zusammen mit den etwa gleichzeitig entstandenen Chemie-Gebäuden und der in jüngerer Zeit hinzugefügten Bereichsbibliothek einen U-förmigen, verkehrsfreien Platz, der zugleich als zentraler Eingangsbereich dient.

Das weiträumige Erdgeschoss des Turms präsentiert sich innen mit hell gekachelten Wänden und Marmorplatten-Fußböden, insgesamt herrschen Grau- und Grüntöne vor. Ebenso im Innenhof, dessen Schauwand zwei Aluminiumreliefs von Wolfgang Gross-Mario aus dem Jahr 1989 vorgelagert ist. Die „kubistisch anmutende" Plastik wirkt durch ihre Licht- und Schatteneffekte und knüpft damit an die bereits 1962 von Liselotte Netz-Paulik geschaffene Reliefarbeit an der zum Platz zeigenden Außenwand an. Dieses monumentale, zwanzig Meter breite Betonrelief scheint geometrische Flächen zu schichten oder zu falten und damit die „strenge, monotone Gliederung" der umliegenden Architektur spielerisch zu kommentieren oder zu variieren.[60]

Der Turm selbst steigt auf einer Breite von 14 mal 33 Metern dreizehn Stockwerke in die Höhe. Um stabile Verankerungen für Apparaturen auch in den oberen Etagen zu gewährleisten, war der Bau eigens statisch verstärkt worden. Auch versuchte man mit Blick auf physikalische Versuche die Temperatur im Inneren möglichst konstant zu halten, indem man sich an der Südseite auf kleine Belüftungsfenster beschränkte.

Das Gebäude wurde 1967 mit modernster Technik ausgestattet. So nahm etwa ein spezieller „Physikbunker" besonders schwere Apparaturen auf. Auch auf dem Dach des Turms sollte unbeeinflusst von anderen Gebäuden geforscht werden können; ursprünglich war sogar vorgesehen, den Luftraum zwischen Physikturm und Bibliotheks-Turm für physikalische Messungen zu nutzen und dabei auch den Schwarzenbergturm einzubeziehen. Für akustische Versuche dienten Hall- und Schallräume, die heute nicht mehr existieren, aber beeindruckende Bedingungen boten: Der Hallraum war komplett mit Kupferblech ausgekleidet, so dass noch das winzigste Geräusch einen deutlichen Nachhall erzeugte, während man im schalltoten Raum, der mit genopptem Schaumstoff umkleidet war, selbst den Abschuss einer Feuerwaffe nur sehr leise gehört haben soll. Zur Temperatur-Isolierung war auf den Flachdächern der Tiefbauten anfangs eine acht Zentimeter hohe Wasserschicht aufgebracht, diese wurde allerdings wegen Bauschäden bald wieder beseitigt.[61]

Von 2012 bis 2015 fand eine großangelegte Sanierung des Gebäudes statt, bei der die technische Nutzung, vornehmlich aus Brandschutzgründen, fast vollständig aus den Turmgeschossen ausgelagert wurde. Inzwischen sind hier Abteilungen verschiedener Fächer vorwiegend mit Büro- und Arbeitsräumen untergebracht. Die gravierende Nutzungsänderung stellt wiederum eine Parallele zum Bibliotheksturm dar, der kurz zuvor in ähnlicher Weise vom Bücher- zum Bürogebäude umfunktioniert worden war.

Bei der Sanierung des Physikturms wurden sämtliche Fassaden energetisch optimiert, was auch eine Verkleidung der bis dahin 60er-Jahre-typisch „nackten" Betonflächen mit sich brachte. Durch die Erneuerung der Bodenfläche auf dem Vorplatz und den Einbau von Ruheplätzen hat das Ensemble insgesamt an Attraktivität gewonnen und strahlt nun eine zurückhaltende, ansprechende Modernität aus.[62]

Ute E. Flieger / Thilo Offergeld

Der zweite Turm der Universität: Das Physik-Hochhaus war ursprünglich mit modernster Technik ausgestattet, ist nach heutigen Standards jedoch nur noch zur Büronutzung geeignet.

Amtskette

Bei der Immatrikulationsfeier im November 1954 präsentierte Rektor Joseph-François Angelloz zum Einzug der Professoren im Talar stolz seine neue Amtskette und beschrieb in der Begrüßungsrede ihre Beschaffenheit „aus saarländischem Metall und purem Gold". Dank der Vermittlung des Kunsthistorikers Josef Adolf Schmoll genannt Eisenwerth hatte sie Peter Raacke (1928–2022), Leiter der Klasse für Metallformung an der Saarbrücker Schule für Kunst und Handwerk, gestaltet, und zwar in betont nüchternem Design. „Die Hauptglieder der Kette bestehen aus oblongen rechteckigen Ringen mit abgerundeten Ecken aus Stahl mit den Umriss betonenden eingelegten, gehämmerten Feingoldbändern."

Die Eule S. 314

Die Kette überrascht durch ihre Größe und ihr Gewicht – Rektor Werner Maihofer nannte sie einmal im Gespräch eine „Kette für ein Pferd". Ihr zentrales Präsentationsstück ist das Medaillon mit dem Emblem. Auf ovaler Platte zeigt sich hier das Eulen-Signet der Universität des Saarlandes, das in „streng geometrisch stilisierte(r)" Form der ebenfalls an der Schule für Kunst und Handwerk tätige Grafiker Robert Sessler (1914–1988) entworfen hatte, ◀◀ umgeben von der Umschrift „Universitas Saraviensis".

Bis zum Ende des Rektorats Maihofer (1969) benutzt, befindet sich die Amtskette heute als Dauerleihgabe im Historischen Museum Saar und gilt als „zeitlos-historische Kreation" des renommierten Produktdesigners Peter Raacke, der übrigens 1957 auch das Abendmahlsgerät der Evangelischen Studierendengemeinde Saarbrücken geschaffen hat.[63]

wm

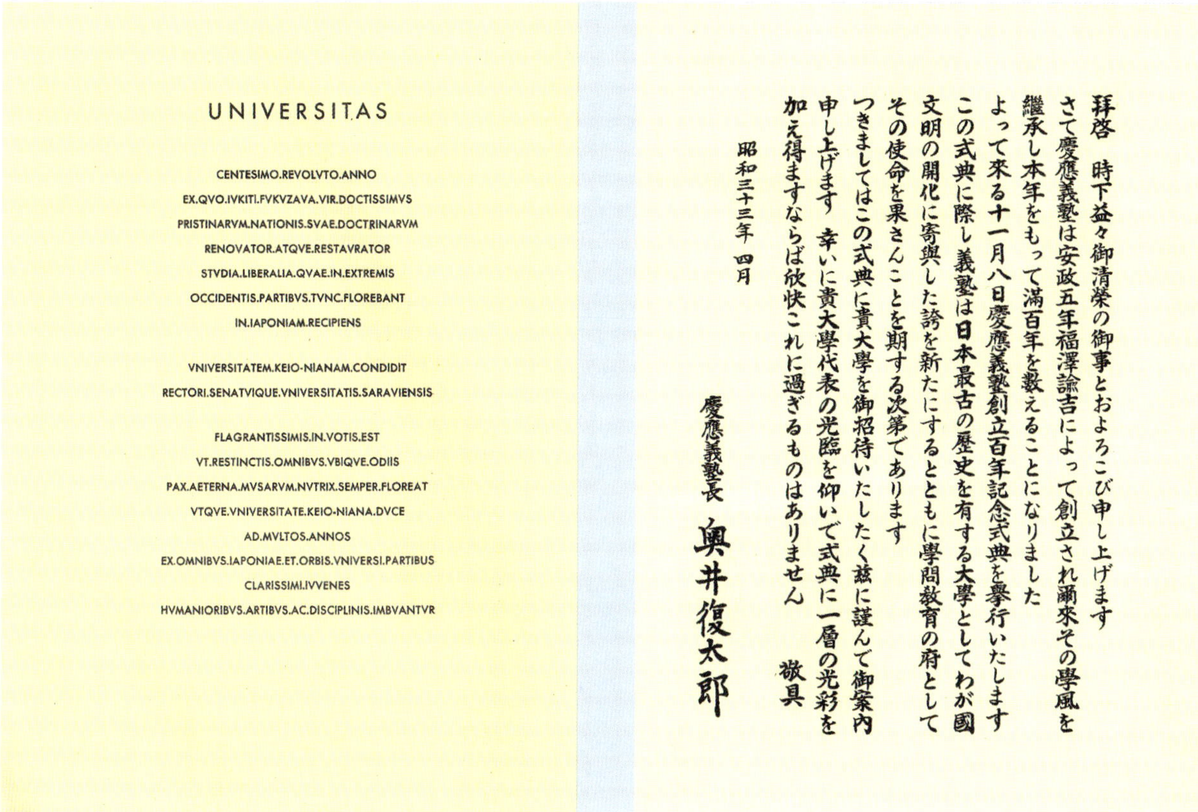

UNIVERSITAS

CENTESIMO.REVOLVTO.ANNO
EX.QVO.IVKITI.FVKVZAVA.VIR.DOCTISSIMVS
PRISTINARVM.NATIONIS.SVAE.DOCTRINARVM
RENOVATOR.ATQVE.RESTAVRATOR
STVDIA.LIBERALIA.QVAE.IN.EXTREMIS
OCCIDENTIS.PARTIBVS.TVNC.FLOREBANT
IN.IAPONIAM.RECIPIENS

VNIVERSITATEM.KEIO-NIANAM.CONDIDIT
RECTORI.SENATVIQUE.VNIVERSITATIS.SARAVIENSIS

FLAGRANTISSIMIS.IN.VOTIS.EST
VT.RESTINCTIS.OMNIBVS.VBIQVE.ODIIS
PAX.AETERNA.MVSARVM.NVTRIX.SEMPER.FLOREAT
VTQVE.VNIVERSITATE.KEIO-NIANA.DVCE
AD.MVLTOS.ANNOS
EX.OMNIBVS.IAPONIAE.ET.ORBIS.VNIVERSI.PARTIBUS
CLARISSIMI.IVVENES
HVMANIORIBVS.ARTIBVS.AC.DISCIPLINIS.IMBVANTVR

拜啓　時下益々御清榮の御事とおよろこび申し上げます
さて慶應義塾は安政五年福澤諭吉によって創立され爾來その學風を
繼承し本年をもって滿百年を數えることになりました
よって來る十一月八日慶應義塾創立百年記念式典を擧行いたします
この式典に際し義塾は日本最古の歷史を有する大學としてわが國
文明の開化に寄與した誇を新たにするとともに學問教育の府として
その使命を果さんことを期する次第であります
つきましてはこの式典に貴大學を御招待いたしたく玆に謹んで御案内
申し上げます　幸いに貴大學代表の光臨を仰いで式典に一層の光彩を
加え得ますならば欣快これに過ぎるものはありません　敬具

昭和三十三年　四月

慶應義塾長　奥井復太郎

Keio-Urkunde

Mit dieser beeindruckenden, kunstvoll in japanischer und lateinischer Sprache verfassten Urkunde lud die Keio-Universität in Tokio, eine der ältesten und renommiertesten Elitehochschulen Japans, 1958 die junge Universität des Saarlandes zu ihrem 100. Gründungsjubiläum ein. Der darauf folgende, vom damaligen Rektor, dem Rechtsprofessor Heinz Hübner, übermittelte Glückwunsch fand eine überaus positive Resonanz und begründete „eine nun über 60 Jahre währende, überaus fruchtbare und höchst erfolgreiche Kooperation der Rechtswissenschaftlichen Fakultät mit der Keio-Universität“, wie Uni-Präsident Manfred Schmitt 2018 festhielt.

Als erster Professor besuchte der Strafrechtler Koichi Miyazawa 1962 im Rahmen einer Deutschlandreise die Saarbrücker Rechtswissenschaft. Arthur Kaufmann und Werner Maihofer ▸▸ führten den Gast über den Saarbrücker Campus, der ihn beim Blick vom Dach der Universitätsbibliothek außerordentlich faszinierte. So war es kein Zufall, dass Miyazawa und sein Kollege Uchiike bald darauf die ersten Keio-Gastprofessoren in Saarbrücken waren und sich ein intensiver Austausch von Lehrenden und Studierenden entwickelte. 1988 wurde die Zusammenarbeit durch einen Kooperationsvertrag ausgebaut und 1990 ein Keio-Saarbrücken-Alumni-Club gegründet. Wechselseitig zeichneten die beiden Fakultäten Wissenschaftler, die sich um die Kooperation und den japanisch-deutschen Dialog verdient gemacht hatten, mit der Ehrendoktorwürde aus, auf Saarbrücker Seite unter anderem Gerhard Lüke und Georg Ress.[64]

wm

▸ *Biogramme*
S. 117
S. 142

Hermann Krings

(1913 – 2004)

Der achte Rektor der Saar-Universität, herausragender Vertreter einer modernen Transzendentalphilosophie und als „Philosoph der Freiheit“ gewürdigt, hat in Reminiszenzen an seine Saarbrücker Jahre den reizvollen Campus-Charakter der Universität ebenso beschrieben wie ihre besondere Atmosphäre angesichts des Fehlens einer akademischen Tradition im Saarland.

Krings, der in seiner Münchener Studienzeit zum weiteren Kreis der Geschwister Scholl gehört hatte und mit dem Saarbrücker Widerstandskämpfer Willi Graf befreundet gewesen war, lehrte und forschte von 1960 bis 1968 am Saarbrücker Philosophischen Institut, agierte 1963/64 als Dekan und in der Nachfolge des Experimentalphysikers Conrad von Fragstein von 1965 bis 1967 als Rektor. In seiner Amtszeit, die im Zeichen von Studienreform und universitärer Ausbauplanung stand, wurden unter anderem die großen Neubauten der Chemischen und Physikalischen Institute fertiggestellt und der Rohbau des „Studentenhauses“, der Neuen Mensa, errichtet.

Biogramm S. 116

Der Mitherausgeber der historisch-kritischen Schelling-Ausgabe, Träger höchster Auszeichnungen und Tübinger Ehrendoktor entfaltete außerdem eine umfassende bildungs- und forschungspolitische Wirksamkeit. Seit 1966 Mitglied und nach seiner Rückkehr an die Münchner Universität von 1970 bis 1975 Vorsitzender der Bildungskommission des Deutschen Bildungsrates, hat er die deutsche Bildungspolitik in den bewegten Zeiten um „1968“ maßgeblich mitgeprägt.[65] *wm*

Lilly Gräser-Kapuano

(1921 – 2006)

Von ihrer Heimatstadt Istanbul nach Saarbrücken führte die Laufbahn der ersten Professorin der ehemaligen Naturwissenschaftlichen Fakultät. Lilly Kapuano hatte ihr Chemie-Studium 1944 an der Istanbuler Universität mit einer Dissertation über Acetatessigester abgeschlossen und sich nach weiteren Forschungen an der von Leopold Rosenthaler geleiteten Pharmazeutischen Fakultät 1950 mit einer wegweisenden Studie „Über die Mohlerreaktion“ habilitiert. Ihr bereits während des Ersten Weltkrieges an der damaligen osmanischen Universität Istanbul tätiger Doktorvater Fritz Arndt war 1933 nach seiner Vertreibung von der Universität Breslau zunächst nach Oxford und 1934 nach Istanbul emigriert und kehrte nach seiner Emeritierung 1955 als Honorarprofessor an die Universität Hamburg zurück.

Vermutlich aufgrund einer Empfehlung Arndts wechselte Kapuano (später meist: Capuano) daher im Februar 1956 an die Universität des Saarlandes, wo sie den Übergang vom französischen zum deutschen Studiensystem begleitete und nach der Umhabilitation mit dem ebenfalls aus dem Arndt-Schülerkreis stammenden und 1957 nach Saarbrücken berufenen Kollegen Bernd Eistert ◂◂ am Institut für Organische Chemie wirkte. Drei Jahrzehnte führte die engagierte Professorin Generationen von Studierenden auch der Medizin in Vorlesungen und Praktika in die Grundlagen ihres Fachgebietes ein, während sie sich in ihren analytischen Forschungen vornehmlich Diazo-Verbindungen und Heterocyclen zuwandte.[66] *wm*

Edith Ennen

(1907 – 1999)

Die Biographie der gebürtigen Saarländerin spiegelt die besonderen Herausforderungen weiblicher akademischer Karrieren im 20. Jahrhundert: Mit einer Sondergenehmigung besuchte Ennen das Dillinger Jungengymnasium; sie und ihre zwei Klassenkameradinnen waren die ersten Abiturientinnen im Landkreis Merzig-Wadern. Nach der Promotion in Bonn 1933 absolvierte sie die Ausbildung für den höheren Archivdienst, konnte jedoch als Frau und ohne NSDAP-Mitgliedschaft trotz ihres Prädikatsexamens keine angemessene Stelle erlangen und arbeitete als wissenschaftliche Hilfskraft im Bonner Institut für geschichtliche Landeskunde. Seit 1947 bewältigte sie dann als Leiterin des Bonner Stadtarchivs bravourös dessen schwierigen Wiederaufbau.

Erst 1964, im schon fortgeschrittenen Alter, erhielt sie einen Ruf, und zwar auf die Professur für Wirtschaftsgeschichte an der Universität des Saarlandes. Ennen war damit die erste Frau auf einem geschichtswissenschaftlichen Lehrstuhl in Deutschland.

Vier Jahre später kehrte sie als Ordinaria und Direktorin an das Bonner Landeskunde-Institut zurück und entfaltete dort weiter außerordentlich erfolgreich ihre stadt- und landesgeschichtlichen Forschungsthemen. Diesen fügte sie später, als über 70-Jährige, noch das neue Feld der Frauengeschichte hinzu, unter anderem mit dem Bestseller „Frauen im Mittelalter". Ennen betonte in der Titulatur ihrer Ämter stets die männliche Form, da, so ihre Überzeugung, die Leistung eines Menschen „nicht von seinem Geschlecht abhängig" sei.[67] *wm/to*

Eduard Martin

(1892 – 1989)

Nach einem Nationalökonomie-Studium mit Promotion in Bonn begann der gebürtige Saarländer 1935 mit der Übernahme der Saarbrücker Direktion der Deutschen Bank eine 37-jährige leitende Tätigkeit im saarländischen Bankwesen. Daneben gehörte er, unter anderem als Aufsichtsratsvorsitzender der Saarbrücker Zeitung, zu den herausragenden Repräsentanten des öffentlichen Lebens an der Saar. Seine Rolle während der NS-Diktatur bleibt noch zu erforschen; der NSDAP hatte er sich spät, im Mai 1941, angeschlossen. 1952 wandte er sich unter dem Pseudonym Martin Hoffmeister in der Tendenzschrift „Wer regiert die Saar?" gegen den starken französischen Einfluss im autonomen Saar-Staat.

Obwohl er die Weiterführung der Universität nach 1956 zunächst als „Wagnis" und „Experiment mit ungewissem Ausgang" einschätzte, engagierte Martin sich von 1960 bis 1975 als Präsident der Vereinigung der Freunde der Universität ▸▸ und wurde 1966 zum Ehrensenator ernannt. ▸ *Freunde* S. 326

Durch die Werbung neuer Mitglieder und umfangreicher Spenden sowie die Publikation von „Universitätsreden" unterstützte er die Universität und setzte sich nachhaltig für ihre stärkere Verankerung im Land ein. Dank seiner Initiative wird seit 1963 ein Preis für die besten Dissertationen verliehen, der seit 1976 den Namen „Dr. Eduard Martin-Preis" trägt. Seit seinem 90. Geburtstag 1982 erhielten alle Preisträger bis 2013 eine Eule-Bronzeplastik des Bildhauers Hans Schröder, die 2014 durch eine von dem Saar-Unternehmer Arno Müller gestiftete bunte Eule ersetzt wurde.[68] *wm*

Die Professorenhäuser

Bei der baulichen Erweiterung der jungen Universität, begonnen unter französischer Ägide und verstärkt fortgeführt seit den frühen 1960er Jahren, stand das Thema des Wohnens auf dem Campus von Beginn an mit auf der Agenda. ◂◂ So waren bereits 1957/58 zwei beachtliche Gebäude östlich des neuen „Forums" als Wohnheime für Studentinnen (C7 1-3) und Studenten (C7 5-7) errichtet worden. Doch die Frage der Bereitstellung geeigneten Wohnraums stellte sich natürlich auch für das Lehrpersonal, das für die kräftig wachsende Hochschule gewonnen werden sollte, zumal die Entfernung des Campus von der Stadt und die Wohnungsknappheit in Saarbrücken das Problem noch verschärften. Um zusätzlichen Wohnraum zu schaffen, wurden Anfang der 60er Jahre ganze Quartiere in der Stadt neu angelegt, beispielsweise das Gebiet „Am Eschberg" für mehr als 10.000 Menschen.[69]

▸ Campus S. 60

▸ Der größte Bau S. 104

Vor diesem Hintergrund erschien es den Universitätsplanern offensichtlich vorteilhaft, bei Berufungsangeboten für hochkarätige Kandidaten auch eine attraktive Wohngelegenheit aufführen zu können, nämlich ein schmuckes neues Reihenhaus mit ausreichendem Wohnraum für eine ganze Familie, samt Garten und direkt am Campus gelegen.

Zu diesem Zweck wurden 1960/61 direkt hinter der Universitätsbibliothek drei Doppelhäuser, leicht gegeneinander versetzt, errichtet. Der Bau erfolgte gleichzeitig mit dem des Audimax-Gebäudes; ◂◂ man wird sich daher wohl der Kompetenz der vor Ort tätigen Architekten Dietz/Grothe/Lamour, zusammen mit Helmut Kreutzer als Bauleiter, bedient haben, um eine geeignete und ansprechende Baugestaltung zu gewährleisten. Die Häuser

Flachdachgebäude im Stil der Zeit: Die Doppelhäuser hinter der Universitätsbibliothek boten Professoren und ihren Familien Wohngelegenheiten direkt auf dem Campus.

Die einige Jahre früher errichteten Professorenhäuser auf dem Homburger Campus zeigen noch den konventionellen Stil der 50er Jahre. Eines von ihnen beherbergt heute das Dekanat.

wurden ganz im Stil der Zeit als kubische Flachdachgebäude konzipiert. Die Betonflächen der tragenden Konstruktion blieben unverkleidet und damit von außen erkennbar, die durch das Stahlbeton-Tragwerk gegliederten Fassadenflächen wurden durch Ausmauerungen mit Sichtmauerwerk gestaltet. Liegende Formate der Fenster zur Straßenseite betonen bis heute die horizontale Gliederung mit dem Kontrapunkt der Glasbausteinfläche, die das Treppenhaus belichtet. Großzügige Öffnungsflächen in Richtung Garten mit Terrasse und Balkon im Obergeschoss erhöhen den Wohnwert der Gebäude. Ihre Gestaltung folgte damit einem stilistischen Prinzip der Architektur der Zeit; dem „ehrlichen" Zeigen der Konstruktion unter Vermeidung von Verputz und Verkleidung. Durch die Abkehr vom Schrägdach als dem herkömmlicherweise die Gebäudeform bestimmenden Element und durch die Nutzung neuer Abdichtungs-Technologien für Flachdächer beschritt man neue gestalterische Wege.[70]

Der Blick auf den Innenraum lässt den Wohnwert der Gebäude erkennen. Die Eingangsdiele mit geschossverbindender Treppe in Stahlkonstruktion erschließt alle Räume. Die Anordnung des großzügigen Wohn- und Esszimmers zur Gartenterrasse samt Durchreiche zur Küche und Verbindungstür zum Arbeitszimmer stellt eine auch heute noch vielgenutzte, funktionale Grundrisszonierung dar. Das Obergeschoss bietet mit vier Zimmern auch für vielköpfige Familien ausreichenden Platz, besonders attraktiv sind die beiden Zimmer mit Balkon in Richtung Westen. Hochwertig zeigte sich auch die Ausstattung mit Einbauküche, Parkettboden und Zentralheizung inklusive Warmwasserbereitung.[71]

So verwundert es nicht, dass die Professorenfamilien, einmal eingezogen, die auf Lebenszeit vermieteten Häuser in der Regel nicht wieder aufgaben und auch nach Eintritt in den Ruhestand gerne am Campus blieben. Allerdings erschien das Konzept des Professorenwohnraums zunehmend unzeitgemäß, auch stieg der Druck des Raumbedarfs auf dem Universitätsgelände. So ist heute nur noch eins der Häuser privat bewohnt, die anderen werden nach entsprechender baulicher Ertüchtigung sukzessive von Beratungs- und Servicestellen der Universität und beispielsweise den Personalvertretungen der Beschäftigten genutzt.

Dominikus Tiator

Nervenfaser wird Kunst

Das monumentale Lichtkunstwerk Robert Sesslers in der Eingangshalle der Homburger Physiologie spiegelte in ausdrucksvoller Weise die bahnbrechende Forschungsleistung des Instituts unter der Leitung des weltweit renommierten Physiologen Robert Stämpfli wider. Stämpfli hatte grundlegende Erkenntnisse zur Erregungsleitung an Nervenfasern erarbeitet und so die Homburger Physiologie zu einem hoch angesehenen Zentrum der Membranforschung und Elektrophysiologie entwickelt. ◀◀ Er selbst hatte die Idee zur künstlerischen Wandgestaltung in dem

Biogramm S. 102

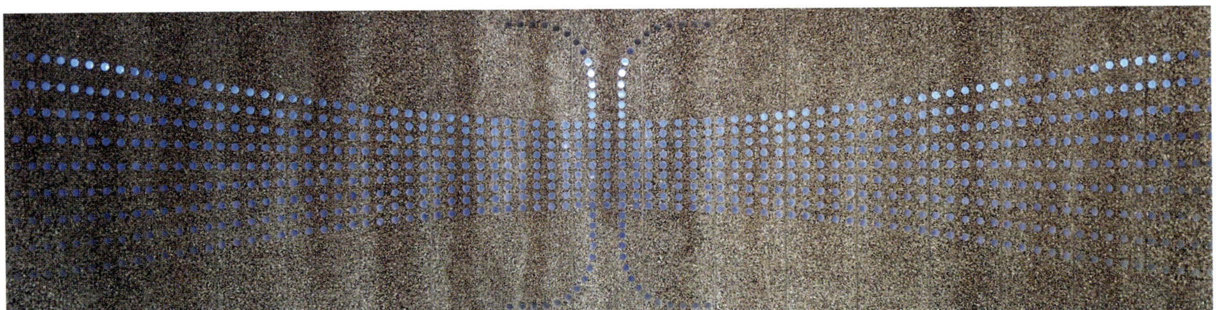

Lichtpunkte zeichnen die Erregungsleitung an der Nervenfaser nach. Die Idee zu dem Kunstwerk stammte von Institutsdirektor Robert Stämpfli.

1962 errichteten Multifunktionsgebäude, es handelt sich um die abstrahierte Darstellung der überspringenden Erregungsleitung an der Nervenfaser. Genauer gesagt, einem bestimmten, seinerzeit vieluntersuchten Bereich der Nervenzelle, dem sogenannten Ranvierschen Schnürring.[72]

Das Kunstwerk erstreckte sich ähnlich einer Schautafel als eine der Fensterreihe vorgelagerte „Lichtwand" über eine Breite von knapp acht Metern. Eingelagert in grauen Waschbeton zeichneten über 900 durchsichtige Plexiglas-Rundkolben als Lichtpunkte die langgestreckte Form einer schematisch dargestellten Nervenzelle nach. Mittig verjüngte sich das Band, wodurch der stilisierte Schnürring angedeutet wurde, an dem die Nervenimpulse weitergeleitet werden.[73]

CIPMM S. 268

Durch die Fensterfront hinter der Wand drang Helligkeit durch die Plexiglaskolben, die zuschaltbare blaue Neonbeleuchtung führte zu einem interessanten Lichtspiel, das effektvoll mit der erdfarbenen Körnung des Betons kontrastierte. Die Wandgestaltung Sesslers empfing alle Eintretenden der damaligen beiden Physiologischen Institute, da der Flur den gemeinsamen Eingangsbereich für die Gebäude 58 und 59 darstellte. Von diesem Zentrum gingen, ähnlich wie bei der dargestellten Nervenfaser, die Wege in zwei Richtungen ab und führten wieder zurück; so reflektierte das Kunstwerk auch die Funktion des Gebäudeteils selbst und konnte als Symbol der beiden Institute und der zwischen ihnen hin und her fließenden gegenseitigen Anregungen gelesen werden.[74]

Aufgrund der Verschärfung der modernen Brandschutz-Anforderungen und der Überalterung der technischen Infrastruktur, die über die Jahrzehnte immer nur stückweise angepasst worden war, wurden die Gebäude seit 2015 sukzessive außer Betrieb genommen. 2022/23 erfolgte, trotz des bestehenden Denkmalschutzes bei Bau 58, einem Gebäude der ursprünglichen Pfälzischen Heil- und Pflegeanstalt, der vollständige Abriss.

Es fehlte nicht viel, dass auch das Kunstwerk auf dem Schuttplatz gelandet wäre, doch in beinahe letzter Minute gelang es einer Initiative aus Medizinern, Kunstsachverständigen und Baufachleuten, das Werk zu retten und einzulagern. Die Physiologie selbst hatte bereits 2015 mit der Eröffnung des Centrums für Integrative Physiologie und Molekulare Medizin, kurz CIPMM, ◀◀ einen neuen, hochmodernen Standort gefunden. Für das Kunstwerk wurde 2023 festgelegt, dass es künftig in dem geplanten Neubau für Prosektur

Die Wandgestaltung im Eingangsbereich verband die beiden Physiologischen Institute – und war so auch als Darstellung der zwischen diesen ausgetauschten Anregungen zu verstehen.

und Präparation der Anatomie zu sehen sein wird, in dem auch Lehrflächen für Biophysik und Physiologie vorgesehen sind; die Fertigstellung wird für 2027 erwartet.

Der Urheber des Kunstwerks, Robert Sessler, war 1953 von der Schweiz nach Saarbrücken übersiedelt und hatte sich hier insbesondere als Grafiker an der Saarbrücker Werkkunstschule, die 1971 Teil der Fachhochschule wurde, einen Namen gemacht. Als Direktor der Kunstschule und später Prorektor der Fachhochschule setzte er sich erfolgreich für den Erhalt der Grafik- und Design-Ausbildung im Saarland ein. Seine Arbeiten sind geprägt von klarer, abstrahierender und eingängiger Formensprache. Die Geschichte der Universität hat Sessler auch mit einem anderen Werk begleitet: dem Eulenlogo. ▸▸ Das von ihm gestaltete Signet dient seit 1958, in abgewandelter Form bis heute, als Markenzeichen der Universität des Saarlandes.[75]

▸ *Die Eule*
S. 314

Ute E. Flieger / Thilo Offergeld

ZEITZEUGNIS

Werner Thieme

Jura-Professor 1956–1962,
Hochschulrechts-Spezialist

Geboren 1923, nach dem Jura-Studium in Göttingen Geschäftsführer des Deutschen Hochschulverbands 1952–1956, Professor für Öffentliches Recht an der UdS 1956–1962, anschließend Professor an der Universität Hamburg bis 1988. Durch sein gleichnamiges großes Lehrbuch „der unbestrittene Meister des Deutschen Hochschulrechts", gestorben 2016.[76]
Das Zeitzeugnis ist Teil der Erinnerungen Werner Thiemes, erschienen 1997 in Magazin Forschung der UdS.

Ein neuer Arbeitsplatz

„Gleich neben dem Rektorat hatte die Rechts- und Wirtschaftswissenschaftliche Fakultät ein Kompaniegebäude bezogen. Eine Mannschaftsstube wurde durchgeteilt. In der einen Hälfte hatte ich meinen Schreibtisch, in der anderen Hälfte hinter einer dünnen Wand klapperte die Schreibmaschine der Sekretärin, die ich gemeinsam mit dem Kollegen Braga teilte. … Der Aufbau der zentralen Bibliothek wurde intensiv betrieben. Während sonst zunächst in den ersten Jahren der Universität Neubauten nicht hochgezogen wurden, war die Bibliothek für die Gesamtuniversität alsbald fertig und bekam ihren Bücherturm, der sich auch schon früh angemessen füllte. … An größeren Hörsälen fehlte es noch. … Freilich waren größere Räume auch kaum nötig, weil die Zahl der Studenten noch klein war. Die gesamte Fakultät, Juristen und Ökonomen zusammen, machten 400 bis 500 Studenten aus."

Biogramm S. 142

Bibliotheksgebäude S. 64

Die Studierenden der UdS

„Die Zahl der Akademiker in Saarbrücken und im ganzen Saarland war verhältnismäßig gering. … An der jungen Universität des Saarlandes studierte daher ein besonders großer Prozentsatz an Arbeiterkindern, worunter wiederum auch die Kinder von Bergarbeitern einen nicht unerheblichen Anteil ausmachten. … Diese Bergarbeiterkinder, aber nicht nur sie, sondern auch deren Freunde und Mitschüler, fuhren in die Universität gewissermaßen ‚auf Schicht'. Sie fuhren morgens mit dem recht guten Nahverkehr in die Universität, verbrachten hier den Tag, wo sie auch mittags in der Mensa gut versorgt wurden, und kehrten dann abends wieder heim. … Dass Studenten, die abends nicht diskutieren, sondern zu Hause mit den nichtakademischen Eltern den Abend verbringen, ein anderes Profil zeigen, ist verständlich. So haben wir bedauert, dass allzu viele der Studenten getreue, intelligente, auch eifrige Arbeiter waren, ohne dass ein akademischer Stil des Forschens, Suchens, des Ringens um die Probleme bei ihnen erkennbar wurde."

„Schließlich ist auch der Studenten des Centre d'Etudes Juridiques Françaises zu gedenken, die überwiegend zwar aus dem benachbarten Lothringen kamen, zum großen Teil aber auch aus Algerien. Algerien war damals noch Teil Frankreichs, und es galt dort das französische Studiensystem. So konnten die algerischen Studenten französisches Recht, das sie auch in ihrer Heimat brauchten, lernen, ohne in dem verhaßten Frankreich studieren zu müssen."

Das Kollegium

„Unter ihnen muß ich zunächst des Romanisten Heinz Hübner gedenken, der schon alsbald hier der erste deutsche Rektor wurde. Er hat mit Glanz die Universität von einer internationalen Organisation in eine Landesuniversität nach deutschem Recht überführt. Der zweite Kollege, dessen ich besonders Erwähnung tun muß, ist Werner Maihofer, der 1956/57 Dekan unserer Fakultät gewesen ist. Maihofer ist schließlich auch außerhalb der Universität etwas geworden, Bundesminister und Präsident der Europäischen Universität in Florenz. … Er verstand es als Dekan immer wieder, sich gegenüber opponierenden Kollegen durchzusetzen und die Diskussion so lange wachzuhalten, bis schließlich auch der letzte Opponent aufgegeben hatte. Menschlich besaß er großen Charme und war dazu ein hervorragender Tänzer, der die Damen begeisterte."

„Wichtig waren im Kollegium auch die privaten Kontakte. Nicht nur die vielen Einladungen zum Abendessen oder zum Glase Wein im kleinen Kreise, sondern die Kontakte mit wissenschaftlichen Begegnungen. Wir haben ständig Vorträge im Hause von Kollegen organisiert, bei denen vor allem dafür Sorge getragen wurde, dass die Juristen und die Wirtschaftswissenschaftler zusammenkamen und gegenseitig ihre Gedanken über die Probleme austauschten. Die damals kleine Fakultät, die diesen ganz persönlichen Stil pflegen konnte, hat allen Beteiligten viel gegeben, insbesondere das, was heute vielfach vermißt wird, nämlich Interdisziplinarität."[77]

ZEITZEUGNIS

Johannes Kirchmeier

Erster AStA-Hochschulreferent

Geboren 1937 in Potsdam, aufgewachsen als Flüchtlingskind in Lübeck, 1957–1963 Jurastudium in Saarbrücken, erster Hochschulreferent des AStA, später Rechtsanwalt in Saarbrücken.

Die Zitate basieren auf einem im Jahr 2000 publizierten Erinnerungsgespräch und einem ergänzenden Zeitzeugeninterview aus dem November 2022.

Eine zweisprachige und familiäre Universität

„Nach dem Abitur am Lübecker Katharineum begann ich 1957 das Jura-Studium und entschied mich wie einige meiner Mitabiturienten für den Studienort Saarbrücken. Unsere Wahl fiel deshalb auf Saarbrücken, weil einerseits nach dem am 1. Januar 1957 vollzogenen politischen Beitritt des Saarlandes zur Bundesrepublik das Saarland ein deutsches Bundesland geworden war und wir andererseits gleichzeitig die Chance wahrnehmen wollten, an der bislang zweisprachigen Universität des Saarlandes unsere Französisch-Kenntnisse zu vertiefen und auch französische Lehrveranstaltungen zu besuchen. Die Erinnerung an Prof. Wehrhahns Seminar zur französischen Verfassungsgeschichte, das mit Wehrhahns Frau, einem Assistenten Funk und einem Studenten besetzt war und die dem Seminar folgende Parisreise illustriert die angenehmen Studienbedingungen und -möglichkeiten … Die vergleichsweisen geringen Studentenzahlen und die Campus-Atmosphäre verliehen der Universität einen überschaubaren, familiären Charakter, der enge persönliche Kontakte zwischen Studenten und Professoren und auch zwischen den Repräsentanten der Studentenschaft und dem jeweiligen Rektor ermöglichte."

Probleme des Wechsels nach Deutschland

„Mit dem als ‚Tag X' bekannten Datum der Währungsumstellung im Juli 1959 verbinde ich die Erinnerung, daß ich damals in Scheidt, wo ich meine Bude hatte, meinen zum Monatsanfang in französischen Francs ausbezahlten DM-Monatswechsel nicht in DM zurück tauschen konnte. Von bewaffneten Beamten wurde ich abgewiesen und mußte ins pfälzische Zweibrücken trampen, um so in den Besitz von DM zu gelangen, viel weniger übrigens, als mir meine Eltern zum Monatsanfang überwiesen hatten."

„Auch wenn … in der Studentenschaft insgesamt ein vergleichsweise geringes Interesse an aktueller Hochschulpolitik spürbar schien, so verweise ich andererseits auf die Demonstration der Studentenschaft gegen die Fahrpreiserhöhungen infolge der wirtschaftlichen Rückgliederung der Saar Anfang Juli 1959. Der von Prof. Wegener mit einer Kuhglocke angeführte Protestzug startete an der Universität mit 20 bis 40 Teilnehmern, führte durch den Meerwiesertalweg zur ‚Wartburg' und erhielt unterwegs beträchtlichen Zulauf. … Da angeblich bereits in den Nachrichten der Ostberliner Agentur ADN über den Saarbrücker Protest berichtet worden war, unterstellte Röder den Demonstranten, sie würden lediglich den Interessen der Kommunisten dienen. Diese Bewertung des Studentenprotestes belastete langfristig das Verhältnis zwischen der Studentenschaft und dem Ministerpräsidenten …"

Politische Diskussionen

„Während sich rund drei Viertel der überwiegend saarländischen Studenten durch die tägliche Heimfahrt aus dem Universitätsleben und den studentischen Debatten ausklinkte, engagierte sich vor allem die Minderheit der aus der übrigen Bundesrepublik kommenden Kommilitonen in der studentischen Selbstverwaltung …"

„Um zur Diskussion zwischen Studenten und Professoren beizutragen, führte ich als Hochschulreferent zahlreiche Veranstaltungen durch und lud zuerst ein zu ‚Professoren und Studenten diskutieren: Eichmann und die deutsche Geschichte'. An der engagiert, teilweise hitzig geführten Debatte beteiligten sich unter anderem die Professoren Goriély, Maihofer und Wehrhahn. Obwohl der Prozeß noch nicht entschieden war und wir nur mit relativ wenigen Handzetteln eingeladen hatten, zeigten der außerordentliche Besuch und das Engagement das besondere Interesse der Studierenden an der Auseinandersetzung mit unseren Hochschullehrern über die jüngste deutsche Geschichte, die NS-Diktatur und deren Verarbeitung. ▸▸ Unser brennender Wunsch war, die Eltern- und Lehrergeneration zu fragen: ‚Was habt Ihr getan in der NS-Zeit? Wie seht Ihr es heute?' und mit ihr darüber ins Gespräch zu kommen."[78]

▸ Braune Flecken S. 78

Kapitel 4

Unruhe und Umbau:

1967–1970

HOMBURG

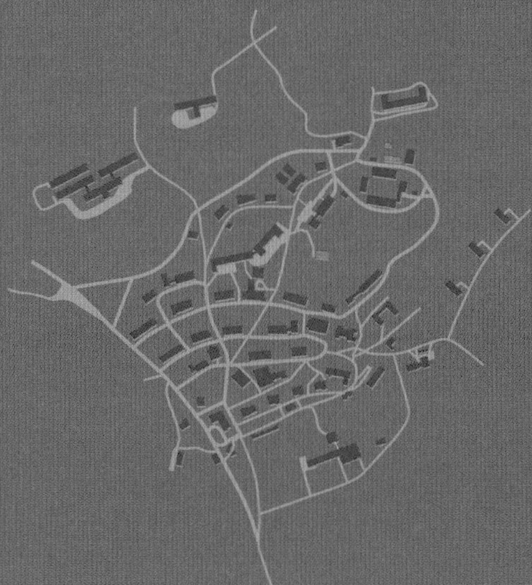

SAARBRÜCKEN

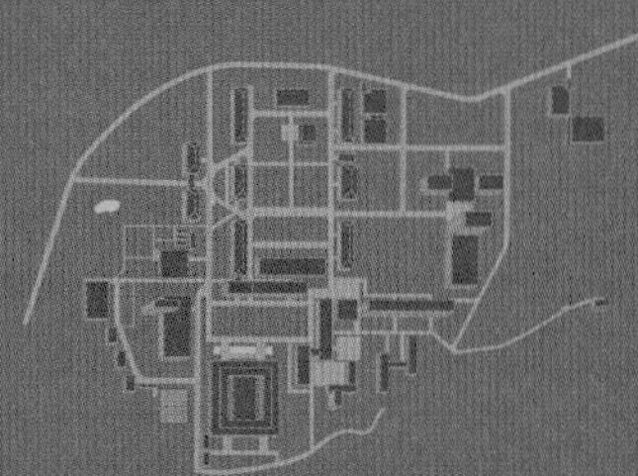

Die 68er – eine internationale Bewegung

Im Mai 1968 eskalierten in Westeuropa die Studentenproteste. Diese Ereignisse waren aber nur der Höhepunkt eines Politisierungsprozesses, der bereits Anfang der 1960er Jahre eingesetzt hatte und sich in den 1970er Jahren fortsetzen sollte. Dabei handelte es sich um international vernetzte Aktivitäten, die, ausgehend von den USA, zur größten politischen Protestbewegung der Nachkriegszeit führten. Die Proteste verliefen in den einzelnen Ländern unterschiedlich und wurden geprägt durch die nationalen sowie regionalen Kontexte, aber sie waren vergleichbar bezüglich ihrer Ziele und ihrer Mobilisierungsstrategien. Am Beginn standen politiktheoretische Ideen mit dem Ziel, die Kultur, die Wirtschaft, die Gesellschaft und den Staat von Grund auf zu verändern. Die in den USA agierenden „Students for a Democratic Society" prägten die Formel: „den Protest in den Widerstand überführen". Rudi Dutschke forderte in Berlin dazu auf, provokative Aktionen durchzuführen, und Daniel Cohn-Bendit beschwor in Paris die eskalierende Strategie („stratégie escalade provocation").[1]

Diese Ideen beeinflussten eine neue Studentenbewegung nachhaltig. In ihr versammelten sich heterogene Gruppen, die auch immer wieder über die Vorgehensweisen stritten, aber einig waren in ihrer Abgrenzung gegenüber dem Establishment und in ihrer revolutionären Zielsetzung. Sie strebten eine grundsätzliche Transformation der Gesellschaft an und stellten die Machtfrage. Die alten Hierarchien sollten abgeschafft, die Menschen aus ihrer (unterstellten) Entfremdung in der Familie, im Betrieb, an den Universitäten sowie in ihren sozialen und sexuellen Beziehungen befreit werden. Außerdem galt es, neue Kulturideale zu schaffen und Subkulturen aufzubauen. All diese Veränderungsprozesse sollten nicht, wie in den sozialistischen und kommunistischen Theorien, durch die Arbeiterschaft, sondern durch die Intelligenz herbeigeführt werden. Nicht voneinander zu trennen waren dabei die Emanzipation des Einzelnen und die der Gesellschaft, weil nur letztere es dem Individuum erlauben würde, nach den neuen Maßstäben zu leben.

In diesem weiten Rahmen fanden sich verschiedene Protestbewegungen wieder: diejenige gegen Rassismus in den USA, die Ostermarschbewegung der Bundesrepublik Deutschland, überall die Anti-Vietnam-Proteste, die Antiatom- und Abrüstungsbewegung, die Studenten- und Arbeiterbewegung. Aber nur in Frankreich sprang der Funke von den Universitäten auf die Betriebe über und entfachte einen Generalstreik, der sogar zu einer Staatskrise führte.

Am Beginn der Bewegung standen im September 1964 Ereignisse an der kalifornischen Universität in Berkeley. Auf dem Campus aufgebaute Büchertische mit Literatur der Bürgerrechtsbewegung, die gegen Rassismus kämpfte, wurden von der Polizei entfernt. Die Studierenden reagierten mit einem „Sit-in" (Sitzstreik), einer jener gewaltfreien Protestformen, welche die Bürgerrechtsbewegung in den 1950er Jahren entwickelt hatte. Im Mai 1965 verbot der Rektor der Berliner Freien Universität (FU) eine Veranstaltung der Studierenden, die sich mit dem politischen Erbe der Nachkriegszeit auseinandersetzen wollte. Der AStA verwies auf das Vorbild von Berkeley und stellte die grundsätzliche Frage nach der freien Rede auf dem Campus. Die Universität wurde als Spiegel der Gesellschaft gesehen. Fortan wurden Aktionen organisiert, um den Studierenden die Dominanz der autoritären Hierarchien und deren Repression vor Augen zu führen. Gefordert wurden stattdessen studentische Selbstbestimmung und Selbstbestimmung des Studiums. So entwickelte sich von der Berliner FU ausgehend schließlich eine bundesweite Studentenrevolte, die gegen die herrschenden Strukturen und Eliten gerichtet war. Sie bildete den Kern der „APO", der Außerparlamentarischen Opposition, die auch deshalb besondere Geltung beanspruchte, weil in Bonn seit 1966 eine Große Koalition von CDU und SPD regierte und die parlamentarische Opposition nur in einer kleinen Fraktion der FDP bestand.

Verstärkt wurde die revolutionäre Energie durch die Proteste gegen den Vietnamkrieg, den die USA 1964 ohne Kriegserklärung begonnen hatten. Gleichzeitig engagierten sich Studierende für Befreiungsbewegungen in Lateinamerika, Afrika und Asien und warfen den Industriestaaten Ausbeutung vor.

> *„We want the world and we want it now!".*
> *Slogan der Universitätsbesetzer der Columbia-Universität*
> *New York, April 1968*

In der Bundesrepublik eskalierten die Auseinandersetzungen, als am 2. Juni 1967 Karl-Heinz Kurras, ein Polizist in Zivil, den Studenten Benno Ohnesorg erschoss, der in Berlin bei einer Demonstration gegen den Staatsbesuch des Schahs von Persien protestiert hatte. Kurras wurde 2009 als Inoffizieller Mitarbeiter des DDR-Staatssicherheitsdienstes enttarnt; ob er im Auftrag der DDR gehandelt hatte, ist jedoch bis heute ungeklärt. Die Studentenschaft reagierte mit Wut und Entsetzen auf das Ereignis, bundesweit gab es Solidaritätsaktionen und organisierte Trauerveranstaltungen. Auch an der Universität des Saarlandes fand am 7. Juni eine Trauerfeier vor der Rechts- und Wirtschaftswissenschaftlichen Fakultät statt; Rektor Hermann Krings ▸▸ nahm daran teil und appellierte in einer bewegenden Ansprache an die Studierenden, keine gewaltsamen Aktionen durchzuführen.

Interpretiert wurde dieser Mord als vorweggenommene Ausführung der Notstandsgesetze, über die seit Jahren in Bonn im Bundestag debattiert wurde. Bei einem inneren Notstand oder im Verteidigungsfall durften demnach die Grundrechte eingeschränkt werden. Für viele bedeutete dies einen Angriff auf die Demokratie, weshalb die Demonstrationen gegen die Verabschiedung der Gesetze zunahmen. Auch weitere Symbolfiguren der Bewegung fielen Attentaten zum Opfer. So wurde der amerikanische Bürgerrechtler Martin Luther King am 4. April 1968 von einem mehrfach vorbestraften Rassisten erschossen, schwere Unruhen in den Vereinigten Staaten mit Dutzenden Toten waren die Folge. Genau eine Woche später überlebte der deutsche Studentenführer Rudi Dutschke einen Anschlag nur knapp und mit schweren Verletzungen, nach der Tat kam es in etlichen deutschen Großstädten zu Protestdemonstrationen mit gewalttätigen Ausschreitungen.

Mai 68 – Frankreich und Saarbrücken

Im Mai 1968 erreichten die Proteste in Frankreich und in der Bundesrepublik ihren Höhepunkt und schlugen in Gewalt um. Am 11. Mai gingen 60.000 Personen in Bonn in einem Sternmarsch gegen die Notstandsgesetze auf die Straße; Gewerkschaftsmitglieder, Intellektuelle und die Studentenbewegung agierten hier gemeinsam. Insgesamt vermochten es die Protestierenden in der Bundesrepublik aber nicht, die Arbeiterschaft zu mobilisieren. Gebannt schaute man auf die Vorgänge in Paris, wo genau dies offenbar gelang, und solidarisierte sich mit den Studierenden dort. Im Nachbarland war die Sorbonne-Universität besetzt worden, in erster Linie aufgrund der Unzufriedenheit mit den Zuständen an der Massenuniversität, der Arroganz der Professorenschaft, autoritären Strukturen und schlechten Berufsaussichten für Akademiker und Akademikerinnen.

▸ *Biogramm* S. 122

Die Polizei räumte die Sorbonne unter Einsatz von Gewalt, in den engen Gassen des Quartier Latin bauten die Studierenden Barrikaden auf. Als die Polizei in den frühen

Mit dem Wortführer der 68er-Bewegung, Rudi Dutschke (2. v. l.), diskutierte Rektor Werner Maihofer (2. v. r.) im Februar 1968 in der Evangelischen Akademie Bad Boll.

Morgenstunden des 11. Mai die Barrikaden gewaltsam beseitigte, löste dies vehemente öffentliche Proteste aus, die sich von Paris auf die Provinz ausweiteten. Die Gewerkschaften solidarisierten sich mit den Studierenden und riefen den Generalstreik aus, Betriebe wurden besetzt. Am 13. Mai protestierten 500.000 Menschen gegen die Regierung des greisen Charles de Gaulle in Paris. Die Krise führt die Staatsmacht an den Rand des Zusammenbruchs, de Gaulle wurde Ende Mai nach Baden-Baden ausgeflogen. Doch den linken Gruppen fehlten politische Handlungskonzepte, die gemeinsame Front von Studierenden und Arbeitern bröckelte. De Gaulle kehrte zurück und kündigte Neuwahlen an, die die Konservativen im Juni triumphal gewannen. Auf den Champs-Elysées versammelten sich nun 300.000 bis 400.000 Demonstranten des bürgerlichen Lagers und skandierten: „Räumt die Sorbonne aus" und „Cohn-Bendit nach Deutschland".

Vom nahen Frankreich aus sprang der Funke im Mai 1968 auch auf die saarländische Provinz über. Hier hatte bis dahin, gerade auch an der Universität, ein eher unpolitisches Klima geherrscht. Doch schon zwei Tage nach der Pariser Barrikadenräumung demonstrierten am 13. Mai rund 500 Studierende, Mitarbeiterinnen und Mitarbeiter sowie Professoren wegen des brutalen Vorgehens der Polizei an der Sorbonne vor dem französischen Generalkonsulat und forderten die Demokratisierung der Universität auch im Saarland. Wenig später wurde ein „Teach-in" gegen die Notstandsgesetze auf dem Campus organisiert. Die Studierenden verteilten Flugblätter vor dem Haupteingang, wobei sie von zwei Autofahrern angegriffen wurden. Auch die vor dem Audimax mit einem Sit-in Demonstrierenden wurden von einzelnen Kommilitonen attackiert.[2]

Flugblatt S. 149

„Es ist, als hätten wir sorglos herumgestanden, ein fragwürdiges Schauspiel beobachtet, und jetzt plötzlich erkennen wir, daß wir mitten in einem Unheil stehen." Rektor Hermann Krings spricht bei der Trauerfeier für Benno Ohnesorg.

Spektakuläre Ereignisse spielten sich dann am 24. Mai ab. Daniel Cohn-Bendit, der aus einer jüdisch-deutschen Familie stammende Wortführer der französischen Studentenrebellion, war wegen seines Engagements aus Frankreich ausgewiesen worden und versuchte nun, über Saarbrücken nach Paris zu reisen. Vormittags sprach er vor über 2.000 Studierenden in der Aula der Saar-Universität, ◂◂ am Nachmittag zog er mit einem Protestmarsch zum Grenzübergang Goldene Bremm, um demonstrativ trotz des Einreiseverbots nach Frankreich zurückzukehren. An der Grenze standen jedoch seit dem frühen Morgen Panzerwagen und 700 schwerbewaffnete Polizisten bereit, um eben dies mit allen Mitteln zu verhindern. Hinzu kamen über 300 Polizisten auf deutscher Seite, tausende Demonstranten beidseits der Grenze und ein Riesenaufgebot an nationalen und internationalen Medienvertretern, wie es das Saarland seit dem Referendum von 1955 nicht mehr erlebt hatte. Die Goldene Bremm „glich einem Heerlager". Eine Eskalation wurde allseits befürchtet, doch nach stundenlangen Verhandlungen löste sich das Spektakel friedlich auf. Cohn-Bendit nahm sein Ausweisungsschreiben entgegen; einige Tage später überquerte er mit gefälschtem Ausweis und gefärbten Haaren illegal die Grenze.[4]

„Abgesehen etwa von Reinhard Klimmt kamen die politisch prägenden Köpfe der Studentenschaft von außerhalb. Sie brachten quasi von außen auch die brisanten Themen jener Zeit, Vietnamkrieg und Notstandsgesetze, mit und sorgten nicht zuletzt dank ihrer Kompetenz für eine Verlagerung der Diskussionen auf Hochschulfragen…"[3]
Günter Bellhäuser, Student 1968

„Dany le Rouge" in Aktion: Nach dem Teach-in an der Uni führte Daniel Cohn-Bendit hunderte Studierende zum Protest an die von bewaffneten Polizeikräften abgeriegelte Goldene Bremm.

Nur fünf Tage nach Cohn-Bendits Auftritt an der Saar fand anlässlich der für den 30. Mai vorgesehenen Verabschiedung der Notstandsgesetze eine weitere Großveranstaltung statt. Zunächst organisierte der AStA ein „Teach-in" auf dem Saarbrücker Campus. Im Rahmen eines Happenings wurde vor der Mensa eine Strohpuppe mit der Aufschrift „Demokratie" verbrannt und die Asche anschließend, begleitet von den Klängen der „Internationale", vor dem Rektorat verstreut. Später demonstrierten mehr als 2.000 Studierende, Schülerinnen und Schüler sowie Professoren vor dem Staatstheater. Unter den Rednern waren auch Rektor Werner Maihofer, ▸▸ der als liberaler Jurist ebenfalls Gegner der Notstandsgesetzgebung war und schon seit Monaten Reformkonzepte für die universitäre Mitbestimmung propagierte, sowie Christian Graf von Krockow, der erste Leiter des neu geschaffenen Instituts für Theorie und Soziologie der Politik an der Universität. ▸▸ Wegen dieser aktiven Beteiligung an einer von roten Fahnen geprägten Demonstration und seinem Verständnis für die Proteste in Frankreich warf Ministerpräsident Franz Josef Röder (CDU) insbesondere Krockow vor, „französische Zustände" auch in der Bundesrepublik herbeizuführen und seine Treueverpflichtung als Beamter verletzt zu haben. Krockow, dessen Berufung der konservative Röder ohnehin hatte verhindern wollen und der bereits zwei auswärtige Rufe erhalten hatte, reichte daraufhin in einem offenen Brief seine Bitte um Entlassung ein. Der Uni-Senat war gespalten und zögerte, sich hinter den Kollegen zu stellen, und auch die Studierendenschaft entzweite sich über den Vorgang. Die AStA-Vorsitzenden Franz Kirchberger und Ekkehard Gerke, die bis dahin einen vermittelnden Kurs gesteuert hatten, traten zurück, die Fronten verhärteten sich. Auch bundesweit schlug die Affäre hohe Wellen, zumal der christdemokratische Bundestagsabgeordnete Josef Schmitt im Juni ebenfalls Rektor Maihofer wegen dessen Position zu den Notstandsgesetzen attackierte und damit eine heftige Presse-Kontroverse auslöste.[5]

▸ *Biogramm* S. 142

▸ *Biogramm* S. 143

Heißer Herbst

Auf die aufsehenerregenden Aktionen im Mai folgte ein nicht minder turbulenter Herbst an der Saar. Immer konkreter forderten die Protestierenden gleichberechtigte Mitbestimmung für Studierende und Beschäftigte und verurteilten die Reformansätze der von der Universität

Happening auf dem Campus: Am 28. Mai 1968 verbrennen Studierende eine Strohpuppe mit der Aufschrift „Demokratie".

in langen Debatten erarbeiteten Verfassungsänderung als unzureichend. Zu Beginn des Wintersemesters musste die geplante Rektoratsfeier, bei der auch das zwanzigjährige Bestehen der Universität begangen und ein Partnerschaftsvertrag mit der Mutteruniversität Nancy geschlossen werden sollte, abgesagt werden, weil ein störungsfreier Verlauf nicht zu gewährleisten war. Stattdessen inszenierten die Studierenden eine Parodie der Rektoratsfeier als symbolische Protestaktion und schritten mit Roben über den Campus, dabei trug der Präsident des Studentenparlaments die Rektorenrobe. Es handelte sich um eine augenfällige Kritik der Ordinarien-Herrlichkeit, auch wenn der Senat der Saar-Universität selbst die traditionelle Form der Immatrikulationsfeier im Talar bereits im Frühjahr abgeschafft hatte, und spielte auf einen Slogan der Studentenbewegung an: „Unter den Talaren – Muff von tausend Jahren." Während der Protestaktionen wurden Professoren wiederholt als „Nazischläger" und dergleichen beschimpft. Dahinter steckte ein Generationenkonflikt. Die Studierenden, die im Krieg oder kurz danach geboren wurden, fragten sich nun, wie sich die Vätergeneration während der NS-Zeit verhalten hatte, da NS-Funktionäre in der Bundesrepublik Deutschland wieder in Amt und Würden gelangt waren und vielfach gemeinsame soziale Prägungen aufwiesen.[6]

Streit S. 140

Wahl-Notiz S. 148

Die Konflikte wurden nun verstärkt in die Gremien hineingetragen, Veranstaltungen und Sitzungen durch „Go-ins" gesprengt. Als das Konzil am 18. November in einem Hörsaal der Rechts- und Wirtschaftswissenschaftlichen Fakultät die umstrittene Reform der Universitätsverfassung beraten wollte, ◂◂ rief der AStA zum „Spektakel" und Ansturm auf die Sitzung auf. Das Konzil wollte dem Konflikt aus dem Weg gehen, indem es – mittels vorher im Wald versteckt gehaltener Busse – nach Homburg in den großen Hörsaal der Anatomie auswich. Aber auch hier traten die Protestierenden in Aktion und versuchten, den Saal zu stürmen, dabei kam es zu Handgreiflichkeiten zwischen Professoren und Studierenden samt anschließender polizeilicher Ermittlungen. Mit „Der Kampf begann über dem Leichenkeller" überschrieb die „Frankfurter Rundschau" ihren Bericht über die tumultuarische Sitzung. Die neue Verfassung wurde mit großer Mehrheit verabschiedet; ◂◂ sie erhöhte unter anderem das Stimmengewicht der Assistenten und der Studierenden im Konzil drastisch, so dass diese zusammen nunmehr ebenso viele Stimmen hatten wie die Professorenschaft.[7]

Den protestierenden Studierenden jedoch war dies bei weitem nicht genug. Ein zweitägiger Vorlesungs-Streik wurde ausgerufen, an dem sich aber nur eine Minderheit der Studierenden beteiligte. Die Initiatoren des Sozialistischen Deutschen Studentenbunds (SDS) waren mit der Teilnahmequote alles andere als zufrieden. Wenig später gingen die Radikalen unter ihnen noch einen Schritt weiter: Am 11. Dezember besetzten etwa dreißig Personen das Rektorat der Universität. Der Zeitpunkt war mit Bedacht gewählt, denn der Rektor, Werner Maihofer, befand sich in Bonn bei

> *„Das Resultat einer semesterlangen Beratungsperiode … liefert den Beweis, daß Gewaltsamkeit die Hochschule eher zu ändern verspricht als alle Methoden rationaler Diskussion und Verständigung."*[8]
>
> *Reinhard Klimmt, 1968 UdS-Student und Aktivist* ▸▸

einer Sitzung der Westdeutschen Rektorenkonferenz. Sein Vertreter, der aus seiner Homburger Klinik herbeigerufene Neurochirurg Friedrich Loew, ▸▸ ließ sich auf keine Diskussionen ein und rief die Polizei, um das Gebäude räumen zu lassen. Gegen die Akteure wurde Strafanzeige gestellt. Gerade eine Woche zuvor hatte das Bundesinnenministerium mitgeteilt, dass sich kleine Studierendengruppen, darunter auch solche in Saarbrücken, Handfeuerwaffen und Sprengstoffanleitungen beschafft hätten, was Rektor Maihofer freilich sogleich als höchst unwahrscheinlich bezeichnete. Die Rektoratsbesetzung wurde schließlich nach elf Stunden gewaltlos beendet, die Polizeibeamten trugen gegen Mitternacht die vierzehn verbliebenen Besetzer ohne Widerstand aus dem Rektorat. Auch am folgenden Tag belagerten jedoch die Protestierenden das Rektoratsgebäude, so dass die Verwaltungsmitarbeiter Fenster und Türen verbarrikadierten und Rektor und Prorektor persönlich mit untergehakten Armen den Eingang verteidigten.[9]

Protestjahre 1969 und 1970

Der Höhepunkt der Proteste war seit dem Herbst 1968 überschritten, doch die eklatante Politisierung der Universität, welche die 68er Unruhen gebracht hatten, prägte auch die folgenden Jahre. Im Januar 1969 trat die so heftig attackierte neue Universitätsverfassung in Kraft. Sie sah eine erhebliche Ausweitung der Mitwirkungsrechte der wissenschaftlichen Beschäftigten und der Studierenden vor, jedoch nicht die in den Protesten geforderte Drittelparität, also eine gleichberechtigte Vertretung der drei Gruppen in den universitären Gremien. ▸▸ Die Ordinarien waren nicht bereit, dies zu gewähren; viele von ihnen unterschrieben sogar das Marburger Manifest, in dem sich bundesweit rund 1500 Professorinnen und Professoren grundsätzlich gegen die Übertragung des parlamentarischen Proporzsystems auf die Universitäten und gegen die Demokratisierung der Hochschulen aussprachen.[10]

▸ *Gruppenuniversität* S. 144

Überraschend reibungslos verlief im Februar 1969 die Wahl des neuen Rektors, des Mediziners Hellmuth Sitte, der nach seiner Amtsübernahme ankündigte, dass er nicht „Rektor gegen die Studenten" sein werde. Die Anzeige wegen Hausfriedensbruch gegen die Studenten, die das Rektorat gestürmt hatten, wurde zurückgezogen. Im Sommer eskalierten Auseinandersetzungen mit der Polizei jedoch erneut, als Studierende mehrfach in der Stadt gegen die Erhöhung der Bustarife protestierten. Die Ordnungskräfte schlugen in Saarbrücken wahllos auf die Demonstrierenden ein und verhafteten grundgesetzwidrig annähernd sechzig Personen, darunter Minderjährige und Unbeteiligte, alles gedeckt vom konservativen Innenminister Ludwig Schnur.[11]

▸ *Biogramm* S. 147

▸ *Biogramm* S. 142

Zwischen Ernüchterung und Widerstand. Die Vorlage zur reformierten Univerfassung wurde nach ihrem geistigen Urheber, dem Juraprofessor, Günther Jahr, als „Jahr-Entwurf" bezeichnet.

Zum Ende des Sommersemesters 1969 legte der Dekan der Medizinischen Fakultät, Hermann Witter, dessen Vorlesung durch Agitatoren mehrfach gesprengt worden war, aus Protest sein Amt nieder. Die offizielle Übergabe des Rektorats von Maihofer an Hellmuth Sitte erfolgte im November 1969 ausdrücklich unter Verzicht auf die traditionellen Formen, „ohne Musik und Talar“, um keine Störungen durch protestierende Studierende zu provozieren. Erst kurz zuvor hatten Mitglieder des SDS die Antrittsvorlesung des Honorarprofessors und bisherigen Saarberg-Vorstandsvorsitzenden Rolshoven gesprengt.[12]

Auch 1970 gingen Boykottaktionen, Störungen von Lehrveranstaltungen und Demonstrationen weiter. Im Zentrum der Proteste standen jetzt die Entwürfe zum neuen Universitätsgesetz, das seitens des Landes vorbereitet wurde, um den Forderungen nach Demokratisierung und verstärkter Partizipation entgegenzukommen, den radikalen Gruppen jedoch erwartungsgemäß nicht weit genug ging. Die Senatskommission, die eine Stellungnahme der Universität erarbeiten sollte, musste unter Polizeischutz tagen, während demonstrierende Studierende versuchten, den Tagungsraum zu stürmen, weil ihre Forderung nach einer öffentlichen Sitzung abgelehnt worden war. In der darauffolgenden Nacht, vom 11. zum 12. Februar, brachen Unbekannte in das Rektorat ein, traten Türen ein, demolierten Schränke und beschmierten mit roter Farbe Wände, Gemälde und aus den Schränken gerissene Talare, zum Teil mit den Symbolen von Hammer und Sichel.[13]

Rektor Hellmuth Sitte, der ausdrücklich nicht gegen die Studierenden hatte amtieren wollen, war gleichwohl zu einer radikalen Umgestaltung der universitären Machtverhältnisse nicht bereit und musste sich daher zusehends des Vorwurfs erwehren, letztlich doch Sachwalter der Ordinarienuniversität zu sein. Seine Wiederwahl im Juni 1970 wurde durch den Boykott der wissenschaftlichen Beschäftigten und der Studierenden durch drei Wahlgänge hindurch vereitelt; im eine Woche später angesetzten vierten Wahlgang genügte dann trotz fortgesetzten Boykotts die einfache Mehrheit der anwesenden, überwiegend professoralen Stimmberechtigten.[14]

Rektorats-Besetzung: In Abwesenheit von Rektor Maihofer drangen am 11. Dezember 1968 etwa dreißig Studierende ins Rektoratsgebäude ein. In ihrer Mitte links der aus Homburg herbeigerufene Prorektor Loew, rechts Verwaltungschef Schuster.

So bewegt die Zeiten um 1968 an der Universität des Saarlandes auch waren, im Vergleich zu den Unruhen, Ausschreitungen und revolutionären Aktionen in Berlin, Frankfurt oder Heidelberg waren die Verhältnisse noch sehr gemäßigt geblieben. Die Gründe dafür lagen in mehreren Faktoren. Zum einen war die Bereitschaft zum politischen Engagement, schon gar in seiner radikalen Variante, unter den einheimischen Studierenden traditionell gering ausgeprägt. Zum anderen erschwerte die räumliche Distanz zwischen Campus und Stadt einen Anschluss an die Protestbewegungen der Arbeiterschaft. Zudem war diese mehrheitlich ebenfalls nicht revolutionär gesinnt; im September 1969 verbrannten die für Lohnanpassung streikenden Saar-Bergleute rote Fahnen, die in ihren Demonstrationszug geschleust worden waren. „Auch andere Solidarisierungsversuche der Roten, einschließlich der Saarbrücker studentischen Linken, die fleißig Flugblätter druckten und wohl den Zeitpunkt für eine große sozial-revolutionäre Bewegung gekommen sahen, wiesen die Kumpel und Stahlarbeiter zurück", berichtete seinerzeit die Frankfurter Allgemeine Zeitung. Eine mäßigende Rolle spielte zudem, dass mit Werner Maihofer eine kritische und veränderungsbereite Persönlichkeit in den brisanten Jahren 1967/68 als Rektor wirkte und den Demokratisierungsforderungen mit viel Verständnis und Diskussionsbereitschaft begegnete. Und schließlich ist auch in Betracht zu ziehen, dass in der informell geprägten Atmosphäre der saarländischen Campus-Uni die Kontakte zwischen Professorenschaft und Studierenden vergleichsweise gut waren, zudem bereits vor 1968 studentische Mitbestimmungsmöglichkeiten existierten, wie es sie andernorts nicht gab.[16]

„Der Regierungsentwurf verschleiert, dass er die Universität zum Produktionsfaktor der Wirtschaft degradiert."
Stellungnahme der Assistenten zum Universitätsgesetz[15]

In Saarbrücken und Homburg dürfte daher eine Mehrheit nicht nur der Lehrenden, sondern letztlich auch der Studierenden den Protesten ablehnend oder distanziert gegenübergestanden haben. Die Gräben aber waren tief, die Folgewirkungen fundamental. Die Universität stand nun vor der Aufgabe, ihre innere Struktur neu zu entwickeln, sich mit den Gedanken der Öffnung, Demokratisierung, Verrechtlichung auseinanderzusetzen. Viele Ordinarien erlebten die Politisierung als Gefahr für die Wissenschaft, die Reformen als Zerstörung akademischer Grundvoraussetzungen. Die Universität des Saarlandes war nach „1968" nicht mehr dieselbe wie vorher.[17]

Das Ende der Bewegung

„1968" war, nach einem vielzitierten Buchtitel, das Jahr, das alles veränderte, auch auf lange Sicht. Die Bewegung selbst hingegen zerfiel recht bald in der Auseinandersetzung über Organisations- und Aktionsfragen – sollte man Gewalt anwenden oder nicht? Sie löste sich in Subkulturen auf, die in ganz verschiedenen Bereichen und neuen sozialen Bewegungen wirksam wurden: in antiautoritären Kinderläden, Wohngemeinschaften und Kommunen, Selbsthilfe- und Frauengruppen, in der Friedens- und Antiatomkraftbewegung, Bürgerinitiativen und Aktionskomitees. Einige Protagonisten gehörten später zu den Gründern der Grünen. Einzelne Gruppen wählten den Weg der Radikalisierung. Diese Eskalation trug zum Zerfall der Bewegung bei. Ohnehin war die Hälfte selbst der Studierenden den Protesten ferngeblieben und war primär daran interessiert, ihr Studium erfolgreich abzuschließen.[18]

Die angestrebten Veränderungen in den Macht- und Herrschaftsstrukturen wurden letztlich nicht erreicht, dennoch bewirkte die Bewegung langfristig eine nachhaltige Veränderung in der Gesellschaft und im kulturellen Leben. Die 68er-Generation prägte fortan das Lebensgefühl und den Lebensstil sowie die Umgangsformen. Antiautoritäre Erziehungsweisen entfalteten große Wirkung. An den Universitäten entwickelte sich eine kollegialere, weniger hierarchische Atmosphäre. Diejenigen, die sich mit der Bewegung verbunden fühlten, führten deren Aktionsformen fort und suchten deren Prinzipien zu bewahren. So begann denn auch der Marsch durch die Institutionen, und mit fortschreitender Karriere erreichten zahlreiche Akteure Spitzenpositionen in der Wirtschaft, der Politik und im Bildungswesen. In Frankreich und Deutschland nahmen die Sozialistischen und Sozialdemokratischen Parteien die Anstöße der Studentenbewegung auf. Als Kanzler der sozialliberalen Koalition prägte Willy Brandt 1969 die Parole „Mehr Demokratie wagen". 1981 gewann François Mitterand in Frankreich die Wahlen mit dem Slogan „Changer la vie."[19]

Gabriele B. Clemens / Wolfgang Müller

Streit um eine neue Verfassung

Die 68er-Proteste wurden an der Universität als eine kulturelle Rebellion gegen überkommene akademische Gepflogenheiten ausgefochten, aber auch sehr konkret als Kampf um die Verteilung der politisch-institutionellen Macht. Dabei forderten die protestierenden Studierenden und Beschäftigten vor allem eine verstärkte Beteiligung an den akademischen Selbstbestimmungsrechten. Denn an der Universität der Zeit vor „68" lag die Entscheidungsgewalt über alle Belange so gut wie ausschließlich bei den planmäßigen Professorinnen und Professoren. ◂◂ Die Rechtsgrundlage dafür bildete im Saarland das Universitätsgesetz von 1957, das nach dem Wechsel der Saar-Uni ins deutsche Hochschulsystem erarbeitet worden war und der Universität weitgehende Autonomie einräumte („Saarbrücker Modell"). Auf Grundlage dieses Landesgesetzes regelte die von der Universität selbst erlassene Verfassung 1958 die inneren Angelegenheiten der Hochschule. Sie räumte den Studierenden und den wissenschaftlichen Assistenten und Assistentinnen Mitwirkungsrechte ein, die sich zwar auf Anhörung oder Mitsprache in den sie selbst betreffenden Angelegenheiten beschränkten, damit jedoch über das andernorts Übliche deutlich hinausgingen.[20]

▸ *Geist der Tradition* S. 100

Aufgrund dieser vergleichsweise fortschrittlichen Regelung sah man sich in Saarbrücken zu Beginn der Proteste 1967/68 zunächst gut gerüstet und erkannte keinen größeren Handlungsdruck. Hinzu kam, dass an der Spitze der Uni mit dem Strafrechtler Werner Maihofer ein Rektor stand, der den Mitbestimmungswünschen der nicht-professoralen Universitätsmitglieder interessiert und konstruktiv begegnete: Auf seine Initiative wurde bereits Anfang 1968 eine Reformkommission zur Überarbeitung der Universitätsverfassung eingesetzt. Beratungsgrundlage dieser Kommission war das von Maihofer entwickelte und auch auf Bundesebene erfolgreich vorgestellte Modell einer „qualitativen Repräsentation" der universitären Gruppen. Während die Protestierenden die „Drittelparität" in den Gremien forderten, also eine im quantitativen Sinne gleichberechtigte Vertretung von Professorenschaft, Studierenden und Assistenten, betonte Maihofers Konzept die Unterschiedlichkeit der Funktionen und Verantwortungen der universitären Mitglieder und leitete daraus unterschiedlich weitgehende Mitbestimmungsrechte ab.[21]

▸ *Zeitzeugnis Bergmann* S. 150

Der in langwierigen Beratungen erarbeitete Reformvorschlag sah schließlich erhebliche Erweiterungen der Partizipation für Studierende und Assistenten vor, allerdings weiterhin eine Mehrheitsposition der Professorenschaft. So waren etwa im Konzil, dem höchsten Gremium der Universität, bis dahin sämtliche 120 planmäßigen Professorinnen und Professoren stimmberechtigt, jedoch nur fünf Studierende sowie acht Assistenten oder Assistentinnen. Demgegenüber dehnte der Reformentwurf zum einen die Gruppenzugehörigkeit aus – so wurden alle wissenschaftlichen Bediensteten mit den Assistenten gleichgestellt – und legte zum anderen die Stimmenverteilung für die drei Gruppen auf das Verhältnis von 2:1:1 fest. Studierende und wissenschaftliche Beschäftigte zusammen hatten somit die gleiche Stimmenanzahl wie die Professorenschaft. Für die Wahl des Rektors sollte diese erweiterte Mitbestimmung allerdings nicht gelten.[22]

Die Vorlage war von Maihofer als ein erster Reformschritt gedacht, der den Weg für eine weitere Demokratisierung der Universität bahnen sollte. Nicht zuletzt wollte die Universität mit dieser Neuerung ihre Selbständigkeit bewahren und aus eigener Kraft die anstehende Reform ihrer inneren Machtverhältnisse angehen.[23]

Tatsächlich gelang es, die Beratungen in der gruppenübergreifend besetzten Kommission abzuschließen und den Vorschlag für die veränderte Verfassung vorzulegen. Doch den zusehends radikalisierten Protestierenden gingen die Reformschritte längst nicht weit genug. Schon die Beratungen der Kommission wurden von permanenten Protesten begleitet, in Blockaden, Happenings und Vorlesungsstörungen bekundeten die Demonstrierenden ihre Ablehnung des Kompromisskurses. Als die Vorlage im November 1968 vom Konzil verabschiedet werden sollte, musste die Sitzung nach Homburg verlagert werden, um überhaupt stattfinden zu können, und auch dort sahen sich die Mitglieder gewalttätigen Störversuchen ausgesetzt, gegen die man sich mit einer „Phalanx von Professoren" handgreiflich zur Wehr setzte.[24] ◂◂

Die neue Verfassung wurde letztlich mit großer Mehrheit beschlossen und trat 1969 in Kraft. Sie sah auch im Senat und in den Fakultätsräten erweiterte Mitwirkungsmög-

Ein Student wird von einem Ordinarius in den Schlund der Jahr-Verfassung geschleudert: 1.500 Studierende demonstrierten im November 1968 in Saarbrücken gegen die aus ihrer Sicht unzureichende Verfassungsreform.

lichkeiten vor, insbesondere entfiel für Studierende und wissenschaftlich Beschäftigte die Beschränkung ihrer Mitbestimmungsrechte auf die „eigenen Angelegenheiten".[25]

Der Streit war damit aber nicht beigelegt. Denn die Thematik der Hochschulbildung im Allgemeinen und ihrer Demokratisierung im Besonderen hatte inzwischen zu viel politisches Gewicht erhalten, als dass die Politik diese Fragen der Universität überlassen wollte – noch im Sommer 1969 eröffnete die Landesregierung die Beratungen für ein neues Universitätsgesetz, um damit die Entscheidung der strittigen Themen nunmehr an sich zu ziehen. Das Tauziehen der Gruppen und Fraktionen an der Universität setzte damit aufs Neue ein; Diskussionen, Proteste und Demonstrationen bestimmten auch die nächsten Jahre. Auch diesmal reichten den Kerntruppen des 68er-Protestes die avisierten Reformen nicht aus, während konservative Kräfte in scharfen Worten vor der fortschreitenden Politisierung von Lehre und Forschung warnten und die Autonomie der Universität in Frage gestellt sahen.[26]

In der Tat war die Selbständigkeit des bisherigen „Saarbrücker Modells" durch das Eingreifen des Landes weitgehend aufgehoben. Das 1971 verabschiedete Gesetz definierte fünf universitäre Mitgliedergruppen (zu Professoren, Studierenden und wissenschaftlich Beschäftigten kamen Assistenzprofessoren sowie Verwaltungs- und technisches Personal hinzu), legte ihre Mitwirkungsrechte und Stimmenanteile fest und vollzog damit endgültig den Schritt zur Gruppenuniversität. ▸▸ Diese Regelungen mussten anschließend durch die Universität in Form einer neuen Verfassung übernommen und konkret ausgestaltet werden, so dass 1972 mit der veränderten Univerfassung nunmehr das dritte umfassende Regelwerk innerhalb kurzer Zeit diskutiert wurde. Die damit verbundenen Auseinandersetzungen und Streitigkeiten stellten eine Zerreißprobe für die Universität dar. Im Ergebnis war durch die neue Rechtsgrundlage jedoch gewährleistet, dass die Selbstverwaltung der Universität demokratisch durch ihre Mitglieder gestaltet werden konnte. Die Notwendigkeit von Zweidrittel-Mehrheiten bei wichtigen Fragen wie Verfassungsänderungen und Präsidentenwahlen sorgte zudem dafür, dass die einzelnen Gruppen zur Kooperation und zur Berücksichtigung auch der jeweils anderen Interessen angehalten waren – ein Grundelement universitärer Willensbildung bis heute.[27]

▸ *Gruppenuniversität* S. 144

Ute E. Flieger / Thilo Offergeld

Werner Maihofer
(1918–2009)

Mit Werner Maihofer stand in der Hochphase der studentischen Protestbewegung um „1968" eine außergewöhnlich profilierte Führungsfigur an der Spitze der Universität. Der liberale Jurist war seit 1955 Professor an der Saar-Uni; er amtierte 1956/57 als Dekan, gründete 1960 das Institut für Rechts- und Sozialphilosophie und war mit seinem Konzept einer „qualitativen Mitbestimmung" der nicht-professoralen Uni-Mitglieder ein inhaltlicher Wegbereiter der Universitätsreform. ◂◂

▸ Streit S. 140

Während seines Rektorats (1967–1969) bemühte sich Maihofer, die studentischen Proteste und den hochschulpolitischen Umbruch in rationalen, gewaltfreien Bahnen zu halten, und verstand sich dabei als „Brückenbauer zwischen den Generationen". 1970 wechselte er, der von 1968 bis 1971 auch Vizepräsident der Westdeutschen Rektorenkonferenz war, an die neu gegründete Universität Bielefeld.

Von Walter Scheel für die FDP rekrutiert, wirkte der Protagonist des sozialliberalen Bündnisses an der Erarbeitung des wegweisenden Freiburger Parteiprogramms mit. Seit Dezember 1972 amtierte er als Bundesminister für besondere Aufgaben unter Willy Brandt und war von Mai 1974 bis Juni 1978, während der Hochphase des RAF-Terrors, Innenminister unter Helmut Schmidt. Nicht zuletzt Fahndungspannen bei der Entführung Hanns Martin Schleyers führten zu seinem Rücktritt. Anschließend kehrte Maihofer zunächst nach Bielefeld zurück und leitete dann von 1982 bis 1988 als Präsident das Europäische Hochschulinstitut in Florenz.[28] *wm*

Friedrich Loew
(1920–2018)

Der Enkel des großen Liberalen Friedrich Naumann und Sohn des zeitweise auch in Saarbrücken tätigen protestantischen Theologen Wilhelm Loew hatte sich 1956 in Köln beim Pionier der modernen deutschen Neurochirurgie, Wilhelm Tönnis, habilitiert. Seit 1960 baute er in Homburg aus kleinsten Anfängen die neurochirurgische Universitätsklinik zu einer national und international führenden Einrichtung aus. Er richtete 1969 die erste deutsche Abteilung für Stereotaktische Neurochirurgie ein, entwickelte das heute übliche neurochirurgische Operationsmikroskop und widmete sich unermüdlich der Verbesserung der Operationsmethoden.

Als Chefredakteur der führenden „Acta Neurochirurgica" (1957–1996) und in zahlreichen nationalen und internationalen Führungspositionen engagierte er sich für die Zusammenarbeit der europäischen und weltweiten Fachgesellschaften. Die Frucht waren Ehrungen wie die Ehrenpräsidentschaft der „World Federation of Neurosurgical Societies" und die Verleihung der Paracelsus-Medaille, der höchsten Auszeichnung der Bundesärztekammer.

In der Zeit des hochschulpolitischen Umbruchs leitete Loew 1967/68 als Dekan die Medizinische Fakultät und erlebte als Prorektor am 11. Dezember 1968 die – bewusst in Abwesenheit des Rektors Werner Maihofer initiierte – elfstündige Besetzung des Rektorats durch 30 Studierende. 2006 wurde er in einer seinem Lebenswerk gewidmeten Dissertation porträtiert: „Prof. Dr. Friedrich Loew – Vita eines deutschen Neurochirurgen".[29] *wm*

Christian Graf von Krockow

(1927–2002)

Der später bundesweit bekannt gewordene Politikwissenschaftler, Historiker und Schriftsteller aus pommerscher Adelsfamilie wurde 1965 zum ersten Professor für Politische Wissenschaften an die Universität des Saarlandes berufen. Er hielt seine Antrittsvorlesung „Über die Rolle der Dummheit in der Politik" und schildert in seinen Erinnerungen die reizvolle Lage der Universität, die „liebenswürdigen Ureinwohner" und die Saarbrücker Idylle, die für ihn freilich bald endete. Denn seine Rede bei einer Demonstration gegen die Notstandsgesetze im bewegten Mai 1968 löste einen scharfen Konflikt mit dem konservativen Ministerpräsidenten Franz Josef Röder aus.

Röder verurteilte die Protestaufrufe von Krockows bei dieser Kundgebung als „völlig verantwortungslos" und betonte: „Dafür haben wir diese Leute nicht nach Saarbrücken geholt, und dafür bezahlen wir sie auch nicht." Als Reaktion darauf und im Zuge zweier auswärtiger Rufe quittierte von Krockow seinen Saarbrücker Dienst. ▸▸

Mai 1968
S. 133

Von Rektor Maihofer als „einer der ehrlichsten und unerbittlichsten wissenschaftlichen Mitstreiter für die weitere Demokratisierung unserer Bundesrepublik" charakterisiert, trat von Krockow seit 1970 mit vielbeachteten Schriften zur preußischen und deutschen Geschichte hervor. In seinen Erinnerungen kommentierte er das Ende der Saarbrücker Politikwissenschaft Ende der 90er Jahre: „Unter einem konservativen Ministerpräsidenten ist sie geschaffen worden, unter einem anderen – mit linkem Herzen – dem Rotstift zum Opfer gefallen."[30] *wm*

Jo Leinen

(geboren 1948)

Jo Leinen wurde in Überherrn-Bisten nah an der französischen Grenze geboren und beschäftigte sich schon als Schüler intensiv mit Themen der europäischen Integration. Als er 1967 das Jurastudium an der Universität des Saarlandes aufnahm, geriet er bald in den Bann der Studentenbewegung und erlebte die unruhigen Zeiten als demokratischen Aufbruch und Ansporn zu politischem Engagement.

Nach Abschluss seiner Studien am Europa-Kolleg in Brügge und an der Universität von Connecticut erlangte das SPD-Mitglied bundesweite Popularität als führender Aktivist in der sich formierenden Umweltschutz- und Friedensbewegung; heftig umstritten war etwa seine Rolle als Organisator der nicht genehmigten Großdemonstration gegen das Kernkraftwerk Brokdorf 1981.

Als Umweltminister im Kabinett Lafontaine stand Leinen von 1985 bis 1994 für die „grüne" Seite der Saar-SPD, danach wandte er sich als Vorsitzender des Europa-Ausschusses im Landtag und später als langjähriges Mitglied des Europäischen Parlaments (1999–2019) seinem zweiten Herzensthema zu, der europäischen Integration.

Der Saar-Universität und zumal ihren europabezogenen Aktivitäten blieb Leinen als engagierter Freund und gern gesehener Redner stets verbunden; er trat nachdrücklich für den Ausbau ihrer Europa-Kompetenz und ihrer internationalen Vernetzung ein. Besonders die Universität der Großregion ▸▸ sah er als Chance, eine „Europäische Hochschule" zu entwickeln und so die Saar-Lor-Lux-Region zur Zukunftsregion für junge Menschen aufzubauen.[31] *uef*

UniGR
S. 266

Gruppenuniversität

„Eine ungeheure Vergeudung von kostbarer Arbeitszeit in den zahlreichen neuen Ausschüssen, eine endlose Serie von kräftezehrenden Marathondiskussionen und politischen Ränkespielen bei der Koalitionsbildung – aber nirgendwo eine Verbesserung, sondern nur eine vermeintlich demokratische Legitimierung der Entscheidungen. Wieder einmal erwies sich auf Kosten der Leistungsfähigkeit der Universität, dass der Demokratieimperativ für den Wissenschaftsbetrieb dysfunktional ist." So lautete 2008 – knapp vier Jahrzehnte nach dem Einführen der Gruppenuniversität als Grundordnung bundesdeutscher Hochschulen – die Bilanz des renommierten Bielefelder Sozialhistorikers Hans-Ulrich Wehler. Eine Bilanz, deren drastischer und emotionaler Tonfall ein Schlaglicht wirft auf die leidenschaftlichen Debatten der 1960er und 1970er Jahre, als das Reformvorhaben die gesamte Bildungs- und Hochschullandschaft umtrieb und auch in Saarbrücken die Wogen hochgehen ließ.[32]

Zielscheibe der Kritik war damals die traditionelle Ordinarienuniversität, die sich seit dem 19. Jahrhundert strukturell nur unwesentlich verändert hatte. Die ordentlichen Professoren als Lehrstuhlinhaber waren in sämtlichen Organen allein oder fast ausschließlich vertreten und hatten die Entscheidungsgewalt inne, während Studierende, Assistenten oder andere universitär Beschäftigte weitestgehend außen vor blieben. Daran änderte sich nach dem Zweiten Weltkrieg zunächst wenig, weder im französischen Modell der Saar-Uni bis 1956, noch dann im bundesdeutschen System ab 1957.

Weiterhin dem bildungsbürgerlichen Ideal individueller Gelehrsamkeit verpflichtet, sahen sich die Ordinarien freilich seit den späten 1950er Jahren mit einem tiefge-

Nachdem die offizielle Rektoratsfeier zum 20-jährigen Bestehen der Universität abgesagt wurde, parodierten Studierende die Zeremonie in einem Talar-Happening (Oktober 1968).

henden sozio-ökonomischen und sozio-kulturellen Umbruch konfrontiert, der auch den Bildungs- und Universitätssektor erfasste. Auf der Folie einer rundumerneuerten Gesellschaft der langen 1960er Jahre, die westlich-demokratische Werte, Normen und Grundhaltungen mehr und mehr verinnerlichte, waren die damaligen Hochschulen ein sichtlicher Anachronismus. Kritik entzündete sich an verfestigten Hierarchien und Autoritätsstrukturen, an starren professoralen Entscheidungsorganen, an undurchsichtigen und unzureichend legitimierten Beschlusslagen.[33]

Der Prozess in Richtung Gruppenuniversität nahm mit den beginnenden 1960er Jahren, lange vor der Studentenbewegung, Form an und Fahrt auf. Zu tun hatte dies mit dem allseits spürbaren Reformdruck durch stetig steigende Studierendenzahlen; auch mit einem Meinungsklima, das klassisches Bildungsgut dank breitenwirksamer Debatten über „die deutsche Bildungskatastrophe" (Georg Picht) oder „Bildung als Bürgerrecht" (Ralf Dahrendorf) kritisch hinterfragte und auf seinen gesellschaftlichen Bedarf hin prüfte.[34]

Institutionelle Impulse gingen seit Beginn der 1960er von den zahlreichen Hochschulneugründungen aus, die der anschwellenden Nachfrage nach akademisch qualifizierten jungen Menschen begegnen sollten. Von Konstanz über Bielefeld bis Bremen, von Bochum über Kassel bis Bamberg entstanden Einrichtungen, die nicht dem Ordinarienmodell folgten, sondern von vornherein als Reform- und Gruppenuniversitäten an den Start gingen. Kein Wunder, dass sich an den herkömmlich verfassten Hochschulen die Diskussionen emotionalisierten und die nicht-professoralen Statusgruppen auf ein Mehr an Demokratisierung und Mitwirkung drängten.

Wie virulent diese Auseinandersetzungen ausfielen, war von Hochschule zu Hochschule unterschiedlich, hing von deren Größe, Lage und Einzugsgebiet ab sowie vom Grad an politischem Aktivismus, als sich die Studentenbewegung 1967/68 zum globalen Protestakteur gegen das Establishment aufschwang. Saarbrücken machte hier keine Ausnahme. Zwar galt die Saar-Uni als mäßig politisiert und der liberale Rektor Maihofer als reformbereit. Dennoch kam es im Herbst 1968 zu einer Radikalisierung unter den politisch engagiertesten Studierenden, die über Jahre hinweg immer wieder harsche Konflikte mit den konservativen Fraktionen nach sich zog.[35]

Mit dem Landeshochschulgesetz von 1971 und der Universitätsverfassung 1972 vollzog das Saarland, ebenso wie früher oder später alle Bundesländer, den Übergang von der Ordinarien- zur Gruppenuniversität. Dass die Gesetzgeber es dabei niemandem recht machen konnten, lag auf der Hand: Was den einen reformerisch bereits viel zu weit ging, reichte den anderen längst noch nicht aus. ▸▸ So forderten etwa die Saarbrücker Studierenden 1968 neben konsequenter Gleichberechtigung in den Universitätsgremien ausdrücklich auch Einflussnahme auf die Lehrinhalte, was von Dozentenseite empört zurückgewiesen wurde. In hochschulpolitisch aufgeladener Atmosphäre mussten nun gemäß den neuen Geschäftsgrundlagen die überkommenen „Ordinariengremien" in kollegiale Entscheidungsorgane mit verschiedenen Paritätsschlüsseln für zunächst fünf, seit 1978 dann vier Mitgliedergruppen (Professoren, Studierende, wissenschaftlich Beschäftigte und sonstiges Personal) überführt werden. Dies brachte beträchtlichen Aufwand mit sich und wurde von Seiten vieler „Ordinarien-Professoren" scharf kritisiert: Das Prozedere nivelliere Entscheidungsbefugnisse, hieß es Ende September 1970 in einem offenen Brief des Dekans der Philosophischen Fakultät, Ernst Boesch, ▸▸ an den Bonner Bildungs- und Wissenschaftsminister Hans Leussink, es gehe zu Lasten von Kompetenz und Effizienz, sei funktionell schwerfällig und konfliktträchtig, im Grunde „das Abbild einer Modeströmung". Eine Einschätzung, die der Saarbrücker Psychologe damals mit etlichen seiner Kollegen teilte.[36]

▸ *Streit* S. 140

▸ *Biogramm* S. 103

Die Ablehnung der Gruppenuniversität wich freilich im Lauf der Zeit selbst in professoralen Kreisen einer gewissen Gewöhnung an die neuen Verhältnisse. Vielfach zudem der Einsicht, dass auch an Hochschulen positionsgebundene Interessen zusammenkommen und dies einer geregelten Aushandlung und Konfliktlösung zwischen allen beteiligten Gruppen bedarf. Erst deren Teilnahme garantiert schließlich transparente Willensbildung, legitimierte Beschlüsse sowie eine Kontrolle der Umsetzung. So trugen hochschulpolitische Akteursgruppen in den Folgejahrzehnten zwar immer wieder – nicht selten scharfe – Konflikte aus, doch die Gruppenuniversität als solche wurde prinzipiell nicht mehr in Frage gestellt.

Jeder, der schon einmal beteiligt war an stundenlangen Gremiensitzungen mit nervenzehrenden Entscheidungsprozessen über große und – oft genug – kleine Probleme, weiß, wie mühsam demokratische Verfahren in der universitären Praxis sein können. Wer aber daraus – wie Hans-Ulrich Wehler – die Devise ableitet, der Demokratie-Imperativ sei für den Wissenschaftsbetrieb dysfunktional, der schüttet das Kind mit dem Bade aus. Denn ein Zurück zum Ancien Régime deutscher Ordinarienuniversitäten vor den Reformen der 1960er und 1970er Jahre kann sich doch niemand ernsthaft wünschen.

Dietmar Hüser

Hellmuth Sitte
(1928–2018)

Hellmuth Sitte wuchs als Sohn eines Archäologie-Professors in Innsbruck auf. Mit sechzehn Jahren kurz vor Kriegsende noch zur Wehrmacht eingezogen, wurde er so schwer verwundet, dass ihm ein Bein amputiert werden musste. In seinem Studium der Naturwissenschaften wandte er sich früh der Elektronenmikroskopie und der Entwicklung von Ultramikrotomen zu, mit denen sich extrem dünne Schnittpräparate herstellen lassen, und trug gemeinsam mit seinem Bruder maßgeblich zur Etablierung der Ultrastrukturforschung in Europa bei. Nach der Heidelberger Habilitation und nach Ablehnung eines frühen Rufs nach Harvard leitete er seit 1963 die Elektronenmikroskopische Abteilung der Medizinischen Fakultät in Homburg und übernahm 1966 das Ordinariat für Cytologie und Elektronenmikroskopie, später umbenannt in „Allgemeine Biologie für Mediziner“.

Von 1969 bis 1973 letzter Rektor der Saar-Universität (vor Einführung der Präsidialverfassung), bemühte er sich während des hochschulpolitischen Umbruchs um Konsens bei den schwierigen Beratungen der Universitätsgesetze und der Universitätsverfassung, ◂◂ die schließlich, für die damalige Zeit einzigartig, mit breiter Zustimmung verabschiedet wurde.

▸ Demokratiegewinne S. 154

Sitte wurde 1993 zum Ehrenmitglied der Royal Microscopical Society in Oxford ernannt. Zu seinem Werk gehören auch über 200 Patente aus dem Bereich der Ultramikrotomie und der Tieftemperaturtechnik sowie seine 2016 erschienenen persönlichen Impressionen „Was wirklich zählt – Gedanken eines unverbesserlichen Optimisten“.[37] *wm*

Regina Herrmann
(1945–2000)

Wer Zeitzeugen zu Regina Herrmann befragt, hört nur Äußerungen höchster Wertschätzung und warmer Sympathie. Als Justitiarin, ständige Vertreterin des Kanzlers (seit 1974) und Leiterin des Personal- und Rechtsreferats gehörte Regina Herrmann zu den ersten Frauen, die Führungspositionen in der zentralen Verwaltung der Saar-Universität erreichten. Vor allem aber verband sie in seltener Art beeindruckende Arbeitskraft und Ehrgeiz mit menschlicher Zuwendung und Einfühlungsvermögen.

Ihre fachliche Kompetenz war unbestritten, bundesweit galt sie als gefragte Expertin besonders im Kapazitätsrecht und im Zulassungswesen. Dabei suchte sie stets Lösungen, die nicht nur der Sache, sondern auch den Menschen gerecht wurden. So begegnete sie gerade Studierenden bei Prüfungs- oder Finanzproblemen mit Wohlwollen nach dem Grundsatz „im Zweifel für die Studierenden“.

Eine Krebserkrankung, die sie bereits 1986 traf, überwand sie mit eisernem Willen und arbeitete unermüdlich, selbst unter Schmerzen, die Berge an Akten ab, die sie sich nach Hause bringen lassen musste. Externe Angebote zur Übernahme hochrangiger Leitungspositionen lehnte sie mit Blick auf ihre Gesundheit ab, doch in ihrem Einsatz ließ sie sich nicht beirren. In ihren letzten, erneut krankheitsgeplagten Jahren begleitete sie ihre Vermerke mitunter durch den bitter-ironischen Hinweis, sie habe keine Zeit, sich kurz zu fassen. Ihr früher, vielbetrauerter Tod hinterließ eine noch lange Jahre klaffende, schmerzliche Lücke.[38]
wm

Reinhard Klimmt

(geboren 1942)

Aus einer sozialdemokratisch geprägten Familie stammend und in Engster bei Osnabrück aufgewachsen, nahm Reinhard Klimmt 1962 an der Saar-Uni das Studium der Geschichte und Germanistik auf. Er lebte in einer der ersten Wohngemeinschaften Saarbrückens, engagierte sich bereits 1963 im Studentenparlament und übernahm die Chefredaktion der Studentenzeitschrift „Speculum". ▸▸ 1964 trat er der SPD bei und begegnete auf dem Rückweg von einer Demonstration erstmals dem ein Jahr jüngeren Oskar Lafontaine. Als Vorsitzender des Ältestenrats der Studentenschaft war er an den 68er-Protesten beteiligt. 1969 wurde er wegen „Rechtsabweichung" aus dem Sozialdemokratischen Hochschulbund ausgeschlossen: Vorgeworfen wurde ihm die Unterstützung des als zu moderat geltenden Willy Brandt im Bundestagswahlkampf und eine Einladung des ebenfalls für die SPD eintretenden Günter Grass an die Universität.

Aufgrund seiner politischen Aktivitäten gab Klimmt die von dem Landeshistoriker Friedrich Prinz angeregte Dissertation über die Sicherheitsdienste in der NS-Diktatur auf. Seit 1975 Landtagsmitglied und nach dem Wahlsieg 1985 Fraktionsvorsitzender, gestaltete der Bücherfreund und Liebhaber afrikanischer Kunst nicht nur die Landespolitik maßgeblich mit, sondern kooperierte auch bei regionalhistorischen Ausstellungen und Publikationen in der „Saarland-Bibliothek" eng mit Richard van Dülmen. ▸▸ Passenderweise erfolgte in seiner Amtszeit als Ministerpräsident 1998/99 der Spatenstich zum Umbau der Universitätsbibliothek mit der Einrichtung von Tiefmagazinen.[39] *wm*

Franz Josef Degenhardt

(1931–2011)

„Spiel nicht mit den Schmuddelkindern" – ob Franz Josef Degenhardt ein solcher Gedanke auch bei seiner Ankunft in Saarbrücken in den Sinn kam, ist nicht bekannt. Nach dem Jurastudium in Köln und Freiburg zog es den gebürtigen Westfalen 1961 an die Saar. Hier promovierte er bei Bernhard Aubin, dem Leiter des Instituts für Europäisches Recht, und arbeitete als wissenschaftlicher Assistent am Institut. Seine Promotion erfolgte 1966 mit einer Arbeit zur Urteilsauslegung und -berichtigung durch den Europäischen Gerichtshof.

▸ *Titelseite* S. 85

Schon während der Saarbrücker Zeit war Degenhardt als Liedermacher aktiv, debütierte 1964 beim ersten Burg-Waldeck-Festival und veröffentlichte im Folgejahr sein Erfolgsalbum „Spiel nicht mit den Schmuddelkindern". Im Kontext der aufkommenden Studierendenbewegung nahm das SPD-Mitglied zunehmend linke Positionen ein. Im Mai 1968 beteiligte er sich am Marsch mit Daniel Cohn-Bendit zur Goldenen Bremm ▸▸ und verarbeitete das Ereignis in einem Lied; wenig später beschloss er, sein Saarbrücker Habilitationsprojekt aufzugeben, um in Hamburg die Außerparlamentarische Opposition anwaltlich zu vertreten.

▸ *Mai 1968* S. 133

Anfang der 1970er Jahre schloss ihn die SPD wegen seiner Nähe zur Deutschen Kommunistischen Partei aus, der er 1978 beitrat. Zudem vertrat Degenhardt als Anwalt Mitglieder der Baader-Meinhof-Gruppe. Musikalisch blieb Degenhardt jahrzehntelang eines der Aushängeschilder unter den politisch engagierten Liedermachern.[40] *pd*

▸ *Biogramm* S. 208

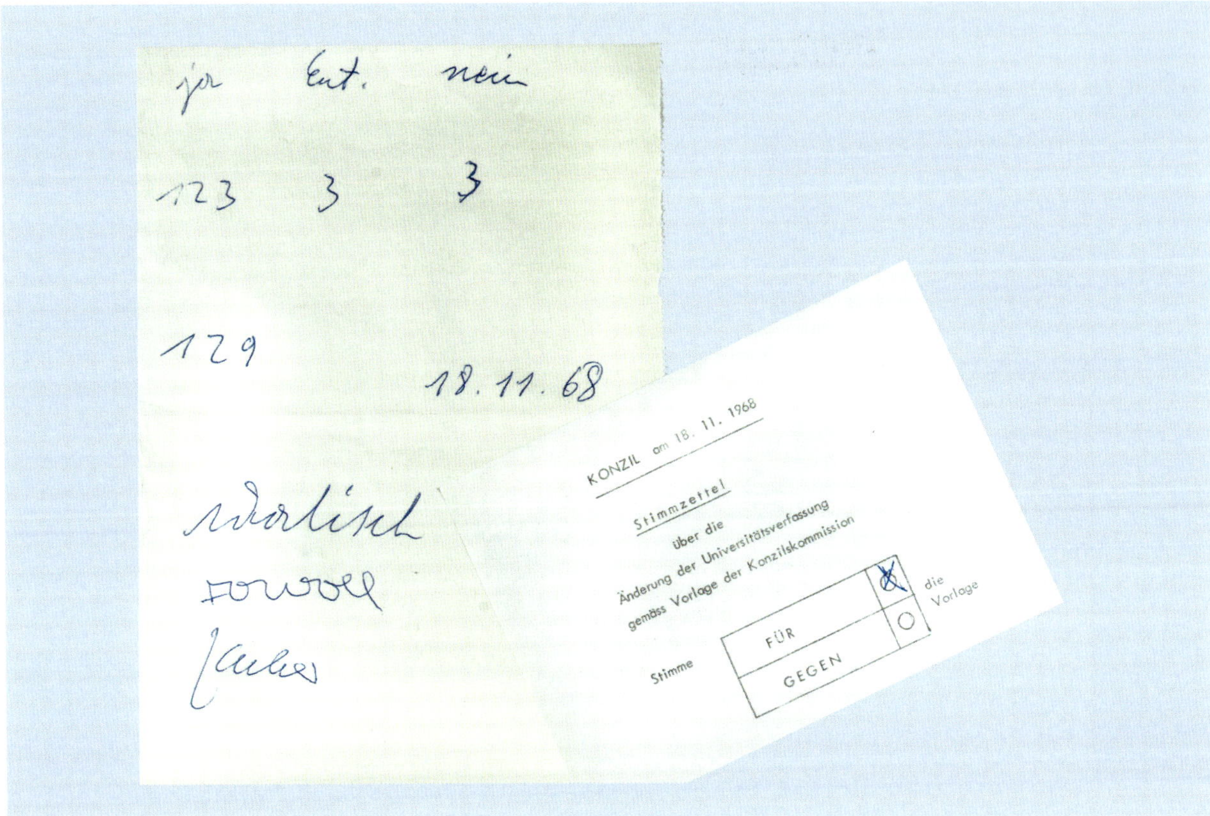

Wahl-Notiz

Der erst kürzlich in einem Tresor des Präsidialamts aufgefundene, auf den ersten Blick unscheinbare und offenbar aus einem Schreibblock ausgerissene Zettel dokumentiert das Ergebnis einer bedeutenden Abstimmung der Universitätsgeschichte: Nach langwierigen, anfangs harmonischen und später immer konfrontativeren Beratungen verabschiedete das Konzil am 18. November des hochschulpolitisch brisanten Umbruchjahres 1968 in einer dramatischen Sitzung eine neue Universitätsverfassung. ◀◀ Diese sah Reformen vor, ging den protestierenden Studierenden aber nicht weit genug. Wegen befürchteter Störungen war die Sitzung kurzfristig in das neu errichtete Anatomische Institut nach Homburg verlegt und zudem vorsorglich Polizeischutz angemeldet worden. Dennoch kam es zu massiven Handgreiflichkeiten zwischen Protestierenden und Professoren. Das 108 Ordinarien, dreizehn Nicht-Ordinarien und acht Assistenten umfassende Konzil billigte die Reformvorlage schließlich mit 123 Ja-Stimmen, drei Enthaltungen und drei Nein-Stimmen, wobei sich die beiden Studentenvertreter nicht an der Abstimmung beteiligt hatten.

▶ Streit S. 140

Das Ergebnis der Auszählung der Stimmzettel wurde notiert und von drei Konzils-Mitgliedern abgezeichnet: dem außerplanmäßigen Chemie-Professor Walter Walisch, dem Philosophie-Assistenten Frieder Otto Wolf und dem Jura-Professor Hans Friedrich Zacher. Wolf wurde später Philosophie-Professor und Europa-Parlamentarier für die Grünen, Zacher war der geistige Vater des drei Jahre später verabschiedeten neuen Universitätsgesetzes.[41] *wm/to*

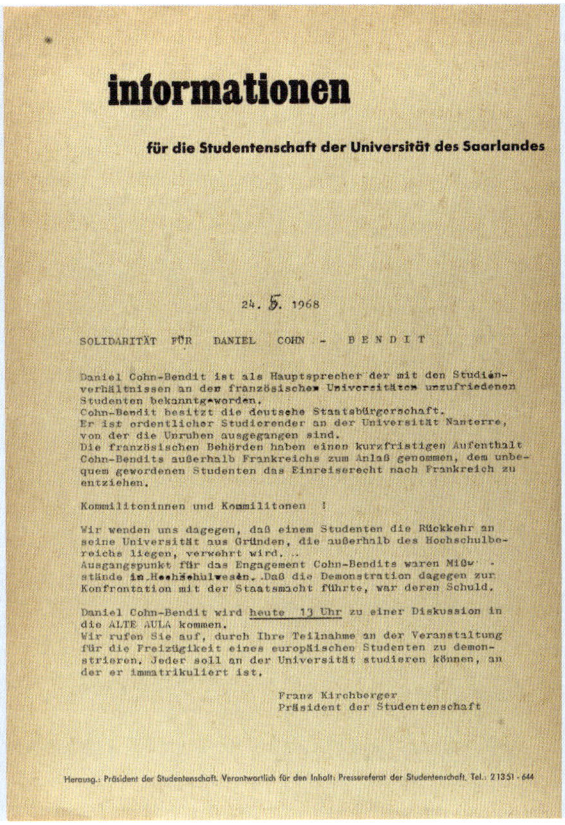

informationen

für die Studentenschaft der Universität des Saarlandes

24. 5. 1968

SOLIDARITÄT FÜR DANIEL COHN - B E N D I T

Daniel Cohn-Bendit ist als Hauptsprecher der mit den Studienverhältnissen an den französischen Universitäten unzufriedenen Studenten bekanntgeworden.
Cohn-Bendit besitzt die deutsche Staatsbürgerschaft.
Er ist ordentlicher Studierender an der Universität Nanterre, von der die Unruhen ausgegangen sind.
Die französischen Behörden haben einen kurzfristigen Aufenthalt Cohn-Bendits außerhalb Frankreichs zum Anlaß genommen, dem unbequem gewordenen Studenten das Einreiserecht nach Frankreich zu entziehen.

Kommilitoninnen und Kommilitonen !

Wir wenden uns dagegen, daß einem Studenten die Rückkehr an seine Universität aus Gründen, die außerhalb des Hochschulbereichs liegen, verwehrt wird. ..
Ausgangspunkt für das Engagement Cohn-Bendits waren Mißstände im Hochschulwesen. Daß die Demonstration dagegen zur Konfrontation mit der Staatsmacht führte, war deren Schuld.

Daniel Cohn-Bendit wird heute 13 Uhr zu einer Diskussion in die ALTE AULA kommen.
Wir rufen Sie auf, durch Ihre Teilnahme an der Veranstaltung für die Freizügigkeit eines europäischen Studenten zu demonstrieren. Jeder soll an der Universität studieren können, an der er immatrikuliert ist.

Franz Kirchberger
Präsident der Studentenschaft

Herausg.: Präsident der Studentenschaft. Verantwortlich für den Inhalt: Pressereferat der Studentenschaft. Tel.: 21351 - 644

Flugblatt

Mit diesem im Universitätsarchiv erhaltenen Flugblatt wurde zur Teilnahme an der Veranstaltung mit dem französischen Studentenführer Daniel Cohn-Bendit aufgerufen, die in Saarbrücken die heiße Phase der 68er-Proteste einleitete. Nicht zuletzt die handschriftliche Korrektur des Datums und die Hervorhebung „heute um 13 Uhr" zeigen, dass das Blatt wohl kurzfristig am Vormittag des 24. Mai auf dem Campus verteilt wurde, unmittelbar vor dem Auftritt Cohn-Bendits vor 2.000 Studierenden in der Aula. ▸▸ In die gleiche Richtung weisen das uneinheitliche Schriftbild und die überschriebenen Tippfehler.

Flugblätter, oft wie hier zu aktuellem Anlass per Schreibmaschine auf Matrize erstellt und eilig im Umdruckverfahren vervielfältigt, bildeten in der vor-digitalen Zeit das dominierende Medium der politischen Diskussion an den Hochschulen. Als Herausgeber der zu verschiedenen Gelegenheiten von der organisierten Studentenschaft erstellten „Informationen" firmierte der aus Bayern stammende Präsident der Studentenschaft Franz Kirchberger. Mit seinem Appell wandte er sich an die „Kommilitoninnen und Kommilitonen" und benutzte in der Anrede noch das damals übliche „Sie", nicht das bald nach 1968 allseits verwendete unterschiedslose „Du".

Cohn-Bendit, deutscher Staatsbürger und Student an der Uni Nanterre, war nach Saarbrücken gekommen, um hier trotz des gegen ihn verhängten Einreiseverbots die Grenze nach Frankreich zu überqueren. Die Demonstrierenden sahen ihren Protest deshalb auch als Eintreten für die Freizügigkeit eines „europäischen Studenten".[42]

▸ *Mai 68* S. 133

wm/to

ZEITZEUGNIS

Wilfried Bergmann

AStA-Hochschulreferent 1968

Geboren 1945, Jurastudent und wissenschaftlicher Mitarbeiter an der UdS, Promotion 1976, später Professor an der Hochschule des Bundes für öffentliche Verwaltung und Dozent an der Moskauer Akademie für Volkswirtschaft und Staatsverwaltung, 1997–2010 stellvertretender Generalsekretär des DAAD.

Der Text ist Teil eines tagesaktuellen Zeitungsbeitrags von Wilfried Bergmann aus dem „heißen Herbst" 1968.

Kampf um die reformierte Uni-Verfassung

Wie wohl nicht anders zu erwarten, brachte auch die Kommissionssitzung vom 31. Oktober nicht die erhoffte Einigung, obwohl die Ordinarien die Öffentlichkeit des ‚neuen Konzils' zugestanden. Die Fronten verhärteten sich täglich, zumal die Studenten der Argumentation des Rektors nicht folgen konnten, daß ‚es sich um einen ersten Schritt handele und man danach die anderen in Ruhe vollziehen könne' (Maihofer in der Podiumsdiskussion vom 12. November). Für die Professoren war es kein Risiko, diesem Entwurf zuzustimmen, zumal man jetzt mit Ruhe in der Universität rechnete und zugleich vor dem Gesetzgeber gefeit war. Die Studenten sahen in dem Entwurf für sich kaum Vorteile, wohl aber das Schwinden des ‚revolutionären Potentials' (Kirchberger [damaliger AStA-Vorsitzender]), das zum Erzwingen weiterer Schritte unbedingt notwendig war. Mithin konnten sie an keinen weiteren Schritt glauben und mußten deshalb versuchen, den ersten zu verhindern.

Der Rektor sah aber die Zeit gekommen, da man die ‚Reform zu machen' hatte, notfalls gegen die anderen Gruppen der Universität. So war er nicht bereit, das Konzil nach dem 18. November einzuberufen. Die Sitzung sollte geheim sein, obwohl weder die Verfassung der Universität noch die Konzilsgeschäftsordnung derartiges vorschreiben. Die Studentenschaft verlangte öffentliche Sitzung und rief die Studenten dazu auf, vor den Türen des Konzilssitzungssaales mit den Ordinarien zu diskutieren, um den einen oder anderen noch zu überzeugen. Eine Studentengruppe machte auch keinen Hehl daraus, die Veranstaltung ‚platzen' zu lassen, was aber nach den Erfahrungen dieser Universität mehr als unwahrscheinlich war."

Eklat in der Anatomie

Am 18. November erklärte der Rektor der Studentenschaft um 13.15 h, die Sitzung räumlich zu verlegen. Der Tagungsort sollte 15 Minuten vor Sitzungsbeginn bekanntgegeben werden. Die Studenten rechneten mit einer Verlegung innerhalb des Campus. Statt dessen erklärte man ihnen um 16.45 h, daß die Sitzung um 17.00 h in Homburg beginne; der Raum wurde nicht bekanntgegeben. Die Ordinarien hatte man vorsorglich in bereitstehende Busse steigen lassen, so daß die etwa 500 Studenten, die die Flucht der Professoren verhindern wollten, unverrichteter Dinge heimkehren mußten. Auf solche ‚Indianerspiele des Rektors' (ein Ordinarius, der es ablehnte, nach Homburg zu fahren) waren die versammelten Studenten nicht vorbereitet. Dennoch fuhren etwa 50 bis 70 Studenten in Privatwagen nach Homburg. Nach längerem Suchen fand man nicht nur eine Hundertschaft Polizei, die man vorsorglich angefordert hatte, sondern auch verschlossene und bewachte Türen der Anatomie II, wo das Konzil tagte. Zum Pech der ‚Schutztruppe' kam ein Ordinarius zu spät und durch die geöffnete Tür drangen etwa zehn Studenten. Flugs bildeten Ordinarien im Gang eine Kette und prügelten die Studenten zurück. Als der erwartete Erfolg nicht unmittelbar eintrat, zog ein Ordinarius eine Sprühdose mit Insektenmittel."

Nicht nur Reform der Hochschulen

Damit hatte man das erhoffte Ergebnis ‚erschlagen', denn die Zahl der Studenten, die jetzt sofort ‚direkte Aktionen' fordert und zu tun bereit ist, stieg sprunghaft an. Beschmierte Wände und Kampflosungen gehören nunmehr zum ‚reformierten' Universitätsalltag. Nachdem die Unnachgiebigkeit einer Mehrzahl von Professoren und die halbmilitärischen Manöver einer Gruppe die Reform innerhalb der Universität haben scheitern lassen, bleibt der Studentenvertretung nichts weiter, als sich, wenn auch mit blauunterlaufenem Auge, an den Gesetzgeber zu wenden. Sollte der den Studenten das andere Auge auch blau schlagen, haben jene recht, die nicht nur die Reform der Hochschulen, sondern die der Gesellschaft auf ihre Fahnen geschrieben haben."[43]

ZEITZEUGNIS

Rudolf Richter

VWL-Professor, Nestor der Saarbrücker Nationalökonomie

Geboren 1926, Promotion und Habilitation in Frankfurt, Professor für Nationalökonomie, insbesondere Wirtschaftstheorie an der UdS 1964–1974, Dekan 1971–1973, Pionier der Internationalisierung seines Faches und Mitbegründer der modernen Institutionenökonomik. ▸▸

Die Textpartien sind Auszüge aus den 2018 in Buchform veröffentlichten Memoiren Richters.

„68" – Einsatz körperlicher Gewalt

„Die Auseinandersetzungen mit den Studenten grenzten gelegentlich hart an körperlichen Einsatz der Professoren. Ein Beispiel: Als die Studenten unserem Rektor Werner Maihofer mit Gewalt drohten, scharten sich die Professoren im Rektorat um Maihofer und ließen gegenüber den aufgewühlten Studenten klarstellen, dass sie es dann auch mit den im Rektorat sich aufstellenden Professoren aufnehmen müssten. Durch einen geschickten Schachzug einiger Assistenten der Juristen fiel die Aktion aus. Sie hatten bei den im Auditorium Maximum sitzenden Revoluzzern eine Diskussion über die Frage der Anwendung von körperlicher Gewalt gegen Professoren entfesselt, die zu einem langen Palaver mit friedlichem Ende führte. An ernst zu nehmenden Polizeischutz der Universität war im Saarland nicht zu denken."

„Also hatte ich in der nächsten Woche wieder ins Auditorium maximum zu gehen, wo ich – wie zu erwarten – von einer brüllenden Meute von knapp 600 Studenten empfangen wurde ... Während eines Urlaubs bei meinen Eltern in Leipzig 1946 hatte ich im ‚Capitol', einem Leipziger Palastkino in der Petersstraße, erlebt, wie ein kommunistischer Redner, der vor Aufführung des angezeigten Unterhaltungsfilms eine politische Rede zu halten versuchte, sich vom wütenden Gebrüll der auf den Film wartenden Kinobesucher nicht im Geringsten stören ließ, sondern in aller Ruhe und mit fester Stimme seine Rede Zeile für Zeile vom Blatt in das Mikrofon ablas. Genau auf diesen Stil hatte ich mich vorbereitet ... Ich sprach trotz des Gebrülls die üblichen anderthalb Stunden (= zwei Vorlesungsstunden). Der Lärm, die Zwischenrufe, das Johlen und Pfeifen ebbten allmählich ab, ohne ganz aufzuhören. Ich verließ den Saal körperlich unbeschadet – nervlich einigermaßen erledigt. Dabei war die Sache im Vergleich zu Berlin oder Frankfurt noch glimpflich abgegangen: die Studenten stürmten nicht das Podium, ich blieb Herr des Mikrofons, es flogen keine Farbeier, keine Spruchbänder wurden entrollt usw."

Eine antibürgerliche Bewegung

Die Revolte richtete sich im Saarland übrigens gegen uns ‚Profs' als Vertreter des Kapitalismus, nicht etwa als Personen, die eine veraltete Tradition – wie das Tragen von Talaren (Hamburger Schlachtruf: ‚Unter den Talaren der Muff von 1000 Jahren') – repräsentierten oder ‚alte Nazis' gewesen wären. Ich habe keine Situationen erlebt, in denen mir oder anderen Professoren vorgeworfen wurde, für Hitler in den Krieg gezogen zu sein. Auch erlebte ich nicht, dass einer von uns gefragt wurde, welchen HJ-Dienstgrad er hatte, zu welcher Wehrmachtseinheit er gehörte oder ob er bei der Waffen-SS gewesen war und dergleichen. ▸▸ Das sind nachgeschobene Erklärungen. Ich erlebte keine Revolte gegen den ‚Geist' des Dritten Reiches, sondern eine wütende antibürgerliche Bewegung – bis hin zum gewaltsamen Eintreten für Kommunismus, Maoismus – gegen die Institutionen des Kapitalismus und gegen die Amerikaner als dessen Verkörperung."

▸ *Biogramm* S. 172

▸ *Zeitzeugnis Kirchmeier* S. 129

Konsequenzen der Revolte

Die Zeit, in der noch die Universität des Saarlandes eine echte Selbstverwaltungsuniversität war (sie war das tatsächlich einmal!) und die Fakultäten mit ihren Professoren noch etwas zu sagen hatten, war endgültig vorbei. Der Kultusminister konnte von nun an alles erreichen, was er wollte – allein schon durch die Andeutung von Versprechungen, wie ich später als Prodekan bei der Regelung der Wiederbesetzung des Lehrstuhls Stützel erlebte. Summa summarum: Nichts von wegen ‚Alle Macht den Räten'. Der ‚größte Fortschritt' der ‚68er-Revolution' bestand vielmehr darin, durch Schaffung komplexer Rätesysteme die Verantwortung der Einzelnen zu verschleiern, und im Ergebnis die Machtstellung des Ministers zu stärken."[44]

Kapitel 5

Wachstum und Überforderung:

1970–1980

HOMBURG

SAARBRÜCKEN

Bildungsexpansion, Bildungsreform

Der Sturm der 1968er Unruhen, wenn er auch im Saarland nicht so heftig ausgefallen war wie in den großen Metropolen, hatte die Universität kräftig durchgerüttelt und viele Gewissheiten, sowohl innerhalb der Hochschule als auch bei ihrem Verhältnis nach außen, in Frage gestellt. Die Herausforderung der Folgezeit bestand darin, Proteste und Veränderungsimpulse ebenso wie bewahrende Kräfte in einem neuen Verständnis der Universität, ihrer Mitglieder und ihrer Aufgaben, zusammenzuführen. Zusätzlich erschwert wurde die Situation durch das enorme Größenwachstum der Universität nach stark ansteigender Studierendennachfrage und durch wirtschaftliche Probleme im Zeichen der Öl- und Stahlkrise.

Dass die Studierendenzahlen in den 70er Jahren bundesweit in die Höhe schnellten, hatte seinen Grund in dem deutlichen demographischen Wachstum durch die Geburtenjahrgänge der einsetzenden Wirtschaftswunderjahre ab 1953 und in den Auswirkungen der Bildungsexpansion seit den späten 60er Jahren. Einen zusätzlichen Faktor stellte die in Folge des wirtschaftlichen Wandels steigende Nachfrage nach höher qualifizierten Arbeitskräften dar. Insgesamt ließ das gesellschaftliche Klima von Aufbruch, Partizipation und Bildungsstreben immer mehr jungen Menschen ein Hochschulstudium attraktiv erscheinen. In den zehn Jahren von 1969 bis 1979 stieg die Zahl der Studierenden bundesweit auf fast das Dreifache. An der Universität des Saarlandes war der Anstieg in derselben Zeit moderater, doch ebenfalls enorm hoch, nämlich von rund 8.200 auf 13.500 Personen.[1]

Streit S. 140

Der verstärkte Drang zum Erwerb höherer Bildung stand im Zusammenhang mit der Neuausrichtung der Bildungspolitik seit der Ausrufung des „Bildungsnotstands“ Mitte der 1960er Jahre. Der seit langem geforderte Ausbau des Bildungssektors, der sich seit der 68er-Bewegung mit der Idee einer umfassenden Modernisierung und Demokratisierung der Hochschulen verband, wurde nun, zumindest temporär, als gemeinsame Aufgabe von Bund und Ländern definiert. Bundeskanzler Willy Brandt erklärte bei seinem Regierungsantritt 1969 die Bildungsreform zur vordringlichen Aufgabe. Schon im selben Jahr trat das nationale Hochschulbauförderungsgesetz in Kraft, das den Aus- und Neubau von Hochschulen als Gemeinschaftsaufgabe von Bund und Ländern formulierte und auch zu finanzieren half. Um „Bildungsreserven“ zu mobilisieren und auch den Kindern von einkommensschwächeren Bevölkerungsgruppen Ausbildung und Studium zu ermöglichen, wurde 1971 das Bundesausbildungsförderungsgesetz (BAföG) verabschiedet, das erstmals eine Förderung für alle finanziell bedürftigen Studierenden unabhängig von ihren Leistungen vorsah, und zwar als Vollzuschuss. Die Reform der Oberstufe in Gymnasien und Gesamtschulen ab 1972 erhöhte spürbar die Zahlen der Abiturientinnen und Abiturienten und damit der Studieninteressierten.[2]

Gruppenuniversität S. 144

Demokratiegewinne – Autonomieverluste – neue Aufgaben

Der Wille zur demokratischen Mitbestimmung war an der Universität des Saarlandes wie andernorts auch spätestens seit den 1968er Protestjahren von den Universitätsangehörigen, insbesondere den Studierenden, vehement eingefordert worden.

> *„Demokratie ist, sagen die Assistenten und Studenten, wenn wir in der Universität mitbestimmen können. Ist aber, fragen die Professoren, in Schule und Hochschule Demokratie überhaupt möglich? Und sie antworten selbst mit Nein. Und fordern daher für sich eine eindeutige Mehrheit der Stimmen.“[3]*
>
> *Saarbrücker Zeitung, 16.12.1970*

In der Folge waren die Mitglieder der Universität bereits durch die aus eigener Kraft und Autonomie 1968 entwickelte Universitätsverfassung ◂◂ weitgehend nach Funktionsgruppen geordnet und entsprechende Paritäten und deutlich erweiterte Mitwirkungsrechte für sie festgelegt worden. Das in den folgenden Jahren seitens des Landes vorbereitete, neue Saarländische Universitätsgesetz ging bei der Mitbestimmung für die nicht-professoralen Mitglieder jedoch erheblich weiter und markierte nunmehr den Schritt zur Universität neuen Typs, der Mitglieder- oder Gruppenuniversität. ◂◂ Gegen die neuen Regelungen wehrten sich die Universitätsleitung und die große Mehrheit der Professorinnen und Professoren nach Kräften, weil sie die Minderung der Professorenrechte als schädlich für die Handlungsfähigkeit der Universität betrachteten, eine Erhöhung des Gremienaufwands befürchteten und an der weitreichenden Autonomie, die das Universitätsgesetz von 1957 für die Saar-Uni im „Saarbrücker Modell“ vorgesehen hatte, festhalten wollten. Die anderen Gruppen, insbesondere Assistentinnen und Assistenten sowie Studierende, kämpften dagegen leidenschaftlich um gleichwertige Beteiligungsrechte in den Entscheidungsgremien und forderten die Möglichkeit zur Mitgestaltung der eigenen Ausbildung, ihrer persönlichen wie gesellschaftlichen Zukunft ein.[4]

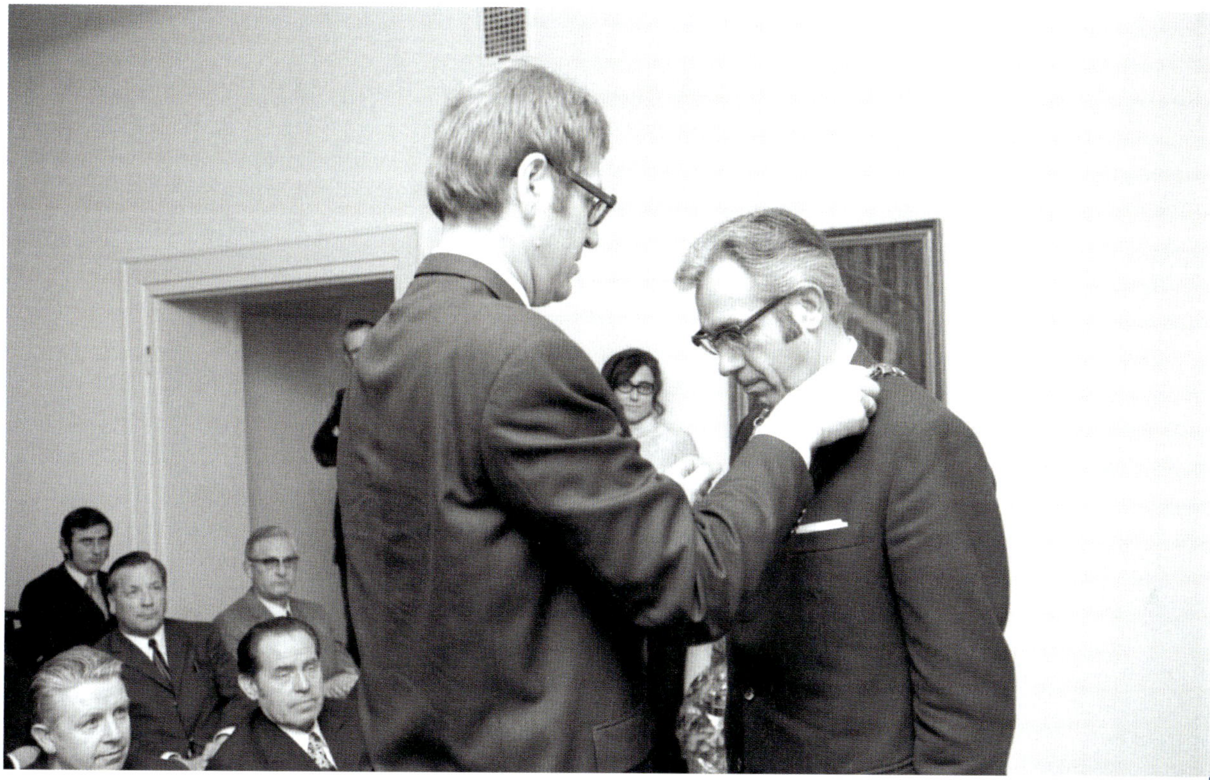

Hans Faillard, zuvor Rektor der Universität Bochum, wird 1973 erster Präsident der Universität des Saarlandes. Sein Vorgänger, Rektor Hellmuth Sitte, legt ihm die Amtskette um.

Nach zähem Ringen verabschiedete schließlich der Landtag am 7. Juli 1971 mit den Stimmen der CDU-Mehrheit das zweite Saarländische Universitätsgesetz. Dieses regelte die Mitbestimmung der Mitgliedergruppen in den Uni-Gremien und übernahm damit die Zuständigkeit für eine essentielle Frage, über die die Universität bisher selbst entschieden hatte. Die Beschäftigten des Verwaltungs- und technischen Personals erhielten durch das Gesetz nun ebenfalls den Status von Universitätsmitgliedern und ein Mitwirkungsrecht als Gruppe, jedoch blieb die Stimmenmehrheit in den entscheidenden Gremien wie Senat und Konzil bei den Professorinnen und Professoren – zwei Jahre später bestätigte das Bundesverfassungsgericht in seinem Urteil zur Gruppenuniversität grundsätzlich diese Linie. Das Gesetz führte außerdem die Präsidialverfassung ein: Damit trat an die Stelle des früheren, ein oder zwei Jahre amtierenden Rektors das Amt des Universitätspräsidenten, das mit erweiterten Kompetenzen und einer auf sechs Jahre verlängerten Amtszeit aufgewertet wurde und eine deutliche Professionalisierung der Universitätsleitung bringen sollte. Diesem Ziel diente auch die Bestellung von drei Vizepräsidenten mit den festgeschriebenen Aufgabenbereichen Lehre und Studium, Forschung sowie Haushalt und Planung. Als zusätzliches Strukturelement der Saar-Uni etablierte das Gesetz die Fachbereiche, so dass sich die die vier Fakultäten nunmehr in siebzehn Fachbereiche gliederten.[5]

Empfindlich beschränkt wurden die gewohnten Selbstverwaltungs- und Autonomierechte der Hochschule. So verlor die Universität ihre finanzielle Autonomie und musste ihren Haushalt nunmehr vom Kultusminister genehmigen und ins Kabinett einbringen lassen. Besonders schmerzlich wurde der Verlust der so erfolgreich agierenden hochschuleigenen Bau-Abteilung empfunden, da das Gesetz die Durchführung von universitären Baumaßnahmen nunmehr als Aufgabe der Landesverwaltung definierte. „Damit waren die wichtigsten Merkmale des ‚Saarbrücker Modells' gegenstandslos geworden", urteilte rückblickend der damalige Kanzler Hermann Josef Schuster. ►► „Die Universität des Saarlandes unterschied sich fortan kaum mehr von den Landesuniversitäten der übrigen Bundesländer."[6]

Zeitzeugnis Schuster S. 182

Die Regelung der Zulassung zum Studium hatte das Gesetz noch der Universität überlassen, doch hier brachte das Urteil des Bundesverfassungsgerichts von 1972 zum Numerus Clausus (NC) einen weiteren Autonomieverlust. Es übertrug das Zulassungsrecht und damit die Kompetenz zur Einführung von NC-Grenzen für bestimmte Studienfächer den Landesregierungen. Zwei Jahre später trat der Staatsvertrag über ländereinheitliche Bewerbungs- und Zulassungsverfahren in Kraft, der zur Einrichtung der berühmt-berüchtigten Zentralstelle für die Vergabe von Studienplätzen (ZVS) führte und die in der Folge vielkritisierten Kapazitätsverordnungen mit ihren mathematisch-formalen Zulassungsregeln nach sich zog.

Eine gesetzliche Verpflichtung bestand nun auch zur Studienberatung, wobei die Universität eine solche überhaupt erst einmal etablieren musste und dabei feststellte, dass speziell dafür ausgebildete Fachkräfte schlicht noch nicht existierten. Zusätzliche Aufgaben für Leitung und Verwaltung und nicht zuletzt für die inneruniversitäre Kommunikation resultierten ebenfalls aus der neuen Verpflichtung zur Aufstellung eines jährlich fortzuschreibenden Universitätsentwicklungsplans, der sowohl den aktuellen Stand wie die beabsichtigten Entwicklungsziele beschreiben sollte.[7]

Eine Universität an ihrer Belastungsgrenze: Selbst die „Sitzplätze" auf den Hörsaaltreppen reichen nicht mehr aus.

Schwierige Kombination

So wurde eine problematische Kombination zum Signum der 70er Jahre an der Saar-Universität, bestehend aus dem Verlust gewohnter Autonomierechte, der Übernahme weitreichender zusätzlicher Aufgaben, der Bewältigung schnell wachsender Studierendenzahlen sowie der Umstellung auf eine intern umstrittene, deutlich veränderte Organisationsstruktur, und all dies unter den Bedingungen einer in Folge der wirtschaftlichen Krisen erheblich verschärften Finanzsituation.

Dass diese Gemengelage Schwierigkeiten nach sich ziehen würde, war kaum überraschend. Scharfe Konflikte, die alte Wunden aus den Demokratie-Diskussionen aufrissen, begleiteten etwa die Besetzung des neu geschaffenen Präsidentenpostens. 1973, als die erste Präsidentenwahl anstand, waren vom Universitätsrat ausschließlich externe Kandidaten vorgeschlagen worden, ein äußerst ungewohnter Vorgang für die Saar-Universität, die seit dem Wechsel ins deutsche System ihre Präsidenten aus internen Bewerbern ausgewählt hatte. Diesmal war selbst eine hochkarätige interne Bewerbung wie die des früheren Rektors Gerhard Kielwein ignoriert worden, allerdings auch aufgrund interner Unstimmigkeiten. Hans Faillard, als amtierender Rektor der Ruhr-Universität Bochum eine gestandene Führungspersönlichkeit, erhielt den größten Zuspruch, erreichte aber auch nach sechs Wahlgängen nicht die vom Gesetz bestimmte Zwei-Drittel-Mehrheit in der Wahlversammlung, dem Konzil. Die Landesregierung musste den „Notausgang" wählen und den Präsidenten per regierungsamtlicher Ernennung installieren – genau dies hatte Faillard vorher den auf Demokratie und Mitbestimmung pochenden Studierenden versprochen abzulehnen. Die Kontroverse belastete naturgemäß seinen Start in das neue Amt beträchtlich. Seine Amtsführung in den folgenden Jahren galt durchaus als klug, umsichtig und auf Ausgleich bedacht, doch blieb eine Reserve spürbar gegenüber dem Externen, der sich mit den regionalen Strukturen und Mentalitäten teilweise schwertat. Die Universität verweigerte ihm schon 1977 die Wahl seiner

Im Rahmen des Ausbauprogramms wurde 1975 das Gebäude für die Angewandte Mathematik und das mit Macht aufstrebende neue Fach Informatik fertiggestellt.

Vizepräsidenten, und seine Kandidatur zur Wiederwahl 1979 scheiterte krachend: Angesichts von nur 35 Ja-Stimmen im 95-köpfigen Wahlgremium sah Faillard nicht einmal für eine kommissarische Weiterführung der Amtsgeschäfte eine Grundlage. Die Folge war ein regelrechtes Interregnum. Als Interims-Leiter wurde vom Ministerium der Dekan der Rechts- und Wirtschaftswissenschaftlichen Fakultät eingesetzt, der sich freilich des Konsenses der anderen Dekane versicherte, so dass statt eines Präsidenten nun die Dekane der vier Fakultäten im Kollektiv übergangsweise die Universität leiteten. Das Signal war klar: Die Universität wehrte sich gegen von außen kommendes Führungspersonal, man wollte lieber aus eigener Erfahrung wissen, mit wem man es zu tun haben würde. So fiel die Entscheidung in der einige Monate später unter veränderten Vorzeichen durchgeführten erneuten Wahl zwischen zwei internen Bewerbern, allerdings wiederum knapp; der Biogeograph Paul Müller wurde, im dritten Wahlgang mit nur einfacher Mehrheit, zum zweiten Präsidenten gewählt.[9]

> *„Der künftige Universitätspräsident wird es in Zukunft schwer haben, die Studenten davon zu überzeugen, dass er nicht das ist, als was seine Wahl ihn erscheinen lässt, nämlich Handlanger der Landesregierung und Interessenvertreter der Professorenschaft."*
>
> *Presserklärung der Studentenschaft[8]*

Auch in finanzieller Hinsicht verschärfte sich die Situation. Konnte die erste Hälfte des Jahrzehnts, jedenfalls auf Bundesebene, noch als „Phase der sozial-liberalen Euphorie und des reformerischen Aktivismus" bezeichnet werden, so führte die wirtschaftliche Rezession nach dem Ölpreisschock von 1973 zu Ernüchterung und einer deutlichen Abkehr von den hochfliegenden hochschulpolitischen Plänen. Gerade das Saarland wurde von Öl- und Stahlkrisen hart getroffen, und die extreme Verschuldung des Landes setzte die Universität als landesfinanzierte Einrichtung unter hohen Druck hinsichtlich ihrer öffentlichen Legitimierung und der benötigten Mittel. Entsprechend verschlechterte Studienbedingungen trieben seit 1975 praktisch alljährlich die Studierenden zu Streiks und Protestdemonstrationen auf die Straße. Nach einer über Jahre anhaltenden Haushaltskrise erteilte der saarländische Landtag 1977 der Universität sogar wegen angeblicher Verstöße gegen haushaltsrechtliche Vorschriften eine Rüge, was Universitätspräsident Faillard allerdings unter Verweis auf den tiefgreifenden Umbau der Universität, die zahlreichen zusätzlichen Aufgaben und die verknappten Mittel nachdrücklich zurückwies: Es grenze an die Quadratur des Kreises, dass die Universität unter diesen Umständen überhaupt funktionsfähig geblieben sei.[10]

Grenzen des Wachstums?

Trotz aller Belastungen und Einschränkungen setzte das Wachstum der Universität sich nahezu ungebremst fort. Schon 1972 war die Grenze von 10.000 Studierenden überschritten, und auch wenn der Anteil der saarländischen Studierenden im Unterschied zu früheren Jahrzehnten konstant um die 60 Prozent lag, so wurde in der Diskussion dennoch erneut darauf hingewiesen, dass die Uni mehr Studienplätze anbot, als es saarländische Studienberechtigte gab.[11]

Effekte der gesellschaftlichen Modernisierung zeigte auch die Zusammensetzung der Studierendenschaft: 1974 stieg der Frauenanteil erstmals über die 30-Prozent-Marke und zeigte einen kontinuierlichen weiteren Zuwachs. Ausländische Studierende waren zu zehn Prozent immatrikuliert, deutlich oberhalb des Durchschnitts von etwa sechs Prozent bundesweit. Vor allem französische sowie Austausch-Studierende aus Partner-Universitäten wie Bilbao, Nimwegen oder Nagoya (Japan) erhielten oft weitreichende finanzielle Unterstützung, etwa durch Stipendien des Deutschen Akademischen Austauschdienstes oder auch

Immer wieder protestierten Studierende gegen unzumutbare Studienbedingungen, hier im Dezember 1976 in Saarbrücken. Am Megaphon die spätere SPD-Bürgermeisterin Margit Conrad.

durch Mittel aus einem universitätseigenen Unterstützungsfonds.[13]

Die Bautätigkeit an der Universität schritt in der ersten Hälfte des Jahrzehnts weiter fort, nicht zuletzt dank der in beträchtlichen Summen fließenden Hochschulbauförderung des Bundes. Dabei wurden Gebäude, die für die rasche Entlastung der überfüllten Fächer vorgesehen waren, im sogenannten Schnellbauprogramm binnen kürzester Zeit gewissermaßen im Hauruck-Verfahren errichtet. Manche von ihnen werden heute mit Kopfschütteln als Beispiele für ästhetisch missratenes Betonklotz-Bauen betrachtet und sind zum Abriss oder Umbau vorgesehen, wie etwa die Häuser C5 3 und A4 1/2. ◂◂ Dagegen gilt das 1970 eingeweihte Riesengebäude der neuen Mensa wegen seiner architektonischen Kompromisslosigkeit und seiner künstlerischen Dimension als Meisterwerk modernen Bauens. ◂◂ Nimmt man die großen Aufwendungen hinzu, die für die Homburger Klinikgebäude getätigt wurden, so ergeben sich gewaltige Investitionssummen, allein für das Jahr 1976 beispielsweise 21,6 Millionen D-Mark, von denen nur 8 Millionen Landesmittel waren.[14]

▸ *Massenstudium* S. 162

▸ *Weiterer Ausbau* S. 174

▸ *Mensa* S. 166

Doch mit den weiter steigenden Studierendenzahlen konnten die Baumaßnahmen nicht Schritt halten, zumal sie ab Mitte der 70er Jahre aufgrund versiegender Mittel deutlich zurückgingen. In besonders nachgefragten Fächern wie Jura, Betriebswirtschaftslehre oder Übersetzen und Dolmetschen wurden nun „verheerende Ausbildungsbedingungen“ vermeldet; man sprach sogar von einem „inneren NC“, da Raumnot und Mittelknappheit es den Studierenden teilweise kaum gestatteten, den mühsam errungenen Studienplatz tatsächlich zu nutzen. ◂◂ Was als

> *„Wir haben erkennen müssen, daß das Haushaltsaufkommen für eine Universität mit etwa 11.000 Studenten die Grenze der Belastbarkeit eines Landes mit ca. 1,1 Millionen Einwohnern ziemlich erreicht hat.“[12]*
>
> *Jahresbericht der Universität 1974*

Abhilfe diskutiert wurde, nämlich die Straffung der Studienorganisation und die Einführung einer Regelstudienzeit, verstärkte für viele Studentinnen und Studenten noch den wahrgenommenen Druck, trotz miserabler Bedingungen erfolgreich zu studieren. Wie kritisch die Lage teilweise war, verdeutlicht der Plan des Jura-Prodekans Joachim Burmeister aus dem Herbst 1978, der die Aufstellung eines beheizten Zelts vor dem Audimax-Gebäude zur Bereitstellung zusätzlicher Lehrräume vorsah. Und nicht zuletzt die atmosphärisch unerfreulichen Seiten des Massenstudiums wurden beklagt: versteckte Bücher, Raufereien um Anmeldungen und Seminarplätze, Konkurrenzklima statt Kooperationsfähigkeit unter den Studierenden. Extreme Zustände herrschten auch an der Medizinischen Fakultät in Homburg, wo besonders Ende der 70er Jahre lautstarker Protest geäußert und von Streiks begleitet wurde: Ärzte würden in unverantwortbaren „Massen" ausgebildet, die Ausbildungskapazitäten seien mehr als ausgeschöpft, die Räume völlig überfüllt oder nicht zu benutzen, das Vergabeverfahren unhaltbar. 1979 stand sogar ein nie da gewesener „Professoren-Streik" im Raum. Verschärft wurde die Lage gerade in der Medizin durch das Prozessunwesen, da viele Studierende die Zulassung zum Studium auf dem Klageweg erzwangen.[15]

Die beispielhaft geschilderten Zustände waren natürlich keineswegs ein Spezifikum der Universität des Saarlandes. Bundesweit hatten sich die Studierendenzahlen in einem Ausmaß erhöht, dass man allgemein von „Massenuniversitäten" und „Studentenbergen" sprach. Zwar hatten Hochschul-Neugründungen und der Ausbau bestehender Universitäten dem gestiegenen Andrang Rechnung tragen sollen, doch ließen diese Anstrengungen seit der Mitte des Dezenniums deutlich nach, und man sah sich vielerorts, wie auch an der Saar-Uni, an den Kapazitätsgrenzen angelangt. Der „Öffnungsbeschluss" von Bund und Ländern mutete den Hochschulen 1977 dezidiert die Aufnahme aller Studieninteressierten auch ohne entsprechende Finanzierung zu. Denn die Bildungsplanung des Bundes arbeitete mit der Annahme, dass ab den 1990er Jahren die Nachfrage nach Studienplätzen wieder zurückgehen würde und die Unis bis dahin nur „durchhalten" müssten – das berühmte, bald vielverspottete Schlagwort von der „Untertunnelung" des Studentenberges machte die Runde. Müßig zu erwähnen, dass sich diese Kalkulation der Kultusministerkonferenz, wie viele weitere, als grobe Fehleinschätzung herausstellte.[16]

Neue Anläufe – neue Einsprüche

Der Bund versuchte in dieser Situation, der Misere an den Hochschulen durch erstmalige Verabschiedung eines Hochschulrahmengesetzes (1976) entgegenzutreten, das

„Das SUG stellt jetzt die Weichen: Studieren können nur die Reichen". Die Demonstration gegen das neue Saarländische Universitätsgesetz wird im Dezember 1978 durch Polizeisperren vom Landtag ferngehalten.

die Zuständigkeit der Länder für die Hochschulbildung gewissermaßen einrahmen oder überwölben sollte. Das Gesetz zielte zum einen auf eine Harmonisierung und Einhegung der teilweise reformerisch ins Kraut geschossenen Ländergesetzgebung, zum anderen fasste es besonders Maßnahmen zur Eindämmung der Probleme des Massenstudiums ins Auge: Die Zulassungsverfahren sollten neu geregelt werden, die Studienprogramme kohärenter geordnet, die Studiendauern möglichst verkürzt und durch die Einführung von Regelstudienzeiten begrenzt werden. Das Rahmengesetz formulierte außerdem Eckpunkte für die vielumstrittenen Fragen von Teilhabe und Mitwirkungsrechten in den universitären Gremien.[17]

„Mehr Bürokratie, mehr staatlicher Dirigismus, weniger Flexibilität und damit Einschränkung der Effizienz"

Universitätspräsident Failliard zum neuen Universitätsgesetz[18]

Die Umsetzung dieser Bundesvorgaben in das dafür erneut überarbeitete Saarländische Universitätsgesetz (1978) war von massiven Protesten begleitet. In der Debatte warnten die Universitätsverantwortlichen wegen der geplanten Aufsichtsfunktionen des Kultusministeriums vor der Einbuße von Rechten der universitären Gruppen, einer Preisgabe der Dienstherreneigenschaft und dem damit drohenden völligen Autonomieverlust der Hochschule. Beschäftigte und Studierende protestierten vehement gegen die Gesetzesvorlage der regierenden CDU und FDP und forderten weitergehende Mitwirkungsrechte, während sie die Regelstudienzeit samt befürchteter Möglichkeit zur Zwangsexmatrikulation kategorisch ablehnten. Uni-Bedienstete legten zeitweise die Arbeit nieder, mehrfach demonstrierten bis zu 1.800 Studierende sowie Schülerinnen und Schüler, unter anderem in einem „Trauer-Demonstrationszug" durch die Saarbrücker Innenstadt, bei dem „Sargträger" symbolisch das „Saarbrücker Modell" und die „freie Wissenschaft" zu Grabe trugen. Mit einer Protestresolution wandten sich 600 nichtwissenschaftliche Bedienstete an das Parlament, doch blieb es letztlich bei der Verabschiedung des neuen Gesetzes. Wirkungslos waren die Proteste dennoch nicht: Die Dienstherreneigenschaft für das Verwaltungs- und technische Personal wurde bereits elf Monate später aufgrund anhaltenden Widerstands und arbeitsgerichtlicher Verfahren an die Universität zurückübertragen.[19]

Nach langen Jahren des Wartens endlich fertig: Das „Studentenhaus" mit der neuen Mensa.

Zeitzeugnis Lorenz S. 183

Ein weiteres Großthema der bildungspolitischen Debatte seit 1968 war die Zusammenfassung der unterschiedlichen Hochschultypen in dem neu konzipierten Typus der Gesamthochschule. Auch im Saarland wurde dieser Reformimpuls, den das Hochschulrahmengesetz nochmals verstärkt hatte, intensiv diskutiert. Realisiert wurde schließlich eine etwas papierne Lösung, nämlich die Bildung eines Hochschulverbunds mit dem Namen „Hochschule des Saarlandes", unter dem die Universität, die Pädagogische Hochschule, die Musikhochschule und die 1971 gegründete Fachhochschule des Saarlandes firmierten. Die Lehrveranstaltungen und Informationen der verschiedenen Hochschulen wurden tatsächlich in einem gemeinsamen Vorlesungsverzeichnis zusammengefasst, auch wurde ein gemeinsames Sportwissenschaftliches Institut eingerichtet, doch zielte der Verbund insgesamt eher auf eine oberflächliche Abstimmung als auf einen echten Zusammenschluss.[20]

Sehr handfest gestaltete sich im Unterschied dazu die Integration der Pädagogischen Hochschule, die, nachdem sie erst 1969 aus evangelischen und katholischen Lehrerbildungs-Akademien errichtet worden war, 1978 aufgelöst und in die Universität des Saarlandes überführt wurde. Dies war ein Kraftakt, der den räumlichen Umzug in die ohnehin überfüllte Uni, ◂◂ die organisatorische Einbeziehung eines fachlich und mental durchaus abweichend aufgestellten Lehrkörpers und die Aufnahme der bei vielen unbeliebten Lehramtsausbildung in das Studienprogramm der Universität beinhaltete. Die Widerstände in der Professorenschaft waren so groß, dass der Klageweg (vergeblich)

Präsident Faillard lässt sich bei einem Besuch im gerade erbauten Rechenzentrum in die Großrechenanlage einführen (1977).

bis zum Bundesverfassungsgericht beschritten wurde. Der mühsame Integrationsprozess bedeutete über Jahre hinweg eine weitere massive Zusatzbelastung für die Universität.[21]

Weichenstellungen

Waren schwierige Veränderungen, interne wie externe Streitigkeiten und Überforderungstendenzen die dominierenden Merkmale des Jahrzehnts der 70er, so zeichneten sich doch auch wichtige zukunftsweisende Tendenzen ab. Beispielsweise war es gewissermaßen im Windschatten des hochschulpolitischen Kampfgetümmels gelungen, die Universitätsverwaltung ohne größere Reibungsverluste auf den „Quantensprung" (Kanzler Schuster) der zunehmenden Studierendenzahlen, der komplexen Zulassungs- und Kapazitätsthematik und der neuen Aufgabenfülle einzustellen, und zwar erfolgte dies nicht zuletzt mit Hilfe der ersten Ansätze einer – für die Zeit außerordentlich avancierten – elektronischen Datenverarbeitung. ▸▸ Vor allem aber stellte sich die Uni in ihrer Schwerpunktplanung – sowohl das Wort wie auch die Sache waren noch neu und auf dem Campus keineswegs besonders populär – durchaus weitsichtig auf die veränderten Rahmenbedingungen ein. In ihrer 1979 erstmals vorgenommenen Festlegung von Forschungsschwerpunkten fanden sich mit Energie-, Werkstoff- und Rohstoff-Forschung, Umweltüberwachung, regionaler Wirtschaftsforschung sowie elektronischer Sprachforschung und Informatik Bereiche, die für die wirtschaftliche Entwicklung des Saarlandes große Potentiale boten. Denn dass Kohle und Stahl die Zukunft des Landes nicht dauerhaft garantieren konnten, wurde auch aus dem Stadtwald gesehen mit jedem Jahr deutlicher. Vor allem Elektrotechnik und Informatik, die von der Universität in schwierigen internen Debatten als neue Fachbereiche etabliert worden waren, wurden als Brücken zu einer stärker anwendungsorientierten und für ökonomische Fragen offenen Ausrichtung der Universität angelegt. In die gleiche Richtung war schon die gemeinsam mit der Landesregierung nach langem Vorlauf 1972 realisierte Gründung des Fraunhofer-Instituts für Zerstörungsfreie Prüfverfahren gegangen, des ersten An-Instituts neueren Typs auf dem Saarbrücker Campus. Damit hatten die Uni-Planer wichtige Weichen für eine aktive und engagierte Beteiligung der Universität am anstehenden Strukturwandel des Montan-Standorts Saarland gestellt. ▸▸ Eine neue Rolle kündigte sich an, welche die Geschicke der Uni im folgenden Jahrzehnt prägen sollte.[22]

▸ *Zeitzeugnis Geib* S. 299
▸ *Innovationsmotor* S. 226

Ute E. Flieger / Thilo Offergeld

Massenstudium

Die 1970er Jahre gelten als die Zeit, in der die deutschen Universitäten zu Orten des Massenstudiums wurden. Dabei handelt es sich um ein ambivalentes Phänomen: Während seine negative Seite durch Überfüllung, Anonymität und schlechte Betreuung gekennzeichnet war, bedeutete in gesellschaftlicher Hinsicht die Öffnung der Universitäten für größere Zahlen von Studierenden einen enormen Fortschritt. Denn die Universität war im Europa der Nachkriegszeit zunächst kein Ort, der allen Menschen mit Hochschulreife oder ausreichender Berufserfahrung offenstand, sondern ein Ort sozialer Segregation: Frauen im Allgemeinen, Männer aus Arbeiter- und Mittelstandsfamilien sowie Ausländerinnen und Ausländer sahen sich vor beträchtlichen Hürden, wenn sie ein Studium aufnehmen wollten. Zwar galten an der noch jungen Universität des Saarlandes günstigere Bedingungen: In ihrer europäischen Ausrichtung zeigte sich die Saar-Uni betont offen für internationale Studierende, und als saarländische Landeseinrichtung wandte sie sich stärker als andere Universitäten auch an Angehörige mittlerer und niedriger sozialer Schichten. Dennoch stellten auch im Saarland die Studierenden während der ersten Jahrzehnte nur einen nach heutigen Maßstäben kleinen Teil der Gesamtbevölkerung dar.[23]

Mai 1968 S. 133

Der Anstieg der Studierendenzahlen folgte an der Saar-Uni eher europäischen als deutschen Mustern. Denn während etwa in Italien und Frankreich die Zahlen bereits in den 1960er Jahren exponentiell angestiegen waren, stellten in der Bundesrepublik erst die 1970er Jahre eine Boomphase der Hochschulöffnung dar, zwischen 1970 und 1982 stiegen die Immatrikulationen von 410.000 auf über 930.000 an. Dagegen hatte die Uni des Saarlandes schon während der 60er Jahre eine Verdoppelung von knapp 4.500 auf rund 8.800 Studierende erlebt; sie wuchs dann nochmals auf über 15.000 Studierende zu Beginn der 80er Jahre. Die Entwicklung hing unter anderem damit zusammen, dass in allen westeuropäischen Staaten Studierende im Zuge der Proteste rund um den Mai 1968 für eine Öffnung und Modernisierung der Hochschulen und für stärkere Partizipation an der Hochschulorganisation gekämpft hatten.[24] ◂◂

Das historisch beispiellose Wachstum stellte die Hochschulen vor enorme Herausforderungen und zog für die Studentinnen und Studenten auch an der Saar-Uni nicht nur positive Konsequenzen nach sich: Trotz der Ausbauaktivitäten waren Hörsäle und Seminarräume überfüllt, eine individuelle Betreuung nicht mehr gewährleistet. Dass sich, wie 1971 in der Soziologie, in jedem Seminar sechzig bis siebzig Studierende drängten, war bald auch in anderen Fächern keine Ausnahme mehr, bei den Protestdemonstrationen 1976 war gar von „400 Studenten in einer Übung" die Rede. Unter diesen Bedingungen entwickelte sich auch ein zuvor nicht gekanntes Konkurrenzklima: „Studenten ‚prügeln' sich um Sitzplätze und Bücher" titelte die Saarbrücker Zeitung im Herbst 1978. Die Atmosphäre im „Massenfach" Jura wurde von Professorenseite als „doktrinierte Unkollegialität" beschrieben. Hinzu kam, dass die Konkurrenz auch auf dem Arbeitsmarkt sprunghaft anwuchs. Und schließlich blieben auch die in den Protesten der 68er-Zeit erkämpften Mitbestimmungsrechte für viele unbefriedigend, zumal sie unter den Verhältnissen einer überfüllten Hochschule kaum effektiv zu handhaben waren.[25]

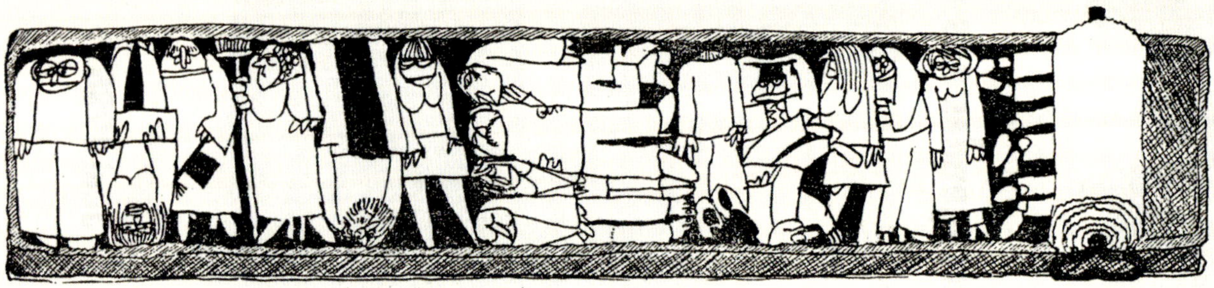

„Universitas Sardiniensis" – unter diesem Titel karikierte der „Champus" noch 1986 die Verhältnisse an der Universität.

Angesichts überfüllter Hörsäle wurde im Oktober 1978 sogar die Aufstellung beheizter Zelte für die Lehre erwogen.

Auf breiter Front entstanden daher Protestbewegungen gegen die Massenuniversität. Die Studierenden forderten einen dem Größenwachstum der Hochschulen entsprechenden Finanzaufwuchs, doch wurde dies von der Politik spätestens seit den Wirtschaftskrisen der 70er Jahre nicht einmal mehr in Aussicht gestellt. Stattdessen zielten die Ministerien auf eine bessere Bewältigung der Studierendenmenge durch Studienzeitverkürzung, stärkere Studienstrukturierung und vor allem Zulassungsbeschränkungen. Gerade letzteres, die Begrenzung der Erstsemesterzahlen in stark nachgefragten Fächern durch den berüchtigten „NC" (Numerus Clausus), stieß bei den Studierenden auf heftige Ablehnung.[26]

So ergab sich die paradoxe Situation, dass nicht nur die negativen Folgen des Massenstudiums abgelehnt wurden, sondern auch die Maßnahmen, die zu deren Beseitigung dienen sollten. An der Saar-Uni kritisierte bereits 1970 die Philosophische Fakultät etwa Zwischenprüfungen als unnützen Zusatzaufwand, und die Fachschaft Chemie protestierte gegen die Einführung eines Kurzstudiums für die breite Mehrheit der Studierenden, „die als Scheuklappenchemiker für die Industrie ausgebildet werden solle". 1976 traten 5.000 Studierende in den Streik, um auf die schlechten Lehr- und Lernbedingungen aufmerksam zu machen. In einem Demonstrationszug durch die Saarbrücker Innenstadt sorgten sie mit Sprechchören und Transparenten dafür, dass Überfüllung und Personalmangel keine uni-internen Themen blieben.[27]

Entstanden waren die beklagten Engpässe trotz eines in den frühen 60er Jahren begonnenen baulichen und personellen Ausbaus der Saar-Universität, der noch Anfang der 70er Jahre den Charakter eines Wettlaufs mit den steigenden Studierendenzahlen hatte. „Saarbrücken wird Großuniversität", hieß es im November 1970 im „Handelsblatt". Mitte der 70er Jahre wurde dieser Ausbau dann jedoch drastisch abgebremst. Zuvor hatten zudem Finanzierungsstreitigkeiten zwischen Bund und Land für Verzögerungen gesorgt. Oft handelte es sich bei den Maßnahmen auch um Erweiterungsprojekte für neue Disziplinen wie etwa die Informatik, die den Mangel in den bereits etablierten Fächern kaum lindern konnten.[28]

Strukturell erwies sich der Weg zur Massenuniversität ebenfalls als schwierig. Sowohl an der Universität als auch im saarländischen Landtag herrschten sehr unterschiedliche Vorstellungen zur Aktualisierung des Hochschulgesetzes. Streitpunkte waren insbesondere die Mitbestimmungsrechte für Studierende, die Reglementierung des Studienverlaufs und Fragen der Finanzierung.[29]

So blieben das Massenstudium und die mit ihm verknüpften Streitthemen politischer, organisatorischer und finanzieller Natur auch für die Folgezeit prägend, zumal die Studierendenzahlen in den 80er und 90er Jahren weiter anstiegen. Mit der Bologna-Reform ▸▸ wurde Ende der 90er Jahre ein neuer Anlauf zu ihrer Bearbeitung unternommen, ohne dass damit eine endgültige Lösung gefunden worden wäre. Als Erfolg ist jedoch trotz aller fortdauernden Probleme zu verbuchen, dass es der Saar-Uni gelang, sich für eine – in ihren Anfängen unvorstellbar – große Zahl an Studierenden zu öffnen und ein Lehr- wie Lernort für alle zu werden. Ungeachtet wiederkehrender Mittelkürzungen, wie etwa den Sparmaßnahmen von 2014, bietet die Universität des Saarlandes im Jahr ihres Jubiläums rund 17.000 weiblichen, männlichen, diversen, jungen, alten, einheimischen und internationalen Studierenden eine akademische Heimat.[30]

▸ *Bologna* S. 260

Jasmin Nicklas

Günter Wöhe

(1924–2007)

„Kaum ein Professor war so stark das Symbol seines Fachs wie Günter Wöhe“, schrieb die Süddeutsche Zeitung in ihrem Nachruf. Der „Wöhe“, die in mehrere Sprachen übersetzte und jetzt in der 28. Auflage vorliegende „Einführung in die Allgemeine Betriebswirtschaftslehre“ des Saarbrücker Ökonomen, gilt als das meistverkaufte BWL-Fachbuch der Welt, und auch mit seiner vierbändigen „Betriebswirtschaftlichen Steuerlehre“ und weiteren Standardwerken hat Wöhe Wissenschaftsgeschichte geschrieben.

Als er unmittelbar nach seiner Würzburger Habilitation 1960 an die Universität des Saarlandes berufen wurde, begann eine die Fakultät über drei Jahrzehnte maßgeblich prägende „beispiellose wissenschaftliche Erfolgsgeschichte“ (Döring). Der auch als akademischer Lehrer außerordentlich engagierte Wissenschaftler prägte als Pionier die betriebliche Steuerlehre und wurde zur Führungsgestalt seiner Disziplin. Er blieb trotz hochrangiger Rufe an der Saar-Uni, wurde 1968 von Finanzminister Franz-Josef Strauß in die Große Steuerreformkommission des Bundes berufen und agierte neben einer Gastprofessur an japanischen Universitäten auch über seine Emeritierung hinaus unter anderem als langjähriger Studienleiter in der Erwachsenenbildung.

Der Ehrendoktor der Universitäten Duisburg und Lüneburg war auch Träger des renommierten Dr.-Kausch-Preises und des Großen Bundesverdienstkreuzes. Seit 2010 tragen die Wirtschaftsschulen Saarbrücken sowie das Wirtschaftsgymnasium Saarbrücken seinen Namen.[31] *wm*

Marie-Louise Roth

(1926–2014)

Die Erforschung des Œuvres Robert Musils bildet das Zentrum des wissenschaftlichen Wirkens dieser „europäischen Germanistin“, die seit 1954 Generationen französischer Germanistik-Studierender an der Universität des Saarlandes ausgebildet hat. Im November 1970 begründete sie die „Arbeitsstelle für Robert-Musil-Forschung“, die sie dann über dreißig Jahre lang leitete und zu einem durch Kolloquien, Ausstellungen und Publikationen international sichtbaren Kompetenzzentrum entwickelte. Unter der Schirmherrschaft von Bundeskanzler Bruno Kreisky erfolgte 1974 die Gründung der Internationalen Robert-Musil-Gesellschaft, deren Präsidentschaft die durch zahlreiche nationale und internationale Auszeichnungen hochgeehrte Professorin für Neuere Deutsche Literaturwissenschaft bis 2001 innehatte und zu deren Ehrenpräsidentin sie anschließend ernannt wurde.

In ihrer in mehrere Sprachen übersetzten Autobiographie „Denk' ich an Schelklingen“ hat sie 1999 ihre Erinnerungen an ihre Jugend beschrieben, insbesondere die Ende Oktober 1942 erfolgte Deportation aus dem Elsass in ein SS-„Umerziehungslager“ in Württemberg. Vor dem Hintergrund dieser Erfahrungen gehörte die Tochter eines elsässischen Lehrerehepaars nach dem Krieg dann als überzeugte Humanistin zu der Generation, die mit besonderem Engagement für die deutsch-französische Aussöhnung eintrat und den europäischen Gedanken propagierte und lebte.[32] *wm*

Günter Hotz

(geboren 1931)

Die Informatik, das Glanz- und Vorzeigefach der Universität des Saarlandes, ist nicht vorstellbar ohne die Pionierleistung ihrer Gründergestalt, Günter Hotz. Der gebürtige Hesse, promoviert in Mathematik und zunächst drei Jahre als Entwicklungsingenieur in der Industrie tätig, kam 1962 an das Institut für Angewandte Mathematik der Saar-Universität. Hier beschäftigte er sich vor allem mit der Theorie der Algorithmen, der Theorie der formalen Sprachen und Automaten sowie mit Rechnerarchitektur und trug durch seine Arbeiten maßgeblich zur Etablierung der Informatik als eigenständiger Disziplin in Deutschland und auf internationaler Ebene bei.

Saarbrücken wurde durch ihn, den Mitbegründer und ersten Vorsitzenden der Gesellschaft für Informatik, schon früh ein wichtiger Informatikstandort; ▸▸ Meilensteine waren die von ihm mitgetragenen Sonderforschungsbereiche 100 „Elektronische Sprachforschung" und 124 „Rechnerentwurf und Parallelität". Dank seiner Weichenstellungen, nicht zuletzt durch weitsichtige Berufungen junger Kollegen, wurde der Weg gebahnt zum heutigen, international führenden Saarland Informatics Campus, in dem universitäre Informatik und hochrangige Forschungseinrichtungen auf Exzellenzniveau zusammenarbeiten.

Den Namen des vielfachen Ehrendoktors, Ehrensenators der Saar-Uni und Vaters von fünf Töchtern tragen unter anderem die seit 2001 vergebene „Günter-Hotz-Medaille" sowie seit 2011 der große Informatik-Hörsaal auf dem Saarbrücker Campus.[33] *wm*

Heinz Mittelmeier

(1927–2023)

Für seine Habilitationsschrift mit dem Heine-Preis der Deutschen Gesellschaft für Orthopädie ausgezeichnet, wurde Heinz Mittelmeier als jüngster Ordinarius seines Fachs zum Oktober 1964 nach Homburg berufen und baute als Direktor die Orthopädische Universitäts- und Poliklinik zu einem international renommierten Lehr- und Forschungsinstitut aus. In den 32 Jahren seiner Amtszeit wurden in der Klinik rund 72.000 Operationen durchgeführt, darunter 6.000 Hüftgelenksendoprothesen, wobei er innovative Operationstechniken wie die zementfreie Implantation und die Biokeramik einführte. Die Deutsche Gesellschaft für Orthopädie und Orthopädische Chirurgie vergibt daher regelmäßig den Heinz-Mittelmeier-Preis für Anwendungen keramischer Implantate in der Endoprothetik.

▸ *Aufstieg der Informatik* S. 194

Als akademischer Lehrer unterrichtete Mittelmeier 6.000 Studierende und bildete rund neunzig Orthopäden aus, die als Fachärzte, Lehrstuhlinhaber und Klinikchefs tätig wurden. Außerdem leitete der langjährige Landesarzt für Körperbehinderte im Saarland die von ihm begründete Lehranstalt für Krankengymnastik; sein wissenschaftliches Werk umfasst rund 400 Publikationen. Der Ehrendoktor der Medizinischen Akademie der Universität Danzig, Träger des Großen Bundesverdienstkreuzes und des Saarländischen Verdienstordens war auch Ehrenmitglied von siebzehn internationalen Fachgesellschaften und Inhaber der Verdienstmedaille der Universität Breslau.[34] *wm*

„BauKunst" Mensa

Die Mensa der Universität des Saarlandes ist ein international bekanntes, preisgekröntes Baudenkmal in einzigartigem Zusammenspiel von Architektur und Kunst und stellt als solches wohl das prominenteste Gebäude des Saarbrücker Campus dar. Charakteristisch ist die Fassade in Sichtbeton, dem kennzeichnenden Baumaterial für Bildungsbauten des sogenannten Brutalismus (béton brut) der 1960er Jahre. Während die karge Materialästhetik des Betons und die oft sperrige, kubische Formensprache dieser Gebäude bis heute polarisieren, wird die Mensa in einschlägigen Architekturführern als „eines der wenigen Beispiele für produktive Zusammenarbeit zwischen Künstler und Architekt in der Nachkriegszeit" hervorgehoben.[35]

In enger Kooperation zwischen dem Saarbrücker Architekten Walter Schrempf (1921–1998) und dem international bekannten Künstler Otto Herbert Hajek (1927–2005) entstand 1965 bis 1970 eine unverkennbare Architektur-Skulptur, das seinerzeit sogenannte Studentenhaus, das seit 1997 unter Denkmalschutz steht. Das Bauwerk gilt als „architektonischer Höhepunkt von überregionaler Bedeutung" und wurde erst kürzlich auch als seltener architektonischer „Schatz Europas im Saarland" im Weltkulturerbe Völklinger Hütte vorgestellt. Seit über 50 Jahren ist die Mensa zentraler Begegnungs- und Versorgungsort der Campusbevölkerung und Verwaltungssitz des Studierendenwerks, sie hat den Alltag von Generationen von Studierenden sinnlich und ästhetisch nachhaltig geprägt.[36]

Den Architekten reizte das unvermittelte Aufeinandertreffen von Beton und Natur: Die im Brutalismus-Stil erbaute Mensa markierte in erhöhter Position den nördlichen Grenzpunkt des Saarbrücker Campus.

Den Wettbewerb für die durch das Wachstum der Saar-Uni notwendig gewordene Großküche für 6.000 Essen täglich hatte Walter Schrempf 1963 noch ohne Künstler

Essen und sich begegnen im begehbaren Kunstwerk. Tische und Stühle der Mensa stehen ebenso unter Denkmalschutz wie die „Farbwege" der Betonskulpturen.

mit seinem strengen Entwurf eines dreigeschossigen Kubus gewonnen. Kernraum ist der 36 mal 60 Meter große, rundum verglaste Speisesaal mit zwei aufgesetzten Lichttürmen, die im 5,5 Meter hohen Raum ein natürliches Licht- und Schattenspiel freigeben. Neben Leuchtkörpern aus Beton, Holz oder Acrylglas entwarf der Architekt auch die 120 Stahltische mit je zehn freischwingenden Holzstühlen im Speisesaal und richtete sie im Spannungsfeld zwischen quadratisch gerasterter Kassettendecke und Bodenplatten aus Naturstein aus, frei nach Mies van der Rohes Credo der „Reduktion aufs Allereinfachste".[37]

Die Strenge des Baus künstlerisch zu gliedern und auszugestalten wurde ab 1965 die Aufgabe Otto Herbert Hajeks: „Die Geometrie des Saales soll durch Lichtführung und plastisch variierte Decken-, Blenden- und Schürzen-Konstruktionselemente zur ‚Sitzlandschaft' aufgelöst werden", argumentierte der Architekt gegenüber der zunächst widerstrebenden Baukommission.[38]

Hajek entwickelte ausgehend von der modularen Grundstruktur des Gebäudes im Speisesaal eine „umgekehrte" Galerie aus großen, von der Kassettendecke herabhängenden, geometrischen Raumskulpturen sowie über Pfeiler und Decke gezogene „Farbwege" in den kräftigen Grundfarben rot, gelb und blau. In der Horizontale laufen Wandreliefs mit Spiegelungen oberhalb der raumteilenden Essenstheke entlang, während plastisch gestaltete Trennwände den Raum gliedern und zugleich durch die Fensterfront nach außen dringen, um Innen mit Außen zu verklammern. Hajek greift die Architektur auf und überformt sie gleichzeitig, spielerisch und raumgestaltend. Gemeinsame Absicht von Architekt und Bildhauer war, die Studierenden durch die Synthese von Architektur und Kunst anzuregen, ihnen aber auch Erholung von der strengen Disziplin des Studiums zu bieten. ▸▸

▶ Rosengarten S. 178

Doch Farbe und Beton der Mensa bröckeln, so dass das Baudenkmal aktuell dringend einer Gesamtsanierung bedarf, wie selbst überregionale Nachrichtensendungen berichteten. Die Universität bemüht sich daher im Jubiläumsjahr um die öffentliche Vermittlung des baukulturellen Erbes Mensa mit dem multimedialen und dreisprachigen Ausstellungsprojekt „Denk_mal anders – 50 Jahre BauKunst Mensa".[39]

Mona Schrempf

Bauen und sanieren

Eine Universität braucht, um funktionieren zu können, geeignete Räume und Gebäude. Was nach Selbstverständlichkeit klingt, stellt in der Praxis weithin ein Problem dar, denn die Bedeutung, die der Bereitstellung von Hörsälen und Laboratorien, Bibliotheken und Seminarräumen für erfolgreiche wissenschaftliche Arbeit zukommt, wird sowohl in finanzieller wie auch in qualitativer Perspektive häufig unterschätzt.

Weiterer Ausbau S. 174

Dabei hatte gerade für die Uni des Saarlandes die bauliche Frage von Beginn an entscheidendes Gewicht: Schon das Homburger Hochschulinstitut konnte 1947 nur eingerichtet werden, weil die Gebäude des Landeskrankenhauses unzerstört geblieben waren. Und ebenso war die Nutzbarkeit der Below-Kasernenbauten im Stadtwald eine wesentliche Voraussetzung für die Gründung der Universität 1948 in Saarbrücken.

Auch in den Aufbaujahren der jungen Universität galten die strategischen Bemühungen nicht zuletzt der Erstellung ausreichender Baulichkeiten. Erinnert sei an die ausgreifenden Erweiterungspläne der frühen 1950er Jahre, ◂◂ in denen neben der Universitätsbibliothek und einem Auditorium maximum auch bereits Neubauten für die Fakultäten, Wohnheime, ein Museum für Naturkunde, ein Botanischer Garten, eine Kapelle sowie Turn- und Sporthalle vorgesehen waren. Die 1960er Jahre sahen dann eine in Ausmaß und Schnelligkeit beeindruckende, von einer unieigenen Bauabteilung effizient administrierte Bautätigkeit, die zu einer – wegen der wachsenden Studierendenzahl dringend notwendigen – Vervielfachung des Raumangebots führte.[40]

Europa! S. 54

Finanziell wären schon diese Erweiterungen nicht möglich gewesen ohne maßgebliche Beteiligung des Bundes. 1970 wurde dann der Hochschulbau gesetzlich als Gemeinschaftsaufgabe von Bund und Ländern festgelegt und damit die gemeinsame Finanzierung der Baukosten geregelt. Die Länder meldeten seither nach Abstimmung mit den Hochschulen ihre baulichen Bedarfe beim Wissenschaftsrat an, welcher anschließend eine Priorisierung vornahm und Finanzierungsempfehlungen aussprach. Auf dieser Basis wurde der Ausbau der Saar-Uni zunächst energisch fortgesetzt, angesichts des großen Studierendenandrangs sogar in geradezu fliegender Hast: Im „Schnellbauprogramm" der späten 60er und frühen 70er Jahre wurden mittels Betonfertigteilen errichtete Gebäude wie A4 1-2 oder C5 3 ◂◂ binnen weniger Monate hochgezogen.[41]

Doch schon bald darauf hielt der Ausbau der Hochschulen, auch im Saarland, nicht entfernt mehr Schritt mit den steigenden Studierendenzahlen. Zudem verlor die Uni ihre Bauabteilung, und es begann die über Jahrzehnte andauernde Zeit der Mangelbewirtschaftung; Raumknappheit und Gebäudeverfall prägten das Bild. Verschärft wurde die Problematik durch die Föderalismus-Reform von 2006, die das Ende des Hochschulbaus als Gemeinschaftsaufgabe von Bund und Ländern brachte – trotz dringender Warnungen, dass dies gerade in finanzschwachen Ländern zu noch größeren Missständen führen würde. Dass auch die saarländische Regierung dem Reformbeschluss zustimmte, sorgte an der Uni daher für Kopfschütteln.

Die Entlassung der Universität in die finanzielle Selbständigkeit durch den Globalhaushalt 2004 warf zusätzliche Schwierigkeiten auf. Denn nun war der Aufwand

Über Jahrzehnte bot Wohnheim D nicht nur Wohnraum für über 200 Studierende, sondern bildete ein Zentrum des sozialen und interkulturellen Miteinanders auf dem Campus.

nicht nur für die Bewirtschaftung, sondern auch für die Instandhaltung der Gebäude von der Universität zu bestreiten, und zwar aus einem fixierten Budget, das nach Uni-Auffassung primär zur Finanzierung von Forschung und Lehre, nicht aber für Baureparaturen und Stromrechnungen bestimmt war.

Gleichzeitig stieg der bauliche Sanierungsbedarf, da die Beton-Neubauten der 60er und 70er Jahre nach vier bis fünf Jahrzehnten bereits vor der Alternative einer umfassenden Sanierung oder des Abrisses standen. Vom Land wurde nur ein Bruchteil der eigentlich für Sanierungen benötigten drei Prozent des Neuwerts der Gebäude pro Jahr bereitgestellt. So reihten sich die Meldungen über undichte Dächer, bröckelnden Beton, marode Elektrik und unzureichenden Brandschutz auf dem Campus weiter aneinander, die Vernachlässigung des Baubestands drohte die Arbeitsfähigkeit der Universität in Frage zu stellen. Von Fachleuten wurde der Sanierungsstau auf astronomisch anmutende Beträge von 300 bis 400 Millionen Euro geschätzt.[42]

Auch ein Sanierungsthema: Das ehemalige Festsaalgebäude in Homburg, neben der Mensa der architekturhistorisch bedeutendste Bau der Universität.

In dieser Lage sahen die Verantwortlichen der Universität seit etwa 2010 keine andere Möglichkeit, als sich der Bau-Problematik wieder verstärkt selbst anzunehmen. Trotz rechtlicher Einschränkungen und unzureichender Mittel bemühte man sich, mehr eigene Kompetenzen und eigenes Personal aufzubauen, um dadurch die Lücken wenigstens ansatzweise zu schließen. Spektakuläre Schadensfälle taten das Ihrige, um den Druck zu erhöhen: 2011 zeigte sich das Chemie-Gebäude nach der Winterpause von innen vereist und musste kurzfristig geräumt werden. Bei der anschließenden Sanierung blieben absurderweise zwei komplette Geschosse aus Kostengründen im Rohzustand, in denen man, so Chemieprofessor Kickelbick, von nun an „bestimmt prima Fußball spielen" könne. 2012 wurde Wohnheim D wegen befürchteter Sicherheitsmängel geschlossen und nie wieder geöffnet, 260 Bewohnerinnen und Bewohner mussten binnen kurzem eine neue Bleibe suchen. Im August 2014 und im September 2015 legten Stromausfälle stundenlang den ganzen Campus lahm, die Schäden gingen in die Hunderttausende. 2017 schließlich kam es zum größten Eklat, als mit C5 2 eines der größten Gebäude der Universität ▸▸ wegen Brandschutzdefiziten stillgelegt werden musste; die Umsiedlung der dort untergebrachten Institute verschlang Millionensummen.[43]

Um dergleichen künftig zu vermeiden, erklärte sich die Universität nun sogar bereit, anstelle des Landes selbst als Bauherrin aufzutreten und Baumaßnahmen mit eigenen Mitteln vorzufinanzieren. Das Land unterstützte diesen Kurs mehr oder minder notgedrungen, nicht zuletzt weil die Knappheit an Fachpersonal auch landesintern die Realisierung zahlreicher längst geplanter Baumaßnahmen verhinderte.[44]

Der Weg der Saar-Universität führt somit seit einiger Zeit in Richtung einer verstärkten Autonomie auch in Bezug auf ihre Gebäudesubstanz. Als Grundlage dafür wurde mit dem Land die Erstellung eines umfassenden Hochschulstandortentwicklungsplans vereinbart, der die vorhandenen Nutzflächen, ihren Sanierungsstand und Erweiterungsbedarf dokumentieren und so die Basis für eine sachgerechte bauliche Zukunftsplanung bieten soll. Zum veränderten Kurs gehört auch, dass in Fällen kritischer Bausubstanz inzwischen statt langwieriger, mühevoller Sanierungen im laufenden Betrieb auch der Abriss von Gebäuden in Betracht gezogen wird. So fiel 2021/22 das Studierendenwohnheim D, im Herbst 2022 das Pharmaziegebäude, und in Homburg traf das gleiche Schicksal 2022/23 die Physiologischen Institute. Was an ehrgeizigen Neubauplänen vorgelegt wurde, ist freilich durch Preissteigerungen und Materialengpässe infolge des Ukraine-Kriegs zumindest zeitlich in Frage gestellt. Die Sicherung und Entwicklung ihres Gebäudebestands wird für die Saar-Uni auch künftig eine enorme Herausforderung bleiben.[45]

▸ *Konsequent horizontal* S. 110

Thilo Offergeld

Strukturen des Wachsens – die Wandgestaltung im Botanik-Gebäude

Die hölzerne „Wandgestaltung“ von Wolfram Huschens bildet einen essentiellen Teil der Gesamtausführung des Gebäudes A1 7 am Saarbrücker Campus. Als Institutsgebäude der Botanik wurde dieses ab 1962 zwischen der Universitätsbibliothek und dem Eingangsbereich in direkter Nähe zum Botanischen Garten errichtet. 1973 mit dem Architekturpreis des Bundes Deutscher Architekten ausgezeichnet, überzeugt es auch heute noch durch seine besondere architektonisch-gestalterische Ästhetik.[46]

Wechselnde Effekte und belebt wirkende Strukturen werden beim Abschreiten des Kunstwerks erfahrbar.

Neubau S. 74

Der zurückhaltende, in den leicht abfallenden Hang gesetzte Bau zeigt außen eine horizontal strukturierte, helle Betonverkleidung. Betritt man das nur zweistöckige Gebäude, vermittelt die großflächige, warmbraune Holzverkleidung der Wände im Kontrast zur weiß gehaltenen, eher niedrigen Decke, dem mit grauweißem Naturstein ausgelegten Fußboden sowie, insbesondere im Untergeschoss, dem Ausblick durch die hinteren Fenster ins Grüne den Eindruck ausgewogener Eleganz. Der eigenwillig geformte, an ein unregelmäßiges Sechseck angelehnte zweigeschossige Hörsaal ist leicht schräg in den ansonsten quadratischen Bau eingefügt, die Etagen mit einer stilistisch passenden Innentreppe verbunden.

Die Atmosphäre des Innenbereichs wird jedoch vornehmlich durch die hölzerne „Wandgestaltung“ geprägt, die den Hörsaal jeweils im Ober- wie Untergeschoss in einer imposanten Größe von knapp drei Metern Höhe und 31 Metern Breite im Obergeschoss respektive zwölf Metern Breite im unteren Bereich verkleidet. Die Holzreliefs stellen eine von insgesamt sechs verschiedenen Wandgestaltungen dar, die der Künstler für die Universität des Saarlandes geschaffen hat. ◀◀ Huschens, 1921 geboren, hatte sich nach dem Staatsexamen an der Münchner Akademie für angewandte Kunst im Jahr 1949 für ein Ergänzungsstudium an der gerade gegründeten Saar-Universität eingeschrieben; ab 1957/58 bekleidete er dann zwanzig Jahre lang das traditionelle Amt des „Universitätszeichenlehrers“. Die Vielgestaltigkeit, die seine Wandgestaltungen an der Universität zeigen, prägte auch sein sonstiges, umfangreiches Œuvre, zahlreiche seiner Werke schmücken den öffentlichen Raum im Saarland, insbesondere etwa in Schulen, Verwaltungsgebäuden oder auch dem Staatstheater.[47]

Huschens' „Wandgestaltung" für die Botanik wurde 1966 aus Holz der Sibirischen Kiefer angefertigt und besteht aus vertikal angeordneten Leisten und Lamellen unterschiedlicher Breite, die jeweils über die gesamte Wandhöhe des Hörsaals inklusive der Türen reichen. Die in den Raum hervortretenden Lamellen wurden so geschnitten, dass sie geometrische Flächen bilden, plastische Formen und Strukturen wie Kreise und Ovale, die teilweise ineinandergreifen oder sich scheinbar überlagern. Durch die wechselnden Ausmaße und Anordnungen der Hölzer bildet sich ein dynamisch anmutendes, wellenartiges Relief. Es scheint beinahe, als seien Töne oder Klänge dargestellt, eine „pulsierende Rhythmik", vielleicht aber auch Strukturen des Wachsens in der Natur, was eine gedachte Verbindung zur Nutzung des Gebäudes herstellen würde.[48]

Um das Kunstwerk in voller Gänze zu beschauen, müssen die Betrachtenden die geschwungene Außenwand des Hörsaals abschreiten und die Etagen wechseln. Durch Blick- und Beleuchtungswechsel gewinnt das Werk so zusätzlich an Dynamik. Stilgeschichtlich ist es in der Nähe der „Op-Art" einzuordnen, einer Kunstrichtung der 1960er Jahre, die mit abstrakten Form- oder Farbmustern überraschende optische Effekte oder gar Täuschungen erzeugte. Huschens' Wandgestaltung im Botanik-Gebäude setzt freilich nicht auf Irritation. Das organische Material mit seiner warmen Ausstrahlung, die harmonischen Muster und die nur angedeutete Bewegung können als Verweis nicht nur auf die akademische Disziplin der Pflanzenwissenschaft, sondern auch auf die faszinierende Schönheit ihrer Untersuchungsobjekte gelesen werden.[49]

Ute E. Flieger

„Pulsierende Rhythmik" der harmonischen Formen.

Max Pfister

(1932–2017)

„Romanistik als Passion" – so hat der in Zürich geborene Sprachwissenschaftler einen autobiographischen Beitrag überschrieben. Seine Leidenschaft und sein Name sind untrennbar mit der Forschungs- und Editionsarbeit am Großprojekt „Lessico Etimologico Italiano" (LEI) verbunden.

Biogramme S. 109

Max Pfister hatte in seiner Heimatstadt sowie an der Scuola Normale Superiore in Pisa, Salamanca und an der Sorbonne studiert und an Walther von Wartburgs „Französischem Etymologischem Wörterbuch" mitgearbeitet. Nach der Promotion zeitweise als Lehrer tätig, übernahm er nach der herausragenden Habilitation über Girart de Roussillon 1969 den Lehrstuhl für Romanische Philologie an der Universität Marburg, ehe er 1974 an die Saar-Uni kam. 1979 erschien der erste Faszikel des seit 1984 von der Mainzer Akademie der Wissenschaften geförderten LEI, das als erstes Grundlagenwörterbuch den gesamten italienischen Wortschatz von den Anfängen bis zur Gegenwart einschließlich der Dialekte und Fachsprachen dokumentiert und analysiert.

Pfister gehörte zahlreichen wissenschaftlichen Kommissionen und Akademien an, war Ehrenpräsident der Société de linguistique romane und Ehrendoktor der Universitäten Bari, Lecce, Turin, Rom und Palermo, außerdem Träger weiterer hoher italienischer Auszeichnungen. Sein Projekt LEI wird durch die Saarbrücker Romanisten Elton Prifti und Wolfgang Schweickard fortgeführt und soll 2032 beendet sein.[50] *wm*

Rudolf Richter

(geboren 1926)

Der Senior der Saarbrücker Nationalökonomie ließ in seiner 2018 erschienenen memoirenartigen Dokumentation „Studium und Lehre der Wirtschaftswissenschaften: Westdeutschland nach 1945" seine Forschungsfelder und seine Laufbahn Revue passieren. Diese hatte ihn 1964 an die Universität des Saarlandes geführt, wo seinerzeit bereits Größen der Volkswirtschaftslehre wie Herbert Giersch, Elisabeth Liefmann-Keil ◂◂ und Wolfgang Stützel wirkten.

Als einer der führenden Repräsentanten der theoretischen Makroökonomik und als Pionier der modernen Institutionenökonomik leistete Rudolf Richter einen wesentlichen Beitrag zur Internationalisierung seines Fachs, vor allem durch vielfältige Verbindungen zu amerikanischen Universitäten. Fruchtbar wurde nicht zuletzt die von ihm initiierte Partnerschaft mit der University of Michigan (Ann Arbor).

Im Zeichen der Internationalisierung wandelte er als Herausgeber die „Zeitschrift für die allgemeine Staatswissenschaft" zum „Journal of Theoretical and Institutional Economics" und damit zum weltweit führenden Publikationsorgan seines Fachgebiets um. Maßstäbe setzte sein mit Eirik G. Furubotn verfasstes und ins Englische, Russische und Chinesische übersetztes Lehrbuch „Neue Institutionenökonomik". Auch die Einstellung des Studiengangs Volkswirtschaftslehre bald nach seiner Emeritierung hinderte Richter, seit 1992 Ehrendoktor der Universität Mannheim, nicht an weiteren Publikationen bis in die allerjüngste Zeit.[51] *wm*

Werner Nachtigall

(geboren 1934)

Die jahrzehntelange Tätigkeit des Zoologen und Mitbegründers der Bionik Werner Nachtigall ist ein eindrucksvolles Beispiel für erfolgreichen Wissenstransfer von Grundlagenforschung in wirtschaftlich-technische Anwendungsbereiche. Der gebürtige Sudetendeutsche folgte im Jahr 1969 einem Ruf als Professor und Direktor des Zoologischen Instituts an die Saar-Uni. Die Bionik als verhältnismäßig junge Disziplin bemüht sich um eine Verbindung aus Biologie und Technik, bei der es gilt, das in jahrtausendelanger Evolution entstandene „Know-how" der Natur auf technische Prozesse und Produkte zu übertragen.

Nachtigall gründete hierfür mit finanzieller Unterstützung durch die Industrie 1990 die „Gesellschaft für Technische Biologie und Bionik", deren Vorsitzender er bis 2003 blieb. Insbesondere seine Vogelflugexperimente mit der Untersuchung des Taubenflugs im Windkanal – in der breiten Öffentlichkeit wahrgenommen und auch an den universitären „Tagen der Offenen Tür" effektvoll präsentiert – trugen Nachtigall allerdings auch eine Klage wegen Tierquälerei ein, die der „Forscher und Tierfreund" (Nachtigall) als rufschädigende Verleumdung energisch zurückwies.

Mit über 300 wissenschaftlichen Publikationen, die von der Stoßabsorption im Kängurusprung für die Entwicklung von Turnschuhen bis hin zum Präriehund-Bau als Vorlage für die Hinterlüftung doppelschaliger Hochhausfassaden reichten, gehört Werner Nachtigall wohl zu den aktivsten und innovativsten Forschern der Saarbrücker Wissenschaftshistorie.[52]

tk

Werner Kroeber-Riel

(1934–1995)

Nach Studienjahren in Köln, Freiburg und Berlin wurde der künftige „Vater der Konsumforschung" 1969 im Alter von nur 34 Jahren auf einen Lehrstuhl für Allgemeine Betriebswirtschaftslehre, insbesondere Marketing, nach Saarbrücken berufen. Hier gründete er kurz darauf das Institut für Konsum- und Verhaltensforschung und initiierte die heute aus zwanzig Lehrstühlen bestehende Forschungsgruppe „Konsum & Verhalten".

Kroeber-Riels immenses und weiter wirkendes Œuvre – darunter sein mittlerweile in elfter Auflage vorliegendes Hauptwerk „Konsumentenverhalten" – kreiste um die Frage, wie genau Werbung auf Verbraucherinnen und Verbraucher wirkt. Schwerpunkte waren dabei die Aspekte Marktkommunikation und Werbung, Imagery-Forschung und Bildkommunikation sowie Marketingtheorie und Marketinginformatik. Dabei analysierte er, der als erster Deutscher in die Reihe der „Grands Auteurs en Marketing" aufgenommen wurde, das komplexe Zusammenwirken kognitiver und emotionaler, individueller und sozialer Einflüsse auf das Konsumentenverhalten" und fragte nach der „Macht und Ohnmacht" des Unternehmensmarketings.

Nach seinem frühen Tod folgten ihm in der Institutsleitung zunächst sein früherer Habilitand Peter Weinberg und seit 2006 Andrea Gröppel-Klein. Seine Tochter Annette Kroeber-Riel verantwortet als Vice President die „public policy" von Google in Europa und engagiert sich als Mitglied im Hochschulrat für die Saar-Universität.[53]

wm

Weiterer Ausbau: das Beispiel A4 1 / A4 2

Neben zahlreichen Beispielen anspruchsvoller Architektur begegnen auf dem Saarbrücker Campus auch Gebäude, deren Wert eher in ihrer Funktionalität liegt und die ästhetisch gesehen zwiespältige bis ablehnende Reaktionen hervorrufen. Dies ist der Fall bei dem Doppelkomplex A4 1 / A4 2, der sich hinter dem Campus-Center auftürmt.

Er stammt aus einer Zeit, in der die Raumnot der schnell wachsenden Universität Bauten erforderte, die sehr rasch und möglichst kostengünstig zu realisieren waren. Und in welcher der Beton als vielseitig einsetzbarer, praktischer Baustoff seine Hochphase erlebte, nicht zuletzt aufgrund seiner Eignung zur massenweisen Herstellung von Fertigteilen. Denn das schnelle und billige Bauen beruhte auf der Verwendung gleichartiger Bau-Elemente, die fabrikmäßig vorproduziert werden konnten. In den großangelegten „Schnellbauprogrammen", mit denen in den frühen 70er Jahren die Kapazitäten an den deutschen Hochschulen massiv erweitert wurden, kamen sie in großem Stil zum Einsatz.[54]

Der 1975 fertiggestellte damalige „Bau 8", bemerkenswerterweise als Doppelgebäude für die Uni und für die Fachhochschule erstellt, besteht mit Ausnahme seines Kerns praktisch

Fertigteile im Schnellverfahren: Die ungefügen Betonformen und Metallgestänge des Gebäudes, zusätzlich ‚verschönert' durch davor parkende Autos, dominierten bis zum Bau des Campus-Centers den zentralen Uni-Platz.

vollständig aus Fertigteilen. Von der Stahlbetonskelett-Konstruktion mit den durch die Fassade dringenden Betonfertigteil-Balken und -Decken sowie den Elementen der Treppenhäuser bis zu den inneren Trennwänden und den Fassaden aus Holz und Holzwerkstoffen wurde das Konzept „Fertigteile" konsequent umgesetzt. In ähnlich serieller, zeitsparender Bauweise wurden seinerzeit zahlreiche Gebäude auf dem Saarbrücker Campus hochgezogen: Gebäuden wie der Mathematik (E2 6), Informatik (E1 1/2) oder Problembauten wie C3 1 und C5 3 ist diese Verwandtschaft leicht anzusehen.[55]

Ihnen gemeinsam sind auch die heute daraus resultierenden Problemstellungen dieser Architektur. Denn in der Begeisterung über die Vorteile der neuen Bauweise wurde der mit ihr verbundene Pflegeaufwand sträflich unterschätzt. Auf Verkleidung oder Putz zu verzichten war der Stil der Zeit, doch die Verwitterungsgefahren für solch „nackte" Betonfassaden wurden gern ignoriert. Eine systematische Instandhaltung unterblieb, teils aus Mangel an finanziellen Mitteln, teils aus Unkenntnis über die Beständigkeit der verwendeten Materialien. Es war die Zeit der „dauerplastischen Dichtungsstoffe", die jedoch leider nicht dauernd plastisch blieben, und die Zeit, in der man glaubte, dass Stahl, wenn er in Beton eingehüllt ist, nicht korrodiert.

Heute stellen die durch den rostenden Stahl abplatzenden Betonbrocken und das durch die Fassaden eindringende Wasser existentielle Probleme für die Gebäude dar. Im Fall von A4 1/2 ist es zum Erhalt der Holzfassaden bereits zu spät. Die Betonkonstruktion ist noch zu retten, aber ihre Sanierung ist aufwändig und erfordert dauerhafte Instandhaltungsmaßnahmen. Da das Gebäude mit seinen großen, vielseitig nutzbaren Flächen und variablen Grundrisszuschnitten für den Raumbedarf der Uni unverzichtbar ist, wird es in Kürze in einem ersten Teilabschnitt saniert werden. Die Erneuerung der Fassade wird dabei für das gesamte Gebäude wegweisend sein, insbesondere wenn darauf verzichtet wird, die gestaltprägenden auskragenden Balkone einfach zu entfernen, wie dies vor wenigen Jahren an Bau C5 3 geschah.

Die auskragenden, besonders witterungsanfälligen Balkone prägen das Erscheinungsbild des Baus. Der Durchgang im Erdgeschoss verbindet die Campuswiese mit dem Französischen Platz.

Beton-Abplatzungen an der Fassade von C3 1, einem weiteren Problemgebäude der 70er Jahre.

Ein anderes Problem des Gebäudes kann dagegen als bereits gelöst gelten. Denn der Neubau war seinerzeit als Fremdkörper in das Karree des ehemaligen Exerzierplatzes hineingebaut worden, das bis dahin aus städtebaulichen Gründen stets als Platzfläche freigehalten worden war. Die Uni-Planer „reparierten" diesen Sündenfall, indem sie den Komplex durch die Neubauten des Biologiepraktikums (2006) und des Campus Centers (2010) ▸▸ gewissermaßen einrahmten. So gelang es, die dominierende Wirkung der brachialen Betonfassade für das – inzwischen unter Denkmalschutz stehende – Gesamtensemble zu reduzieren und den integrierenden Charakter der zentralen Platzanlage, wenn auch in verringertem Umfang, wiederherzustellen.[56]

▸ *Campus* S. 60

Dominikus Tiator / Thilo Offergeld

Universitätsbus

Für die in vielen Studienfächern unabdingbaren Exkursionen beschaffte die Universität erstmals 1974 einen eigenen Bus, der jahrzehntelang zum festen und vielgenutzten Uni-Inventar gehörte. Das erste Exemplar war ein in der Türkei gefertigter Bus der Marke M.A.N. Schwache Motorisierung sowie das Fehlen von Klimaanlagen und Toiletten ließen keinen Gedanken an Luxustourismus aufkommen, störten jedoch nicht die gute Laune. Im heißen Sommer des Jahres 1983 profitierte ein junger Romanist auf der Studienfahrt nach Mittelitalien von der spanischen Herkunft seiner Sitznachbarin, die sich nach heimatlicher Gepflogenheit mit einem Fächer gewappnet hatte. In der Schweiz wiederum sondierte kein Geringerer als der unvergessene Linguist Max Pfister ◂◂ höchstselbst auf einem geliehenen Fahrrad, ob die engen Serpentinen zu einer entlegenen Dialekt-Forschungsstelle für das voluminöse Gefährt passierbar seien.

▸ Biogramm S. 172

Am Lenkrad saß ein Vierteljahrhundert lang Manfred Besch, Fels in der Brandung der wechselnden Reisegesellschaften, zupackend wenn es darum ging, verlorene Exkursionsteilnehmer aufzufinden oder notdürftige Schlafgelegenheiten im Bus zu improvisieren. 1984 und 1993 wurden jeweils modernere Modelle beschafft, doch seit Ende der 90er Jahre setzt die Universität aus Kostengründen auf die Anmietung externer Fahrzeuge. Den familiär-vertrauten „Uni-Bus", der auch für die alljährlichen Betriebsausflüge und Senatsfahrten über die Straßen rollte, gibt es nicht mehr.[57] *bh/to*

Betonschemel der Mensa

Sie wirken ein wenig wie große, untypisch graue Legosteine, die Betonschemel des Mensacafés. Jeweils vier Exemplare gruppieren sich um die zwei Dutzend fest im Boden verankerten Betontische, eingerahmt zwischen dem imposanten Mensagebäude und dem von Otto Herbert Hajek entworfenen steinernen Rosengarten, ▸▸ der dem grau-braunen Gesamtensemble etwas Farbe verleiht.

Wie das Mensa-Gebäude selbst entspringen sie dem Architekturstil des Brutalismus, sind aus rohem Beton (béton brut) gegossen und mit Sitzen aus 4,5 Zentimeter dicken Teakholzbrettern versehen, die an Solidität kaum hinter dem Beton zurückstehen. Brutal schwer sind die Schemel mit ihren 98,5 Kilogramm ohne Zweifel. Die Körperhaltung von Mensagästen, die diese Schemel verrücken wollen, um eine weitere Sitzmöglichkeit heranzuziehen, gilt als unverkennbarer Indikator für deren Uni- oder Mensaerfahrung: Neulinge zeigen eine unpassend-unbeschwerte Lockerheit in Unkenntnis der anstehenden Herausforderung – die so manchen Bandscheibenschaden verursacht hat – , während erfahrene Mensagänger (diese Aufgabe erledigen meist Männer) mit ernstem Gesichtsausdruck und angespannter Muskulatur ans Werk gehen.

▸ *Rosengarten*
S. 178

Es gilt als sicher, dass keiner der Schemel im Laufe seines seit 1970 andauernden Daseins sich mehr als zehn Meter von seinem ursprünglichen Aufstellungsort entfernt hat. Und als Schutz vor Diebstahl angekettet werden, wie man es von der Außen-Gastronomie ansonsten kennt, mussten diese in die Erinnerung ganzer Uni-Generationen eingegangenen Monolithe zu keinem Zeitpunkt. *tk*

„Rosengarten" und „Universitätszeichen"

Otto Herbert Hajek (1927–2005), böhmischer Bildhauer, Druckgrafiker und Maler aus Stuttgart, hatte mit seinen urbanen Platzraumgestaltungen aus Beton und Farbe bereits in den 1950er und 1960er Jahren international Aufsehen erregt, als der Architekt der Mensa, Walter Schrempf, dem Künstler und seiner begehbaren Plastik „Frankfurter Frühling" 1964 auf der documenta III in Kassel begegnete. Ein Jahr zuvor hatte Schrempf den Wettbewerb für die Mensa, damals bekannt als „Studentenhaus", mit dem Entwurf eines Stahlbetonkubus auf 60 mal 60 Metern Grundfläche und einem 2.100 Quadratmeter großen Speisesaal gewonnen. Von vornherein war jedoch geplant, einen Bildhauer zur künstlerischen Auflockerung und Raumgestaltung des Saals zu engagieren.[58]

Mensa S. 166

Mehr als nur Kunst: Der Rosengarten wurde in früheren Jahren durch die Studierenden ins Campusleben integriert.

Hajek kam 1965 mit einem bereits komplett ausgearbeiteten 1,20 mal 1,20 Meter großen Holzmodell der Mensa im Maßstab von 1:50 nach Saarbrücken. Das Modell allein war schon ein kleines Kunstwerk – es hatte ein abnehmbares Dach, unter dem die farbigen geometrischen Raumskulpturen angebracht waren, die den Speisesaal von oben her gliedern. Die Idee des Bildhauers war, ausgehend vom Innenraum des Speisesaals nicht nur die Fassade künstlerisch weiterzuentwickeln, sondern die „Farbwege" in der Eingangshalle im Erdgeschoss fortzusetzen. So wollte er eine Verbindung zum Vorplatz schaffen, dessen ikonisches Skulpturenensemble aus „Rosengarten" und „Universitätszeichen" einerseits mit der farbigen, plastisch gestalteten Fassade des Bauwerks korrespondieren und andererseits die Mensa mit ihrer natürlichen Umgebung verweben sollte. Die Mensa lag damals noch wie eine einsame Burg auf einem bewaldeten Hügel über dem Saarbrücker Campus.

Die Vogelperspektive macht die Farb- und Form-Unterschiede der Rosenquadrate besonders deutlich.

Anfangs traf Hajeks unkonventioneller Entwurf auf Unverständnis und Widerstand in der universitären Baukommission, bis es nach mehreren Sitzungen schließlich dem Hajek-Freund und wortgewandten Institutsgründer der Kunstgeschichte Josef Adolf Schmoll genannt Eisenwerth gelang, den Zuschlag für Hajek zu erwirken. Über vier Jahre arbeiteten Hajek und Schrempf dann eng zusammen an der Mensa; es erwuchs eine „Freundschaft in Arbeit", die ein Leben lang hielt. Das Mensa-Projekt öffnete Hajek überdies den Weg zu seinen nachfolgenden, architekturbezogenen Kunstwerken, die weltweite Beachtung fanden.[59]

Die Idee des Architekten, vor die Mensa einen echten Rosengarten in einem quadratischen Beet zu platzieren, formte Hajek in charakteristischer Weise um, indem er 400 artifzielle „Rosen" aus Beton in den hajek-eigenen Mensa-Farben rot, blau und gelb auf dem Vorplatz „erblühen" ließ. Der „Rosengarten" stand ursprünglich in einem Wasserbecken und ist zur Visitenkarte der Mensa geworden. Er signalisiert Hajeks grundlegendes Kunstverständnis, das wachrütteln und die übliche Wahrnehmung hinterfragen möchte. „Das Studentenhaus sollte ein Fragehaus werden … Fragen nach dem Sinn des Aufenthaltes in der Universität, ausgedrückt durch Formen, durch Farbe, durch den Raum."[60]

Der Vorplatz wird abgeschlossen durch das „Universitätszeichen" – ein freistehendes „Wegzeichen", als x-förmige Betonskulptur in typischen Hajek-Farben platziert vor dem schattenartig eingelassenen Hintergrund eines formal ähnlich gestalteten Wandreliefs an der Betonstützmauer des Nordhangs. Hajeks Credo von „Kunst als Wetzstein für Toleranz" kommt hier erneut zur Aufführung: Seine Werke wollen dezidiert stören und so einen demokratischen Dialog im öffentlichen Raum anregen. „Hajek macht es sich zur Lebensaufgabe, den städtischen Raum als Lebens-, Erfahrungs- und Identifikationsraum zu gestalten."[61]

Mona Schrempf

Gert Hummel
(1933 – 2004)

Gert Hummel wirkte 34 Jahre in der Saarbrücker Evangelischen Theologie, zunächst als Assistent und dann als Professor. Er sah in der Theologie eine „Erfahrungswissenschaft", die sich mit dem beschäftigt, „was Menschen unbedingt angeht". Als unermüdlicher Brückenbauer entfaltete der gebürtige Schwabe umfangreiche Aktivitäten, sowohl durch seine interdisziplinäre Zusammenarbeit mit der Psychologie und den Naturwissenschaften als auch durch sein vielfältiges Engagement in der akademischen Selbstverwaltung. So wurde er zweimal zum Dekan gewählt und war von 1980 bis 1995 Vorsitzender des Philosophischen Fakultätentages.

Vor allem aber initiierte Hummel als Beauftragter des Universitätspräsidenten über den damaligen Eisernen Vorhang hinweg die seinerzeit einzigartigen Partnerschaften mit den Universitäten Sofia, Tiflis, Warschau und Prag und förderte sie in ganz außergewöhnlichem Maß. ◂◂

▸ *Internationale Kooperationen II* S. 204

Besonders die Beziehung zu Georgien wurde ihm zur Lebensaufgabe. Nach seiner Emeritierung 1998 verkaufte das Ehepaar Hummel das heimische Haus und steckte den Erlös zusammen mit zahlreichen, nicht zuletzt im Uni-Umfeld gesammelten Spenden in den Aufbau von Kirche und Gemeindezentrum in Tiflis. Zunächst als Pfarrer, dann als Bischof der Evangelisch-Lutherischen Kirche in Georgien widmete sich der durch hohe Auszeichnungen Geehrte mit seiner Frau bis zu seinem plötzlichen, vielbetrauerten Tod der Sammlung und Unterstützung der dortigen Christen.[64] *wm*

Klaus-Dieter Zang
(geboren 1935)

Bevor er 1973 den neuen Lehrstuhl für Humangenetik auf dem Homburger Campus übernahm, hatte sich Klaus-Dieter Zang bereits als vielseitiger und innovativer Forscher in München profiliert. So war er am Max-Planck-Institut für Biochemie mit einer von Nobelpreisträger Adolf Butenandt betreuten Dissertation promoviert worden, hatte als freier Mitarbeiter unter anderem ein zweistrahliges Mikroskop-Fotometer entwickelt und ein Weltpatent auf eine zeiger- und ziffernlose Uhr erworben. Als Leiter einer Nachwuchsgruppe am Max-Planck-Institut für Psychiatrie konnte er erstmals eine definierte Chromosomenanomalie bei einem gutartigen menschlichen Tumor, dem Meningeom, nachweisen.

Nach seinem Wechsel nach Homburg prägte Zang drei Jahrzehnte das Institut für Humangenetik durch weitgespannte Forschungsprojekte und einen großen Kreis akademischer Schüler und Schülerinnen. Universitäre Verantwortung übernahm er als langjähriges Mitglied in Senat und Forschungskommission sowie als Vizepräsident für Forschung. 1996 initiierte er den Sonderforschungsbereich 399 „Molekularpathologie der Proliferation", der zum besseren Verständnis der Tumorentstehung untersuchte, welche Gene das Wachstum von Zellen beeinflussen. Nach seiner Emeritierung errichtete Zang ein Forschungs- und Entwicklungsinstitut für Medizinische Diagnostik und wirkte weiterhin als gerichtlicher Sachverständiger für Abstammungsbegutachtung und Gutachter nach dem Transsexuellengesetz.[63] *wm*

Hartmut Schiedermair

(1936–2020)

„Humboldts letzter Krieger" wurde er genannt, und attestiert wurde ihm, dass er „mit seiner starren Ablehnung aller Reformansätze eine gute Figur in Honeckers Politbüro abgegeben hätte". Hartmut Schiedermair, Inhaber des Saarbrücker Lehrstuhls für Staats-, Verwaltungs- und Völkerrecht von 1976 bis 1983 trat bundesweit zwischen 1980 und 2004 als Präsident des Deutschen Hochschulverbandes in exponierter Weise in Erscheinung. Und dies in bewegter Zeit, galt es doch, die in der deutschen Zweistaatlichkeit auseinandergedrifteten Hochschulsysteme zu innerer Einheit zu führen. Die Forderung nach fundamentaler Freiheit von Wissenschaft und Forschung für die Universität (und die Professorenschaft!) verband der Jurist mit hohem persönlichem Einsatz für bessere Arbeitsbedingungen der von ihm vertretenen Hochschullehrerinnen und -lehrer.

Schrillere Töne nahm später die Diskussion um die von Edelgard Bulmahn vorangetriebenen Reformen des Hochschulwesens an. Der Einführung der Juniorprofessur und der leistungsbezogenen Professorenbesoldung stand der Verbandspräsident so ablehnend gegenüber, dass ein Aufruf tausender Wissenschaftler in der F.A.Z. initiiert wurde, der nach Schätzungen 240.000 D-Mark kostete. Verhindern konnte diese aufsehenerregende Aktion die Umsetzung der Bulmahnschen Reformen nicht. „Humboldts letzter Krieger" hatte eine Schlacht verloren, kämpfte aber unbeirrt weiter für seine Überzeugungen; 2004 wurde er mit der Ehrenpräsidentschaft des Verbands gewürdigt.[64]

tk

Georg Ress

(geboren 1935)

Mit seiner Berufung als Ordinarius für öffentliches Recht, Völker- und Europarecht an die Universität des Saarlandes 1977, der Konzeption des einzigartigen Aufbaustudiengangs „Europäische Integration" und der Übernahme der Direktion des Europa-Instituts leitete Georg Ress eine außergewöhnliche Erfolgsgeschichte dieser weltweit renommierten Institution ein. Den Ehrendoktor der Universitäten Keio (Tokio), Paris V und Edinburgh und Träger höchster deutscher und österreichischer Auszeichnungen führten Forschungsaufenthalte, Gastvorträge und Gastprofessuren in die meisten europäischen Länder, aber auch in die USA, nach Südafrika, China und Japan.

Sein immenses Œuvre widmet sich den Bereichen Völkerrecht, Europarecht, Öffentliches Recht und Rechtsvergleichung. 1995 begründete er in Saarbrücken ein „Institut für Menschenrechte", gehörte von 1994 bis 1999 der „Europäischen Kommission für Menschenrechte in Straßburg" an und wirkte von 1998 bis 2005 als Richter am Europäischen Gerichtshof für Menschenrechte. Außerdem übernahm das Mitglied der Finnischen und der Österreichischen Akademie der Wissenschaften umfangreiche Aufgaben für die wissenschaftliche und akademische Gemeinschaft, unter anderem in der Deutschen Vereinigung für Internationales Recht und im Völkerrechtswissenschaftlichen Beirat des Auswärtigen Amtes. Auch in der Selbstverwaltung der Saar-Universität engagierte er sich in prominenten Positionen, so etwa als Vorsitzender des Konzils und als Erster Vizepräsident (1986–1988).[65]

wm

ZEITZEUGNIS

Hermann Josef Schuster

Verwaltungsdirektor und Kanzler der Universität 1967–1981

Geboren 1933 in Essen, Studium der Rechts- und Wirtschaftswissenschaften, 1967 Verwaltungsdirektor, 1971 Kanzler der UdS, 1981–1987 zunächst Senatsdirektor, später Staatssekretär für Wissenschaft und Forschung in Berlin, Mitbegründer der Guardini-Stiftung Berlin.

Die Zitate sind Hermann Josef Schusters Erinnerungen „Streiflichter auf meine Saarbrücker Jahre" entnommen.

Zwischen Frankreich und Deutschland

„Auch innerhalb der Universität waren zu meiner Amtszeit noch Nachwirkungen des Abstimmungskampfes über das Saar-Statut spürbar.

Streitfrage S. 86

Den Europäern, die möglichst viele der traditionellen Beziehungen zu Frankreich und der unter französischem Einfluss getroffenen Regelungen aufrechterhalten wollten, stand eine starke Gruppe jüngerer Professoren gegenüber, die eine Orientierung am Leitbild der deutschen Universität favorisierten. So spiegelte sich innerhalb der Universität ein Konflikt wider, der das allgemeine politische Klima an der Saar noch lange nach der Abstimmung von 1955 beeinflusste."

Autonomie und Partizipation

„Durch das neue Universitätsgesetz des Jahres 1971 wurden gegen den Widerstand der Universität die den Charakter des Saarbrücker Modells bestimmenden Entscheidungsbedürfnisse stark eingeschränkt. Ich habe das sehr bedauert und dies in einer Stellungnahme in der ‚Saarbrücker Zeitung' auch zum Ausdruck gebracht. Die starke Autonomie des ‚Saarbrücker Modells' hatte sich nach meiner Meinung gerade auch während der Umbruchzeit bewährt. Man darf jedoch nicht übersehen, dass die Universität die Eingriffe des Gesetzgebers durch die wohl gemeinte, aber in einigen Punkten weit über das Ziel hinausschießende ‚Jahr-Verfassung' mit provoziert hatte."

Streit S. 140

„Was mit bestem Willen versucht worden war, nämlich eine moderate Anpassung des Saarbrücker Modells an zeitgemäße Partizipationsbestrebungen, führte schließlich zu dessen Scheitern … Man mag diese Entwicklung bedauern, weil eine Organisationsform, die der jungen Universität in den ersten zwei Jahrzehnten ihrer Existenz Vorbildcharakter und große Erfolge sicherte, nicht an der kulturrevolutionären Bewegung der späten 60er Jahre, wohl aber an deren bedenklichen Auswüchsen scheiterte. Eine gewisse Tragik bestand darin, dass die maßgeblichen Akteure dieser Jahre leidenschaftliche Verfechter einer weitgehenden Universitätsautonomie waren und blieben."

Leistungsfähige Verwaltung

„So turbulent es in der Selbstverwaltung der Universität des Saarlandes bald nach meinem Dienstantritt auch zuging, die Bearbeitung der wichtigsten Angelegenheiten wurde von diesen Turbulenzen nur wenig berührt. Das lag nicht zuletzt daran, dass die Wortführer der Gruppen weniger an Sachentscheidungen als an Struktur- und Paritätsfragen interessiert waren. Da die Tagesgeschäfte meist keinen Aufschub duldeten, spielten sie sich sozusagen im Schatten des Kampfgetümmels ab ... Bei meinem Amtsantritt konnte ich feststellen, dass die Universität über einen gut eingespielten Verwaltungsapparat verfügte. Die Referats- und Sachgebietsleiter beherrschten durchweg sachkundig ihr Metier … Fand ich somit die Routineverwaltung besten Händen anvertraut vor, so wurde mir schnell deutlich, dass es jetzt vor allem darum ging, die agierenden Personen auf den bevorstehenden Quantensprung vorzubereiten. Die Universität war für 4.000 Studenten geplant. Bei meiner Ankunft studierten dort bereits etwa 6.000. Genauere Daten waren nur mit Zeitverzögerungen zu erhalten. Sie beruhten auf Strichlisten, die von Hand im Studentensekretariat gefertigt wurden … Mit einer kleinen Planungsgruppe machte ich mich an die Arbeit, die Folgen dieses Wachstums einigermaßen realitätsnah darzustellen. Vordringlich kam es darauf an, möglichst frühzeitig über zuverlässige Daten zu verfügen. Zu diesem Zweck wurden Programme für eine detaillierte Studentenstatistik erarbeitet. Mit Hilfe des Rechenzentrums und von den Professoren Dörr und Hotz beratend begleitet, gelang es, von vornherein eine professionelle und entwicklungsfähige EDV-Unterstützung vorzusehen, um Studentenbewegungen auch auf der Ebene der einzelnen Fächer beobachten zu können. Heute ist das in allen Universitätsverwaltungen Routine. Damals leistete die Universität des Saarlandes lange Zeit beispielgebende Pionierdienste auf dem Gebiet der Hochschulplanung und Verwaltungsrationalisierung."[66]

ZEITZEUGNIS

Wolfgang Lorenz

Langjähriger Leiter des Präsidialbüros und Planungschef

Geboren 1944, BWL-Studium an der UdS, seit 1971 tätig im Präsidialbüro, als dessen Leiter 1981–2009 Pionier des Hochschulmanagements, Gründungsgeschäftsführer der Kontaktstelle für Wissens- und Technologietransfer, Initiator des Projekts „Universität der Großregion".

Der Text basiert auf einem im November 2022 geführten Zeitzeugengespräch.

Integration der PH

„Die Eingliederung der Pädagogischen Hochschule (PH) in die Uni des Saarlandes 1978 war ein sehr umstrittenes, bei vielen Beteiligten extrem unpopuläres Unterfangen. Kritisch war dabei nicht zuletzt die bauliche Seite: Die PH sollte von ihrem damaligen Sitz am Waldhausweg auf den Campus umziehen, im Gegenzug sollte die wirtschaftswissenschaftliche Abteilung der Fachhochschule (der heutigen HTW, die seinerzeit kurioserweise auf dem Campus im Gebäude 8 (heute A4 2) ▸▸ untergebracht war, den Standort Waldhausweg übernehmen.

Allerdings sollten die rund dreißig PH-Professoren und ihr Personal nicht geschlossen in das leer werdende Gebäude A4 2 einziehen, was einfacher gewesen wäre, sondern in die Uni integriert, also auf die jeweiligen Fächer verteilt werden. Damit waren praktisch alle Uni-Fächer von Raumänderungen betroffen – ein Riesenproblem. Zumal das Umzugsgesetz kategorisch festschrieb: ‚Kosten: keine'."

Umzug – gewusst wie

„Der Umzug wurde daher vom Präsidialbüro der Uni aus eigenen Kräften organisiert. Ich hatte mit dem Problem zu kämpfen, dass sowohl der Waldhaus-Standort als auch die Campusgebäude voll besetzt waren. Auszug und Einzug mussten also Hand in Hand gehen, jeder Wagen, der voll beladen runter fuhr, musste auch voll beladen wieder raufkommen. Möbelwagen gab es nicht, das hätte ja Geld gekostet. Stattdessen haben wir alles, was rollen konnte, zusammengezogen, PKWs, Busse, Unimogs, Hänger, einfach alles. Viele offene Wagen – wenn es am Umzugstag geregnet hätte, wäre der ganze Plan gescheitert!

Da kein Geld verfügbar war, konnte auch kein Umzugspersonal angeheuert werden. Aus der Not heraus fragte ich in der Justizvollzugsanstalt an und bekam ein Dutzend Häftlinge als Helfer zur Verfügung gestellt. Mit ihnen kam es zu einer kuriosen Szene, die mir in Erinnerung geblieben ist: Eine Germanistikprofessorin, die dem Umzug besonders kritisch gegenüberstand, hatte ihre Akten und Bücher nicht wie vorgesehen in Umzugskartons verpackt, sondern im Aktenschrank belassen und diesen demonstrativ abgeschlossen, so dass die Umzugshelfer ratlos davor standen. Ich fragte dann vorsichtig, ob unter den Häftlingen nicht ein gewisses Knowhow für solche Fälle vorhanden sei. Da zeigten die Helfer auf einen von ihnen: ‚Einbrüche macht der da!' Der fragliche Kollege war auch bereit, wollte sich bei seinem Einsatz aber nicht auf die Finger sehen lassen: ‚Wenn alle zugucken, kann ich das nicht!' Die Helfer und ich mussten also den Raum verlassen und standen erwartungsvoll vor der Tür, bis der Spezialist herauskam – und stolz den geknackten Schrank präsentierte."

Gegner – und Nutznießer

„Besonders entschiedene Gegner der Integration waren die Psychologen der Uni, und der PH-Kollege, den sie aufzunehmen hatten, war pikanterweise der Rektor der PH, der spätere Kultusminister Diether Breitenbach. Die Psychologen hatten ihr Gebäude zugesperrt und ließen niemanden hinein. Ich als Umzugs-Manager wurde hinzugerufen, und nach längeren Verhandlungen erklärte man sich bereit, die Tür zu öffnen – unter der Bedingung, dass die Bücherkisten nicht in den Büros, sondern nur auf dem Speicher unter dem Dach abgestellt werden durften. Dort sind sie jahrelang ungeöffnet geblieben, Herr Breitenbach hat mich noch als Minister oft darauf angesprochen.

▸ Weiterer Ausbau S. 174

Auch die Theologie war ein spezieller Fall, denn hier hatten wir eine engere Zusammenarbeit zwischen Katholischer und Evangelischer Theologie nahelegen wollen: die zuvor getrennten Disziplinen wurden gemeinsam in A4 2 eingeplant. Aber es half nichts; selbst die Bibliotheken, die beide in einem Großraum untergebracht waren, blieben noch Jahrzehnte strikt getrennt. Überschritten wurden die Fachgrenzen dagegen beim Beutemachen: Am Umzugsabend wanderte noch ein dringend benötigter Schrank, getragen von einem Professor und einem Helfer, heimlich und ungesehen von der Katholischen zur Evangelischen Theologie…"[67]

Kapitel 6

Zwischen Sparzwängen und Strukturwandel:

1980–1990

HOMBURG

SAARBRÜCKEN

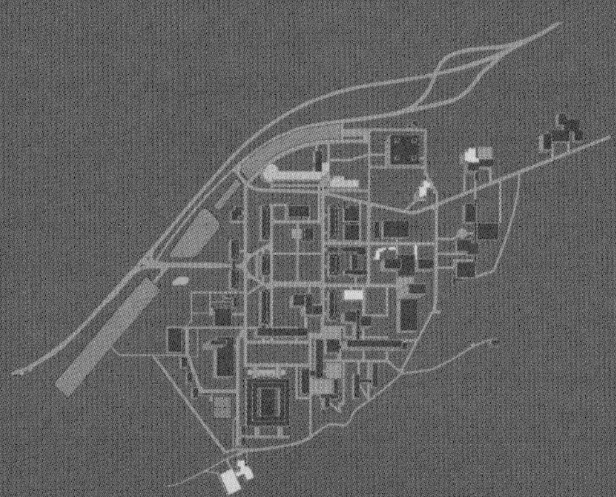

Disparitäten von Angebot und Nachfrage

Der Schwung der großen Bildungsreform und des Ausbaus der Hochschulen in Deutschland war schon in der Mitte der 70er Jahre zum Erliegen gekommen. Staatliche Gelder flossen nun verstärkt in die enorm steigenden Sozialausgaben, was zu Lasten der Hochschulfinanzierung ging, und die wirtschaftlichen Krisen zeigten, dass die Bildungsoffensive nicht zwangsläufig auch zu ökonomischem Erfolg geführt hatte. Die Universitäten waren auch deshalb überlastet, weil Arbeitsplätze für Akademikerinnen und Akademiker nicht in ausreichendem Maß zur Verfügung standen und ein Hochschulstudium die Arbeitssuche oft nur verschob oder zu einem Überangebot führte, wie etwa bei der „Ärzteschwemme", die seit den frühen 80er Jahren konstatiert wurde. Doch in Erwartung eines künftigen Rückgangs der Studierendenzahlen wurden die Hochschulinvestitionen nicht gesteigert, sondern zurückgefahren – der „Studentenberg" sollte eben „untertunnelt" werden.[1]

Biogramm S. 196

Die Folge war eine andauernde, nun strukturell werdende Unterfinanzierung der Hochschulen und eine Überlastungssituation in den Universitäten, die alle zuvor gekannten, oft genug beklagten Zustände noch weit übertraf. Notbehelfe, wie die jetzt auf breiter Front erlassenen Zugangsbeschränkungen, halfen wenig und zogen problematisch lange Wartezeiten für Studienwillige nach sich.[2]

Im Saarland stellte sich die Situation besonders dramatisch dar, da das Land mit dem Absturz der Stahlindustrie seit den späten 70er Jahren in eine existentielle Krise geraten und der Landeshaushalt dadurch extrem überlastet war – 1985 wurden nicht weniger als 25 Prozent des Etats allein für Zins und Tilgung verwendet. Für die Landeseinrichtungen galten entsprechend strenge Sparzwänge. Konträr dazu verlief die Entwicklung der Studierendenzahlen: An der Saar-Universität war man im Wintersemester 1980/81 bereits mit einem zuvor nicht für möglich gehaltenen Höchststand von über 14.000 Eingeschriebenen in das Jahrzehnt gestartet. An dessen Ende war dann klar, dass nicht nur die Hoffnung auf rückläufige Studierendenzahlen Illusion blieb, sondern dass, im Gegenteil, die nächste „Schmerzgrenze" durchbrochen wurde: Über 20.000 Studierende wurden zum Wintersemester 1990/91 gezählt. Zu den 20.312 ordentlich Eingeschriebenen kamen noch 522 Gasthörerinnen und Gasthörer sowie 1.038 Fernstudierende hinzu. Wohl wegen der Zulassungsbeschränkungen war der Anteil der Saarländerinnen und Saarländer auf rund 58 Prozent gesunken, der Frauenanteil allerdings von 38 auf 44 Prozent gestiegen. ◂◂ Der Anteil internationaler Studierender, insbesondere aus Frankreich und Luxemburg, blieb konstant bei etwa 7 Prozent.[3]

Statistische Streiflichter (Anhang)

Studierendensorgen

Die studentische Wohnungsnot wurde in den 80er Jahren zum Dauerthema an den Hochschulen und in den Medien. Selbst im Saarland, wo ein weit überdurchschnittlicher Anteil von rund 38 Prozent der Studierenden im Elternhaus lebte, nahm die Wohnraumknappheit bereits 1981 solche Ausmaße an, dass Universitätspräsident Paul Müller ◂◂ und Ministerpräsident Werner Zeyer in öffentlichen Appellen die Bevölkerung zur Vermietung von Studierendenzimmern aufforderten. Einige Jahre später stellte die Universität auf dem Höhepunkt der Krise private Wohnwagen als Notunterkünfte auf der zentralen Campuswiese auf und richtete Matratzenlager in den Unigebäuden ein.[4]

> *„Freitagabend. Junge Leute stehen auf der Straße und blättern die Zeitung durch. Vor den Telefonzellen in der Nähe des Verlagshauses stehen Schlangen. Ungeduldig wird an die Scheibe geklopft. ‚Beeil Dich!' Studenten auf Wohnungssuche."*
>
> *Saarbrücker Zeitung, 29. Juli 1981*

Die zurückgehende Bundesfinanzierung spielte auch hier eine Rolle, insofern der Bund seine Beteiligung am Wohnheimbau reduzierte und ab 1981 nur noch bereits bewilligte Projekte unterstützte. Zum Politikum wurde dadurch an der Saar insbesondere die Renovierung des Wohnheims Guckelsberg, da das Land sich nicht mehr in der Lage sah, den Eigentümer Studentenwerk bei den dringenden Renovierungsarbeiten zu unterstützen. Nach zwei Jahren Diskussion und Verzögerung wurde das Gebäude im Oktober 1983 doch noch bezugsfähig und bot Platz für 200 Studierende; letztlich hatte das Land doch mit fast 3 Millionen D-Mark aushelfen müssen.[5]

Wenig überraschend, dass der begehrte Wohnraum immer teurer wurde, doch Preissteigerungen drückten die Studentinnen und Studenten nicht nur bei der Miete, sondern auch bei der Lebenshaltung und nicht zuletzt dem Mensaessen, wogegen sich die aufgebrachten Studierenden im Mai 1981 unter anderem mittels eines Mensaboykotts und des demonstrativen Anbaus von Gemüse auf der Campus-Wiese zu wehren versuchten. Verschärft wurde die finanzielle Lage für viele durch die von der neuen CDU/FDP-Bundesregierung 1983 beschlossene Umstel-

Vorlesungen, Seminare, Job- und Wohnungssuche:
die Mühen der Orientierung im Studium.

lung der Ausbildungsförderung auf Volldarlehen. Das studentische „Jobben" zur Erzielung zusätzlicher Einkünfte wurde zum Massenphänomen – und verlängerte naheliegenderweise wiederum die Studienzeiten.[6]

Strukturiert durchs Studium?!

Die Verweildauer der Studierenden an den Universitäten durch ein strukturiertes, zügiges Studium zu verkürzen, war angestrebtes Ziel. Ein Mittel dazu war die Studienberatung; die Landesregierung überprüfte 1981 die Arbeit der modellhaft etablierten Zentralen Studienberatung der Saar-Universität und kam zu dem Ergebnis, dass ein umfassendes Beratungsangebot das Studium vorbereitend und begleitend wirksam unterstütze. Mindestens ebenso wichtig war die Studienreform, oder besser: wäre gewesen, doch fehlte nach dem Ende des Überschwangs der Reformära hierzu inzwischen jede Dynamik. Zwar schrieb das Universitätsgesetz vor, Studien- und Prüfungsordnungen sukzessive zu überarbeiten, um unter anderem Vergleichbarkeit, grenzüberschreitende Anerkennung und Auslandsaufenthalte zu fördern, doch blieb dies ohne nennenswerte Wirkung.[7]

Die Studienbedingungen gestalteten sich vor diesem Hintergrund mitunter miserabel. Insbesondere in den Massenfächern wie Medizin, Wirtschafts- und Rechtswissenschaften klagten die Studierenden immer wieder über extreme Überfüllung; bei Lehrveranstaltungen dichtgedrängt im Gang, auf dem Boden oder gar im Nebenraum zu sitzen, gehörte mittlerweile zum Alltag. Mehrere Wellen an Studierendenprotesten rollten 1980 bis 1982 durch die Uni und die Stadt, es entfaltete sich das seit den 68er Tagen erprobte Protestinstrumentarium mit Streik- und Aktionswochen, Institutsbesetzungen, Einfahrtblockaden, Teach-Ins und Sleep-Ins. Der Erfolg blieb jedoch weitgehend aus. Mit den zuweilen über die Stränge schlagenden Protestierenden mochte sich die Hochschulleitung nicht recht solidarisieren, und die Universitätsfinanzen lagen im eisernen Griff der Sparklammer.[8]

Sparen, sparen, sparen

Als das Finanzministerium im Februar 1981 eine Kürzung des Universitätshaushaltes um volle zehn Prozent plante, erhoben alle universitären Gruppen in unterschiedlichen Formen ihren Protest. Universitätspräsident Müller erklärte, angesichts des Studierendenandrangs und der unzureichenden Ausstattung mit Personal und Geräten stehe der

Camping auf dem Campus: Im Herbst 1990 wurden Wohnwagen aus dem gesamten Bundesgebiet herbeigeschafft, um zumindest kurzfristig dem Wohnraummangel abzuhelfen.

Universität bereits ohne die drohenden Mittelkürzungen finanziell „das Wasser bis zum Hals."[9]

Freilich stellte sich angesichts der Wirkungslosigkeit der Proteste und der fatalen Finanzlage des Landes mehr und mehr die Frage, welcher Weg die Uni aus der Misere herausführen könnte. Zunehmend richtete sich der Blick auf eine Reduzierung des überdurchschnittlich breiten Fächerspektrums der Saar-Universität.

> *„Für jede Universität ergeben sich spezifische Probleme. Die unsrige befindet sich in einem sehr armen Bundesland mit einer sehr hohen Arbeitslosenquote (8 %), für das die erste Priorität darin besteht, seine wirtschaftlichen Strukturprobleme zu lösen, – wobei die Universität sicher eine wichtige, aber ganz sicher nicht die einzige Rolle spielen wird."*[10]
>
> *Physikprofessor Stefan Hüfner*

Exemplarisch spielte etwa der Experimentalphysiker Stefan Hüfner ◂◂ in der Saarbrücker Zeitung verschiedene Optionen durch: Die notwendigen Kürzungen könnten zum einen anteilig allen Fächern abverlangt werden, mit allerdings fatalen Folgen etwa für das Medizinstudium; zum zweiten könnten die klassischen Fächer der Philosophischen Fakultät, der Rechts- und Wirtschaftswissenschaften verstärkt beschnitten und stattdessen der Fokus auf die vom Land benötigten Bereiche Medizin und Technologie gelegt werden; zum dritten könne man einen Teil der naturwissenschaftlichen Fächer an die TU Kaiserslautern verlagern. Tue man jedoch nichts, so sei dies „Selbstmord auf Raten."[11]

▸ Biogramm S. 263

Der vom Land unter Federführung des Kultusministers – des Saarbrücker Juraprofessors Wolfgang Knies – erarbeitete und 1982 in Kraft getretene Personalstrukturplan für die Universität sah einen sukzessiven Abbau von 55 Professorenstellen aus allen Fachbereichen vor, außerdem den Wegfall der Orientalistik, Slavistik und der Osteuropäischen Geschichte. Die Universität wehrte sich nicht grundsätzlich gegen Kürzungen, legte allerdings ihrerseits einen eigenen Universitätsentwicklungsplan vor und konnte so die Kürzungspläne abfedern oder sogar in eine strategische Neuorientierung ummünzen. Als Ziel galt dabei auch, so die nachdrückliche Formulierung des Präsidenten, „daß der Grundbestand an Fächern erhalten werden muß, der eine Universitas ausmacht" (Hervorhebung im Original).[12]

Strategische Wende: Technologieförderung

Der Regierungswechsel des Jahres 1985, als unter Führung von Oskar Lafontaine ▸▸ zum ersten Mal seit Bestehen des Saarlandes die SPD in die Saarbrücker Staatskanzlei einzog, bedeutete auch eine Zäsur für die Universität des Saarlandes. Die neue Regierung zeigte sich bald entschlossen, den dringend notwendigen Strukturwandel im Saarland durch eine Neuausrichtung der Wirtschaftsstruktur anzugehen, und sah dabei einen wichtigen Part für die Universität als Zentrum ökonomisch relevanter Schlüsselbereiche vor. Als solche hatte man insbesondere Natur- und Umweltwissenschaften, Technologie und Informatik ▸▸ ausgemacht. Es gelang, die hälftige Mitfinanzierung des Bundes für ein 76 Millionen D-Mark schweres Entwicklungskonzept zu sichern, das einen kräftigen Ausbau der Zukunftsfächer und entsprechende Impulse für Wirtschaft und Arbeitsmarkt zum Ziel hatte.[13]

Nach den jahrelangen, quälenden Spardebatten wirkte das Ausbaukonzept, das größte seit Jahrzehnten, beinahe revolutionär. Doch stützte es sich in vielen Bereichen natürlich auf wissenschaftliche Schwerpunkte und innovative Projekte, die an der Universität in den vorangegangenen Jahren bereits entwickelt worden waren. Der Ausbau der Ingenieurwissenschaften etwa war seit langem erklärtes Ziel der Entwicklungspläne des Uni-Präsidiums, die Informatik war aus bescheidenen Anfängen bereits zu einem hochinnovativen Leistungsträger geworden. Den Ausbau der Unternehmenskontakte hatte die Universität 1981 in einem

„Schwerpunktbildungen, meine Damen und Herren, sind unvermeidbar, will man Qualität erhalten. … Besondere Beachtung wird dem Ausbau der Ingenieurwissenschaften geschenkt. Notwendige Professuren … müssen durch Umwidmungen, nicht durch zusätzliche Stellen, geschaffen werden."[15]

Universitätspräsident Paul Müller

Kooperationsvertrag mit der Industrie- und Handelskammer vereinbart. August-Wilhelm Scheer ▸▸ hatte die Wirtschaftsinformatik als ein zukunftsträchtiges Schnittstellenfeld zwischen Wissenschaft und Unternehmen etabliert und mit der Gründung der IDS Scheer AG 1984 vorexerziert, wie Innovationsimpulse erfolgreich in Unternehmen vermittelt werden können. Und mit der Siemens AG hatte die Universität 1984 ein Maßstäbe setzendes, 37 Millionen D-Mark umfassendes Entwicklungsprojekt auf den Weg gebracht, das die Installation von Personal-Computern als Arbeitsplatzstationen auf dem Campus im großen Stil vorsah und das Erkenntnisse in Prozess und Anwendung direkt an den Hersteller rückmelden sollte.[14]

▸ *Biogramm* S. 212

Das Ausbauprogramm traf einen günstigen Zeitpunkt, zum einen wegen der Verfügbarkeit zusätzlicher Bundesmittel, zum anderen weil es im Gang befindliche wissenschaftliche Entwicklungen aufnehmen konnte. Und es hatte einen, zumindest in Teilbereichen, überwältigenden Erfolg. In den folgenden Jahren gelang die Ansiedlung einer regelrechten Perlenkette an hochkarätigen außeruniversitären Forschungseinrichtungen, die den Campus in engem Verbund mit den entsprechenden Disziplinen der Universität zu einem Forschungsstandort von beträchtlicher Ausstrahlungskraft entwickelten: Der bereits angebahnten Gründung des Instituts für Neue Materialien (INM) folgten 1987/88 die Etablierung des Deutschen Forschungszentrums für Künstliche Intelligenz (DFKI) und des Max-Planck-Instituts für Informatik sowie die Gründung einer Medizintechnischen Abteilung als Vor-

▸ *Aufstieg der Informatik* S. 194

„Wir bohren nach Professoren": Als Protest gegen den Personalstrukturplan bauten Saarbrücker Geologie-Studierende 1982 ein Bohrgerät mitten auf dem St. Johanner Markt auf.

▸ *Biogramm* S. 232

läuferin des dann wenige Jahre später eingerichteten Fraunhofer-Instituts für Biomedizinische Technik.

Wie eine Bestätigung des eingeschlagenen Kurses von wissenschaftlicher Seite wirkten dann die Verleihungen des höchsten deutschen Wissenschaftspreises, des Leibniz-Preises, 1986 an die Informatiker Günter Hotz, Kurt Mehlhorn und Wolfgang Paul und 1988 an den Materialwissenschaftler Herbert Gleiter. Schon wenig später gewann die neue Strategie auch bauliche Gestalt auf dem Campus, als im Dezember 1989 der 42 Millionen D-Mark teure Neubau für das DFKI und das INM eröffnet wurde.[16]

Biogramme S. 165/S. 262 S. 275/S. 202

Die Dynamik griff aber auch über den Campus hinaus. So wurde der neu aufgebaute Schwerpunktbereich Umweltforschung im 1989 eröffneten Uni-Standort in Dudweiler angesiedelt, und in Burbach entstand auf einer aufgegebenen Industriefläche zwischen 1985 und 1992 das Saarbrücker Innovations- und Technologiezentrum zur Unterstützung von Unternehmensgründungen (heute „Innovationscampus Saar"). Mit Finanzhilfe des Landes verstärkte die Universität systematisch ihre Förderung von Unternehmensgründungen und etablierte 1985 eine eigene, sehr bald hoch aktive Kontaktstelle für Wissens- und Technologietransfer (KWT).[17]

Biogramm S. 232

Europa – Herausforderung und Chance

Durch die Wende zur Technologie-Förderung drohten die weniger technologie- oder unternehmensnah ausgerichteten Fächer, insbesondere in den Geisteswissenschaften, zu Verlierern der neuen Entwicklung zu werden. Einige von ihnen setzten daher verstärkt auf die Reaktivierung der europäischen Tradition der Saar-Uni als strategische Chance – allen voran die Rechtswissenschaft, wo der Aufbaustudiengang „Europäische Integration" unter Leitung von Georg Ress am Europa-Institut bereits ab 1980 zum Erfolgsmodell wurde. 1986 wurde erstmals der Master of European Law als Abschluss vergeben, 1988 deutschlandweit erstmals ein integrierter europäischer Studiengang konzipiert, zusammen mit den Partnern Lille und Warwick. Auch in anderen Fächern wurde der Austausch mit europäischen Partnern intensiviert, etwa durch das neue Aufbaustudium mit einem „Europäischen Diplom in Um-

Blockade: Für den Erhalt ihres Fachs demonstrierende Geographie-Studierende verwehren Universitätspräsident Meiser den Zugang zum Campus (Februar 1989).

weltwissenschaften" gemeinsam mit unter anderem Metz und Nancy.[18]

Insbesondere die Großregion Saar-Lor-Lux bildete einen Schwerpunkt der Aktivitäten. Auf Initiative von zunächst sieben Hochschulen des Grenzraumes wurde im Oktober 1984 in Pont-à-Mousson eine „Charte de Coopération Universitaire" ins Leben gerufen. ▸▸ Ihr Ziel war die Erhöhung der Leistungsfähigkeit in Forschung und Lehre durch Bündelung von vorhandenen Ressourcen und Spezialkompetenzen in der Region. Die wechselseitigen Studienmöglichkeiten sollten erleichtert und perspektivisch integrierte Studiengänge für alle beteiligten Einrichtungen etabliert werden. Die Fachhochschule des Saarlandes folgte 1985 in den Verbund, drei Jahre später hatten sich bereits elf Hochschulen des Saar-Lor-Lux-Gebiets zusammengeschlossen.[19]

Nicht zuletzt mit Blick auf die seit Mitte der 80er Jahre vorbereitete Entstehung des Europäischen Binnenmarktes profilierte sich die Uni des Saarlandes als Schrittmacherin europäischer Kooperation. Für Universitätspräsident Richard Johannes Meiser, der die Universität fast drei Amtsperioden lang von 1983 bis 1992 führte, ▸▸ war die Förderung der Internationalisierung und speziell der grenzüberschreitenden Zusammenarbeit ein Herzensanliegen, auch als Vizepräsident der Hochschulrektorenkonferenz zeichnete er für das Ressort Internationale Beziehungen verantwortlich.[20]

Beim von der Europäischen Gemeinschaft 1987 ins Leben gerufenen Programm zur Förderung der Mobilität von Studierenden behauptete die Saar-Uni von Anfang an einen Spitzenplatz. In diesen Zusammenhang passte aus-

> *„Irgendwann wird so die Maschine auch fähig sein, ganze Sätze, Texte und Bücher zu korrigieren."*
>
> *Saarbrücker Zeitung, Bericht zum elektronischen Übersetzungssystem „SUSY", 17. September 1980*

gezeichnet auch ein Großprojekt der Saarbrücker Sprachforscher, die schon in den 70er Jahren Pionierarbeit für ein Saarbrücker Übersetzungs-System („SUSY") geleistet hatten, das die Übersetzung von Texten in Fremdsprachen computertechnisch unterstützen sollte. Auf dieser Basis konnte die Saar-Uni 1985 unter Federführung der Informationswissenschaft ein millionenschweres europäisches Gemeinschaftsprojekt einwerben. Das als EUROTRA (Europa + Translation) bezeichnete Vorhaben zielte auf die Entwicklung von Computerprogrammen zur automatischen, kontext-sensitiven Textübersetzung und knüpfte damit an die SUSY-Vision an, einmal als „Hauptdolmetscher der Europäischen Gemeinschaft" zu agieren.[21]

Pionier der Ostpartnerschaften

▸ *Internationale Kooperationen I*
S. 200

Eine bundesweite Vorreiterrolle hatte die Saar-Uni auch im Aufbau grenzüberschreitender Partnerschaften über den Eisernen Vorhang hinweg nach Osteuropa übernommen. Das persönliche Interesse und Engagement der Universitätspräsidenten Müller und Meiser sowie der außergewöhnliche Einsatz des Theologen Gert Hummel als Ost-Beauftragter ebneten die Wege für aktive und lebendige Partnerschaften mit den Universitäten in Sofia, Warschau, Tiflis und später auch Prag, über alle politischen Probleme und Vorbehalte hinweg.[22] ▸▸

▸ *Internationale Kooperationen II*
S. 204

Ein Vorbild dafür mag die deutsch-deutsche Kooperation mit der Karl-Marx-Universität Leipzig gewesen sein, die sich durch erste Kontakte in einzelnen Fächern bereits seit den 70er Jahren angebahnt hatte und dann durch persönliche Begegnungen besonders von Saarbrücker Experimentalphysikern seit 1981 entwickelt worden war. Den fachlichen Hintergrund hatten die Arbeiten für den Sonderforschungsbereich „Ferroelektrika" um Horst Müser und Jörn Petersson ▸▸ gebildet, für den die Saarbrücker einschlägig ausgewiesene Forschergruppen als Kooperationspartner suchten und an den Universitäten Leipzig sowie Halle/Wittenberg fündig wurden. Die Schwierigkeiten, die diese Zusammenarbeit durch die politischen Systemunterschiede und Restriktionen zu überwinden hatte, waren mannigfach, aber es gelang dennoch, den wissenschaftlichen Austausch aufrechtzuerhalten und zu festigen. Als die saarländische Landesregierung unter Oskar Lafontaine dazu überging, den Austausch mit der DDR zu fördern, konnte schließlich 1987 sogar ein förmlicher Kooperationsvertrag zwischen der Uni des Saarlandes und der Karl-Marx-Universität Leipzig unterzeichnet werden, was übrigens seinerzeit im Vorfeld des vielbeachteten Staatsbesuchs Erich Honeckers im Saarland erfolgte. Das Abkommen zwischen Saarbrücken und Leipzig, das sich über die Physik hinaus auf die Medizin und etliche andere Fächer erstreckte, blieb bis zur Wiedervereinigung der einzige Kooperationsvertrag zwischen Hochschulen in Ost- und Westdeutschland.[23]

▸ *Biogramm*
S. 202

▸ *Biogramm*
S. 196

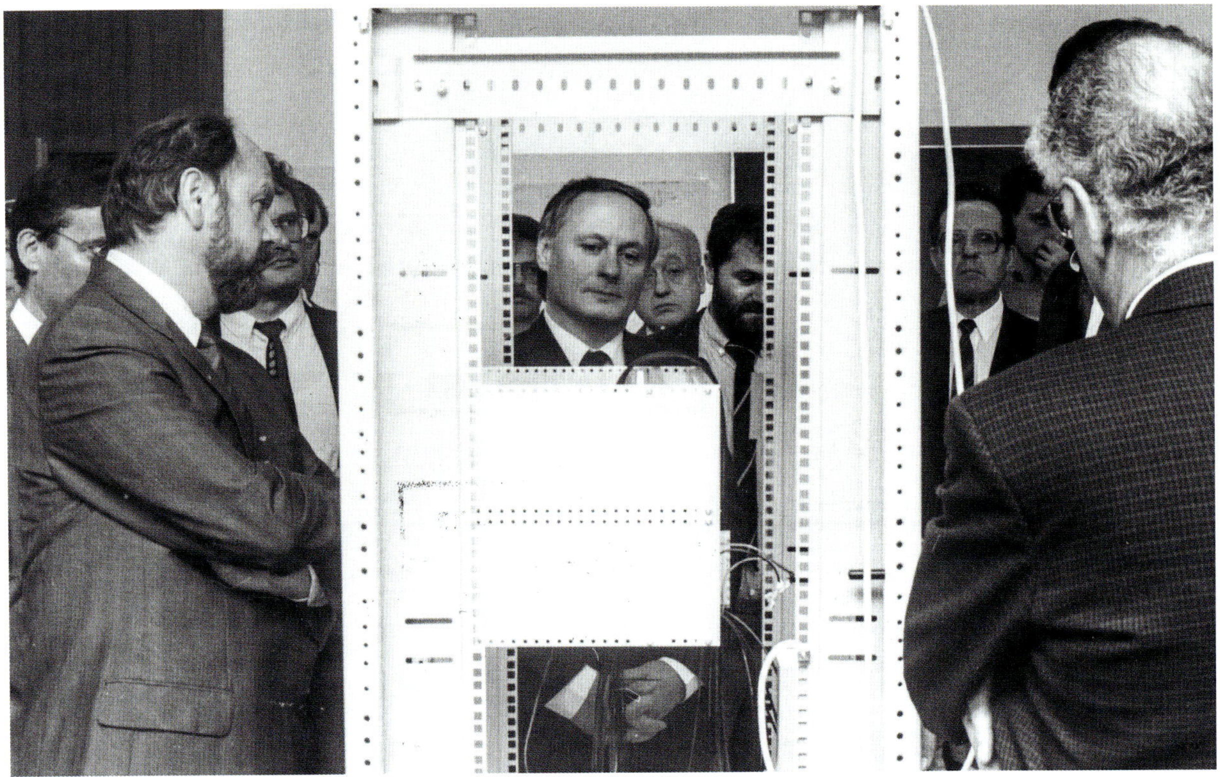

Neue Technologien im Blick: Ministerpräsident Lafontaine und Kultusminister Breitenbach besuchten im April 1988 die Informatik.

Streit und Protest

So erfolgreich die Technologie- und Forschungspolitik der Landesregierung bei der Ansiedlung von Forschungseinrichtungen war, so wenig war sie dazu angetan, ungeteilten Konsens auf dem Campus zu finden. Weniger wirtschaftsrelevante Fächer und Studiengänge mussten fürchten, im Gegenzug für die zusätzlichen Investitionen reduziert oder ganz aufgegeben zu werden. 1988 schrieb die Landesregierung im Rahmen ihrer Technologie-Strategie die Errichtung einer Technischen Fakultät an der Saar-Universität in das neue Hochschulgesetz, und wenn dieser Schritt auch im Grundsatz breite Zustimmung fand, so entbrannte doch in der Folge ein heftiger Streit um die Auswirkungen auf andere Fächer und die Verteilung der Kosten. Da das Gesetz außerdem verstärkte Eingriffsrechte des Ministeriums in universitäre Angelegenheiten wie Prüfungsordnungen oder Professorenberufungen sowie eine Verringerung der Professorenmehrheit in den Unigremien vorsah, schien vielen erneut, wie schon in den 70er Jahren, die Autonomie der Hochschule in Gefahr. Nicht weniger als 121 Professorinnen und Professoren erklärten ihre Ablehnung durch die Unterschrift unter eine ausgesprochen scharf gehaltene Protesterklärung. Eine kleinere Professorengruppe, in der die Nutznießer der neuen Fakultät dominierten, widersprach mit einer Gegen-Stellungnahme – der Konflikt zwischen den Fächergruppen war hell entbrannt und sollte den Campus für lange Zeit prägen.[24]

Erst recht war die Lafontaine'sche Neuausrichtung der Wissenschaftspolitik nicht geeignet, das Dilemma von Unterfinanzierung und Überfüllung an der Universität zu beseitigen. Als im Wintersemester 1988/89 bundesweit die heftigsten Studierendenproteste seit den Zeiten der 68er-Revolte aufflammten, brach sich auch im Saarland der Unmut erneut Bahn; über Monate hinweg folgten Protestmärsche, Blockaden, Besetzungen und Demonstrationen aufeinander. Unter den Hauptwortführern waren die Studentinnen und Studenten des Instituts für Übersetzen und Dolmetschen, in dem sich die Situation geradezu absurd darstellte, da auf die rund 1.200 Studierenden nur ein einziger Professor kam. Im schon lange massengeplagten Wirtschaftswissenschaftsstudium wurde die Überlast auf 150 Prozent beziffert. Gravierend waren die Missstände auch in der Medizin, wo einige Professoren aufgrund der Überfüllung ihre Vorlesungen zweimal hintereinander hielten und der

Dekan dringend eine Verringerung der Studierendenzahl um 20 Prozent und die Einstellung zusätzlichen Lehrpersonals forderte.[25]

> *„Es ist außerordentlich bedauerlich, dass das vernünftige Gespräch und die Mahnungen über viele Jahre hinweg nicht ausgereicht haben, gemeinsam mit den Politikern zu einem Ergebnis zu kommen. Es bedurfte erst der Unruhe der Studierenden."[27]*
>
> *Universitätspräsident Richard Johannes Meiser*

Höchst unzufrieden zeigten sich die Studierenden nicht zuletzt über die „ausschließlich industrieorientierte Förderung", die sie in der Gründung der neuen technisch-naturwissenschaftlichen Fakultät manifestiert sahen. Man hege den starken Verdacht, so der AStA-Präsident Martin Nieder, dass dafür vor allem die Philosophische Fakultät bluten müsse.

Die Proteste waren auch bundesweit so vehement, dass Bund und Länder schon im März 1989 und nochmals ein Jahr später mit Hochschulsonderprogrammen in Milliardenhöhe gegenzusteuern versuchten. Die Grundproblematik blieb dadurch jedoch unberührt.[26]

In die neue Epoche, die mit dem Mauerfall im November 1989 eingeläutet wurde, ging die Saar-Universität daher mit einer gewaltigen Last. Nicht nur, dass Überfüllung und Unterfinanzierung die Hochschule in die Zange nahmen, mit der deutschen Einigung zeichnete sich auch ab, dass viele Kräfte des Bundes für den Aufbau Ost absorbiert werden würden – Mittel, auf die das Saarland und seine Hochschulen bislang hatten hoffen können. Auf der anderen Seite konnte aber auch ein wichtiges Resultat des Jahrzehnts festgehalten werden: War noch in der Mitte des Dezenniums gefragt worden, ob die Universität nicht eine „Bürde" für das vor dem finanziellen Bankrott stehende Saarland sei, so stand die Uni nunmehr als wichtiger Impulsgeber und Entwicklungsmotor da, der für den notwendigen Strukturwandel des Saarlandes dringend gebraucht wurde.[28] ▸▸

▸ Innovationsmotor S. 226

Ute E. Flieger / Thilo Offergeld

Die Universitätspräsidenten Richard Meiser und Lothar Rathmann (Leipzig) schlossen 1987 den ersten und einzigen deutsch-deutschen Hochschul-Kooperationsvertrag.

Der Aufstieg der Informatik

Ein in den 2010er Jahren auf dem Saarbrücker Campus als Flüsterwitz entstandenes Bonmot beschreibt die beiden möglichen Unfallszenarien an der Universität des Saarlandes: Man könne entweder in den Geisteswissenschaften von herabfallenden Gebäudeteilen erschlagen werden oder auf dem Marmor der Informatik ausrutschen und einen Genickbruch erleiden. Ein Zeitgenosse der 1970er und 80er Jahre hätte auf solchen schwarzen Humor wohl mit Unverständnis reagiert, denn damals war weder der massive Verfall der hochmodernen Gebäude C5 2 und C5 3 vorhersehbar noch der rasante Aufstieg der im Wintersemester 1970/71 eingerichteten Informatik.

„Saarbrücker Informatik als Vorreiter", vermeldete stolz die Saarbrücker Zeitung im Sommer 1970, und sie bemühte sich, diese neue Fachdisziplin im Umfeld von Mathematik und Elektrotechnik ihrer Leserschaft näher zu bringen: „Das Fach beschäftigt sich in der Hauptsache mit der Herstellung und dem Einsatz von Elektrorechnern". Diese praxisnahe Verengung verschleierte ein wenig, dass die Informatik ein Kind der angewandten Mathematik war. Ihre Etablierung in Saarbrücken ist untrennbar mit den Namen der Gründungsväter Johannes Dörr und Günter Hotz ◂◂ verbunden, beide von Hause aus Mathematiker. Sie hatten die Chance genutzt, die sich durch das „Überregionale Forschungsprogramm Informatik", eine gezielte Förderung des Bundes zur Etablierung des neuen Fachs, eröffnet hatte.

▸ *Biogramm* S. 262 und S. 275

▸ *Biogramm* S. 165

Zwar herrschte auf Studierendenseite zunächst noch deutliche Zurückhaltung, was angesichts der „Studentenschwemme" in anderen Fächern überraschte: „Man könnte es fast als Kuriosum bezeichnen: es gibt tatsächlich Fakultäten, die Studenten suchen!" Doch dies änderte sich schnell, da die Verbindung von theoretischen und praktischen Ansätzen Studierwillige in steigendem Maß anzog.[29]

Als die Bundesförderung 1977 auslief und das Land trotz gegebener Zusagen den Ausfall nicht kompensierte, waren die Folgen dramatisch: Der Betreuungsschlüssel und die Wartezeiten auf Diplomthemen verschlechterten sich enorm, die Zulassungszahlen mussten 1980 auf 50 Plätze bei 168 Anmeldungen begrenzt werden, und zwei der fünf Professuren blieben aufgrund der düsteren Zukunftsaussichten unbesetzt. Günter Hotz war – unterstützt durch eine Handvoll Assistenten – zeitweise „last man standing". 1981 beklagten die beiden frisch berufenen Professoren Kurt Mehlhorn und Reinhard Wilhelm in einem Memorandum an das Kultusministerium die schlechten Ausbildungsbedingungen in einem Fach, in dem die Berufsaussichten für Absolventinnen und Absolventen „unvergleichlich gut" seien. Auch die Stärkung des Wirtschaftsstandortes spielte hier bereits eine Rolle, denn durch die „Gründung … neuer mittelständischer Unternehmen ergebe sich für das Saarland ‚der Einstieg in einen sehr zukunftsträchtigen Bereich'".[30]

Diese Chancen erkannte dann auch die Landespolitik, denn spätestens 1986/87, als die Professoren Günter Hotz, Kurt Mehlhorn und Wolfgang Paul ◂◂ mit dem Leibniz-Preis die höchste deutsche Auszeichnung für hervorragende Forschungsleistungen erhielten, war nicht mehr zu übersehen, über welches Potenzial die Saarbrücker Informatik verfügte. Bei seinem Uni-Besuch im Frühjahr 1988 widmete Ministerpräsident Lafontaine laut Bericht des Universitätsorgans „Campus" seine Aufmerksamkeit vor allem den Informatikern, auch wenn „deren Erläuterungen die Grenze der Allgemeinverständlichkeit weit überschritten".[31]

Als beeindruckend wird der junge Landesvater und studierte Physiker die Ausführungen dennoch erlebt haben, denn bald trat ein Effekt ein, den man als „Aufwärtsstrudel" bezeichnen könnte. In einem ungewöhnlich erfolgreichen Zusammenspiel von bundesweiten Fördermaßnahmen, einer zunehmend die Belange der Informatik unterstützenden Landesregierung und einer Universitätsleitung, die den Ausbau der noch jungen Wissenschaft als Maßnahme der Profilbildung begriff, entwickelte sich die Informatik zu einer universitären Leit-Disziplin. Maßgeblich hierfür war nicht zuletzt die in dieser Konzentration nahezu einzigartige Ansiedlung von außeruniversitären Forschungsinstituten, deren Leitung meist in den Händen von Saarbrücker Universitätsprofessoren lag.

Profitierte das „Deutsche Forschungszentrum für Künstliche Intelligenz" (DFKI, 1987) mit seinem am Standort

Saarbrücken vornehmlich geisteswissenschaftlich-linguistisch ausgerichteten Profil noch von dem forschungsstarken Umfeld aus Computerlinguistik und Informationswissenschaft, so spielte beim Zuschlag der Max-Planck-Gesellschaft für das „MPI für Informatik" (1988) die Landespolitik eine große Rolle, da die Fachzuweisung für das nach Länderproporz an der Saar einzurichtende Institut auf ausdrücklichen Wunsch der Landesregierung erfolgte. Auch beim dritten Paukenschlag, der Gründung eines internationalen Begegnungs- und Forschungszentrums für Informatik im nordsaarländischen Schloss Dagstuhl (1989), engagierte sich das Land politisch wie finanziell und kooperierte in dieser Frage aufs Engste mit der Universitätsleitung.[32] ▸▸

Das Fach war zwar gegen Ende des Jahrzehnts noch weit entfernt von den Entwicklungshöhen, die zu Beginn des neuen Jahrtausends erklommen wurden, als sogar ein zweites Max-Planck-Institut in der Informatik eingerichtet wurde und der „Campus" selbstbewusst Saarbrücken zur „Welthauptstadt der Informatik" ausrief. Doch markieren die 80er Jahre den Zeitraum wichtiger Weichenstellungen, in dem Universität und Land zukunftsweisende Forschungsfelder ausmachten und als wesentliche Faktoren für den Strukturwandel der Stahl- und Kohleregion Saarland aufbauten.[33]

Der Aufstieg der Informatik, die noch zu Beginn der 80er nur über eine bescheidene Ausstattung an Uni-Mitteln vergleichbar den Kunst- und Altertumswissenschaften verfügte, wurde innerhalb der Saar-Uni anfangs noch mit Wohlwollen begleitet. Dies sollte sich Anfang der 90er Jahre ändern, als Sparmaßnahmen ganze Fächer bedrohten und die Ausrichtung von Forschungskongressen aus Finanzgründen eingeschränkt wurde, während der weitere Ausbau der Informatik erklärtes Ziel der Hochschulleitungen blieb. „Es gibt noch andere Fächer neben der Informatik", klagte etwa der Romanist Hansjörg Neuschäfer öffentlich 1991 und gab damit dem Spannungsverhältnis zwischen der Informatik und den Geisteswissenschaften Ausdruck, die in der aufstrebenden Disziplin zunehmend eine Bedrohung erkannten. Der Gegensatz von Marmor und Betonbrocken kündigte sich an.[34]

▸ *Zeitzeugnis Wilhelm* S. 214

Thomas Kees

Moderne Forschungscomputer für die Informatik: Siemens-Vizepräsident Schwärtzel (r.) bei der Übergabe an Präsident Meiser (l.) und die Informatikprofessoren Kurt Mehlhorn und Günter Hotz.

Paul Müller
(1940–2010)

Paul Müller, der zweite Präsident der Universität, war gebürtiger Saarländer und seiner Alma Mater seit der Studienzeit verbunden. Er begründete 1971 den Lehrstuhl für Biogeographie und leitete seit 1989 das Zentrum für Umweltforschung. Durch seine Forschungen zur Biogeographie Europas und Südamerikas und seine Beiträge zur Diskussion um die Artenvielfalt erwarb er hohe internationale Anerkennung. So trägt unter anderem eine südamerikanische Buntbarsch-Art seinen Namen.

Schwierige Kombination S. 156

Müller übernahm 1979 nach vorausgegangenem dramatischem Wahlkonflikt ◂◂ die Führung der Universität. In seiner Amtszeit wurde die Integration der Pädagogischen Hochschule in die Universität abgeschlossen und der zweite Universitätsentwicklungsplan verabschiedet, der Weichen zur Schwerpunktbildung und zum Ausbau der Ingenieurwissenschaften stellte. Auch der mit Müllers Namen eng verbundene Umweltschwerpunkt trat in den Vordergrund.

Pionier S. 191

1982 wurde Müller zum Vizepräsidenten der Westdeutschen Rektorenkonferenz gewählt. Er engagierte sich auch politisch in der FDP – 1986 lehnte er eine Berufung als Umweltsenator nach Berlin ab – und nicht zuletzt als Vizelandesjägermeister des Saarlandes. Sein Wechsel an die Universität Trier 1999, in Folge der Verlagerung seines Fachs auf Empfehlung der umstrittenen Simon-Kommission, bedeutete den Anfang vom Ende des Saarbrücker Umweltschwerpunkts. In Trier wirkte der mehrfache Ehrendoktor weiter erfolgreich unter anderem als Sprecher des Sonderforschungsbereichs „Umwelt und Region“.[35] *wm*

Jörn Petersson
(geboren 1936)

Es lag in der Familie: Sowohl der Vater als auch der jüngere Bruder waren Mathematik-Professoren. Den gebürtigen Hamburger Jörn Petersson führte seine wissenschaftliche Laufbahn nach dem Studium in Münster 1966 an die Universität des Saarlandes, wo er sich 1972 für Technische Physik habilitierte und auch als Senatsbeauftragter für das Rechenzentrum agierte. Viele Jahre begleitete er als stellvertretender Sprecher und Sprecher den wichtigen, von Horst Müser 1974 begründeten Sonderforschungsbereich 130 „Ferroelektrika“. Sein zentrales Forschungsfeld bildete die Festkörperphysik, insbesondere strukturelle Phasenumwandlungen in Festkörpern sowie Aspekte der nuklearmagnetischen Resonanz.

Seit 1981 entwickelte sich unter dem Dach des Sonderforschungsbereichs und trotz schwieriger Randbedingungen eine Verbindung zu korrespondierenden, unter anderem von Dieter Michel geleiteten Arbeitsgruppen an der damaligen Karl-Marx-Universität Leipzig. Diese Zusammenarbeit vertiefte sich nach der Besiegelung der ersten deutsch-deutschen Universitätspartnerschaft zwischen Saarbrücken und Leipzig 1987 und dem politischen Umbruch 1989 über die Jahrtausendwende hinaus. ◂◂

Nach dem Ende des Sonderforschungsbereichs engagierte Petersson sich intensiv in der akademischen Selbstverwaltung als Prodekan und Dekan sowie im Zeichen kritischer universitärer Struktur- und Spardebatten von 1991 bis 1995 als Vizepräsident für Forschung und Technologietransfer.[36] *wm*

Hermann Josef Schieffer

(geboren 1934)

Der frühere Direktor der III. Medizinischen Universitätsklinik mit den Schwerpunkten Kardiologie, Angiologie, Internistische Intensivmedizin hat seit sechs Jahrzehnten die Entwicklung der Medizinischen Fakultät miterlebt und -gestaltet. Bereits 1963 trat er als Assistent in die Medizinische Klinik ein, später wirkte er unter anderem als Prodekan des Fachbereichs Klinische Medizin (1987–1990), Ärztlicher Direktor des Universitätsklinikums (1994–1995) und Dekan der Medizinischen Fakultät (1996–1998).

In seiner Laufbahn und seinen zahlreichen Publikationen, etwa zur Arteriellen Hypertonie oder Katheterdiagnostik, spiegeln sich auch die Geschichte der kardiologischen Abteilung und die Wandlungen der invasiven und nicht-invasiven Herz-Kreislauf-Funktionsdiagnostik und -Therapie. Die Reorganisation klinischer Abläufe durch ein sachgerechtes Klinikmanagement war ihm ein besonderes Anliegen.

Der 1999 zum Sanitätsrat ernannte und in zahlreichen Fachgesellschaften aktive Träger der Ernst-von-Bergmann-Plakette der Bundesärztekammer engagierte sich intensiv auch im Bereich der ärztlichen Fort- und Weiterbildung und leitete unter anderem von 2001 bis 2012 die Ethikkommission bei der Ärztekammer des Saarlandes, die ihm 2012 die Carl-Erich-Alken-Medaille ▸▸ verlieh. Auch nach Ende seiner Dienstzeit unvermindert engagiert, leitete Schieffer von 2001 bis 2020 den von ihm mitbegründeten „Emeriti-Kreis Homburger Hochschullehrer im Ruhestand“ als Forum der Begegnung und des wissenschaftlichen Austauschs.[37] *wm*

Hans-Joachim Kornadt

(1927–2023)

Der in Pommern Geborene übernahm im Herbst 1968, nachdem er schon zuvor an der Comenius-Hochschule in Saarbrücken gelehrt und eng mit dem Psychologischen Institut unter Leitung von Ernst E. Boesch ▸▸ zusammengearbeitet hatte, den Saarbrücker Lehrstuhl für Pädagogische Psychologie und Erziehungswissenschaft; trotz hochkarätiger Rufe blieb er während seines gesamten langen Wissenschaftlerlebens an der Saar-Universität. Seine bis ins zehnte Lebensjahrzehnt fortgesetzten Forschungsarbeiten widmen sich den Themen Aggressionsforschung, Motivationspsychologie und kulturvergleichende Psychologie. Unter anderem legte er schon Ende der 60er Jahre empirisch dar, dass die Übertragung des europäischen Bildungssystems auf afrikanische Gesellschaften ein verfehltes Konzept darstellte. Gastprofessuren und kulturvergleichende Forschungsprojekte führten ihn unter anderem nach Indonesien und Japan.

▸ *Biogramm* S. 103

Kornadt wurde vielfach in hochrangige Gremien der Bildungs- und Wissenschaftspolitik sowie der Wissenschaftsplanung berufen und durch hohe Auszeichnungen geehrt, darunter das Bundesverdienstkreuz Erster Klasse. Er war unter anderem Präsident der Deutschen Gesellschaft für Psychologie und der von ihm begründeten Deutsch-Japanischen Gesellschaft für Sozialwissenschaften. Nach 1990 begleitete er die Umstrukturierung des ostdeutschen Hochschulwesens und fungierte als Senatsbeauftragter für den Aufbau der Erziehungswissenschaftlichen Fakultät der wiederbegründeten Universität Erfurt, die ihm 2009 die Ehrendoktorwürde verlieh.[38] *wm*

▸ *Biogramm* S. 62

Essensmärkchen

So grau der Bau, so bunt die Essensmärkchen, die das Studentenwerk mit der Aufnahme des Betriebs in der neuen Saarbrücker Mensa im Jahr 1970 einführte. Blau, gelb, weiß, rot, lila, grün, aber auch grau und nicht zuletzt zeitgemäß in orange präsentierten sich die im Durchmesser 21 Millimeter großen, gelochten und ungelochten Plastikchips, die der Minderung des Bargeldaufkommens dienen und vor allem den Zahlungsablauf bei der Essensausgabe beschleunigen sollten.

Die Zahlung wurde durch den Einsatz Zigarettenautomaten-ähnlicher Schubfachsysteme in das Mensafoyer ausgelagert, die zeitraubende Handhabung von Geld und Wechselgeld konnte so – bis auf das teurere und weniger standardisierte „Wahlessen", für das zwei Kassen im Einsatz blieben – vermieden werden. Nicht vermeiden ließ sich nun allerdings der gelegentliche Fund von Fremdwährungen wie etwa der polnischen 20-Złoty-Stücke der 80er Jahre, deren Gewicht und Größe dem der 5 D-Mark-Münzen sehr exakt entsprach.

UdS-Card S. 270

Die auffällige Gestaltung der an bunte Casino-Jetons erinnernden Märkchen entsprang natürlich nicht (frühkindlich-)ästhetischen Vorlieben, sondern zielte auf eine schnelle Erkennbarkeit des Wertes für A-, B- oder C-Essen und der preisrelevanten Gruppenzugehörigkeit ab. Schnöder und weniger farbenfroh fiel dann das Scheckkartensystem „Girovend" aus, das im Jahr 1994 das Märkchensystem ablöste, nun auch Raum für einen Werbeaufdruck bot und bis zur Einführung der multifunktionalen UdS-Card ◂◂ im Jahr 2004 Bestand hatte.

tk

Mikrofiche-Lesegerät

„Und wo ist mein Buch?“ dürfte eine der meistgestellten Fragen in Bibliotheken der siebziger und achtziger Jahre gewesen sein, wenn sich eine angeforderte Monographie überraschend als Mikrofiche erwies. Kaum eine technische Innovation war so unbeliebt wie die in den sechziger Jahren aufkommenden Mikrofilme und Mikrofiches; kein anderes Medium erforderte auch ein ähnlich problematisches Nutzungsprozedere wie die kleinen Plastikplättchen, die „niemals, niemals!“ anders als am Rand berührt werden durften, wollte man sich nicht die Rüge der Bibliotheksaufsicht zuziehen.

Die Mikroformen hatten die unschlagbaren Vorteile niedriger Herstellungskosten und beliebiger Reproduzierbarkeit. Der geringe Preis dürfte auch der Grund für ihre Beliebtheit als Veröffentlichungsform für Dissertationen gewesen sein. Mitunter spielte allerdings wohl auch die Absicht eine Rolle, die Pflicht-Publikationen ohne weiteren Schaden für das eigene Renommee ins wissenschaftliche Nirwana versenken zu können.

Unstrittig ist in jedem Fall die Langlebigkeit dieses Datenträgers, der zur Nutzung nur etwas Licht und eine gute Linse voraussetzt und in Alterungssimulationen 500 Jahre überstanden hat. Diese Vorzüge erklären auch, warum Mikroformen zur Bestandssicherung in Archiven noch heute gern eingesetzt werden. Aus den Benutzungsbereichen von Bibliotheken sind die Lesegeräte allerdings verschwunden. Und ist man heutzutage mit einem Mikrofiche konfrontiert, kann meist im Nu eine digitale Kopie erzeugt werden. Wie lange diese hält, ist allerdings wieder strittig.

tk

Internationale Kooperation I: Deutsch-französischer Brückenbau und die „Charte"

Wollte man sagen, die enge Anbindung an das französische Nachbarland sei der Universität des Saarlandes in die Wiege gelegt worden, so wäre dies untertrieben – genau genommen lag die junge Hochschule selbst im Jahr 1948 in einer französischen Wiege. Als sie ab Mitte der 50er Jahre dieser Wiege entnommen und auf eigene Beine gestellt wurde, galt es vor allem, den Aufbau zur Landesuniversität und die Eingliederung in das deutsche Hochschulsystem zu bewältigen. Dennoch stellte auch die sichtbare Anknüpfung an das französische Erbe für die „deutsche" Gründergeneration eine wesentliche Aufgabe dieser Übergangsphase und der weiteren Entwicklung dar. In einem programmatischen Beitrag für die Studierendenzeitschrift „Speculum" betonte 1957 der erste deutsche Rektor Heinz Hübner, dass die grenznahe Saar-Universität „nicht nur die Pflege des deutschen Kulturgutes" zur Aufgabe habe, sondern darüber hinaus „als Mittler zu den angrenzenden Kulturkreisen" berufen sei.[39]

Die Universität führte tatsächlich nicht nur das Europa-Institut und die Studienangebote für französische Studierende weiter, sondern etablierte 1957 auf der Grundlage des saarländisch-französischen Kulturabkommens das „Französische Institut" als Dreh- und Angelpunkt der Aktivitäten im bilateralen Kultur- und Wissenschaftsbereich. Auch die Einschreibungen ausländischer Studierender blieben stabil, und unter ihnen machten die französischen Kommilitoninnen und Kommilitonen, für die das Akademische Auslandsamt ein eigenes „Franzosen-Programm" aus Bundesmitteln unterhielt, mit 30 Prozent die weitaus größte Gruppe aus.[40]

Als der Anteil internationaler Studierender in den 70er Jahren unter die 10-Prozent-Marke fiel und auch die Immatrikulationen aus Frankreich deutlich zurückgingen, versuchte die Saar-Universität gegenzusteuern. Für die Vorreiterfächer Germanistik und Jura wurden kombinierte Studiengänge eingerichtet, die es französischen Germanistik-Studierenden erlaubten, in ihrem Abschlussjahr an der Saar eine vollgültige Licence zu erwerben. Angehende französische Juristinnen und Juristen profitierten von Studiengängen des „Centre d'Etudes Juridiques Françaises", das tiefgehende Kenntnisse des deutschen Rechtswesens vermittelte.[41]

Zu Beginn der 80er Jahre stand die Universität des Saarlandes im Hinblick auf ihre Frankreichkontakte gemessen an anderen Hochschulen zwar gut da, wurde allerdings dem höheren Anspruch einer dezidiert deutsch-französischen oder gar europäischen Universität insofern nicht gerecht, als die meist bilateralen Kooperationen – teilweise nur zwischen einzelnen Fächern abgeschlossen – eher einen gewachsenen Flickenteppich bildeten als ein überzeugendes Kooperationssystem. So unterhielt die Saar-Uni 1983 mit Frankreich zwölf Kooperationen in zehn Städten; von den verschiedenen Pariser Universitäten (Vor- und Frühgeschichte, Romanistik, Germanistik) über das benachbarte Nancy (Informatik, Geologie/Mineralogie, Rechtswissenschaft, Medizin) und Metz (Umweltforschung, Geographie, Geschichte, Germanistik) spannte sich der geographische Bogen bis zu den Universitäten Lille (Rechtswissenschaft), Aix-Marseille (Chemie, Geographie) und Bordeaux (Rechts- und Sozialphilosophie). Auch Straßburg, Mulhouse, Grenoble und Lyon waren Partner, so dass sich ein buntes, durchaus beeindruckendes Bild von Frankreich-Kontakten ergab, dem allerdings Fokussierung und Systematik noch weitgehend fehlten.[42]

In dieser Zeit, gewissermaßen im Vorfeld der Entwicklung zum europäischen Binnenmarkt und im Zuge der ersten europäischen Forschungs- und Bildungsprogramme, entwickelte die Saar-Uni mit ihren Nachbarhochschulen eine neue Dimension der internationalen Zusammenarbeit: Die Partner begannen, die länderübergreifende Nah-Region als gemeinsamen Hochschulraum zu sehen und sich systematisch miteinander abzustimmen. Im besten Sinn einer Europäisierung der nun als gemeinsame Aufgabe betrachteten Forschung und Lehre vereinbarten die Universitäten in Saarbrücken, Metz und Nancy mit zwei technischen Hochschulen in Lothringen und dem Universitätszentrum in Luxemburg am 25. Oktober 1984 die „Charte de coopération universitaire", deren zwei Hauptsäulen in der Entwicklung gemeinsamer Lehr-, Studien- und Forschungsprogramme und in der Förderung des Austauschs von Studierenden und Forschenden bestanden. Vollkommen neu war der vergleichsweise hohe Organisationsgrad

Unterzeichnung der „Charta der universitären Zusammenarbeit" 1984 in Pont-à-Mousson

dieser Kooperation, da mit der Festlegung jährlicher Charta-Konferenzen sowie der Einrichtung von Koordinatoren und Sekretariat eine eigene Governance-Struktur aufgebaut wurde. Mittels dieser auf Ebene der Hochschulleitungen angesiedelten Instanzen verfolgten die Partner das Ziel, den bisherigen bilateralen Kooperationen ein zentrales multinationales Konstrukt an die Seite zu stellen.[43]

Von den hochgespannten Absichten blieb letztlich vieles unverwirklicht, doch die „Charte" wuchs auf dreizehn Mitglieder an und bestand bis ins neue Jahrtausend hinein, in dem mit der Gründung der „Universität der Großregion" 2008 ein neues, ebenfalls maßgeblich von der Saar-Uni initiiertes Kapitel regionaler Kooperation aufgeschlagen wurde. Dieses war stärker von politischen und wirtschaftlichen Aspekten geprägt und nicht zuletzt auf gemeinsame Forschung zur Unterstützung der regionalen Wirtschaft ausgerichtet. Eine solche Verknüpfung von akademischer Ausbildung, wissenschaftlicher Forschung und ökonomischem Nutzen hatte an der Universität des Saarlandes bereits in den 90er Jahren ihre Anfänge genommen, als mit dem 1996 gegründeten „Frankreich-Zentrum" auch die „Interkulturelle Kommunikation" als Studiengang mit ausgesprochenem Frankreich-Fokus eingerichtet wurde. Neu war hier die Abstimmung des Studiums auf wirtschaftliche Belange, da die zu vermittelnden „Einblicke in Kultur, Wirtschaft, Politik, Gesellschaft des französischen Nachbarn und europäischen Partners" vor allem dazu dienen sollten, das „Denken und Handeln in der anderen, der französischen Kultur zu verstehen, zu respektieren und zu nutzen." Letzteres war wörtlich zu verstehen, denn schließlich brauche, so der Romanist Jochen Schlobach, „die Wirtschaft hochqualifizierte Leute, die nicht nur eine fachliche, sondern eine interkulturelle Kompetenz haben (…) Wer Geschäfte machen will, (muss) sich bei den Partnern auskennen."[44]

Zwar wäre es verfehlt, die von Rektor Hübner 1958 avisierte „Mittlerschaft zu den angrenzenden Kulturkreisen" auf kommerzielle Belange zu reduzieren. Doch die neue Ausrichtung füllte zweifellos eine Lücke und erweiterte ein Studium, dessen Gebrauchswert sich in der öffentlichen Wahrnehmung bis dahin im Wesentlichen auf Schulen reduziert hatte, nun auf die Herausbildung vielfältiger Schlüsselkompetenzen im deutsch-französischen Partnerschaftsverhältnis, das zu stärken immer schon Aufgabe der Universität des Saarlandes gewesen war.

UniGR S. 266

Thomas Kees

Richard Johannes Meiser

(1931–1995)

Als „Europäer auf dem Saarbrücker Präsidenten-Stuhl" ist Richard Johannes Meiser in den Annalen verzeichnet. In Cottbus geboren, kam er über Paris und Heidelberg 1968 auf den Homburger Campus, wo er sich 1969 für Innere Medizin habilitierte und unter schwierigen Bedingungen eine hämatologische Arbeitsgruppe aufbaute. Im Februar 1982 zum Ersten Vizepräsidenten gewählt, folgte er im Juli 1983 Paul Müller im Amt des Universitätspräsidenten, für das er zweimal wiedergewählt wurde und das er aus gesundheitlichen Gründen 1992 aufgeben musste.

Im Zentrum seiner langen Amtszeit, die auch sein Wirken als Vizepräsident für internationale Angelegenheiten der Westdeutschen Rektorenkonferenz 1987 bis 1991 umfasste, standen die von ihm initiierte Hochschulkooperation in der „Charte Saar-Lor-Lux-Westpfalz" ◂◂ sowie die Entwicklung internationaler Studiengänge und des europäischen Studierendenaustauschs ERASMUS. Eine Errungenschaft war zudem die erste deutsch-deutsche Universitätspartnerschaft, abgeschlossen 1987 mit der Karl-Marx-Universität Leipzig. Unter seiner Ägide erfolgte die wirtschaftsorientierte Neuausrichtung der Universität, einschließlich der Gründung einer Technischen Fakultät.

▸ *Internationale Kooperationen I* S. 200

Meiser galt als ein ausnehmend zugänglicher und Studierenden wie Beschäftigten zugewandter Präsident. Hochschulpolitisch trat der Träger des Erasmus-Preises der EU verbindlich, aber beharrlich für die Wahrung der Autonomie und der universitätsinternen Handlungsmöglichkeiten ein.[45] *wm*

Herbert Gleiter

(geboren 1938)

Als Pionier der Nanowissenschaften und Nanotechnologie war Herbert Gleiter der entscheidende Wegbereiter für die modernen Saarbrücker Materialwissenschaften. Nach der Promotion an der TU Stuttgart, Forschungsaufenthalten an der Harvard University und der Habilitation in Bochum übernahm er 1973 den Lehrstuhl für Werkstoffphysik und Werkstofftechnologie an der Saar-Universität. In hoch innovativen Forschungen widmete er sich der Struktur und den Eigenschaften von Korngrenzen in Metallen, erkundete dabei das nach ihm benannte Modell der strukturellen Baueinheiten von Korngrenzen und prägte einen weiten Schülerkreis.

Gleiters Renommee war mitentscheidend für die Errichtung des Instituts für Neue Materialien, dessen Gründungsdirektor er 1987 wurde. Im Folgejahr erhielt er den Leibniz-Preis der Deutschen Forschungsgemeinschaft. Nachdem er 1992 einen Ruf an die ETH Zürich noch abgelehnt hatte, wechselte Gleiter 1994 nach Karlsruhe, wo er zunächst als Vorstand des Forschungszentrums, dann als Geschäftsführender Direktor des Instituts für Nanotechnologie und schließlich als Distinguished Senior Fellow agierte.

Durch Ehrendoktorate, Akademiemitgliedschaften und Fellowships in vielen Ländern ausgezeichnet, orientierte sich Gleiter zuletzt verstärkt nach China, wo er 2012 das „Herbert Gleiter Institute of Nanoscience" gründete und 2023 das größere „Herbert Gleiter International Institute" eingeweiht wird. Für seine aktuellen Innovationen erhielt er 2022 den hoch renommierten Stookey Award.[46] *wm*

Barbara Sandig

(1939 – 2013)

Die Tochter des späteren Rektors der Wirtschaftshochschule Mannheim Carl Sandig wirkte nach ihrer Heidelberger Promotion und Habilitation bei Peter von Polenz von 1979 bis 2004 als Professorin für Neuere deutsche Sprachwissenschaft an der Universität des Saarlandes. Hier leitete sie schon bald ein Teilprojekt über computergestützte Textanalyse in dem wegweisenden Sonderforschungsbereich 100 „Elektronische Sprachforschung".

Als Expertin auf den Gebieten der Stilistik, der Textlinguistik, der Gesprächsanalyse und des wissenschaftlichen Schreibens repräsentierte Barbara Sandig mit ihren Standardwerken zur pragmatischen Linguistik, ihren Gastprofessuren und ihren internationalen Vernetzungen in besonderer Weise die moderne linguistische Germanistik. Als eine der in der Hochschullandschaft der 80er und frühen 90er Jahre noch wenigen Professorinnen ▸▸ war sie ein wichtiges Beispiel für Nachwuchswissenschaftlerinnen, die sie als Mentorin begleitete und förderte.

1988 übernahm sie das Prodekanat ihrer Fakultät und war damit neben der Orientalistin Renate Jacobi die erste Frau in diesem Amt an der Saar-Universität. Sandig engagierte sich für die „Frauenbibliothek Saar" und als Herausgeberin der universitären Schriftenreihe zur Frauenforschung „Sofie"; eine ihr gewidmete Gedenkschrift vereint beeindruckende Erinnerungen der Kolleginnen und Kollegen und des weiten, von Finnland bis Kamerun und von Paris bis Moskau reichenden Schülerkreises an eine Pionierfigur weiblicher Wissenschaft.[47] *wm*

Peter Müller

(geboren 1955)

Aufgewachsen im saarländischen Eppelborn, studierte Peter Müller von 1975 bis 1983 Rechts- und Politikwissenschaften in Bonn und Saarbrücken und war anschließend Assistent am Lehrstuhl für Staats- und Verwaltungsrecht der Saar-Uni. Später Richter am Landgericht Saarbrücken, blieb er seiner Heimatuniversität als Lehrbeauftragter lange Jahre weiterhin verbunden.

Der Einser-Jurist und scharfzüngige Debattenredner gewann nach steiler Parteikarriere als „Junger Wilder" die absolute Mehrheit für die Saar-CDU und prägte als saarländischer Ministerpräsident von 1999 bis 2011 eine Ära. Hochschulpolitisch zeichnete sich die Zeit der drei Kabinette Müller durch die Stärkung der Eigenverantwortung der Hochschulen aus, die in Ziel- und Leistungsvereinbarungen und „Globalhaushalten" Ausdruck fand, welche der Universität bessere Planbarkeit bringen sollten.

▸ *Höhere Hürden* S. 306

Breites Aufsehen erregte Müller im Jahr 2009 durch die Bildung der ersten „Jamaika-Koalition" aus CDU, FDP und Grünen, in der das Aufgabenfeld Wissenschaft erstmals im FDP-geführten Wirtschaftsministerium ressortierte. Diese auch bundesweit als innovative Maßnahme zur stärkeren Verzahnung von Wirtschaft und Wissenschaft gerade in strukturschwachen Regionen beachtete Regelung rief allerdings auch Kritik hervor und wurde als Zeichen gedeutet, dass im Saarland „die Universität in Lehre und Forschung vor allem wirtschaftlichen Zwecken zu dienen" habe (Karl-Heinz Ohlig). 2011 wechselte Müller als Richter ans Bundesverfassungsgericht nach Karlsruhe.[48] *tk*

Internationale Kooperation II: Die Ostpartnerschaften

„Aus Kenntnis wächst Erkenntnis!", pflegte Jörg K. Hoensch, der langjährige Lehrstuhlinhaber für Osteuropäische Geschichte am Historischen Institut der Universität des Saarlandes zu sagen, und diese Überzeugung mag die unausgesprochene Leitschnur bei der Anbahnung der Saarbrücker Ostpartnerschaften gewesen sein. Ausgerechnet die im äußersten Südwesten Deutschlands gelegene Saarbrücker Universität war eine Vorreiterin für diese seinerzeit hochgradig schwierigen Kooperationsprojekte mit Hochschulen im kommunistischen Machtbereich, die mit Warschau (1983) und Prag (1988/1991) Ost-Mitteleuropa, mit der bulgarischen Hauptstadt Sofia (1980) die Balkanregion und mit dem georgischen Tiflis (1983) sogar den Kaukasus umfassten.

Biogramm S. 180

War die politische Großwetterlage nach der Neuen Ostpolitik der sozialliberalen Koalition und der Schlussakte von Helsinki (1975), die eine Zusammenarbeit zwischen den politischen Blöcken auch auf dem Feld der Wissenschaft vorsah, zunächst günstig, so zogen doch Anfang der 1980er Jahre in Folge des NATO-Doppelbeschlusses dunklere Wolken auf, die weitergehende Kooperationen scheinbar zu erschweren drohten. Nur scheinbar allerdings, denn genau in dieser Phase brachte die Saar-Universität Kooperationsabkommen auf den Weg, die vielerorts, nicht zuletzt in der Saarbrücker Staatskanzlei, auf Skepsis stießen, die aber dennoch in einem beeindruckenden Duktus universitärer Selbstbehauptung und in Verteidigung der Freiheit von Forschung und Lehre konsequent umgesetzt wurden. „Mit Genuss" unterzeichnete Universitätspräsident Müller am 19. September 1980 den Kooperationsvertrag mit der Kliment-Ochridski-Universität in Sofia und setzte sich damit souverän über die Vorbehalte der politischen Führung am Saarbrücker Ludwigsplatz hinweg.[49]

Als Sinnbilder für die lebendigen, wachsenden Partnerschaften wurden in den nächsten Jahren etliche Nuss- und Obstbäume auf dem Campus gepflanzt, von denen einige heute noch gedeihen. Und keine der Jubiläumsschriften, die Jahrzehnte später diese Kooperationen resümierten, vergisst den Mann zu würdigen, dessen außergewöhnlicher persönlicher Einsatz entscheidend war für den Erfolg: den evangelischen Theologen Gert Hummel, der als langjähriger Beauftragte für die Ostpartnerschaften und nachmaliger Bischof der Evangelisch-Lutherischen Kirche in Georgien die Rollen des Werbers, Türöffners, Mäzens, Antreibers und Dompteurs in sich vereinte.[50] ◀◀

Hummel sorgte maßgeblich dafür, dass sich die Kooperationen von Anfang an nicht bloß auf persönliche Kontakte beschränkten oder auf touristische Reisen in meist unbekannte – und für östliche Partner in der Regel sonst nicht erreichbare – Regionen abzielten. Sie sollten sich vielmehr in harter wissenschaftlicher Münze auszahlen, wie der Romanist Uwe Dethloff im Jahr 2020 zu Protokoll gab: „Gert Hummel hatte mir von Beginn an immer wieder eingeschärft, unser Austausch dürfe sich nicht etwa in einem gut gemeinten Wissenschaftstourismus erschöpfen. Man erwarte seitens der Universitätsleitungen, des DAAD und nicht zuletzt des Hauptsponsors [Hummel selbst] konkrete Arbeitsergebnisse".[51]

Freilich war Hummels Einsatz nicht immer von unmittelbarem Erfolg gekrönt. So vermochten zum Beispiel die Wirtschaftswissenschaften in den 1980er Jahren herzlich wenig mit der in Tiflis betriebenen Politischen Ökonomie anzufangen. Später jedoch, als sich in den 90er Jahren neue Türen öffneten, leisteten sie wichtige Aufbauarbeit beim Umbau der Forschung und der Lehre und profitierten dabei von den Grundlagen, die in dieser – wissenschaftlich wenig ergiebigen – Frühphase gelegt worden waren. So wurde von einem evangelischen Theologen in dürrer Zeit gewissermaßen ein Senfkorn gesät, das in den späteren Jahrzehnten reiche Frucht tragen sollte, wodurch sich die Universität des Saarlandes, wie Hummel es in seinem letzten Jahresbericht 1997 ausdrückte, einen „einzigartigen Ruf als Pfeiler wissenschaftlicher Ostkontakte" erwarb.[52]

Besonders produktiv verlief die Zusammenarbeit etwa zwischen der Sofioter Universität und der Saarbrücker Archäologie, die von den gemeinsamen Ausgrabungen im südostbulgarischen Drama ganz maßgeblich profitieren konnte, wie eine Fülle von Forschungsbeiträgen über Jahrzehnte hinweg dokumentiert. Durch attraktive, sehr gut besuchte Ausstellungen hatte auch die breitere saarländische Öffentlichkeit ihren Nutzen von der Kooperation.[53]

Über verschiedenste Fächer hinweg – Germanistik, Slavistik, Mikrobiologie, Wirtschaftswissenschaften, Geschichte – kamen nicht weniger als 150 bulgarische Wissenschaftlerinnen und Wissenschaftler zu Lehr- und Forschungsaufenthalten ins Saarland, und auch umgekehrt sind etwa neunzig Saarbrücker Besuche in Sofia für die 80er Jahren zu verzeichnen. Im Vergleich dazu hatten die Kontakte zur polnischen Hauptstadt Warschau einen philologisch-linguistischen Schwerpunkt: Romanistik, Anglistik, Germanistik, Angewandte Sprachwissenschaft standen hier im Vordergrund, hinzu kamen noch Geologie/Geochemie und Pädagogik.

Deutlich zurück fallen demgegenüber die Kontakte mit Georgien, die sich im Wesentlichen auf einen Austausch der Archäologen mit gemeinsamen Ausgrabungsprojekten beschränkten, und mit dem – erst spät hinzugekommenen – Prag. Bei der tschechischen Karls-Universität spielten aber im Gegensatz zu den geisteswissenschaftlich dominierten „älteren“ Kooperationen mit Physik, Elektrotechnik, Computerlinguistik und Medizin auch die MINT-Fächer eine bedeutendere Rolle.[54]

Die in den Saarbrücker Universitätsreden publizierten Jubiläumsschriften nennen natürlich nicht nur Zahlen und Kontakte, sondern vermitteln ein buntes Bild von Sprachkursen, Sommercamps, wissenschaftlichen Qualifizierungsarbeiten, Vorträgen, ganz- und auch mehrsemestrigen Auslandsdozenturen und den sehr erfolgreichen Sprachlektoraten an den Partneruniversitäten. Sie gestehen durchkopierte Nächte in Saarbrücker Institutsbibliotheken und würdigen nicht zuletzt die persönlichen Beziehungen, die oft den Keim weiterer wissenschaftlicher und menschlicher wechselseitiger Bereicherung in sich trugen. Und dies wirkte weit über die hier betrachteten 1980er Jahre hinaus.

Thomas Kees

Rektor Ilčo Dimitrov und Präsident Paul Müller pflanzen einen Baum als Symbol für die Kooperation mit der Universität Sofia 1980. Die Baumpflanzung wurde zur Tradition bei den weiteren Ostpartnerschaften.

„Sitzende“ und „Lesende“

Kaum ein anderes Kunstwerk auf dem Unicampus ist so wie dieses mitten ins Geschehen gerückt: Am Treppenübergang zum Audimax-Gebäude, wo zu Semesterzeiten täglich hunderte Studierende entlangeilen, schaut seitlich von einem niedrigen Podest aus die „Sitzende“ dem Treiben zu. Die Bronzeplastik ist ein Werk des saarländischen Künstlers Otto Zewe, 1921 in Schiffweiler geboren, der 1973 bereits eine Betonplastik für das Universitätsklinikum in Homburg geschaffen hatte, ein abstraktes Relief, das bis zu seiner Entfernung 2011 als Stützmauer den Außenbereich der Nuklearmedizin (Gebäude 50) schmückte. Von Zewe, der als freischaffender Künstler dem Saarländischen Künstlerbund angehörte, stammen etliche Werke auch im öffentlichen Raum insbesondere des östlichen Saarlands; eine stilistische Verwandtschaft zur „Sitzenden“ findet sich erkennbar etwa in den Bronzefiguren des „Kinderbrunnens“ von 1982 in der St. Ingberter Fußgängerzone.[55]

Aus dem gleichen Jahr stammt die „Sitzende“ auf dem Saarbrücker Campus. Sie ist nahezu lebensgroß dargestellt und zeigt eine weibliche Figur mit schlanker, recht lebensnah

Wie zur Entspannung mitten im Campus-Getriebe: Die „Sitzende“ von Otto Zewe vor Wasserbecken und Grünanlagen.

Aufmerksamer Blick ins Buch: die „Lesende" von Hans Treitz an ihrem neuen Platz hinter dem Bibliotheksgebäude.

geformter Silhouette, zurückgelehnt und auf die Handflächen aufgestützt, den Kopf nach Süden zum Audimax-Gebäude hingewandt, wie eine entspannte Beobachterin des universitären Geschehens. Sie scheint sich und ihr weich fallendes, sommerliches Kleid, das wie durchnässt wirkt, in der Sonne zu trocknen. Der Ausdruck ihres Gesichts, das von langem, am Hinterkopf zusammengestecktem Haar eingefasst wird, zeigt kaum eine Regung, als ruhe sie mit in die Ferne gerichtetem Blick einfach aus.[56]

Die Skulptur ist unmittelbar neben dem Wasserbecken platziert, das sich zwischen dem Audimax und dem Französischen Platz erstreckt. Zusammen mit dem Springbrunnen und den Bepflanzungen ist die Szenerie offenbar als eine Art idyllischer Erholungsort gedacht, der zum Ausruhen und Entspannen auffordern soll. Sitzbänke finden sich jedoch in der Nähe nicht, und Studierende wie Lehrende eilen in der Regel vorbei, ohne diesem Appell Beachtung zu schenken. Die Art, in welcher der Körper der jungen Frau den Betrachtenden umstandslos und direkt präsentiert wird, mit geöffneten, spärlich umhüllten Beinen, könnte vor dem Hintergrund gegenwärtiger Kontroversen um Konzepte und Klischees von Weiblichkeit oder Geschlechtlichkeit auch für Irritationen sorgen.

Die Plastik wird oft im Zusammenhang mit der zur gleichen Zeit entstandenen Bronzefigur „Lesende" von Hans Treitz genannt, die, für die Universitätsbibliothek angefertigt, ebenfalls in Lebensgröße auf einem Steinsockel weit nach hinten gelehnt sitzend, aufmerksam gespannt in einem Buch zu lesen scheint. Die heute hinter dem Bibliotheksgebäude etwas ins Abseits geratene Figur war ursprünglich im Innenhof des Zeitschriftenlesesaals aufgestellt und von Sitzmöglichkeiten umgeben, so dass die Bibliotheksnutzerinnen und -nutzer eingeladen waren, sich zu ihr ins Freie zu setzen. Im Kontrast zur entspannten Pose der „Sitzenden" steht bei Treitz' abstrakter ausgeführter, dynamisch wirkender Figur die Darstellung des intensiven Leseprozesses, der Wissbegierde im Vordergrund.[57]

Ute E. Flieger / Thilo Offergeld

Richard van Dülmen

(1937 – 2004)

Richard van Dülmen gehörte zu den herausragenden Persönlichkeiten der deutschen und internationalen Geschichtswissenschaft: als inspirierender Gestalter der neueren Kulturgeschichtsschreibung und Mitbegründer der Historischen Anthropologie, mit facettenreichen, viel gelesenen Standardwerken und mit publikumswirksamen Groß-Ausstellungen wie „Prometheus" oder „Hexenwelten".

1982 hatte van Dülmen den Saarbrücker Lehrstuhl für Frühe Neuzeit übernommen und in der Folge nicht nur dem eigenen Spezialgebiet, sondern auch seinem gesamten Fach und den Nachbardisziplinen innovative Impulse gegeben. So begründete er 1994 die „Arbeitsstelle für Historische Kulturforschung" und 1999 den interdisziplinären Studiengang „Historisch orientierte Kulturwissenschaften", der sich, anfangs heftig umstritten, zu einem überregional attraktiven Markenzeichen der Saarbrücker Geistes- und Kulturwissenschaften entwickelte. Akzente setzte er auch in seinem hochschulpolitischen Engagement, zu dem 1999 ein schlagzeilenträchtiger Wahlaufruf für Ministerpräsident Reinhard Klimmt (SPD) ◂◂ gehörte.

▸ Biogramm S. 147

Wissenschaftlich wie gesellschaftlich fühlte van Dülmen sich den Werten der Liberalität, Internationalität und Interdisziplinarität verpflichtet. Er prägte maßgeblich auch die regionale Kulturarbeit, unter anderem mit der „Saarland-Bibliothek" und mit Projekten zur Industriekultur. Seit 2009 werden die besten Abschlussarbeiten der Historisch orientierten Kulturwissenschaften mit dem „Richard-van-Dülmen-Preis" ausgezeichnet.[58] *wm*

Gernot Feifel

(1935 – 2019)

Der seit 1982 in Homburg tätige Direktor der Abteilung für allgemeine Chirurgie, Abdominal- und Gefäßchirurgie der Chirurgischen Universitätsklinik, der sich bereits in seiner Münchener Zeit mit neuen Techniken der Magenchirurgie beschäftigt hatte, etablierte unter anderem gemeinsam mit Ulrich Hildebrandt in Deutschland die rektale Endosonographie, mit der Tumore des Enddarmes präoperativ besser klassifiziert werden konnten. Außerdem galt sein besonderes Augenmerk der Fortentwicklung minimal-invasiver Operationstechniken und der Erforschung von Erkrankungen der Bauchspeicheldrüse sowie der Therapie von Lebermetastasen.

Feifel engagierte sich in vielfältiger Weise über den engeren klinischen und wissenschaftlichen Bereich hinaus; so organisierte er zahlreiche interdisziplinäre Symposien zur ärztlichen Fortbildung, pflegte intensiven Kontakt zur Medizinischen Akademie in Twer (Russland) und unterstützte das seit 1986 bestehende Projekt „Medizin in Entwicklungsländern" sowie 1992 die Etablierung der Deutschen Gesellschaft für Tropenchirurgie. In letzterer war er ebenso Ehrenmitglied wie im Saarländischen Tumorzentrum.

Sein Rat war nicht zuletzt im Arbeitskreis für die Reform des Medizinstudiums, in Ausschüssen des Wissenschaftsrates und in zahlreichen Struktur- und Evaluationskommissionen gefragt. 2004 initiierte er den Maßstäbe setzenden, bis heute fortgesetzten Kurs „Teach the Teacher" an der Medizinischen Fakultät und erhielt dafür 2006 den Landespreis für Hochschullehre.[59] *wm*

Ellen Arnhold

(geboren 1961)

Ellen Simkovics ist einem breiten Publikum besser bekannt unter ihrem Namen aus erster Ehe, Ellen Arnhold. Zwischen 1987 und 2015 war sie eines der Gesichter der bekanntesten Nachrichtensendung im deutschen Fernsehen. „Mister Tagesschau" persönlich, der legendäre Karl-Heinz Köpcke, entdeckte sie als Kollegin und (Mit-) Nachfolgerin.

Die gebürtige Saarbrückerin hat zu Beginn der 1980er Jahre an der Universität des Saarlandes Geschichtswissenschaft und Kunstgeschichte studiert. Nebenbei war sie damals schon als Freie Mitarbeiterin beim SR, SDR und später SWR tätig; Kommilitonen zufolge beeindruckte sie in Seminaren bereits durch ihren professionellen Vortragsstil. Ein früher Höhepunkt ihrer Karriere war die Moderation der Pariser UNICEF-Gala 1984, unter anderem mit Sammy Davis jr. Danach verlagerte sich ihr Schwerpunkt auf die Moderation von Nachrichtensendungen, zunächst in Regionalprogrammen, schließlich im Ersten Deutschen Fernsehen. Seit ihrer Eheschließung mit dem Hotelmanager Stefan Simkovics lebt sie überwiegend im Ausland und verringerte daher ihre Präsenz in den deutschen Medien, bis sie sich im Jahre 2015 ganz von der „Tagesschau" zurückzog.

Anders als manche ihrer Kolleginnen und Kollegen hielt sie sich weitgehend aus der Öffentlichkeit heraus und bot der Regenbogenpresse keinerlei Angriffspunkte. Dieser Anschein kühler Distanz und Korrektheit inspirierte den deutsch-niederländischen Liedermacher Funny van Dannen 2007 zu einem – bewusst unkorrekten – Lied mit dem Titel „Ellen Arnhold".[60] *bh*

Klaus Steinbach

(geboren 1953)

Den am Niederrhein geborenen späteren Schwimmweltrekordler zog es schon mit sechzehn Jahren an die Max-Ritter-Schule des Deutschen Schwimmverbands ins Saarland. Bereits im Vorfeld und dann während seines Medizinstudiums in Homburg, das er 1986 mit einer Promotion bei Wilfried Kindermann ▸▸ abschloss, machte Steinbach als Ausnahmesportler Furore: Dem Gewinn der Silbermedaille mit der Staffel 1972 in München folgte 1976 olympische Bronze in Montreal und der Weltrekord über 100 Meter Freistil. Mit 49,78 Sekunden blieb Steinbach als erster Mensch der Welt unter 50 Sekunden.

▸ *Biogramm* S. 233

Nach seiner eminent erfolgreichen Sportkarriere engagierte sich der Weltmeister, fünffache Europameister und 25-fache Deutsche Meister im Nationalen Olympischen Komitee (NOK) und setzte sich 2002 in einer Kampfabstimmung gegen seinen Mentor Walther Tröger als Präsident des NOK durch. Als streitbarer Funktionär, der bereits in den 80er Jahren als Mannschaftsarzt des FC Homburg auf Dopingvergehen im Fußball hingewiesen hatte, wirkte Steinbach entscheidend mit bei der Fusion des NOK und des Deutschen Sportbunds zum Deutschen Olympischen Sportbund (DOSB), zog sich dann aber weitgehend aus der Verbandsarbeit zurück.

2017 mit dem Saarländischen Verdienstorden ausgezeichnet, widmet er sich seither vornehmlich seinen Aufgaben als Ärztlicher Direktor der Hochwaldkliniken in Weiskirchen/Saar und seiner Professur an der Deutschen Hochschule für Prävention und Gesundheitsmanagement in Saarbrücken.[59] *tk*

Landesuniversität

„Universität des Saarlandes" – schon diese stolze, in ihrem exklusiven Bezug auf das Bundesland beispiellose Bezeichnung lässt die besondere Position der einzigen Universität des kleinsten deutschen Flächenstaats erkennen. Dass dieses Land „seine" Universität gründete, beruhte neben den politischen Motiven der französischen Patronatsmacht nach dem Zweiten Weltkrieg durchaus auf Erwägungen des praktischen Nutzens. Denn für das sich entwickelnde Saarland galt es, den Bedarf an akademischen Fachkräften abzusichern. Auch sozialpolitische Argumente wie Bildung und sozialer Aufstieg der „Arbeiterkinder" spielten früh eine wichtige Rolle; eine Studie aus dem Jahr 1958 belegte die steigende Attraktivität der saarländischen Universität für Arbeitermilieus.[62]

Innovationsmotor S. 226

Allerdings blieb der Akademiker-Campus im Saarbrücker Stadtwald für viele Saarländerinnen und Saarländer dennoch lange Zeit ein Fremdkörper, abgehoben vom Leben und Treiben der „normalen" Saar-Bevölkerung, deren Berufstätigkeit durch wissenschaftsferne Branchen wie Bergbau und Schwerindustrie geprägt war. Als seit den Wirtschaftskrisen der 1970er und 80er Jahre der Strukturwandel im Saarland existenzielle Bedeutung erhielt, wurden die Kosten-Nutzen-Überlegungen auch für die Saar-Universität neu gestellt. Stärker als zuvor war nun auch die Uni bemüht zu zeigen, dass sie eine Universität *für das* Saarland war.

„Die Universität will aus dem Elfenbeinturm", überschrieb die Saarbrücker Zeitung 1979 ihren Bericht zu einer Podiumsveranstaltung im Gasthaus „Zum Stiefel", deren Ziel darin bestand, die Relevanz universitärer Forschung für die Lösung praktischer Probleme vor Ort aufzuzeigen. „Intelligentere Produkte", wie sie die Universität helfe zu entwickeln, so erläuterte Unipräsident Paul Müller ◂◂ dem Publikum, trügen zur Sicherung von Arbeitsplätzen und Lebensqualität in der Region bei. In seinem zweiten Forschungsbericht 1980 listete das Uni-Präsidium auf 513 Seiten 462 Projekte aus allen Fächern und Einrichtungen auf: „‚Der Werkstattbericht' aus der Universität ist auch für den Laien, vom Politiker bis zum Steuerzahler, sehr lehrreich", so die Presse. „Er zeigt …, daß vieles, was scheinbar im Elfenbeinturm weltfremder Wissenschaftlichkeit getrieben wird, durchaus praktische Bezüge und Auswirkungen hat, gerade auch für die Bewohner des Landes, die diese Universität finanzieren'". Und in einem programmatischen Beitrag argumentierte der Physiker Stefan Hüfner 1985 unter der Überschrift „UdS – Bürde oder Hilfe für das Saarland?" für eine an den wirtschaftlichen und technologischen Bedarfen des Landes orientierte Schwerpunktsetzung der Universität.[63]

Biogramm S. 196

Der Gedanke des „Motors der Region" war geboren; ◂◂ die Uni wurde damit in einem neuen Sinne als „Landes-Universität" verstanden. Die weitere Entwicklung, mit der Gründung einer Technischen Fakultät und dem Ausbau der An-Institute, folgte dieser Grundausrichtung, und es gehörte bald zum festen Argumentationsmuster der Universitätsverantwortlichen, die wirtschaftliche Bedeutung der Forschung an der Universität und den An-Instituten hervorzuheben.

Freilich wurde bald hinzugefügt, dass nicht nur die für Wirtschaftsinnovationen relevanten Fächer ökonomischen Nutzen für das Saarland brachten, sondern auch die Universität insgesamt, zog diese doch neben Studierenden auch zahlreiche Beschäftigte ins Land, darunter viele junge und hochqualifizierte Leute, die das Saarland angesichts seiner demographischen Probleme dringend benötigt. In den 2010er Jahren wurden diese Hinweise empirisch untermauert. So stellte etwa 2013 eine Studie den 189 Millionen Euro Landeszuschuss für die Uni positive Umsatz- und Steuereffekte in Höhe von rund 450 Millionen Euro gegenüber: Es stehe außer Frage, so der federführende Soziologe Eike Emrich, dass die Saar-Uni dem Land „in der Gesamtschau mehr bringt als sie kostet".[64]

Daneben prägten allerdings auch nicht-materielle Aspekte die Beziehung zwischen Land und Universität. Ihre zentrale Funktion als Bildungs- und Ausbildungsstätte wurde in den Spardebatten seit den 80er Jahren noch einmal verstärkt diskutiert, unter anderem mit der Forderung, die Saar-Uni müsse ein hinreichend breites Fächerspektrum bewahren, um die Studieninteressen der „Landeskinder" bedienen zu können. Von Anfang an bildete die Universität zweifellos auch ein hervorgehobenes kulturelles Zentrum für das Saarland, wozu unter anderem gehörte, dass die Universitätsbibliothek schon seit früher Zeit als Landesbibliothek fungierte und die

Nutzen für das Land: Das Universitätsklinikum Homburg ist Zentrum von Forschung und Lehre, Krankenhaus der Maximalversorgung und einer der größten Arbeitgeber der Region.

Einwohnerschaft des Saarlandes mit Büchern, Zeitschriften, später auch Datenbanken und weiteren kostspieligen Informationsmitteln versorgte. Dem Ziel des lebenslangen Lernens für alle widmete sich nach ersten Anfängen bereits in den 80er Jahren seit 2007 auch das gleichnamige Zentrum mit einem umfassenden Weiterbildungsprogramm. Und für die jüngsten Forschungsinteressierten wurde im Jahr 2005 mit der „Kinder-Uni" ein altersgerechtes Angebot geschaffen, das seither zahllosen jungen Saarländerinnen und Saarländern „ihre" Universität früher als je zuvor nahebrachte.[65]

Als Landes-Universität sah sich die Saar-Uni seit jeher in einem Kooperationsverhältnis zu den anderen Bildungs- und Forschungseinrichtungen des Landes. Diese Stätten höherer Bildung in einer gemeinsamen „Hochschule des Saarlandes" formal zusammenzufassen, wie es 1970 dekretiert worden war, erwies sich als Irrweg, dagegen funktionierte die freiwillige und gezielte Zusammenarbeit der Hochschulen gerade in jüngerer Zeit teilweise außergewöhnlich gut. Vorzeigebeispiel ist die Kooperation der Uni mit der htw saar im IT-Bereich, die in den 2010er Jahren in die Formierung eines gemeinsamen Rechenzentrums mündete. Dessen Versorgungsauftrag wurde später auf Musik- und Kunsthochschule ausgedehnt und daraus sogar das bemerkenswerte Pionierprojekt entwickelt, ein gemeinsames Campus-Management-System für die gesamte Studienorganisation an der Saar zu verwirklichen.[66]

Den größten direkten Nutzen für Land und Bevölkerung dürfte freilich die Keimzelle der Universität gestiftet haben: die Medizinische Fakultät in Homburg, deren im Universitätsklinikum zum Einsatz gebrachtes fachliches Knowhow für die medizinische Versorgung des Landes unverzichtbar war und ist. Dem Klinikum kommt herausragende Bedeutung auch als Aus- und Fortbildungsstätte sowie als einem der größten Arbeitgeber der Region zu.[67]

So erfüllt die Saar-Uni als Universität ihres Landes ohne Frage einen weit über ihren engeren Lehr- und Forschungsauftrag hinaus reichenden Sinn. Als Ort der Begegnung versammelt sie jeden Sommer Tausende „Landeskinder" zu den Tagen der Offenen Tür, ist Stätte lebenslangen Lernens und vielfältige Dienstleisterin, Trägerin eines landesweiten Kulturangebots und Magnet für zahllose Studierende und Lehrende, die sich im Saarland niederlassen. Und, ja, Motor der Region ist sie auch.

Thomas Kees

Paul Fritsche

(1924–2005)

„In Verantwortung und Demut. Erfüllte Jahre im Dienste der Medizinischen Fakultät 1983 bis 1990“. Unter diesem Titel veröffentlichte Paul Fritsche den Rechenschaftsbericht über seine Dekansjahre. In Rottleberode am Harz als Sohn einer Bauernfamilie geboren, hatte er zunächst in Halle studiert. Später baute er in Dresden, wo er die Zerstörung der Stadt im Bombenkrieg miterlebt hatte, die Anästhesie-Abteilung der Medizinischen Akademie auf. Zunehmender politischer Druck im DDR-Regime und vor allem seine Weigerung, Menschenversuche im Rahmen der von Manfred von Ardenne entwickelten, inhumanen und letztlich erfolglosen Krebs-Mehrschritt-Therapie mit Hyperthermie zu begleiten, führten 1967 zu dem Entschluss, in den Westen überzusiedeln.

1969 kam Fritsche an das Institut für Anästhesie in Homburg, wo er 1972 mit der Studie „Klinische Probleme im Grenzfeld zwischen Leben und Tod“ habilitiert wurde und sich weiterhin intensiv mit medizinethischen Fragen beschäftigte. So initiierte er etwa 1978 die Gründung des Seminars für Ärztliche Ethik in der Medizinischen Fakultät und 1987 das heute als Paul-Fritsche-Stiftung firmierende „Wissenschaftliche Forum“.

Auch weit über seine Dienstzeit hinaus engagierte er sich für die von ihm neu belebte Zusammenarbeit mit der Mutteruniversität Nancy und die 1985 begonnene Kooperation mit der Medizinischen Universität in Wuhan. Bis zuletzt agierte Fritsche, mit hohen Ehrungen bedacht, als Studienbeauftragter seiner Fakultät.[68] *wm*

Oskar Lafontaine

(geboren 1943)

Wohl keinem anderen saarländischen Politiker ist eine solche Bedeutung für die Geschicke des Bundeslandes und auch der Bundesrepublik Deutschland zuzumessen wie dem zwischen 1962 und 1969 an den Universitäten Bonn und Saarbrücken studierenden Diplom-Physiker Oskar Lafontaine. Der nach einem rasanten Aufstieg vom Amt des Saarbrücker Oberbürgermeisters (1976–1985) in die Staatskanzlei wechselnde Regierungschef (1985–1998) strengte in dem von Strukturkrisen in Kohlen- und Stahlindustrie getroffenen Land tiefgreifende Reformmaßnahmen an, die auch die Landesuniversität erfassten.

Eine zwischen Rheinland-Pfalz und dem Saarland vereinbarte Systemevaluation des Hochschulbereichs der Region Saarland-Trier-Westpfalz mündete im sogenannten Simon-Gutachten, das mit einschneidenden, auf ein naturwissenschaftlich-technisches Profil für die Universität des Saarlandes abzielenden Vorschlägen hohe Aufmerksamkeit erregte. ◂◂ Die dadurch ausgelösten Kontroversen, bereits im Vorfeld von deutlichen Spannungen zwischen Sozial- und Geisteswissenschaften einerseits und Natur- und Technikwissenschaften andererseits gekennzeichnet, belasteten in der späten Lafontaine-Phase das Verhältnis zwischen Landesregierung und weiten Teilen der Saar-Uni.

▸ Simon-Gutachten S. 221

Ab Mitte der 1990er Jahre wandte sich Lafontaine verstärkt der Bundespolitik zu. Sein kurzzeitiges Wirken als Bundesfinanzminister, später als Vorsitzender und maßgeblicher Protagonist der Partei „Die Linke“, füllt ganze politikwissenschaftliche Bibliotheken.[69] *tk*

Hedwig Stalter

(1907 – 1986)

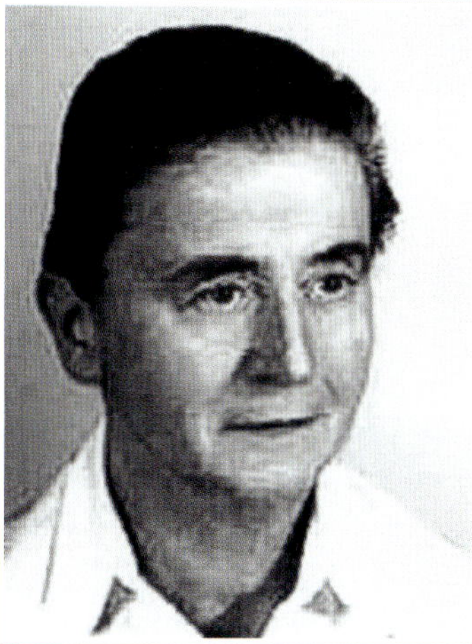

Hedwig Stalter wuchs auf dem Websweiler Hof in der Nähe von Homburg auf, dem landwirtschaftlichen Betrieb ihrer Familie, deren viertes Kind sie war.

In einer Zeit, in der ein Medizinstudium für Frauen alles andere als eine Selbstverständlichkeit darstellte, studierte sie an den Universitäten München, Bonn, Kiel und Heidelberg. 1936 schloss sie ihr Studium mit dem Staatsexamen ab, ihre Promotion trägt den Titel „Vergiftungen in der Landwirtschaft“. Ihre erste Anstellung fand Hedwig Stalter im Bürgerhospital auf dem Reppertsberg in Saarbrücken, während des Krieges arbeitete sie im Kinderkrankenhaus Bremen. 1948 ließ sie sich als Kinderärztin in Sulzbach nieder, von wo aus sie auch die Kinderstation des Dudweiler Krankenhauses betreute. Um schneller bei ihren kleinen Patienten zu sein, fuhr sie mit dem Motorrad, später mit ihrem VW-Käfer durch die Stadt. Ab 1960 praktizierte sie aus ihrem Haus in der Martin-Luther-Straße in Dudweiler.

Vielseitig interessiert, war Hedwig Stalter fachlich insbesondere dem Institut für Humangenetik in Homburg zugetan, das unter anderem die genetischen Ursachen von Tumorerkrankungen erforschte, an denen die spätere Stifterin selbst litt. Zwei Jahre nach ihrem Tod wurde mit ihrem hinterlassenen Vermögen auf ihren Wunsch die Hedwig-Stalter-Stiftung zur Förderung des wissenschaftlichen Nachwuchses am Institut eingerichtet. Die Arbeiten von fünfzehn Preisträgerinnen und Preisträgern konnten seither durch großzügige Forschungsstipendien unterstützt werden.[70]

uef

Hartwig Cremers

(geboren 1940)

Hartwig Cremers hat den Weg der Saar-Universität in die hochschulpolitische Moderne begleitet wie kaum ein zweiter: Fast ein Vierteljahrhundert, von 1982 bis 2005, leitete er die Universitätsverwaltung. In der Schlussphase seiner Amtszeit war er der am längsten amtierende Verwaltungschef einer deutschen Universität.

Nach dem Jurastudium in Tübingen und Berlin hatte Cremers schon im Referendariat in den 60er Jahren Erfahrungen in der Hochschuladministration gesammelt. 1971 trat er nach erfolgter Promotion in die Verwaltung der Uni Düsseldorf ein und wurde dort 1976 Stellvertreter des hochangesehenen, allerdings als harter Gesprächspartner gerade für den Personalrat geltenden Kanzlers Carl-Friedrich Curtius.

In Saarbrücken fürchteten daher viele einen ähnlich kompromisslosen Kurs, als Cremers 1982 Kanzler der Saar-Uni wurde, doch gelang es ihm bald, diese Bedenken zu entkräften. Als sein besonderes Verdienst gilt der frühzeitige Aufbau einer IT-technischen Unterstützung der Verwaltungsdienstleistungen. ▸▸ Die Informatik-Affinität trug auch familiäre Früchte: Sein Sohn Daniel Cremers forscht und lehrt als hoch renommierter KI-Professor an der TU München. Als Kanzler gestaltete Cremers die Universitätspolitik der Präsidien Müller, Meiser, Hönn und Wintermantel maßgeblich mit und setzte sich dabei besonders für die Wahrung der Universitätsautonomie ein. Dass das Kanzler-Amt durch das Universitätsgesetz von 2004 in eine hauptamtliche Vizepräsidentschaft umgewandelt wurde, bewertete er kritisch.[71]

▸ *Zeitzeugnis Geib S. 299*

to/wm

ZEITZEUGNIS

Reinhard Wilhelm

Informatik-Professor, Gründungsdirektor des Leibniz-Zentrums für Informatik in Schloss Dagstuhl

Geboren 1946 in Deutmecke (Sauerland), 1977 Promotion an der TU München, 1978–2014 Professor für Informatik (Programmiersprachen und Übersetzerbau) an der UdS, 1990–2014 wissenschaftlicher Direktor des Internationalen Begegnungs- und Forschungszentrums für Informatik (später Leibniz-Zentrum für Informatik) Schloss Dagstuhl
Der Text basiert auf einem im Oktober 2022 geführten Zeitzeugengespräch.

Informatik in kritischer Lage

„Ende der 70er und Anfang der 80er Jahre stand die Saarbrücker Informatik auf der Kippe. Beim Auslaufen der Gründungsförderung durch den Bund fiel die recht großzügige Ausstattung weg, weil sich im zuständigen Ministerium niemand daran erinnern konnte, dass das Saarland eine Fortführung auf leicht reduziertem Niveau versprochen hatte. Zusätzlich hatte sich die Lage dadurch kompliziert, dass plötzlich alle Ordinarien außer Günter Hotz Saarbrücken verließen. In parallelen Vorstößen gelang es Hotz und dem Präsidenten Faillard, munitioniert durch den Uni-Strategen Wolfgang Lorenz, die Lehrstühle der Informatik zu erhalten. Hotz konnte eine kleine Gruppe junger und vielversprechender Professoren um sich scharen – Kurt Mehlhorn etwa war mit 25 gekommen, ich mit 31. Diese hatten den Vorteil, dass sie keine große Ausstattung fordern konnten – die wurde vielmehr von außen, meist von der DFG eingeworben.

▶ Neue Fakultät S. 218

Ab etwa 1988 ging es dann mit Macht aufwärts. Die neue Regierung unter Oskar Lafontaine sah Informatik und Technologie als Dreh- und Angelpunkte der notwendigen Profilveränderung. Der Leibniz-Preis für Günter Hotz, Kurt Mehlhorn und Wolfgang Paul gab uns Rückenwind, erst recht bald darauf die Entscheidungen, das MPI für Informatik und das DFKI in Saarbrücken anzusiedeln. Auch das Internationale Begegnungs- und Forschungszentrum für Informatik kam ins Saarland; es wurde erzählt, dass die Ministerpräsidenten Lothar Späth und Oskar Lafontaine die Sache in einem nächtlichen Telefongespräch ausgemacht hatten. Lafontaine konnte das Zentrum nach Dagstuhl holen mit der schlagenden Feststellung, das Saarland sei ‚jetzt mal dran'. Nur ein halbes Jahr später wäre diese Entscheidung nicht mehr möglich gewesen, dann wäre das Zentrum im Zuge der deutschen Einheit auf jeden Fall in die neuen Bundesländer gegangen.

▶ Aufstieg der Informatik S. 194

Evaluierung Schloss Dagstuhl

„Das Zentrum in Dagstuhl ist ja kein eigentliches Forschungsinstitut, sondern ein Ort der Begegnung und des kreativen und informellen Austauschs. Deshalb hatten wir große Probleme bei der Evaluierung durch den Wissenschaftsrat, als die beiden Trägerländer, das Saarland und Rheinland-Pfalz, die Aufnahme in die Bundesförderung beantragt hatten. Die Fragebögen zur Evaluierung waren auf Forschungsinstitute zugeschnitten und passten überhaupt nicht auf Dagstuhl. Deshalb hatten wir auf die Fragen nach Forschungsleistungen unseres Personals keine Angabe gemacht. Die Gutachter, sofern sie nicht Informatiker waren, kamen in einer sehr kritischen Stimmung nach Dagstuhl. Als sie dann aber beim Abendessen nach Dagstuhl-Sitte quer über die Tische und bunt unter die Gäste verteilt wurden, klingelten ihnen die Ohren, als sie hörten, mit welcher Begeisterung die Gäste über Dagstuhl redeten. Sie kamen wie vom Saulus zum Paulus verwandelt zurück. Am Ende bestanden wir die Evaluierung mit Glanz und Gloria, und heute ist Schloss Dagstuhl weltweit ein Begriff unter Informatikern.

Leider hat die Universität es nicht immer geschafft, aus den kompetenten Evaluierungen durch den Wissenschaftsrat, von denen ich zwei miterlebt habe (1993 und 2014), wirklichen Nutzen zu ziehen. ◀◀ Im Gegensatz zu 1993 wurde bei der Evaluierung 2014 der gute Rat ignoriert und dort gestrichen, wo gerade Stellen frei wurden."

Teamgeist als Erfolgsfaktor

„Für die Informatik kann ich mit Fug und Recht sagen, dass sie ihren enormen Erfolg ◀◀ eigenen Kräften zu verdanken hat. Unser wichtigstes Erfolgsgeheimnis war sicher der ausgezeichnete Teamgeist. Im Detail haben wir uns oft gegenseitig die Köpfe eingeschlagen, aber in der großen Linie waren wir uns einig. Vor allem im unerbittlichen Bestehen auf wissenschaftlicher Leistung als oberster Maxime, und außerdem in einer gesunden Skepsis gegenüber den jeweils grade hochgejubelten Trends. Für die Zukunft kommt nach meiner Einschätzung alles darauf an, dass wir uns diesen team spirit weiter erhalten können."

ZEITZEUGNIS

Rainer Hudemann

Historiker, Protagonist deutsch-französischer Wissenschaftskooperation

Geboren 1948 in Heidelberg, Habilitation 1984 in Trier, 1985–2013 Professor für Neuere und Neueste Geschichte an der UdS, 1992–1994 Vizepräsident für Lehre und Studium, 1998 Ehrendoktor der Universität Metz, 2010–2015 Professor für Neuere Geschichte der deutschsprachigen Länder an der Universität Paris-Sorbonne. Grundlage ist ein Erinnerungs-Interview mit Rainer Hudemann aus dem Januar 2023.

Der beste Ort

Als ich 1985 als an die Universität des Saarlandes kam, war das für mich als Historiker mit westeuropäischem Profil der beste Ort überhaupt in Deutschland. Saarbrücken war nach meinem Eindruck damals die internationalste unter den deutschen Unis. Diese Prägung stammte sicher noch aus dem französischen Erbe, das die Uni weiter gepflegt hatte. Interessanterweise funktionierte die Frankreich-Orientierung auch als Katalysator für die interdisziplinäre Zusammenarbeit. So war beispielsweise der erste Kollege, mit dem mich der Dekan auf dem Campus bekannt machte, Christian Autexier, der französische Jurist, ▸▸ und durch unser gemeinsames Interesse an Frankreich ergab sich wie von selbst der Anfang einer fakultätsübergreifenden Kooperation.

Ein Frankreichzentrum existierte seinerzeit noch nicht – weil wir keines brauchten. Denn es war einfach klar, dass die an Frankreich-Themen Interessierten sich kannten und miteinander arbeiteten. Erst als diese Selbstverständlichkeit nachließ, weil neue Kollegen diese Kontakte nicht rasch fanden, ist das Frankreichzentrum gegründet worden und hat sich dann erfolgreich entwickelt. Es lebt natürlich weiterhin von der aktiven Beteiligung. Das wurde mir besonders deutlich, als ich durch zwei auswärtige Rufe (nach Berlin und nach Genf) mit der attraktiven Aufgabe konfrontiert wurde, die dortigen Frankreich- bzw. Europa-Zentren neu aufzubauen. In beiden Fällen habe ich rasch gesehen, dass der Rückhalt für das Frankreich-Thema nicht annähernd so breit verankert war wie in Saarbrücken. Für mich ein wesentlicher Grund, diese Rufe abzulehnen.

Mentalitätsunterschiede

Die deutsch-französische Zusammenarbeit muss immer wieder ausgeprägte Kultur- und Mentalitätsunterschiede überwinden. Bei unserer gemeinsamen Doktorandenausbildung mit Metz, Nancy und Luxemburg sowie etwas später mit der Sorbonne habe ich mir beispielsweise stets Mühe gegeben, elegant zu formulieren und nicht trocken und nüchtern wie ein „typischer" deutscher Wissenschaftler zu wirken. Ergebnis: Einem Kollegen an der Sorbonne entfuhr nach Jahren einmal der Stoßseufzer: „Rainer, tu es *très* allemand…!"

Auch bürokratische Probleme erschweren oft die Kooperation. Als ich den Ruf an die Sorbonne erhielt, wurde mir vom Hochschulverband abgeraten: ich würde auf große Schwierigkeiten stoßen und Beamtenstatus und Pension verlieren. Die saarländische Hochschulverwaltung aber hat dann mit Paris doch einen beamtenrechtlichen Weg gefunden, wie ich anfangs sowohl an der Saar-Uni als auch an der Sorbonne als Professor tätig sein konnte – solchen Einsatz für die deutsch-französische Sache findet man oft nur im Saarland.

Forschung zur französisch geprägten Zeit

Zum 40-jährigen Jubiläum der Saar-Verfassung wurde ich eingeladen, einen Festvortrag im Landtag zu halten. Ich sagte gerne zu, erhielt dann aber die Nachricht, das Landtagspräsidium habe dem Plan nicht zugestimmt, weil ‚dies ein Saarländer übernehmen müsse'. Als eine Art Entschuldigung wurde ich zum Mittagessen mit den Initiatoren gebeten, woraus sich eine Finanzierungsmöglichkeit für ein deutsch-französisches Forschungsprojekt entwickelte. In der Folge konnten wir die – für unmöglich gehaltene – Erlaubnis des Pariser Außenministeriums zur Verfilmung der französischen Akten zu den Nachkriegsjahren im Saarland erwirken. Dieser Bestand ermöglichte uns Arbeiten, die das Bild der französischen Saar-Politik fundamental verändert haben. ▸▸ Zum 50jährigen Jubiläum 1997 wurde ich zu dem Festvortrag eingeladen.

▸ *Biogramm* S. 274

▸ *Frankreich an der Saar* S. 40

Die Internationalität der Saar-Universität bietet den Studierenden exzellente Chancen zu Vernetzung und Austausch und zum Zurechtfinden in ungewohnten Umgebungen – eine wesentliche Stärke, gerade vor dem Hintergrund der industriellen Prägung der saarländischen Bevölkerung. Denn das sind die Fähigkeiten, die heute auf dem Arbeitsmarkt gefragt sind.

KAUFHALLE
Im
Saarland studieren
= provinzialisieren ?
M. FRADL AUS TIROL
FRADL
CONTACTLINSEN WREDE
KAUFHALLE

Kapitel 7

Gestaltung unter Druck:

1990–2000

HOMBURG

SAARBRÜCKEN

Die Universität als Unternehmen

Fakultäts(neu)-gliederung S. 234

Die 90er Jahre brachten einen tiefgreifenden Wandel im Hochschulsystem der Bundesrepublik Deutschland und damit auch des Saarlandes. Von den vier Universitätsmodellen, die nach einer verbreiteten Typologie die Geschichte des bundesdeutschen Hochschulwesens prägten, waren zu diesem Zeitpunkt das Modell der „Gelehrtenrepublik" und die Vorstellung der „Nachgeordneten Behörde" bereits überholt. Aber auch das seit den 68er Zeiten praktizierte Modell der „Gruppenuniversität" mit seinen permanenten Aushandlungsprozessen unterschiedlicher Gruppeninteressen in aufwendigen Gremienberatungen geriet nun in Misskredit. An dessen Stelle trat zunehmend die Vorstellung der Universität als Wirtschaftsunternehmen, eines „Produzenten" von Forschung und Lehre, der sich unter starkem, nun auch internationalem Konkurrenzdruck in wachsendem Maße einer Kosten-Nutzen-Betrachtung stellen musste.

Nach dieser Vorstellung galt es, die starren Gremien zu schwächen, die Hochschulleitungen mit modernen Management-Kompetenzen auszustatten und den staatlichen Einfluss auf Ziel- und Leistungsvereinbarungen mit weitgehend eigenverantwortlichen Präsidien zu beschränken. Dieses Leitbild einer seit Mitte der 90er Jahre prominent vom „Centrum für Hochschulentwicklung (CHE)" entworfenen „Entfesselten Hochschule" rückte ab vom Universitas-Gedanken einer Gemeinschaft und Gleichwertigkeit der Wissenschaften und forderte stattdessen die Universitäten auf, eigene Profile zu entwickeln, in denen dann die einzelnen Fächer, wie in einem Puzzle, passende oder unpassende waren. Der Politik war in diesem Modell später eigentlich eher die Rolle des Aufsichtsrats zugedacht, doch im Umbruchprozess der 90er Jahre übernahm sie nicht selten den Part des Rammbocks, um die etablierten Strukturen und Selbstverständnisse einer auf Autonomie pochenden Gruppenuniversität aufzubrechen. Im Saarland fielen diese Kämpfe besonders heftig aus.[1]

Neue Fakultät – Evaluierung – Sparlasten

Das Hochschulwesen an der Saar wurde in den 90er Jahren eingerahmt von zwei Novellierungen des Saarländischen Universitätsgesetzes in den Jahren 1989 und 1999. Das noch wenig umstrittene Gesetz von 1989 führte erstmals verpflichtende Zwischenprüfungen an der chronisch überlasteten Universität für Fächer ab vier Semestern Regelstudienzeit ein, stärkte außerdem die Stellung der Frauen durch die Schaffung der Position einer Frauenbeauftragten, auch wenn diese auf eine bloße Beratungsfunktion begrenzt blieb. Die einschneidendste Änderung bestand in der gesetzlich festgelegten Gründung einer Technischen Fakultät, die aus Informatik und Ingenieurwissenschaften gebildet wurde. Diese Maßnahme beendete eine Jahrzehnte andauernde Diskussion ◀◀ und verdeutlichte den ausdrücklichen Willen des Wissenschaftsministers Breitenbach, der geisteswissenschaftlich dominierten Saar-Universität, in seinen Worten „über Jahrzehnte vor allem eine Lehrerbildungsanstalt", ein zusätzliches Standbein zu verschaffen.[2]

> *„Mögen die politischen Entscheidungsträger mancherorts Universitäten nur als Park- oder Tummelplätze oder staatliche Dienstleistungsanstalten behandeln, der lebendige Geist der europäischen Universität wird sie überdauern."[3]*
> *Universitätspräsident Richard Johannes Meiser*

Die öffentliche und die uni-interne Debatte zu Beginn der 90er Jahre wurden dann allerdings weniger von den Chancen dieser Profilbereicherung als vielmehr den Problemen der damit einhergehenden massiven Sparlast beherrscht. Die Regionalpresse berichtete über einen Uni-Kanzler, der seine privaten Handtücher zum Dienst mitnahm, da die zentrale Handtuchversorgung abgeschafft worden war, und eine Universität, die beim lokalen Energieversorger eine Stundung der Heizkostenabrechnung erbitten musste. Tatsächlich hatte das Land im Frühjahr 1991 eine Kürzung der Sachmittel um zehn Prozent verfügt und freiwerdende Professuren samt Ausstattung für zwei Monate gesperrt, darüber hinaus eine Reihe geistes- und sozialwissenschaftlicher Fächer mit einer Nullquote belegt.[4]

Als das Land 1992 den Wissenschaftsrat um eine Prüfung der Hochschulstruktur bat, verfolgte es das Ziel, aus dem kurzfristigen Krisenmanagement herauszukommen und in eine mittel- und langfristige Planung eintreten zu können. Der mit Spannung erwartete, am 14. Mai 1993 vorgelegte Bericht enthielt neben einer positiven Gesamtbeurteilung den dringenden Rat zur Profilschärfung, die vor allem durch die Verlagerung praxisorientierter Fächer wie der Übersetzerausbildung an Fachhochschulen und die Stärkung forschungsintensiver Disziplinen erreicht werden sollte. Ausdrücklich gelobt wurde die Gründung der Technischen Fakultät, wohingegen in der Philosophischen Fakultät mit der Orientalistik, den Theologien und der Slavistik Schwachstellen ausgemacht wurden.[5]

Der Universität, geschwächt durch den krankheitsbedingten Rücktritt des langjährigen, hoch angesehenen

Diesem Führungsteam standen schwere Aufgaben bevor: Präsident Richard Meiser und die Vizepräsidenten Günther Hönn (l.) und Jörn Petersson (r.) bei ihrer Ernennung durch Kultusminister Diether Breitenbach (2. v. l.) im März 1991.

Präsidenten Richard Meiser Anfang 1992, ▸▸ blieb nichts übrig, als durch die Zentrale Haushalts- und Planungskommission ein Maßnahmenpaket auszuarbeiten, das die Sparauflage des Ministeriums von 170 Stellen bis zum Jahr 2000 konkret ausgestaltete. Der teils den Empfehlungen des Wissenschaftsrates folgende, teils aber von faktischen Emeritierungsterminen geleitete Plan wurde schließlich vom Senat unter Kritik am Vorgehen des Ministeriums gebilligt und auch von Minister Breitenbach angenommen. Obgleich der Sparplan, dem nach Maßgabe des Ministeriums ein strategischer Universitätsentwicklungsplan folgen sollte, nur wenige Fächerschließungen mit sich brachte, war er von massiven Protesten besonders der Studierenden des stark betroffenen Instituts für Übersetzen und Dolmetschen begleitet. Diese waren jedoch allenfalls Vorboten des nächsten aufziehenden Sturms.[6]

▸ Biogramm S. 202

„Liegt nicht ein Teil der Probleme des Saarlandes darin, daß jemand in Wemmetsweiler geboren wird, in Wustweiler in die Schule geht, in Dudweiler studiert und dann in Niederlinxweiler arbeitet? Zum Verständnis globaler Zusammenhänge ist dies sicher nicht optimal".[7]

Physikprofessor Stefan Hüfner ▸▸

„Die Axt im Stadtwald"

Nach den schmerzhaften Einschnitten von 1993 und dem in der Folge eintretenden, von vielen schon lange erhofften Rückgang der extrem hohen Studierendenzahlen – mit über 21.000 Studierenden war 1992/93 der Gipfel erreicht – sah sich die Universität auf dem Weg der Konsolidierung und der evolutionären Umgestaltung. Eine „vorsichtig positive Stimmung" meinte Universitätspräsident Günther Hönn ▸▸ im Jahr 1994 auszumachen, und er setzte mit der – intern gleichwohl heftig umstrittenen – Neuausrichtung der Uni auf technische Fächer und auf das Zukunftsthema Umweltforschung den Mitte der 80er Jahre eingeschlagenen Kurs fort. Wie ein Blitz schlug dann am 7. Mai 1996 die Ankündigung des Wissenschaftsministers an der Universität ein, dass eine neue Sparlast in Höhe von 105 Millionen D-Mark für sein Ressort innerhalb von drei Jahren zu bewältigen sei und davon ein Großteil durch die Universität aufgebracht werden müsse, da sich jegliche Sparmaßnahme für die ohnehin gebeutelten Schulen verbiete.[8]

▸ Biogramm S. 239

▸ Biogramm S. 263

Fächerfriedhof mit Toten-Eule: Auf der Campuswiese symbolisierten Grabkreuze und Kränze im November 1993 die geplanten Fächerstreichungen.

Ob dieser ohrenbetäubende Paukenschlag auf Abstimmungsdefizite zwischen den Ministerien zurückzuführen oder ob er in taktischer Absicht bewusst überlaut angesetzt worden war – er stürzte die Universität in einen Sommer der Aufregung, in dem nüchterne Stimmen kaum mehr zu vernehmen waren. Die schon lange spürbare Konkurrenz zwischen vermeintlichen Verlierer- und Aufsteigerfächern bestimmte die Debatte: Pleitegeier, gerupfte Eulen, parodierende Filmplakate („Stirb langsam. Jetzt erst recht!") und Sensenmänner dominierten das Bild, als sich die Saar-Universität zur größten Demonstration ihrer Geschichte aufmachte. Präsidium und AStA hatten in seltener Einigkeit gemeinsam zu der Aktion aufgerufen, und so zogen am 11. Juli 1996 unter dem Motto „Eine Uni braucht ein Land!" rund 8.000 Protestierende durch die Saarbrücker Innenstadt – nicht nur Studierende und Beschäftigte, sondern auch zahlreiche Professoren, von denen etliche auf rasch aufgebauten Podesten Vorlesungen in der Fußgängerzone hielten.[9]

In einer Zeitungsanzeige hatten sich bereits vier Wochen vorher 145 Professorinnen und Professoren gegen die immense Sparauflage empört, die dem Finanzvolumen einer gesamten Fakultät gleichkam. Die ungleichgewichtige Wahrnehmung und Unterstützung zeigte sich allerdings im Kreis der Unterzeichnenden recht deutlich: während Philosophische (91 Prozent) und Rechts- und Wirtschaftswissenschaftliche Fakultät (63 Prozent) noch einen überwiegenden Anteil von Unterstützern aufwiesen, fiel dieser in der Medizinischen und Mathematisch-Naturwissenschaftlichen Fakultät (48 und 47 Prozent) merklich geringer aus. Am wenigsten besorgt und mit den Forderungen des Aufrufs einverstanden zeigten sich die professoralen Vertreter der Technischen Fakultät, die nur zu 19 Prozent die Protestnote unterstützten.[11]

„Wir wollen nicht nur Opfer sein, sondern auch mitgestalten."[10]

Universitätspräsident Günther Hönn

Die Proteste zeigten zweifellos Wirkung; letztlich musste sogar Minister Breitenbach seinen Hut nehmen. Dennoch wirkte es nach den Horrorzahlen des Sommers beinahe wie ein schlechter Scherz, als der scheidende Minister am 16. September 1996 im Regionalfernsehen die tatsächlich auf die Universität zukommende Sparlast auf nur noch

3,1 Millionen D-Mark oder 1,2 Prozent des Gesamthaushalts bezifferte; die Universität bleibe dabei aufgefordert, die neben dem ohnehin laufenden Einsparprogramm aus dem Jahr 1993 nun zusätzlich aufzubringenden vierzig Stellen abzubauen. Gleichzeitig kündigte der neue Minister Henner Wittling, dem der Ruf des pragmatischen „Machers" vorauseilte, eine neuerliche Evaluation an. Eine in Zusammenarbeit mit dem rheinland-pfälzischen Nachbarland beauftragte Expertengruppe sollte nun den Hochschulbereich der gesamten Region Saarland-Trier-Westpfalz kritisch analysieren und Vorschläge zur Entwicklung eines tragfähigen Zukunftskonzeptes für die Universität des Saarlandes vorlegen.[12]

„Simon-Gutachten" und „Wittling-Plan"

Die Leitung der Kommission übernahm der frühere Vorsitzende des Wissenschaftsrats Dieter Simon, berühmt-berüchtigt durch seine vielzitierte Einschätzung, die deutsche Universität sei „im Kern verrottet". Gleich bei der Erstbegehung der Saar-Uni im Winter 1996 rief er schlimme Befürchtungen hervor durch seine Aussage, beim „Bauchwarenladen der Philosophischen Fakultät" müsse man „mal sehen, was man davon akzeptieren kann". Ein gutes Jahr später am 26. März 1998, legten die Experten dann ihr Gutachten vor, in dem das eingangs geschilderte Modell der „Unternehmeruniversität" nachgerade idealtypisch unter saarländischen Bedingungen beschrieben war.[13]

> *„So wichtig auch Exzellenz ist – keine Universität der Welt besteht nur aus Centers of Excellence, und jede Tonnenideologie wäre unangebracht. Interessante neue Ansätze sollte man nicht allein deshalb beseitigen, weil sie zunächst klein sind."[14]*
>
> *Senat der Saar-Uni*

Wenig überraschend empfahl die Kommission den massiven Abbau vornehmlich geisteswissenschaftlicher Kleinfächer, allerdings auch der Biologie und der Geographie, außerdem die Übersiedlung der in früherer Zeit hochgelobten Biogeographie an die im Gutachten mit untersuchte Universität Trier. Unerwartet war die Schließung der sozialwissenschaftlichen Fächer, die bislang als Schwerpunkt im Rahmen des Europa-Profils hatten ausgebaut werden sollen.

Die größte Demonstration der Universitätsgeschichte: Angeführt von Präsidium und AStA protestieren am 11. Juli 1996 rund 8.000 Universitätsmitglieder in der Saarbrücker Innenstadt gegen die Sparmaßnahmen der Landesregierung.

Und Fachleuten wie Laien vollends unverständlich war der Vorschlag zur Schließung der traditionsreichen Volkswirtschaftslehre, die in ihrer „Saarbrücker Schule" eine ganze Reihe von „Wirtschaftsweisen" hervorgebracht hatte.

Erwartbarer fielen die Empfehlungen zu Strukturveränderungen aus. Die Einrichtung eines mit weitgehenden Befugnissen vor allem in der Präsidentenauswahl ausgestatteten, extern besetzten Universitätsrats korrespondierte mit der weiteren Stärkung des Präsidentenamts, der Reduzierung der zuvor sechzehn Fachbereiche auf acht fachübergreifende Schwerpunkte, die später doch wieder den vertrauten Namen „Fakultäten" erhielten, und der Verkleinerung des Senats. Gestärkt werden sollten dagegen die neugebildeten Fakultäten, deren Dekane, mit weitgehender Budgethoheit und umfassenden Rechten ausgestattet, dem Universitätspräsidenten zuzuarbeiten hatten. Politisch wenig opportun allerdings war die Abschaffung der Lehramtsausbildung für ein Land, das seit Jahren um seine Unabhängigkeit fürchtete.[15]

Verglichen mit dem Sturm des Sommers 1996 fielen die Proteste der Betroffenen an einer weitgehend müde gekämpften Universität relativ verhalten aus. Der Kritik an Einzelmaßnahmen wie den beschriebenen Fächerschließungen, der Skepsis gegenüber der Stärkung der Präsidialverfassung mit einem „Großen Boss" (Günther Hönn) an der Spitze und der Sorge vor einer Einflussnahme regionaler Wirtschaftsgrößen im Universitätsrat begegnete Minister Wittling auf saarländische Art, in der alles letztlich „nicht so schlimm" kam, wie zu befürchten stand. Die Lehramtsausbildung wurde auf einige Kernfächer reduziert, blieb aber erhalten. Das neu zu gründende Frankreich- und Sprachenzentrum sollte den Europaschwerpunkt stärken, der auch nach dem neuen Konzept eine wichtige Rolle zu spielen hatte, die Ausstattung der Bibliotheken sollte verbessert werden. Die Stärkung der technischen Fächer, vor allem der Informatik und Materialwissenschaften, war vorauszusehen gewesen und rief allenfalls Neider, aber kaum Kritiker in der Sache auf den Plan. Und die Schließung der seit einem Jahrzehnt diskutierten geisteswissenschaftlichen Kleinfächer, ebenso wie die Reduzierung des Studienangebots des Dolmetscherinstituts, ◂◂ hatte so sehr in der Luft gelegen, dass ihre Umsetzung kaum mehr Widerspruch hervorrief.

▸ Dolmetscherinstitut S. 240

Bei der Protestversammlung im November 1997 platzt das Audimax aus allen Nähten.

Mochte die AStA-Vorsitzende Müller-Adams ▸▸ auch von einem „Anschlag auf die Eigenständigkeit der Universität" sprechen und Erik Lautenschlager vom Projekt „Kritische Uni" monieren, man habe bei den Planungen über regional verteilte Studienorte schlicht vergessen, dass „das Beamen noch nicht erfunden wurde", so überwogen doch in der regionalen und überregionalen Berichterstattung die positiven Bewertungen des Wittling-Plans. Der Minister habe „seine Meisterprüfung" abgelegt, kommentierte die Saarbrücker Zeitung und war damit in ihrer Wortwahl nur wenig euphorischer als die überregionalen Blätter, von denen die Universitätsreformen an der Saar mit Interesse und Zuspruch begleitet worden waren.[16]

Mit der Neufassung des Saarländischen Universitätsgesetzes goss der Minister seine auf dem Gutachten basierenden Vorstellungen in Form. Wie alle in diesem Zeitraum angepassten Hochschulgesetze war auch das saarländische „stark von der nunmehr seit über zwei Jahrzehnten anhaltenden Kritik an der Gruppenuniversität und von den Grundannahmen des Wettbewerbsparadigmas geprägt". Strukturelle Änderungen bestanden im Wegfall des Konzils, das bislang den Präsidenten gewählt hatte, und der Zentralen Haushalts- und Planungskommission, deren Zuständigkeit für den Haushalt auf das Präsidium überging.

Machtpolitisch wurde der Senat auf siebzehn Mitglieder verkleinert, die Hochschulleitung, die jetzt nur noch aus dem Universitätspräsidenten, drei Vizepräsidenten und dem Kanzler bestand, als eigenes Gremium („Präsidium") etabliert und in ihren Rechten massiv gestärkt. In der Besetzung des Universitätsrates zeigte sich allerdings die saarländische Konkordanzkultur, hatte Wittling doch fünf externen, von Minister und Universitätspräsident gemeinsam zu bestimmenden Mitgliedern eine Mehrheit von sechs durch den Senat zu entsendenden Universitätsangehörigen gegenübergestellt und damit die Vorschläge des Simon-Papiers wesentlich entschärft.[17]

Die erste Bewährungsprobe für das Gesetz war die schwierige Präsidentenkür des Jahres 1999/2000. Nachdem zwei interne Bewerber, darunter ein amtierender Vizepräsident, unter scharfer Kritik am intransparenten und hinhaltenden Agieren des Universitätsrats ihre Kandidatur zurückgezogen hatten, wählte der Senat im Oktober 2000 schließlich mit großer Mehrheit die Sozialpsychologin Margret Wintermantel, ▸▸ pikanterweise zuvor Mitglied des Universitätsrats, zum ersten „Großen Boss" der inzwischen recht zerzausten, aber doch neu formierten Universität. An der sich vermutlich jeder fragte, was das neue Jahrzehnt unter den so grundsätzlich geänderten Rahmenbedingungen wohl bringen würde.[18]

▶ Biogramm S. 245

Wissenstransfer und Forschung

Trotz des permanenten Spardrucks sahen die 90er Jahre keine Stagnation der universitären Entwicklung. Im Gegenteil waren sie geprägt von der Leitlinie „Not macht erfinderisch", und manche Neuerung, die erst im neuen Jahrtausend zu voller Blüte gelangen sollte, nahm hier ihren Anfang. So wurden etwa Kontakt, Kooperation und Wissenstransfer zu Schlagworten einer Universität, die die letzten Verdachtsmomente einer Elfenbeinturm-Kultur ausräumen und ihre Bedeutung für die Region unter Beweis stellen wollte – und musste. ▸▸

▶ *Innovationsmotor* S. 226

Als Mittlerin zwischen regionalen Wirtschaftsunternehmen und universitären Einrichtungen fungierte bereits seit 1985 die „Kontaktstelle Wissens- und Technologietransfer" (KWT), die ihre Vermittlungstätigkeit nicht zuletzt durch rege Messeauftritte in den 90er Jahren ausweitete, um besonders saarländischen Klein- und mittelständischen Unternehmen den Kontakt zu wissenschaftlicher Forschung zu erleichtern. Ihr zur Seite trat im Oktober 1994 die Kooperationsstelle „Hochschule und Arbeitswelt", die Schlüsselkompetenzen für den Übergang zwischen universitärer Ausbildung und Berufsleben vermitteln sollte.[19]

Als wirksames Sprungbrett ins Wirtschaftsleben erwies sich vor allem das 1996 von der Uni eingerichtete „Starter-Zentrum", das – bundesweit einmalig – Uni-Absolventinnen und -Absolventen Unterstützung in der Gründungsphase ihrer Unternehmen bot. Sei es durch das günstige Angebot geeigneter Räume auf dem Campus, die Einbindung in universitäre Forschungsstrukturen oder die breit gefächerten Fortbildungsmöglichkeiten: das Starterzentrum entwickelte sich zu einem solchen Erfolg, dass selbst „Spione" aus Stuttgart sich 1997 von dem saarländischen Modell inspirieren ließen.[20]

Die wissenschaftlich hochkarätigsten Kooperationsfelder bestanden allerdings zwischen der Universität und den außeruniversitären Forschungseinrichtungen, die sich seit Ende der 80er Jahre den Stuhlsatzenhausweg bergab aneinanderreihten. Manche sahen in der Nachbarschaft mit den ungleich besser ausgestatteten Instituten die Gefahr eines Ansehensverlusts universitärer Forschungsstrukturen, doch durch die Verknüpfung von Leitungsposition und Universitätsprofessur, die enge Einbindung des wissenschaftlichen Personals in die Lehre und die Einbeziehung fortge-

▶ *Biogramm* S. 286

Forschung als Beitrag zum Strukturwandel: Ministerpräsident Lafontaine bei der Grundsteinlegung zum Max-Planck-Institut für Informatik im September 1993.

Profilschwerpunkte S. 272

schrittener Studierender in Forschungsprojekte wurde die Zusammenarbeit geradezu beispielhaft eng ausgestaltet, so dass die positiven Aspekte bei weitem überwogen. Bei der Einweihung des Max-Planck-Instituts für Informatik im Juni 1996 sprach Max-Planck-Chef Hubert Markl von den Universitäten als dem „Rückgrat der Grundlagenforschung", „ohne das bekanntlich auch der Kopf nur höchst wackelig auf dem Gesellschaftskörper säße."[21]

Auch diese universitäre Grundlagenforschung entwickelte sich in den 90er Jahren dynamisch aufwärts. Hatte sich der Forschungsüberblick in den zurückliegenden Jahresberichten des Präsidiums auf kursorische Beschreibungen beschränkt, „explodierte" dieser Bereich ab Mitte des Jahrzehnts in seinem Umfang durch die Berücksichtigung nicht nur der zentralen, sondern auch der dezentralen Forschungsfelder der Fächer und Fachbereiche, die die Forschungsstärke der Gesamtuniversität zum Ausdruck bringen sollte.

Biogramme S. 262 / S. 238/ S. 244

Eine ausgeprägtere Profilbildung hatte sich jedoch bereits der vierte Universitätsentwicklungsplan von 1991 zum Ziel gesetzt, der neben einer „Abrundung des Informatikausbaus" auch deren Einbindung in andere Studiengänge (Computerlinguistik, Wirtschaftsinformatik) sowie die „Pflege und Weiterentwicklung der europäischen Tradition" vornehmlich in den Bereichen Recht und Wirtschaft avisierte. ◂◂ Als Gradmesser der Forschungsleistung rückten nun die Sonderforschungsbereiche (SFB) der Deutschen Forschungsgemeinschaft in den Blick. Während 1995 zwei SFBs mit einem Fördervolumen von 1,2 Millionen D-Mark zu Buche standen, stiegen diese Zahlen in der Folge sprunghaft auf 5,7 (1991) und 9,8 Millionen D-Mark (1997) an. Im Jahr 1999 wurde vermeldet, dass die Universität des Saarlandes über alle Fördermaßnahmen der Deutschen Forschungsgemeinschaft eine Gesamtförderung in Höhe von 67,5 Millionen D-Mark erhalten und damit auf Rang 33 von 72 Hochschulen in der deutschen Forschungslandschaft einen „guten Mittelplatz" habe einnehmen können.[22]

Als Musterbeispiel interdisziplinärer Spitzenforschung galt etwa der SFB 378 „Ressourcenadaptive kognitive Prozesse", der mit seinem initialen Sprecher Werner H. Tack ◂◂ die Psychologie, die Philosophie (Kuno Lorenz), die Informatik (Wolfgang Wahlster ◂◂, Jörg Siekmann) und die Computerlinguistik (Hans Uszkoreit ◂◂, Manfred Pinkal) in einem Forschungsvorhaben vereinte, das zwischen 1996 und 2001 ein Fördervolumen von 16,3 Millionen D-Mark erreichte.[23]

Innovationsfelder

Auch in anderen Bereichen entwickelte die Universität ungeachtet aller Schwierigkeiten Innovationsaktivitäten, die es erlaubten, der andauernden Berichterstattung über „Saar-Uni = Spar-Uni" positive Beispiele entgegenzustellen. So entstanden etwa Studiengänge mit bundesweitem Alleinstellungscharakter wie die „Historisch-orientierte Kulturwissenschaft" ▸▸ – gleichsam ein praxisorientiertes und interdisziplinär angelegtes Studium generale im Kulturbereich – oder „Interkulturelle Kommunikation", in dem Frankreich-Experten für Wirtschaft, Verwaltung und Kultur ausgebildet wurden. Eine Verbindung traditioneller Saarbrücker Stärken mit aktuellen Innovationen lag auch der Einrichtung des Studiengangs „Computerlinguistik" zugrunde, der an der Schnittstelle zwischen Informatik und Linguistik an die etablierte Forschung im Bereich der Sprachdatenverarbeitung anknüpfte und sie im Lehrkanon institutionalisierte.[24]

Von der digitalen Kompetenz der Saar-Uni zeugen darüber hinaus weitere Entwicklungen, die in dieser schwierigen Zeit ihren Anfang nahmen. Der Umstieg auf eine prozessorientierte und IT-gestützte Organisation der Zentralen Verwaltung in Kooperation mit dem Software-Pionier SAP stellte ein von anderen Universitäten mit großem Interesse wahrgenommenes Leuchtturmprojekt dar, das mit dem universitären Institut für Wirtschaftsinformatik umgesetzt werden konnte. Ein ähnlich praxisorientiertes, doch stärker wissenschaftlich geprägtes Aushängeschild entstand im Februar 1992 mit dem erstmals in Saarbrücken stattfindenden EDV-Gerichtstag, der sich aufgrund des enorm zunehmenden Bedarfs an IT-Unterstützung in der Justiz zu einer festen Institution entwickelte, die jährlich Hunderte von Rechtsspezialisten an die Saar zog.[25]

▸ *Biogramm* S. 208

Wissenstransfer, Kooperation und Forschungsinnovation waren somit ebenso Zeichen dieses Jahrzehnts, das im Rückblick leicht zu undifferenziert als Zeitalter der Sparzwänge, Machtkämpfe und Verteilungskonflikte erscheinen mag. Den 90er Jahren ist vielmehr gerade aufgrund dieses vielgestaltigen Umbruchcharakters und der erfolgten Weichenstellungen eine besondere Bedeutung für die folgenden Entwicklungen beizumessen.

Thomas Kees

Ausbau im Zeichen des Wissenstransfers: Science Park und außeruniversitäre Forschungsinstitute prägen in den 90er Jahren zunehmend die Nordflanke des Campus.

„Innovationsmotor"

Strategische Wende S. 189

„Forschungsland Saarland hat sich gemacht. Anwendungsorientierte Forschung als Schlüssel der wirtschaftlichen Umstrukturierung" – so lautete die Überschrift einer Zusammenfassung der Regierungserklärung von Ministerpräsident Oskar Lafontaine in der Saarbrücker Zeitung im Herbst 1994. Tatsächlich hatte die seit 1985 alleinregierende SPD dem von der Schwerindustrie geprägten Land unter dem Eindruck der Kohle- und Stahlkrisen einen bemerkenswerten Innovationskurs verordnet, bei dem der Universität eine Schlüsselrolle zukam. Traditionelle und beschäftigungsrelevante Industriezweige wie die Stahl- und Automobilindustrie sollten durch landeseigene Forschung modernisiert, der forschungsferne Mittelstand durch aktiven Wissens- und Technologietransfer entwickelt werden.[26]

Zur Unterstützung dieser Transferprozesse wurden an den Hochschulen und Forschungsinstituten Kontaktstellen und Fördergesellschaften eingerichtet, so auch an der Universität die Kontaktstelle für Wissens- und Technologietransfer. Stärker als je zuvor richteten sich konkrete Anforderungen und Erwartungen der Landesregierung an die inhaltliche Ausrichtung der Universität. Die Schlüsselwörter lauteten „Technologietransfer" und „Innovationsförderung", als strategisch relevante Bereiche galten vor allem Informatik, ◀◀ Material- und Umweltwissenschaften sowie generell technisch ausgerichtete Fächer.[27]

Aufstieg der Informatik S. 194

Die stärkste Auswirkung für die Saar-Uni hatte diese kombinierte Wissenschafts- und Wirtschaftspolitik, als das neue Universitätsgesetz 1989 der Universität die Gründung einer Technischen Fakultät verordnete. Zeitgleich begann eine aktive Ansiedlungspolitik außeruniversitärer Forschungseinrichtungen in der „Technologiestraße" des Stuhlsatzenhauswegs auf dem Campus. Resümierend bezeichnete Wissenschaftsminister Diether Breitenbach den Aufbau dieser Forschungslandschaft als maßgeblichen Erfolg seiner Amtszeit. Einrichtungen wie das Deutsche Forschungszentrum für Künstliche Intelligenz, das Institut für Neue Materialien oder das Max-Planck-Institut für Informatik hätten für einen verstärkten Transfer aus der Forschung in die saarländische Wirtschaft und eine Belebung des Beschäftigungssektors mit zukunftsträchtigen Arbeitsplätzen in universitären „Spin-off-Unternehmen" gesorgt.[28]

Die Universität freilich hatte auch aus eigenem Antrieb bereits die Kooperation mit der Wirtschaft gesucht, wie die Beispiele August-Wilhelm Scheers oder des Siemens-Großprojekts schon in den frühen 80er Jahren zeigten. ◀◀ Auch die Ansiedlung der neuen Forschungsinstitute konnte nur bei aktiver Beteiligung der Universität erfolgreich sein. Die enge personelle und fachliche Verknüpfung mit den Instituten bildete daher ein vorrangiges Ziel der Unileitung, zumal die Gefahr eines Konkurrenzverhältnisses nicht von der Hand zu weisen war: In einem Gutachten sprach der Wissenschaftsrat 1993 bei aller Wertschätzung der Ansiedlungserfolge von einem „ungleichgewichtigem Ausbau", der angesichts der „Strahlkraft" der An-Institute die Wahrnehmung der Universität gefährden könne.[29]

Vor diesem Hintergrund war die Universität um stabile Kooperationen zwischen An-Instituten, Lehrstühlen und Unternehmen bemüht, so etwa in der 1992 gegründeten „Gesellschaft zur Förderung der Mikrosystemtechnik (GEMITEC)", als deren Träger nicht nur die Fraunhofer-Institute, das Institut für Neue Materialien und saarländische Firmen fungierten, sondern maßgeblich auch der Lehrstuhl für Prozessautomatisierung. Diese Kooperationsstruktur galt als Musterbeispiel für die Verzahnung von Wirtschaft und Forschung mit Innovationsimpulsen für die Region.[30]

Die eigenen Kontakte zu den regionalen Unternehmen intensivierte die Universität ebenfalls; ein erfolgreiches Modell war etwa der 1989 gegründete „Gesprächskreis Universität – Wirtschaft", der 22 Unternehmen und 22 Professuren an einen Tisch brachte. Auch überregionale Partner rückten ins Blickfeld, so wurde die erfolgreiche Kooperation mit dem Branchenriesen Siemens durch einen 1991 geschlossenen Kooperationsvertrag fortgesetzt, der dem Unipräsidenten sogar den Vorwurf einbrachte, die Universität an Siemens zu „verkaufen".[31]

Freilich setzte die überkommene Wirtschaftsstruktur des Saarlandes mit ihrem Übergewicht an Produktionsstandorten und dem Mangel an Forschungs- und Entwicklungs-Bereichen den Innovationszielen weiterhin Hemmnisse entgegen. Die Universität versuchte daher, neue Wege zu gehen. Zum einen bemühte sie sich, durch

Nur drei Jahre nach dem ersten Starterzentrum in Saarbrücken öffnete in Homburg das Starterzentrum 3 seine Türen.

Informationsoffensiven zögerliche Wirtschaftsbetriebe von den Vorteilen einer Kooperation zu überzeugen; vor allem aber setzte sie verstärkt auf die Förderung von Unternehmens-Neugründungen aus der Universität heraus. Treiber dieser Aktivitäten war in erster Linie die erwähnte Kontaktstelle für Wissens- und Technologietransfer (KWT) unter der Leitung des Uni-Planungschefs Wolfgang Lorenz, der es gelang, innovative Ideen zu entwickeln und dafür Fördermittel zu akquirieren. Eine Vorreiterrolle im nationalen und sogar internationalen Kontext übernahm die Uni mit dem in der KWT konzipierten, Ende 1995 verwirklichten Modell des „Starterzentrums“: Hier wurden für junge Unternehmen nicht nur kostengünstig Räume und Infrastruktur in einem eigenen Campus-Gebäude, sondern auch vielfältige Unterstützungsangebote durch betriebswirtschaftliches Knowhow bereitgestellt, unter anderem seitens des von der universitären Betriebswirtschaftslehre eingerichteten Instituts für Existenzgründung. Nach der Anfangsphase im Starterzentrum konnten erfolgreiche Start-ups im nächsten Schritt in die seit 2000 errichteten, ebenfalls auf dem Campus gelegenen Science-Parks übersiedeln, um sich so die Nähe zur Uni-Forschung weiterhin zu erhalten.[32]

Die Innovationsförderung durch Unternehmensgründungen und Transferprojekte wurde zu einem Markenzeichen der Saar-Universität; der Begriff „Innovationsmotor“ bürgerte sich ein. Ein Expertengutachten befand 1998, dass jeder dritte saarländische Mittelständler Kontakte zu Hochschul- oder Forschungseinrichtungen unterhielt und dass viele Innovationen der Unternehmen durch die Ergebnisse solcher öffentlich finanzierten Forschung ermöglicht wurden. Zwar wuchsen die Bäume hinsichtlich der Zahlen zusätzlicher Arbeitsplätze nicht in den Himmel, doch das Grundkonzept überzeugte auch weiterhin: Die neue Landesregierung unter Peter Müller ▸▸ basierte ab 1999 ihre ambitionierte Innovationsstrategie zur Bewältigung des Strukturwandels auf den Stärken der Hochschulen im Bereich Forschung und Entwicklung. Die Saar-Uni wurde für ihre beispielhaft praktizierte Gründerkultur 2013 vom Bundeswirtschaftsminister als „Gründerhochschule“ ausgezeichnet und erreichte seither immer wieder Top-Platzierungen in Rankings zur Gründungsförderung. Im Jubiläumsjahr 2023 festigte sie ihren innovationsfördernden Kurs durch die Einrichtung der neuen Transfer-Einheit „Triathlon“ und durch die Fertigstellung des „Innovation Centers“ als neuartiger Begegnungsstätte von Universität und Unternehmen.[33]

▸ *Biogramm* S. 203

Thomas Kees / Thilo Offergeld

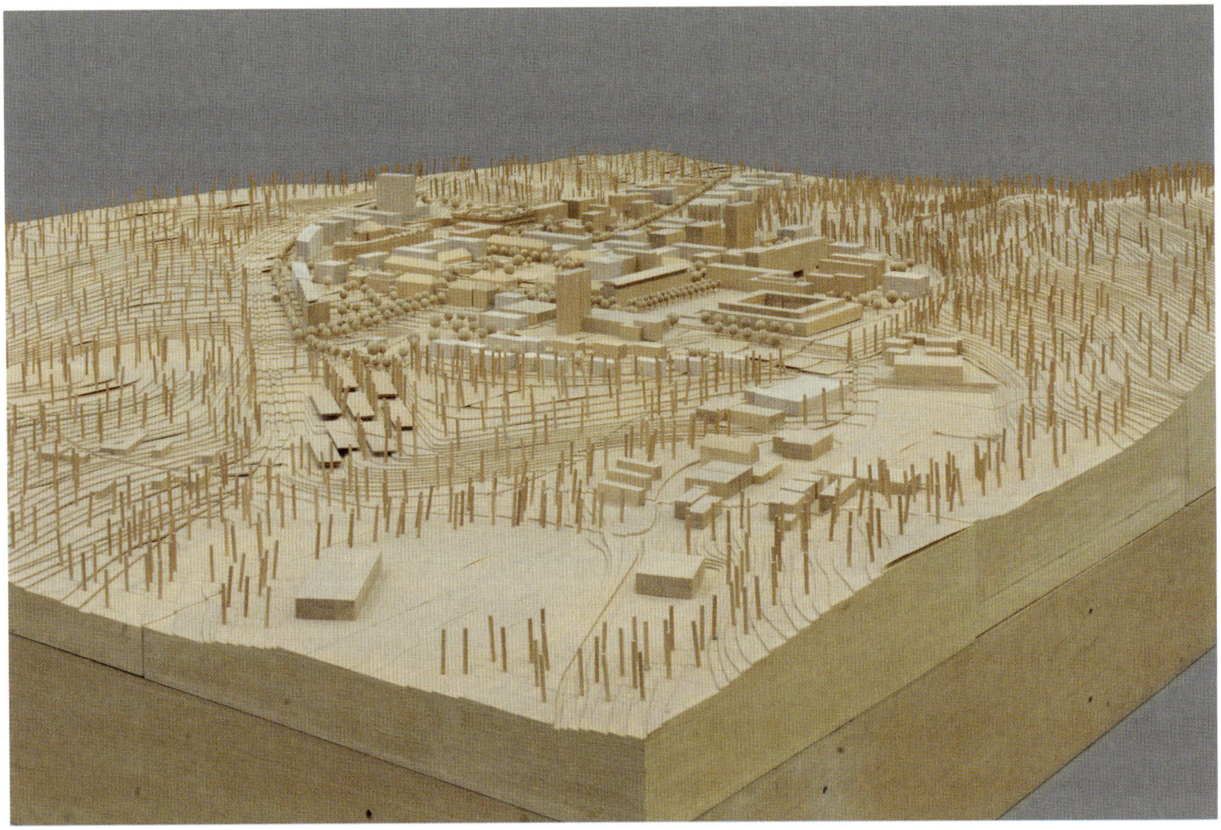

Campus-Modell

Das beeindruckende Holzmodell, im Original 3,60 mal 2,40 Meter groß, stellt in dreidimensionaler, leicht abstrahierter Abbildung die Gesamtanlage des Saarbrücker Universitätscampus dar. Es wurde für die Campus-Rahmenplanung entwickelt, mit der im Jahr 2000 ein neues Gesamtkonzept für das zuvor teilweise „nicht sehr planvoll“ (so Kultusminister Schreier) bebaute Universitätsgelände erarbeitet werden sollte. Verbesserungen erhoffte man sich für die Verkehrssituation, das Orientierungssystem und die Einbindung des Campus in die umgebende Landschaft.

Rechte Winkel S. 308

Den Wettbewerb gewann ein Planer-Team unter Leitung von Andreas Veauthier, der später auch den Neubau des Campus Center entwarf. Das Modell war seinerzeit öffentlich ausgestellt; es visualisierte die Grundidee vom „Oval auf der Lichtung“, mit dem die Saar-Universität als eine Art Kleinstadt im Grünen planerisch konzipiert wurde. In aufwendiger Handarbeit gefertigt, stellt es die damals vorhandene Campus-Bebauung in dunkleren, die für künftige Erweiterungen vorgesehenen Bauten in helleren Holzkörpern dar. Längst nicht alle der skizzierten Bauoptionen sind seither realisiert worden, doch das Grundkonzept bildet bis heute den Leitfaden für die bauliche Entwicklung der Uni. ◂◂ Zum 75-jährigen Jubiläum wurde das Modell, das lange Zeit im Magazin verborgen war, neu überarbeitet. Die aktuelle Version zeigt den Bau-Stand des Jahres 2023 ebenso wie die projektierten Bauvorhaben und soll im Rahmen der Jubiläumsausstellung wieder öffentlich zugänglich gemacht werden.[34] *to*

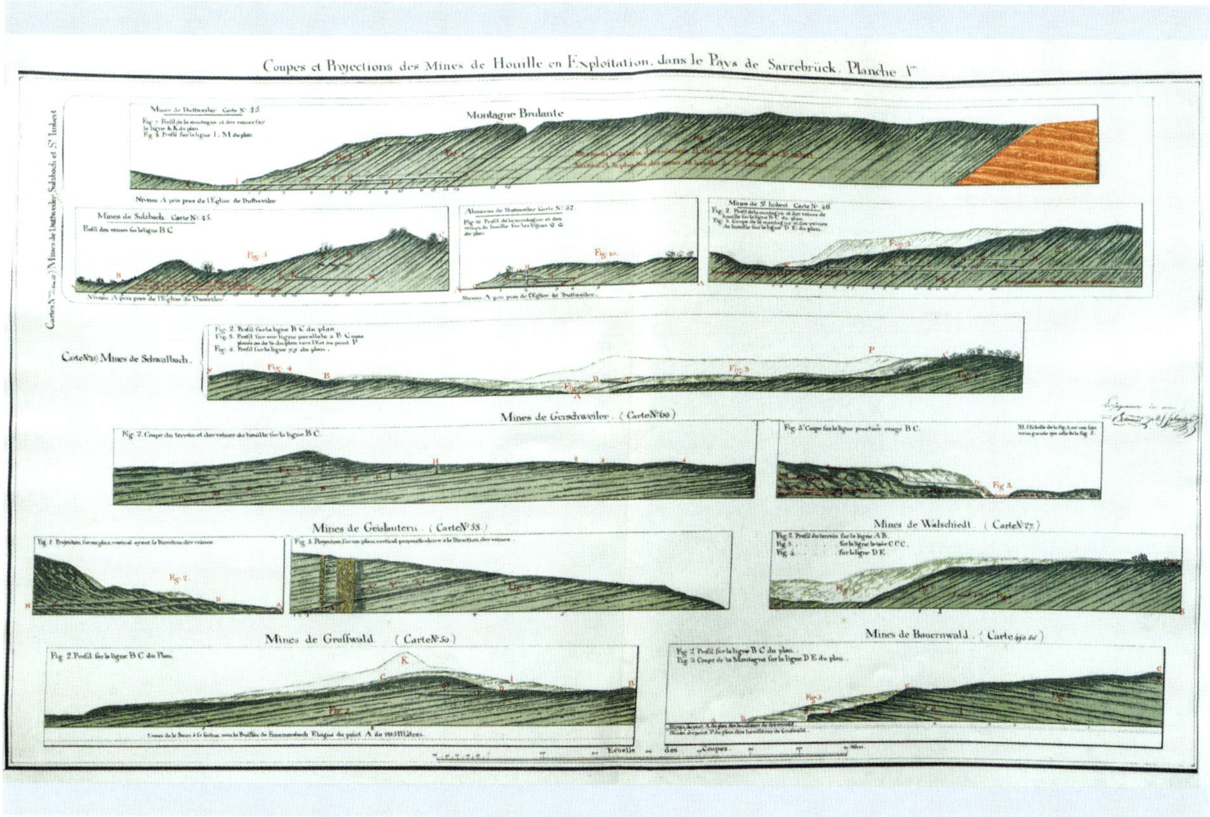

Duhamel-Atlas

Der Friede von Lunéville besiegelte im Jahre 1801 die Abtretung der seit 1794 von der napoleonischen Armee eroberten linksrheinischen Gebiete an Frankreich. Die Sieger kümmerten sich rasch um die wirtschaftliche Verwertung ihrer Neueroberungen, wobei den Bodenschätzen des Saar-Kohlereviers eine hervorragende Bedeutung zukam.

Unter der Federführung von Jean-Baptiste Duhamel, Professor für Bergbau an der „Ecole pratique des Mines de la Sarre" im heutigen Völklinger Stadtteil Geislautern, wurde ein umfangreiches Kartenwerk der Kohlevorkommen im Saarbecken erarbeitet, das als Grundlage für künftige Konzessionsvergaben dienen sollte, der „Atlas des concessions du Terrain Houiller de la Sarre". Innerhalb von nur zwei Jahren war das Werk im Jahre 1810 fertiggestellt. Es erfasst auf 61 Karten mit minutiöser Genauigkeit im Maßstab 1:50.000 die geographischen Gegebenheiten eines großen Teils des heutigen Saarlandes und vermittelt einen außergewöhnlichen Einblick in die Verhältnisse vor gut 200 Jahren. Der Atlas selbst zählt zu den Meisterwerken des bergbaulichen Vermessungswesens, der sogenannten Markscheidekunst. Das Original wird im Pariser Nationalarchiv verwahrt.

In den 1920er Jahren wurde von der damaligen französischen Grubenverwaltung ein Faksimile herausgegeben, von dem sich ein Exemplar im Bestand der Saarländischen Universitäts- und Landesbibliothek befindet. Häufig ist es als Leihgabe in der Alten Sammlung des Saarlandmuseums ausgestellt.[35]

bh

Richard Serras „Torque"

Die „Torque"-Skulptur, nach ihrem Schöpfer meist „Serra-Plastik" genannt, gilt heute als ein Erkennungszeichen der Saar-Universität. Einer gigantischen Drehtür gleich, richtet sie sich unübersehbar gleich hinter der Haupteinfahrt zum Campus auf. Siebzehn Meter hoch sind die sechs monumentalen Platten aus Dillinger Stahl, jede über vierzig Tonnen schwer, auf effektvolle Weise ineinander verschränkt gelehnt und durch ihre optische Schrägstellung wie in Drehung versetzt: „Torque" bedeutet soviel wie Drehmoment oder Drehkraft.[36]

Die Plastik beeindruckt durch ihre Härte, ihre Kompromisslosigkeit. Und doch setzt Richard Serra, einer der bedeutendsten amerikanischen Künstler der Gegenwart, wie stets in seinem Werk auch hier geradezu spielerisch Gegensätze miteinander in Beziehung: Die enorme Masse und Schwere der Stahlplatten verbindet sich durch den Dreh-Effekt mit Bewegung und Leichtigkeit, offenkundige Stabilität mit scheinbarer Labilität. Verblüffend wirkt, dass die Platten durch ihr austariertes Eigengewicht standfest sind, nur aufgrund deutscher Bauvorschriften miteinander verschweißt werden mussten. Das Gebilde wirkt abweisend und verschlossen, wenn man die Plastik im Uhrzeigersinn umrundet, doch die umgekehrte Bewegung führt zu den Öffnungen zwischen den Platten, gewährt Einlass. Im dunkel und eng erwarteten Innenraum wird der Blick nach oben zum lichten Himmel geführt, die Außengeräusche abgeschirmt, so dass sich nach der Dynamik des Außeneindrucks im Innern eine meditative Atmosphäre entfalten kann.

Meditative Atmosphäre im Inneren: Der Blick wird zum Himmel geführt.

Der „Torque" ist mit Bedacht an einer neuralgischen Stelle des Campus platziert: Sie markiert zum einen den höchsten Punkt des Campusgeländes, zum anderen eine architektonische Fuge zwischen dem Kasernenbereich und den neueren Campus-Gebäuden, und schließlich bildet sie ein Eingangsportal zum dahinter liegenden Forums-Platz.

Die 1992 errichtete Skulptur hat das Gesicht des Campus verändert. Serras Kunst ist keine, die jedermann gefällt; das Projekt stieß von Anfang an auf vehemente Proteste. Ein bloßes „Prestigeobjekt" zur Aufwertung der saarländischen Kunstprovinz wurde es genannt, dem Werk fehle der Bezug zur Universität, es sei unverständlich, unpassend, hässlich, mächtig. Die schärfste Kritik galt den immensen Ausgaben von insgesamt fast einer Million D-Mark, für welche die Bundesgelder für Kunst im öffentlichen Raum bei weitem nicht ausreichten, so dass Sponsoren und das Land mitfinanzieren mussten. Dass die Universität gleichzeitig unter Sparmaßnahmen ächzte, die auch die Schließung der Fachrichtung Kunsterziehung betrafen, empfanden viele als blanken Hohn.[37]

Neue Fakultät S. 218

Mit den Jahren legte sich die Aufregung, und auf dem Campus gewöhnte man sich an das sperrige Kunstwerk. Bei der Wahl von Margret Wintermantel zur Universitätspräsidentin Ende 2000 wurde der Stahl-„Kamin" genutzt, um weißen Rauch aufsteigen zu lassen. Und als 2010 der Kulturausschuss erwog, die Plastik in die Stadt zu verla-

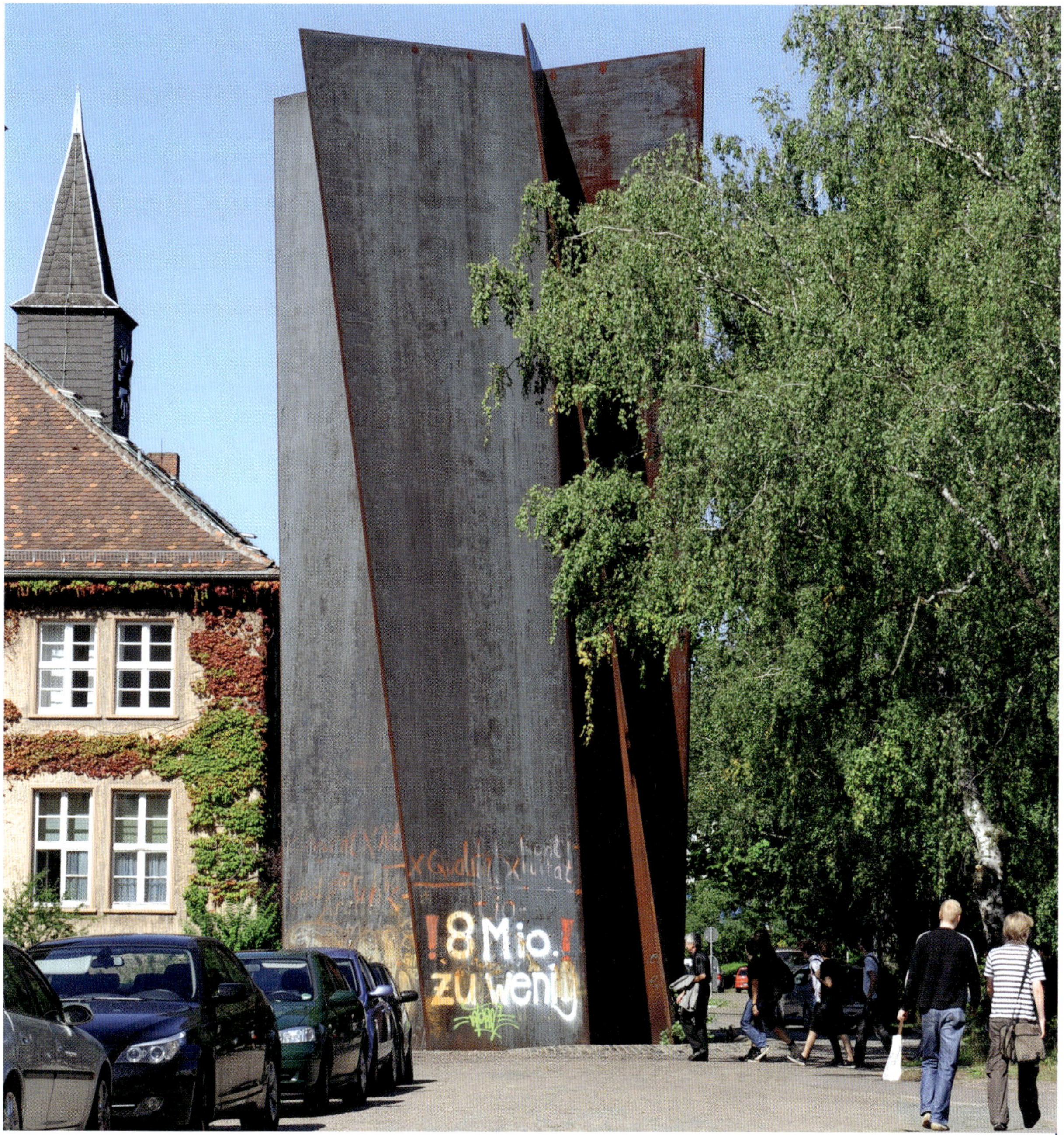

Der „Torque“: Drehtor und Ort von Debatten und Protest.
Ein „tanzender Koloß“ (M. Leber) mitten auf dem Campus.

gern, wies ihr Nachfolger Volker Linneweber dies zurück: Die Plastik sei ein Sinnbild für den strukturellen Wandel von der Montanindustrie zum Hightech und daher auf dem Campus als „kreativem Zentrum“ am richtigen Platz.[38]

Die Kontroversen hatten sich schon von Beginn an am Kunstwerk selbst ablesen lassen, in Form von allerlei kritischen Graffiti auf den Stahlplatten. Waren es anfangs Protestkundgebungen (wie die Aufforderung zum Schrottrecycling des Stahls durch einen „Grünen Punkt“), so fanden sich später diverse Kommentare zum universitären Leben, vor allem zu Sparmaßnahmen. Serra hatte dergleichen schon bei der Einweihung positiv gesehen, nämlich als Zeugnis einer lebendigen Auseinandersetzung mit seinem Werk.[39]

Ute E. Flieger / Thilo Offergeld

August-Wilhelm Scheer

(geboren 1941)

Der Wirtschaftsinformatiker und Unternehmer hat wie kaum ein anderer Professor Spuren auf dem Saarbrücker Campus hinterlassen: Die rot verkleideten Scheer-Towers oberhalb der Mensa stehen weithin sichtbar für den erfolgreichen Brückenschlag zwischen Wissenschaft und Wirtschaft, der sich mit dem Namen Scheer verbindet.

1975 als profilierter Datentheoretiker an die Saar-Uni berufen, hatte Scheer 1984 die IDS Scheer-AG gegründet, die zum drittgrößten Software-Entwickler Deutschlands aufstieg. 2009 verkaufte er die auf SAP-Beratung spezialisierte Firma gewinnbringend an die Software AG, blieb aber als Unternehmer vielfältig aktiv. In hochrangigen Positionen setzte er sich für die Förderung technologiebasierter Wirtschaft ein, so etwa 1999–2009 als Innovationsbeauftragter des saarländischen Ministerpräsidenten und 2007–2011 als Präsident des Branchenverbands Bitkom.

Der vielfach ausgezeichnete IT-Visionär ist mehrfacher Ehrendoktor, 2017 wurde er in die „Hall of Fame der deutschen Forschung" aufgenommen. Auch seiner eigenen Hochschule versuchte er immer wieder neue Impulse zu geben; so forderte er im Jahr 2000, die Saar-Universität zur Elitehochschule zu machen. Zwei Jahre später schlug seine Empfehlung zur Teil-Privatisierung der Uni hohe Wellen. Dankbar begrüßt wurde dagegen die Millionenspende, durch die der begeisterte Saxofonist und großzügige Kulturmäzen 2015 den Bau des Graduate Centre förderte und damit eine neue Heimstätte für den wissenschaftlichen Nachwuchs der Saar-Uni ermöglichte.[40]

wm/to

Gotthold Hasenhüttl

(geboren 1933)

Der Saarbrücker Theologe und Kirchenkritiker geriet 2003 ins Scheinwerferlicht der Öffentlichkeit, als er beim ersten Ökumenischen Kirchentag in Berlin ausdrücklich auch protestantische und nicht-katholische Christinnen und Christen zum Abendmahl einlud. Der damalige Trierer Bischof Reinhard Marx suspendierte ihn daraufhin vom Priesteramt und entzog ihm 2006 die kirchliche Lehrerlaubnis. Nach heftigen öffentlichen Protesten und langem Ringen trat Hasenhüttl schließlich 2010 aus der katholischen Kirche als Körperschaft, nicht aber aus der Glaubensgemeinschaft aus.

Der gebürtige Grazer hatte in seinen römischen Studienjahren den Aufbruch unter Papst Johannes XXIII. erlebt und war mit einer Studie zum protestantischen Theologen Rudolf Bultmann zum Dr. theol. sowie später mit dem „Gottesgedanken bei Jean Paul Sartre" zum Dr. phil. promoviert worden. Seit 1964 wirkte er in Tübingen als Assistent von Hans Küng an dessen Ökumenischem Institut und begegnete auch dem damaligen Professor Joseph Ratzinger.

1974 folgte er dem Ruf an die Saar-Uni und prägte bis zu seinem Eintritt in den Ruhestand 2002 mit seinen reformorientierten Kollegen Josef Blank, Karl-Heinz Ohlig und Heinz Schuster die spezifische „Saarbrücker Theologie". Im Zentrum seines weiten Œuvres steht „sein Kampf gegen eine Ideologisierung der Religion in Inhalt und Institution und sein Suchen nach einer menschenfreundlichen Gestalt des Christentums" (Wolfgang Pauly).[41] *wm*

Franz-Josef Heisel

(1941–2007)

Franz-Josef Heisel war jahrzehntelang der „Finanzminister“ der Universität. 43 Jahre lang, von 1963 bis 2006, stand der Püttlinger engagiert und nimmermüde im Dienst der Universitätsverwaltung, davon rund zwanzig Jahre als Referatsleiter des Haushalts- und Rechnungswesens, zuständig auch für das Beschaffungswesen und das Außenamt Homburg.

Der versierte Verwaltungsfachmann hatte 1996 zusätzlich zu seinem Dienst eine Ausbildung absolviert, die ihm auch ohne Abitur die Laufbahn des höheren Dienstes ermöglichte. Auf Basis seiner außergewöhnlichen Sachkenntnis und seiner vielfältigen Erfahrungen pflegte er eine intensive Zusammenarbeit nicht nur mit den Fakultäten und universitären Institutionen, sondern auch mit den Ministerien und Einrichtungen des Landes. Heisel war ein unerreichter Meister darin, haushaltstechnische Korrektheit mit der Eröffnung unkonventioneller Lösungswege zu verbinden. Wer immer ein Finanzproblem zu lösen hatte, rief „bei Heisel“ an – und wurde selten enttäuscht.

Unter Heisels Ägide erfolgte die Einführung der elektronischen Datenverarbeitung im Haushaltswesen ebenso wie die erste Etappe der Umsetzung des Globalhaushalts. Seine umfassenden Kenntnisse gab er seit Ende der 90er Jahre im Rahmen eines EU-Projekts auch an russische Universitäten weiter, nachdem er sich bereits nach 1989 bei der Reorganisation der TU Cottbus engagiert hatte. Sein früher Tod kurz nach dem Eintritt in den Ruhestand hinterließ Kollegen und Uni-Angehörige in Bestürzung und Trauer.[42]

wm

Wilfried Kindermann

(geboren 1940)

Am 16. September 1962 gehörte er bei der Leichtathletik-Europameisterschaft in Belgrad zur siegreichen deutschen 4x400-Meter-Staffel. Noch mehr Bekanntheit erlangte Wilfried Kindermann freilich durch seine außergewöhnliche Laufbahn als Arzt im Spitzensport. Der „Kaiser der Sportmedizin“ agierte bei nicht weniger als acht Olympischen Sommerspielen als Arzt, war Leitender Arzt des Deutschen Leichtathletikverbandes, der deutschen Olympiamannschaften und nicht zuletzt Internistischer Mannschaftsarzt der deutschen Fußball-Nationalmannschaft, unter anderem beim WM-Erfolg von 1990. Beim Sommermärchen, der deutschen Fußball-WM 2006, fungierte Kindermann als Chief Medical Officer der FIFA. Neben vielen anderen Spitzenämtern gehörte er als persönliches Mitglied dem Nationalen Olympischen Komitee an.

Früh engagierte Kindermann sich sowohl als Forscher und Mediziner wie auch als Funktionär in der heiklen Diskussion um leistungsfördernde Substanzen, so etwa im Aufsichtsrat der Nationalen Anti-Doping-Agentur NADA und in den Anti-Doping-Kommissionen des Deutschen Fußball-Bunds und des Deutschen Leichtathletik-Verbands.

Seine wissenschaftliche Laufbahn hatte ihn im Oktober 1978 auf die neue Professur für Sportmedizin an der Universität des Saarlandes geführt. Das von ihm geleitete Institut für Sport- und Präventivmedizin erwarb unter seiner Ägide herausragendes internationales Renommee, das nicht zuletzt auch zur Einrichtung des Olympia-Stützpunktes Saarbrücken beitrug.[43]

wm

Fakultäts(neu)gliederung

Die 90er Jahre sahen mit der Errichtung der Technischen Fakultät eine der wichtigsten Strukturveränderungen der Universität des Saarlandes. Diese neue Fakultät wurde seinerzeit oft als „die fünfte" bezeichnet, denn die Saar-Uni hatte bei ihrer Gründung 1948, ganz wie eine traditionelle Universität, aus vier Fakultäten bestanden: Neben der Medizinischen, Juristischen und Philosophischen war die vierte allerdings nicht, wie althergebracht, eine Theologische, sondern die Mathematisch-Naturwissenschaftliche Fakultät gewesen. Außerdem gab es anfangs Ansätze einer Bergbaulichen Fakultät, und frühe Absichten hatten auch bereits der Gründung einer Technischen sowie einer Theologischen Fakultät gegolten, jedoch ohne realisiert zu werden. So blieb die Struktur der Gründungszeit während der ersten Jahrzehnte unverändert. Dabei stellten die vier Fakultäten, jedenfalls seit dem Übergang ins deutsche Universitätssystem 1956, nicht nur formale Gliederungseinheiten dar, sondern trugen, von wenigen Ausnahmen abgesehen, die tatsächliche Verantwortung für die Gestaltung ihrer Lehr- und Forschungstätigkeiten.[44]

Eine Strukturänderung brachte erst die Umwälzung der traditionellen Universitätsverhältnisse durch die „68er": Per Gesetz legte das Land 1971 die deutlich kleineren „Fachbereiche" als neue Struktureinheiten der Universität fest. Damit sollte dem Trend zur wissenschaftlichen Spezialisierung Rechnung getragen werden, auch sprach angesichts der inzwischen erheblich angewachsenen Größe der Fakultäten manches für eine – 1968 vom Wissenschaftsrat empfohlene und vielerorts in Deutschland realisierte – Aufteilung in Einheiten geringerer Größe. Anstelle der vier Fakultäten waren somit nunmehr siebzehn Fachbereiche, von FB 1 Rechtswissenschaft bis FB 17 Geologie/Mineralogie, für Forschung und Lehre zuständig. Sie konnten sich laut Gesetz für übergreifende Angelegenheiten zu gemeinsamen Ausschüssen zusammenschließen. Diesen Ausschüssen gab die Universitätsverfassung, also die interne Regelung der Universität, 1972 den Namen „Fakultäten" und führte damit den gerade abgeschafften Traditionsbegriff durch die Hintertür wieder ein. Inhaltlich fiel zudem ins Gewicht, dass die Zuständigkeiten, die vormals die Fakultäten weitgehend allein besessen hatte, nun auf mehrere Ebenen vom Fachbereich über die Fakultät bis zum Senat verteilt waren.[45]

In der Folgezeit behauptete sich freilich die Fakultät als wichtigste Struktureinheit der Saar-Universität – dies wurde nicht zuletzt 1990 deutlich, als der intendierte Neuansatz eben durch die Errichtung einer neuen Fakultät verwirklicht wurde. Strategisch zielte die Erweiterung um die Technische Fakultät vor allem auf eine Stärkung der technologischen Impulse, die von der Universität für den Strukturwandel des Saarlands ausgehen sollten. Umstritten war seinerzeit weniger die Gründung der zusätzlichen Fakultät als der Umstand, dass sie finanziell großteils aus eigenen Mitteln der Universität und damit zu Lasten der anderen Fakultäten realisiert werden musste.[46]

Doch bereits wenige Jahre später blies der hochschulpolitische Wind wieder in eine neue Richtung: Die zur Neustrukturierung der regionalen Hochschullandschaft eingesetzte „Simon-Kommission" empfahl 1998, die Doppelstruktur aus Fakultäten und Fachbereichen aufzuheben und die Zahl der Fachbereiche von (inzwischen) sechzehn auf acht zu reduzieren. Inhaltlich und strukturell sollten sich die neuen Einheiten an besonders zukunftsträchtigen Themen ausrichten und Namen tragen wie „Grenzregionen und Interferenzräume" oder „Mikrosysteme und Signalverarbeitung". Als die neue Gliederung ein Jahr später realisiert wurde, erhielten die so innovativ gedachten Fachbereiche allerdings unversehens auch wieder die altbekannte Bezeichnung „Fakultäten".

Von diesen gab es nun, wie vorgeschlagen, acht: Während Medizinische und Rechts- und Wirtschaftsfakultät von den Reformplanungen wenig berührt blieben, wurden die philosophischen und die naturwissenschaftlich-technischen Fächer in zwei dreigeteilten Fakultäten organisiert, mit dem Ziel, dadurch die interdisziplinäre Kooperation zu stärken. So wurden klassisch naturwissenschaftliche Disziplinen zur Förderung des Technologietransfers mit ihren technisch-anwendungsorientierten „Pendants" zusammengeschlossen: die Mathematik mit der Informatik in der Naturwissenschaftlich-Technischen Fakultät (NTF) I, die Physik mit der Elektrotechnik in der NTF II und Chemie, Biologie und Pharmazie mit den Werkstoffwissenschaften in der NTF III. Die drei geisteswissenschaftlichen Fakultäten waren dagegen konventioneller gegliedert in historisch, literatur- und sprachwissenschaftlich oder empirisch geprägte Fächer.[47]

Protest gegen die bevorstehende Trennung: Die Rechts- und Wirtschaftswissenschaftliche Fakultät präsentierte ihren Namens-Schriftzug auf der ganzen Breite des Fakultäts-Gebäudes.

Ob die Zielsetzung stärkerer interdisziplinärer Zusammenarbeit erreicht wurde, blieb umstritten. Mit der Acht-Fakultäten-Struktur ging die Universität jedenfalls ins neue Jahrtausend, und es dauerte bis 2015, ehe die nächste Reform angestoßen wurde. Auch diesmal war ein Kernmotiv die Frage der fachübergreifenden Kooperation: Die Universitätsleitung sah hierfür größere Potentiale in einem neuen Verbund der Wirtschaftswissenschaften mit den empirischen Humanwissenschaften als in der jahrzehntelangen Ehe der ersteren mit der Rechtswissenschaft, zumal das Präsidium sich von der innerfakultären Kooperation zwischen beiden nicht mehr recht überzeugt zeigte. Trotzdem kämpften die Fachvertreter der „ReWiFak" hartnäckig um die Fortsetzung ihrer Fakultätsgemeinschaft, beispielsweise durch die demonstrative Anbringung eines riesigen Schriftzuges mit dem Fakultäts-Namen an der Fassade des Audimax-Gebäudes.[48]

Die Zahl der Fakultäten zu verringern schien der Hochschulleitung aber auch deshalb geboten, weil so in Zeiten knapper Mittel – die drastische Sparrunde von 2013/14 zeigte ihre Wirkungen – effizienter gewirtschaftet werden könne. Die Dreiteilung der Philosophischen Fakultät wurde also wieder rückgängig gemacht, und mit Ausnahme von Mathematik und Informatik kehrten auch Natur- und Technikwissenschaften in ein gemeinsames Haus zurück. Statt acht standen daher am Ende der Operation sechs Fakultäten, und durch die ihnen eingeräumte Budgetautonomie sollten sie in die Lage versetzt werden, ihre (reduzierten) Mittel besonders gezielt und bedarfsgerecht einzusetzen. ▸▸ In der praktischen Umsetzung stieß dieser Ansatz auf große Probleme, da es den Fakultäten auch in der neuen Aufstellung an professionellen Managementstrukturen fehlte und die Universitätszentrale sich schwertat, Entscheidungskompetenzen tatsächlich an die Fakultäten abzutreten. Die Durchsetzung der Reform geriet auf diese Weise zu einem verlustreichen Erfolg, so dass die Motivation zu erneuter Infragestellung der Fakultätenstruktur bis auf weiteres gering ausgeprägt sein dürfte. Die Gliederung in sechs Fakultäten wird daher wohl noch längere Zeit Bestand haben; die Diskussionen könnten sich stattdessen darauf richten, die Verteilung der Aufgaben zwischen Zentrale und Fakultäten sachgerecht zu justieren und die jeweiligen Binnenstrukturen den Zuständigkeiten entsprechend anzupassen.

▸ *Sparen und kein Ende* S. 254

Thilo Offergeld

Automedon, der Wagenlenker

Neben der Serra-Plastik ist es sicher das bekannteste und auffälligste, vielleicht auch meistdiskutierte Kunstwerk auf dem Saarbrücker Campus: der 1993 errichtete „Automedon“ des saarländischen Künstlers Oswald Hiery. Unübersehbar erhebt er sich auf dem kreisförmigen Platz zwischen dem Leibniz-Institut für Neue Materialien und dem Deutschen Forschungszentrum für Künstliche Intelligenz, zahllose Passanten begegnen täglich auf ihrem Weg zur Mensa oder zu den Parkplätzen dem eindrucksvollen Werk.

Eine in Anzug, Hemd und Krawatte bürgerlich-geschäftsmäßig gekleidete, männliche Figur thront mit ausgebreiteten Armen auf einer Stele oder Rampe aus rostigem Eisen, die Füße auf einem Trittgitter stehend. Statt der Hände sind beidseits flügelartige Gebilde aus Lochblech angebracht. An der Stele, in Höhe der Füße, finden sich gedoppelte Speichenräder, deren Sporne an antike Streitwagen denken lassen. Die Figur schaut konzentriert, die Augen mit einer Schutzbrille bedeckt, in die Ferne. Der nach vorn hin offene Standort suggeriert eine Startposition für ein mögliches Abheben. Aber würde dieser Flug gelingen, angesichts der dürftig wirkenden Konstruktion? Oder wäre es nur ein Abheben zum Abstürzen?[49]

Automedon, Ikarus, Lilienthal? Jedenfalls ein Wagenlenker ohne Hände.

Der Name Automedon weist auf einen nicht allzu bekannten Charakter aus der griechischen Mythologie; in Homers Ilias ist er ein treuer Gefährte des Helden Achill und führt dessen unsterbliche Pferde im Kampf gegen Troja. Sein Name wurde im klassischen Altertum zum Inbegriff und Synonym eines Wagenlenkers. Allerdings ruft die geflügelte Figur auch die Erinnerung an Ikarus wach, der beim Flug mit den von seinem Vater Dädalus konstruierten Flügeln durch eigenen Übermut zu Tode stürzte. Denn Hierys Automedon scheint ebenfalls für einen Flug nicht recht vorbereitet, die Apparatur wirkt wie notdürftig selbstgebaut, die löchrigen Flügel wenig vertrauenerweckend.[50]

Offenkundig thematisiert das Kunstwerk das Zusammenwirken von Mensch und Technik, jedoch vor allem im Zeichen der Ambivalenz. Es bleibt offen, ob dieser Automedon, wie ein verfremdeter Lilienthal, das erfolgreiche Streben des Menschen nach Wissen und technischem Fortschritt vor Augen führt oder ob er als Appell zu verstehen ist, sich nicht leichtfertig auf eben diesen zu verlassen. Die vielfältigen Deutungen der Figur reichen vom aufbruchsbegeisterten Hoffnungsträger bis hin zum Verblendeten, der seine Grenzen nicht erkennen will. Unter einem Wagenlenker stellt man sich jemanden vor, der die Zügel in der Hand hält, die Fahrtrichtung bestimmt, einen Macher. „An dieser Stelle, hab ich mir gesagt, wollte ich den Automedon, weil er bei den Griechen so ein Hauptmann, ein Manager, ja, so ein Industrieller war“, erklärte Hiery selbst über seinen Helden. Die Figur auf der eisernen Rampe jedoch lenkt nichts, hat nicht einmal Hände dafür, sie scheint nicht in der Hand zu haben, was als nächstes geschieht.[51]

In jedem Fall ist „Automedon“, platziert inmitten zweier technikwissenschaftlicher Institute, ein anregender,

Bereit zum Aufbruch – oder blind für Gefahren?

vieldeutiger Kommentar zu der zukunftsgerichteten Forschung, die in ihnen betrieben wird; Werk und Aufstellungsort sind spannungsvoll aufeinander bezogen. Lenken oder gelenkt werden, Chancen und Gefahren des Fortschritts, Veränderung des Menschen durch Technik – die Auseinandersetzung mit diesen Themen ist auch dreißig Jahre nach der Entstehung des Kunstwerks unverändert relevant.[52]

Ute E. Flieger / Thilo Offergeld

Wolfgang Wahlster
(geboren 1953)

Mit dem Namen des seit 1982 als Professor für Informatik in Saarbrücken tätigen, weltweit renommierten Pioniers der Künstlichen Intelligenz (KI) sind wegweisende Forschungen zur intelligenten Mensch-Maschine-Kommunikation und zu der von ihm schon 2010 umrissenen vierten industriellen Revolution („Industrie 4.0") verbunden. Aber auch wichtige Projekte in der Anbahnung aktueller Schlüsselthemen wie Autonomes Fahren oder Sprachdialogsysteme gehören zu seinem vielfach ausgezeichneten Lebenswerk, in dem er Wissenschaft und Wirtschaft stets zusammen dachte. Wahlster leitete seit der Gründung 1988 rund drei Jahrzehnte das Deutsche Forschungszentrum für Künstliche Intelligenz, die weltweit größte Forschungseinrichtung auf diesem Gebiet mit über 1.000 Beschäftigten.

An der Saar-Uni war der gebürtige Saarbrücker und fünffache Ehrendoktor an zwei Sonderforschungsbereichen und einem Exzellenzcluster aktiv beteiligt. Wahlster wurde in Wissenschafts- und Beratungsgremien auf höchster Ebene berufen. So gehört er der Königlich Schwedischen Nobelpreis-Akademie und fünf weiteren Akademien und Gesellschaften an und war gewählter Präsident der drei größten internationalen KI-Verbände. Der Träger des Großen Bundesverdienstkreuzes und Saarlandbotschafter wurde 2001 als erster Informatiker mit dem Deutschen Zukunftspreis ausgezeichnet. Die internationale Fachgesellschaft für Informatik ehrte ihn 2016 als ersten Europäer für sein Lebenswerk mit dem ICMI Sustained Accomplishment Award.[53] *wm*

Michael Veith
(geboren 1944)

Einen „Rockstar der Chemie" nannte ihn die Saarbrücker Zeitung – bei seiner legendären „Weihnachtsvorlesung" begeisterte Michael Veith mit spektakulären Experimenten alljährlich ein breites Publikum. Zu seinem letzten Auftritt 2009 waren die 600 Sitzplätze im großen Chemiehörsaal schon stundenlang vor Beginn besetzt.

Veith blickte zu diesem Zeitpunkt auf 26 höchst erfolgreiche Jahre an der Saar-Universität zurück. Promoviert in München, habilitiert in Karlsruhe, hatte er von 1984 bis 2010 unter Ablehnung dreier auswärtiger Rufe die Professur für Anorganische und Allgemeine Chemie inne, anschließend wirkte er noch als Seniorprofessor. Inhaltlich widmete er sich vor allem dem Transfer der Molekularchemie in die Materialwissenschaft und kooperierte dabei eng mit dem Leibniz-Institut für Neue Materialien, dessen wissenschaftlicher Geschäftsführer er von 2005 bis 2010 war.

Ausweis seiner Exzellenz waren unter anderem der Leibniz-Preis 1991, der Wilhelm-Klemm-Preis 2010 und die Mitgliedschaften in der Mainzer Akademie und der Leopoldina. Veith engagierte sich mit zahlreichen Gastprofessuren in der deutsch-französischen Zusammenarbeit, leitete das Frankreichzentrum der Universität und war Sprecher des von ihm initiierten ersten Europäischen Graduiertenkollegs in den Naturwissenschaften. Für seine Verdienste um die grenzüberschreitende Kooperation wurde er als „Officier de l'Ordre national du Mérite" sowie mit dem Interregionalen Wissenschaftspreis „Exzellenznetze der Großregion" geehrt.[54] *wm*

Irene Schulz-Hofer

(geboren 1941)

Die Zellphysiologie bildet das zentrale Arbeitsfeld der in Berlin geborenen Wissenschaftlerin, deren Laufbahn sie – für Frauen in den 1990er Jahren immer noch eine Seltenheit – in Spitzenpositionen der medizinischen Forschung führte. Nach der Promotion in ihrer Heimatstadt leitete sie die Abteilung Drüsenphysiologie am Max-Planck-Institut für Biophysik in Frankfurt, wo sie sich habilitierte und 1982 zur Honorarprofessorin ernannt wurde. Nach Gastprofessuren an amerikanischen Universitäten übernahm sie im Februar 1991 als seinerzeit einzige Professorin an der Medizinischen Fakultät in Homburg in der Nachfolge Wolfgang Trautweins für anderthalb Jahrzehnte die Direktion des II. Physiologischen Instituts.

Mit ihrer Expertise für Fragen der Zellregulation engagierte sie sich seit 1993 als Sprecherin des 1997 beendeten Sonderforschungsbereichs 246 „Proteinphosphorylierung und intrazelluläre Kontrolle von Membranprozessen“ und wirkte am folgenden Sonderforschungsbereich 530 „Räumlich-zeitliche Interaktionen zellulärer Signalmoleküle“ sowie am Graduiertenkolleg 1326 „Zelluläre Regulation und Wachstum“ mit. Auch im Ruhestand blieb sie wissenschaftlich aktiv, in Form eines Gaststatus an der Universität Konstanz. Neben verschiedenen Fachgesellschaften gehört Irene Schulz-Hofer der „Faculty of 1000“, der Academia Europaea und der Nationalen Akademie der Wissenschaften Leopoldina an, in letzterer fungierte sie unter anderem als Vizesenatorin und als Sprecherin der Sektion Physiologie.[55]

wm

Günther Hönn

(geboren 1939)

Nach seiner Frankfurter Promotion leitete Günther Hönn zunächst als Wirtschaftsjurist die Rechtsabteilung von Lever-Sunlicht in Hamburg. 1980 in Mainz habilitiert, folgte er 1982 einem Ruf der FU Berlin, bevor er zwei Jahre später als Professor für Bürgerliches Recht, Handels-, Wirtschafts- und Arbeitsrecht nach Saarbrücken kam. 1991/92 amtierte Hönn als Vizepräsident für Lehre und Studium und wurde nach dem krankheitsbedingten Rücktritt von Richard Meiser 1992 zu dessen Nachfolger als Universitätspräsident gewählt.

Seine bis zum Jahr 2000 dauernde Amtszeit, in der er drei Kultusminister erlebte, war geprägt durch Struktur- und Spardebatten im Spannungsfeld zwischen universitärer Autonomie und Finanzknappheit. Unter diesen Vorzeichen fand auch am 11. Juli 1996 die größte Demonstration der Universitätsgeschichte gegen die Sparpolitik der Landesregierung statt, bei der Hönn und seine Präsidiumskollegen in der ersten Reihe marschierten. ▸▸ Die Aktion erbrachte eine breite Solidarisierung mit der Universität und eine Reduzierung der zuvor diskutierten, von Hönn als „abenteuerlich“ bezeichneten Sparlasten.

▸ *Axt im Stadtwald* S. 219

Hönns Führungsstil war durch seine umsichtige, ausgleichende Art und durch akribisch erarbeitete Sachkenntnis geprägt. Nach der Amtsübergabe an Margret Wintermantel widmete er sich wieder seinem Fachgebiet; auch nach dem Eintritt in den Ruhestand war er noch viele Jahre in der Forschung und in der Lehre aktiv, zumal im Rahmen des Master-Fernstudiums „Wirtschaftsrecht für die Unternehmenspraxis“.[56]

wm

Das Dolmetscherinstitut – eine wechselvolle Geschichte

Nach dem Vorbild vergleichbarer, heute höchst renommierter Einrichtungen in Germersheim und Heidelberg wurde in Saarbrücken bereits im universitären Gründungssemester 1948/49 am 1. Dezember 1948 das „Dolmetscherinstitut" (DI) eröffnet. Sein Geburtsfehler, nämlich eine mangelhafte Ausstattung mit Personal- und Sachmitteln, sollte es von diesem Zeitpunkt an durch die Jahrzehnte begleiten. So gab es schon für die ersten 44 Studierenden keinerlei fest installierte Lehrkräfte; diese musste sich das Institut ein ums andere Mal „ausleihen", meistens bei den neusprachlichen Philologien der Philosophischen Fakultät.[57]

Europäische Universität S. 68

Dabei passte die Kunst des Übersetzens zur deutsch-französischen, später dann europäischen Mission der zweisprachigen Universität natürlich hervorragend, ◂◂ entsprechend viel Aufmerksamkeit fand das Institut in den frühen Jahren. Allerdings widmete sich die Universität selbst eher widerwillig dieser ihr als „fakultätsfreies", also nicht in die Fakultätsstruktur eingebundenes Institut übertragenen Einrichtung. Eine Rolle spielten hier wohl Vorbehalte hinsichtlich der Wissenschaftlichkeit des Instituts, dessen primärer Zweck ja in der reinen Ausbildung lag. Nachdem das DI in der Konzeptionsphase noch als Teil einer zu gründenden wirtschaftswissenschaftlichen Fakultät gesehen worden war, wurde es per Statut vom 30. Mai 1951 administrativ, aber nicht organisatorisch der Faculté des Lettres zugeordnet und der Aufsicht einer zentralen Senatskommission unterstellt. Der akademische Status der Einrichtung blieb ungeklärt und umstritten, zumal die Regelstudienzeit dort lediglich sechs Semester betrug und damit nicht den Umfang eines Hochschulstudiums in den anderen Fächern erreichte. Deren Verlängerung auf acht Semester im Rahmen einer neuen Prüfungsordnung 1967 führte zu einer allmählichen Verbesserung der Stellung des DI und seiner Verankerung im akademischen Lehrbetrieb der Universität.[58]

Streit und Protest S. 192

Mit dem neuen „Lehrstuhl für Angewandte Sprachwissenschaften unter besonderer Berücksichtigung der Theorie des Übersetzens", auf welchen Wolfram Wilss 1968 zum Professor berufen wurde, erhielt das Dolmetscherinstitut die Bezeichnung „Institut für Übersetzen und Dolmetschen" (IÜD). Als das novellierte Hochschulrahmengesetz keine fakultätsfreien Institute mehr vorsah, wurde es 1974 dem Fachbereich „Neuere Sprach- und Literaturwissenschaften" der Philosophischen Fakultät zugeordnet und erneut umbenannt in „Angewandte Sprachwissenschaft sowie Übersetzen und Dolmetschen". Daraus wurde freilich auf Fakultätsebene hinter vorgehaltener Hand die wenig schmeichelhafte Kurzbezeichnung „Fachrichtung sowie". Früher schon hatten spöttische Zungen die Fachrichtung mit Blick auf den extrem hohen Frauenanteil unter den Studierenden gerne als „Heiratsinstitut" tituliert.[59]

Doch tatsächlich begann für die Fachrichtung in jenen Jahren ein überaus erfolgreicher Zeitabschnitt: 1973 wurde der Sonderforschungsbereich „Elektronische Sprachforschung" (SFB 100) begründet, an dem das Institut neben drei anderen, darunter dem der aufstrebenden Informatik (damals noch als „Angewandte Mathematik" bezeichnet) beteiligt war. Die vielgeschmähte „Fremdsprachenschule" bewegte sich mit ihren Pionierarbeiten im Bereich der Maschinellen Übersetzung und der Fachsprachenforschung plötzlich in vorderster Linie der einsetzenden technologischen Umwälzungen und hatte in dieser Hinsicht gegenüber anderen Fachrichtungen die Nase vorn. Allmählich setzte sich auch in der Breite das Verständnis dafür durch, dass Übersetzen und insbesondere (Simultan-) Dolmetschen in Fachsprachen eben mehr ist als bloßes Parlieren unter Einsatz erlernter Fremdsprachenkenntnisse.

Dennoch geriet die Fachrichtung auch wieder in schweres Gewässer, je mehr das Zahlenverhältnis zwischen Lehrenden und Studierenden als Leistungskriterium in den Mittelpunkt rückte. Die hohe Betreuungsintensität zumal der Dolmetscherausbildung ließ das Fach als außerordentlich kostenträchtig erscheinen. Zum Ende der 1980er Jahre war seine Auflösung und Zuordnung zu den Einzelphilologien geplant, auch um deren rückläufige Studierendenzahlen aufzufangen. Heftige Proteste bis hin zu Institutsbesetzungen waren die Folge. ◂◂ Und wirklich kam es 1989

„Alle Jahre wieder machen sie uns nieder...!"
1989 besetzten Studierende das Dolmetscherinstitut.
Weitere Proteste sollten folgen...

dann genau anders: Die Fachrichtung blieb erhalten und wurde sogar durch vier weitere Professuren verstärkt. Allerdings währte die Freude nur kurz, denn schon die nächste „Strukturkommission" plante in den 1990er Jahren erneut die Auflösung der Fachrichtung oder aber deren Überführung an die Fachhochschule, die ihrerseits jedoch keine Aufnahmebereitschaft zeigte. Die Studierendenzahlen – immerhin machten rund 1.100 Erstfachstudierende die Fachrichtung „8.6" (später 4.6) im Jahr 1994 noch zu einer der größten Fachrichtungen der Universität – gingen aufgrund der unsicheren Zukunftsaussichten zurück und verschafften so den Gegnern zusätzlichen Rückenwind. Die krisenerprobte Fachrichtung überlebte auch diese Anfeindungen, wenngleich nicht ohne Verluste, denn mit der Streichung des Russischen und des Italienischen verblieben nur noch vier von ursprünglich sechs Abteilungen, nämlich Englisch, Französisch und Spanisch für deutsche sowie Deutsch für französische Muttersprachler.[60]

Die Fachrichtung fand Anschluss an aktuelle Tendenzen, knüpfte an ihre sprachtechnologischen Kompetenzen aus den Zeiten des SFB 100 an und suchte in deren Weiterentwicklung den Schulterschluss mit den zukunftsträchtigen Forschungsbereichen Computerlinguistik, Sprachtechnologie und Künstliche Intelligenz, während die traditionsreiche Dolmetscherausbildung seit 2014 aufgegeben wurde. 2016 entstand so aus der Fusion mit Computerlinguistik und Phonetik (Allgemeine Linguistik) die heutige Fachrichtung „Sprachwissenschaft und Sprachtechnologie".[61]

Die maßgebliche Beteiligung an dem erfolgreichen SFB „Informationsdichte und sprachliche Kodierung" sowie die Studiengänge „Language Science" und „Translation Science and Technology" (Master) sind die Grundpfeiler dieser neuen Fachrichtung und ihrer hochgradig innovativen Fortführung des einstigen „Dolmetscherinstituts" in einem ganz neuen fachlichen Kontext und mit Blick auf ein komplett neues Zeitalter.

Bernd Hagenau

Die Linien des Leo Erb: „Solarplastik"

Das in schlichten geometrischen Formen gehaltene Kunstwerk mit dem überraschenden Titel „Solarplastik" markiert den Zugang zum Gebäudekomplex der Informatik, in dem sich universitäre Institutsbauten und die Max-Planck-Institute für Informatik und für Softwaresysteme um einen Hof gruppieren. Die Plastik stammt von Leo Erb, dem 1923 in St. Ingbert geborenen Künstler und vielfach preisgekrönten Mitbegründer der „neuen gruppe saar", der am Saarbrücker Campus noch mit zwei weiteren Werken vertreten ist, beide im Gebäude A5 1 (Systems Engineering).

Die „Solarplastik", konstruiert aus weiß lackierten Aluminiumstäben und versetzt angeordneten Flächen, weist eine imposante Größe von fünf mal zehn Metern auf. Sie steht direkt am Straßenrand des Stuhlsatzenhauswegs, so dass Auto- und Fußgängerverkehr unmittelbar an ihr vorbeifließen. Wie die meisten Arbeiten von Leo Erb zeichnet sie sich durch eine reduziert linear-geometrische Strenge aus und ist in klarem Weiß gehalten.

Licht und Schatten genau bedacht – geometrische Linienführung und klares Weiß bestimmen die Arbeiten von Leo Erb.

Beim Umschreiten des Werks eröffnen sich neue Ansichten und Assoziationen.

Mit ihren einfachen, waagerechten Stäben und den geschlossenen Flächen macht die Plastik zunächst einen statischen und trotz ihrer Größe fast unauffälligen Eindruck. Doch eine besondere Wirkung entfaltet sie – der Name deutet es an – wenn die Sonne mit ihrem im Lauf des Tages oder der Jahreszeiten sich verändernden Strahleneinfall ein Spiel von Licht, Reflexion und Schatten erzeugt und dadurch wechselnde Linien auf die Flächen zeichnet. Freilich kein Spiel des Zufalls, denn die Abstände der Stäbe wurden vom Künstler exakt berechnet, so dass sie „nur logisch bedingte Ablauffolgen" (Erb) zum Ergebnis haben.[62]

Umschreitet man das Kunstwerk, entstehen darüber hinaus wechselnde Eindrücke, die ganz unterschiedliche Assoziationen hervorrufen. So erscheint die Plastik von Osten her gesehen wie eine doppelwandige, geschlossene Fläche mit abwehrenden Spornen, wandelt sich dann jedoch schrittweise zu einer räumlichen, fensterartig geöffneten Konstruktion. Beim weiteren Umgehen kann gar die Vorstellung von Windmühlenflügeln oder einem Schiffsmast mit Halteseilen aufkommen; nüchterne Geister dürften in erster Linie eine Raumstruktur mit lamellengeschütztem Durchblick vor sich sehen.

Anders als die meisten Kunstwerke auf dem Campus wurde die „Solarplastik" nicht speziell für den Aufstellungsort an der Universität geschaffen, sondern mehr als zwanzig Jahre vor ihrer letztendlichen Realisierung, die 1996 erfolgte, in Paris entworfen und modellhaft bereits in Ausstellungen vorgestellt. Doch in ihrem mathematisch-abstrakten Ansatz stellt sie einen passenden künstlerischen Kommentar zur Informatik-Umgebung dar. Leo Erb selbst erklärte, dass er sein Werk mathematisch durchdacht und systematisch konstruiert habe: Ordnung, Parallelität, Perspektive – Licht- und Schattenwirkung, die Materialität der Plastik und die Immaterialität der erzeugten Linien und Effekte, all dies sah er als bildnerische Mittel, um Vorstellungskraft und neue Erfahrungen anzuregen. Gerade mit der Linie als Grundphänomen hat sich Erb in seinem Œuvre immer wieder auseinandergesetzt; er zitierte Leonardo da Vincis Satz, dass die Linie weder Materie noch Substanz habe. Für Erb war sie damit ein Mittel zur Darstellung und Deutung von Horizonten über deren natürliche Existenz hinaus.[63]

Ute E. Flieger / Thilo Offergeld

Nikolaus Müller-Lantzsch

(1943–2017)

Geprägt vom Freiburger Institut für Virologie und dem Kreis um den Nobelpreisträger Harald zur Hausen sowie von Forschungsaufenthalten in San Diego und Bern, übernahm Nikolaus Müller-Lantzsch im September 1988 das Homburger Institut für Virologie, das er in den über zwei Jahrzehnten seiner Tätigkeit zu einer hoch renommierten Lehr- und Forschungsstätte ausbauen sollte. Merkmale seines Wirkens waren die wegweisenden Forschungen und Projekte zu Tumor- und neurotropen Viren sowie zu HIV, eine moderne Virusdiagnostik, die Mitarbeit am Sonderforschungsbereich „Molekulare Pathologie der Proliferation" und am Graduiertenkolleg „Zelluläre Regulation und Wachstum". Auch die Etablierung als Nationales Referenzzentrum für y-Herpesviren und nicht zuletzt der im September 1995 eingeweihte Neubau waren Bestandteile seiner Erfolgsbilanz.

▶ *Innovationsfelder* S. 225

Der Chevalier dans l'Ordre des Palmes académiques begründete mit dem Saar-Lor-Lux-Virus-Workshop 1996 die langjährige medizinische Zusammenarbeit zwischen Homburg, Nancy und Luxemburg. Sechs Jahre agierte er als Präsident der Gesellschaft für Virologie, engagierte sich intensiv in der akademischen Selbstverwaltung als Prodekan (1990–1994, 1996–1998) und als Dekan (1998–2000, 2003–2004) und war seit 2006 Vorsitzender des von ihm begründeten Alumni-Vereins an der Medizinischen Fakultät. Die Deutsche Gesellschaft für Gastroenterologie, Verdauungs- und Stoffwechselkrankheiten hat zur Erforschung des Gallengang-Karzinoms ein nach ihm benanntes Stipendium gestiftet.[64] *wm*

Hans Uszkoreit

(geboren 1950)

Hans Uszkoreit wuchs in der DDR auf, was lapidarer klingt, als es war: Seine Eltern gehörten zur Politikprominenz und arbeiteten zeitweise für die Staatssicherheit; er selbst rebellierte gegen das System, bewegte sich im Umfeld Wolf Biermanns und war mit Nina Hagen befreundet. Zusammen mit den Söhnen Robert Havemanns protestierte er 1968 gegen die Niederschlagung des Prager Frühlings und wurde dafür zu fünfzehn Monaten Haftstrafe verurteilt.

Später flüchtete er, versteckt in einem Chemietank, nach West-Berlin, wo er Linguistik und Informatik studierte. Seine wissenschaftliche Karriere führte ihn nach Austin/Texas und Stanford, bevor er 1988 an die Saar-Universität berufen wurde und hier das Fach Computerlinguistik aufbaute. ◀◀ In enger Kooperation mit der Informatik und dem Deutschen Forschungszentrum für Künstliche Intelligenz, dessen wissenschaftlicher Direktor er seit 1997 ist, entwickelte Uszkoreit maßgeblich das herausragende Profil Saarbrückens im Bereich Sprachtechnologie und Künstliche Intelligenz (KI). Bis heute gilt er als einer der renommiertesten KI-Forscher Deutschlands.

Auch familiär ließ ihn die KI nicht los: Seine Frau Feiyu Xu, die er als Studentin an der Saar-Uni kennenlernte, wurde KI-Verantwortliche bei SAP; gemeinsam arbeiten beide heute an einer europäischen Alternative zu amerikanischen Sprachanwendungen wie ChatGPT. Sein Sohn Jakob erarbeitete bei Google die Grundlagen für die neuen Sprachmodelle und forscht mit seinem Start-up an der Schnittstelle zwischen Biologie und KI.[65] *to*

Armgard Müller-Adams

(geboren 1973)

Das bekannteste Bild der größten Protestdemonstration in der Geschichte der Saar-Uni am 11. Juli 1996 zeigt die 23-jährige Referentin für Hochschulpolitik und spätere Vorsitzende des AStA (1997–1998), Armgard Müller-Adams, in vorderster Reihe mit Mitgliedern des Universitätspräsidiums. ▸▸ Dies war neu: Zeugten die früheren Proteste von Universitätsangehörigen oft noch von inneren Spannungen und Gruppendifferenzen, so rückten die Mitglieder der Saar-Uni Mitte der 1990er Jahre im Widerstand gegen Stellensperren und Fächerstreichungen eng zusammen.

Müller-Adams, die in ihrer Rede auf der Abschlusskundgebung der Landesregierung „Verschleiern, Verleugnen, Verzögern, um Diskussionen zu verhindern“ als Taktik vorwarf, kritisierte angesichts der massiven Streichungen gerade im sozialwissenschaftlichen Bereich den „Trugschluss, ausschließlich Technik und wirtschaftsnahe Forschung zu fördern“. Die Versuche der Studierenden, etwa durch Einrichtung eines Studiengangs „Internationale Gesellschaftswissenschaften“ eigene Reformkonzepte einzubringen, verhallten angesichts dieses „Anschlag[s] auf die Eigenständigkeit der Universität“ ungehört.

Nach ersten praktischen Erfahrungen bereits im Studium machte die Sprach- und Literaturwissenschaftlerin als vielseitige Journalistin Karriere und wurde 2019 Chefredakteurin des Saarländischen Rundfunks. 2021 war sie im engsten Kreis der Kandidaten für die Nachfolge in der Intendanz, scheiterte jedoch knapp.[66] *tk*

Calogero Pagliarello

(1907–1991)

Calogero Pagliarello wurde in Ravanusa auf Sizilien geboren, besuchte dort die Schule und wurde selbstständiger Schlosser. 1941 kam er nach Oberschlesien. Nach dem Krieg kehrte er nach Italien zurück, fand aber kein rechtes Auskommen und wanderte erst nach Frankreich, 1964 dann ins Saarland aus. Erst nach fast zwanzig Jahren nahm er die deutsche Staatsbürgerschaft an. Zurückgezogen arbeitete und lebte Pagliarello in Rohrbach, wo er im Alter von 84 Jahren starb. Die Berichte über sein Leben klingen schmerzlich: Es sei eine äußerst bescheidene Existenz gewesen, getrennt von seinen Angehörigen, mit denen er wohl im Streit lag; der alte Mann habe an allem, selbst am Essen gespart und sei verbittert und vereinsamt gestorben.

▸ *Simon-Gutachten* S. 221

Sein Vermächtnis ist jedoch ein anderes: Völlig überraschend hinterließ Pagliarello der Universität des Saarlandes seine Ersparnisse in der erstaunlichen Höhe von 600.000 D-Mark. Das Erbe ließ er in einer Stiftung zur Förderung der medizinischen Forschung anlegen. Testamentarisch verfügte er, dass über die Preisverleihungen in der Saarbrücker Zeitung sowie im „Giornale di Sicilia“ berichtet werden solle.

Regelmäßig kommen seitdem der „Calogero-Pagliarello-Preis“ für besondere Leistungen sowie ein gleichnamiger Forschungspreis hervorragenden Medizinerinnen und Medizinern in Homburg zugute. Unter den Preisträgern des Jahres 1997 waren Özlem Türeci und Uğur Şahin, die späteren BioNTech-Gründer. ▸▸ Der großzügige Stifter Calogero Pagliarello bleibt unvergessen.[67] *uef*

▸ *Biogramm* S. 297

ZEITZEUGNIS

Hermann Josef Schieffer

Professor für Innere Medizin, seit 1963 der Medizinischen Fakultät verbunden

Geboren 1934, seit 1963 Assistent der Medizinischen Klinik des UKS, 1989–2000 Direktor der III. Medizinischen Universitätsklinik mit Schwerpunkt Kardiologie/Angiologie, 1994–1995 Ärztlicher Direktor des UKS, 1996-1998 Dekan, 2001-2012 Vorsitzender der Ethikkommission der Ärztekammer des Saarlandes
Der Bericht ist im Rahmen eines Zeitzeugengesprächs im Januar 2023 entstanden.

Sechs Jahrzehnte im Universitätsklinikum

» In Homburg galt es seit den 60er Jahren, das Landeskrankenhaus zu einem richtigen Universitätsklinikum fortzuentwickeln, zumal seinerzeit die politische Zuständigkeit verteilt war: das Ministerium für Arbeit und Sozialwesen (Gesundheitswesen) war für das Landeskrankenhaus, das Ministerium für Kultus, Unterricht und Volksbildung für die Medizinische Fakultät verantwortlich. Eine weitere Herausforderung bildete teilweise noch bis in die 70er Jahre die Hierarchisierung der Professorenschaft zwischen den als Klinikchefs agierenden Ordinarien einerseits und den C3-Professoren andererseits. Mit Gustav Adolf Jutzler wurde 1973 erstmals ein C3-Professor zum Dekan gewählt. Wie sich dann aber flachere Hierarchien entwickelten, zeigten die Neubesetzungen Ende der 80er Jahre in den fünf Kliniken der Inneren Medizin mit drei C3- und zwei C4-Professoren.

Biogramm S. 212

Damals übernahm ich als C3-Professor in der Nachfolge des verstorbenen Kollegen Ludwig Bette die Leitung der III. Medizinischen Universitätsklinik, und in der Folgezeit ergab sich zwischen den fünf Kliniken eine konstruktive Kooperation, die auch die weitere Berufungspolitik positiv beeinflusste. Sie zielte darauf ab, im Zuge der Spezialisierung der einzelnen Fachgebiete die Forschung etwa durch die Einrichtung von Speziallaboratorien zu verstärken und damit gleichzeitig die klinische Arbeit zu erleichtern. Einen wesentlichen Aspekt bildete auch die Professionalisierung der Lehre, die maßgeblich mit dem Engagement des Kollegen Gernot Feifel (Seminar: ‚Teach the Teacher') ◂◂ verbunden ist und die besonderen Ausdruck in der von den Studierenden vergebenen Auszeichnung für die besten Lehrenden findet.

Biogramm S. 208

Die 90er Jahre waren universitätspolitisch durch die ständigen Spar- und Strukturdiskussionen geprägt. Finanzstarke Bundesländer wie Bayern, Baden-Württemberg und Hessen waren damals und sind bis heute bei Neuberufungen, beispielsweise durch die Zusage höherer Grundausstattungen, im Vorteil gegenüber dem Saarland.

Verbindungen in Fakultät, Universität und Gesellschaft

» Gerne erinnere ich mich an die persönlichen Verbindungen zu zahlreichen Saarbrücker Kollegen, die offenen und auf pragmatische Lösungen ausgerichteten Gespräche in den akademischen Gremien und die vertrauensvolle Zusammenarbeit mit meinen Dekanskollegen Karl-Heinz Ohlig, Helmut Rüssmann, Thomas Wichert und Alexander Koch. Die Medizinische Fakultät war ja ohnehin in die akademische Selbstverwaltung integriert und auch im Universitätspräsidium repräsentiert. Während meines Dekanats ergab sich nur ein substantieller Konflikt, und zwar bei der Struktur-Evaluierung durch den Wissenschaftsrat: Entgegen den ersten Überlegungen forderte die Medizinische Fakultät aus sachlichen Gründen die Erstellung eines eigenständigen, auf die Medizin konzentrierten Sachverständigengutachtens und konnte sich damit letztlich auch durchsetzen. Nicht zuletzt dank des Engagements der Kollegen Walter Rummel, Paul Fritsche ◂◂ und Kurt Weinges war 1983 durch eine Vereinbarung zwischen Fakultät und Ärztekammer die Ethikkommission der Saarländischen Ärztekammer gegründet worden, der ich von 2001 bis 2012 vorstand. Mit Ärzten aus verschiedenen Bereichen und Vertretern der Pflege besetzt, widmet sie sich bis heute der Qualität der klinischen Studien, dem Rechtsschutz für Patienten und Probanden sowie den Herausforderungen des klinischen Datenschutzes.

Insbesondere an die enge Zusammenarbeit mit den Homburger Kollegen, an das dem Ganzen verpflichtete Engagement vieler und an die früher angenehm überschaubaren Verhältnisse in Klinikum und Fakultät erinnere ich mich gerne. So dient auch der von Herrn Feifel und mir 2001 begründete, jetzt vom Kollegen Kirsch geleitete ‚Emeriti-Kreis Homburger Hochschullehrer im Ruhestand' dem Austausch und dem Dialog, und wir müssen sehen, wie in veränderten Zeiten und einer weiter gewachsenen Fakultät der Neubeginn nach der Pandemie gelingt.

ZEITZEUGNIS

Sigrid Albert

Erste Frauenbeauftragte der UdS

Studium in Geschichte und Latein in Frankfurt, Promotion im Fach Alte Geschichte; wissenschaftliche Mitarbeiterin an der Universität Gießen, seit 1986 wissenschaftliche Mitarbeiterin an der Arbeitsstelle Neulatein und im Fach Soziologie an der UdS, 1993–1996 Frauen- bzw. Gleichstellungsbeauftragte der UdS

Der Text basiert auf einem Erinnerungs-Interview, das im Dezember 2022 geführt wurde.

Entscheidung für die UdS

„Ich bin 1986 nach Saarbrücken gekommen, weil es hier eine hochinteressante und außergewöhnliche Einrichtung gab, nämlich die Arbeitsstelle Neulatein. Sie verfolgte den Ansatz, das Lateinische als lebendige Sprache zu begreifen, es für die Gegenwart zugänglich zu machen und zum Zweck der internationalen Verständigung zu nutzen – das fand ich damals und finde es bis heute ungeheuer spannend und jede Mühe lohnend.

Die Arbeitsstelle war der Professur für Vergleichende Kultur- und Gesellschaftswissenschaft Europas in der Soziologie zugeordnet; deren Inhaber war Christian Helfer: promovierter Jurist, habilitierter Soziologe, leidenschaftlicher Latinist und Historiker. Interdisziplinarität war für ihn und uns kein Schlagwort, sondern gelebte Überzeugung."

Soziologie

„Die Saarbrücker Soziologie war damals noch ein ansehnliches Fach mit fünf Lehrstühlen. In der Folgezeit wurde ich dann Zeugin ihres Niedergangs bis zur völligen Abschaffung. Wir haben viel versucht, um uns zu wehren, haben neue Konzepte entwickelt, etwa für einen gemeinsamen Studiengang mit der Informationswissenschaft. Aber die Universitätsleitungen zeigten kein Interesse. An der Nachfrage der Studierenden hat es nicht gelegen, die war immer hoch. Dass die Soziologie heute an der Saar-Uni wieder eingeführt wird, sogar mit einem europäischen Schwerpunkt, ähnlich wie ihn damals der Lehrstuhl Helfer hatte, ist erfreulich, kann einen aber auch zu ironischen Kommentaren animieren."

Erste Frauenbeauftragte

„1993 wurde erstmals die Stelle einer Frauenbeauftragten – bald umbenannt in Gleichstellungsbeauftragte – an der Uni des Saarlandes eingerichtet. ▸▸ Die Vorarbeiten dazu hatten engagierte Akteurinnen der Uni schon seit Mitte der 80er Jahre geleistet, darunter Margitta Wendling, Marianne Schneider-Düker, Ilse Spangenberg und Eva D. Becker. Viele von ihnen arbeiteten im Frauenbeirat mit, der als Beratungs- und Kommunikationsgremium fungierte. Die Stelle wurde ausgeschrieben, und nachdem mich Margret Wintermantel, die ja als Sozialpsychologin zunächst auch in der Soziologie beheimatet war, angesprochen hatte (‚Das können Sie!'), habe ich mich beworben und wurde vom Beirat gewählt."

Höhere Hürden S. 306

Möglichkeiten und Grenzen

„Auch wenn das Amt der Frauenbeauftragten ein Novum darstellte, wurde ich in den zahlreichen Gremien positiv aufgenommen. Es kam mir wohl zugute, dass ich mich nicht als dogmatische Feministin verstand. Meine Aufgabe habe ich vor allem darin gesehen, die Belange der Frauen stärker ins Bewusstsein zu rücken, Frauen zu fördern und darauf zu achten, dass sie nicht ungerecht behandelt werden. Ohnehin konnte ich ja als Einzelne nicht in die ganze Breite der Uni wirken. Unser Ziel war deshalb damals schon, Frauenbeauftragte für die jeweiligen Fakultäten oder Fachbereiche zu ernennen. Später ist das ja auch, wenigstens teilweise, gelungen. Ohne eine solche Unterstützung bedeutete das Amt für mich auf Dauer eine enorme Überlastung, zumal ich meine wissenschaftliche Arbeit weder aufgeben konnte noch wollte. Deshalb musste ich während meiner zweiten Amtszeit gesundheitsbedingt den Posten niederlegen.

Einen Etat hatten wir anfangs nicht, doch fand ich beim ‚Finanzminister' der Uni, Franz-Josef Heisel, ▸▸ immer ein offenes Ohr. Später wurde die Zuweisung eines eigenen Budgets erkämpft, das jedoch knapp bemessen war, so dass mir scheint, die Heiselsche Lösung sei zu diesem Zeitpunkt die bessere gewesen.

Biogramm S. 233

Im Mittelpunkt meiner Amtszeit stand die Aufbauarbeit. Was meine Nachfolgerinnen von Susanne Kleinert bis Sybille Jung aus dem Amt gemacht haben und welche Präsenz die Gleichstellung der Frau heute an der Uni hat, ist in meinen Augen sehr beachtlich und anerkennenswert."

Kapitel 8

Profilbildung, Einschnitte, Exzellenzprojekt:

2000–2023

HOMBURG

SAARBRÜCKEN

Konsolidierung nach überstandenem Sturm

Gruppenuniversität S. 144

Zu Anfang des Jahrtausends hatte die Universität des Saarlandes turbulente und kräftezehrende Entwicklungen hinter sich. Die Sparmaßnahmen und Neustrukturierungen der 90er Jahre waren leidlich überstanden, und das Universitätsgesetz von 1998 hatte dem Übergang von der Gruppenuniversität ◂◂ zu einer im Wettbewerb stehenden „Entrepreneurial University" mit handlungsfähigem Präsidium den Boden bereitet. Nunmehr galt es, die gewonnenen Spielräume auszuloten und selbstbewusst zu nutzen. Ein auf Veranlassung der neuen Präsidentin Margret Wintermantel 2001 einberufener Arbeitskreis zur Diskussion und Festlegung eines institutionellen Leitbildes setzte der Universität zum Ziel, „sich von der Gängelung durch die staatliche Bürokratie zu emanzipieren und völlig neue, ungewohnte Wege zu gehen". Hierzu gehörten eine „kompromisslose Erfolgsüberprüfung" der eigenen Forschung, die Evaluierung von Studiengängen einschließlich einer Untersuchung des späteren Werdegangs der Studierenden und die Ausweitung von Kooperationen, auch mit privaten Partnern.[1]

Wie sehr die neuen Freiheiten allerdings durch alte Abhängigkeiten eingeschränkt waren, zeigte die im Mai 2002 verhängte Mittelkürzung um fünf Prozent des Universitätsetats, die dazu führte, dass die Sachmittel für Lehre und Forschung eingefroren und damit ganze Fachgebiete praktisch lahmgelegt wurden. Nur mit Mühe gelang es der Universitätsleitung, die Sparlast von 5,2 auf 2 Millionen Euro zu reduzieren und den geordneten Lehrbetrieb aufrechtzuerhalten. In der Folge setzte das Präsidium alles daran, eine größere Verlässlichkeit der Mittelzuweisung und damit bessere Planbarkeit des Ressourceneinsatzes zu erreichen. Dabei kam der Universität die hochschulpolitische Großwetterlage entgegen, die wegen der Festlegung vergleichbarer Studiengänge und -abschlüsse im Rahmen des Bologna-Prozesses eine Novellierung des Universitätsgesetzes erforderlich machte. In dieser gelang die Festlegung eines Globalhaushalts, also eines der Universität zur eigenen Verfügung übertragenen festen Gesamtbudgets, das bereits 2003 mit dem Land hatte ausgehandelt werden können und mit dem Gesetz vom August 2004 dauerhaft verankert wurde.[2]

Profilschwerpunkte S. 272

Wenngleich das neue Gesetz, wegen seines Kompromisscharakters vom Centrum für Hochschulentwicklung (CHE) als „Geeiere" und von studentischer Seite als „Entmündigung der Studierenden" kritisiert, sich nicht als der erhoffte große Wurf erwies, öffnete es doch die Türen für eine nicht nur in Sonntagsreden behauptete, sondern im Alltag praktizierte Eigenständigkeit in der Entwicklung der Universität. Das Land entließ die Hochschule aus dem starren System staatlicher Finanzverwaltung und schuf mit der Einführung der kaufmännischen Buchführung die Grundlagen für eine Ressourcensteuerung nach betriebswirtschaftlichen Kriterien. Auch wenn die Höhe der Finanzmittel weiterhin unzureichend blieb, banden doch die mit dem Globalhaushalt einhergehenden „Ziel- und Leistungsvereinbarungen" das Land an den festgelegten Kurs, enthielten erstmals leistungs- und innovationsorientierte Komponenten und wurden von Präsidium und Universitätsrat – bei aller Kritik an unzureichenden Autonomierechten und oft kleinteiliger Regelungsfülle – als verlässliche Planungsgrundlage begrüßt. Die Saar-Universität trat damit endgültig in die neue Welt des auf quantitativen Leistungsindikatoren basierten „Neuen Steuerungsmodells" ein, von dem sich die staatliche Seite eine zeitgemäße und effiziente Führung der Hochschulen versprach. Kritiker tadelten dergleichen als Ökonomisierung der Wissenschaft, doch da das Modell von Regierung und Uni mit saarländischem Pragmatismus gehandhabt wurde, hielt sich die Aufregung letztlich in Grenzen. Für deutlich mehr Zündstoff sorgte das erstmals grundsätzlich festgelegte Recht der Universität auf Erhebung von Studiengebühren, das trotz der Distanzierung der Universitätsspitze von solchen Überlegungen heftige Studierendenproteste vor dem Landtag nach sich zog.[3]

Ein neues Profil für die Universität

Im Hinblick auf Profil und strategische Entwicklung der Universität hatte das Präsidium bereits zu Anfang des Jahrtausends Pflöcke eingeschlagen, die über die nächsten Jahrzehnte Bestand haben sollten. Eine Sichtung und Klassifizierung des Fächerangebots im Jahr 2003, die in einer Art Fachranking die Einteilung der Fächer in Kategorien von A bis C in Bezug auf ihre Auslastung, Effizienz und wissenschaftliche Leistung vornahm, hatte zunächst für scharfe Kritik gesorgt, zumal die Präsidentin öffentlich verkündet hatte, dass die Universität nicht in der Lage sein werde, „Just-for-Fun-Fächer" aufrechtzuerhalten. Die Festlegung der drei Schwerpunktbereiche Informatik, Nano-Bio-Wissenschaften und Europa stieß allerdings weithin auf Akzeptanz, auch weil Wintermantel sich gegen weitere Fächerschließungen aussprach und alle Fakultäten eine Möglichkeit sahen, sich einem oder mehreren der genannten Bereiche zuzuordnen. ◂◂ Die Saarbrücker Informatik, im Mai 2004 mit einem Campus-Themenheft „Welthauptstadt der Informatik" geehrt, war dabei fraglos hervorragend aufgestellt; aussichtsreich präsentierte sich auch der forschungs- und fördermittelstarke Nano-Bio-Sektor, aus dem sich einige Akteure

Universitätsrat und Präsidium verhandelten mit dem Land über die Ziel- und Leistungsvereinbarungen. Hier der Rats-Vorsitzende Ulrich Gäbler mit Unipräsidentin Wintermantel.

bereits 2001 mit anderen Hochschulen und Unternehmen der Region zum „NanoBioNet"-Forschungsverbund zusammengeschlossen hatten. Und das Bekenntnis der Präsidentin zu den verbliebenen Geisteswissenschaften, deren Erhalt gerade für den Ausbau des Europa-Schwerpunktes essenziell sei, ließ auch die Vertreterinnen und Vertreter dieser in der vorherigen Sparrunde spürbar geschrumpften Fachbereiche relativ optimistisch in die Zukunft blicken.[4]

„Wir dürfen uns nicht zu Tode profilieren. Wir brauchen eine hinreichend breite Fakultäts- und Fächerbasis, um die Fächerkombinationen und die akademische Grundversorgung des Landes sicherzustellen."[5]

Vizepräsident Reinhard Daugs

Selbst die Wahl der inzwischen hochangesehenen Margret Wintermantel zur Präsidentin der deutschen Hochschulrektorenkonferenz im März 2006 und ihr damit verbundener Wechsel nach Bonn gefährdeten die Aufwärtsentwicklung nicht. Zwar befand sich die Universität im kräftezehrenden Bologna-Umstrukturierungsprozess und sah sich zudem durch die Einführung der „Exzellenzinitiative des Bundes und der Länder" einem verschärften Wettbewerb ausgesetzt. Doch gelang es ihr hier, 2007 und 2012 den Zuschlag für ein Exzellenzcluster sowie eine Graduiertenschule Informatik zu erhalten und damit eine bedeutende Profilstärkung zu verbuchen. Der verhältnismäßig spannungsfreie Übergang der Präsidentschaft auf den aus Magdeburg an die Saar wechselnden Volker Linneweber, Sozialpsychologe wie Wintermantel, verdeutlicht die relative Stabilität der Universität in dieser Phase. Der neue Präsident machte sich denn auch das Programm seiner Vorgängerin weitgehend zu eigen und setzte seine Schwerpunkte auf Konsolidierung und Ausbau des Globalhaushalts, die Umsetzung der Bologna-Reformen und die Beteiligung an der Exzellenzinitiative.[6]

Studiengebühren – Studienreform

Ein ungelöstes Problem der Hochschulpolitik beeinträchtigte allerdings erheblich die erste Phase des neuen Präsidiums. Nachdem das Bundesverfassungsgericht bereits 2005 einer Klage gegen das Gebührenverbot des Bundes stattgegeben hatte, rückte diese Frage nun mit Macht auf die Tagesord-

Wütende Proteste: Im Februar 2006 blockierten Studierende die Zugänge zum Präsidialgebäude, in dem der Universitätsrat über die Einführung der Studiengebühren entscheiden sollte.

nung. Das Saarland, finanziell stark belastet und Teil der Klägergruppe, drängte nicht nur auf die Erhebung von Studiengebühren zur Verbesserung des Lehrangebots – und zur Minderung eigener finanzieller Belastungen –, sondern es entschied diese Frage sogar bereits, eigenmächtig und unter Umgehung des eigentlich zuständigen und deshalb hörbar verstimmten Universitätsrats. Für die Universitätsleitung bedeutete dieses Danaergeschenk eine monatelange, heftige Diskussion mit sich leidenschaftlich zur Wehr setzenden Studierenden, die vor allem soziale Gründe ins Feld führten und auf die Doppelbelastung aus Studium und Zuverdienst bei gleichzeitig sich verschärfenden Studienanforderungen verwiesen. Spektakulär verliefen die Proteste, als Anfang 2006 Studierendengruppen das Präsidialbüro blockierten, um die Beschlussfassung in der Sitzung des Universitätsrats zu verhindern. Es lag ein Hauch von „68“ in der Luft, als die Universitätsratsmitglieder, wie damals das Konzil, ◀◀ überraschend den Sitzungsort verließen und den formal noch notwendigen Beschluss, in Anwesenheit des Kultusministers und unter höchst improvisierten Umständen, auf dem Parkplatz des DFKI fassten.[7]

▶ *Streit* S. 140

▶ *Kontrovers und kurzlebig* S. 278

Die Universitätsleitung übernahm in dem Konflikt nun eine moderierende Rolle, wurde nicht müde, die Gefahr von Abwanderungsverlusten und ihr Verständnis für studentische Positionen zu betonen, vermochte es aber, durch die Einbeziehung studentischer Vertretungen in die Entscheidung über die Verwendung der Gebühren eine „Mitverantwortung“ (Linneweber) der Studierenden zu erreichen. In dieser Mitgestaltung, die sogar nach paritätischem Prinzip erfolgte, sah selbst der AStA einen entscheidenden Fortschritt für die studentische Partizipation. Hinzu kam, dass durch den erzwungenen Geldsegen, der zu 30 Prozent zentral, zu 70 Prozent auf Fakultätsebene vergeben wurde, recht bald eine spürbare Verbesserung der Studienbedingungen erreicht werden konnte, was die Akzeptanz auf Seiten der Studierenden naheliegenderweise beförderte. Letztlich blieb die heißumstrittene Gebührenerhebung eine, wenn auch folgenreiche, Episode: Nach dem Regierungswechsel zur Jamaika-Koalition aus CDU, Grünen und FDP wurden die allgemeinen Studiengebühren bereits 2010, also nach nur fünf Semestern, wieder abgeschafft. ◀◀ An ihre Stelle traten vom Land bereitgestellte „Kompensationsmittel“: zusätzliche Gelder zur Verbesserung von Lehre und Studium, für die dieselben Mitbestimmungsregeln galten wie für die Studiengebühren.[9]

> *„Bildlich ausgedrückt sollen Studiengebühren ein „Sahnehäubchen“ darstellen, aber der „Kaffee“ muss komplett vom Land gekocht werden.“[8]*
>
> *AStA-Vorsitzender Hendrik Weitzmann*

Der bereits angesprochene „Bologna-Prozess“ stellte die zweite fundamentale Neuerung für Studium und Lehre an der Universität dar. Die auf höchster politischer Ebene seit 1999 beabsichtigte Schaffung europaweit kompatibler Studienstrukturen und Abschlüsse wurde an der Saar-Uni früh aufgegriffen. Der Universitätsrat beschloss auf Anregung der Präsidentin im Oktober 2001 – aus heiterem Himmel und vollkommen unabgestimmt mit universitären Gremien – die Einführung des Bachelor-/Master-Systems. Weniger die sofort laut werdende Kritik an dem „Bonsai-Studium" (Christian Scholz) als vielmehr das rechtlich zwar korrekte, den universitären Gepflogenheiten aber zuwiderlaufende Verfahren stürzte die Universität in eine heftig geführte Diskussion, da der „Uni-Rat eine breite Spur durch sämtliche Fettnäpfchen auf dem Campus getreten und die Präsidentin dabei ein gutes Stück mitgeschleift" hatte.[10]

Mit der eigentlichen Umsetzung der Bologna-Reform ließ sich die Universität in der Folge bedeutend mehr Zeit. Das lag zum einen an der hier ebenso wie andernorts über Jahre anhaltenden Grundsatzkritik am „Studium Bolognese", die sich 2009 zu dem bundesweit und auch in Saarbrücken engagiert durchgeführten Bildungsstreik steigerte, zum anderen an einer überdurchschnittlich sorgfältigen und aufwendigen Umsetzungsstrategie. Diese ermöglichte es letztlich, die umstrittene Reform bis zum Wintersemester 2010/11 relativ reibungsarm durchzuführen und dafür weit über 100 Studiengänge umzustellen – ein enormer Kraftakt, der die Lehrkräfte stark belastete und auch den Studierenden in den Umstellungsphasen manches abverlangte. Mit einem laufend weiterentwickelten

> *„Ich halte diese Bachelor- und Masterstudiengänge für eine Modestruktur."[11]*
>
> *BWL-Professor Christian Scholz*

Qualitätsmanagement für Lehre und Studium versuchte die Universität dabei nicht nur, ein hohes Niveau der akademischen Ausbildung sicherzustellen, sie erreichte dadurch auch im Jahr 2006 als eine der ersten deutschen Hochschulen die Systemakkreditierung und damit die Entscheidungskompetenz für die Qualitätskontrolle, Einrichtung und Aufhebung von Studiengängen. Für Kritiker, die in Saarbrücken besonders lautstark in der Rechts- und Wirtschaftswissenschaftlichen Fakultät vertreten waren, blieben dies freilich bürokratische Auswüchse eines prinzipiell verfehlten Systems. Sie sahen als Ergebnisse der Reform vor allem Verschulung des Studiums, wachsenden Prüfungsdruck und mangelnde Arbeitsmarkttauglichkeit der Bachelor-Abschlüsse. Mit der Gewöhnung an das neue System wurde die Kritik über die Jahre allmählich leiser. Und dass der Bologna-Prozess den Stellenwert von Lehre und Studium innerhalb der Universität insgesamt erhöht hatte, werteten auch viele derjenigen als Erfolg, die nicht mit allen Elementen der Reform einverstanden waren.[12] ▸▸

▶ Bologna S. 260

Forschungsschwerpunkte

Im Hinblick auf die Forschung stand die Entwicklung der Zeit nach 2000 in direkter Kontinuität zu den 90er Jahren, in denen die Schwerpunktbildung in den Bereichen Informatik, Bio-/Nano-Technologie und Europa angebahnt worden war. ▸▸ Für den am stärksten profilierten Schwerpunkt Informatik bestätigte und erweiterte die Einrichtung eines zweiten Max-Planck-Instituts (für Softwaresysteme) im Jahr 2005 die Erfolge des zurückliegenden Jahrzehnts. Durch die zeitgleiche Einrichtung eines saarländischen „Kompetenzzentrums Informatik" unter der Leitung Philipp Slusalleks sollte die IT-Forschung koordiniert und nicht zuletzt auch ihre wirtschaftliche Verwertung durch den mehrfachen Firmengründer Slusallek sichergestellt werden. Vor allem aber wurde die Informatik nach ihrem Erfolg in der Exzellenzinitiative universitätsstrategisch immer stärker als Querschnittswissenschaft gesehen: Das Zukunftskonzept, mit dem die Universität 2010 im Exzellenzwettbewerb antrat, stellte unter dem Titel „Science and Humanities meet Informatics" die Computerwissenschaft in den Mittelpunkt der Universitätsentwicklung. Doch mit solchen Visionen interdisziplinärer Brückenschläge hielt die Realität nicht Schritt, und es bestätigte sich die Einsicht, dass wissenschaftliche Kooperation sich nicht verordnen lässt. Neben einigen vielversprechenden Querverbindungen in die Nachbardisziplinen, vor allem in die Sprachwissenschaft, blieb die besondere Stärke der Informatik weiterhin die eigenständige Entwicklung von Forschungsakzenten ersten Ranges. Als solche zeichnete sich bald auch die Bearbeitung des Themenfelds Cyber-Sicherheit ab, für die 2011 das bundesfinanzierte „Center for IT Security, Privacy and Accountability (CISPA)" als Einrichtung der Universität gegründet wurde.[13]

▶ Wissenstransfer S. 223

Eine gewisse Kurskorrektur erfuhr der Nano-Bio-Schwerpunkt: Die im vorangegangenen Jahrzehnt als Zukunftsfeld betrachtete Bionik wich mit dem Ausscheiden Werner Nachtigalls einer Zoologie-Professur mit Schwerpunkt in der Human- und Molekularbiologie, und auch das Auffanginstitut für die aufgegebenen Biologie-Lehrstühle wurde als „Zentrum für Human- und Molekularbiologie (ZHMB)" der Schnittstelle der Biologie zur Medizin gewidmet. Es erwies sich in der Folgezeit nicht nur als drittmittelstark, sondern entwickelte durch einen Doppelabschluss mit der Universität Straßburg auch hohe Attraktivität für Studierende aus dem Bundesgebiet. Als prototypisch konnte der 2013 eingerichtete Sonderforschungsbereich 1027 gelten, in dem Forscherinnen und Forscher aus der Physik, der Medizin, der Biologie und der Bioinformatik mit einer Fördersumme von 9,1 Millionen Euro an Themen der Zell-Mechanik und der Prozesse in Zellen arbeiteten. Einen deutlichen Schritt der Profilschärfung markierte dann 2009 die aus der Fachrichtung Pharmazie heraus initiierte Gründung des Helmholtz-Instituts für Pharmazeutische Forschung (HIPS) unter Leitung von Rolf Müller, das die bereits früher etablierte Saarbrücker Forschungstradition der Bioinformatik aufnahm und für die Entwicklung von Wirkstoffen zur Infektionsbekämpfung nutzbar zu machen suchte.[14]

Dem weiteren Ausbau des Europaschwerpunkts, traditionell stärker in der Lehre und der Kooperation als in der Forschung aufgestellt, galten Aktivitäten nicht zuletzt von Seiten der Studierenden; sie entwickelten 2004/05 ein eigenes Konzept für die Schaffung eines interdisziplinären europabezogenen Lehrangebots im Bachelor-Optionalbereich. Aufgewertet wurde der Schwerpunkt 2008 durch die Einrichtung einer Europa-Gastprofessur und nicht zuletzt durch den Start des grenzüberschreitenden Großprojekts „Universität der Großregion". ◀◀ Uni-intern schlossen sich die europa-bezogenen Einrichtungen 2013 zum Verbund des Collegium Europaeum Universitatis Saraviensis (CEUS) zusammen und begannen, ihre Projekte enger miteinander abzustimmen und Synergien zu erzielen. Kurz zuvor war bereits ein Erfolg gelungen, der dem Schwerpunkt lange gefehlt hatte, nämlich die Einwerbung eines drittmittelfinanzierten Verbundprojekts. Bewilligt wurde das Internationale Graduiertenkolleg „Diversität. Vermittlungsprozesse von Differenz in transkulturellen Räumen".[15]

▶ UniGR S. 266

▶ Biogramm S. 296

Sparen und kein Ende

Die Aufbau- und Konsolidierungsphase wurde 2013 jäh unterbrochen, als massive Finanzprobleme des Landes die Universität erneut schmerzhaft trafen. Die bundesweit eingeführte Schuldenbremse veranlasste die Landesregierung, Kürzungen des Uni-Globalhaushaltes in Höhe von sechs Prozent für die Jahre 2015 bis 2020 anzukündigen, was bei gleichzeitig ausbleibendem Inflationsausgleich einen Rückbau um zwanzig Prozent bedeutet hätte. Das Gespenst der Fächerstreichungen, seit Jahren vermeintlich gebannt, trieb nun wieder tausende Studierende und Beschäftigte auf die Straßen. Die Proteste dauerten über mehrere Jahre an, zumal die Landesregierung in der Spar- und Restrukturierungsdebatte auf ein scheinbar bewährtes Mittel zurückgriff: die Beauftragung eines Entwicklungsgutachtens durch den Wissenschaftsrat.[16]

> *„Es dauert Jahrzehnte, um leistungsfähige Wissenschaftsbereiche aufzubauen. Es dauert lediglich Monate, um sie zu zerschlagen."[17]*
>
> *Günter Stock, Vorsitzender des Universitätsrats*

Das im Januar 2014 vorgelegte, mehrhundertseitige Papier löste einen Sturm der Entrüstung aus. Die Sachverständigen unter Leitung des Neurophysiologen Hans-Christian Pape empfahlen der Universität nichts Geringeres als die Abkehr vom Anspruch auf eine umfassende akademische Grundversorgung. Konkret wurden unter anderem die juristischen Staatsexamens-Studiengänge zur Streichung vorgeschlagen, sofern nicht eine Zusammenlegung mit einer anderen Universität in der Großregion machbar sei. Die traditionsreiche Wirtschaftswissenschaft der Universität hatte nach diesen Plänen in einer gemeinsam mit der Fachhochschule aufzubauenden Business School Saarland aufzugehen, ihre Bachelor-Studiengänge sollten eingestellt werden. Auch die Lehramtsstudiengänge sollte die Uni nicht mehr allein, sondern gemeinsam mit den rheinland-pfälzischen Nachbarhochschulen anbieten, die Vielfalt an Studienfächern in den Geisteswissenschaften sollte deutlich reduziert werden. Obwohl Ministerpräsidentin Kramp-Karrenbauer ◀◀ das Gutachten offiziell als „gute Diskussionsbasis" bezeichnete und den Hochschulen auftrug, die Umsetzung bis zum Sommer in eigener Regie vorzunehmen, waren die geforderten Maßnahmen weder politisch noch finanziell zu realisieren. Nachdem Präsident Linneweber bereits im Februar festgestellt hatte, dass selbst bei einer Streichung sämtlicher 87 bis zum Jahr 2020 neu zu besetzenden Professuren das geforderte Sparvolumen nicht erbracht werden könne, war das Gutachten, das mit seiner Forderung nach Schließung der Rechtswissenschaft bundesweit für Aufsehen gesorgt hatte, im Grunde Makulatur.[18]

Die weitere Entwicklung kam dabei einer Kehrtwende gleich. Nicht die zielstrebige Umsetzung des Gutachtens wurde auf die Tagesordnung gesetzt, sondern eine monatelange Beratung der Empfehlungen in nicht weniger als sechzehn thematisch getrennten Arbeitsgruppen zur Hochschulentwicklung – der renommierte Wirtschaftsinformatiker Scheer bezeichnete das Vorgehen schlicht als

Die Einführung der „Kinderuni" war 2005 ein voller Erfolg. 800 Kinder drängten sich in den Audimax, die Eltern konnten per Videoübertragung in zwei Nachbarhörsälen dabei sein.

„absurd". Am Ende wurde der Spardruck durch die Verwendung zusätzlicher Bundesmittel aus dem Hochschulpakt und dem BAföG-Ausgleich erheblich abgemildert, was die Uni aber nicht vor empfindlichen Einschnitten bewahrte. Als Symbol dafür stand vor allem die in der Öffentlichkeit heftig diskutierte Schließung des Botanischen Gartens der Universität. ▸▸ Entscheidender jedoch war der Paradigmenwechsel zu einer gleichmäßigen Verteilung der Sparlast statt tiefgreifender Einschnitte in Teilbereichen. Die Schließung der Rechtswissenschaft war damit ebenso schnell vom Tisch wie die Einrichtung einer Business School, die auch infolge des wegen der Spardebatten zunehmend angespannten Verhältnisses der beiden Hochschulleitungen nicht zustande kam.[19]

Botanischer Garten S. 282

Im Ergebnis verabschiedete das Land 2015 einen übergreifenden Hochschulentwicklungsplan, der mit seiner Festlegung eines bis 2020 um fünf Millionen Euro reduzierten und anschließend „eingefrorenen" Globalhaushalts – bei steigenden und vom Land nicht kompensierten Sach- und Personalkosten – eine faktische Sparlast von zwölf Prozent für die Universität bedeutete. Die Unileitung musste ihre Strategieplanung auf dieser Finanzbasis erarbeiten. Sie setzte dabei auf eine Strukturreform mit einer verringerten Zahl an Fakultäten und vor allem auf den Leitgedanken einer Dezentralisierung der Budgetverantwortung. Konkret bedeutete dies, dass die Erbringung der Sparlasten den Fakultäten, der Verwaltung und den zentralen Einrichtungen in Eigenregie auferlegt wurde. Hieß es im Präsidiumsbericht 2016, die genannten Einheiten seien dadurch „in die Lage versetzt, durch selbst geplante strukturelle sowie flexible Maßnahmen den gesetzten Finanzrahmen einzuhalten", so wurde dies von den Betroffenen nicht selten anders wahrgenommen. „Anstatt die Fächer zu schließen, lässt man sie verhungern", lautete der bittere Kommentar des Dekans der Philosophischen Fakultät III Roland Brünken, mit dem er vermutlich manchem anderen Entscheidungsträger aus dem Herzen sprach.[20]

Trotz aller Belastungen und Unsicherheiten konnte in der Folgezeit das Gefühl aufkommen, die Universität befinde sich nach einer mehr als zwei Jahre dauernden Spardiskussion auf dem Weg in eine gewisse Normalität. Der scheidende Präsident Linneweber bemühte sich in seinem 2016 verfassten Vorwort zum Jahresbericht 2015 erkennbar, trotz aller Kritik an den Sparauflagen die Bewegungsspielräume der Universität auch im Rückbau zu betonen. Die Schrumpfung der Universität sei zwar unvermeidlich, man stelle „aber die Weichen dafür, auf welche Weise das geschehen wird, und habe (…) dabei ein Ziel im Auge: wir wollen und werden in unseren Studienangeboten und Forschungsleistungen weiterhin wettbewerbsfähig bleiben".[21]

Streit auf offener Bühne

Welche inneren Spannungen diese Phase allerdings verursacht hatte, verdeutlichte die anschließende Präsidentenwahl. Der Universitätsrat und der Senat, als die beiden seit dem Universitätsgesetz von 2004 gleichberechtigt entscheidenden Gremien, blockierten sich gegenseitig in der Kür eines Nachfolgekandidaten für den im Herbst 2016 vom Centrum für Hochschulentwicklung als „Hochschulmanager des Jahres" geehrten Volker Linneweber. Weder der vom extern dominierten „U-Rat" favorisierte Vizepräsident Uwe Hartmann noch der innerhalb der Universität mehrheitlich präferierte Kandidat des Senats, der Dekan Dirk Bähre, vermochten das jeweils andere Gremium von sich zu überzeugen, mehrere Vermittlungsversuche endeten erfolglos. Die Saar-Uni bot der staunenden Öffentlichkeit über Monate das Bild einer heillos zerstrittenen

Fast wie 1996: Rund 6.000 Uni-Angehörige zogen im Januar 2015 zur Staatskanzlei und protestierten gemeinsam gegen die Sparpläne der Landesregierung.

Hochschule. Erst als Ministerpräsidentin Kramp-Karrenbauer drohte, die Besetzung der Leitungsposition selbst vorzunehmen, gelang es, einen für beide Seiten zustimmungsfähigen Kandidaten zu finden, den Molekularbiologen Manfred Schmitt, der bereits von 2009 bis 2014 Vizepräsident gewesen war und nun Ende 2016 von beiden Gremien zum Universitätspräsidenten gewählt wurde.[22]

Ruhige Fahrwasser waren der Universität auch unter neuer Leitung nicht vergönnt. Mit der 2018 vorgelegten Skizze eines „Zukunftskonzepts 2030“ versuchte Schmitt, die Universität wieder in die Offensive bringen; der Plan sah den entschlossenen Ausbau der drei Profil-Schwerpunkte und vor allem den Aufbau eines zweiten Exzellenzbereichs in der Wirkstoff-Forschung vor, außerdem ein Modernisierungsprogramm der teilweise maroden Bau- und IT-Infrastruktur. Diese Zukunftsplanungen wurden allerdings wenig später durch den Misserfolg der Universität im Exzellenzwettbewerb konterkariert, als die erfolgsgewohnte Informatik mit ihrem Antrag „Digitale Realität“ in der Endrunde des Wettbewerbs scheiterte. Die schwache Resonanz, die IT-Projekte generell in dieser Runde gefunden hatten, vermochte nicht darüber hinwegzutrösten, dass der Verlust des Exzellenzclusters einen herben Rückschlag für das Drei-Säulen-Modell des strategischen Profils der Uni bedeutete.[23]

Zielrichtung Exzellenzuniversität

Das Präsidium, seit Beginn seiner Amtszeit im Krisenmodus auch durch die unvorhergesehene Schließung zweier zentraler Campusgebäude und die daraus resultierende, kontrovers diskutierte Auslagerung der zentralen Verwaltung in die Stadt, hielt dennoch an dem eingeschlagenen Kurs fest. Mit den Universitätsentwicklungsplänen von 2020 und 2022 wurde das hochambitionierte Ziel formuliert, in der ab 2023 anstehenden Neuauflage des bundesweiten Exzellenzwettbewerbs nicht nur mit einem Informatik-Projekt erfolgreich zu sein, sondern auch in dem neu entwickelten biowissenschaftlich-medizinischen Bereich Wirkstoff-Forschung. Auf dieser Basis böte sich der Saar-Universität die Chance, sogar als Gesamtuniversität den Exzellenzstatus zu erreichen.[24]

Rückenwind erhielt das Vorhaben durch finanzielle Unterstützung der Landesregierung und durch eine Reihe beachtlicher wissenschaftlicher Erfolge. Sowohl im Juniorprofessorenprogramm des Bundes schnitt die Saar-Uni 2017 und 2019 ausgezeichnet ab als auch bei etlichen Entscheidungen zur Bewilligung oder Verlängerung von Sonderforschungsbereichen. Erfolgreich war auch der Antrag zur Bundesfinanzierung eines Forschungsneubaus für das Zentrum für Biophysik. Besondere Bedeutung für das Wirkstoff-Projekt kam dem Abschluss einer Forschungsallianz mit dem Helmholtz-Institut für Pharmazeutische Forschung (HIPS) und dem Leibniz-Institut für Neue Materialien 2019 zu, erst recht mit der 2020 getroffenen Entscheidung des Bundes, das HIPS massiv auszubauen. Wie gerufen kam darüber hinaus die Verleihung des wichtigsten deutschen Forschungspreises, des Leibniz-Preises, an den Pharmazeutischen Biotechnologen und HIPS-Leiter Rolf Müller 2021.[25]

Für die ehrgeizigen Projekte musste die Universität neben den Zusatzmitteln der Landesregierung im erheblichen Maß eigene Ressourcen mobilisieren. Dennoch bemühte sie sich mit Erfolg, die Balance zu wahren und auch Fachbereiche außerhalb der Exzellenzklasse konkurrenzfähig weiter zu entwickeln. Besondere Aufmerksamkeit galt hier dem Europaschwerpunkt, der in den vorangegangenen Jahren durch erfolgreiche Drittmittelprojekte deutlich an Kontur gewonnen hatte. Auf Basis eines neuen, gemeinsam mit den Fächern erarbeiteten Strategieplans gelang es, das Europa-Kolleg CEUS zum „Cluster für Europaforschung" umzustrukturieren und in dem bislang geistes- und kulturwissenschaftlich dominierten Schwerpunkt durch die Einrichtung europabezogener Politik- und Soziologie-Professuren eine empirisch-sozialwissenschaftliche Säule aufzubauen.

> *„Wir werden alles in den Ring werfen, was wir haben."[26]*
> *Universitätspräsident Schmitt zum Exzellenzwettbewerb*

Ergänzt wurden die inhaltlichen Planungen durch Sanierungs- und Neubaumaßnahmen, mit denen die Saar-Uni nach der Übernahme eigenständiger Bauherrenfunktionen im Jahr 2017 dem Stillstand bei der Erstellung von Neubauten und dem teilweise besorgniserregenden Verfall der Gebäudesubstanz begegnen wollte. Neben den bereits begonnenen Projekten – Neubau eines Pharmaziepraktikums, Sanierung der Chemiegebäude – wurden die Errichtung eines Zentrums für Biophysik, eines neuen Hörsaalgebäudes für die Geisteswissenschaften sowie eines „Innovation Centers" für Wissenstransfer in Angriff genommen, außerdem die umfassende Sanierung des geräumten Problem-Gebäudes C5 2.[27] ▸▸

▸ *Konsequent horizontal* S. 110

Die Corona-Pandemie

Unterbrochen und in den Hintergrund gedrängt wurden diese zukunftsgerichteten Unternehmungen durch den Einschnitt des Frühjahrs 2020. Die Corona-Pandemie traf die Universität ins Mark und stellte sie in allen Bereichen vor Herausforderungen nie gekannten Ausmaßes; Mitte März 2020 musste der Universitätsbetrieb schlagartig stillgelegt werden. Doch erwies es sich jetzt als Segen, dass in den Vorjahren wichtige Weichenstellungen in der Digitalisierung vorgenommen und Grundlagen für eine Dislozierung von Verwaltungs-, Forschungs- und Lehraktivitäten geschaffen worden waren. Die seit langem vorbereitete Einführung eines Campus-Management-Systems (SAP SLCM) im ersten Quartal 2020 fiel quasi mit dem Beginn der Pandemie zusammen, so dass das Bewerbungs- und Immatrikulationsverfahren für das anschließende erste Semester unter Corona-Bedingungen bereits

Durch Kooperation neue Perspektiven im Profilschwerpunkt „NanoBioMed". 2019 besucht Bundesministerin Anja Karliczek (2. v. l.) mit Ministerpräsident Tobias Hans (l.) das Helmholtz-Institut für Pharmazeutische Forschung.

mit dem neuen System bewältigt werden konnte. Auch ein gerade erst eingeführtes zentrales Dateimanagement- und Video-Konferenzsystem mit Office-Anwendungen (Office 365) und eine zu Beginn des Jahres 2019 freigegebene zentrale Lernplattform für die digitale Lehre (Moodle) hatten gerade rechtzeitig einen solchen Entwicklungsstand erreicht, dass sie mit einem Schlag aus dem Pilotmodus in den Echtbetrieb rücken konnten. Die Systeme erwiesen sich als so krisenfest und skalierbar, dass die Universität nach Anfangsschwierigkeiten schnell in einen digitalen Arbeitsmodus überführt werden konnte. Verwaltung, Forschung und Lehre stiegen damit quasi über Nacht in einen neuen Normalbetrieb um; Arbeitsgruppen aus allen Bereichen erarbeiteten unkonventionelle Lösungen, Verfahren und Workflows. Damit gelang ein zuvor nicht für möglich gehaltener Entwicklungssprung für die digitale Transformation. Andererseits stellten die monatelange Abwesenheit vom Arbeitsplatz oder Studienort, die weitgehende Reduzierung sozialer Kontakte auf digitale „Meetings" und die Dauerbelastungen durch einen permanenten Anpassungsmodus die Universitätsangehörigen aber auch vor enorme Probleme. Als schließlich die Lehre zum Wintersemester 2021/22 wieder weitgehend in Präsenzbetrieb aufgenommen wurde, atmeten die meisten Unimitglieder auf und nahmen den zeitweise öden und verwaisten Campus, wenn auch unter Sicherheitsauflagen, in Windeseile wieder in Besitz.[28]

Es geht weiter

In der Nach-Pandemie-Welt fand sich die Universität in einem Spannungsfeld unterschiedlicher Herausforderungen wieder. Der Neustart war einerseits durch Optimismus und Innovationsimpulse gekennzeichnet, so etwa durch den Projektstart der Allianz „Transform4Europe", mit der die Saar-Uni im EU-Wettbewerb zur Bildung „Europäischer Hochschulen" erfolgreich war. ◂◂

▸ UniGR S. 266

Bemerkenswerte Entwicklungssprünge zeigten sich auch und gerade im digitalen Bereich. Das bereits 2021 begonnene Projekt „DataPin" beispielsweise strebte eine systematische Evaluierung und Optimierung der so essentiell gewordenen digitalen Lehr- und Studienangebote auf der Grundlage moderner didaktischer Ansätze an. Dank dieser Kompetenzen konnte etwa das aufsehenerregende Aufkommen KI-gestützter Chatbots im Winter 2022/23 („ChatGPT") durch Informationsveranstaltungen und

Die ehemalige Universitätspräsidentin Margret Wintermantel, nun Vorsitzende des Hochschulrates, gratuliert 2020 Manfred Schmitt zur Wiederwahl als Unipräsident.

Fortbildungsmaßnahmen umgehend aufgegriffen werden. Auf der anderen Seite bedeutete im Februar 2022 der russische Angriff auf die Ukraine einen Schock für viele Uni-Angehörige und zog zahlreiche Verwerfungen nach sich, darunter die Aussetzung der teils seit Jahrzehnten gepflegten Zusammenarbeit mit russischen Universitäten, aber auch den bald folgenden rasanten Anstieg der Energiepreise, der die Unileitung zu rigorosen Sparmaßnahmen zwang.[29]

In das Jubiläumsjahr 2023 starteten die Uni-Mitglieder daher bei einer auf 19 Grad begrenzten Raumtemperatur in Büros und Seminarräumen. Sorgen resultierten auch aus dem Blick auf die regionale Wirtschaftslage, in der die Entscheidung zur Schließung des Ford-Werks in Saarlouis seit dem Juni 2022 fundamentale Fragen zur zukünftigen Finanzsituation des Saarlandes aufwarf. Doch richteten sich andererseits auch Hoffnungen auf die von der neuen Landesregierung angekündigte Offensive im Strukturwandel, namentlich den im Dezember 2022 beschlossenen, auf drei Milliarden Euro bezifferten Transformationsfonds. Aus diesem Sonderbudget könnte nach den Vorstellungen des Finanz- und Wissenschaftsministers die gewaltige Summe von 350 Millionen Euro den Hochschulen des Saarlandes zufließen, sofern überzeugende Konzepte vorgelegt würden – deren Erarbeitung gab die Universitätsleitung umgehend in den Fakultäten in Auftrag. Hoffnungen werden außerdem auf weitere Expansionspläne im Bereich der außeruniversitären Forschungsinstitute gesetzt, auf einen neuen Schub im Technologietransfer durch die Eröffnung des Innovation Centers auf dem Campus und vor allem auf den universitätsstrategisch so wichtigen Exzellenzwettbewerb, zu dem die Uni-Leitung im Mai 2023 die Antragsskizzen für zwei Exzellenzcluster einreichte.[30]

Trotz Corona: Unter Einhaltung von Schutzrichtlinien konnte 2022 die Eröffnung des Hörsaal- und Seminargebäudes in Homburg gefeiert werden.

Lehre und Studium im Ausnahmezustand: Abstandhaltende Studierende mit Masken warten vor der Universitätsbibliothek.

75 Jahre nach ihrer Gründung kann sich die Universität des Saarlandes als eine überdurchschnittlich profilierte Universität mittlerer Größe zweifellos sehen lassen. Die genannten Stichworte zur aktuellen Situation deuten freilich auch darauf hin, dass für ihre Zukunft wesentliche Balancen neu auszutarieren sind: die Balance zwischen „physischer" und virtueller Tätigkeit in Forschung, Lehre und Verwaltung, auch zwischen menschlicher und künstlicher Intelligenz; die Balance zwischen der Universität selbst einerseits und den weiter an Gewicht gewinnenden außeruniversitären Instituten andererseits, die Balance zwischen Sorgsamkeit beim Umgang mit den knappen Mitteln und visionärem Mut bei der Planung zukünftiger Investitionen. Wie alle über lange Zeit bestehenden Institutionen benötigt die Universität die Fortsetzung ihrer Traditionen ebenso wie den Aufbruch zu neuen Ufern.

Thomas Kees/Thilo Offergeld

Bologna à la sarroise

Vorreiter der Studienreform S. 98

Biogramm S. 244

Der „Bologna-Prozess" wurde 1999 als von dreißig europäischen Staaten getragenes Reformprojekt zur Schaffung eines gemeinsamen Europäischen Hochschulraums gestartet. Dabei nahm das Projekt viele Elemente auf, die schon seit den späteren 1950er Jahren Gegenstand der Debatte um eine Reform des Studiums gewesen waren und die im Kern auf eine Anpassung des überkommenen Studiensystems an die um Größenordnungen gestiegene Zahl von Studierenden abzielten. Hierzu gehörten die Verkürzung der Studiendauer durch die Einführung eines zweistufigen Systems berufsqualifizierender Studienabschlüsse (Bachelor und Master), die stärkere Strukturierung des Studiums durch Lerneinheiten („Module") und studienbegleitende Prüfungen sowie nicht zuletzt die verstärkte Orientierung an den Erfordernissen der Berufspraxis. Die weiteren mit „Bologna" angestrebten Ziele – Europäisierung des Studiums, Steigerung der grenzüberschreitenden Studierendenmobilität, bessere Vergleichbarkeit der Studienleistungen – machten das neue System gerade für die seit je international ausgerichtete Universität des Saarlandes hoch attraktiv.[31]

Über mehrere Monate hielten Protestierende 2008/09 den Musiksaal besetzt – und richteten sich dort behelfsmäßig ein.

So kam es nicht von ungefähr, dass die Saar-Universität – nach den Reformimpulsen der Simon-Kommission 1998 ohnehin in einer Phase der Neuausrichtung – sich schon in der Frühphase des Prozesses der Umsetzung des Reformprogramms verschrieb: Im Oktober 2001 beschloss der Universitätsrat die Umstellung der bisherigen Abschlüsse auf das Bachelor-Master-System. Die sofort einsetzende, heftige Kritik richtete sich zum einen auf das Verfahren, nämlich die fehlende Abstimmung dieser Entscheidung innerhalb der Universität, zum anderen auf grundsätzliche Inhalte der Reform. Die Abkehr von den eingeführten Diplom- und Magister-Abschlüssen wurde als unreflektierte Übernahme amerikanischer Studienstrukturen, die Berufsorientierung als Preisgabe wissenschaftlicher Ansprüche attackiert. Die oft polemische Kritik an „Schmalspurstudium" und „Etikettenschwindel" konterten die Befürworter mit Hinweisen auf die durch das neue Modell eröffneten Gestaltungsmöglichkeiten. So argumentierte der angesehene Computerlinguist Hans Uszkoreit, das gestufte Studienmodell sei kein „starres Einheitsschema", sondern lasse den einzelnen Fachkulturen „denkbar weiten Spielraum". Wenn die Kritiker ein international erfolgreiches Modell, aus dem die Mehrzahl der Nobelpreisträger der letzten Jahrzehnte hervorgegangen sei, als „Modestruktur und Trend" bezeichneten, dann verrate dies, so Uszkoreit, ein gewisses Maß an Realitätsverachtung: „Wir alle haben gewusst, dass sich der Bologna-Prozess nicht mehr aufhalten lässt. Soll ausgerechnet unsere europaorientierte Universität sich an die Gleise ketten?"[32]

Die Universität kettete sich nicht an die Gleise, sondern brachte einen geordneten Ausgestaltungsprozess auf den Weg, der 2004 in einen Rahmenentwurf des Studienausschusses mündete. Das Konzept versuchte, ein einheitliches Profil für Bachelor- und Master-Studiengänge festzulegen und gleichzeitig den unterschiedlichen Bedürfnissen und Kulturen der einzelnen Fächer gerecht zu werden. Es sah zwei Alternativen für den Strukturaufbau des Studiums vor, nämlich ein Kernbereichs-Studium sowie eine Zwei-Fächer-Kombination, und es verankerte Leistungspunkte („credit points") als neue Maßeinheit für die Studienleistung. Nach der Verabschiedung der Rahmenordnung folgte die von Studierenden aktiv mitgestaltete Umsetzungsphase. Die studentische Kritik an der mitunter massiven Verdichtung von Studieninhalten und Prüfungsleistungen und der teilweise bloßen Umetikettierung bisheriger Studienangebote hatte tatsächlich die „Entschärfung" einer Fülle von Erstentwürfen im Studienausschuss zur Folge.[33]

Kritisch gesehen wurde die Studienreform auch von den achtzig Personalchefs und Firmenvorständen der Saarwirtschaft, die 2004 der Einladung des Präsidiums zu einer Informationsveranstaltung nach Homburg gefolgt waren. Die bloße Fügung ins Unvermeidliche und die häufig geäußerte Sorge, die bewährten Diplomstudiengänge gegen neue, unbekannte Abschlüsse eintauschen zu müssen, traten aus der Berichterstattung der Saarbrücker Zeitung so deutlich hervor, dass ein Leserbriefschreiber dies auf dialektale Assoziationen zurückführte: „Verwundert es wirklich, wenn der „Bachelor" im Saarland auf wenig Gegenliebe stößt? Für mich ist der Fall klar: ... im Saarland ist ein Bätschler oder auch Batschler schlicht und einfach ein „Schwätzer". So einen würden Sie doch auch nicht einstellen wollen."[34]

Zur per Gesetz vorgeschriebenen Umstellung aller Studiengänge bis zum Wintersemester 2009/10 hatte die Universität bereits 2005 als Anlauf- und Beratungsstelle ein „Bologna-Büro" eingerichtet, das die Fächer bei der oft mühevollen und ungeliebten Arbeit unterstützte. Als Schrittmacher der Umstellung fungierten mit den Studiengängen Informatik, Bioinformatik, Computerlinguistik und Wirtschaftsinformatik eher technisch orientierte Fächer. Sie durchliefen zu diesem Zeitpunkt bereits das Akkreditierungsverfahren, in dem die neu formierten Studiengänge einem externen Prüfverfahren unterzogen wurden. Durch den Aufbau einer universitätseigenen Qualitätssicherung, bald koordiniert durch das zentral angesiedelte „Qualitätsbüro", erreichte die Universität jedoch als eine der ersten Hochschulen die – später mehrfach verlängerte – Systemakkreditierung und konnte damit die Kontrolle über ihre Studiengänge in eigener Regie übernehmen.[35]

Die studentische Kritik an der konkreten Umsetzung wurde allerdings lauter. Von „Modulchaos" sprach die AStA-Vorsitzende Estelle Klein im Herbst 2008 im Rahmen des studentischen „Systemchecks UdS". Deutschlandweit steigerte sich der Protest gegen die als Ökonomisierung der Bildung kritisierte Studienreform zum „Bildungsstreik" des Sommers 2009, der auch in Saarbrücken hohe Wellen schlug. So besetzten die Studierenden wochenlang den Musiksaal und diskutierten in Workshops die Fehlentwicklungen im Bildungssystem. Die Proteste ließen das Präsidium nicht unbeeindruckt: Es begegnete den Zukunftssorgen durch die Zusicherung von Masterplätzen für alle Bachelor-Absolventen und kam den Hauptforderungen der Studierenden durch die Einführung von credit points für politisches Engagement und durch die Zusage einer verbesserten Transparenz der Organisationsabläufe entgegen.[36]

Der Bologna-Protestspruch mit dem Hinweis auf die Musiksaal-Besetzung ist bis heute an der Außenwand von C5 3 zu lesen.

Zum Wintersemester 2010/11 war die Umstellung der Studiengänge an der Saar-Uni abgeschlossen. Zu beobachten war allerdings weniger eine Zufriedenheit mit dem Erreichten als ein Sich-Fügen in eine Gesamtentwicklung, die nicht abzuwenden war. Auch wenn zweifellos deutliche Fortschritte etwa in der Studienorganisation und der Anerkennung von Auslandsaufenthalten zu verzeichnen waren, blieb die Diskussion bestimmt von Klagen über Verschulung und „Entwissenschaftlichung" des Studiums sowie über steigende Arbeitsbelastung der Studierenden und des Lehrpersonals. Hinzu traten Hinweise, dass die Kernziele einer Beschleunigung des Studiums und einer höheren Mobilität der Studierenden nicht wirklich erreicht worden waren. Diese Klage ist allerdings keine à la sarroise, sondern eine à l'européenne.[37]

Thomas Kees

Werner Tack
(geboren 1935)

Den gebürtigen Dortmunder führte seine Laufbahn über Hamburg und Regensburg 1971 nach Saarbrücken, wo er über drei Jahrzehnte lang das Profil des Fachs Psychologie maßgeblich prägte und es vor allem als Teil einer umfassenderen Kognitionswissenschaft weiterentwickelte. Bausteine dafür waren seine von der Deutschen Forschungsgemeinschaft geförderten Projekte „Kognitive Repräsentation sozialer Konflikte", „Handlungswissen", „Gesichterwahrnehmung" oder „Wissensnutzung bei Regelungsaufgaben". Als Sprecher des Sonderforschungsbereichs 378 „Ressourcenadaptive kognitive Prozesse" sowie des Graduiertenkollegs „Kognitionswissenschaft" steuerte er die universitätsstrategisch wichtige Kooperation zwischen den Humanwissenschaften und der Informatik.

Biogramm S. 165

Gastaufenthalte absolvierte er am Max-Planck-Institut für Bildungsforschung, dem Netherlands Institute for Advanced Studies und den Universitäten Tiflis und Sapporo. In den Gremien der Saar-Uni war der Senator und Erste Vizepräsident (1984–1986) als besonnener und in Konflikten vermittelnder Ratgeber hoch geschätzt. Auf nationaler Ebene engagierte er sich als Vorsitzender mehrerer Bund-Länder-Kommissionen und Bildungsgremien sowie als Gründungsmitglied der Wilhelm-Wundt-Gesellschaft und Gründungsvorsitzender der Gesellschaft für Kognitionswissenschaft.

Tack blieb auch im Ruhestand aktiv und entwickelte nicht zuletzt das 2005 gestartete Erfolgs-Projekt „Kinderuniversität". 2011 verlieh ihm die Saar-Uni die selten vergebene Würde des Ehrensenators.[38] *wm*

Kurt Mehlhorn
(geboren 1949)

Der gebürtige Ingolstädter kam nach seiner Promotion an der Cornell-Universität 1974 als junger Assistent an den Lehrstuhl von Günter Hotz, wurde noch 25-jährig zum Professor ernannt und profilierte sich bald als wegweisender Experte für effiziente Algorithmen und Datenstrukturen sowie im Bereich der algorithmischen Geometrie. In der Nachfolge des „Gründervaters" Hotz ◂◂ wurde Mehlhorn zur Führungs- und Integrationsfigur der so erfolgreichen Saarbrücker Informatik, zumal es ihm gelang, die Zusammenarbeit zwischen der universitären Fachrichtung und den außeruniversitären Forschungsinstituten als wechselseitig anspornendes Teamwork zu gestalten.

Nahezu drei Jahrzehnte, von 1990 bis 2019, prägte Mehlhorn als Gründungsdirektor das Saarbrücker Max-Planck-Institut für Informatik und erwarb sich dank herausragender Leistungen nicht nur in der Grundlagenforschung, sondern auch bei der Umsetzung in die industrielle Praxis weltweite Anerkennung. Ein Beleg ist die allerorts verwendete, unter seiner Leitung entwickelte LEDA-Bibliothek für effiziente kombinatorische und geometrische Algorithmen.

Der von sechs Universitäten mit der Ehrendoktorwürde ausgezeichnete Vater dreier Kinder amtierte als Vizepräsident und Senator der Max-Planck-Gesellschaft und gehört der Leopoldina sowie mehreren weiteren Akademien an. Seine lange Liste erstrangiger Auszeichnungen umfasst den Leibniz-Preis, den EATCS Award und den „ACM Paris Kanellakis Theory and Practice Award", den er als erster Deutscher erhielt.[39] *wm/to*

Stefan Hüfner

(1935–2013)

Der hochrenommierte Physiker, eigenwillige Wissenschaftsstratege und „kreative Querdenker" in Jeans und Pullover mit unverwüstlichem Fahrrad sah sich „gerne als den ‚Stein des Anstoßes' in vielerlei Hinsicht, sei es im wissenschaftlichen oder im philosophisch/gesellschaftlichen Sinne" (M. Veith). Stets „begeisterter Forscher" und „überzeugter Hochschullehrer", wirkte Hüfner seit 1975 weit über Saarbrücken hinaus durch seine Beiträge zur Photoelektronenspektroskopie und seine Aktivitäten für die wissenschaftliche Gemeinschaft. So gestaltete er in der Deutschen Forschungsgemeinschaft oder bei Hochschulevaluationen forschungspolitische Weichenstellungen und kommentierte regelmäßig in kritischen, immer pointierten Beiträgen die aktuelle Wissenschaftspolitik.

Der durch Forschungsaufenthalte und Gastprofessuren in den USA und Europa auch international bestens vernetzte Ehrendoktor der Universität Fribourg und der Freien Universität Berlin war 1994 Gründungssprecher des Sonderforschungsbereichs 277 „Grenzflächenbestimmte Materialien" und stand in engem Austausch mit mehreren Nobelpreisträgern, darunter sein ehemaliger Darmstädter Doktorand Peter Grünberg. Auch als Vizepräsident für Planung und Strategie (2000–2003) scheute Hüfner nicht den Konflikt und betonte beharrlich den Vorrang von Qualität und wissenschaftlicher Leistung. Sein Œuvre umfasst über 350 wissenschaftliche Veröffentlichungen sowie vier Romane, darunter den Krimi „Der Tote von Dresden".[40]

wm/to

Wolfgang Haubrichs

(geboren 1942)

Bereits der Vater hatte sich nach der Universitätsgründung als Lehrbeauftragter engagiert, und auch die Laufbahn des Sohnes, die nach der Promotion bei Hans Eggers und der Habilitation 1977/78 zur Professur für Ältere Deutsche Literatur und Deutsche Sprachgeschichte führte, blieb trotz mehrerer auswärtiger Rufe mit der Universität seiner Heimatstadt verbunden, seit insgesamt rund sechzig Jahren.

Prägend war vor allem sein beispielhaft interdisziplinärer Zugriff, der philologische, historische und geographische Ansätze vereinte, nicht zuletzt im Fakultäts-Forschungsschwerpunkt „Grenzregionen und Interferenzräume". Seine Drittmittelprojekte widmeten sich etwa der ersten deutschen Prosa-Erzählerin Elisabeth von Lothringen (um 1395–1456), der historischen Semantik und den frühmittelalterlichen Siedlungs-, Flur- und Personennamen entlang der romanisch-germanischen Sprachgrenze. Gastprofessuren führten den Mitbegründer der „Zeitschrift für Literaturwissenschaft und Linguistik" an Universitäten von Klagenfurt bis Hiroshima, von Warschau bis Neapel; die Mainzer und die Österreichische Akademie beriefen ihn zum Mitglied.

Wissenschaftliches Renommee, vielfältiges Engagement auch in der akademischen Selbstverwaltung und das Format seiner liebenswürdig-verbindlichen Persönlichkeit ließen Haubrichs zu einer hoch geschätzten Integrationsfigur seiner Fakultät werden. Über Emeritierung und Seniorprofessur hinaus engagierte er sich bis 2017 in der Lehre, durch prononcierte Beiträge in der Forschung bis heute.[41]

wm

Das Campus Center

Wer die Uni des Saarlandes erst nach 2010 kennengelernt hat, wird sich nur schwer vorstellen können, dass der Campus einmal ohne das Campus Center ausgekommen ist. Mit seinen mehr als neunzig Metern Länge dominiert das Gebäude die Hauptverkehrsachse des Campus, wirkt jedoch dank seiner zurückhaltenden Gestaltung und der transparenten Glasfassaden keineswegs monumental und bietet der Campus-Bevölkerung zahlreiche unentbehrliche Dienste: Studienberatung, Welcome Center, Kartenbüro und Service Desk haben hier ihren Sitz, im Obergeschoss sind International Office und das Dezernat Lehre und Studium untergebracht. Nicht zuletzt stehen kleine Ladenlokale bereit, allen voran das Café „Unique" als Anlaufstelle in allen Lebenslagen und informelles Kommunikationszentrum der Universität.

Rechte Winkel S. 308

So unverzichtbar das Campus Center heute scheint, so wenig war eigentlich zu erwarten, dass es entstehen könnte. Denn in den notorisch knappen und durch sicherheitsrelevante Maßnahmen bei Labor- und Technikgebäuden meist schon ausgelasteten Bauprogrammen des Landes hatte ein Servicezentrum für die Bedürfnisse der Studierenden lange keine Chance. Es bedurfte hartnäckiger Eigeninitiative und vor allem der eigenständigen Finanzierung seitens der Uni, um den Bau möglich werden zu lassen; verwendet wurden dafür unter anderem Einnahmen aus den seit 2007 erhobenen Studiengebühren, was keineswegs unumstritten war. Doch dank der vergleichsweise bescheidenen Kosten von 3,8 Millionen Euro, der straffen Bauzeit von nur einem Jahr und des schnell sichtbaren Mehrwerts wurde das Gebäude bald zum Erfolgsprojekt.[42]

Optisch wie funktional ist das Campus Center seither ein Eckpfeiler des Universitätsgeländes. Konzipiert von Andreas Veauthier, Sohn eines Saarbrücker Philosophie-Professors und Kopf hinter der Campus-Rahmenplanung von 2001, ◂◂ legt sich das Gebäude in L-Form absichtsvoll vor die unansehnlichen Beton-Gebilde der 70er Jahre – diese dominierten bis dahin die Südseite des Campus-Platzes, verschwinden nun aber fast hinter dem Neubau. Die Platzkante wurde so durch den langgezogenen Riegel des Campus Centers neu definiert. ◂◂ Das Gebäude korrespondiert wirkungsvoll mit dem ge-

Weiterer Ausbau S. 174

Mit seinen 91 Metern Länge markiert der Bau eine neue Begrenzung für den zentralen Campus-Platz und verdeckt teilweise die dahinter liegenden Beton-Hochbauten.

Fast unmerklich gleicht das Gebäude einen beträchtlichen Höhenunterschied aus. Das vorspringende Dach, lichtdurchlässig bei Tag und erleuchtet bei Nacht, bietet Schutz und erzeugt zusätzlichen Aufenthaltsraum.

genüberliegenden Altbau der Aula und bekräftigt damit in prägnanter Form den Charakter des früheren Exerzier- und Paradeplatzes als zentrales, ästhetisch ansprechendes und viele essentielle Funktionen bereithaltendes Universitäts-Forum.[43]

Für die Nutzerinnen und Nutzer besticht der Bau vor allem durch seine funktionalen Qualitäten. Der Gebäudevorplatz ist von einladender Breite und Großzügigkeit, zudem durch hohe Bordsteine gegen den Autoverkehr abgesichert. Die Haltestellen des öffentlichen Busverkehrs wurden direkt an das Gebäude verlegt, so dass der Vorplatz Bahnsteig und Marktplatz zugleich ist. Mit dem sechs Meter weit vorkragenden, dank Polycarbonat-Platten tagsüber lichtdurchlässigen und abends beleuchteten Vordach erinnert der Bau sogar an ein Terminal. Er gewährt jedoch nicht nur willkommenen Schutz für die Wartenden, sondern erzeugt einen öffentlichen Raum, der Platz für vielerlei bietet: Informations- und Verkaufsstände, kleine Veranstaltungen und Konzerte und natürlich die begehrten Sitzmöglichkeiten des sich bei nahezu jeder Witterung ins Freie auslagernden Cafés.[44]

Die geschickte Gesamtanlage erlaubt nicht nur per Durchlass den Zugang zu den rückwärtigen Gebäuden, sondern lässt durch die vertikal gegliederte Aluminium-Glasfassade auch fast vergessen, dass der Bau einen Geländeabfall von fast zwei Metern abfängt und aus den eigentlich zwei Geschossen im unteren Teil unversehens drei werden. Hier prangt in übergroßer Ausführung die Uni-Eule auf der Fassade, auch dies ein Zeichen für die zentrale, ja, Identität stiftende Funktion des Gebäudes.[45]

Ute E. Flieger / Thilo Offergeld

Auf dem Weg zur Europa-Uni: „UniGR" und „T4E"

Durch ihre Gründung unter der Obhut der Universität Nancy 1948 trug die Universität des Saarlandes den Keim der Hochschulkooperation mit ihren westlichen Nachbarn in gewissem Sinne von Anfang an in sich. Er entfaltete sich zu besonderem Wachstum, als 1984, fünfzehn Jahre vor der auf die Schaffung eines einheitlichen europäischen Hochschulraums zielenden Bologna-Deklaration, die Saar-Universität mit zunächst sechs Hochschulen der Saar-Lor-Lux-Region die „Charta der universitären Zusammenarbeit" vereinbarte. ◂◂ Allerdings gelang es dieser Föderation, auch wenn sich ihre Mitgliederzahl in den folgenden Jahren bis auf dreizehn erhöhte, nicht, das hochgesteckte Ziel eines „immer engeren Studien- und Forschungsverbunds" zu verwirklichen.[46]

▸ *Internationale Kooperation I* S. 200

Um das Jahr 2000, im Zeichen der fortschreitenden Europäisierung, galten die bisherigen Formen grenzüberschreitender Zusammenarbeit daher als etwas in die Jahre gekommen, was auch die Lokalpresse bemerkte: Das „dauernde Eigenlob für die bestehende Kooperation zwischen Saarbrücken und Metz lähmt im Grunde die Entwicklung. Es besteht die Gefahr, dass Saarbrücken von anderen Universitäten in Deutschland mit neuen Formen der Kooperationen überholt und glatt abgehängt wird." Bereits 1998 hatte eine von der Landesregierung beauftragte Expertenkommission eine enge Verflechtung der Universitäten im Saarland und der Westpfalz empfohlen; das Ergebnis war der sogenannte Regional-Campus Südwest, der mit einer gegenseitigen Anerkennung von Studien- und Prüfungsleistungen die Voraussetzungen für die Schaffung von regional verteilten Studienangeboten schaffen sollte – was freilich auch hier nie gelang. Diesem deutsch-regionalen Ansatz bemühte sich nun die Universität des Saarlandes ein anderes, internationales Modell an die Seite zu stellen.[47]

Nachdem die Regierungschefs auf ihren Gipfeltreffen in den Jahren 2003 und 2006 die Großregion als Innovationsraum mit einer einzigen, virtuellen Universität für gemeinsame Lehre und Forschung als politisches Ziel ausgerufen hatten, ergriff die Saar-Universität die Initiative. Auf der Grundlage eines Saarbrücker Strategiepapiers reichten im Jahr 2008 mit den Universitäten Saarbrücken, Lüttich, Luxemburg, Nancy und Metz fünf Projektpartner einen Antrag auf Förderung einer „Universität der Großregion" im Rahmen des Interreg-Programms der Europäischen Union ein, der im September 2008 bewilligt wurde.[48]

Nicht nur im Hinblick auf die Ausgestaltung der „Governance", sondern auch in Bezug auf die verabredeten Themenfelder wurde diese „Universität der Großregion" tatsächlich zum Musterbeispiel für grenzübergreifende Entwicklungspartnerschaft im Hochschulbereich. Das Konzept bestand aus fünf gleichberechtigten Universitäten, die für fünf Module (Gouvernance, Mobilité, Education, Recherche, Ouverte) jeweils einmal die Leitungs-, einmal die Stellvertretungsfunktion übernahmen. Entscheidenden Anteil am Erfolg hatte der Umstand, dass sowohl die Leitungsebenen aller Universitäten im „Rat der UGR" als auch die Studierenden in einem Beirat eingebunden waren und eine sich viermal jährlich treffende Steuerungsgruppe die kontinuierliche Evaluierung, Anpassung und Entwicklung der Programme übernahm. Das Konzept ging auf, die Partner entschieden sich, das Projekt zu verstetigen und überführten es 2013 – unter Einschluss der Universitäten Kaiserslautern und Trier – in universitäre Regelstrukturen einschließlich der Etablierung einer eigenen Geschäftsstelle. Mit dem Master in „Border Studies" entstand nun ein interdisziplinärer Studiengang, der weit über die bisherigen Austauschprogramme und gemeinsamen Abschlüsse hinaus reichte und sowohl in der integrativen Anlage – als konsekutives Studium an mehreren Standorten – wie auch in den Forschungsansätzen neue Türen aufstieß. Die moderne Grenzraumforschung zeigte sich dabei ausgesprochen offen und so anschlussfähig an verschiedene Wissenschaftssparten, dass sich an dem „Europäischen Kompetenz- und Wissenszentrum für Grenzraumforschung (UniGR-CBS)" ein Netzwerk von achtzig Forscherinnen und Forschern aus sechzehn Disziplinen beteiligte.[49]

Dieses Center for Border Studies sollte nun das Muster bilden für weitere, zunächst „European Schools" genannte interdisziplinäre Exzellenzzentren mit fachübergreifenden gemeinsamen Professuren, die – so ein Strategiepapier aus dem Jahr 2020 – darauf abzielten, ein „hochwertiges multidisziplinäres Ausbildungsangebot zu kreieren, das eng mit gemeinsamen Forschungsprojekten verzahnt ist".

Neben den Border Studies rückten die Bereiche Materialwirtschaft in Kreislaufsystemen („CIRKLA"), Biomedizin mit Schwerpunkt Gesundheit und Alter sowie Sichere Gesellschaft (vor allem Digitale Sicherheit) ins Blickfeld. Mit der Gründung des zweiten Zentrums „UniGR-CIRKLA" gelang 2021 der erste Schritt zur Realisierung dieses Plans, weitere Vorhaben sind in Vorbereitung.[50]

Die Uni des Saarlandes war daher gerüstet, als der französische Präsident Macron 2017 die Gründung „Europäischer Universitäten" als Mittel zum Ausbau der internationalen Kooperation vorschlug und damit eine breite Diskussion auslöste. Für den schließlich von der EU ausgerufenen hochkompetitiven „Erasmus+"-Wettbewerb entwickelte die Saar-Universität mit europäischen Partnerhochschulen in Alicante, Kattowitz, Kaunas, Sofia, Tallinn und Triest das Projekt „Transform4Europe", in dem für insgesamt 116.000 Studierende interdisziplinäre Europa-orientierte Studiengänge in den Schwerpunktbereichen Digitale Transformation, Nachhaltigkeit und Gesellschaftlicher Wandel vorgesehen wurden. Im zweiten Anlauf gelang es 2020 tatsächlich, den begehrten Titel einer „Europäischen Hochschule" zu erhalten und eine finanzielle Förderung für zunächst drei Jahre zu sichern. Als Kooperationsfelder für die anvisierte neue Generation junger Europäerinnen und Europäer wurden die Schaffung eines gemeinsamen Lehrangebots und innovativer Lehr-/ Lernumgebungen, die Vermittlung unternehmerischen Knowhows durch die Einbindung von Praktikern in die Lehre sowie die Formierung eines „Europäischen Campus'" durch partnerschaftliche Nutzung von Serviceangeboten und Infrastruktur konzipiert.

Dieses im Unterschied zur UniGR stärker auf Lehre und Ausbildung ausgerichtete Projekt entfaltete mit Summer Schools, Mobilitätswochen, Austauschprogrammen und attraktivem Studienangebot so viel Dynamik, dass zum Zeitpunkt der Projektverlängerung 2022 drei weitere Partner an die Tür klopften. Zusammen mit der Katholischen Universität Portugal, der slowenischen Universität Primorska und der Université Jean Monnet in Saint-Etienne verpflichteten sich nunmehr zehn Universitäten, ihre jeweilige regionale Verankerung in eine gemeinsame Vision für die Hochschulbildung der Zukunft in Europa einzubringen. Im Sinne eines besonderen Signals wurde jüngst zudem die ukrainische Mariupol State University als assoziierter Partner in den Verbund aufgenommen.[51]

Fest verbunden: Die Präsidenten der UniGR-Mitgliedsuniversitäten 2008 vor der Villa Europa, in der Mitte UdS-Chef Volker Linneweber.

Thomas Kees

Das CIPMM

Das Centrum für Integrative Physiologie und Molekulare Medizin – üblicherweise kurz „CIPMM" – erhebt sich eindrucksvoll, fast wie ein Tempelbau medizinischer Forschung, am leicht ansteigenden Osthang über den Homburger Campus. Bei seiner Eröffnung 2015 als „größtes Forschungsgebäude des Saarlandes" gefeiert, stellt es ein Pionierstück dar, nämlich das erste saarländische Projekt im Rahmen der neuen, konzeptbasierten Bundesförderung für Forschungsbauten: In einem hoch kompetitiven Verfahren musste sich das Forschungsprogramm der beteiligten Fachrichtungen gegen nationale Konkurrenz behaupten, um die Förderung des Bundes zu erhalten.[52]

Biogramm S. 102

Universität und Land blickten mit besonderem Stolz auf dieses Vorzeigevorhaben, bildete es doch den Höhepunkt einer langen Homburger Erfolgsgeschichte. Neben dem ursprünglichen Institut für Physiologie, 1948 von Hans Lullies gegründet, war 1962 unter Leitung des international renommierten Membranforschers Robert Stämpfli ◂◂ ein zweites Physiologie-Institut eingerichtet worden. Mit Stämpfli begann die Kette der außergewöhnlich erfolgreichen Forschungsarbeiten, manifestiert in einer durchgehenden Reihe von Sonderforschungsbereichen, auf dem Gebiet der Physiologie. Um diese wissenschaftliche Exzellenz durch zeitgemäße bauliche und apparative Ausstattung zu festigen und weiterzuentwickeln, wurde 2007 das Programm für den Forschungsbau CIPMM konzipiert, ein durch sein fachliches Profil und bauliches wie finanzielles Volumen Maßstäbe setzendes Projekt. Bereits 2008 vom Wissenschaftsrat bewilligt, konnte das Gebäude nach diversen Verzögerungen schließlich im Mai 2015 unter Be-

Innovativer Gebäudekomplex – das CIPMM war das Pionierstück für die Bundesfinanzierung von Forschungsbauten im Saarland.

Ministerpräsidentin Kramp-Karrenbauer und Bundesforschungsministerin Wanka (3. u. 4. v. l.) kamen im Mai 2015 zur Eröffnung.

teiligung prominenter Gäste wie der Bundesforschungsministerin Johanna Wanka eröffnet werden. Die Baukosten betrugen gut 36 Millionen Euro, von denen 16 Millionen vom Bund, 20 Millionen vom Land bereitgestellt wurden.[53]

Der innovative Gebäudekomplex – unter anderem gewährleistet ein Kupferkern im Fundament störungsfreie elektrophysiologische Messungen – bietet auf über 4.000 Quadratmetern Labor- und Büroflächen, Forschungsräume, feinmechanische und elektronische Werkstätten sowie eine zentrale Versuchstierhaltung. Das Raumkonzept ermöglicht sowohl eine konzentrierte Arbeitsatmosphäre als auch ein enges, funktionales Zusammenwirken der etwa 150 Mitarbeiterinnen und Mitarbeiter aus diversen Fachrichtungen.[54]

Der Komplex selbst besteht aus versetzt nebeneinander liegenden, mittig aneinandergrenzenden Bau-Segmenten, die sich in Rechteckform hangaufwärts in die von Wald umgebene Landschaft einfügen.[55] Durch ihre Grau- und Grüntöne setzen sie sich von dem Rot und Weiß der traditionellen Klinikhäuser ab, wenden sich aber mit ihrer Eingangsseite dem Campus zu. Die Fassaden aus pulverbeschichtetem Aluminium werden mit hell betonten Verblendungen waagerecht und durch die Vielzahl raumhoher Fensterelemente senkrecht gegliedert. Die großzügige, mit Baumpflanzungen umgebene Treppenanlage steigert die Wirkung des Gesamtkomplexes, während das auffällige Kunstwerk „Großes Hallo" ▸▸ auf dem Vorplatz für Auflockerung sorgt.

▸ *Großes Hallo* S. 288

Im Zentrum der Forschungen am CIPMM steht das Zusammenwirken von Nerven-, Immun- und Hormonsystem im menschlichen Körper. Ziel ist das bessere Verständnis der Grundlagen für die Behandlung von Hirnerkrankungen wie Alzheimer und Parkinson, aber auch von Defekten des Immunsystems und der Sinnesorgane.

Der Erfolg des CIPMM öffnete die Tür für weitere Großprojekte: Unmittelbar neben dem Forschungsgebäude entstand 2020 bis 2023, wiederum nach erfolgreicher Beantragung beim Wissenschaftsrat, das Präklinische Zentrum für Molekulare Signalverarbeitung (PZMS), das zweite Standbein der biomedizinischen Forschungsexzellenz auf dem Campus Homburg. Und in Saarbrücken wurde 2023 der Grundstein für das nach gleichem Muster bewilligte Zentrum für Biophysik gelegt.

Ute E. Flieger / Thilo Offergeld

UdS-Card

Auf 54,4 Quadratzentimetern Plastik und einem zehn Datenfelder umfassenden Mikrochip basierte eine der wichtigsten technischen Uni-Innovationen der letzten Jahrzehnte. Die im Jahr 2004 eingeführte „UdS-Card" fungierte mit Passbildern und persönlichen Daten als Sichtausweis für Universitätsmitglieder, doch hatte es vor allem ihr differenziertes Innenleben in sich. Für Studierende war sie Ausweis und Semesterticket und steuerte Funktionen wie Einschreibung und Rückmeldung. Für Beschäftigte funktionierte sie als Türöffner für Campusschranken und Büros und diente der Arbeitszeiterfassung ebenso wie als Zahlungsmittel für interne SAP-Verbuchungen. Gemeinsame Funktionen umfassten die Geldbörse für Zahlungen etwa in Mensa und Hochschulsport sowie die Buchausleihe in der Zentralbibliothek.

Der sukzessive Ausbau der notwendigen Infrastruktur mit hunderten Kartenlesern an Türen, Kopierern, Kaffeeautomaten und Sportgeräten (inklusive Speicherung des Trainingsprogramms) sowie Zeiterfassungsgeräten, Bargeldaufwertern und Selfservicestationen erstreckte sich über Jahre und erforderte hohe Investitionen. Bemerkenswerter als der finanzielle Aufwand war allerdings das Zusammenspiel der Fülle beteiligter Stellen: Von der Verwaltungs-IT über Rechenzentrum, Landesamt für Bau und Liegenschaften, Unikliniken, Bibliothek, Studentenwerk, AStA, Personalvertretungen, Verkehrsbetriebe bis zum Datenschutz-Beauftragten wurde in Pionierarbeit ein Erfolgs-Paket geschnürt, das bis heute Bestand hat – und wohl noch lange haben wird.[56] *tk*

Fitness-Geräte

Das Gesamtgefüge des Saarbrücker Campus, zu dem nicht nur Gebäude, sondern auch Plätze, Wege und Grünanlagen beitragen, wird seit einigen Jahren durch eine interaktive Komponente bereichert: Unter Federführung des Hochschulsportzentrums (HSZ) wurde 2019 das Projekt „Campus in Bewegung" realisiert, ein Fitness-Parcours mit neun Stationen quer über den Campus, die insgesamt 25 einzelne Übungsgeräte umfassen. Dabei wurde teilweise auch die Topographie des Campus mit ihren Hügeln und Treppen einbezogen. Im Zentrum stehen vor allem fünf größere „Bewegungsinseln".

Bei dem Konzept werden, zumindest für ältere Semester, Erinnerungen an die „Trimm-Dich"-Bewegung der 1970er Jahre wach, als die Gesundheitspolitik den Wohlstandskrankheiten der Konsumgesellschaft buchstäblich „zu Leibe" rücken wollte. Allenthalben schossen „Trimm-Dich-Pfade" aus dem Boden, doch nur wenige überdauerten die Anfangsbegeisterung ihrer Nutzerschaft.

Der Parcours auf dem Saarbrücker Campus ist knapp drei Kilometer lang; seine räumliche Verteilung ermöglicht den Uniangehörigen sportliche Betätigung ganz in der Nähe ihrer Arbeitsplätze und Studieneinrichtungen, doch auch auswärtigen Interessentinnen und Interessenten ist er jederzeit zugänglich. Die Übungen werden durch Schilder an den Stationen erklärt, vor allem aber per QR-Code-Verlinkung zum Youtube-Kanal des HSZ; hier wird alles anschaulich erläutert und vorgeführt und somit bei größtmöglicher Individualität auch die korrekte Durchführung gesichert.[57]

bh

Profilschwerpunkte

Dass Universitäten ihre Kräfte auf bestimmte, besonders leistungsfähige Fachgebiete konzentrieren sollten, war ein Gedanke, der sich seit dem Rückgang der Hochschulfinanzierung Mitte der 1970er Jahre in Deutschland zunehmend Geltung verschaffte. Er stieß im akademischen Bereich vielfach auf Widerspruch, da er Grundprinzipien wie die Gleichwertigkeit der Fächer und die kollegiale Gleichberechtigung der Lehrenden in Frage zu stellen drohte.[58]

Auch für die Saar-Universität stieg der ökonomische Druck zur Fokussierung auf bestimmte Schwerpunkte, zumal als die Wirtschaftskrisen der 70er Jahre das Saarland hart trafen. Nach ausdrücklicher Aufforderung durch die Landespolitik legte sie 1979 erstmals explizite Forschungsakzente fest: „Energie-, Werkstoff- und Rohstoff-Forschung, Gesundheitsfürsorge und -forschung, Umweltüberwachung, -planung und -forschung, regionale Wirtschaftsstruktur, -planung und -forschung, elektronische Sprachforschung und Informatik" waren die noch etwas ungelenk formulierten fünf Bereiche, die offenkundig primär auf Transferimpulse für die Wirtschaftsentwicklung des Saarlandes abzielten. ◀◀ Sie wurden als Ergänzung genannt zu dem per Gesetz ohnehin als vorrangige Aufgabe für die ganze Universität festgelegten Bereich der europäischen Integration und der internationalen Zusammenarbeit. Von Anfang an verknüpften sich also in der Schwerpunktplanung der Saar-Uni zwei verschiedene Intentionen: Zum einen wurden einzelne Fachgebiete ausgewählt und gegenüber anderen priorisiert, zum anderen bestimmte hochschulpolitische Orientierungen, wie der Internationalisierungsgedanke, für *alle* Fächer als besonders wichtig erklärt.[59]

▶ *Aufstieg bder Informatik* S. 194

▶ *Weichenstellungen* S. 161

Mit der Wende zur Forschungs- und Technologieförderung 1985 nahm die Landesregierung der Universität die schwierige Aufgabe der Schwerpunktbildung teilweise aus der Hand. Natur- und Ingenieurwissenschaften einschließlich der Informatik rückten nun nach vorne, dazu kam als zeitgemäßer Akzent die Umweltforschung. Just diese wurde dann jedoch zum Exempel dafür, dass von außen angestoßene Profilbildungen mitunter nur von kurzer Dauer sind: Nachdem der Umweltschwerpunkt noch 1993 positiv evaluiert worden war, wurde 1998 sein Kern, die drittmittelstarke Biogeographie, nach Trier verlagert, der Schwerpunkt in Saarbrücken damit praktisch aufgelöst.[60]

In den Strukturdiskussionen der 90er Jahre spielten die – existierenden oder zu bildenden – Schwerpunkte eine ambivalente Rolle: Ihr Ausbau wurde in externen Empfehlungen und politischen Reden immer wieder gefordert, war wegen der Finanzknappheit jedoch nur auf Kosten anderer Bereiche möglich. Damit wurde die Profilbildung erst recht zum Top-Thema inneruniversitärer Konkurrenzkämpfe. Gegenstand der Kontroversen waren nicht zuletzt die Kriterien, die zur Definition der Profilbereiche herangezogen wurden: Drittmittel, Publikationen, Rankings, Patente, Lehrleistungen, Studierendennachfrage und andere mehr wurden in zahllosen Diskussionen und Arbeitsgruppen gegeneinander ins Feld geführt.[61]

Allerdings war durch die Leistungsentwicklung der Informatik ◀◀ und die Ansiedlung zugehöriger Forschungsinstitute der Schwerpunktcharakter dieses Bereichs inzwischen weitgehend unstrittig geworden. Dass zudem die jahrzehntelange Europa-Orientierung vor allem in den Geistes-, Sozial- und Wirtschaftswissenschaften ein Erkennungsmerkmal der Saar-Uni bildete, war ebenfalls kaum in Abrede zu stellen. Und da die drittmittelintensiven Forschungsaktivitäten in Medizin, Naturwissenschaften und Technik nicht unberücksichtigt bleiben konnten, überraschte es inhaltlich im Grunde wenig, als Universitätspräsidentin Wintermantel in der Entwicklungsplanung 2004 die drei Schwerpunkte statuierte, die in der Folge kanonartige Bedeutung erhalten sollten: Informatik, Nano-/Bio-Wissenschaften und Europa.[62]

Wie schon 1979 waren diese Profilbereiche zwar abgrenzend definiert, gleichzeitig aber auch als Aufforderung zur Beteiligung gemeint, so dass kaum ein Fach sich von vornherein ausgeschlossen fühlen musste – zweifellos eine wichtige Voraussetzung für ihre Akzeptanz. Grundsätzlich bezogen sich die Schwerpunkte auf Forschung wie Lehre, wurden aber de facto fast ausschließlich nach ihrem Erfolg in der Forschung beurteilt. Die Exzellenzinitiative des Bundes und der Länder galt dabei seit 2006 zunehmend als Messlatte. Dass die Informatik in dieser Konkurrenz 2007 mit einem Cluster und einer Graduiertenschule reüssierte und den Erfolg 2012 verteidigen konnte, festigte spürbar ihre Sonderstellung; hinzu kamen produktive Fortentwicklungen in „Bindestrich"-Disziplinen wie Wirtschaftsinformatik oder Bioinformatik. Auch der Verlust des Exzellenztitels 2018 stellte die Sonderrolle der Informatik nicht in Frage, zumal eindrucksvolle Erfolge bei der Einwerbung von europäischen Fördermitteln für einen gewissen Ausgleich sorgten.

Der Schwerpunktbereich Nano-Bio-Wissenschaften war lange Zeit eher durch leistungsstarke Einzelansätze als durch ein gemeinsames Profil geprägt. Erst in jüngerer Vergangenheit konnte die Zahl fächerverbindender Brückenschläge, etwa zwischen Physik und Biowissenschaften oder zwischen Pharmazie und Medizin, deutlich gesteigert werden. Dabei verlagerte sich der Akzent von einer (nano-)technologischen hin zu einer lebenswissenschaftlich-medizinischen Ausrichtung, was sich auch in der neuen Kurzbezeichnung „NanoBioMed" niederschlug. Wichtige Meilensteine bildeten erfolgreiche Verbundforschungsprojekte vor allem in Biomedizin und Biophysik. Treiber des Schwerpunkts wurde dann die erfolgreiche Entwicklung im pharmazeutischen Bereich, die zur Gründung des Helmholtz-Instituts für Pharmazeutische Forschung und dem Aufbau eines mit der Uni gemeinsam getragenen Forschungsbereichs zu antibakteriellen und antiviralen Wirkstoffen führte. Da hier zudem zukunftsträchtige Kooperationsmöglichkeiten im Schnittstellenbereich von Informatik und Biomedizin entwickelt wurden, konnte sogar der Plan reifen, auf dieser Basis einen zweiten Cluster-Antrag für den Exzellenzwettbewerb 2023 zu erarbeiten.[63]

Eine deutliche Forschungs-Akzentuierung erfuhr in den letzten Jahren das bis dahin eher durch generelle Internationalisierungsaktivitäten geprägte Europa-Profil der Universität. ▸▸ Nicht nur, dass durch neue Professuren in Politik- und Sozialwissenschaften fachliche Lücken geschlossen wurden, es stellten sich auch die seit langem angestrebten Erfolge bei der Einwerbung von Verbundforschungsprojekten ein. Hinzu kamen Perspektiv-Vorhaben wie die Etablierung einer Kooperationsplattform mit der Hochschule für Technik und Wirtschaft für europäisch ausgerichtete Forschungsarbeiten. Den Höhepunkt bildete 2023 die Bewilligung eines Käte-Hamburger-Kollegs, eines hoch renommierten Förderformats der Deutschen Forschungsgemeinschaft, mit dem die Europaforschung der Uni bundesweit auf sich aufmerksam machte.[64]

▸ *Europäische Universität* S. 68

Doppelsieg bei der Exzellenz-Initiative 2007: Mit Präsident Linneweber feiern die Informatik-Professoren (v. l.) Philipp Slusallek, Michael Backes, Hans-Peter Seidel, Thorsten Herfet und Raimund Seidel.

Intern lange Zeit kontrovers diskutiert, können die drei Schwerpunktbereiche dank langfristiger, beharrlicher Aufbauarbeit inzwischen als breit akzeptierte Profilmerkmale gelten, wie sie in dieser Prägnanz nicht viele andere Universitäten in Deutschland aufzuweisen haben.

Thilo Offergeld

Christian Autexier

(1944–2011)

Als „Grenzgänger" und „französischer Professor in Deutschland" hat Christian Autexier die deutsch-französische Verständigung und Kooperation im Hochschulbereich beispielhaft gelebt. Viele Jahre prägte er nicht nur die Entwicklung des Centre Juridique Franco-Allemand als einzigartiger Ausbildungsstätte französischen Rechts in Deutschland, sondern auch Generationen junger französischer und deutscher Juristinnen und Juristen.

Der in Poitiers geborene Sohn eines unter anderem in Vietnam und Kamerun tätigen französischen Kolonialbeamten verbrachte nach seiner Pariser Studienzeit zunächst fünf Jahre als Assistent in Saarbrücken. 1980 kehrte er als Hochschulassistent ins Saarland zurück und hatte von 1984 bis 2009 die Professur für Französisches Öffentliches Recht inne.

Internationalität S. 304

Um das gegenseitige Verständnis für die unterschiedlichen Rechtskulturen zu fördern, öffnete Autexier gemeinsam mit seinem Kollegen Claude Witz das Centre Juridique durch ein Sonderprogramm stärker für deutsche Studierende. Vielfältige Verdienste erwarb er sich bei der Gründung des universitären Frankreichzentrums ◀◀ und als Wegbereiter der gemeinsamen Promotion („Cotutelle") einer deutschen und einer ausländischen Fakultät, die erstmals 1998 zwischen Saarbrücken und der Uni Nancy II erfolgte. Der unermüdlich tätige Ritter der Ehrenlegion und Chevalier der „Palmes Académiques" initiierte auch die Gründung der Deutsch-Französischen Hochschule, entwickelte ihre Rechtsform und diente ihr zwischen 2001 und 2003 als Vizepräsident.[65]

Internationale Kooperation I S. 200

wm

Auma Obama

(geboren 1960)

Die Germanistin, Soziologin, Journalistin und Autorin wurde in Kenia geboren und von verschiedenen Einflüssen geprägt: Ihr Vater Barack gehörte dem Volk der Luo an, ihre Stiefmutter Ruth war Amerikanerin.

Freiheitsliebe führte Obama 1980 nach Deutschland. Sie blieb sechzehn Jahre, studierte in Berlin, Heidelberg und Bayreuth, wo sie 1996 im Fachbereich Germanistik zum Arbeitsethos in Deutschland und Kenia promovierte. Ein DAAD-Stipendium hatte die damals 19-Jährige zuerst für ein Jahr an die Saar-Universität geführt. Hier lebte sie im Wohnheim D auf dem Campus, verbesserte ihre Deutschkenntnisse, bereitete sich auf ihr Studium vor. Ihre Zeit am Saarbrücker Studienkolleg ◀◀ beschreibt Obama als „sehr positive Erfahrung", die „den Ton gesetzt habe" für ihre Zeit in Deutschland. Anhaltende Freundschaften und die Erinnerung an ihr erstes Schneegestöber auf dem Uni-Campus verbinden sie noch immer mit der Alma Mater.

In Deutschland wurde sie sich ihrer afrikanischen Identität besonders bewusst: einerseits durch die Konfrontation mit Afrika-Klischees, andererseits durch den Kontakt zu ihrem Halbbruder Barack Obama. Der 44. Präsident der USA trat 1984 in ihr Leben. Es entstand eine innige Beziehung, in der sie ihrem jüngeren Bruder die Lebensweise der kenianischen Familie näherbrachte. Bis heute ist Auma Obama Mittlerin zwischen den Kulturen, engagiert sich in Hilfsorganisationen für Benachteiligte und inspiriert als Rednerin, unter anderem beim Europatag der Saar-Uni 2012.[66]

mb

Wolfgang J. Paul

(geboren 1951)

Unter den Repräsentanten der Saarbrücker Informatik ist Wolfgang Paul wohl der ungewöhnlichste. Mit 22 Jahren wurde er an der Saar-Uni promoviert, mit 25 lehrte er bereits de facto als Professor in Bielefeld – was rechtlich nicht möglich war, so dass er sich selbst vertrat, bis er die Altersgrenze von 27 erreicht hatte. Später wechselte er ans IBM-Forschungslabor in San Jose – und absolvierte außerdem eine Ausbildung zum Koch. „Professor Paul – fit am Computer und am Kochlöffel" lautete denn auch die Schlagzeile, als Paul im Jahr 1986 als Professor in seine Heimatstadt zurückkehrte.

Um die Professur hatte er sich nicht einmal beworben, sie wurde ihm angetragen. Die besondere Kombination von persönlicher Exzentrik und herausragendem wissenschaftlichen Niveau machte Paul bald universitätsweit bekannt. So erschien er nach Verlust einer Wette mit Irokesen-Haarschnitt zur Vorlesung; 1987 erhielt er gemeinsam mit seinem Doktorvater Günter Hotz und mit Kurt Mehlhorn ▸▸ den gerade erst begründeten Leibniz-Preis.

Der Spezialist für Rechnerarchitektur und Hardware Design sowie Verifikation von Computersystemen gehört seit 2006 der Academia Europaea an. Als Dekan der Technischen Fakultät initiierte er eine 2004 durch die Ernennung zum Ehrendoktor gewürdigte Kooperation mit der Khabarovsk State University of Technology sowie 2005 einen deutsch-russischen Masterstudiengang in der Informatik. Mit knapp siebzig Jahren übernahm er eine Professur an der Kutaisi International University in Georgien.[67]

wm/to

Alfred K. Louis

(geboren 1949)

Der gebürtige Elversberger hatte nach dem Mathematikstudium in Saarbrücken und der Promotion in Mainz seine Münsteraner Habilitation 1982 der „Auflösung und Erkennbarkeit von Objekten in der Röntgen-Computer-Tomographie sowie der Entwicklung von Algorithmen" gewidmet. Wie nur wenige andere verstand es Alfred K. Louis, Methoden und Erkenntnisse der Mathematik für die praktische Anwendung fruchtbar zu machen.

Nach Stationen in Kaiserslautern und Berlin leitete Louis ab 1990 das Institut für Angewandte Mathematik an der Universität des Saarlandes, für die er von 1997 bis 1999 auch Führungsverantwortung als Erster Vizepräsident trug. 1996 gründete der durch seine Projekte in der Medizintechnik, der Biotechnologie und der Finanzmathematik profilierte Wissenschaftler das Institut für Scientific Computing und Anwendungen (ISCA) als Instrument zur Förderung des Forschungstransfers in die Praxis, ein Ziel, dem er sich auch als Kuratoriumsvorsitzender der Wissens- und Technologietransfer GmbH der Saar-Uni widmete. Aus seinem Mitarbeiterkreis gingen dreizehn Professoren hervor, davon acht an Universitäten.

▸ *Biogramm* S. 165 und S. 262

Louis' Einsatz für internationale Kooperationen wurde mit der Ernennung zum Chevalier de l'ordre des Palmes Académiques und der Goldmedaille des Sobolew-Instituts für Mathematik der Russischen Akademie der Wissenschaften geehrt; für seine wegweisenden Studien im Bereich der Inversen Probleme erhielt er Ehrendoktorwürden der Universität Bremen und der Staatlichen Universität Nowosibirsk.[68]

wm

Das Hörsaalgebäude in Homburg

Bauliches Erbe I
S. 26

Festsaalgebäude
S. 42

Der Homburger Campus zeigt in baulicher Hinsicht eine über Jahrzehnte gewachsene Vielfalt, in der die parkartige Struktur der Ursprungsanlage ◂◂ durch zahlreiche Neubauten für Klinik und Forschung überlagert wurde. Mit dem sogenannten Masterplan wurde 2007 erstmals eine Neustrukturierung des gesamten Areals zur Verbesserung der campus-internen Abläufe entworfen und die Grundlage für weitreichende bauliche Veränderungen gelegt.[69]

Ein Kernstück des Masterplans stellte die Errichtung eines zentralen Gebäudes für wesentliche Funktionen des Medizinstudiums dar, das bis dahin komplett fehlte und schmerzlich vermisst wurde. Nach langem Planungsvorlauf und rund fünfjähriger Bauzeit konnte im November 2021 das neue Hörsaal-, Bibliotheks- und Seminargebäude mit einem großen Festakt eröffnet werden. Die Bau- und Ausstattungskosten des maßgeblich von saarländischen Baufirmen und Planungsbüros errichteten Bauwerks lagen bei rund 18 Millionen Euro.[70]

Das beim Architektenwettbewerb erfolgreiche Konzept des Dresdener Architekturbüros Code Unique GmbH platzierte den Neubau an die Hauptachse des Campus, zentral gelegen mit Blick zum historischen Festsaalgebäude ◂◂ als dem Mittelpunkt der früheren Heil- und Pflegeanstalt. Das neue Gebäude ist vom Hauptweg zurückgesetzt und greift dadurch die „historische Platzsituation“ auf. Auch in der Höhe, im Bauvolumen und in der schlichten Fassadengestaltung hält sich der Bau im Unterschied zu den großdimensionierten Klinik-Komplexen wohltuend zurück und respektiert insbesondere die historische Nachbarbebauung. Das zweigeschossige, vertikal durch hohe Fensterelemente und horizontal mittels prononcierter Flachdachgestaltung gegliederte Gebäude ist dank der umlaufenden Wege von allen Seiten sichtbar und stellt durch seine Mittelposition ein verbindendes Element für die Gesamtanlage dar.[71]

Endlich ein zeitgemäßer Ort für Lehre und Studium:
Das moderne Hörsaalgebäude bildet einen neuen Mittelpunkt für den Homburger Campus.

Ausnehmend innovativ ist der Neubau jedoch vor allem in seiner Funktionalität: Auf einer Nutzfläche von gut 2.400 Quadratmetern finden sich ein großer, unterteilbarer Hörsaal für 520 Studierende, die Fachbibliothek Medizin, insgesamt sieben Seminarräume sowie Büroflächen. Das

Dank der umlaufenden Wege ist das Gebäude von allen Seiten sichtbar. Hier die Rückfront mit Blick auf die obere Etage, in der die Multifunktionsräume liegen.

repräsentative Foyer mit großzügig überdachtem Außenbereich empfiehlt sich nicht zuletzt für Veranstaltungen und Empfänge.

Das funktionale Herzstück der Einrichtung befindet sich im oberen Geschoss: das „Skills-Lab“. Mehrere Ausbildungsräume mit hochmoderner Simulationstechnik dienen hier speziell der Anwendung und Übung praktischer medizinischer Fähigkeiten. Angehenden Medizinerinnen und Medizinern wird dadurch die Möglichkeit gegeben, Abläufe im Klinikbereich mit Diagnostik, Operationen, Therapie und intensiver Krankenversorgung unter wirklichkeitsnahen Bedingungen zu simulieren, unter anderem an Phantomkörpern. Theoretische Kenntnisse können so praktisch umgesetzt, Handlungen erprobt und evaluiert werden, nicht zuletzt mit Blick auf die Sicherheit der Behandelten wie auch Behandelnden. Mittels der Hochleistungssimulatoren lassen sich die verschiedensten Krankheitsbilder darstellen, neueste Diagnosetechniken wie etwa High-End-Ultraschallgeräte sind verfügbar, die Phantome funktionieren softwaregestützt und sind für diverse medizinische Disziplinen nutzbar, sogar eine Geburt lässt sich simulieren. Faszinierende Möglichkeiten für ein Studium auf der Höhe der Zeit in einem beeindruckenden Neubau.[72]

Ute E. Flieger

Im Skills Lab verfügen Studierende über modernste Simulationsmöglichkeiten, hier ein Tisch für virtuelle Untersuchungen.

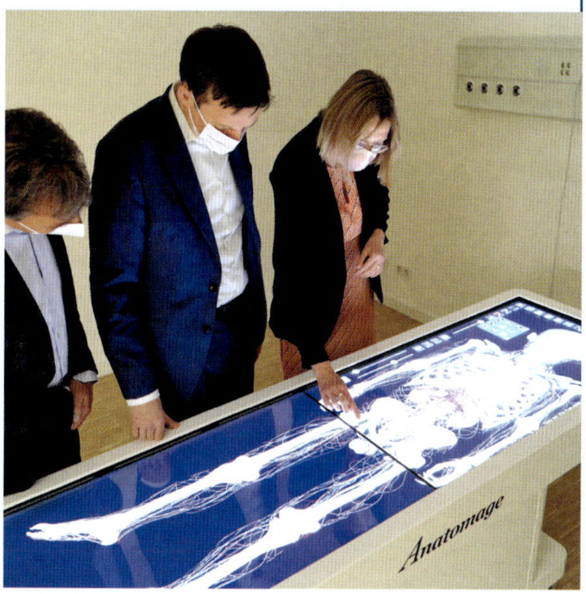

Kontrovers und kurzlebig: Studiengebühren

Eines der am heftigsten umstrittenen Themen der ersten Dekaden des 21. Jahrhunderts waren zweifellos die Studiengebühren, die in Form einer Welle ab 2001 als Langzeitstudiengebühren anbrandeten, als Regelstudiengebühren zwischen 2006 und 2009 ihren Höhepunkt erreichten und als ersatzweise gewährte „Kompensationsmittel" ab dem Jahr 2010 schließlich in den universitären Globalhaushalt einmündeten. Parallel zum Profil dieser Welle verliefen auch die Erregungskurven der Studierendenschaft, die eingezwängt zwischen politischem Druck durch die Landesregierung und der Einsicht in die Notwendigkeit alternativer Finanzierungsoptionen sowohl Leidtragende als auch Nutznießerin dieser Entwicklung wurde.[73]

Die Proteste machten auch vor dem Festakt zum 60-jährigen Uni-Jubiläum nicht halt: Ballon-Übergabe und Protestbanner begleiteten die Rede von Ministerpräsident Peter Müller.

Die Debatte über die Einführung von Studiengebühren begann im Sommer 2001 nach einem Urteil des Bundesverwaltungsgerichts, das dem Land Baden-Württemberg die Erhebung von Langzeitstudiengebühren erlaubte. Die von der Saar-Regierung unmittelbar angekündigte Übernahme der baden-württembergischen Regelung rief nicht nur den Protest der Studierenden gegen die „Strafgebühr" hervor, sondern brachte im „heißen Herbst" auch die Gewerkschaft und die Oppositionsparteien SPD und Bündnis 90 / Grüne auf die Straße. Dem AStA gelang es nach einer Großdemonstration im Februar 2002 immerhin, Erleichterungen im Falle von Auslandssemestern, Erziehungszeiten oder Fachwechseln zu erreichen. Als großer Erfolg galt die Aussage des Ministers Schreier: „Es wird im Saarland keine generellen Studiengebühren geben!"[74]

Wie schnell dieses Ministerwort Makulatur wurde, bewies die weitere Entwicklung in den Jahren ab 2005. Die saarländische Regierung hatte sich der Klage einer Reihe CDU-geführter Länder gegen das Verbot allgemeiner Studiengebühren angeschlossen, dem das Bundesverfassungsgericht Anfang 2005 stattgab und somit die Tür für die Einführung von Studiengebühren auch im Saarland öffnete. Als der des Wortbruchs bezichtigte Minister im Herbst diese Abgaben ab dem Wintersemester 2007/08 ankündigte, liefen die Studierenden Sturm gegen das „pure Gift für die saarländischen Hochschulen".[75]

Die Universitätsleitung befand sich in dem Dilemma, angesichts chronischer Unterfinanzierung und der dezidierten Haltung der Landesregierung einerseits und der spürbar aufgebrachten Studierendenschaft andererseits einen eigenen Weg zu finden. Zentrale Ansatzpunkte ihrer Position waren die Begrenzung der Höhe der Gebühren auf 300 Euro, die Nicht-Anrechnung dieser Gebühren auf den Globalhaushalt, die Zweckbindung für Maßnahmen zur Verbesserung von Lehre und Studium sowie die Einbeziehung der Studierenden in das Verfahren zur Verteilung der Mittel.[76]

Von einem geordneten Ablauf konnte allerdings um die Jahreswende 2005/06 keine Rede sein. Die Ende Februar 2006 erfolgte nachträgliche Absegnung der Gebühren durch den Universitätsrat ging als „Parkplatzbeschluss" in die Annalen der Universität ein: 150 Studierende blockierten das Präsidialgebäude und zwangen die Ratsmitglieder, auf einen Parkplatz an den Rand des Campus auszuweichen, wo die Einführung der Studiengebühren als einziger Tagesordnungspunkt einstimmig beschlossen wurde.[77]

Nach diesem Protestspektakel („derangierte Mitarbeiter des Präsidialbüros auf der verzweifelten Suche nach einer Tagungsmöglichkeit; wohlfrisierte Ratsmitglieder, die von einem blockierten Eingang zum nächsten irrten", so schilderte es genüsslich der „Champus") war das revolutionäre Pulver allerdings verschossen. Die Beschlussfassung im saarländischen Landtag fand nur noch bei etwa 150 Unentwegten Interesse, was der spürbar frustrierte Vorsitzende des „AK Studiengebühren" mit einem Brecht-Zitat kommentierte: „Wer zu Hause bleibt, wenn der Kampf beginnt und lässt andere kämpfen für seine Sache, der muss sich vorsehen, denn wer den Kampf nicht geteilt hat, der wird teilen die Niederlage".[78]

Was nun folgte, kann als Musterbeispiel dialektischer Umdeutung einer Niederlage gelten: Die unbelastete neue Hochschulleitung unter Präsident Linneweber streckte die Hand aus, und die Studierenden schlugen ein. Das von einer Steuerungsgruppe abgestimmte Verfahren zur Verteilung der 12 bis 14 Millionen Euro Mehreinnahmen sah eine paritätische Besetzung der Vergabegremien unter gleichberechtigter Beteiligung studentischer Vertretungen vor. Entscheidend war, dass das Präsidium darauf verzichtete, aus den Gebühreneinnahmen Basisleistungen in Lehre und Studium oder Bau- und Sanierungsmaßnahmen zu finanzieren, stattdessen sollte aus den zusätzlichen Mitteln echter Mehrwert für die Studierenden generiert werden. Für die Vergabe der Sondermittel legte die Universitätsleitung im Dezember 2006 einen Acht-Punkte-Plan vor, der neben einem „Teaching-Assistant-Programm" als Ersatz für kostenpflichtige Repetitorien auch ein Mentoren-Programm durch psychologisch und fachdidaktisch geschulte fortgeschrittene Studierende vorsah. Ein Verlaufsanalysesystem zur Ermittlung problematischer Studienverläufe und eine „Teach-the-Teacher"-Maßnahme sollten integraler Bestandteil eines verbesserten Qualitätsmanagements der Lehre werden, das „Study-Finder-Programm" den Studieneinstieg und das „Employability-Programm" den Übergang in das Berufsleben erleichtern. Neben diese zentralen Projekte traten spezifische Maßnahmen in den Fakultäten, die nach einem identischen Vergabeverfahren 70 Prozent der Gelder umfassten.[79]

Dieser im Hinblick auf die studentische Beteiligung bundesweit einzigartige „Quantensprung" (AStA-Vorsitzender

Präsidialamt blockiert: Bei dem Versuch, Studiengebühren zu beschließen, irrten die Ratsmitglieder (hier Wendelin von Boch und Margret Wintermantel) von einem Eingang zum anderen.

Bernd Weber) führte im WS 2007/08 zu einem beachtlichen Maßnahmenpaket: neue Stellen in der Lehre sowie Mentoren, Tutoren, studentische Hilfskräfte (553.000 Euro), zusätzliche Erwerbungsmittel für Bibliotheken (123.000 Euro), Verbesserung der Ausstattung und der Infrastruktur des Studiums (782.000 Euro), Berufsvorbereitung der Studierenden (243.000 Euro), Verbesserung des Service für die Studierenden (456.000 Euro), weiterer Ausbau der internationalen Verankerung des Studiums (53.000 Euro), Verbesserung der Studienbedingungen etwa durch E-Learning-Angebote oder Exkursionen (478.000 Euro), Mittel für Gast-Lehrende (112.000 Euro) und Sonstiges (900.000 Euro).[80]

Dennoch ließ der Umstand, in jedem Semester erneut 500 Euro für das Studium aufwenden zu müssen, die Kritik der Studierenden nicht verstummen. Sie dürfte mit dazu beigetragen haben, dass die Gebühren nach der Bildung der „Jamaika-Koalition" auf Druck des grünen Koalitionspartners zum Sommersemester 2010 abgeschafft wurden. Zunächst flossen Gelder aus dem Landeshaushalt als sogenannte Kompensationsmittel in der bisherigen Höhe und auch weiterhin unter paritätischen Vergabeverfahren weiter, doch wurden diese in der Finanzkrise der Jahre ab 2014 halbiert und gingen dem Strategiefonds für Studium und Lehre zu, über den das Präsidium ohne studentische Mitsprache verfügte. Die Welle war nun verebbt, und die Trockenzeit der neuerlichen Sparrunde setzte ein.[81]

Thomas Kees

Edith-Stein-Porträt

Das in intensiven Farben leuchtende Porträt Edith Steins findet sich in der dieser modernen Heiligen geweihten Kapelle der Katholischen Hochschulgemeinde auf dem Saarbrücker Campus. Die Kapelle wurde als Teil der in Kreuzgang-Form angelegten Gebäudegruppe der Hochschulgemeinde 1996/97 in den Innenbereich des Campus hineingebaut und bildet mit dem unmittelbar benachbarten Trakt von Ausländercafé und Studienkolleg ein stimmiges Ensemble.

Die Kapelle der Katholischen Hochschulgemeinde ist Edith Stein geweiht. Hier das ursprüngliche Arrangement der Kunstwerke: rechts vom Kreuz das Porträt, links das abstrakte Gemälde „Herrlichkeit".

Betritt man den in schlicht-strenger Betonästhetik gehaltenen Andachtsraum, so beeindruckt dessen bauliche und gestalterische Geschlossenheit: Die kreisrunde Konstruktion der Kapelle wird durch das in Steinfarben auf dem Terrazzoboden skizzierte Labyrinth akzentuiert, ein Werk Margret Lafontaines. Sein Lösungsweg, in sieben Gängen angelegt, führt auf den im Zentrum stehenden Altar hin. Die Außenmauer des Baus ist mit einer Öffnung in Form eines wandhohen Kreuzes durchschnitten, so dass das Zentralsymbol des christlichen Glaubens mit hellem Tageslicht den ansonsten dunklen Raum dominiert. Zusätzliches Licht fällt nur spärlich durch eine kleine runde Deckenöffnung über dem Altar ein. Die Wände der Kapelle treten in ihren grauen Betonoberflächen vollkommen zurück; der Kontrast zu dem Porträt Edith Steins, das an der Wand als „Farbinsel" in Rot und Gelb leuchtet, könnte kaum größer sein.[82]

Das Gemälde baut auf dem gespiegelten Porträtfoto Edith Steins auf. Ihr vom Ordensschleier umfangenes Gesicht tritt aus einem Hintergrund hervor, in dem ein goldgelber Davidstern und ein blutrotes Kreuz die jüdische Herkunft der Heiligen, ihre spätere Konversion zum römisch-katholischen Glauben und ihr Leben als Schwester „Teresia Benedicta vom Kreuz" im Karmeliterorden andeuten. In der Gestaltung des Bildes kann auch ein Hinweis auf ihren gewaltsamen Tod gesehen werden, den sie selbst als Opfer in der Nachfolge des Gekreuzigten verstand.[83]

Von gelbem Davidsstern und blutrotem Kreuz umgeben: das symbolisch aufgeladene Bildnis der konvertierten Jüdin und modernen Heiligen.

Edith Stein, 1891 als elftes Kind einer orthodoxen jüdischen Familie in Breslau geboren, war promovierte Philosophin, Schriftstellerin, Frauenrechtlerin, Hochschuldozentin. 1922 hatte sie sich taufen lassen und zunächst als Lehrerin in Speyer gearbeitet. 1933 trat sie in das Karmelitinnenkloster in Köln ein. Der Verfolgung durch die Nationalsozialisten versuchte sie sich 1938 durch die Übersiedlung in die Niederlande zu entziehen, doch geriet sie dort tragischerweise in die Verhaftungswelle, die auf den öffentlichen Protest der christlichen Kirchen gegen die Judendeportation folgte. Im August 1942 wurde Edith Stein in den Gaskammern von Auschwitz ermordet. 1998 wurde sie heiliggesprochen, was auf jüdischer Seite auch kritische Kommentare hervorrief, und wenig später zur „Mitpatronin Europas" ernannt.[84]

Das 2001 von Armin Rohr auf Anregung des Hochschulpfarrers Jürgen Doetsch geschaffene, in Acryl und Ölfarbe auf Leinwand gefertigte Gemälde war eigentlich Teil eines Doppelprogramms, zusammen mit dem hochformatigen, abstrakten Gemälde „Herrlichkeit", das inzwischen im Flur der Hochschulgemeinde platziert ist. Rohr hatte mit diesen zwei völlig unterschiedlichen Bildern sowohl auf konkrete wie auf ganz ungegenständliche Weise den Versuch unternommen, auch den mystischen Anteilen der Frömmigkeit Edith Steins nahezukommen und, gemäß seinen Worten, „Unsagbares, Unbeschreibliches in Bilder zu fassen".[85]

Ute E. Flieger / Thilo Offergeld

Der Botanische Garten

Streng genommen hatte der Botanische Garten der Saar-Universität zwei „Orte“. Im Jahr 1951 entstand im Eingangsbereich des Campus, rechts vor dem Präsidialgebäude, der „Jardin Botanique Université de la Sarre“, der im Wesentlichen durch Eigenleistung der Institutsangehörigen angelegt und mit Pflanzenspenden französischer Universitäten aufgebaut worden war. Das Areal erwies sich bald als zu klein, doch es konnte erst im Jahr 1967 durch eine Fläche von 2,5 Hektar auf dem Gebiet des Stadtwalds ersetzt werden, die dann mit fünf Gewächshäusern und einem Betriebsgebäude den Anforderungen von Forschung und Lehre gerecht wurde.

In dieser parkähnlichen Landschaft vor der Hauptzufahrt entstanden eine Systematische Abteilung, ein „Wäldchen“, das Arboretum, ein Rosarium, Schmuckrabatte und tropische Gewächshäuser. Das „Alpinum“ war die Attraktion der Anlage: Geschwungene Terrassen mit Gebirgspflanzen aus allen Kontinenten umkränzten einen kleinen Teich mit europäischen Sumpf- und Wasserpflanzen.[86]

Im Jahr 1999 beherbergte der in mehreren Schritten auf 3,5 Hektar angewachsene Garten im Freien oder unter Glas nicht weniger als 5.000 Pflanzenarten, darunter 500 vom Aussterben bedrohte Spezies. Von der Leistungsfähigkeit der Einrichtung zeugten die Einbindung in gut zwei Dutzend Lehrveranstaltungen, die wissenschaftliche Beratung universitärer Einrichtungen und spezielle Bildungsangebote für alle Schulformen durch eine moderne Gartenpädagogik. Fortbildungen für Lehrpersonal und etwa 200 Führungen pro Jahr rundeten das Angebot des Gartens ab, der – seit 1985 auch an Wochenenden und Feiertagen geöffnet – Ende der 90er Jahre 40.000 Besucherinnen und Besucher jährlich anzog.[87]

Diese Phase markiert sowohl den Höhepunkt als auch den Beginn des Abstiegs für die noch 1991 als „Stütze der Wissenschaft und Lehre“ bezeichnete Saarbrücker Institution, die längst auch in das kommunale Naherholungsangebot einbezogen worden war. Mit der Schließung des Fachs Botanik und der Einstellung des Lehramtsstudiengangs Biologie als Sparmaßnahmen entfiel 1998 die wissenschaftliche Notwendigkeit des Gartens, was auch durch das Konzept eines Lehr-, Schau- und Erlebnisgartens für die Öffentlichkeit nicht aufgewogen werden

Unmittelbar an der Hauptzufahrt gelegen, bietet der Garten ein attraktives, grünes Entrée zur Universität.

In den 1990er Jahren kamen rund 40.000 Besucher in den Botanischen Garten, etwa 200 Führungen wurden gebucht.

konnte. „Jeder liebt ihn, doch niemand will für ihn zahlen“, resümierte Wolfgang Stein, der Leiter des Gartens, im Jahr 1999.[88]

Der massive Spardruck ab 2015 entzog dem neuen Nutzungskonzept, das ohnehin nur unter der Voraussetzung kostenreduzierender Umgestaltung gebilligt worden war, vollends den Boden. Ungeachtet scharfer Kritik von Naturfreunden, Umweltverbänden und weiten Teilen der Öffentlichkeit war der Garten aus universitären Mitteln nicht zu erhalten, und auch der auf Ko-Finanzierung durch kommunale, regionale und universitäre Gelder abzielende Rettungsvorschlag des früheren Oberbürgermeisters Hajo Hoffmann verlief letztlich im Sand. Die wertvollen Pflanzen mussten an andere Gärten, in Resten auch an die Öffentlichkeit veräußert oder verschenkt werden.[89]

Der 31. März 2016 markierte den Schlusspunkt, und das Saarland firmierte nach dieser – wie die Frankfurter Allgemeine Zeitung es einschätzte – „kultur- und wissenschaftspolitischen Barbarei“ nunmehr als einziges deutsches Bundesland ohne Botanischen Garten. Das heute als Grünfläche von der Universität weiterhin gepflegte Areal erfreut sich als „Parkanlage mit Erholungswert“ zwar noch immer eines nennenswerten Besucherzuspruchs, vermittelt aber lediglich einen Nachgeschmack früherer Pracht und Bedeutung.[90]

Thomas Kees

Der ehemalige Garten ist heute ein gern genutzter Rückzugs- und Entspannungsort – Naherholung für Unimitglieder direkt am Campus.

Eine neue Kultur der Unterstützung

Konsolidierung S. 250

Dass die Universität spätestens seit den 90er Jahren und verstärkt dann im neuen Jahrtausend durch betriebswirtschaftliche Erwägungen geprägt wurde und als „Entrepreneurial University“ in vielen Aspekten wie ein Unternehmen agierte, hatte Auswirkungen nicht zuletzt auf die Stellung der Universitätsangehörigen. Deutlich stärker als in früheren Phasen wurden die Beschäftigten nunmehr unter dem Aspekt des „Humankapitals“ betrachtet, was bedeutete, dass sie zum einen erhöhten Leistungsanforderungen unterlagen, zum anderen aber auch gefördert, unterstützt und sogar umworben werden mussten. Der zunehmend aufkommende Wettbewerbsgedanke, spürbar auch als Kampf um die besten Köpfe, trug dazu bei, dass eine ganze Reihe von Maßnahmen und Strukturen zur Unterstützung des Personals eingeführt wurden, die frühere Fördermaßnahmen in Umfang und Anspruch weit hinter sich ließen.

Höhere Hürden S. 306

Als erste waren im Zuge der Debatten um Gleichberechtigung und Frauenförderung die weiblichen Angehörigen der Saar-Uni in den Blick geraten, deren Anteil unter den Studierenden Anfang der 90er Jahre mit 44 Prozent zwar leicht über dem Bundesdurchschnitt (41,9 Prozent) lag, deren Quote etwa bei den zwischen 1980 und 1992 absolvierten Habilitationen jedoch nicht einmal 10 Prozent erreichte. Durch die Schaffung des Amtes der „Frauenbeauftragten“ 1993 und die Verabschiedung eines ersten Frauenförderplans 1997 unternahm die Universität wirksame Schritte zur – bereits im Universitätsgesetz von 1989 geforderten – Verbesserung der Stellung von Frauen.[91]

In den folgenden Jahren wurden die Maßnahmen zur Frauenförderung sukzessive zu einem Gesamtsystem entwickelt, und die Universität formierte sich weit vor Einsetzen des bundesweiten Trends als „Familienfreundliche Hochschule“. Im Jahr 2004 erfolgte die erste Zertifizierung, noch begleitet von Zeitgeisterscheinungen wie der Auslobung eines „Vaters des Monats“ und der Schaffung einer „Online-Babysitterbörse“, sehr bald aber mit strukturellen Verbesserungen wie der familienfreundlicheren Gestaltung von Prüfungsordnungen, dem Ausbau des Betreuungsangebots durch Einrichtung einer Tagesstätte für Kinder von Bediensteten (2010) und der Formulierung eines Dual-Career-Couple-Programms. Seit dem Jahr 2010 ließ das Präsidium dann das klassische Ziel der Gleichstellung von Frau und Mann zunehmend hinter sich und sprach in seinem Jahresbericht erstmals von einer „Diversity-Policy“ (Strategie der Vielfalt)“, deren Aktivitäten durch die 2009 eingerichtete Stabsstelle Chancengleichheit unterstützt wurden.[92]

Solche Maßnahmen zur Beseitigung struktur- und traditionsbedingter Schieflagen für das eigene Personal wurden mehr und mehr auch für andere Personengruppen eingeführt und mündeten in eine zeitgemäße Personalentwicklung, die – wenngleich auf mehreren getrennten Säulen aufgebaut – einen breit gefächerten Maßnahmenkatalog zur Steigerung der Arbeitsplatzattraktivität umfasste. Das Angebot reichte von der Sprachförderung im 1999 eingeweihten Sprachenzentrum, dessen Kurse Studierenden und Beschäftigten gleichermaßen offenstanden, über die im Zentrum für lebenslanges Lernen angesiedelte Innerbetriebliche Weiterbildung mit einem Schwerpunkt im IT- und Medienkompetenzbereich bis hin zum 2017 eingeführten Betrieblichen Gesundheitsmanagement. Dieses entwickelte neue Angebote mit dem Ziel der Gesundheitsförderung und der Wiedereingliederung nach Phasen längerer Krankheit, integrierte mit Partnern wie dem Hochschulsport und der Stabsstelle Arbeitsschutz aber auch bereits bestehende Programme in ein Gesamtpaket. Ebenfalls dem Leitgedanken des gesunden Arbeitsplatzes verpflichtet war die Psychologisch-Psychiatrische Beratungsstelle, deren Betreuungsangebot sich auch nach der Übertragung an das Studentenwerk im Jahr 2011 an universitäre Beschäftigte und Studierende gleichermaßen richtete, wobei ihre Arbeit durch den im selben Jahr bestellten Sucht- und Präventionsbeauftragten ergänzt wurde. In diese Reihe fügte sich auch der Ausbau an Unterstützungsangeboten für Uni-Angehörige mit Behinderungen; zusätzlich zu den gesetzlich vorgesehenen Vertrauenspersonen für schwerbehinderte Beschäftigte wurde 2011 eine eigene Kontaktstelle für Studium und Behinderung eingerichtet.[93]

Als wichtige Partner und nicht selten treibende Kraft bei allen diesen Projekten fungierten die Personalvertretungen. Diese waren an der Saar-Uni seit 1989 zweigeteilt aufgestellt als Personalräte für das Verwaltungs- und technische sowie für das wissenschaftliche Personal und wurden im Rahmen des traditionell partnerschaftlichen Klimas in Entscheidungsprozesse stärker eingebunden, als dies andernorts der Fall war und als es der relativ geringe politisch-gewerkschaftliche Mobilisierungsgrad der Beschäftigten vermuten ließe.

Eine zentrale Rolle als Element der so in Gang gebrachten Personalentwicklung spielte naheliegenderweise die Vermittlung zusätzlicher Kenntnisse und Fähigkeiten, insbesondere der fachunabhängig einsetzbaren „Schlüsselkompetenzen". 2008 wurde ein eigenes „Zentrum für Schlüsselkompetenzen, Career Service und Hochschuldidaktik" eingerichtet, dessen Angebote sich sowohl an Studierende als auch an Lehrende richteten und bald stark nachgefragt wurden, gerade auch von Nachwuchswissenschaftlerinnen und -wissenschaftlern. Das Zentrum wirkte daher eng zusammen mit den ebenfalls an Bedeutung gewinnenden Förderprogrammen für den wissenschaftlichen Nachwuchs, vor allem dem annähernd zeitgleich begonnenen Graduiertenprogramm „GradUS". Mit diesem Programm traten erstmals zentral-universitäre Betreuungs- und Fördermaßnahmen neben die klassische Doktorandenausbildung der Fächer; die maßgeblichen Ziele bestanden in der Vernetzung der Promovierenden untereinander und in der Vermittlung von über die fachliche Qualifizierung hinausreichenden allgemeinen Kompetenzen.[94]

Ergänzt wurden diese Förderstrukturen einige Jahre später durch das Programm „PROWIS" und das Bund-Länder-geförderte „WISNA"-Programm für die Weiterqualifizierung in der PostDoc-Phase und für die Stärkung und Entwicklung der Juniorprofessuren. Auf diese Weise konnten mit der Finanzierung individueller Qualifizierungsmaßnahmen und der Karriereförderung, etwa durch unterstützte Aufenthalte an externen Forschungseinrichtungen oder persönliche Coachings, moderne Methoden der Personalentwicklung auf die Spitzenkräfte des wissenschaftlichen Nachwuchses übertragen werden. Ähnliche Fortentwicklungen folgten wenig später für die Beschäftigten der Universitätsverwaltung.[95]

So hat die Universität des Saarlandes in den letzten zwei bis drei Jahrzehnten einen weiten Weg zurückgelegt von der klassischen Frauenförderung hin zu gesamtheitlichen Methoden eines auch strategisch-betriebswirtschaftlich motivierten Umgangs mit den eigenen „Human Resources". Inwieweit die neuen Maßnahmen wirksam zu einer lebendigen und kooperativen Organisationskultur beitragen können, die an die Stelle der in Berichten früherer Jahrzehnte oft gerühmten „persönlichen" und „überschaubaren" Verhältnisse treten könnte, wird Gegenstand künftiger Gestaltung sein müssen. Zum Grundrepertoire einer modernen, ihre Mitglieder wertschätzenden Hochschule gehören sie zweifellos.

Thomas Kees / Thilo Offergeld

Das Graduate Center im ehemaligen Jägerheim bietet nicht nur Promovierenden, sondern auch Beschäftigten und Alumni Gelegenheit zum Tagen, Netzwerken, Arbeiten.

Margret Wintermantel

(geboren 1947)

Margret Wintermantel, gebürtig aus dem Westerwalddorf Bruchertseifen, studierte Psychologie und Publizistik in Mainz und habilitierte sich 1986 an der Universität Heidelberg. Nach erfolgreicher Tätigkeit im Heidelberger Sonderforschungsbereich „Sprache und Situation" übernahm sie 1992 die Saarbrücker Professur für Sozialpsychologie. Bereits zwei Jahre später war sie als Vizepräsidentin für Lehre und Studium (1994–1997) das erste weibliche Präsidiumsmitglied der Saar-Universität, im Jahr 2000 dann ihre erste Präsidentin.

Wintermantel setzte nach ihrem Amtsantritt Signale des Selbstbewusstseins durch die bauliche Modernisierung des Präsidialamts und verbreitete nach trüben Jahren der Spardiskussionen Aufbruchsstimmung durch ihren Kommunikationsstil und ihre Persönlichkeit: „Zur Kompetenz gesellt sich der Charme", formulierte die Saarbrücker Zeitung. Inhaltlich argumentierte Wintermantel leidenschaftlich für eine umfassende Universitätsautonomie, die sich in leistungsbasierter Schwerpunktsetzung zu beweisen habe.

Biogramm S. 297

2006 verließ Wintermantel Saarbrücken, um als Präsidentin die deutsche Hochschulrektorenkonferenz in schwierigen, von Bologna-Kontroversen geprägten Zeiten zu leiten. Von 2012 bis 2019 war sie Präsidentin des Deutschen Akademischen Austauschdienstes. Die Verbindung der vielfach geehrten, in hochrangigen Gremien gefragten Wissenschaftsmanagerin zur Saar-Universität blieb dennoch bestehen und wurde 2017 nochmals intensiviert, als sie den Vorsitz des Hochschulrats übernahm.[96] *to*

Michael Pfreundschuh

(1949–2018)

Der rund ein Vierteljahrhundert in Homburg tätige Direktor der Klinik für Innere Medizin I erlangte durch seine Studien zur Tumor-Immunologie und die Leitung der 1993 gegründeten deutschen Studiengruppe „Hochmaligne Non-Hodgkin-Lymphome" Weltruf. Seine Ausbildung zum Internisten, Hämatologen und Onkologen hatte er unter anderem in Heidelberg und am Memorial Sloan-Kettering Cancer Center in New York erhalten, ehe er 1991 dem Homburger Ruf folgte.

Hier entwickelte Pfreundschuh sich bald zu einem der forschungs- und auch drittmittelstärksten Wissenschaftler. 1992 begann er mit Knochenmarks-Stammzelltransplantationen und konnte 1996 von der Deutschen Krebshilfe die Einrichtung einer modernen Transplantationsstation einwerben. Seine herausragenden Forschungen waren die Basis für das 2005 eingeweihte „José-Carreras-Zentrum für Immun- und Gentherapie". Pfreundschuh, zu dessen Mitarbeiterkreis Uğur Şahin und Özlem Türeci gehörten, ◂◂ war Gründungsmitglied der New Yorker Akademie für Tumor-Immunologie; er wurde als erster Deutscher mit dem William B. Coley Award for Distinguished Research in Basic and Tumor Immunology des Cancer Research Institute New York ausgezeichnet. Mit der von ihm entwickelten SEREX-Methode gelang 1993 die erste Identifizierung bisher nicht bekannter menschlicher Tumor-Antigene. Der exzellente Krebsspezialist, der zahllosen Menschen hatte helfen können, litt unter schweren Depressionen und schied kurz vor seiner Pensionierung freiwillig aus dem Leben.[97] *wm*

Rita Bernhardt

(geboren 1951)

Die Biographien der 1995 als Professorin für Biochemie nach Saarbrücken berufenen Naturwissenschaftlerin und ihres Ehemanns spiegeln einen ungewöhnlichen wissenschaftlichen Lebensweg von Ost nach West in den Umbrüchen des vorigen Jahrhunderts. In Südbrandenburg (DDR) geboren, wurde Rita Bernhardt nach einer Papiermacherlehre und dem Studium in Halle an der Lomonossow-Universität im Moskau der Sowjetzeit promoviert. Dort heiratete sie den aus Sachsen stammenden Physikstudenten Ingolf Bernhardt, der nach der gemeinsamen Moskauer Zeit als Biophysiker an der Berliner Humboldt-Universität wirkte.

Rita Bernhardt arbeitete anschließend am Zentralinstitut für Molekularbiologie der Akademie der Wissenschaften der DDR, wo sie sich habilitierte und auch Forschungsreisen in die USA und nach Japan unternahm. Nach dem Ende der DDR übernahm sie die Leitung einer Arbeitsgruppe am Max-Delbrück-Centrum für Molekulare Medizin in Berlin, bevor sie auf den Lehrstuhl nach Saarbrücken wechselte.

Hier setzte sie ihre erfolgreichen, weit vernetzten Forschungsprojekte zu Eiweißen, Hormonen und Arzneimitteln ebenso fort wie die internationalen Kontakte durch Gastprofessuren in den USA und Europa. Während ihr Ehemann von 2000 bis 2016 das Zentrale Isotopenlabor der Saar-Uni und eine biophysikalische Arbeitsgruppe leitete, initiierte sie unter anderem das biotechnologische Mit-Mach-Laboratorium für Schülerinnen und Schüler und agierte als universitäre Ombudsfrau.[98] *wm*

José Carreras

(geboren 1946)

„Leukämie muss heilbar werden. Immer. Und bei jedem." Unter dieser beeindruckenden Devise kämpft José Carreras, einer der größten Tenöre des 20. Jahrhunderts, gegen die tödliche Krankheit.

Der gefeierte Opernstar aus Barcelona hatte seine grandiose Karriere im Alter von vierzig Jahren unterbrechen müssen: Er war an Leukämie erkrankt. Durch eine monatelange Behandlung in Barcelona und Seattle konnte er, trotz anfangs schlimmster Befürchtungen, geheilt werden und danach wieder erfolgreich auftreten. Die empfangene Fürsorge und die fortschrittliche medizinische Therapie inspirierten ihn nach seiner Genesung 1988 zur Gründung der „Fundación Internacional José Carreras para la lucha contra la leucemia".

Spendengelder in vielfacher Millionenhöhe unterstützen seither die Leukämie-Forschung, unter anderem auch am Homburger José-Carreras-Institut für Immun- und Gentherapie, zu dessen Grundsteinlegung der Künstler 2004 eigens ans Universitätsklinikum kam. Ausschlaggebend für die Ansiedlung in Homburg waren die international erstrangigen Forschungen der Gruppe um den Krebsspezialisten Michael Pfreundschuh ▸▸ auf dem Gebiet der Erkrankungen des blutbildenden und lymphatischen Systems.

▸ *Biogramm* S. 286

Für sein unermüdliches Engagement im Kampf gegen die Leukämie wurde José Carreras vielfach geehrt, so auch von der Universität des Saarlandes, die diesen Weltstar und Wohltäter 2012 in der Universitätsaula feierlich zum Ehrendoktor ernennen durfte.[99] *uef*

„Großes" und „Kleines Hallo"

Steigt man die Treppenanlage zum 2015 fertiggestellten Center for Integrative Physiology and Molecular Medicine (CIPMM), einem Vorzeigegebäude der modernen Homburger Medizinforschung, hinauf, so zieht ein den Vorplatz dominierendes Kunstwerk die Blicke auf sich: das „Große Hallo" des saarländischen Künstlers Thomas Wojciechowicz. Es besteht aus zwei hoch aufragenden, im Durchmesser sechs Meter umfassenden Kreisgebilden aus rund 1,4 Tonnen witterungsbeständigem Cortenstahl, die im oberen Bereich wie spielerisch ineinander gelehnt sind, am Boden aber offen und bündig aufstehen. Die einander zugewandte Verschränkung der beiden Kreisformen auf dem großzügig angelegten, gepflasterten und teils bepflanzten Eingangsbereich vor dem Gebäude scheint ein wie zufällig wirkendes Aufeinandertreffen und Zusammenfinden anzudeuten.

Durch ihre rostrote Farbe, ihre Größe und ihre bewegten Kreisformen kontrastiert die Plastik deutlich mit der strikt gradlinig gegliederten, in Grautönen gehaltenen Fassade des CIPMM. Der Gebäudekomplex tritt dadurch in seiner Eigenart um so klarer hervor und wird durch das Kontrastelement gleichzeitig optisch aufgelockert. Das Kunstwerk wirkt aber auch unmittelbar auf die Ankommenden, die sich durch die Symbolik von Offenheit und Zusammenhalt angezogen fühlen; nicht umsonst dienen die Ringe vielfach als Treffpunkt und Hintergrund für Fo-

Begrüßung, Treffpunkt und Einladung zur Zusammenarbeit: Das „Große Hallo" am Eingang zum CIPMM.

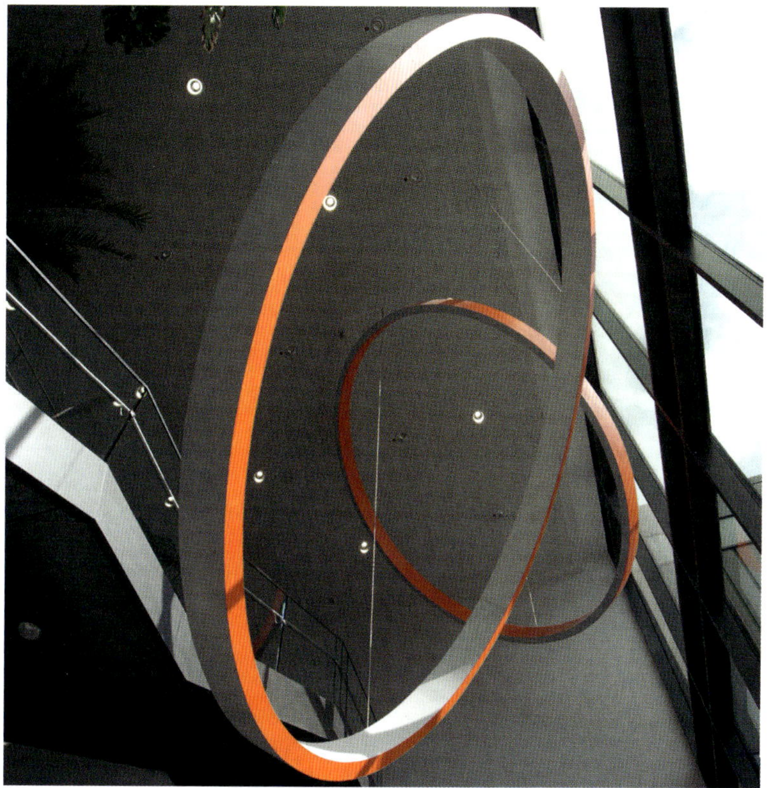

Das „Kleine Hallo" schwebt im Treppenaufgang, sinnbildlich führen die Ringe Ideen und Forschende zusammen.

tos. Sie sind zu einer Art Erkennungszeichen des CIPMM geworden.[100]

Beim Eintreten in das lichte, die verschiedenen Forschungseinheiten des Gebäudes verbindende Foyer wird der Blick von einem zweiten, korrespondierenden Kunstwerk gefangen und in die Höhe gelenkt, dem „Kleinen Hallo". Auch diese Plastik besteht aus zwei großen, einander zugeordneten Ringen, diesmal weiß und orange koloriert, die am offenen Treppenaufgang entlang in versetzter Winkelstellung unter der Decke schwebend aufgehängt sind und, wie die Ringe auf dem Vorplatz, von allen Seiten betrachtet werden können.[101]

Die beiden Werke des 1953 in der Pfalz geborenen, seit Jahrzehnten in Saarbrücken wirkenden Malers und Bildhauers Thomas Wojciechowicz waren aus einem Wettbewerb eingeladener Künstlerinnen und Künstler hervorgegangen. Sie knüpfen inhaltlich an das Konzept des Gebäudes an, das als innovatives Forschungs-, Lehr- und Konferenzgebäude für unterschiedliche, miteinander kooperierende Abteilungen so angelegt wurde, dass Räume und Ressourcen ebenso alleinig wie gemeinsam genutzt werden können; ▸▸ den einzelnen Instituten sollte es möglichst leicht gemacht werden, miteinander zu interagieren und sich funktional und organisatorisch zu vernetzen.[102] CIPMM S. 268

Die beiden Kunstwerke stellen nicht nur dekorative Orientierungs- und Begegnungspunkte dar, sie verbinden auch Vorplatz und Innenraum „in einem integralen Gesamtklang". Die Plastiken werden zudem als Denkbild für die im CIPMM untersuchten biologischen Strukturen und deren Zusammenwirken als kommunizierende Systeme gedeutet. Etwas allgemeiner können die Arbeiten als ästhetische Kommentare zur Bedeutung von Zusammenkunft und Diskurs für das Gelingen von Forschung und Lehre gelten. Dem Künstler selbst war vor allem am Element der Inspiration und des Forschergeists gelegen: „Die Kreise verstehe ich als konkretisierte Leuchtfeuer – als Akkumulatoren zum Begrüßen, Schweben, Festhalten, Begleiten und Öffnen."[103]

Ute E. Flieger / Thilo Offergeld

Digitalisierung

Digitalisierung ist zweifellos ein Schlüsselbegriff der beiden ersten Jahrzehnte des 21. Jahrhunderts, dabei schillernd und unbestimmt wie kaum ein anderer. Umfasst er doch Retro-Digitalisierung historischer Folianten in Bibliotheken ebenso wie die Umstellung der Prozessabläufe in Verwaltungen und Betrieben auf digitale Strukturen oder die IT-Basierung der Lehre in Schulen und Hochschulen. An der Universität sind alle genannten Felder betroffen und werden seit langem von unterschiedlichen Akteuren bespielt – in manchmal elegantem, gelegentlich holprigem Spielfluss.[104]

Die Saar-Universität zählte zu den „early adopters" der neuen Arbeitsweisen und Aufgabenfelder. Angetrieben von einer innovativen Informatik und früh ausgestattet mit einem leistungsfähigen Rechenzentrum, das bereits 1960 mit der legendären Zuse Z 22 einen von der Lokalpresse gefeierten („Zuse kann alles") Großrechner zum Einsatz gebracht hatte, waren Knowhow und passende Infrastruktur hier schon seit den 70er Jahren in hohem Maß vorhanden. Die technischen Angebote wurden so intensiv genutzt, dass bereits 1975 die Rechenzeiten in Deputaten festgelegt werden mussten.[105]

Das Rechenzentrum war dabei „Backbone" der Prozesse, es entwickelte mit CANTUS und später HORUS moderne Hochleistungsnetze, deren Logik noch heute von kommerziellen Netzwerkbetreibern genutzt wird. Die im „RZ" aufgebaute Infrastruktur an Basisdiensten bildete das Fundament für alle Arten von IT-Entwicklungen, die in Forschung, Lehre, Verwaltung und Bibliothek in den 90er Jahren Einzug hielten und seit 2000 dann massiv vorangetrieben wurden.[106]

Einen der spürbarsten Innovationsschritte markierte zweifellos die Einführung von SAP R/3 als Unternehmens-Informationssystem 1998/99. Dabei erwies sich die Erstellung einheitlicher Prozesse in Gehaltsabrechnung, Finanzwesen und Beschaffung durchaus als problematisch, da viele Verwaltungsangehörige zum ersten Mal mit IT-Anwendungen in Kontakt kamen ◀◀ und zudem das Land die Universität trotz der System-Einführung nicht aus dem kameralen Umfeld entließ, sondern sie – bundesweit singulär – weiterhin zu traditioneller Haushaltsführung verpflichtete. Hinzu kamen „Kinderkrankheiten" und Lücken einer nicht auf universitäre Bedürfnisse – etwa Drittmittelverwaltung – ausgelegten Software. Dennoch gelang letztlich der entscheidende Schritt vor dem Übergang ins Jahr 2000 mit der Einführung eines IT-gestützten Haushalts- und Rechnungswesens.[107]

▶ Zeitzeugnis Geib S. 299

Die folgende Phase sah die Ausweitung auf weitere Anwendungsbereiche und lässt sich unter die Überschrift „Trial and error – and partial success" stellen. Die für Studierendenverwaltung und Campus-Management eingeführten Softwarelösungen der Hochschul-Informations-System GmbH (HIS) erwiesen sich als ebenso wenig leistungs- und zukunftsfähig wie das Bibliothekssystem LIBERO, mit dem die Universitäts- und Landesbibliothek nicht nur die universitären Einrichtungen, sondern auch die Bibliothek der HTW seit 2003 bis zum heutigen Tag versorgt. Waren diese Softwaresysteme zum Zeitpunkt

Das Rechenzentrum der Universität feierte 1979 sein 20jähriges Bestehen. Die in Saarbrücken gesammelten Erfahrungen dienten seinerzeit als Orientierung bei der Umstellung der Rechner öffentlicher Institutionen auf Siemens-Systeme.

ihrer Einführung als brauchbare Standardlösungen klassifiziert worden, so zeigten sie sich den sprunghaft steigenden Anforderungen in beiden Bereichen auf Dauer nicht gewachsen.[108]

Die Konsequenz waren Dauerprovisorien und mühsame Suchen nach Alternativlösungen. Im Bereich des Campus-Managements führte dies schließlich zur Entscheidung für ein SAP-Produkt, dessen Implementierung sich angesichts immer komplexer werdender Anforderungen durch das „Ausrollen“ auf alle saarländischen Hochschulen allerdings als höchst aufwendig herausstellte und bis zum Vollausbau noch einige Zeit in Anspruch nehmen wird. Die in den 2010er Jahre beschafften Management- und Forschungs-Informationssysteme hingegen erfüllten nicht einmal annähernd die in sie gesetzten Erwartungen. Ob wegen fehlender Funktionen, unzureichender Personalausstattung oder einer, vor allem im Hinblick auf das Forschungs-Informationssystem „Converis“, unwilligen wissenschaftlichen Nutzerschaft, diese Versuche fielen deutlich in die Kategorie „error“.

Differenzierter fällt die Betrachtung auf dem Feld „Digitale Lehre“ aus, das die Saar-Uni ebenfalls ausgesprochen früh bespielte. Mit der – seitens des Landes nahegelegten – Entscheidung für das zentrale Learning-Management-System „CLIX Campus“ 2005 lag die Federführung bei dem diesen Bereich dominierenden Kompetenzzentrum VISU. Allerdings „verdribbelte“ sich VISU bei seinen Versuchen, die Saar-Uni in der seinerzeit angesagten virtuellen Plattform „Second Life“ zum Leben zu erwecken ebenso wie bei der Implementierung einer ungeliebten Software, der böse Zungen nachsagten, der Name „Clix“ rühre von den unzähligen Mausklicks, derer es bedurfte, um eine Lehrveranstaltung aufzusetzen. Als die zentrale Lizenz der am Ende nur noch wenig genutzten Software 2015 nicht verlängert wurde, wurde dies kaum mehr bemerkt.[109]

Nach dem glücklosen Kurzeinsatz eines Chief Information Officers (CIO) in den Jahren 2008 bis 2011, der immerhin zur Fusion zwischen Verwaltungs-IT und Rechenzentrum unter dem Dach des Hochschul-IT-Zentrums (HIZ) geführt hatte, zeigten sich ab 2018 erneut Versuche, die Digitalisierungsanstrengungen in verschiedenen Bereichen einer einheitlichen Linie unterzuordnen. Zur Unterstützung wurde eine eigene Stabsstelle unter Leitung eines Präsidiumsmitglieds, später eines Chief Digital Officer etabliert, die unter anderem mit der Weiterführung digitaler Verwaltungsprozesse wie E-Akte, E-Rechnung oder Digitalisierung des Personal- und Beschaffungswesens

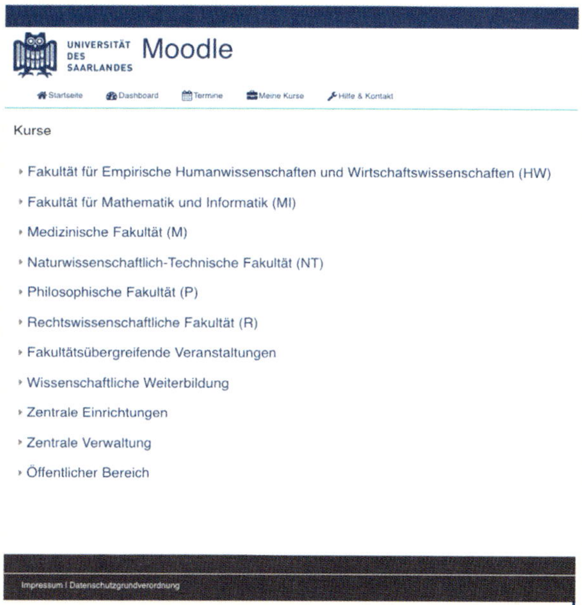

Die bereits erprobte Plattform „Moodle“ war eine der digitalen Stützen, mit denen der Lehr- und Lernbetrieb während der Corona-Pandemie aufrechterhalten werden konnte.

beauftragt wurde. Mit der Einführung einer Cloud-Infrastruktur des IT-Riesen Microsoft und dem Anstoß für die Installation des zentralen Learning-Management-Systems Moodle konnte die digitale Arbeitsfähigkeit der Universität quasi mit dem Ausbruch der Corona-Pandemie noch gerade rechtzeitig weitgehend sichergestellt werden.

Nicht zuletzt durch die Pandemie-Folgen sind digitalisiertes Studieren, Forschen, Lehren inzwischen ebenso selbstverständlich geworden wie die Arbeit aus dem Homeoffice und zahllose IT-Anwendungen im Campus-Alltag. Welche Auswirkungen die neue „hybride Arbeitswelt“ auf Bereiche wie Kommunikation, sozialen Zusammenhalt oder arbeitsrechtliche Mitbestimmungsfragen haben wird, ist im Jahr 2023 allenfalls zu erahnen. Die Herausforderung wird darin bestehen, das Zusammenspiel auf diesem Zukunftsfeld intelligent und menschengerecht auszugestalten.

Thomas Kees

Smartphone

Im Jubiläumsjahr 2023 feierte das Mobiltelefon seinen 50. Geburtstag. Während der meisten dieser fünfzig Jahre zeigten sich noch kaum Auswirkungen auf das Campusleben, da der Einsatzbereich der Geräte bescheiden, ihr Gewicht dafür gewaltig ausfiel. Ab 2007 wurden die Handys handlicher, und vor allem wurden sie smart, was immerhin für ein universitäres Dasein prädestiniert. Gut fünf Jahre später begannen sie, in Hörsälen und Seminarräumen omnipräsent zu werden.

Befragt man eine weitere smarte Erscheinung des Jubiläumsjahrs, den künstlich-intelligenten ChatBot „ChatGPT" nach diesem älteren Verwandten, scheinen die Vorzüge unübersehbar: Ihm zufolge erleichtern Smartphones es Studierenden, mit Kommilitoninnen und Betreuern in Kontakt zu bleiben, auf Lehrmaterialien und Datenbanken zuzugreifen und Hausarbeiten einzureichen. Sie behalten demnach einen besseren Überblick über die Noten und bieten stets die neuesten Informationen aus dem Studienfach.

In der Tat bestand eine der ersten Herausforderungen bei der Einführung des zentralen Lernmanagementsystems an der Saar-Universität im Jahr 2018 darin, eine App für dessen Bedienung zu programmieren, da, wie es hieß, „die Studis das sonst nicht annehmen". Empirisch belegt sind derlei Einschätzungen nicht. Die intensive Nutzung dieser Geräte ist dennoch frappierend, wobei niemand, der sich im Hörsaal einer Wand aus auf Smartphones blickenden Gesichtern gegenübersieht, wissen kann, ob nicht ganz andere Informationen die Aufmerksamkeit der Studierenden fesseln als die von ChatGPT beschriebenen. *tk*

Vorlesungsverzeichnis

Pünktlich zum Gründungssemester 1948/49 erschien erstmals das Vorlesungsverzeichnis der Universität des Saarlandes. Seitdem stellte es sechzig Jahre lang den unentbehrlichen Begleiter durch den akademischen Informationsdschungel dar: Lehrveranstaltungen, Kontaktadressen, Lagepläne, Personallisten, Gremien – mit der Universität wuchs auch der Umfang. Hatte die erste Ausgabe noch bescheidene 48 Seiten, so schloss der Band des Wintersemesters 2007/08 mit Seite 973.

Die Digitalisierung brachte das Ende dieser ehrwürdigen Institution: Zum Sommersemester 2008 wurde das Verzeichnis, grade zwei Jahre vorher in neues, hellblaues Eulen-Design gekleidet, zum letzten Mal gedruckt. Seither sind Informationen nur noch online über das LSF-Portal oder diverse Seiten des Internetauftritts der Universität abrufbar.

Zwar bieten diese digitalen Quellen zu gezielten Anfragen in zeitgemäßer Form die gesuchte Information, doch das „altmodische" Druckerzeugnis vermochte über konkrete Fragestellungen hinaus beim Durchblättern Anregungen und Eindrücke über die ganze Vielfalt des universitären Lebens zu vermitteln. Gliederung und Struktur universitärer Einrichtungen wurden umrissen, Zuständigkeiten in der Verwaltung benannt, Auskünfte rund um das Studium einschließlich Wohnheimen, BAföG und Stipendien geboten. Kurios aus heutiger Sicht: Das Werk enthielt, damaligem „Datenschutz"-Standard entsprechend, auch Privatadressen und -telefonnummern der Professorinnen und Professoren, sowohl der aktiven wie der emeritierten. *bh*

Faire Eule – Gerechter Handel und Nachhaltigkeit

Bei den Themen Fairer Handel und Nachhaltigkeit sind nicht nur Verbraucherinnen und Verbraucher gefragt, auch Bildungsinstitutionen und nicht zuletzt Hochschulen tragen zur Entwicklung eines gesellschaftlichen Verantwortungsbewusstseins bei. Dabei gilt: Nicht nur das Studium bildet. Die wirtschaftlichen, sozialen, kulturellen und gesundheitlichen Werte, die eine Hochschule im Alltag vertritt, prägen das Wertespektrum ihrer Mitglieder. Und so zielt die Kampagne der „Fairtrade-Universities" darauf ab, das Thema der fair gehandelten Güter und das damit verbundene Meta-Thema des verantwortungsbewussten Konsums auf die hochschulpolitischen Bühnen zu bringen.

Die Saar-Universität ist ein Pionier dieser Bewegung: 2014 wurde sie offiziell als Fairtrade-Universität ausgezeichnet und damit als erste deutsche Hochschule Mitglied im Netzwerk der „Fairtrade-Universities". Interesse an den Themenkreisen von Ökologie und Nachhaltigkeit gab es an der Saar-Uni aber natürlich schon viel früher. [110]

Die ersten dokumentierten Schritte eines Umwelt-Engagements erfolgten auf Initiative des „AStA-Öko-Projekts" Ende der 1980er Jahre. Ziel war damals die Umstellung der Getränkeausgabe in der Mensa auf Mehrweggläser; nach zweijähriger Überzeugungsarbeit konnten ab 1988 auf diese Weise jährlich sieben Prozent an Müll eingespart werden. 1992 dann erreichte eine studentische Unterschriftenaktion die Abschaffung von Gerichten in Aluschalen und Plastikbechern in der Mensa; ab dem Folgejahr verzichtete auch das „AC" auf derartige Verpackungen.[111]

Einen weiteren Erfolg konnte das Öko-Projekt im Bereich Recycling verbuchen. Ab 1993 wurde in den Kopiergeräten der Uni nur noch sauerstoffgebleichtes Papier verwendet, an mehreren Standorten, unter anderem der Universitätsbibliothek, wurden auch Geräte mit Recyclingpapier betrieben. Im selben Jahr gelang es dem Projekt nach mühsamen Verhandlungen mit den Verkehrsbetrieben, ein Semesterticket zu organisieren. Damit war den Studierenden gegen eine Erhöhung der Semesterbeiträge die freie Nutzung des öffentlichen Nahverkehrs möglich, zunächst für Teile des Netzes und später im gesamten Saarland.[112] ▸▸

Auch das Thema der fair gehandelten Produkte und Güter rückte zu Beginn der 1990er Jahre in den Fokus, ausgelöst durch das studentische Interesse an Entwicklungshilfe-Projekten. Als im Jahr 1992 die GEPA (Gesellschaft zur Förderung der Partnerschaft mit der Dritten Welt) erstmals einen Informationsstand vor der Mensa platzierte – dem viele weitere folgen sollten – und testweise fair gehandelten Kaffee anbot, war dies eine Initialzündung für Studierende und Mitarbeitende. Etliche Einrichtungen, allen voran das Café der Katholischen Hochschulgemeinde, widmeten dem Aspekt der nachhaltig gehandelten Güter fortan mehr Aufmerksamkeit. Dieses Café, direkt an der AC-Wiese gelegen, war es auch, das als erster gastronomischer Akteur der Saar-Uni fair gehandelte Kaffee- und Teesorten in das tägliche Sortiment aufnahm.[113]

Über die Jahre wurde umweltbewusstes Handeln mehr und mehr zu einem festen Bestandteil des Uni-Profils. Der Bereitschaft, auf studentische Forderungen einzugehen, folgten nun auch Initiativen seitens der Universität. Im Mai 2010 startete das neue Abfallkonzept der Uni mit der Eröffnung des eigens errichteten Entsorgungshofs. Durch das bundesweit fortschrittlichste Entsorgungssystem an einer Hochschule wurde auf dem gesamten Campus eine strikte Mülltrennung etabliert. Spezielle Abfallarten wie Metall, Sperrmüll und Batterien werden seitdem in den Büros, Laboren und Werkstätten gesammelt und auf dem 1.400 Quadratmeter großen Hof entsorgt oder wiederverwertet. Das Konzept brachte nicht nur ökologische, sondern auch ökonomische Vorteile und schuf darüber hinaus zusätzliche Arbeitsplätze.[114]

2010 stieg die Mensa in das Fairtrade-Projekt mit ein, indem sie ein fair gehandeltes Menü pro Woche anbot. Zwei Jahre später ergriff das Aktionsbündnis „Faire Uni Saar" dann die Initiative und bewarb sich um die Zertifizierung als Fairtrade-Universität, die im Mai 2014 tatsächlich erfolgte. Den Titel trägt die Saar-Uni seither mit Stolz. Ihre Mensen und Cafeterien müssen nun eine Mindestzahl an Produkten führen, die nachweislich fair gehandelt wurden. Auch Non-Food-Produkte, die den Fairtrade-Richtlinien entsprechen, werden miteinbezogen. Bis heute haben sich der Kampagne 36 weitere Unis in Deutschland angeschlossen, acht weitere durchlaufen derzeit das Bewerbungsverfahren.[115]

An dem Ort, an dem alles begann: Vor der Mensa feierten die Beteiligten die Anerkennung als erste „Fairtrade-University" Deutschlands.

Nicht ganz so erfolgreich war der Versuch, das Nachhaltigkeitsthema systematisch in die Studienprogramme einzubeziehen. 2010 wurde ein bundesweit beachtetes Studienangebot „Nachhaltige Entwicklung" aufgelegt und eine Stiftungsprofessur Nachhaltigkeit eingerichtet, doch konnten sich beide Ansätze nicht dauerhaft etablieren. Dafür traten dezentrale Lehr- und Fortbildungsprojekte in den Vordergrund, darunter die „Eine Welt AG", in der Studierende und Beschäftigte der Uni gemeinsam mit dem Studierendenwerk verschiedene Themen der Nachhaltigkeit bearbeiten, oder zuletzt die Vortragsreihe „Raumschiff Erde", auf deren Basis künftig ein Studienzertifikat entwickelt werden soll.[116]

Im AStA beschäftigt sich das Nachhaltigkeitsreferat mit allen erdenklichen Fragen des nachhaltigen Campus und hilft Studierenden, aktiv zu werden. So hat beispielsweise die studentische Initiative „La Page Verte" es sich zur Aufgabe gemacht, fehlerhaft bedrucktes Papier zu retten. In kleinen Behältern an Kopiergeräten der Uni sammelt sie das bei Fehlkopien anfallende Papier und sorgt für dessen Weiterverarbeitung zu originellen Schreibblöcken, die man auf dem Campus erwerben kann.[117]

Seitens des Präsidiums wurde die Bearbeitung des Themenfelds Nachhaltigkeit 2019 der Digitalisierungs-Stabsstelle übertragen, die seither die beiden Themen miteinander zu verbinden und Synergieeffekte zu nutzen sucht. Ein Schwerpunkt gilt dabei dem Bereich Klimafreundlichkeit. Unter dem Oberbegriff des integrierten Klimaschutzkonzeptes werden Ideen entwickelt, wie erneuerbare Energien sinnvoll in den Uni-Alltag integriert oder beispielsweise die Wärme- und Kältenutzung klimafreundlicher gestaltet werden kann – ein Anliegen, das durch die Energiekrise und die Preisanstiege in Folge des Ukraine-Kriegs zusätzliche Bedeutung erhielt.[118]

Vor dem Hintergrund dieser vielfältigen Aktivitäten erscheint es fast als logische Konsequenz, dass das Nachhaltigkeits-Thema durch die Ernennung einer Vizepräsidentin für Gesellschaftliche Verantwortung und Nachhaltigkeit im Frühjahr 2023 sogar zum offiziellen Präsidiumsressort avancierte. Dass es sich dabei nicht um ein bloßes Trend-Thema handelt, belegt die skizzierte Historie des Nachhaltigkeits-Engagements an der Saar-Uni. Viele Kräfte verfolgen gemeinsam das Ziel, die Uni des Saarlandes zu einem klimafreundlichen Mikrokosmos zu machen.

Lea T. Klüß / Junes R. Arib

Annegret Kramp-Karrenbauer

(geboren 1962)

Als „AKK“ 2011 dem vorzeitig aus dem Amt geschiedenen Peter Müller als Ministerpräsidentin des Saarlandes nachfolgte, lag die Regierung zum dritten Mal in den Händen einer Führungskraft, die an der Landesuniversität ihren Studienabschluss abgelegt hatte. In der wenig später gebildeten Großen Koalition gliederte die studierte Politikwissenschaftlerin das Ressort Wissenschaft, Forschung und Technologie in die Staatskanzlei ein und beendete damit die in der vorangegangenen Jamaika-Regierung festgelegte Bindung der Wissenschaft an das Wirtschaftsministerium.

Hochschulpolitisch setzte Kramp-Karrenbauer wie ihr Vorgänger auf die Eigenverantwortung der Hochschulleitungen, verordnete allerdings dem finanziell in seiner Eigenständigkeit bedrohten Land einen strikten Sparkurs mit rigider Einhaltung der bundesweit geltenden „Schuldenbremse“, was die Universität stark in Mitleidenschaft zog. Besonders die Jahre 2015 bis 2018 waren von Sparmaßnahmen gekennzeichnet, die zwar von den Universitätsgremien konstruktiv umgesetzt, allerdings von heftigen Protesten begleitet wurden und zunehmend Zweifel an der Zukunftsfähigkeit der Hochschule schürten. ◂◂

▸ *Musik*
S. 352

▸ *Sparen und kein Ende*
S. 254

Als die Püttlingerin 2018 Generalsekretärin der Bundes-CDU wurde, schien sie vielen die designierte Nachfolgerin Angela Merkels auch im Kanzleramt zu sein. Doch das politische Glück wendete sich bald gegen sie, und nach der verlorenen Bundestagswahl 2021 zog sich „AKK“ bis auf weiteres ganz aus der Politik zurück.[119] *tk*

Christoph Mudrich

(1960–2019)

Zum Kulturangebot auf dem Campus gehört seit den 1990er Jahren auch der Jazz, in Form der Big-Band „Windmachine“. Der Jazztrompeter Bruno Piroth hat sie einst erfolgreich gegründet. Nach einem Wechsel des Bandleaders dümpelte sie jedoch einige Jahre eher kraftlos vor sich hin – bis Christoph Mudrich mit viel Engagement und Begeisterungsfähigkeit die Leitung übernahm. Der in Saarbrücken geborene Jazzpianist, Arrangeur und Bandleader hatte vor seiner Entscheidung, sich ausschließlich der Musik zu widmen, in Mainz und Saarbrücken Germanistik und Philosophie studiert.

Nachdem sich „Sunny Mudrich“ schnell als künstlerischer Leiter des Jugend-Jazzorchesters des Saarlandes und des Jungen Jazzensembles Saar profiliert hatte, begann er 2006 bei der „Windmachine“ den Turbo zu zünden. Mit bald schon vierzig begeisterten Mitmusikerinnen und -musikern sorgte die Uni-Big-Band seither bei zahlreichen Uni-Veranstaltungen für gute Stimmung ◂◂ und überzeugte regional und überregional in viel beachteten Konzerten mit frischem Wind vom Saarbrücker Campus.

Als Christoph Mudrich im Dezember 2019 überraschend starb, war in der gesamten Universität die Bestürzung groß. Universitätsmusikdirektor Helmut Freitag formulierte in einem Nachruf treffend: „Christoph Mudrich zeichnete neben seiner musikalischen Schaffenskraft die charmante sprachliche Gewandtheit, die liebevolle Betreuung der Studierenden und eine stets allürenfreie Kollegialität und Menschlichkeit aus.“[120] *bw*

Rolf W. Hartmann
(geboren 1952)

Nach seinem Chemie- und Pharmazie-Studium an beiden Münchner Universitäten und der Promotion in Regensburg wurde Rolf Hartmann bereits als 31-Jähriger mit der Projektleitung in einem Sonderforschungsbereich betraut, die ihn 1987 zur Habilitation führte. Von einer Kurzzeitprofessur an der FU Berlin wechselte er 1989 auf den Saarbrücker Lehrstuhl für Pharmazeutische und Medizinische Chemie. Der Saar-Uni blieb Hartmann trotz Rufen nach Bonn und Freiburg und lukrativer Stellenangebote der pharmazeutischen Industrie nicht nur dauerhaft erhalten, sondern er übernahm für sie auch besondere Verantwortung als Vizepräsident für Forschung und Technologietransfer (2003–2007). In der Phase des Wechsels von Margret Wintermantel zur Hochschulrektorenkonferenz führte er die kommissarische Präsidentschaft.

Bei der Nachfolge-Wahl 2006 setzte Hartmann auf das Thema „Forschungsuniversität", unterlag jedoch dem externen Bewerber Volker Linneweber. ▸▸ In bemerkenswerter Loyalität unterstützte Hartmann gleichwohl als Vizepräsident den Start des neuen Präsidenten. Anschließend spielte er eine maßgebliche Rolle als Mitbegründer des Helmholtz-Instituts für Pharmazeutische Forschung im Saarland (HIPS), das seit 2019 eine der Säulen für den Aufbau eines Exzellenzbereichs Wirkstoff-Forschung an der Saar-Uni bildet. Für den Wissenstransfer aus der Forschung in die Praxis engagierte Hartmann sich nicht nur hochschulpolitisch, sondern auch ganz konkret durch die Gründung dreier pharmazeutischer Unternehmen in Saarbrücken.[121] *tk*

Uğur Şahin und Özlem Türeci
(geboren 1965 bzw. 1967)

Die Eheleute, Wissenschaftler, Ärzte und BioNTech-Gründer wurden dank der Entwicklung des ersten Corona-Impfstoffs weltweit berühmt und vielfach ausgezeichnet. Ungewollt avancierten die Fans von Fantasy-Filmen so selbst zu Helden: Şahin gestand, er fühle sich gelegentlich wie Bilbo Beutlin aus „Herr der Ringe", da er und seine Frau unfreiwillig zu Weltenrettern erkoren wurden. Auch symbolisieren sie für viele den unverzichtbaren Beitrag, den Menschen mit Migrationshintergrund hierzulande leisten.

Wichtige Etappen ihrer Karrieren absolvierten beide an der Saar-Universität, wo sie bis zu ihrem Wechsel nach Mainz im Jahr 2000 tätig waren. Türeci, die in Homburg Humanmedizin studierte, und ihr Tutor Şahin, der seinem Doktorvater Michael Pfreundschuh ▸▸ von Köln an die Saar gefolgt war, lernten sich 1991 auf der Onkologie-Station des Homburger Uniklinikums kennen. Für Türeci folgte 1992 die Promotion, für Şahin 1999 die Habilitation; gemeinsam untersuchten sie in Homburg die Identifikation von Tumor-Antigenen und begannen, mit mRNA zu arbeiten. Auf dieser Basis forscht BioNTech seit 2008 an Krebsimpfstoffen. Durch die so gesammelten Erfahrungen hielt das Paar das Rüstzeug für die Entwicklung des Corona-Vakzins in den Händen, noch bevor sich die Pandemie abzuzeichnen begann. Daneben spornte sie die klinische Arbeit in Homburg dazu an, wissenschaftliche Erkenntnis schnellstmöglich zum Patienten zu bringen – was mit ihrem COVID-19-Impfstoff eindrucksvoll gelang.[122] *mb*

▸ Biogramm S. 286
▸ Zeitzeugnis Linneweber S. 298

ZEITZEUGNIS

Volker Linneweber

Universitätspräsident
2006–2017

Geboren 1951 in Bielefeld, Studium der Psychologie, Soziologie, Pädagogik in Münster, 1986–1990 wissenschaftlicher Mitarbeiter an der UdS, 1993–1996 am Potsdam-Institut für Klimafolgenforschung, seit 1996 Professor, Dekan und Prorektor an der Uni Magdeburg, 2006–2017 Präsident der UdS.

Die Texte sind im Rahmen eines Erinnerungsinterviews im Dezember 2022 entstanden.

Präsidentenwahl als Externer

„Ich war zwar ein Bewerber von außen, aber mir kam zugute, dass ich früher schon einige Zeit als Assistent in Saarbrücken verbracht hatte. Ich bin sicher, dass ich nicht gewählt worden wäre, wenn ich dieses ‚Ich bin schonmal hier gewesen' nicht hätte sagen können. Denn damit war den Wählenden klar: Der weiß, auf was er sich hier einlässt, zumindest was das Saarland und die saarländischen Verhältnisse angeht. Für meinen Start als Präsident war es dann natürlich von enormer Bedeutung, dass mein interner Gegenkandidat, Rolf Hartmann, ◂◂ die Größe hatte, als Vizepräsident im Präsidium zu verbleiben und seine Erfahrung weiter für die Gestaltung der Uni einzubringen. Und es war sicher ein Vorteil für mich, dass ich als von Außen Kommender keine Vorbelastung durch eventuelle Kontroversen in früheren Ämtern an der UdS hatte."

▸ Biogramm S. 297

Das Besondere der Saar-Universität

„Mit gewachsenem zeitlichem Abstand wird mir die besondere Rolle noch deutlicher, die die Uni des Saarlandes als ‚Keimzelle' oder als Anreger-Institution für andere Akteure in ihrem Umfeld gespielt hat. Ich denke hier etwa an die zwar langwierige, aber doch außergewöhnlich erfolgreiche Formierung des Verbunds der Universität der Großregion, ◂◂ außerdem natürlich an die Ansiedlung außeruniversitärer Forschungseinrichtungen in der Informatik, in den Materialwissenschaften und zuletzt in der Pharmazie, mit dem HIPS. Und auch an die Rolle, die die Universität als Innovationsmotor für den Strukturwandel des Saarlandes gespielt hat. Uns wurde in allen diesen Kontexten zugemutet, Energie an Partnerakteure abzugeben, in Form von Ideen, Vorarbeiten, Finanzen, Dienstleistungen, vor allem aber in Form von Personen, häufig gerade den Leistungsträgern. Wir waren also oft nicht der unmittelbare Nutznießer der Entwicklung, manche kritisierten das sogar als ‚brain drain' oder ‚glory drain'. Aber das Umfeld als Ganzes, die Region hat dadurch enorm gewonnen. Und das hat sich dann auch wieder positiv auf die Entwicklung der Universität ausgewirkt, wie etwa die Erfolge in der Exzellenzinitiative gezeigt haben."

▸ UniGR S. 266

Uni-Steuerung

„Dass der Universität 2004 die finanzielle Selbständigkeit in Form eines Globalhaushalts übertragen wurde, hat sie, von heute aus betrachtet, völlig unvorbereitet getroffen. Es fehlten uns Kompetenzen, Daten, in gewisser Hinsicht auch mentale Einstellungen und Routinen. Das Land als Partner war keinen Deut besser vorbereitet; hier mangelte es vor allem an der Bereitschaft, der Universität Zuständigkeiten und Spielräume zu überlassen und sich aus der Detailsteuerung zurückzuziehen. Die neuen Steuerungsinstrumente, insbesondere die Ziel- und Leistungsvereinbarung zwischen Land und Uni, wurden nicht genutzt, um strategische Gesamtausrichtungen zu fokussieren, sondern waren von einer entnervenden Feinkörnigkeit. Etwas satirisch habe ich sie mal mit einem Ehevertrag verglichen, der die Härte des morgendlichen Frühstücks-Eis festlegt.

Die veränderte Steuerungsphilosophie hat also eine Menge Kraft gekostet, aber im Endeffekt hat sie uns doch auch viele Vorteile gebracht. Ich sehe dies am Vergleich mit Hochschulen ohne Globalhaushalt, etwa in Bayern, bei denen etliches doch sehr viel zäher und langsamer abläuft als bei uns. Natürlich darf man das Modell der Management-Steuerung auch nicht überdehnen, die Entwicklung von Kennziffern zur Leistungsmessung beispielsweise ist über Jahrzehnte betrieben worden und hat sich, zumindest für die Verhältnisse im Saarland, wo es nur eine Universität gibt, letztlich nicht als sinnvoll realisierbar erwiesen. Eine Uni ist eben kein Unternehmen. Dass wir uns trotzdem effektiv um die Sicherung von Qualität kümmern können, zeigen beispielsweise unsere Ergebnisse bei der Qualitätsentwicklung in Studium und Lehre."

ZEITZEUGNIS

Marion Geib

Leiterin des IT-Managements in der zentralen Verwaltung 1981–2009

Geboren 1949, studierte 1967 bis 1974 an der UdS Mathematik, Physik und Betriebswirtschaftslehre, von 1974 bis 2009 tätig in der IT-Abteilung der zentralen Verwaltung, seit 1981 als deren Leiterin.

Die Erinnerungen entstammen einem Zeitzeugengespräch aus dem März 2023.

IT in der Verwaltung: Fernschreiber und Lochstreifen

„Wenige Tage nach meinem Examen fing ich in der IT-Abteilung der Verwaltung an, sie hieß damals „DVO", für „Datenverarbeitung und Organisation". Wir hatten noch keine eigenen Computer, sondern waren auf das Rechenzentrum der Universität angewiesen. Dieses war zunächst im Keller der Mathematik und danach in der Informatik untergebracht. Weil die Rechenleistung größtenteils durch wissenschaftliche Anwendungen in Anspruch genommen war, mussten wir mit den Produktionsläufen für die Verwaltung, besonders mit der unverzichtbaren Lohnabrechnung, stets auf das Wochenende ausweichen. Das war immer ein gewaltiger Aufwand: Die Daten wurden mit speziellen Erfassungsgeräten auf Lochkarten gestanzt, früher noch per Fernschreiber auf Lochstreifen aufgebracht. Die Lochkartenstapel wurden dann in großen Schubladen zu Fuß oder mit eigenem Pkw ins Rechenzentrum transportiert, wo man sich in die Schar der Anwender einreihen und meist sehr lange warten musste, bis endlich einer der „Operateure" die Karten einlesen konnte. Und wiederum dauerte es oft eine Ewigkeit, bis die Ergebnisse auf Papier ausgedruckt waren und mitgenommen werden konnten. Wenn man dann feststellte, dass man sich an nur einer Stelle verschrieben hatte, ging das Ganze nochmal von vorne los…"

Der eigene Rechner

„Es war deshalb eine enorme Erleichterung, als irgendwann ein eigener Rechner für die Verwaltung eingesetzt werden konnte (die Fachhochschule hatte ihn gekauft, benötigte ihn aber nicht mehr). Nach und nach wurde nun ein eigenes Rechenzentrum für die Verwaltung aufgebaut, wobei das Verhältnis zum Uni-Rechenzentrum nicht immer problemlos war. Es waren verschiedene Welten – dort die „Wissenschaftler", mit Interesse an neuer, ambitionierter Hard- und Software, bei uns die „Schaffer", die dafür gradestehen mussten, dass alles termingerecht und störungsfrei funktionierte. Unser Rechner mit drei Magnetband- und vier Wechselplattenlaufwerken füllte einen großen Raum im Erdgeschoss des Präsidialamts, in den eigens ein doppelter Boden zur Klimatisierung eingezogen wurde. Zentrale Aufgaben der Verwaltungs-IT waren damals Lohn- und Gehaltsabrechnung, Studierendenverwaltung, Haushalts- und Rechnungswesen, Telefonabrechnung sowie Raum- und Geräteverwaltung."

Innovationsprojekte

„Ein großer Schritt zur Digitalisierung war das Kooperationsprojekt „III" mit Siemens Ende der 80er Jahre, durch das viele Arbeitsplätze mit Bildschirmen ausgestattet wurden – allerdings mit alphanumerischen Geräten, zu einer Zeit, in der grafische Monitore und PCs schon im Kommen waren. 1998/99 wurde dann zum Jahrtausendwechsel mit einem Großprojekt auf SAP-Software umgestellt, samt Komplett-Ausstattung der Verwaltung mit Windows-PCs. Damit konnten wir erstmals fertige Softwareprodukte einsetzen und mussten nicht mehr alle Programme selbst schreiben. Allerdings waren dadurch keineswegs sämtliche Probleme gelöst, zum Beispiel kannte SAP nur die kaufmännische Buchführung, nicht die kamerale Haushaltsrechnung des öffentlichen Dienstes. Dies schlug umso mehr zu Buche, als die Uni ab 2004 ihre Finanzen im Rahmen des Globalhaushalts weitgehend selbst managen musste. Ebenfalls 2004 gelang es uns, nach umfangreichen Vorbereitungen und gegen erhebliche Widerstände das zentrale UdS-Card-System einzuführen ▸▸ und damit die drohende Zersplitterung in unterschiedliche Systeme (Bezahlen, Identifizieren, Schließen, Ausleihen) zu verhindern. ▸ *UdS-Card* S. 270

Viele Defizite und Schwierigkeiten im Umgang mit der IT wurden dem IT-Referat angelastet, sehr oft zu Unrecht und in Verkennung der Umstände. Dass es uns mit dem vorhandenen Personal und den knappen Finanzen gelungen ist, nicht nur den laufenden Betrieb, sondern auch große Innovationsprojekte zu bewältigen, das war, denke ich, keineswegs selbstverständlich, auch im Vergleich mit Hochschulen anderer Bundesländer."

Der Tintenfisch 10, Jahrgang 1, Oktober 1948, Preis 20,– Frs.

DER Tintenfisch

DAS HUMORISTISCHE BLATT DES SAARLANDES

einige von vielen Kuriositäten an unserer UNIversität HOMBURG eingesandt + gezeichnet von den Studenten, zum Semesterbeginn

Wie sich der Kultusminister einen saarländischen Studenten vorzustellen scheint!

„Ehrlich gesagt —: von dieser Vorlesung habe ich nicht viel mitgekriegt. Der Professor hat ja entsetzlich viele Fremdwörter gebraucht!"
„Was heisst hier Fremdwörter! Die Vorlesung war auf französisch!"

GEZ·VON Spatz, STUD·PHIL·

„Was ist denn das? Da liegen wohl Kriegsverbrecher drin?"
„Denkste! Nee, das ist das Studentinnen-Heim."

„Warum glotzen sie den alle so an?"
„Das ist der erste Ausländer, der hier studiert."
„Ach — wohl von Uebersee?"
„Nee, von Bruchmühlbach."

Kapitel 9

UdS-Spektrum 75: Uni-Themen quer durch die Jahrzehnte

Ob jung oder alt, Professorin oder Student: Beim Firmenlauf bilden jedes Jahr alle Uni-Mitglieder ein gemeinsames Team.

Spektrum 75

Wie jede Universität stellt auch die Uni des Saarlandes ein komplexes Gebilde dar, in dem verschiedene Stränge sich miteinander verknüpfen und unterschiedliche Perspektiven aufeinander treffen. Der chronologische Durchgang durch die Geschichte der Saar-Universität hat in den vorangegangenen Kapiteln ihre wichtigsten Entwicklungsetappen dargestellt und dabei jeweils die Themen näher behandelt, die für die einzelnen Epochen besonders kennzeichnend waren. Von den zahlreichen Facetten, die das Bild einer Universität als sozialer Formation ausmachen, ziehen sich etliche freilich quer durch die Jahrzehnte und treten dabei mal mehr, mal weniger prägend in Erscheinung, ohne dass sie sich einem bestimmten Zeitabschnitt eindeutig zuordnen lassen. Daher werden in dem folgenden Abschnitt „Spektrum UdS-75“ einige dieser zeitübergreifenden Aspekte etwas näher beleuchtet. Der Bogen reicht dabei von prägenden institutionellen Merkmalen (Internationalität) über gesellschaftlich-politische Fragen (studentische Mitbestimmung, Beziehungen zu den Standort-Städten Saarbrücken und Homburg) bis zu Themen des alltäglichen Lebens an der Universität (Verkehr und Parken, Sport, Musik und Theater).

Wenn dabei der Eindruck eines bunten Reigens – oder eben eines vielfarbigen „Spektrums“ – entsteht, so zielt dies nicht nur auf eine abwechslungsreiche Lektüre, sondern hat seinen Grund auch in den Besonderheiten der speziellen Organisationsform „Universität“. Diese ist bekanntlich nicht so eindeutig durch Regeln, Funktionen und Logiken bestimmt wie die meisten anderen Organisationen, sondern stark durch informelle Strukturen und durch Konventionen, Konsens- und Konfliktmechanismen geprägt, die für Außenstehende oft wenig einsichtig sind. Zu den charakteristischen Merkmalen der Universität gehört, dass ihre Mitglieder nur eher lose miteinander verkoppelt sind: Sie sehen sich durch ihre Interessen und ihre Aufgaben meist eher mit ihrem Fach, ihrer Fakultät oder ihrer Abteilung verbunden als mit der Gesamtuniversität, so dass bisweilen der Eindruck entsteht, die Unterschiede überwögen die Gemeinsamkeiten.

Um so wichtiger erscheinen daher aus Sicht einer Geschichte der Gesamtinstitution die Bereiche, in denen Universitätsangehörige sich über Fächer- und Institutionengrenzen hinweg begegnen, und die Lebenswelten, die sie miteinander teilen. Denn es dürften nicht zuletzt die Erfahrungen im praktischen und selbstverständlichen Miteinander des Alltags sein, die eine Universität jenseits aller fachlichen und organisatorischen Differenzierungen ausmachen – und die eine oft recht abstrakt erscheinende Gesamtorganisation mit Leben und mit Farbe füllen. Deshalb richten die Beiträge des Spektrum-Kapitels den Blick vorwiegend auf gemeinsame Aktivitäten, verbindende Gruppen und geteilte Lebens-Räume quer durch die Universitätsgeschichte; sie versuchen dadurch, bei aller unvermeidlichen Fragmentierung und Diversität, Facetten eines Gesamtbilds erkennbar werden zu lassen, in Vergangenheit und Gegenwart.

Wie dagegen die Zukunft der Saar-Universität aussieht, kann niemand vorhersehen – Anzeichen und Hinweise dazu sind aber den persönlichen Botschaften zu entnehmen, die eine Reihe von Universitätsangehörigen, zufällig und bunt gemischt von der Studentin bis zum Emeritus und von der Geschäftsführerin bis zur Alumna, für das Ausblickskapitel am Schluss dieses Bandes exemplarisch formuliert haben. Texte, die zuversichtlich stimmen können und die dafür sprechen, dass Verschiedenheiten und Gemeinsamkeiten im komplexen Sozialgebilde der Universität nicht widerstreitende Gegenspieler, sondern sich ergänzende Bestandteile sind.

Thilo Offergeld

Internationalität und Offenheit

Deutlicher als jeder Präsidiumsbericht und jede Marketing-Broschüre dokumentiert im Internetzeitalter vermutlich eine klassische Homepage das Selbstbild und die gewünschte Außenwahrnehmung einer Organisation. Im Fall der Universität des Saarlandes gliedert sich diese Homepage im Jubiläumsjahr 2023 in vier Hauptrubriken: Studium, Forschung, Universität und „International". Während die ersten drei Sektionen sich auf so gut wie jeder universitären Webseite wiederfinden dürften, markiert die Hervorhebung der Internationalität einen Anspruch, der besonders ins Auge fällt.

Biogramm S. 274

Dass der internationale Charakter der Saar-Uni in ihren Anfangsjahren unter französischer Ägide stark betont wurde, wundert angesichts der damaligen Sonder-Konstellation wenig. Aber auch die „deutsche" Universität des Saarlandes der späten 50er und 60er Jahre galt als ausgesprochen international ausgerichtete Hochschule. Anlässlich einer Feier des Akademischen Auslandsamts 1960 begrüßte der Germanistikprofessor Hans Eggers den steilen Anstieg von 229 (1950) auf 536 ausländische Studierende, deren Anteil damit prozentual gesehen höher als an allen anderen Universitäten Deutschlands ausfalle. Dabei spielte in der Sprache dieser Zeit der aus heutiger Sicht paternalistisch anmutende Begriff „Entwicklungshilfe" eine zentrale Rolle, doch wurde dessenungeachtet auch Interesse an echter Partnerschaft artikuliert. So führte der AStA-Auslandsreferent aus, dass sein Referat „keineswegs die ausländischen Studierenden ‚betreuen'" wolle, sondern seine Tätigkeit vielmehr auf ein „gegenseitiges Verstehen" hinziele. Und, so wörtlich: „Wir wollen voneinander lernen!"[1]

Noch einmal Neubeginn S. 92

Der Zuspruch zu der Vielzahl gemeinsamer Unternehmungen, die von Auslandsamt und studentischen, oft konfessionellen Organisationen angeboten wurden, scheint zunächst verhalten ausgefallen zu sein, wie ein studentischer Beitrag 1961 zwar beklagte, mit Hinweis auf das anspruchsvolle Studienprogramm aber auch erklärte. Eine besondere Rolle bei der Überwindung der Anfangshürden kam dem 1961 eingerichteten Studienkolleg zu, das durch Sprach- und inhaltliche Vorbereitungskurse den „Abiturienten aus Entwicklungsländern … den Weg zur Universität westeuropäischer Prägung ebnet." Diese Kurse, in denen begeisterte „farbige Studienbewerber", nach einem sicher etwas überzogenen Pressebericht von 1961, „zum ersten Mal wie Menschen behandelt" wurden, bildeten ein Vorschaltprogramm für die Aufnahme eines regulären Studiums. Die Veranstaltungen wurden auch von Interessenten genutzt, die andernorts ihr Studium aufnahmen – wie etwa Auma Obama, die Halbschwester des 44. US-Präsidenten, die ihre Saarbrücker Zeit Anfang der 1980er Jahre als außerordentlich positive, für ihre weiteren Kontakte zu Deutschland prägende Erfahrung schilderte.[2]

Statistische Streiflichter (Anhang)

Eine Singularität stellte ein Ausbildungsprogramm des Deutschen Akademischen Austauschdienstes dar, das in den 1970er Jahren die 56 in afrikanischen Ländern eingesetzten deutschen Sprachlehrkräfte durch einheimische, an der Saar-Universität graduierte Germanisten ersetzte. Im Rahmen dieser befristeten, noch 1998 als „berühmtes Saarbrücker Programm" bezeichneten Maßnahme wurden afrikanische Studierende zwei Jahre in ihren Heimatländern ausgebildet, um nach einem folgenden Jahr an der Saar das Examen abzulegen, das anschließend in eine landeseigene Maîtrise überführt wurde. Auch in dieser Zeit spielte noch der Gedanke des einseitigen Kulturtransfers eine Rolle, „denn hier wird", so ein engagierter Akteur, „durch die Ausbildung einheimischer Fachkräfte auch gleichzeitig Entwicklungshilfe für Afrika geleistet." Die deutsche Sprache für Afrika kam in den 70er und 80er Jahren aus dem Saarland.[3]

Der Anteil ausländischer Studierender stieg nach einem Tief in den 70er und 80er Jahren (während derer die „Internationals" womöglich Leidtragende des Massenandrangs waren) wieder auf zehn, bis zur Jahrtausendwende sogar fünfzehn Prozent an. Wie sehr sie in das Universitätsleben eingebunden waren, zeigte sich im Jahr 1981, als in der Hochphase der Studierendenschwemme ein Beschluss der Kultusministerkonferenz zur Reglementierung des „Ausländerzugangs" vom AStA mit der Parole „Ausländer rein!" gekontert wurde. AStA-Präsident Huschens bezeichnete dabei die Kontakte zwischen Studierenden „möglichst vieler Nationen" als „nicht zu unterschätzende Form des Lernens, des Kennenlernens und der Information". Eine „‚Politik der Abschottung' wäre daher auch ein Schaden für die deutschen Studierenden."[4]

Die Universität als integrativer Faktor: Beim „Wirtsleutetreffen" (1961) kamen einheimische Zimmervermieter und ausländische Studierende miteinander in Kontakt.

Voneinander lernen wollten in der Folgezeit auch immer mehr saarländische Studierende durch einen Aufenthalt im Ausland. Schon 1989 lag die Saar-Uni bundesweit an der Spitze im Erasmus-Austauschprogramm der Europäischen Union, in den 90er Jahren spielte die Medizinische Fakultät eine Vorreiterrolle bei der Entwicklung des europäischen Leistungspunktsystems ECTS. 1998 wurden Austauschabkommen mit 211 Partnern weltweit unterhalten, koordiniert vom Akademischen Auslandsamt, das jährlich etwa 1.300 Studierende inhaltlich und organisatorisch unterstützte. Die Zahlen der – im Fachjargon – „Incomings" und „Outgoings" hielten sich dabei etwa die Waage.[5]

Seit den 2000er Jahren bewegte sich der Anteil internationaler Studierender auf die 20-Prozent-Marke zu, erreichte 2023 sogar rund 21 Prozent, was ebenso wie die 22 Prozent bei den internationalen Lehrenden weiterhin eine Spitzenposition im deutschen Vergleich darstellte. Im Jahr 2005 feierte die Saar-Uni die „Internationalität: ein Markenzeichen der UdS". Offenheit und Vernetzung rückten zunehmend ins Zentrum der Fremd- und Selbstwahrnehmung, und das ursprünglich primär für Zulassung und Immatrikulation ausländischer Studierender zuständige Akademische Auslandsamt entbürokratisierte sich unter dem neuen Namen „International Office". Das hier integrierte „Zentrum für die Betreuung internationaler Studierender" ließ in seinem neuen Programm das traditionelle Verständnis von „Aufbau-" oder „Entwicklungshilfe" hinter sich und entwickelte ein buntes Portfolio an Maßnahmen aus dem Geist gleichberechtigter Partnerschaft. Von der „Welcome Map" über Orientierungswochen, Exkursionen, Stammtische bis hin zum „You and me"-Partnerprogramm für Sprachtandems wurde ein Netz des Kulturaustauschs gespannt, das nun auch eine Stelle zur Betreuung von Gastwissenschaftlerinnen und Gastwissenschaftlern einschloss. Außergewöhnlich offen und innovativ zeigte sich die Saar-Uni auch im „Flüchtlingsjahr" 2015, als sie in einem blitzschnell entworfenen Sonderprogramm geflüchteten Syrerinnen und Syrern ohne Schulzeugnisse das Studium ermöglichte – als eine der ersten Hochschulen bundesweit.[6]

Der 1961 eingerichtete „Ausländerclub", an zentraler Stelle des Campus als Ort der Begegnung und Sichtbarkeit exemplarisch im Geist der Zeit – und mit aus Transparenzüberlegungen auffallend großen Fensterfronten – errichtet, war inzwischen längst zum „AC" geworden, dessen Ursprung heutigen Studierendengenerationen kaum mehr bekannt sein dürfte. Und dies ist kein Makel, denn die Kommilitoninnen und Kommilitonen aus aller Welt sind mittlerweile so sehr in das Uni-Leben integriert, dass gesonderte „Begegnungsorte" aus der Zeit gefallen wären.[7]

Thomas Kees

Höhere Hürden überwinden – Frauen an der Saar-Uni

„Am ersten Tag kam ich nur bis zur Mensa; die ungewohnten Pfiffe aus Männermündern und ähnliche werbende Geräusche ließen mich schleunigst nach hinten Land gewinnen. Ich muß gestehen, ich suchte vergebens eine Baustelle oder gar eine Kaserne. Nein, ich hatte mich nicht geirrt, das waren Studenten gewesen, mit Bart und so. An letzterem hatte ich sie übrigens genau erkannt".[1]

Der Bericht einer Studienanfängerin aus dem Jahr 1961 spricht Bände über das gemeinsame Lern- und Arbeitsklima von Männern und Frauen an der Universität des Saarlandes in den frühen 1960er Jahren. Weibliche Studierende, erst recht wissenschaftliche Mitarbeiterinnen und Hochschullehrerinnen, waren über viele Jahrzehnte eine Minderheit im saarländischen, aber auch im bundesdeutschen Hochschulbetrieb. Erst in den 70er Jahren stieg an der Saar-Universität ihr Anteil unter den Studierenden, der zuvor bei etwa einem Viertel gelegen hatte, deutlich an und stagnierte dann in den 80ern bei rund 45 Prozent. Mitte der 90er Jahre erfolgte ein erneuter Zuwachs, der dazu führte, dass sich seit den 2000er Jahren konstant etwas mehr Frauen als Männer an der Saar-Uni eingeschrieben haben.[2] ◀◀

▶ *Statistische Streiflichter* (Anhang)

Ungeachtet dieses wachsenden Frauenanteils zeugen zahlreiche Erfahrungsberichte aus den Studierendenzeitungen „Speculum" oder später „Champus" von Diskriminierungserfahrungen im Alltag. Eine anonyme Jura-Studentin schilderte beispielsweise im April 1961 ihren einsamen Kampf darum, als Studentin ernst genommen und auf Augenhöhe behandelt zu werden, und beschrieb übergriffige Bemerkungen ebenso wie anmaßendes Verhalten. Wenig später wies ein Bericht im „Speculum" darauf hin, dass bereits mehrfach Studentinnen auf dem Weg vom Campus nach Hause im Stadtwald vergewaltigt worden waren. Er rief die Polizei dazu auf, mehr Präsenz auf den Waldwegen zu zeigen, da sich viele Studierende das Busfahren nicht leisten könnten und daher den für Frauen gefährlichen Fußweg nehmen müssten. Argumentiert wurde dabei nicht zuletzt mit dem Ruf der Universität, der durch die Vergewaltigungen Schaden nehmen könne. In der offiziellen Universitätszeitung „Campus" unterstellte ein Redakteur noch 1981, dass Studentinnen aufgrund ihrer „speziell weiblichen Bedürfnisse" höhere Hürden überwinden müssten als ihre männlichen Kommilitonen. Zwar hat sich in der Zwischenzeit vieles zum Positiven gewandelt, doch werden auch heute noch immer wieder Diskriminierungserlebnisse aus dem weiblichen Studienalltag berichtet.[3]

▶ *Zeitzeugnis Albert* S. 247

Initiativen zur Verbesserung der Situation von Frauen an der Saar-Uni entwickelten sich seit den späten 60er Jahren; so gründeten Studierende 1968 einen ersten Uni-Kindergarten, um die Vereinbarkeit von Studium und Familie zu erleichtern. Etwas später schlossen sich innerhalb des AStA Frauen zusammen, die ein Café eigens für Studentinnen eröffneten und darin eine Plattform des Austauschs boten. Aus dem Kreis dieser Initiatorinnen wurde 1978 ein Frauenreferat im AStA gegründet. Dieses sollte nicht nur für weibliche Universitätsmitglieder ein Anlaufpunkt für Probleme rund ums Studium sein, sondern darüber hinaus ein Ort des gegenseitigen „Empowerments" für Studentinnen. Es folgten überregional beachtete Projekte wie die 1982 initiierte Ringvorlesung für Frauen und besonders das 1983 gestartete Modellvorhaben „Frauenstudium". Es bot Frauen – auch ohne Abitur – die Möglichkeit, sich nach einer beruflichen Auszeit weiterzubilden, schloss mit einem Zertifikat ab und umfasste nicht zuletzt Fragen zur weiblichen Perspektive in der Wissenschaft.[4]

Seit 1988 wurde Frauenforschung an der Saar-Uni finanziell durch das Land gefördert, 1989 ein Beirat für Frauenfragen gegründet und 1993 endlich auch die Position einer Frauenbeauftragten, bald umbenannt in Gleichstellungsbeauftragte, samt Gleichstellungsbüro etabliert. ◀◀ Dieses setzte sich trotz knapper Personalausstattung wirkungsvoll für die Verbesserung der Studien- und Arbeitsbedingungen von Frauen ein. Weitere Meilensteine waren die erstmalige Bestellung einer Vizepräsidentin 1994 (Margret Wintermantel) und die Einführung eines Frauenförderplans durch das Landesgleichstellungsgesetz 1996/97. Die Unterstützung weiblicher Universitätsmitglieder und darüber hinaus die Schaffung familienfreundlicher Arbeitsbedingungen wurden auf diese Weise nunmehr systematisch

Das AStA-Frauenreferat – der Beschluss zu seiner Gründung wurde 1977 von 140 Frauen während einer Frauenvollversammlung getroffen.

entwickelt und institutionell stabilisiert. In Anerkennung dieses Engagements erhielt die Universität des Saarlandes 2004 als eine der ersten Hochschulen bundesweit das Zertifikat „Audit – familiengerechte Hochschule". Die Maßnahmen werden seither kontinuierlich ausgebaut. So realisierten die Mitarbeiterinnen des Gleichstellungsbüros rund um Sybille Jung seit 2009 etwa ein Exzellenzprogramm für junge Wissenschaftlerinnen, das diese über ein gezieltes Mentoring auf zukünftige Führungspositionen in Wirtschaft oder Wissenschaft vorbereiten soll.[5]

Ungeachtet aller Fortschritte stellt die Vereinbarkeit von Wissenschaft und Familie insbesondere für Frauen – nicht zuletzt aufgrund von befristeten Arbeitsverhältnissen – nach wie vor ein ungelöstes Problem dar. Der Frauenanteil beim wissenschaftlichen Personal nimmt mit ansteigender Qualifikationsstufe immer noch drastisch ab; bei den Professuren (ohne Juniorprofessuren) lag er 2022 nur knapp über zwanzig Prozent (59 mit Frauen besetzte Lehrstühle gegenüber 219 männlich besetzten).

Selbstverständlich stellen diese Zahlen einen erheblichen Fortschritt zu früheren Zeiten dar: Mit der Ökonomin Elisabeth Liefmann-Keil ▸▸ war 1956 zwar vergleichsweise früh die erste ordentliche Professorin berufen worden, doch gab es lange Zeit kaum Nachfolgerinnen. Selbst in den 80er und frühen 90er Jahren stieg der Anteil der Professorinnen (wie andernorts auch) nicht über drei bis fünf Prozent. Erst Ende der 90er Jahre begann eine deutliche, wenn auch unbefriedigend langsame Aufwärtsbewegung.[6]

Frauen prägten und prägen die Wissenschaftslandschaft an der Universität des Saarlandes dennoch maßgeblich. Studentinnen wie wissenschaftliche Mitarbeiterinnen und Professorinnen – allen voran Margret Wintermantel, die nicht nur die erste Präsidentin der Universität des Saarlandes (2000) wurde, sondern auch als erste Frau an der Spitze der deutschen Hochschulrektorenkonferenz (2006) stand – ▸▸ setzten sich beharrlich und erfolgreich für Frauenförderung ein. Immer wieder positionierten sich Frauen auf verschiedenen Hierarchieebenen und über die Generationen hinweg mit eigenen inhaltlichen Schwerpunkten und führten mit ersten Frauenforschungsprojekten – den Vorläufern der heute vielbeachteten Gender Studies – die Universität des Saarlandes auf den Weg in eine geschlechtergerechte(re) Wissenschaftszukunft.[7]

Jasmin Nicklas

▶ *Biogramm* S. 286

▶ *Biogramm* S. 109

Rechte Winkel und bauliche Vielfalt – der Campus

Geht es um eine Beschreibung der Universität des Saarlandes, so fehlt quer durch die Jahrzehnte so gut wie nie der Begriff der „Campus-Universität". Gemeint ist der separierte, abgeschlossene Charakter des Uni-Geländes, der nicht nur den praktischen Vorteil kurzer Wege zwischen den Instituten bietet, sondern auch den Uni-Angehörigen das Gefühl der Zusammengehörigkeit zu vermitteln vermag.

Campus S. 60

Aus historischer Sicht ist diese Zuschreibung nur zu unterstreichen: Die Erweiterung der 1950er Jahre hatte aus der notgedrungen in einer Kaserne untergekommenen Hochschulgründung in der Tat die, städtebaulich gesehen, erste Campus-Universität Deutschlands gemacht. Allerdings unterscheidet sich der Saarbrücker Campus deutlich von den großen Hochschul-Anlagen einheitlichen Zuschnitts, die man üblicherweise mit dem Begriff der Campus-Universität verbindet, insbesondere den Neugründungen der 60er Jahre wie Bochum oder Konstanz. Der Saarbrücker Campus ist nicht am Reißbrett entstanden, sondern über Jahrzehnte gewachsen.[15]

Konsequent horizontal S. 110

Dem historischen Kern des Kasernen-Rechtecks hatte die Ausbauphase bis zur Mitte der 50er Jahre mit dem (heute so genannten) Französischen Platz eine zweite, parallel konzipierte Platzanlage hinzugefügt. ◂◂ Die enorme Erweiterung des Gebäudebestands in den 60er Jahren folgte dann allerdings nicht mehr einer stringenten planerischen Logik. Vielmehr waren es nun einzelne Bauten oder Baugruppen, mit denen sich die Uni in den umgebenden Wald ausdehnte, vor allem nach Osten den Hang hinab in Richtung Stuhlsatzenhaus und Scheidt: so etwa der Längsriegel von Bau C5 2, ◂◂ wenig später der hohe Physikturm

Rechtwinklig ausgerichtet im grünen Umfeld: der Saarbrücker Campus im Jahr 2001.

samt den Nachbarbauten für die Chemie-Institute, weiter unten dann die Gebäude für Mathematik und technische Wissenschaften. Auch die Ergänzungen der späteren Ausbauphasen, etwa für die Pharmazie (C2 2) oder die Informatik (E1 3), bildeten Einzelmaßnahmen, die sich nicht mehr zu Plätzen zusammenfügten, sondern für sich standen. Gemeinsam war ihnen allerdings die orthogonale Grundorientierung: Praktisch alle Gebäude wurden in einem Verhältnis gerader Achsen und rechter Winkel zueinander positioniert. Bis heute ist diese Ausrichtung, die in Fortsetzung der früheren Kasernenstruktur fast genau der Nord-Süd-Achse folgt, bestimmendes und ordnendes Merkmal für die Positionierung der Gebäude auf dem Campus.[16]

Abgewehrt wurde die Versuchung, die Expansion der Uni über den Standort im St. Johanner Stadtwald hinaus zu treiben; es blieb, mit geringen Ausnahmen und abgesehen selbstverständlich vom Stamm-Standort der Medizinischen Fakultät in Homburg, bei der Konzentration auf den einen gemeinsamen Campus. Damit bewahrte sich das Saarbrücker Campus-Modell etwas von der städtebaulichen Geschlossenheit, die den Ursprungsentwurf der 50er Jahre mit seiner an englische Colleges erinnernden Anordnung um rechteckige Innen-Plätze gekennzeichnet hatte. Aber auch die Weitläufigkeit und der Park-Charakter, welche amerikanische Hochschulen, als die Prototypen des Campus-Modells, so sehr kennzeichnen, sind dem Gelände der Saar-Uni nicht fremd. Dafür sorgten nicht zuletzt die natürliche Wald-Umgebung und die Möglichkeit der relativ ungehinderten Ausbreitung in unbebautem Gelände. Daher gehen das geschlossene „College" und der weiträumige „Campus", als zwei Grundtypen der baulichen Hochschulplanung, im Stadtwald eine insgesamt gelungene und in der deutschen Hochschullandschaft so nicht häufig anzutreffende Verbindung ein.[17]

Mit den amerikanischen „campus universities" hat das Saarbrücker Konzept auch noch ein anderes Merkmal gemein, nämlich die Integration verschiedener Lebensbereiche, vor allem dem des Wohnens. Anders als in den Großcampus-Komplexen von Bochum oder Bielefeld kam den Wohngebäuden für Studierende, in geringerem Umfang auch für Lehrende, in Saarbrücken von Beginn an eine hohe Bedeutung zu. Nimmt man Grünanlagen, Sporthallen, Festsäle und gastronomische Einrichtungen hinzu, so waren außer Studieren und Arbeiten eben auch Wohnen und Erholen sowie Kultur, Sport und Freizeit seit den 1950er Jahren auf dem Saarbrücker Campus baulich vertreten.[18]

Seit jeher bietet der Campus Raum für informelle Orte der Begegnung.

Eine verbindliche Gesamtplanung oder gar ein einheitlicher Baustil waren und sind dem Campus der Saar-Uni fremd. Im Gegenteil kommt ein Rundgang über das Gelände geradezu einer Reise durch die Architekturgeschichte der letzten neun Jahrzehnte gleich, vom Heimatstil der Kasernengebäude über die klassische Moderne der 50er-Jahre-Bauten und die Sachlichkeit der 60er zum Beton-Brutalismus der 70er. Auch Beispiele aus der Postmoderne der 80er und 90er Jahre fehlen nicht, und Stahl-Glas-Konzepte der letzten Bau-Generation prägen die jüngeren Neubauten.

Manche Beobachter stören sich daran und erkennen Beliebigkeit oder Wahllosigkeit, andere empfinden gerade diese Stil-Brüche als Zeichen von Lebendigkeit und Offenheit: Entsprechen sie nicht einem von jungen Menschen bevölkerten Universitätsgelände viel besser, als ein Einheitsstil es könnte? In der Tat ist der Saarbrücker Campus – womöglich saarländischer Lebensart gemäß – geprägt durch offene Übergangszonen und informelle Räume der Begegnung. Überall finden sich Sitzgelegenheiten und Grill-Ecken; Passagen, Treppen und Hauseingänge stellen Treffpunkte dar, die den Campus mit Leben füllen. Demgegenüber mussten sich die durchfunktionalisierten Campus-Areale der neugegründeten Massen-Unis schon sehr bald vorwerfen lassen, dass sie auf Beton und Technokratie statt auf die Menschen und ihre Bedürfnisse geachtet hätten. Auch für die Revolten der 68er wurde die menschenfeindlich wirkende Architektur der Reform-Universitäten mitverantwortlich gemacht.[19]

Dass die Ausdehnung des Campus nach Osten hin nicht mehr einem stringenten Konzept folgte, hatte historisch gesehen auch eine gewisse Stimmigkeit. Denn während die Planungen der frühen Zeit die Bedarfe und Besonderheiten der jungen Universität noch weitgehend überblicken konnten, löste sich dieser inhaltliche Gesamtzusammenhang mit dem Wachstum der Universität, mit der Spezialisierung der Wissenschaften und ihrer zunehmenden Ausdifferenzierung in Disziplinen und Subdisziplinen mehr und mehr auf. So wie Forschende und Studierende sich mehr mit ihrem Fach als mit dem Gesamtgebilde Universität identifizierten, so konzentrierten sich auch die Planungen von Bauten und Infrastruktur auf die Belange und Notwendigkeiten der einzelnen Disziplinen.

Wenn also der wachsende Campus auch nicht konsequent durchgeplant wurde, so bildeten sich in ihm gleichwohl gewisse akademische Quartiere heraus: zum einen der geistes- und sozialwissenschaftlich dominierte Bereich im Süden um B3 1, das Audimax-Gebäude und C5 2/C5 3, zum anderen die Naturwissenschaften, eher zentral unterhalb des Kasernengeländes mit dem Physikturm, der Chemie und der Pharmazie, und schließlich weiter bergab am Stuhlsatzenhausweg der Komplex von Mathematik und Informatik. Interessanterweise stellen die beiden historischen Zentren, also der Französische Platz und die Kasernengebäude, heute die einzigen Bereiche dar, in denen die Disziplinen in bunter Mischung nebeneinander untergebracht sind. So ist in den Kasernenbauten etwa Romanistik neben Wirtschaftswissenschaft und Psychologie neben Biologie angesiedelt. Fast möchte man meinen, die in ihre Erweiterungszonen hinausgewachsenen Fachbereiche hätten im historischen Zentrum des Campus gewisse Anker behalten, um sich ihrer Zugehörigkeit zum Ganzen zu vergewissern.[20]

Der Rahmenplanentwurf von 2001 verdeutlicht die Strukturen des Campus: ein gestrecktes „Oval auf der Lichtung" mit urban verdichteter Mitte.

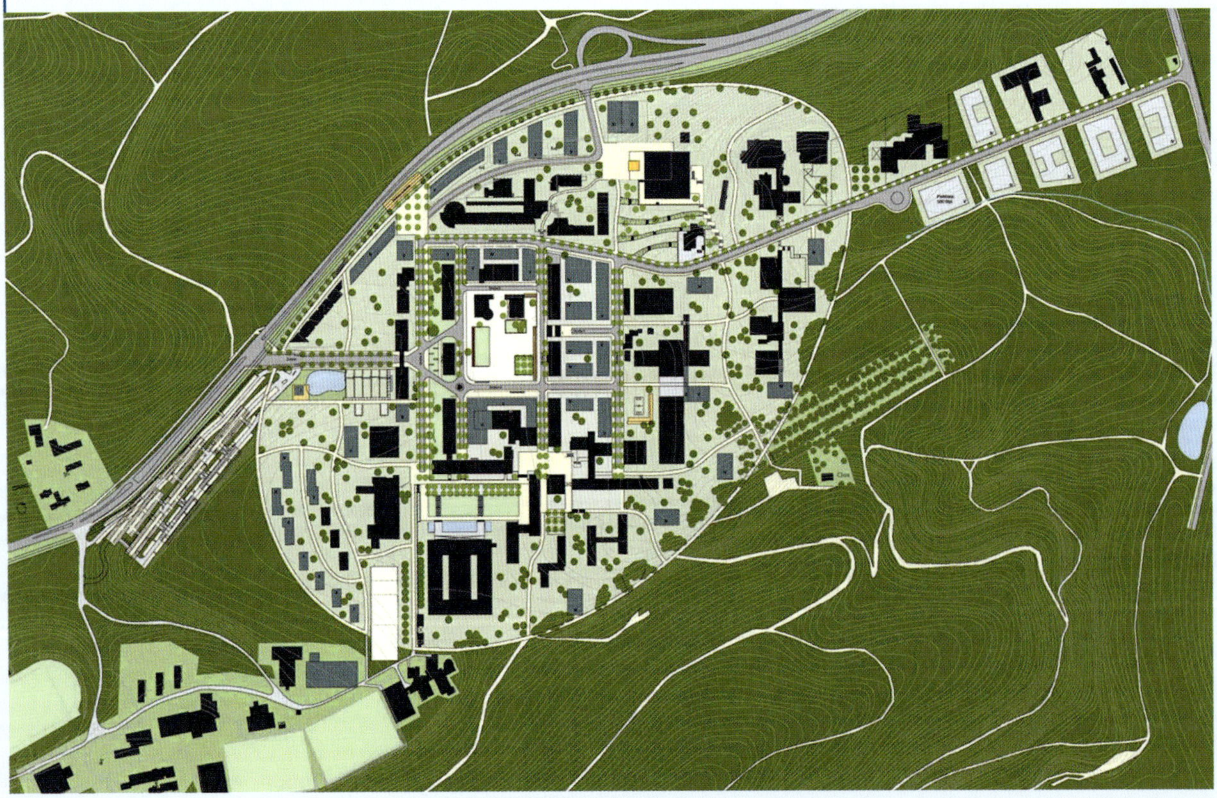

Der lange Zeit hohe Parkplatzanteil an der Campusfläche wurde im Zuge der Rahmenplanung und durch den Bau von zwei Parkhäusern 2003 und 2007 reduziert.

Um das Jahr 2000 wurde mit der „Campus-Rahmenplanung" noch einmal ein umfassender Versuch gemacht, die heterogene Vielfalt der Campusentwicklung in eine systematischere Ordnung zu bringen; in diesem Zuge wurde auch das etwas angestrengt wirkende, dreiteilige Nummerierungssystem (wie etwa B4 1) entwickelt. ▸▸ Städtebaulich wurde das Gesamtareal nun als „Oval auf der Lichtung" definiert und seine Abgrenzung zum Wald klarer herausgearbeitet. Für die zukünftige Entwicklung fasste man den Vorsatz, stärker auf Verdichtung im Inneren als auf Expansion nach außen zu setzen.

Dieses Programm bildet bis heute die konzeptionelle Grundlage der Campusentwicklung, es wurde freilich durch die Dynamik der Entwicklung, insbesondere bei den außeruniversitären Bauten, auch bereits überholt. Der Neubau des Helmholtz-Instituts für Pharmazie fügte sich noch in die Längserstreckung des Ovals entlang des Stuhlsatzenhauswegs ein, doch die Erweiterungspläne, die eigentlich für das CISPA-Helmholtz-Zentrum gedacht waren, nach dessen überraschendem Weggang aber vermutlich für andere Forschungsinstitute genutzt werden, dehnen die Campus-Lichtung bis an die Grenzen der Umgehungsstraße aus. Und am anderen Ende des Campus werden die jüngsten Pläne zur Errichtung neuer Studierendenwohnheime und Institutsbauten das Uni-Areal mit dem Gelände der Sportschule zusammenwachsen lassen. Man darf diese Entwicklung allerdings auch als Erfolgsbeleg für das Saarbrücker Konzept eines „historisch gewachsenen" Campus werten.[21]

▸ Campus-Modell S. 228

Thilo Offergeld

Vertretung der Studierenden

Die Geschichte der studentischen Selbstverwaltung an der Saar-Uni beginnt mit einer saarländischen Besonderheit: Während in den anderen westdeutschen Hochschulen der Nachkriegszeit die Einrichtung organisierter Studierendenschaften aktiv von den alliierten Besatzungsmächten betrieben wurde, kam im Saarland die Initiative von den Studierenden selbst. Bereits im Juni 1947, kurz nach Beginn der Hochschulkurse in Homburg, gründeten sie mit der „Association des Etudiants Sarrois" (AES) die erste verfasste Studierendenschaft. Dem frankophil ausgerichteten Verband, repräsentiert durch Vollversammlung, Präsidenten und Generalsekretär, gelang es trotz fehlender rechtlicher Rahmenbedingungen, sich als studentische Vertretung zu etablieren. Als seine Ziele formulierte er die Pflege der Beziehungen zwischen der studierenden Jugend beider Länder sowie die Interessenvertretung saarländischer Studierender im In- und Ausland.[22]

Mit der Gründung der Universität in Saarbrücken wurden dann zum einen die Organe der Studierendenschaft um ein Komitee – zur Vertretung der verschiedenen Fakultäten – ergänzt, zum andern war erstmals von einem „Allgemeinen studentischen Ausschuß der Universität des Saarlandes" die Rede, welcher an die Stelle der AES trat. Weiterhin wurden ein studentisches Ehrengericht (bis 1962) sowie ein Senat (bis 1956) eingerichtet.[23]

▶ Streit S. 140

Die Zuständigkeiten und Mitwirkungsrechte der Studierendenschaft waren offiziell weitgehend auf die Regelung der eigenen Angelegenheiten begrenzt; damit ging das Universitätsgesetz von 1956 sogar schon vergleichsweise weit. Allerdings eröffneten die familiäre Atmosphäre in der kleinen Universität und das beiderseitige Interesse am Erfolg der jungen Hochschulgründung auch Möglichkeiten für informelle Einflussnahmen, die weit darüber hinaus gingen; so gelang es beispielsweise 1952, die Änderung der Studienordnung (vor allem die Abschaffung von Zwischenprüfungen) im Sinne der Studierenden durchzusetzen. Auch im Vorstand des 1956 gegründeten Studentenwerks waren die Studierenden vertreten; später wurde Hans-Joachim Trapp sogar zum Vorsitzenden gewählt, als bundesweit erster Student in einer solchen Position, was als Beleg für das traditionell kooperative Umfeld an der Saar gewertet wurde.[24]

Mit der Eingliederung des Saarlands in die Bundesrepublik wurden auch die Strukturen der Studierendenvertretung an das bundesdeutsche Modell angepasst: An die Stelle des Komitees trat ein Studierendenparlament, ein Ältestenrat ersetzte den studentischen Senat. Diese Organisationsform blieb im Wesentlichen bis in die Gegenwart unverändert, hinzu kam später noch die Fachschaftskonferenz als Forum des Austauschs. Der Übergang in das westdeutsche Hochschulsystem markierte auch den Zeitpunkt, zu dem hochschulpolitische Gruppen die Arbeit der Studierendenschaft zu bestimmen begannen. Dabei verloren im Laufe der 1960er Jahre die konservativen Gruppen, die auch unter dem Einfluss der zahlreichen studentischen Verbindungen bis dahin die stärkste Kraft im Parlament waren, allmählich an Stimmen. Mit der Politisierung in den studentischen Unruhen von 1968 vollzog sich dann der Übergang zu einem dauerhaft durch linke Gruppierungen dominierten Studierendenparlament, eine Situation, die wie an den meisten anderen Unis die Folgezeit bis heute bestimmte.[25]

Ebenfalls in Folge der 68er-Proteste brachte der Übergang von der Ordinarien- zur Gruppenuniversität eine erhebliche Erweiterung der studentischen Mitwirkungsrechte: ◀◀ Statt einer Begrenzung auf eigene Angelegenheiten war nun die Vertretung und Mitbestimmung an sämtlichen die Universität betreffenden Entscheidungen und in allen akademischen Gremien garantiert. So konnten die Saar-Studierenden unter anderem 1980 den Erhalt der Fachschaften als Teil der verfassten Studierendenschaft durchsetzen und sich in die Debatten um studienrelevante Themen wie Lehrerbildung und Qualitätssicherung in Lehre und Studium wirkungsvoll einbringen.[26]

Allerdings blieben die Studierenden innerhalb der universitären Beteiligungsprozesse eine Minderheit mit begrenztem Durchsetzungsvermögen, die in wichtigen Fragen wie etwa der Erhebung von (Langzeit-)Studien- oder Verwaltungsgebühren regelmäßig von den anderen Gruppen überstimmt wurde. Häufige innere Konflikte, bedingt durch politische Differenzen und persönliche Streitigkeiten, trugen ebenfalls dazu bei, dass die Bereitschaft zum Engagement in der Mitbestimmung und -wirkung über die Jahre hinweg massiv zurückging. Während in der Gründungszeit noch nahezu

Engagement und Kreativität gefragt: Besprechung von ASTA-Mitgliedern in ihren Arbeitsräumen, späte 80er Jahre.

alle Studierenden an den Wahlen für ihre Vertretungen teilnahmen, sank dieser Anteil schon in den 1950er Jahren auf etwa die Hälfte. 1962 feierte man noch eine der bundesweit höchsten Wahlbeteiligungen mit knapp 62 Prozent. Seit Ende der 60er ist aber ein kontinuierlicher Rückgang zu erkennen, in dem Ausnahmen wie etwa die Beteiligung von 38 Prozent bei der Urabstimmung für das Semesterticket 1994 die Regel bestätigen. Bei den Wahlen der vergangenen Jahre wurden oft nicht einmal zweistellige Werte erreicht, 2016 wählten noch gut 13, 2020 nur 6 Prozent.[27]

Neben den inneruniversitären Themen standen für die Studierendenschaft zunehmend auch die Auseinandersetzungen mit den Landesregierungen im Mittelpunkt. Besonders der Protest gegen die Sparpläne der 1990er Jahre mobilisierte die Studierenden, die vergeblich statt zunehmender Einsparungen eine Verbesserung der Studienbedingungen forderten. Auch im Zuge der Bologna-Reform und der Debatten über Studiengebühren meldeten sich nicht nur die Studierendenvertretungen, sondern auch die sonst meist stille Mehrheit der Studierenden lautstark zu Wort. Die mehrwöchige Besetzung des Musiksaals der Uni und verschiedene andere Protestaktionen während des bundesweiten Bildungsstreiks im Winter 2009/10 führten zu wichtigen Zugeständnissen.[28]

Das Engagement für praktische Erfordernisse wie Wohnen, Ernährung, Studienfinanzierung, aber auch für Kultur und Musik sowie für allgemeine Ziele wie Umweltschutz und politische Bildung stellte über die Jahrzehnte hinweg einen Schwerpunkt der organisierten Studierendenschaft dar. Ein Meilenstein war beispielsweise die Einrichtung eines Kindergartens für Kinder von Studierenden, die 1968 auf studentische Initiative erfolgte. Bahnbrechend war auch der Einsatz des „AStA-Ökoprojekts" für Umweltschutz im Uni-Alltag, der maßgeblich zur Etablierung der Nachhaltigkeit als Schlüsselthema an der Saar-Uni beitrug.[29] ▸▸

Faire Eule
S. 294

Mit den im Studienalltag unentbehrlichen Beratungsleistungen der Fachschaften, der vielfältigen Sacharbeit in den derzeit zehn verschiedenen AStA-Referaten (von Rechtsunterstützung über Studienqualität und Barrierefreiheit bis Unifilm) und ihrer Vertretung studentischer Interessen nach außen ist die organisierte Studierendenschaft aus der Saar-Universität nicht wegzudenken.[30]

Junes R. Arib

Die Eule

Die Eule stellt heute die allgegenwärtige Bildmarke der Universität des Saarlandes dar. Sie findet sich in offiziellem Zusammenhang als Signet und Logo auf allen erdenklichen Schriftsätzen, auf Siegeln, Schildern oder Urkunden, und jahrzehntelang nicht zuletzt auf den Parkplaketten als begehrte Einfahrterlaubnis für das Campusgelände. Aber auch informell begegnet man ihr in ungezählten individuell ausgestalteten Interpretationen überall im Uni-Kontext, und in jüngerer Zeit ist sie zudem zu einem professionell vermarkteten Merchandising-Produkt geworden, das etwa als Aufkleber, Buchstütze oder Radiergummi im Uni-Shop erworben werden kann.

Als Logo-Figur besitzt die Uni-Eule im Vergleich zu den oftmals aus Herrscherwappen hervorgegangenen Signets älterer Universitäten den Vorteil einer gestalterischen Einfachheit, die sie durch künstlerische Stilisierung und Reduktion auf ihre wesentlichen Merkmale erhalten hat. Daher musste die Universität ihr Erkennungszeichen auch nicht komplett verändern, um es für das digitale Zeitalter zu ertüchtigen.

Ausgebreitete Schwingen in Dreiecks-Formen: Die erste Eule auf der Rektorenkette von 1954.

Ernennung S. 66

Wann genau die Entscheidung für die Eule als Wappentier der Saar-Universität getroffen wurde, ist den Akten leider nicht zu entnehmen. Jedenfalls aber erwies sich die Wahl als geschickter Schachzug, um Tradition zu schaffen, wo diese eigentlich fehlte, und sich dennoch modern zu präsentieren. Denn in Ermangelung eines historischen Wappenmotivs oder des Porträts eines Stifters griff man mit der Eule auf ein uraltes, seit der Antike gebräuchliches Sinnbild für Weisheit, Klugheit und Wissenschaft zurück, ist sie doch in der griechischen Mythologie das Erkennungszeichen der Zeustochter Athene, deren Augen als „eulengrau" beschrieben wurden und deren Charakteristikum die Intelligenz war. Gleichzeitig erwarb man mit dieser Entscheidung selbstbewusst ein (in heutigen Worten) „Alleinstellungsmerkmal", denn die Uni des Saarlandes war – und ist, soweit sich sehen lässt, bis heute – die einzige deutsche Universität mit einem solchen symbolischen Tier in ihrem Wappen oder Logo.[31]

Ab 1958 die kanonische Form: die zweite Eule mit angelegten Flügeln und Augen rund wie Förderräder.

In den frühesten Jahren der Universität ist die Eule noch nicht als „Markenbotschafterin" zu finden. Sie erscheint im Juli 1953 auf der Ernennungsurkunde Jean Barriols zum Ehrenrektor ◂◂ und scheint ihren ersten öffentlichen Auftritt bei der Immatrikulationsfeier im November 1954 gehabt zu haben, jetzt als metallisches Emblem in der Amtskette des Universitätspräsidenten. Der Schweizer Grafikdesigner Robert Sessler, damals Leiter der Grafikklasse an der Saarbrücker Schule für Kunst und Handwerk, hatte sie dafür mit weit gespreizten Schwingen, expressiv anmutend und stark

Farbliche Anpassung und stilistischer Minimalismus: das heutige Emblem der Saar-Universität.

stilisiert auf der Basis von Dreiecksformen ausgestaltet.[32] Ihre weiteren Flugversuche über den Campus unternahm die Eule allerdings nicht in dieser ursprünglichen Gestalt. Denn nach dem Ende der französischen Ära, als sich die Uni in vielen Bereichen neu aufstellte, stand auch die Neufassung des Siegels der Universität zur Debatte, hiermit befasste sich 1957 ein eigener „Ausschuss für Siegel und Diplome des Senats". Dabei hatte sich die Eule kurzzeitig einer Alternativlösung in Gestalt des nassau-saarbrückischen Löwen zu erwehren. Die Eule konnte sich behaupten, doch es wurde ihr ein „verbesserte(r) Entwurf" verpasst, eine „Synthese aus moderner grafischer Formgebung und dem traditionellen (antiken) Bild der Athena-Eule".[33]

Damit hatte die Eule ihre Flügel nunmehr anzulegen, sie nahm in etwas aufrechterer, statischer Form in der Mitte der Umschrift „Universitas Saraviensis" Platz. Auch dieser Entwurf aus dem Jahr 1958 stammte von Robert Sessler, er markiert die seither über Jahrzehnte konstante, geradezu ikonisch gewordene Form des Uni-Wappenvogels. „Die Details des Nachttieres erscheinen wie angewandte Geometrie und fügen sich zu einem fest konturierten Ganzen", analysierte die Kunsthistorikerin Marlen Dittmann. Andere Betrachter fühlten sich durch das technoide Design des Gefieders und durch die sich zu drehen scheinenden Augen der Eule an Gerüste und Förderräder des Saar-Bergbaus erinnert. Prägnanz und Einfachheit der Sesslerschen Gestaltung waren jedenfalls zweifellos auschlaggebend für den Erfolg des Eulen-Logos.[34]

Erst drei Jahrzehnte später, 1988, erfuhr das Signet eine gewisse Modernisierung, als die Eulen-Kontur nicht mehr schwarz auf weiß erschien, sondern sich umgekehrt weiß auf dem neu eingeführten cyan-blauen Farbhintergrund abhob. 2010 wurde der „zeitlos unmodische" Vogel dann nochmals grafisch umgestaltet, im Rahmen der Neudefinition des Corporate Designs der Universität durch die Agentur Maksimovic & Partners. Die Eule steht seither wieder (blau oder schwarz) auf weißem Hintergrund und ist aus dem umgebenden Kreis befreit; sie wurde eines Teils ihrer Federn beraubt, hat dadurch aber optisch an Volumen gewonnen.[35]

Zu dieser Zeit erregte ihr Aussehen besondere Aufmerksamkeit auf dem Campus: Bei der Neugestaltung des Web-Auftritts hatten die Designer nämlich den Kunstgriff gewagt, anstelle des grafisch stilisierten Wappentiers Fotografien echter Eulen zu verwenden und auf diese Weise lebendig wirkende Vögel durch die Webseiten schweben zu lassen. Nicht allen gefiel solche auffällige Ästhetik, und Fachleute wiesen bald auf ornithologische Ungereimtheiten hin: Der Steinkauz, der vom antiken Vorbild her die korrekte Art gewesen wäre (zoologisch „Athene noctua"), fand sich nicht unter den abgebildeten Eulen-Varianten, stattdessen aber die mit ihm nur entfernt verwandte Schleiereule und Exoten wie der Amerikanische Uhu oder der in Australien lebende Kuckuckskauz.[36]

Vielfältige Variationen: Die Zettel mit brennender Eule markierten in der Verwaltung die Dringlichkeit von Unterlagen.

Die vielfältigen und in allen gelungenen oder missglückten Varianten schillernden Adaptionen der Eulenfigur durch die Universitätsmitglieder wurden durch diese Debatte allerdings nicht beeinträchtigt. Schon lange hießen Campus-Kolumnisten „Eulenspiegel" und Uni-Fußballteams „FC Eule", und bis heute flattern immer wieder liebevolle bis groteske Verfremdungen der Uni-Eule auf Lehrstuhl-Logos oder Demo-Bannern, beispielsweise in amputiertem oder gerupftem Zustand als Symbole für Missstände bei Protestaktionen. Unübersehbar aber prangt die Eule auf der großen Glasfront des 2010 eingeweihten Campus Centers in der Mitte der Universität, und immer öfter sieht man, wie Studierende und Gäste sich vor diesem Hintergrund fotografieren lassen, dem unverwechselbaren Erkennungszeichen der Universität des Saarlandes.

Bernd Hagenau / Thilo Offergeld

Richard Lutz

(geboren 1964)

Bei der Deutschen Bahn bohre man „dicke Bretter", und wer auf schnellen Erfolg setze, sei dort „ganz sicher falsch", meinte ihr frisch gekürter Vorstandssitzender Richard Lutz in einem Interview 2019. Er sollte es wissen, denn schon seine Eltern hatten für die Bahn gearbeitet, und er selbst war bereits seit 1994 in diversen Funktionen für das Riesen-Unternehmen tätig. Der als besonnen und ausgleichend geltende Manager, der in den 80er Jahren an der Universität des Saarlandes Betriebswirtschaftslehre studiert hatte und anschließend in Kaiserslautern von Heinz Kußmaul promoviert worden war, verordnete der Bahn einen konsequenten Reform- und Innovationskurs.

Als „Bahnchef wider Willen" (Handelsblatt) stand er vor der Mammutaufgabe, dringend erforderliche Infrastrukturmaßnahmen, die Digitalisierung des Schienennetzes und die Neustrukturierung des Konzerns bei schrumpfenden Gewinnen und wachsender Schuldenlast anzugehen. Obwohl die Beeinträchtigungen durch die Corona-Pandemie das operative Geschäft der Bahn negativ beeinflussten, konnte Lutz auf das vom Bundestag verabschiedete Klimapaket mit einer Rekordsumme von 86 Milliarden Euro für 2020 bis 2029 zugreifen und initiierte die Strategie „Starke Schiene" für eine erfolgreiche Verkehrswende und besseren Klimaschutz. Seine 1981 als deutscher Vizejugendmeister im Schach gezeigten strategischen Fähigkeiten wird der gebürtige Pfälzer dabei weiterhin unter Beweis stellen können – und müssen.[37] *tk*

Thorsten Havener

(geboren 1972)

Gedankenleser, Experte für Körpersprache, Mentalmagier – das sind nur einige der Zuschreibungen für Thorsten Havener, der sich selbst als „psychologischer Unterhalter" bezeichnet. Ein ungewöhnliches Berufsbild, erst recht für einen Universitätsabsolventen.

Der gebürtige Saarländer mochte schon immer gern Menschen begeistern, bereits im Jugendalter trat er als Magier auf. Später studierte Havener Angewandte Sprachwissenschaften (Übersetzen und Dolmetschen) an der Saar-Universität und in Monterey, Kalifornien. Hier wurde ihm während einer Dolmetsch-Übung schlagartig klar, dass er durch intensive Aufmerksamkeit und Einfühlung erstaunlich genau vorausahnen konnte, was sein Gegenüber sagen würde. Die Faszination durch das menschliche Bewusstsein, durch Intuition und Wahrnehmung, Illusion und Suggestion ließ ihn nicht mehr los.

Seit vielen Jahren nutzt Havener inzwischen sein Talent und sein Wissen für effektvolle Bühnenshows. Doch die verblüffende Leichtigkeit, mit der er Menschen scheinbar durchschauen kann, basiert auf genauester Beobachtung und Analyse von Mimik, Gestik, Körpersprache. Für seine Magie, so erklärt Havener, gibt es wissenschaftliche Erklärungen – nicht von ungefähr war er auch als Referent für das Doktorandenprogramm „MuTra" der Saar-Uni tätig. Havener betrachtet seine Auftritte als praktisch angewandtes Wissen, das er auch in Coachingseminaren oder als Autor vermittelt. Seine Bücher werden regelmäßig Bestseller und sind in insgesamt sechzehn Sprachen übersetzt.[38] *uef*

Anke Rehlinger

(geboren 1976)

Mit ihrem spektakulären Erfolg bei der Landtagswahl 2022 machte Anke Rehlinger die SPD nach fast einem Vierteljahrhundert CDU-Dominanz wieder zur stärksten politischen Kraft im Saarland und trat dadurch auch bundesweit ins politische Rampenlicht.

Die gebürtige Wadernerin hatte Jura an der Universität des Saarlandes und der Hochschule für Verwaltungswissenschaften Speyer studiert. Während ihrer Studienzeit trat sie durch herausragende Leistungen in der Leichtathletik hervor: Im Team der Saar-Uni errang sie diverse Erfolge bei Deutschen Hochschulmeisterschaften, ihr Landesrekord im Kugelstoßen (1996) und ihr Jugendlandesrekord im Diskuswerfen (1995) sind bis heute ungebrochen.

2004 in den Landtag gewählt, fungierte die politische Allrounderin ab 2012 als Ministerin der Justiz sowie für Umwelt und Verbraucherschutz, seit 2014 als Ministerin für Wirtschaft, Arbeit, Energie und Verkehr. Als Ministerpräsidentin verlagerte sie die Zuständigkeit für die Universität in das Finanzministerium.

Die glaubwürdig volksnah auftretende Saarländerin ist seit Anfang 2023 als Bevollmächtigte der Bundesrepublik Deutschland für die deutsch-französischen Bildungs- und Kulturbeziehungen tätig. Im Blick hat Rehlinger auch die Wissenschaften: Sie engagierte sich im Beirat des Europa-Kollegs (CEUS) der Saar-Universität und gehört dem Kuratorium des Max-Planck-Instituts für Informatik sowie dem Aufsichtsrat des CISPA-Helmholtz-Zentrums für Informationssicherheit an.[39] *uef/to*

Matthias Maurer

(geboren 1970)

„Saarländer im Weltall!", so der Tenor der saarländischen Medien, als am 11. November 2021 mit dem gebürtigen Oberthaler der zwölfte Deutsche die Erde verließ, um im Rahmen der Mission „Cosmic Kiss" an einem Forschungsprogramm an Bord der Internationalen Raumstation ISS teilzunehmen. Der zu diesem Zeitpunkt vermutlich bekannteste Saarländer außerhalb der Politik hatte Mitte der 90er Jahre an der Saar-Universität Materialwissenschaft und – als einer der ersten Teilnehmer – Werkstofftechnik im Rahmen des deutsch-französischen Studiengangs mit der Universität Nancy studiert.

Nach dem Studium und anschließender Promotion an der RWTH Aachen leitete Maurer verschiedene Projekte der Europäischen Weltraumagentur, bis er selbst in die aktive Astronautenausbildung einstieg. Seiner Heimatuniversität blieb Maurer persönlich und wissenschaftlich eng verbunden, wie er auch im Rahmen einer Liveschaltung von der ISS zur Saar-Uni am 26. Januar 2022 bekundete.

Die hier kultivierte besondere Verbindung aus „Saarvoir-vivre" und Wissenschaft kam auch im Lauf der eigentlichen Raumfahrtmission zum Tragen, als Maurer am „Saarländischen Abend" seinen Mitbewohnern auf der ISS nicht nur Rehragout mit „Hoorische" servierte, sondern auch Spezialbesteck der Universität zum Einsatz brachte, dessen Oberfläche von einem Team um seinen fachlichen Mentor Frank Mücklich mit Lasern auf Mikroebene antibakteriell strukturiert worden war.[40] *tk*

Universität und Stadt: Saarbrücken

Eine Durchsicht der Presseberichte aus den frühen Jahren vermittelt den Eindruck, als habe sich die Universität des Saarlandes in den Saarbrücker Stadtwald gleichsam eingeschlichen. Erstaunlich wenig Aufmerksamkeit findet die Institution Universität bei der Stadtentwicklung der im Krieg stark zerstörten neuen Landeshauptstadt. Erst mit der dauerhaften Verankerung der Saar-Uni nach dem Beitritt des Saarlandes zur Bundesrepublik änderte sich die Bewusstseinslage, in der allerdings die Defizite dominierten: „Es ist bedauerlich, daß das Industriezentrum Saarbrücken noch nicht begriff, daß es eigentlich auch Universitätsstadt ist, daß es mit dieser Qualität geistig und sozial so wenig anzufangen versteht", stellte die „Rundschau" 1960 ernüchtert fest. Um mit der Forderung zu enden, es sei „Zeit, daß man in unserer Hauptstadt den jungen Intellekt, die junge Wissenschaft und die forschende Weisheit einbezieht in das Leben aller Tage".[41]

Solchen Versuch hatte die Landeshauptstadt, die 1958 der Universität das für deren „gedeihliche Entwicklung" benötigte Gelände als Ausdruck der „guten und herzlichen Beziehungen" geschenkt hatte, zu diesem Zeitpunkt bereits unternommen. Denn in diesem Jahr wurde die „Hochschulwoche" etabliert, die an fünf aufeinanderfolgenden Abenden im Rathausfestsaal universitäre Forschung präsentierte. Die Veranstaltung fand großen Anklang und daher entsprechende Fortsetzung in den folgenden Jahren. In seiner Ansprache zur dritten Auflage 1960 bezeichnete Oberbürgermeister Schuster die Hochschulwoche als „einen wesentlichen Beitrag in dem Bestreben, die Universität in das Bewußtsein der Bürgerschaft zu rücken".[42]

Seit 2005 firmiert Saarbrücken auf den Ortsschildern als Universitätsstadt. Ein symbolischer Akt, so Oberbürgermeisterin Britz, hier mit Präsidentin Wintermantel und den Chefs von Kunst- und Musikhochschule.

Trotz des relativen Erfolgs dieser gesellschaftlichen Highlights prägte studentisches Leben die Landeshauptstadt in nur geringem Maß, und die Attraktivität Saarbrückens wurde auch unter Studierenden kontrovers diskutiert. Klagten unzufriedene Stimmen in der Studierendenzeitung „Speculum" über das mangelnde Freizeit- und Kulturangebot in einer Stadt, in der man Passanten nicht nach dem Weg zur Uni fragen müsse, weil sie ihn ohnehin nicht kennen würden, so hoben ihre Kommilitonen in einer Replik die Schönheit und den Reiz des Stadtwalds, des Zoos und der Saaranlagen mit dem Lokal „Undine" hervor. Eine Stadt mit so gravierenden Kriegsschäden und wechselhaften Zeitläuften habe Nachsicht, keine Kritik verdient: „Schlagen wir also keinen Radau, wenn Saarbrücken uns nicht gleich en bloc um den Hals fällt." Den Versuch, ihrerseits Saarbrücken um den Hals zu fallen, unternahmen die studentischen Verbindungen Mitte der 70er Jahre: Statt geistiger Impulse sollten gemeinsame Frühschoppen in der Innenstadt Begegnungsfelder schaffen. In Anwesenheit des Justizministers Wicklmayr dienten „ein kühles Bier vom Faß" und ein „kräftiger Eintopf [als] entsprechende Grundlage" dem Ziel, „Saarbrücken als Universitätsstadt stärker in das Bewußtsein der Bevölkerung zu rücken".[43]

Etwas nachhaltigere Begegnungsfelder entstanden allerdings schon seit Anfang der 60er Jahre, als sich die Stadt zunehmend der Aufgabe annahm, Wohnraum für Studierende im Stadtgebiet (also nicht wie bisher auf dem Campus) bereitzustellen. Es entstanden nun eine Reihe von Studierendenwohnheimen in unterschiedlicher Trägerschaft mit mindestens ideeller und organisatorischer Unterstützung der kommunalen Stellen. Dazu gehörte etwa das Wohnheim Waldhausweg, das Ende der 60er Jahre mit seinen beiden Türmen das höchste Wohngebäude Saarbrückens darstellte und erstmals auch Kleinwohnungen für Verheiratete anbot. Schon 1965 war ein Wohnheim in der Saaruferstraße, also in bester Innenstadtlage, eingeweiht worden, in dem 25 Prozent der Plätze ausländischen Studierenden vorbehalten blieben. Im April 1986 bekundeten Oberbürgermeister Koebnick und Universitätspräsident Meiser bei einem Treffen den Vorrang für die Ansiedlung weiterer Wohnheime im Stadtgebiet.[44]

In den 80er und 90er Jahren verstärkte sich der Dienstleistungscharakter der wechselseitigen Beziehungen. 1986 etwa unterstützte Koebnick finanziell ein Projekt zur „Gastarbeiterkommunikation", wünschte sich – angesichts der Städtepartnerschaft mit Tiflis – die Einrichtung eines Lektorats für georgische Sprache und nahm den Botanischen Garten der Uni als kommunales Naherholungsangebot in den Blick. ▸▸ Auch die unter intensiver Mitwirkung von Uni-Wissenschaftlern erarbeitete zweibändige Stadtgeschichte Saarbrückens war ein Projekt wechselseitigen Nutzens.[45]

▶ *Botanischer Garten* S. 282

Stärker der Wirtschaftsförderung verpflichtet waren die insbesondere seit der Amtszeit des Oberbürgermeisters Hajo Hoffmann verfolgten Pläne, aufgegebene Industrie- und Gewerbestandorte durch Ausgründungen aus der Universität neu zu beleben. So etwa durch die Ansiedlung des Zentrums für Mechatronik und Automatisierungstechnik (ZeMa) zur Stärkung des „Gewerbeparks Eschberger Weg" und die Entwicklung eines „InnovationsCampus Saar" (2015) in Burbach. Firmen wie die IDS Scheer AG oder das Zentrum für Innovative Produktion, ein Zusammenschluss von Forschungsinstituten der UdS und der HTW in der historischen Seilereihalle, sollten zur Weiterentwicklung des Wirtschaftsstandorts Saarbrücken beitragen.[46]

2005 knüpfte man allerdings auch erneut an den Gedanken des geistig-intellektuellen Austauschs an, als Oberbürgermeisterin Britz und Universitätspräsidentin Wintermantel eine Ringvorlesung vereinbarten, die semesterbegleitend im Rathausfestsaal stattfinden sollte. Auf diese Weise rücke „die Hochschule ins Zentrum der Stadt", betonte die Oberbürgermeisterin und verwendete damit dieselben Formulierungen wie schon ihr Amtsvorgänger Schuster in den späten 50er Jahren. Immerhin firmierte Saarbrücken seit Sommer 2005 auch auf den Ortseingangsschildern als „Universitätsstadt". Ein „symbolischer Akt", wie Britz befand, denn das weitergehende Ziel sei „eine konstruktive Zusammenarbeit zwischen Landeshauptstadt, Universität und Hochschulen".[47]

Wie ist nun angesichts von inzwischen fünfzig erfolgreichen Ringvorlesungen, von zahlreichen wissenschaftsbegleiteten Filmreihen, Forschungsausstellungen und Wissenschaftspuppentheatern, angesichts eines quirligen Nauwieserviertels, das mit seiner Kneipen- und Kulturszene studentisches Flair in die Bürgerstadt bringt, wie ist angesichts all dessen die seit Anbeginn gestellte Frage zu beantworten, ob Saarbrücken eine Universitätsstadt sei? Vielleicht im Sinne eines Diktums der Saarbrücker Zeitung von Mitte der 60er Jahre: Nein, Saarbrücken sei keine Universitätsstadt, „sondern eine Stadt mit Universität." Zwei Partner, die sich zu schätzen gelernt haben.[48]

Thomas Kees

Universität und Stadt: Homburg

Aufgrund des besonderen finanziellen Engagements der Stadt, der günstigen Bahnverbindungen sowie der geeigneten Topographie war im Sommer 1904 Homburg zum Standort der „III. Pfälzischen Heil- und Pflegeanstalt" bestimmt worden. Manche zeitgenössische Stimmen hatten seinerzeit eher die Errichtung einer Garnison gewünscht, da Kasernen für die Stadt wirtschaftlich lukrativer seien als eine Einrichtung für Nervenkranke. Diese aber wurde schließlich gebaut und 1909 eröffnet, blieb jedoch ohne den geplanten Bahnanschluss und lag außerhalb der Stadt. Es war damals nicht absehbar, dass aus der – auch später noch lange so bezeichneten – „Anstalt" 1922 ein Landeskrankenhaus ◂◂ für die nun erstmals eigenständige Region und nach 1945 eine medizinische Ausbildungsstätte und ein Universitätsklinikum entstehen würde. Diese positive Entwicklung wird heute bei allen entsprechenden Anlässen und Feierlichkeiten von den kommunalen Repräsentanten stets betont, und es wird mit lokalpatriotischem Stolz und einer gewissen, auch historisch begründeten Distanz zur Landeshauptstadt ausdrücklich die Bedeutung Homburgs als Universitätsstadt und Ursprung der Universität des Saarlandes hervorgehoben.[49]

▸ Landeskrankenhaus S. 24

Ein in der ersten Studentenzeitung „Der Student an der Saar" erschienener Beitrag zeichnet im Frühjahr 1948 ein idyllisch-romantisches Bild: „Das Städtchen mit seinem alten, von schönen Fachwerkhäusern eingerahmten Marktplatz (durch Bomben leider zum Teil zerstört) schmiegt sich eng an den Schloßberg, von dessen Höhen man einen weiten Blick bis ins Herz des Saarlandes genießt. Ausgedehnte Wiesengründe und reiche Waldungen ringsum! Von Süden wächst ein prächtiger Waldrücken unmittelbar bis an den Stadtrand heran. Mitten in diesem Waldpark auf einer lichten Anhöhe liegt das Landeskrankenhaus, mit seinen zahlreichen Häusern, dem Gutshof und der Kirche, Straßen, Plätze, und gärtnerischen Anlagen, eine kleine Stadt für sich, Sitz unserer jungen Universität. Möge die junge „alma mater" der Stadt Homburg zum Segen gereichen."[50]

▸ Biogramm S. 34

Heute, 75 Jahre später, ist auf der „lichten Anhöhe" das Ensemble der frühen Pavillonbauten durch moderne Kliniken, Forschungs- und Hörsaalgebäude erweitert worden und die vom Gutshof betriebene Landwirtschaft verschwunden. Auch die Stadt ist mit ihren Siedlungen räumlich an den Campus herangerückt und durch mehrere Straßen und Buslinien direkt mit ihm verbunden.

Das Universitätsklinikum ist nicht nur das weit über die Landesgrenzen ausstrahlende größte Krankenhaus des Saarlandes mit Maximalversorgung, sondern mit seinen über 6.100 Beschäftigten auch der größte Arbeitgeber der Homburger Region, woraus eine enge Zusammenarbeit mit der Stadt auf vielen Ebenen resultiert. Die kommunalen Repräsentanten bewiesen und beweisen stets „Verständnis für die Belange der Fakultät". So erinnern in der Stadt etliche Straßennamen an prominente Mediziner von Gerd Domagk bis Rudolf Virchow. Bereits 1947 war der langjährige Direktor des Landeskrankenhauses, der Chirurg Oscar Orth, ◂◂ wegen seiner „großen Verdienste" um das Landeskrankenhaus als Ehrenbürger der Stadt Homburg ausgezeichnet und die zum Klinikgelände führende Kirrberger Straße nach ihm benannt worden. Jahrzehnte später, 1979, wurde noch einem zweiten Medizinprofessor, dem Pionier des Fachs Uro-

„Endstation Hoffnung": Ironischer Kommentar zur Lage der von der ZVS in die Homburger Provinz „verschickten" Studierenden.

logie, Carl Erich Alken, „in Anerkennung seiner großen Verdienste um die Universität und die Stadt Homburg" die Ehrenbürgerwürde verliehen.[51] ▸▸

Biogramm S. 62

Die enge Verbindung zwischen Stadt und Fakultät dokumentiert sich besonders in der von der Homburger Volkshochschule und der Fakultät seit 1962 zunächst in der letzten Novemberdekade durchgeführten Homburger Hochschulwoche. Dabei informiert der Dekan über die aktuelle Situation von Klinikum und Fakultät, und es schließen sich professorale Fachvorträge an. Beispielsweise referierten bei der ersten Hochschulwoche 1962 der Direktor der Orthopädischen Klinik George Chapchal über „Bewegung, Haltung, Ausdruck" und der Saarbrücker Rechtsprofessor Werner Maihofer über „Der Mensch im Recht". Außerdem wird seit 1982 der von der Stadt gestiftete und seinerzeit nach Oscar Orth benannte „Wissenschaftspreis der Stadt Homburg" für herausragende wissenschaftliche Arbeiten und Dissertationen verliehen. Nachdem 1993 Orths aktive Mitwirkung bei Zwangssterilisationen in der Zeit der nationalsozialistischen Gewaltherrschaft bekannt geworden war, wurde die Benennung des Preises noch im selben Jahr revidiert, die der zur Klinik führenden Straße erst vier Jahre später.[52] ▸▸

Durch beiderseitiges Wachstum rückten Stadt und Campus immer enger zusammen, hier ein Luftbild der späten 90er Jahre.

Braune Flecken S. 78

Auf den Kontakt zur Stadtöffentlichkeit zielt auch die im November 2005 durch den Dekan Mathias Montenarh initiierte „Lange Nacht der Wissenschaften", die seit einiger Zeit im Rahmen der Hochschulwoche im Juni durchgeführt wird und sich zum „Tag der Wissenschaften" entwickelt hat. Dabei bieten die medizinischen Disziplinen dem Homburger Publikum eindrucksvolle Einblicke in die komplexe, hochmoderne Patientenversorgung, und die vorklinischen Fächer präsentieren aktuelle wissenschaftliche Experimente der Grundlagenforschung. Außerdem gehört die Stadt der 1987 begründeten „Paul Fritsche-Stiftung Wissenschaftliches Forum e.V." an.

Mit seinen rund 43.000 Einwohnern ist Homburg bei weitem die kleinste deutsche Universitätsstadt mit einer Medizinischen Fakultät – ein Umstand, der manchen in die Saarpfalz kommenden Studierenden zu schaffen macht. „Jetzt seid ihr also hier in Homburg, am Rande des Saarlandes, die einen freiwillig, die anderen verschickt durch die ZVS … Und das ist, auch wenn's für den einen oder anderen schwer zu glauben ist, kein Weltuntergang, denn auch in Homburg kann das Leben so viel Spaß machen". Mit solchen Worten heitern die bewusst als Ratgeber angelegten „Erstsemesterzeitungen" der Fachschaft Medizin die Studienanfängerinnen und -anfänger auf und würdigen die Überschaubarkeit der Stadt, den Vorteil der vier nahen Studierendenheime und der kurzen Wege auf dem Campus. Sie rühmen die zahlreichen Freizeitmöglichkeiten einschließlich des saarländischen „Nationalsports" Schwenken und prophezeien, dass nach dem Ende des Studiums der Abschied von Homburg schwerfallen werde.[53]

Stadt und Universität bieten dem studentischen Publikum auch kulturell in der Tat einiges. Die Stadt ist stolz auf ihre Meisterkonzerte mit berühmten Solisten und auf renommierte Theateraufführungen. Auf studentischer Ebene entfalten neben der Uni-Big-Band verschiedene Ensembles musikalische Aktivitäten, der Hochschulsport präsentiert ebenso seine Angebote wie die in einem gemeinsamen Zentrum verbundenen konfessionellen Studierendengemeinden. Auch die lokale Gastronomie profitiert erwartungsgemäß von feierfreudigen Studierenden. Ein Schwerpunkt des geselligen Studentenlebens, von Weihnachtsfeiern über das islamische Zuckerfest bis zu Physikums-Feten, ist freilich, stadtbekannt, der legendäre Heimbar-„Keller" im Wohnheim C in der Kirrberger Straße.[54]

Wolfgang Müller

Die Eule als Preis

Seit 1963 zeichnete die Vereinigung der Freunde der Saar-Universität, Vorgängerinstitution der heutigen Universitätsgesellschaft, die besten Dissertationen mit dem seit 1976 so benannten „Dr. Eduard Martin-Preis“ aus. Von 1983 bis 2013 erhielten 347 Preisträger und Preisträgerinnen die von dem Saarbrücker Bildhauer Hans Schröder (1930–2010) geschaffene, 21 Zentimeter große Bronzestatue in Form einer recht keck dreinblickenden Eule, des universitären Wappentiers.

Hans Schröder, 1930 in Saarbrücken geboren und mit achtzehn Jahren Saarlandmeister im Boxen im Halbschwergewicht, absolvierte 1952 die Gesellenprüfung als Goldschmied und arbeitete zunächst im Pariser Atelier Cartier. Nach Jahren des Zeichnens, Malens und Experimentierens fand er schließlich als Bildhauer zum Bronzeguss. Die bevorzugten Motive des vielfach ausgezeichneten Künstlers waren Frauen, Sportler – auch die Büste Hermann Neubergers an der Sportschule stammt von seiner Hand – und Tiere, wie eben die Uni-Eule.

Außer den Promovierten erhielten auch die Betreuerinnen und Betreuer die wertvolle Statue, allerdings jeweils nur einmal in ihrem akademischen Leben. Ab 2014 wurde die Bronzefigur abgelöst durch eine bunte Kunstguss-Eule und der Preis, wie bereits vor 1983, mit einer Geld-Dotierung versehen. Die Promotionsbetreuer erhielten die Eule seither nicht mehr, doch regte sich dagegen alsbald Protest – ein Zeichen für die besondere Wertschätzung des Symboltiers der Saar-Universität durch die Doktormütter und -väter.[55] *wm/to*

Rara und Kuriosa der Bibliothek

Die Universitätsbibliothek konnte bei ihrer Gründung im Jahre 1950 nicht auf einem historischen Fundus aufbauen, stattdessen musste ihr Grundstock im deutschen Sprachraum und in Frankreich gewissermaßen rückwirkend erworben werden. Dabei gelangten auch einige Zufallskäufe von eher exotischem Charakter in das Magazin, so etwa ihre einzige Inkunabel, 1493 in Venedig gedruckt, mit dem Epos des römischen Dichters Silius Italicus über den Punischen Krieg. Und sogar drei indische Palmblatthandschriften des 18. Jahrhunderts, in Sanskrit beschrieben, befinden sich heute unter den gesondert verwahrten „Libri separati". Die Blätter verschiedener Palmenarten bildeten in Südasien seit alters teilweise bis ins 19. Jahrhundert hinein das bevorzugte Trägermaterial für Texte. Weitere Besonderheiten der Bestände sind etwa prachtvoll illustrierte Schmetterlingsbücher oder eine historische Karte aus dem 19. Jahrhundert mit dem Verlauf der Eisenbahnlinie zwischen Straßburg und Sarrebourg.[56]

Einige kostbare Faksimilebände runden den historischen Bestand ab, darunter der Echternacher Codex Aureus und die Schedelsche Weltchronik. Viele Altbestandslücken wurden später gezielt geschlossen, vor allem bei regionalhistorischem Bezug. Über manche Werke verfügt die Bibliothek sogar im bundesweiten Alleinbesitz. Auch private Mäzene haben den Fundus bereichert, wobei die großzügigen Schenkungen des aus dem Saargebiet stammenden Politikers und international profilierten Sammlers Fritz Hellwig (1912–2017) besonders hervorzuheben sind.

bh

Leben auf dem Campus

Kaum eine Schilderung der Saar-Uni früherer Jahre verzichtet darauf, das Besondere des gemeinsamen Lebens auf dem Campus hervorzuheben. „Natürlich hat der Campus-Charakter der Saarbrücker Universität den Lebensstil geprägt, ohne daß wir es damals hätten wirklich so schätzen können, wie wir es heute tun würden", stellte etwa Robert Leicht, später Chefredakteur der „Zeit", mit Blick auf seine Studienzeit in den 60er Jahren fest, und er meinte den speziellen Mikrokosmos aus studentischem Wohnen, Sport und Geselligkeit, der auf dem Campus vor allem in seinen ersten Jahrzehnten zu erleben war.[57]

Pflichtprogramm S. 342

Wohnheime für Studenten und (getrennt) Studentinnen kennzeichneten den Campus von den ersten Tagen an. Auch die frühen Zeugnisse des Hochschulsports reichen bis in die Anfänge der Universität zurück, wobei der Fußball zweifellos dominierte. Teilweise trainiert vom nachmaligen Bundestrainer Helmut Schön, vertraten studentische Mannschaften die junge Universität auf Turnieren in Frankreich, Hamburg, Aachen, Bonn und Mainz. Allerdings umfasste das Angebot schon im Sommersemester 1952 eine breite Palette an Disziplinen, einschließlich etwa Geräteturnen, Fechten, Schwimmen und Reiten. Außerdem gab es Mitte der 50er Jahre beispielsweise „im Bibliotheksturm … noch so viele leere Geschosse, daß dort der Universitäts-Pingpong-Club seine Spiele austragen konnte." Die weitere Entwicklung des Hochschulsports zog im Folgenden bis hin zu „Uni in Bewegung" und „Uni-Fit" so weite Kreise, dass ihm ein eigenes Kapitel gewidmet ist.[58] ◂◂

Zweifellos ebenso schweißtreibend wie die sportlichen Aktivitäten waren die verschiedenen Feiern und Disco-Veranstaltungen, die in Saarbrücken abgesehen von den – anderenorts ebenfalls üblichen – Semester-Eröffnungs- und -Abschlusspartys auch weitere „tolle Jahreszeiten" umfassten. Zu nennen wären die beliebten „Gaudimax"-Faschingsfeiern, die „Nikolausfeten" in der Mensa und das seit den 90er Jahren veranstaltete AStA-Sommerfest. Gelegentlich wurden Großfeiern mit Themenschwerpunkten versehen, wie etwa das Sommerfest 1995, das unter das Motto „Mobil ohne Auto" gestellt wurde. Ob die angebotenen Informationen zu Fahrplänen und ÖPNV, das spezielle Vollwert-Essen des Öko-Projekts in Zusammenarbeit mit der Mensa und die zugehörigen Unterschriftenaktionen von den Feierwilligen ebenso goutiert wurden

Viele Jahre lang ein „Muss" zur Faschingszeit: die Gaudimax-Feiern an der Uni (hier 1973).

wie die Live-Musik, ist der Presseberichterstattung nicht zu entnehmen.[59]

Wahren Legendenstatus hatten allerdings zwei „Institutionen", die in der Erinnerung aller Saarbrücker Studierenden der 80er und 90er Jahre untrennbar mit ihrem Studium verbunden bleiben dürften: die „Hirschmann-Disco" in der Studierendenkneipe „Canossa" (später mit DJ „Afshin") und die ausschweifenden Heimpartys im Wohnheim D. „Im Vergleich zu anderen Unistädten ist das „Canossa" eine echte Rarität", stimmte die Saarbrücker Zeitung im Spätsommer 1982 die neue Generation auf eine Attraktion ein, die Tanzwillige aus dem ganzen Land anzog und deren „wattstarke Musikanlage sowie grellbunte Lichtspiele … ein unvergeßliches Disco-Night-Fiever [sic!]" versprachen. Nicht minder einprägsam verliefen die „Heim-D-Partys", die von der Lokalpresse im Jahr 2000 als „berühmt-berüchtigt" bezeichnet wurden und das Heim aus allen Nähten platzen ließen: „Jeder Flur baut seinen eigenen Stand auf und verkauft Schwenker, Couscous, Bier oder Tequila Sunrise."[60]

Wohnheim D: jahrzehntelang nicht nur Unterkunft für über 200 Studierende, sondern auch Zentrum des sozialen und interkulturellen Miteinanders auf dem Campus.

Auch jenseits rauschender Feste verbrachten seinerzeit ganze Generationen von Studierenden Freizeit- und Abendstunden weniger in der Stadt als vielmehr auf dem praktisch durchgehend belebten Universitätscampus. Eine Fülle von Cafés, Konzerten, das erwähnte „Canossa", ein Supermarkt, eine Buchhandlung (seit 1983) und die regelmäßigen Filmvorführungen des – bereits seit Anfang der 50er Jahre unter diesem Namen firmierenden! – AStA-Projekts „Unifilm" bildeten ein Umfeld, das viele als quasi autarke Wohlfühlumgebung empfanden, zumal Wiesen, Büsche und Bäume auch gärtnerisch ein ansprechendes Ambiente boten. Verschiedene Sitzmöglichkeiten, fest installiert oder improvisiert, und die nicht selten anzutreffenden „Schwenkplätze" für gemeinsames Grillen tragen bis heute zu dieser besonderen Aufenthaltsqualität des Uni-Campus bei.[61] ▸▸

Auch institutionelle Orte des Zusammenseins waren bereits früh geschaffen worden. Dem 1961 eingeweihten Gebäude des Ausländerclubs (AC), das weitgehend aus Glaswänden erstellt worden war, damit die „Menschen in diesem Hause ständig mit der Umgebung in Beziehung gesetzt" werden, folgte nach zwei Jahrzehnten Planungsvorlauf im Jahr 1996 direkt benachbart ein konfessionelles „Studentenhaus", das heutige Zentrum der Katholischen Hochschulgemeinde. Diese vom Bistum Trier zu 50 Prozent finanzierte Arbeits-, vor allem aber Begegnungs- und Besinnungsstätte mit Kapelle richtete sich seinerzeit an beide christliche Konfessionen. Ein für alle Religionen offener „Seelenraum" und eine muslimische Gebetsstätte rundeten später das Raumangebot für geistliches Leben auf dem Campus ab.[62]

Trotz solcher Angebote musste man feststellen, dass mit dem stufenweisen Abbau der studentischen Wohnmöglichkeiten – dem Umbau des Heims C zu einem Seminargebäude folgte die abrupte Schließung des Heims D infolge von Brandschutzmängeln im Januar 2012 – der Campus deutlich an Lebendigkeit einbüßte. Zwar brachte der Bau des Campus Centers zu etwa der gleichen Zeit mit den hier untergebrachten Servicestellen und vor allem dem vielbesuchten Café Unique eine gewisse Belebung, ▸▸ doch reichten diese reinen Tagesangebote nicht aus, um die Campus-Qualitäten früherer Tage wieder zu erreichen. Bemerkenswerterweise brachte der neue saarländische Wissenschaftsminister Jakob von Weizsäcker gerade die Wohnheime als Ausgangspunkt einer erneuten Campusbelebung ins Gespräch, als er im August 2022 mitteilte, mehrere solcher Einrichtungen mit insgesamt rund 300 Plätzen bauen lassen zu wollen. „Das wird ein ganz wichtiger Standortfaktor", meinte der Neu-Saarländer, der den Campus zur Abendzeit als „großen leeren Parkplatz" bezeichnete. Er habe sich sagen lassen, dass dies „früher anders war". Wer einmal einen Abend im (2018 geschlossenen) „Canossa" verbracht hat, wird dieser Aussage zweifellos beipflichten.[63]

▸ *Campus-Center* S. 264

▸ *Rechte Winkel* S. 308

Thomas Kees

Von den „Freunden" zur Universitätsgesellschaft

Erste Pläne zur Gründung einer „Vereinigung der Freunde der Universität des Saarlandes" entstanden bereits wenige Jahre nach der Gründung. So beschäftigte sich der universitäre Direktionsausschuss am 18. April 1951 erstmals mit dem „projet de constitution d'une Société des Amis de l'Université". Nach Beratungen über die Satzung informierte Rektor Joseph-François Angelloz am 30. Mai über die mit dem „Bund der Freunde der Universität" verbundenen Überlegungen. Schließlich wurde die „Vereinigung" im Mai/Juni 1952 aus der Taufe gehoben. Nach einer ersten Feierstunde in der Universität am 6. Mai in Anwesenheit des französischen Botschafters Gilbert Grandval und des Ministerpräsidenten Johannes Hoffmann fand im Festsaal des Saarbrücker Rathauses am 20. Juni 1952 unter dem Vorsitz des bekannten Industriellen Luitwin von Boch-Galhau die öffentliche Gründungsversammlung statt.

Der „Vereinigung" wies man folgende Ziele zu: „Eine dauernde Verbindung herzustellen zwischen der Universität und der saarländischen Bevölkerung. Die Bevölkerung des Saarlandes möglichst umfassend mit der Tätigkeit der Universität bekannt zu machen. Zur Unterstützung der Universität beizutragen, insbesondere durch Unterstützung zu ihrer wissenschaftlichen Entwicklung und der Intensivierung ihrer Beziehungen zum Ausland. Ehemaligen Studierenden der Universität den Übergang in das Berufsleben zu erleichtern und die studentischen Sozialeinrichtungen zu unterstützen." Der Mitgliedsbeitrag betrug damals 300 Franken, das entsprach etwa drei D-Mark. Dem ersten Vorstand gehörten neben dem Vorsitzenden von Boch unter anderem der Abt der Benediktinerabtei Tholey Pater Borne, der Generaldirektor der Halberger Hütte Single sowie ein noch zu bestimmender Bergmann „als Vertreter der Werktätigen" an.

Luitwin von Boch-Galhau (1906–1988) agierte von 1952 bis 1956 als Gründungspräsident, gehörte zudem seit 1950 dem universitären Verwaltungsrat an und wurde 1966 zum Ehrensenator der Universität ernannt. Nachdem zwischen 1956 und 1958 ein Exekutivausschuss die Geschäfte geführt hatte, wählte man im Februar 1958 den damaligen Landtags-Präsidenten Wilhelm Kratz (1905–1986) zum neuen Präsidenten der „Freunde", der zuvor auch das

In Anwesenheit von Ministerpräsident Hoffmann (Mitte) wurde 1952 die „Vereinigung der Freunde der Universität des Saarlandes" gegründet.

höchste universitäre Gremium, den Verwaltungsrat, geleitet hatte. In den Annalen ist als dritter Präsident von 1960 bis 1975 der Bankdirektor und Ehrensenator der Universität Eduard Martin (1892–1989) verzeichnet. ▸▸ Auf seine Initiative verleiht die Vereinigung seit 1963 einen Preis für die besten Dissertationen, der seit dem 1. April 1976 den Namen „Dr. Eduard Martin-Preis" trägt.

Die Nachfolge Eduard Martins als Präsident trat 1975 der Wirtschaftsprüfer Kurt Heinen (1897–1976) an, der sich bereits seit 1967 als Vizepräsident für die „Freunde" engagiert hatte und 1976 mit der Würde eines Ehrensenators der Universität ausgezeichnet wurde. Von 1977 bis 1995

Neuer Name, neuer Schwung: Die Führungspersonen der neuen „Universitätsgesellschaft", Frank Mücklich (l.) und Tim Hartmann (r.) mit August-Wilhelm Scheer und Uni-Präsident Linneweber.

stand der langjährige Hauptgeschäftsführer des Verbandes der weiterverarbeitenden Eisen- und Metallindustrie des Saarlandes Ernst-Heinz Schäfer (1910–2004) an der Spitze der „Freunde". Ihm war 1980 die Würde eines Ehrensenators und aufgrund seiner vielfältigen Verdienste 1995 auch die Ehrenpräsidentschaft der „Vereinigung der Freunde" zuerkannt worden.

Zwischen 1995 und 2013 – und damit ebenfalls achtzehn Jahre – hatte dann der Vorstandsvorsitzende der Landesbank Saar Max Häring die Präsidentschaft inne. Er initiierte unter anderem den Wissenschaftspreis der SaarLB und wurde 2003 gemeinsam mit dem Vizepräsidenten der „Freunde" Hermann Deutsch zum Ehrensenator der Universität und inzwischen auch zum Ehrenpräsidenten der „Universitätsgesellschaft" ernannt. Von Oktober 2013 bis Juni 2014 agierte der Vorstand des saarländischen Energie- und Dienstleistungskonzerns VSE Tim Hartmann als Präsident im Übergang von der „Vereinigung der Freunde" zur „Universitätsgesellschaft des Saarlandes", die am 7. Mai 2014 aus der Taufe gehoben wurde und im Juni 2014 Hanno Dornseifer, ebenfalls VSE-Vorstandsmitglied, zu ihrem Präsidenten bestimmte. Als Geschäftsführender Vorstand fungiert seit Oktober 2013 Frank Mücklich, Professor für Funktionswerkstoffe an der Saar-Universität und Gründungsdirektor des Steinbeis-Forschungszentrums „Material Engineering Center Saarland".

▸ Biogramm S. 123

Intensiver als die frühere „Vereinigung" engagiert sich die Universitätsgesellschaft für eine enge Verbindung von Wissenschaftlern, Uni-Beschäftigten und Studierenden mit Förderern und Ehemaligen (Alumni) und unterstützt daher in besonderer Weise durch die Einrichtung von fachbezogenen Abteilungen, sogenannten Chaptern, die vielfältigen Alumni-Aktivitäten der Fachrichtungen. Sie integrierte außerdem die zuvor selbständige Initiative „Wissenschaftsforum Saar" und widmet sich durch Vortragsreihen, den Austausch in sozialen Netzwerken und Newsletter mit aktuellen Informationen aus der Universität dem Aufbau eines „vielschichtigen Netzwerks mit Vertretern aus Wirtschaft, Politik und Gesellschaft".

Die Universitätsgesellschaft, der über 450 Mitglieder, davon 74 Stifterinnen und Stifter, angehören, verleiht weiterhin den Dr.-Eduard-Martin-Preis für herausragende Dissertationen, ▸▸ fördert die Teilnahme an wissenschaftlichen Tagungen und Wettbewerben und vergibt Deutschlandstipendien zur Förderung besonders engagierter Studierender. An Einzelprojekten wurden zuletzt beispielsweise das 25-jährige Jubiläum des Frankreichzentrums, die Aktivitäten der „Kinder-Uni" oder die dritte internationale Saarbrücker Europa-Konferenz unter dem Motto „Solidarität in Europa – Europäische Solidarität" unterstützt, die dem Dialog der internationalen Europaforschung mit Politik und Zivilgesellschaft dient.

▸ Eule als Preis S. 322

„Ich glaube, dass die Universitätsgesellschaft des Saarlandes mit ihrem lebendigen, durch die vielen Absolventinnen und Absolventen sowohl weltweiten als auch generationenübergreifenden Netzwerk entscheidend dazu beitragen kann, dass die Universität des Saarlandes als besonders dynamisches und interdisziplinäres akademisches Zentrum wahrgenommen wird", sagt Frank Mücklich mit Blick auf das 75-jährige Bestehen der Saar-Uni. „Wir spüren mit großer Freude diese über Jahre gewachsene Verbindung und werden uns dementsprechend auch zukünftig konzeptionell, inhaltlich und medial weiter entwickeln."[64]

Wolfgang Müller

ZEITZEUGNIS

Robert Leicht

UdS-Alumnus, Journalist und Publizist

Geboren 1944, Internatsschüler Schloss Salem, 1965–70 Jurastudium in Berlin und Saarbrücken, anschließend Journalist bei der Süddeutschen Zeitung und der „Zeit", dort 1992–97 Chefredakteur, seither politischer Korrespondent und Kolumnist, Honorarprofessor für öffentliche Kommunikation und Politik an der Universität Erfurt.
Die Texte sind Auszüge aus einem Festvortrag beim Alumnitag anlässlich des 60-jährigen Uni-Jubiläums.

Akademische Initiation

Biogramm S. 142

Biogramm S. 117

„Zu Beginn meines dritten Semesters geriet ich nach zwei in Berlin mit Orgelüben und Gelderwerb (durch Orgelspiel) ziemlich vertanen Semestern in Saarbrücken nicht nur erstmals in einen geordneten Lehrbetrieb, sondern gleich in eine Strafrechtsvorlesung bei Kaufmann.

Irgendjemand fragte ihn in der ersten Stunde, was es mit einer für den Abend vorgesehenen Lehrveranstaltung auf sich habe – ein Seminar oder so –, die er mit einem weiteren Professor, dem Psychiater Witter aus Homburg abzuhalten gedenke. Kaufmann wand sich in seiner so eindrucksvoll nicht-konfrontativen Art etwas mit der Auskunft, dass dieses Seminar eigentlich erst für Studenten des siebten oder vielleicht sechsten Semesters bestimmt und geeignet sei. Und um nicht direkt Nein sagen zu müssen, verwies er darauf, dass etwaige Teilnehmer sich freilich der gehobenen Anstrengung unterziehen müssten, ein Referat zu übernehmen – mindestens aber ein Sitzungsprotokoll. Ich weiß nicht (oder will nicht zugeben), welcher Teufel mich geritten hatte: Jedenfalls begab ich mich um 18:00 Uhr c.t. in den angegebenen Seminarraum – von den bereits anwesenden Adepten, die einander alle irgendwie schon kannten, eher befremdet wie ein Eindringling beäugt. Kaufmann und Witter eröffneten die Sitzung, Kaufmann schaute sichtlich erstaunt und fragte, was mich hierher führe – und ich berichtete brav, dass ich des Morgens in seiner Vorlesung gehört hatte, was er zu diesem Seminar gesagt hatte. – Dann wisse ich aber auch, dass ich mindestens ein Protokoll zu übernehmen hätte. – Dazu sei ich auch durchaus bereit. – Daraufhin Kaufmanns Assistent: Die Protokolle sind aber bereits sämtlich vergeben. – Hier war nun die letzte Möglichkeit zum unbedenklichen Rückzug, die zu nutzen mir aber irgendwie ferne lag. Aber war da nicht auch von Referaten die Rede gewesen? – Die, so der Assistent, seien aber auch vergeben – bis auf eines. – Nun, so wolle ich das eben übernehmen. – Das sei aber das erste, und zwar in vierzehn Tagen. – Allgemeine, gespannte und neugierige Ratlosigkeit. – Kaufmann verwies, leise mahnend, auf die grundlegende Bedeutung dieses Eröffnungs-Referats für das ganze Seminar – und fragte, ob denn sonst jemand an dessen Übernahme interessiert sei. Niemand meldete sich. Da sich damit offenkundig nur die Wahl bot zwischen gar keinem Referat und einem Referat eines *Greenhorns,* ward also der Zuschlag erteilt und die Seminarsitzung nahm ihren weiteren Verlauf.

Nach der Sitzung zog mich der Assistent beiseite: Ob ich denn ungefähr wüsste, wie ein solches Referat auszusehen habe. Ich musste verneinen. Dann solle ich mich morgen früh um neun Uhr bei ihm einfinden, er werde mir dann entsprechende Instruktionen geben – unter anderem ein sehr nützliches Papier von Werner Maihofer. … Kaufmanns Assistent hieß übrigens Winfried Hassemer.

Die vierzehn Tage verflogen unter erheblichem Stress, die nächste Seminarsitzung nahte, ich trug mein Referat vor – die Zuhörer klopften des längeren mit ihren Fingerknöcheln auf der Tischplatte, ein mir bis dahin völlig unverständliches Treiben. In die gespannte Ruhe des Seminars tröpfelte Kaufmanns Kommentar: „Ein solches ausgezeichnetes Referat kann eigentlich nur jemand halten – der von der Sache noch nicht viel weiß."

So fühlte ich mich in den Kreis der Schüler und Verehrer Kaufmanns aufgenommen."

Mangelhaft minus

Nun aber das versprochene Gegenstück: Großer Strafrechtsschein, Klausur, der vorgegebene Fall – ein klarer Fall von Betrug, wie mir schien, basta! Ich hatte freilich nicht etwa nur *vergessen*, sondern überhaupt nicht gewusst, dass eines der Spezialthemen Kaufmanns die Abgrenzung von Betrug und Diebstahl gewesen war – und hatte folglich schlechterdings nicht begriffen, worin die eigentliche Aufgabenstellung lag. Nur zu Recht schrieb der Korrekturassistent Leonhard Backmann, der über dieses Thema seine Dissertation verfasste, die unausweichliche Note „Ungenügend" – also eine Sechs – darunter.

Warum auch immer – vielleicht, weil er wissen wollte, wie seine engeren Jung-Schüler sich geschlagen hatten, oder weil er extreme Zensuren eigens überprüfte – Kaufmann jedenfalls nahm sich die Klausur nochmals vor, strich die Sechs durch und notierte: „Bei nochmaliger, sorgfältiger Prüfung allenfalls: Mangelhaft minus". Sie können sich vorstellen, dass dieser geringfügig moderierte, nicht un-ironische Tadel des geliebten Lehrers noch tiefer saß, ja, wie Sie heute sehen, lebenslänglich sitzt, als eine brutale Sechs von Seiten des nicht minder aufrechten Assistenten."

Der Funke des Zuspruchs

„Wozu nun all diese ausführlichen – und dann doch viel zu knappen – Erinnerungen vier Jahrzehnte danach, sowohl an Herbert Wehrhahn als auch an Arthur Kaufmann, – und an Winfried Hassemer, der mir zusammen mit Kaufmann aus einer Patsche geholfen hat, die gleich am Anfang mein Studium wegen familiären Streites um die Finanzierung zu dessen abrupten Ende hätte führen können?

Das Lernen junger Menschen, vom Kind bis zum Studenten – und übrigens auch weit darüber hinaus, ja lebenslang – gilt dem Stoff, natürlich. Aber das Lernen (und das Leben) entscheidet sich nicht am Stoff, sondern an der Person, vor allem der des Lehrers, ob Frau oder Mann. Gewiss, Lehrer, die ihren Stoff nicht beherrschen, haben nichts zu sagen. Aber Lehrer, die nur den Stoff beherrschen, haben *mir* nichts – oder wenig – , haben den Studenten kaum etwas zu sagen. Das eigentliche Lernen beginnt, wenn zwischen Lehrern und Schülern ein Funke überspringt, ein Funke des *Zuspruchs* vor allem *Anspruch*, ein Funke des Außergewöhnlichen, des weit Vor- *und* Zurück-Weisenden in der Beleuchtung des Stoffes …

Es geht nicht nur darum, den Stoff zu erlernen, sondern der Stoff ist zugleich das Material, an dem man lernt, sich all die vielen Gegenstände bewusst zu eigen zu machen, auf die man im weiteren Leben gestoßen wird – oder die man an sich heranzieht. Aber diese Aneignung erlernt man nicht am toten Stoff, sondern in der Begegnung mit Lehrern, die einem etwas über das Leben zu sagen haben – und zwar einfach als Vorbilder, die sich nicht hinter riesigem Wissen verstecken, das sie zwischen sich und den Studenten aufschütten.

Wenn also *Arthur Kaufmann* nach der Ermordung von Martin Luther King nicht einfach im Stoff weitermachte, sondern vielmehr einen anrührenden Nachruf sprach, der schließlich von der Pflicht zum Widerstand im Kleinen handelte (er wurde dann in der Zeitung veröffentlicht)
– wenn also *Herbert Wehrhahn* in einer Situation, in der die damalige Universitätsleitung einmal zu feige war, sich demonstrativ vor einen Professor zu stellen, welcher vom Ministerpräsidenten öffentlich und in unzumutbarer Weise angegriffen wurde, weil er sein Demonstrationsrecht in Anspruch genommen hatte, ▸▸ wenn also Wehrhahn statt seiner planmäßigen Vorlesung in einem dann allerdings überfüllten Hörsaal Entsetzen und Empörung in einem historischen Beispielsfall aus der älteren deutschen Universitätsgeschichte spiegelte
– oder wenn der vorherige Rektor *Helmut Krings* nach der Ermordung von Benno Ohnesorg auf dem Platz vor dem Audimax zu den versammelten Studenten sprach, ihre Emotionen aufnehmend und sie zugleich in Bahnen der gezügelten Trauer lenkend ▸▸
– dann fühlten wir Studenten uns auf bewegende Weise in dem verstanden, was uns bewegte. Von solchen Leuten ließen wir uns etwas sagen – im Hörsaal und darüber hinaus, ja über das Studium hinaus."

▸ *Biogramm* S. 143

▸ *Vorreiter der Studienreform* S. 98

Essen und Trinken auf dem Campus

Zu den Besonderheiten der Saar-Universität gehört seit je ihre abgeschiedene Lage, die unter anderem zur Folge hat, dass Studierende, Lehrende und Beschäftigte auf dem Unicampus nicht nur arbeiten, sondern auch Pausen und Freizeit verbringen – und mit Essen und Trinken versorgt werden müssen.

Dabei steht zunächst die Mensa im Blickpunkt, als „Universitätskantine" stets dem reflexhaften Vorurteil ausgesetzt, eher Masse als Klasse zu liefern. Zu Unrecht, wie man nach heutigem Stand sagen muss, denn die Saarbrücker Mensa kann sich nicht nur architektonisch sehen lassen. Sie kocht frisch, wo immer machbar auch regional und bio, handelt fair, und sie lässt auch die vegetarische, laktoseintolerante oder vegane Kundschaft nicht verhungern, ohne dabei Einweggeschirr oder unnötige Plastikverpackungen zu benutzen. Insbesondere seit dem Ausgang des vorigen Jahrhunderts wurden derlei Forderungen immer wieder an sie herangetragen, oft eilte sie solchen Entwicklungen aber auch voraus.[65]

Mensa S. 166

Schwieriger gestaltete sich das Verhältnis zur Kundschaft in den Anfangsjahren, insbesondere bis zur Einweihung des neuen Mensa-Gebäudes im Jahr 1970. Denn zuvor war die Mensa in der ehemaligen Unteroffizierskantine der Kaserne untergebracht (heute A5 3), die schon sehr bald die steigenden Zahlen der Studierenden nicht mehr fassen konnte. Um den preisgünstigen Eintopf zu bekommen, musste man sich gar ins besonders enge Kellergeschoss hinunterzwängen; die Klagen über lange Wartezeiten und Raummangel waren über Jahre hinweg Legion. 1961 wurde eine „Mensa-Baracke", das heutige AStA-Gebäude, als

Allerlei zu kaufen gab es im alten Mensaladen. Doch häufig beschwerten sich Studierende über zu hohe Preise.

Das „AC“ – gastronomischer Klassiker auf der Campuswiese.

Zwischenlösung errichtet, doch konnte dies die Probleme nur kurzfristig abschwächen.[66]

Auch die Qualität des Essens wurde vielfach kritisiert. So ergab eine in der Studentenzeitschrift „Speculum“ 1958 veröffentlichte Umfrage, dass nur 0,18 Prozent der Befragten die angebotenen „Salzkartoffeln und eine Art Gulasch“ mit „sehr gut“ bewerteten, 79 Prozent hingegen fanden sie „ausreichend“ oder gar schlechter. Und dabei habe die Qualität gerade dieses Gerichtes noch deutlich über dem Wochendurchschnitt gelegen, hieß es. Beklagt wurden auch die unfreundliche Bedienung und die als viel zu hoch empfundenen Preise.[67]

Preisdebatten begleiteten die Mensa freilich durch alle Jahrzehnte ihrer Existenz, denn von Zeit zu Zeit mussten gestiegene Kosten oder verringerte Zuschüsse des Landes an die Kundschaft weitergegeben werden. Dies führte immer wieder zu Protesten bis hin zu Streiks, die jedoch allenfalls kurzzeitig Erfolg hatten, bis sich die Wogen glätteten und die Preiserhöhungen in kleineren Häppchen dann doch durchgesetzt werden konnten. Der Lehrkörper war übrigens in den frühen Zeiten dank Essensmarken von Preiserhöhungen wie der von 1951, als sich das Essen um 30 auf 100 Francs verteuerte, nicht betroffen, hatte allerdings zum Ausgleich ein Trinkgeld zu entrichten. Damals richtete sich der Zorn auch auf den Lebensmittelladen auf dem Campus, der schmuddelig, schlecht sortiert und völlig überteuert, dessen Personal unverschämt sei. Mensa, Restaurant und Laden wurden zu dieser Zeit von einem Pächter betrieben, der durch Quersubventionierung über die Runden zu kommen versuchte.[68]

Neben der Mensa etablierten sich jedoch schon bald weitere Cafés und Imbisse auf dem Campus und boten nicht nur gastronomische Versorgung, sondern auch Treffpunkte und Entspannungszonen, in denen sich ein Gutteil des studentischen Campus-Lebens abspielte. Kultcharakter hatte beispielsweise das „Philocafé“ im Untergeschoss der Philosophischen Fakultät (C5 2), in dem nahöstliche Küche sich mit mediterran-orientalischer Entspanntheit verband. Feste Institutionen waren jahrzehntelang auch die Caféteria im Audimax-Gebäude und das „Juristen-Café“ am Übergang zum Sportschul-Bereich, besonders im Sommer vielbesucht wegen seiner Grill-Spezialitäten in Biergarten-Atmosphäre. Nach seiner räumungsbedingten Verlagerung aus C5 2 hat das Philocafé 2020 das Erbe des Juristen-Cafés an dessen altem Standort angetreten.

Probleme des Erfolgs S. 96

Konsequent horizontal S. 110

Das „Philo-Café" in C52 war jahrzehntelang eine Institution, weit über das kulinarische Angebot hinaus. Hier eine Aufnahme aus den mittleren 80er Jahren.

Auch das Studentenwerk ließ das gastronomische Feld nicht unbespielt, war doch schon mit Bezug des Mensa-Neubaus eine Caféteria im Erdgeschoss unterhalb des eigentlichen Mensabetriebes angesiedelt worden. Ebenfalls im Erdgeschoss befand sich bis Mitte der 2010er Jahre das Restaurant „Schlemmereule", für etwas gehobenere Ansprüche. Auch dieses war vornehmlich auf die kurze Mittagspause ausgerichtet, bot sich jedoch mit Speisekarte, Bedienung und nicht zuletzt einem niedrigeren Schallpegel insbesondere für Arbeitsessen oder zur Bewirtung von Gästen an. Wer etwas mehr Zeit hatte, traf sich gerne im „Stuhlsatzenhaus", der traditionsreichen, seit dem 19. Jahrhundert über Generationen hinweg beliebten Ausflugsgaststätte, die früher einsam im Stadtwald gelegen, doch durch die Ausdehnung des Campus zu einer Art östlichem Eingangstor des Unigeländes geworden war. 2018 musste das Stuhlsatzenhaus, das älteste Gebäude des Unicampus im weiteren Sinne, den Neubauten für das CISPA-Helmholtz-Zentrum weichen.[69]

Mit der neuen Mensa eröffnete in deren Kellergeschoss auch die Gaststätte „Canossa", die sich dank des legendären Discjockeys Karl-Heinz Hirschmann zu einer angesagten und doch familiären Kult-Diskothek entwickeln sollte. Erst einige Betreiberwechsel sowie das Aufkommen von Großraumdiscos um die Jahrtausendwende läuteten ihren allmählichen Niedergang ein, die Schließung erfolgte 2018.[70]

Doch auch neue Akzente erweiterten die gastronomische Campus-Palette. Gegen Ende der 2010er Jahre eröffnete mit dem „Mensagarten" ein Außenableger des Studentenwerks im ehemaligen Botanischen Garten, vor allem mit Pizza und Pasta für die Sommermonate. Der klassische Kantinenbetrieb im „CIC" neben dem Lebensmittel-Laden wurde 2013 ersetzt durch die peppigen „Fastfood-Heroes", die nach der Coronapause jedoch nicht wieder öffneten, wohingegen ein paar Schritte weiter 2022 ein – allerdings vorerst nur kurzlebiger – Pizza-Automat installiert wurde. Die Reihe der fach-bezogenen Cafés erweiterte 2011 das „iCoffee" inmitten der Informatik, während das „Starbooks" in der Universitätsbibliothek im Jahre 2012 und vor allem das zentral gelegene „Café Unique" im zwei Jahre zuvor errichteten Campus Center keine bestimmte Zielgruppe ins Visier genommen hatten. Die Klassiker in dieser Kategorie sind seit langem das Café der Katholischen Hochschulgemeinde und das „Ausländercafé" (AC), nur wenige Meter voneinander auf der Campuswiese gelegen, mitten im universitären Geschehen. Das „AC" war 1961 als „Ausländerclub" gegründet worden und sollte der Förderung und Integration internationaler Studierender dienen. Mit den Jahren entwickelte sich diese Intention hier, in direkter Nachbarschaft zum Studienkolleg für ausländische Studieninteressierte, gewissermaßen zu einer Selbstverständlichkeit, und das AC, das 2018 von einer Betreibergruppe aus Uni-Absolventen übernommen und erneuert wurde, zu einem Kernstück des Campus-Lebens.[71]

Auf dem Homburger Campus stellt seit eh und je – und das heißt in diesem Fall seit 1947 – die Uni-Mensa im traditionsreichen Gebäude 74 den Mittelpunkt des gastronomischen Geschehens für Unimitglieder dar. Zwar liegt das Haus nicht gerade zentral, und etliche Kliniken mit ihren Cafeterien sowie das Personalkasino des Klinikums bieten reichliche Alternativen zur mittäglichen Sättigung, doch die Mensa mit der angegliederten „Cafete" ist für viele Studierende und Beschäftigte nichts weniger als „das Herz des Campus". Zumal dort in familiärer Atmosphäre nicht nur schmackhaftes Essen zu bekommen ist, das auf Wunsch auch schon mal individuell zubereitet wird, sondern außerdem Lese- und Arbeitsräume sowie Beratungsangebote und Anlaufstellen des Studierendenwerks zum Verweilen einladen. Der besondere Charme des aus dem Jahr 1909 stammenden Gebäudes mit seinen Nischen und Eckchen und der anheimelnden Gestaltung mit warmen Farben tut ein Übriges: Für Homburger Studierende ist die Mensa der Rückzugs- und Abschalt-Ort. Einen Höhepunkt erlebt sie alljährlich mit „Kunst in der Mensa", einem selbstorganisierten Ausstellungsprojekt für künstlerisch interessierte Studierende und Beschäftigte samt legendärer Vernissage. Kein Wunder, dass die Studierenden energisch protestierten, als Anfang der 2020er Jahre Pläne zur Schließung des sanierungsbedürftigen Gebäudes diskutiert wurden: „Wir Studierenden brauchen auch eine Art Heimat", wurde eine Fachschaftssprecherin zitiert, „einen Ort, wo wir uns treffen können und mal unter uns sind". Ein herzerwärmendes Kompliment für diesen besonderen Platz, an dem Essen und Trinken offenbar wirklich Leib und Seele zusammen halten.[72]

Bernd Hagenau / Thilo Offergeld

Treffpunkt, Rückzugsort, „Herz des Campus":
Das Mensagebäude mit „Cafete" in Homburg.

Wohnen, Jobs, Party: Aspekte studentischen Lebens

„Will man ein paar beschwingte Semester erleben, schreibt man sich besser anderswo ein: Nach Saarbrücken geht man, um zu studieren", hieß es in einem Hochschulführer im Jahr 1964. In der Tat verband man in den Anfangsjahren der jungen Universität die Saar-Metropole nicht mit pulsierendem „Studentenleben". Zum einen fehlte die gesellige Tradition einer klassischen Studentenstadt, zum anderen entwickelte sich die Universität des Saarlandes durch ihre regionale Orientierung in den ersten Jahrzehnten als ausgesprochene „Heimfahrer-Uni" – eine Prägung, die noch lange anhielt. Die Saarbrücker Zeitung gab noch Ende der 90er Jahre Tipps, um kontaktsuchenden Neuankömmlingen Frustration zu ersparen: „Versuche nie, Dich mit einem Saarländer fürs Wochenende zu verabreden. Denn da fährt der Saarländer „hemm". Nach ... Hixberg-Pflugscheid, Bliesmengen-Bolchen, Piesbach und Brenschelbach ... Nimm's nicht persönlich. Ihr könnt trotzdem gute Freunde werden."[73]

Feiern und Konzerte gehören dazu: 1982 spielte BAP in der Uni-Aula.

Studierendenleben entstand dennoch, und zwar zunächst auf dem Campus. Die junge Saar-Uni zog zunehmend Studierende aus den übrigen Bundesländern oder dem Ausland an. Anfangs fanden viele in den Campus-Wohnheimen Unterkunft, bald aber reichte deren Kapazität nicht mehr aus, und „Wohnraumnot" wurde ein vorherrschendes Thema. Wurden noch im Winter 1973 Kaffeenachmittage im „Ausländercafé" für potenzielle Zimmerwirte veranstaltet, die dazu dienen sollten, Vorbehalte besonders gegenüber ausländischen Studierenden abzubauen, so musste die Universität im Notwinter 1990/91 zu ganz anderen Mitteln greifen. Nachdem Erstsemester medienwirksam unter Brücken oder in Obdachlosenasylen genächtigt hatten, stellte die Universitätsleitung die Aula als Notquartier zur Verfügung und organisierte gemeinsam mit dem AStA die Unterbringung in Wohnwagen, die aus dem gesamten Bundesgebiet zusammengesucht und auf dem Campus aufgestellt worden waren.[74]

Doch in der Mitte der 90er Jahre schlug das Pendel zurück. Inzwischen war ein Überangebot in neu errichteten oder erweiterten Heimen entstanden, zumal sich studentische Wohngemeinschaften längst auch in Saarbrücken etabliert hatten. Studierenden-Wohnheime wurden als günstige und lebendige Unterkünfte nun vor allem für Studierende aus dem Ausland die erste Wahl.[75]

Chronischer Mangel herrschte – zumindest in den Phasen des Übergangs zur Massenuniversität – auch in anderen wesentlichen Bereichen studentischen Lebens: Verpflegung und Jobs. Die in den 50er Jahren durch das Studentenwerk von einem Pächter übernommene Mensa – der Fund einer Schuhsohle in der Suppe hatte den langanhaltenden Ärger über schlechtes und teures Essen „überkochen" lassen und zum Wechsel geführt – platzte im alten Kasernengebäude bald aus allen Nähten. Auf die lange angekündigte Unterbringung in einem neuen, großen „Studentenhaus" warteten ganze Generationen von Studierenden, erst 1970 konnte der Neubau in Betrieb genommen werden. In zeittypisch „brutaler" Beton-Architektur bot er nicht nur einen großzügigen Speisesaal, sondern auch ein separates Restaurant, einen Theatersaal, Clubräume und einen Jazzkeller, später dann sogar einen Kindergarten.

Der Jazzkeller wurde bald zur legendären Studierendenkneipe „Canossa“, die jahrelang ein echtes Highlight der regionalen Disco-Szene darstellte.[76] ▸▸

▸ Campus-Leben S. 324

Jobsuchende versorgte die Universität bereits seit 1955 über den „Studenten-Schnelldienst“. Das Angebot war bunt und reichte vom Teppichklopfer über Gasthausbedienungen und Gelegenheitsarbeiter zum Waggonentladen bis hin zum Nachhilfelehrer. Die später von einer Außenstelle des Arbeitsamts auf dem Campus betreute Job-Börse musste infolge der wirtschaftlichen Rezession ab 1974 allerdings den Mangel verwalten. Stundenlanges Anstehen führte so selten zum Erfolg, dass man 1982 stattdessen das Zufallsprinzip einführte: „Noch vor kurzem standen die ersten bereits nachts um ein oder zwei Uhr auf dem Warteposten vor der Tür der Vermittlungsstelle. Nun werden täglich um 8 Uhr morgens Nummernkarten gezogen von eins bis vierzig. Allerdings: Eine Chance hat höchstens noch die Nummer sieben.“[77]

Froh, eine Unterkunft zu haben: Abendliche Geselligkeit im Campus- Wohnheim (1950er Jahre).

Da die Saar-Uni eine Neugründung war, überrascht die relativ große Zahl an Korporationen: Schon bald nach 1955 waren neun Studentenverbindungen im „Ring Saarbrücker Korporationen“ organisiert. Abgesehen von dem jährlichen gemeinsamen Festkommers, dem in den 60er Jahren auch hochrangige Vertreter der Politik beiwohnten, traten die Verbindungen allerdings weit weniger in Erscheinung als die konfessionellen Studierendengruppen, die sich bereits in den frühen 50er Jahren gebildet hatten. Deren Aktivitäten im Bereich des geistigen Lebens und des gesellschaftlichen Engagements wurden Mitte der 90er Jahre durch den Bau einer Begegnungs- und Besinnungsstätte belohnt, die in unmittelbarer Nähe zum „Ausländerclub“ (AC) im Campuszentrum errichtet wurde. Die Nähe kam nicht von ungefähr, denn das 1961 eröffnete AC-Gebäude war nicht nur Symbol des internationalen Charakters der Saar-Uni, sondern sollte, in den Worten des Auslandsamts-Leiters, auch den deutschen Studierenden dazu dienen, Kontakte und Begegnungen zu suchen, um auch ihr eigenes Blickfeld zu erweitern.“[78] ▸▸

Ein Kurzabriss über das studentische Leben an der Universität des Saarlandes wäre unvollständig ohne zumindest die Erwähnung der zahlreichen, oft geradezu rauschenden Fachschafts- und Wohnheimfeten, die den Beteiligten in lebhafter Erinnerung geblieben sein dürften. Ähnliches gilt sicher für das seit 1955 existierende Filmprojekt „Unifilm“, das als „Turmkino“– mit anschließender Diskussion! – im Bibliotheksgebäude begann und das bis heute im Audimax anspruchsvollere Filme zu günstigen Preisen präsentiert. Noch außergewöhnlicher und eine saarländische Besonderheit war das 1976 begonnene „Unikult“-Projekt, das seit den 80er Jahren als professioneller Konzertveranstalter auftrat, und zwar mit beachtlichem Erfolg. So waren allein 1982 etwa BAP, Ton Steine Scherben und Depeche Mode in der Uni-Aula zu erleben. Aber nicht nur Aula und Audimax waren Spielstätten für Jazz-, Rock- und Reggae-Gruppen, „Unikult“ bespielte sogar die Kongresshalle.[79]

Bis in die Gegenwart stellt Unikult ein buntes Veranstaltungsprogramm auf die Beine, und eine Neuauflage des anfangs zitierten Hochschulführers würde sich heute sicher anders über die Saar-Uni äußern. Zwar kommen viele wohl immer noch nach Saarbrücken und Homburg, um zu studieren. „Beschwingte Semester“ lassen sich dennoch verleben angesichts eines vielfältigen Kulturangebots auf dem Campus und eines quirligen Studentenquartiers im Nauwieser Viertel. Und die Aktivitäten der Landeshauptstadt wie etwa die französischen Straßentheatertage oder das Max-Ophüls-Festival für den deutschsprachigen Nachwuchsfilm haben sicher dazu beigetragen, dass manche, die an die Saar gekommen waren, um zu studieren, dann geblieben sind, um hier zu leben.

▸ Internationalität S. 304

Thomas Kees

Der Campus – geprägt von Bäumen

Die weitläufige Anlage des Saarbrücker Universitätscampus ist seit jeher nicht nur durch Gebäude, Straßen und Wege geprägt, sondern auch durch die lebendige Landschaftsgestaltung, auf die schon seit den Gründungstagen der Universität besonderer Wert gelegt wurde. Bäume waren und sind dabei das dominierende Element – raumgreifend, belebend, schattenspendend. Einige besondere unter ihnen sollen hier näher vorgestellt werden, sei es wegen ihrer Größe, ihres Habitus, ihrer Schönheit, ihrer botanischen Besonderheiten oder ihrer Exotik.

Insbesondere seitdem das große Parkdeck am Meerwiesertalweg eröffnet wurde, betreten viele Besucher den Campus durch den restlichen Baumbestand des ehemaligen Botanischen Gartens. Lange Zeit eine Attraktion vor den Toren der Uni und eine landesweit einzigartige bürgernahe Bildungseinrichtung der Naturkunde, wurde der Garten 2016 als Sparmaßnahme von der Landesregierung geschlossen. ◂◂

▸ Botanischer Garten S. 282

Gleich am unteren Eingang in den ehemaligen Garten wartet ein Japanischer Blumen-Hartriegel (Cornus kousa) mit seiner üppigen und lange anhaltenden Blütenpracht auf. Dabei sind es nicht einmal die Blüten selbst, die uns so attraktiv erscheinen, sondern blüteneinleitende weiße Hochblätter, ähnlich den roten Blättern beim allseits bekannten Weihnachtsstern. Diese umgeben eine eher unscheinbare zentrale Blumendolde und verwelken erst nach langer Zeit, wenn auch die letzte der aufeinanderfolgenden Einzelblüten verblüht ist.

Als weitere Besonderheit findet man im ehemaligen Arboretum (Gehölzgarten) des Gartens alle drei Arten der weltweit existierenden Mammutbäume, den Riesenmammutbaum (Sequoiadendron giganteum), den Küstenmammutbaum (Sequoia sempervirens) sowie den Urweltmammutbaum (Metasequoia glyptostroboides). Sie tragen in ihren botanischen Bezeichnungen den Namen „Sequoyah", zur Erinnerung an den Sohn einer Cherokee-Indianerin, der Anfang des 19. Jahrhunderts für seinen indigenen Volksstamm eine einzigartige Schreibschrift erfand.

Ursprünglich befand sich der Botanische Garten übrigens auf dem Campus; erst 1967 wurde er samt seiner Gewächshausanlage vor die Tore der Universität verlagert und dort vergrößert angelegt. Noch heute zeugen im Bereich der früheren Gartenfläche zwischen dem Haupttor und dem Präsidialgebäude viele exotische Bäume von der einstigen Anlage. So steht hier etwa ein schlank gewachsenes Exemplar des Ginkgo-Baums (Ginkgo biloba), dessen

Begrüßung am unteren Eingang: Japanischer Blumen-Hartriegel

eigentümlich zweigeteilte Blattform Goethe zu seinem berühmten gleichnamigen Gedicht inspirierte. Der Gingko, letzter überlebender Vertreter einer längst ausgestorbenen Gruppe von Samenpflanzen und in der freien Natur nur an wenigen Orten in China anzutreffen, wird aufgrund seiner Resistenz gegen Schadstoffe seit einiger Zeit gern als Straßen- und Parkbaum angepflanzt. Neben ihm ziert ein durch zahlreiche Rückschnitte klein gehaltener Judasbaum (Cercis siliquastrum) mit seinen wunderschönen Schmetterlingsblüten in Hülle und Fülle das Rasenstück

Kann über 100 Meter hoch werden: der Küsten-Mammutbaum.

vor Gebäude A2 4. Bedenkt man, wie viele Baumarten nach dem verräterischen Apostel benannt sind, so muss Judas sich allerdings erfolgreich an mehreren Bäumen nacheinander erhängt haben.

Aus den Anfangszeiten des Gartens erhalten geblieben ist auch die mächtige Rosskastanie (Aesulus hippocastanum) vor Gebäude A1 5. Viele im Geiste jung Gebliebene mögen im Herbst nicht daran vorbei gehen, ohne eine frisch vom Baum gefallene Kastanie aufzuheben, um ihre glatte holzige Oberfläche in der Hand zu spüren und Kindheitserinnerungen nachzuhängen. Verloren hingegen ist die Atlas-Zeder (Cedrus atlantica 'Glauca'), die jahrzehntelang direkt neben der Kastanie das Campus-Bild im Einfahrtsbereich prägte. Sie wurde wohl ein Opfer des vielen Streusalzes auf dem Kopfsteinpflaster, unter dem sie wurzelte. Ein paar Schritte weiter zum Haupttor hin erfreut in jedem zeitigen Frühjahr die Blütenpracht der Kulturform einer japanischen Zierkirsche (Prunus serrulata 'Kanzan') die Ein- und Ausfahrenden.

Auf der begrünten Verkehrsinsel findet sich eine Gruppe von Linden, allerdings keine unserer beiden heimischen Arten (Sommer- und Winterlinde). Nur wenige Passanten werden merken, dass es sich um Krim-Linden (Tilia x euchloa) handelt – ein Baum, der wegen seiner späten Blütezeit und des Reichtums an Nektar einen besonders wichtigen Nahrungslieferanten für Bienen darstellt. ▸▸

Tiere S. 348

Gegenüber gibt eine große Blutbuche (Fagus sylvestris 'Purpurea') ein imposantes Bild vor dem Präsidialgebäude ab. Es handelt sich dabei um eine rotblättrige Zuchtform der heimischen grünblättrigen Rotbuche, deren Name

Blüten-Blickfang im Frühjahr: die Japanische Zierkirsche.

Die große Atlas-Zeder fiel dem Streusalz zum Opfer.

sich nicht auf ihre Blattfarbe, sondern ihr rötliches Holz bezieht. Das hinter mächtigen Bäumen beinahe versteckte Präsidialgebäude ist, wie früher fast alle alten Kasernengebäude, wie ein Dornröschenschloss von Wildem Wein (Parthenocissus tricuspidata) umrankt, besonders im Herbst ein vielfotografierter Blickfang durch seine leuchtenden Farben.

Als Reminiszenz an den Stadtwald, in den die Universität beziehungsweise die damalige Kaserne gebaut wurde, finden sich auf dem Campus noch einige Arten an heimischen Waldbäumen, insbesondere Eichen. Ein beeindruckendes, kraftvoll geformtes Exemplar einer Stiel-Eiche (Quercus robur) erhebt sich in dem breiten Grünstreifen vor Gebäude A2 2.

Beeindruckend ist auch die mächtige Platane (Platanus x acerifolia) direkt hinter dem Präsidialgebäude auf der AC-Wiese. Sie ist eine hierzulande häufig gepflanzte Hybride aus der Amerikanischen und Morgenländischen Platane. Wer auch ihre Mutter aus dem Morgenland sehen möchte, muss nicht weit reisen: Im Park des ehemaligen Botanischen Gartens kann eine solche Exotin bewundert werden – noch. Denn es steht zu befürchten, dass auch dieses landesweit einzigartige Arboretum mit seinen zahlreichen exotischen Baumarten irgendwann einem Gebäudeneubau weichen muss.

Eins der markantesten Baum-Bilder auf dem Uni-Campus zeigt sich seit Jahrzehnten am Eingang zur Saarländischen Universitäts- und Landesbibliothek. In recht sonderbaren Wuchsformen erstrecken sich hier teils liegende, teils aufrechte Bäume über den Zugangsbereich, so dass schon etliche horizontale Teile gekappt werden mussten. An den Zweigen hängen nicht nur im Herbst, sondern noch den ganzen Winter über längliche „Schoten". Es sind Trompetenbäume (Catalpa bignonioides) aus dem Südosten Nordamerikas, die in hohem Alter die charakteristischen „Absenkeräste" ausbilden, aus denen wieder Wurzeln treiben und neue Stämme wachsen können. Die Bäume sind leider in keinem guten Gesundheitszustand, doch tun die Campus-Gärtner unter anderem mit Stahlstützen ihr Möglichstes, um diese ganz besondere Baumgruppe zu erhalten.

Eine weitere botanische Sehenswürdigkeit findet sich innerhalb des Gebäudes B3 3, wo eine tropische Liane sich über mehrere Etagen am Treppengeländer entlang in die

Willkommener Schattenspender: Platane auf der Campuswiese.

Höhe windet. Es ist der exotische Kastanienwein (Tetrastigma voinierianum), der bei günstigen Bedingungen tatsächlich mehrere Meter pro Jahr wachsen kann.

Zum Abschluss soll noch ein Blick auf den Campus der Homburger Medizinischen Fakultät geworfen werden. Dort fallen auf dem zentralen Rasenstück in der Nähe des Verwaltungsgebäudes eine Reihe imposanter Zedern ins Auge. Sie dürften aus der parkartigen Anlage der früheren Pfälzischen Heil- und Pflegeanstalt stammen, der Vorgängereinrichtung des Homburger Landeskrankenhauses. Es handelt sich um eine blaunadelige Form einer Atlas-Zeder sowie eine kleine Gruppe Libanon-Zedern (Cedrus libani). Im Gegensatz zu vielen anderen Koniferen-Arten wachsen Zedern in ihrem Habitus nicht symmetrisch, sondern jedes Exemplar bildet seine individuelle, im Alter ausladende, würdevolle Kronenform aus – worin man eine schöne Analogie sehen kann zu den unverwechselbaren Profilen der Fächer und Institute unserer geschätzten Universität.

Wolfgang Stein / Thilo Offergeld

Seit langem ein Ensemble: Trompetenbaum und SULB-Eingang.

Individuelle Kronenformen: Zedern auf dem Homburger Campus.

Die „Auto-Uni": Verkehr und Parken

„Universität im Walde" – diese romantisch anmutende, schon früh gebrauchte Bezeichnung für die in den Gebäuden der Below-Kaserne untergebrachte junge Saar-Universität lässt ein Problem erahnen, das sich wie ein roter Faden durch ihre Geschichte zieht: ihre relative Abgeschiedenheit und Randlage. Bereits die ersten Jahrgänge der Studierendenzeitung „Speculum" klagen über die chronische Überfüllung der (einzigen) Buslinie 26: „Zuerst kommt eine Viertelstunde lang nichts, dann hat man den Hochgenuß, binnen der nächsten zehn Minuten drei oder vier Busse an sich vorüberrauschen zu sehen, geschmückt mit dem schönen Schild ‚Besetzt'", beklagten Studierende noch zehn Jahre nach Gründung der „Wald-Uni" die nur unzureichende Anbindung.[80]

Erst verboten, dann gefördert: Anhalter-Mitnahmestelle an der Hauptzufahrt in den 80er Jahren.

Die in den 60er und 70er Jahren sprunghaft ansteigende Automobilisierung brachte für die Universität Entlastung und Belastung zugleich. Wurden die Blechkolonnen auch zunehmend zum Problem – „Verkehrschaos" und „Wildes Parken im Stadtwald" prägten nun die Schlagzeilen der Lokalpresse –, so entstanden doch dadurch Hunderte von Mitfahrgelegenheiten: das Per-Anhalter-Fahren kam in Mode. Dieses „Trampen" erfolgte allerdings mitunter in solch aufdringlicher Weise, dass das Rektorat aus Sorge um das Ansehen der Universität 1960 ein Mitfahrverbot erließ. Das Problem war damit natürlich nicht gelöst, und so folgte anstatt des Verbots wenig später schon die Förderung: Zunächst provisorisch im Bereich der Hauptzufahrt eingerichtete Haltebuchten für die Ziele Saarbrücken, Scheidt und Dudweiler/St. Ingbert wurden in den frühen Siebzigern zu regelrechten „Eulenbahnhöfen" ausgebaut. Der eigens entworfene „Trampy", ein dem VW-Käfer nachempfundenes Eulenlogo für die Windschutzscheibe, signalisierte schon von weitem die Mitnahmebereitschaft der Autofahrer, die „in dem schönen Gefühl einer völligen Kapazitätsauslastung ihres Fahrzeuges weiterfahren. Denn einsteigen wird selten nur ein einzelner Kilometergast, sondern soviele, wie Sitzflächen zur Verfügung stehen." Das Mitfahren funktionierte zunehmend auch in entgegengesetzter Richtung, da der AStA in den 80er Jahren allein in Saarbrücken fünfzehn Haltestellen auswies, die sich als Mitnahmepunkte besonders eigneten.[81]

Eine weit geringere Bedeutung als dem Trampen, das nach der Einführung des „Semestertickets" Mitte der 90er Jahre schlagartig zum Erliegen kam, lässt sich dem Fahrradverkehr zuschreiben. Bis in die 80er Jahre war die Universität per Rad aus Saarbrücken nur über Waldwege zu erreichen, worauf 1981 eine Fahrraddemonstration aufmerksam machte. „Dieses Schild bleibt steh'n, bis wir einen Radweg seh'n", lautete die Parole eines von der „Radwegeinitiative '81" im Juli 1982 im Meerwiesertalweg angebrachten Protestschilds. Und diesem Protest der ersten saarländischen Fahrradlobby, die sich vornehmlich aus dem akademischen Umfeld rekrutierte, war immerhin Erfolg beschieden, denn bereits zwei Monate später meldete das Straßenneubauamt Vollzug bei der Anlegung des bis heute vielgenutzten Fahrradwegs im Meerwiesertal. Werbeaktionen wie die Kampagne „Mit dem Rad zur Arbeit" brachten zwar im Jahr 2007 Professoren aller Fakultäten inklusive des Universitätspräsidenten werbewirksam in den Sattel, vermochten die vergleichsweise geringe Fahrradquote jedoch kaum anzuheben.

Und so rückt der Hauptverkehrsträger für Beschäftigte und Studierende der Universität in den Blick: das Automobil. Man geht wohl kaum zu weit, wenn man die Universität des Saarlandes als „Auto-Universität" bezeichnet. Eine Studie der Landeshauptstadt aus dem Jahr 1990 zum Wohn- und Verkehrsverhalten der Studierenden belegt die ausgesprochen hohe Kfz-Affinität: Von den 20.000 Studierenden erreichten die Saar-Uni 19 Prozent mit dem Bus, 6 Prozent mit dem Fahrrad und 68 Prozent mit dem eigenen Auto (darunter 70 Prozent Alleinfahrer). Die Saar-Universität nahm (und nimmt bis heute) damit im Hinblick auf die Kfz-Quote eine Spitzenstellung in Deutschland ein. Die hohe Mobilität der Beschäftigten und das Phänomen der studentischen „Elternwohner" mit eigenem Pkw trugen dazu bei, das Erscheinungsbild des Campus seit jeher vom Automobil dominieren zu lassen. Das Fehlen einer „zweckdienlich funktionalen Parkregelung" habe zur Folge, dass „die Autos, inklusive Wild-Parker, fast hochkant auf den Campus-Plätzen" herumstünden, spottete der Gewinner des um die Jahrtausendwende ausgelobten Campusentwicklungswettbewerbs, ▸▸ der Architekt Andreas Veauthier.[82]

▸ Rechte Winkel S. 308

An Versuchen, den Individualverkehr einzudämmen, hatte es dabei nicht gefehlt, sie scheiterten allerdings am Widerstand der Sachstandswahrer. Von den 50er Jahren an bis in die Gegenwart wurde periodisch immer wieder die Vision des „Autofreien Campus" beschworen und die Reglementierung der Zufahrt sowie die Verbesserung der ÖPNV-Anbindung ▸▸ als Lösungskonzept bemüht. Beispielhaft unterschied sich bei einer vom AStA im Dezember 1991 veranstalteten zweitägigen Verkehrskonferenz die Teilnehmerschaft in der Wahl der Mittel „Zuckerbrot und Peitsche". Setzten die Studierenden (gestützt auf das sogenannte Kirchhoff-Gutachten) auf die „Peitsche" Parkgebühren mit Re-Finanzierung der dadurch zu verbessernden ÖPNV-Verbindung, so plädierten Personalräte und Universitätsleitung unter Verweis auf den hohen Verwaltungsaufwand und die soziale Schieflage bei einer Parkraumbewirtschaftung für das „Zuckerbrot": die Werbung für autofreie Alternativen und das gemeinsame Drängen auf eine verbesserte Bustaktung. Die Appelle freilich zeigten wenig Wirkung, und so wurde auch die AStA-Aktion „Autofreier Uni-Tag" im Jahr 1997 zum

▸ Campus per Bus S. 346

Blech an Blech: Automassen prägen spätestens seit den 70er Jahren das Erscheinungsbild des Campus.

Flop. Der Campus war so zugeparkt wie gewohnt, allein der „Car-Walking-Workshop", an dem man über geparkte Autos einfach hinweg gehen konnte, weckte Interesse. An „begehbaren" Objekten herrschte eben auch an diesem Tag keinerlei Mangel.[83]

An den geschilderten Sachverhalten hat sich auch nach 75 Jahren Campusentwicklung wenig geändert. Die Automobile beherrschen das Erscheinungsbild der Plätze und Wege, allerdings hat der Bau zweier Parkhäuser Entspannung für die per Auto anreisenden Studierenden gebracht, die nun nicht mehr in Böschungen parken müssen. Möglicherweise lassen aber alternative Konzepte die Vision des „Autofreien Campus" doch ein wenig näher rücken. Prüft doch die Landeshauptstadt seit 2020 ernsthaft die Verbindung des Hauptbahnhofs und der Saar-Uni durch eine Seilbahn, mit der zukünftig Anreisende über die Engstelle Meerwiesertalweg schweben und mit gelassenem Blick auf die hektisch nach Parkplätzen suchenden Kfz-Insassen entspannt ihren Platz in Hörsaal oder Arbeitsstelle einnehmen könnten.

Thomas Kees

Von Pflichtprogramm bis „fit4more": der Hochschulsport

Der Hochschulsport, anfangs „Universitätssport" genannt, existiert schon seit den ersten Anfängen der Saar-Universität. Schon im Dezember 1947 – also noch vor der Umwandlung des Institut d'études supérieures de Hombourg in die Universität des Saarlandes – erfolgte die Gründung des Universitätssportverbandes Saar (seit 1968 „Universitätssportclub"). Im Wintersemester 1949/50 fanden die Studierenden erstmals die Rubrik „Sport der Universität" im Vorlesungsverzeichnis vor. Als Leiter amtierte ab März 1952 Ralph Hoke, der spätere Leiter der Staatlichen Sportschule. Ein Sportreferent setzte sich für die Interessen der Studierenden ein. Obgleich der Fußball herausragte, reichte das breit gefächerte Angebot von Allgemeiner Körperschulung über verschiedene Ballsportarten und leichtathletische Disziplinen bis zu Fechten und Judo. Höhepunkte dieser Anfangsphase stellte die Teilnahmen an den beiden Hochschulsportwochen in Dortmund (1953) und San Sebastián (1955) dar, erstere übrigens politisch heftig umstritten: Erst in letzter Minute erwirkte das Auswärtige Amt eine Sondergenehmigung zur Präsentation der im Bundesgebiet eigentlich verbotenen Saar-Flagge und verhinderte so die Abreise der Saar-Mannschaft.[84]

Vom Exerzierplatz zur Sportanlage: Kurvensprint vor der alten Fahrzeughalle, im Bereich des heutigen Campus Center.

Den hohen Stellenwert des Universitätssports in der frühen Zeit verdeutlicht auch der Umstand, dass Lehramtsstudierende im ersten und zweiten Semester zur Teilnahme am Uni-Sport verpflichtet waren. Diese Regel wurde 1957 aufgehoben. Kurz darauf gelang aber dem neuen Leiter des Instituts für Leibeserziehung sowie des Universitätssports, Otto Hanebuth, die erstmalige Durchführung eines universitätsweiten Sporttages im Sommersemester 1958. Ab 1961 fand dieser jährlich statt und war Austragungstermin für die Universitätsmeisterschaften. Das Angebot weitete sich stetig aus. Mit der Gründung des Sportwissenschaftlichen Instituts als zentraler Einrichtung der „Hochschule des Saarlandes" im Oktober 1970 vollzog sich schließlich die Umbenennung des Universitätssports in Hochschulsport.[85]

Zwar standen dem Hochschulsport nun durch die Einbeziehung aller vier saarländischen Hochschulen zunächst mehr Mittel zur Verfügung, doch geriet er unter dem seit 1972 amtierenden Leiter Götz Birnmeyer allmählich in eine Krise. Aufgrund einschneidender Mittelkürzungen und hoher Ausgaben für den Segelflugsport, der erst 1979 aus dem Programm gestrichen wurde, verschlechterte sich die Lage dramatisch. 1975 war die Weiterführung des Hochschulsports nur möglich, weil die Lehrkräfte trotz Mittelsperre weiterhin Kurse anboten. Während des Sommersemesters 1978 fand sogar überhaupt kein Programm statt. Selbst durch finanzielle Zuschüsse des AStA und des Saar-Toto verbesserte sich die Situation nur unwesentlich.[86]

Im Oktober 1978 trat Hans-Jörg Lang als neuer Hochschulsportbeauftragter sein Amt an. Zwei Jahre später fiel der Hochschulsport wieder in den alleinigen Verantwortungsbereich der Universität, und es befasste sich erstmals ein eigener Senatsausschuss mit diesem Themenkomplex. Trotz wiederholter Forderungen des Sportwissenschaftlichen Instituts nach einer Minimalausstattung des Hochschulsports blieb die Lage weiterhin angespannt. Erst als Rolf Schlicher 1994 die Nachfolge von Hans-Jörg Lang angetreten und gemeinsam mit Institutsleiter Reinhard Daugs verstärkt Druck ausgeübt hatte, konnte allmählich eine Verbesserung erreicht werden. 1996 gewährte das Land erstmals eine volle hauptamtliche Stelle für den Hochschulsport, die ein Jahr später auch entfristet werden konnte.[87]

Aktuell werden über 70 Sportarten im Programm des Hochschulsports angeboten. Hier die Frauen-Lacrosse-Gruppe 2011.

War der Hochschulsport lange Zeit von einem klassischen Sportverständnis geprägt, so hielten sukzessive auch freizeit- und gesundheitssportliche Aktivitäten Einzug in das Programm. Ein Beispiel hierfür ist die 1994 erstmals aufgelegte Initiative „Uni in Bewegung", die sich auch heute noch als Präventionsmaßnahme an die Beschäftigten richtet. 1999 erfolgte die offizielle Eröffnung eines Hochschulsport-Fitness-Zentrums („Uni-Fit") für alle Universitätsangehörigen, das 2013 sogar in ein neu errichtetes, modernes Trainingsgebäude umziehen konnte. Darüber hinaus entstand eine neue Außenanlage mit Beachvolleyballfeldern und einem Multifunktionsplatz. Allgemein lässt sich die Zeit ab den 2000er Jahren als Boomphase des Hochschulsports mit stetig steigenden Veranstaltungszahlen beschreiben. Dies würdigte auch der Allgemeine Deutsche Hochschulsportverband und zeichnete die Saar-Universität als „Hochschule des Jahres 2004" aus.[88]

Auch der Leistungssport wurde als Tätigkeitsfeld weiterentwickelt, zu den zahlreichen Erfolgen bei den Deutschen Hochschulmeisterschaften zählte etwa der Doppel-Triumph der Jurastudentin Anke Moos im Kugelstoßen 1997/98 – der späteren Ministerpräsidentin Anke Rehlinger. ▸▸ Ein Kooperationsvertrag mit dem Olympia-Stützpunkt förderte wirkungsvoll die Vereinbarkeit von Studium und Leistungssport, so dass die Saar-Uni 2003 als offizielle „Partnerhochschule des Spitzensports" anerkannt wurde.

▸ *Biogramm* S. 317

Im März 2006 beschloss das Präsidium eine Neustrukturierung des Hochschulsports und unterstellte diesen als Zentrale Einrichtung direkt der Präsidentin. 2008 wurde erstmals ein Hochschulsportbüro auch auf dem Homburger Campus eingerichtet. Dank seiner professionellen Aufstellung und der hohen Akzeptanz überstand der Hochschulsport die Sparmaßnahmen Mitte der 2010er Jahre verhältnismäßig gut. 2017 konnte der aus acht Bewegungsstationen bestehenden Fitness-Parcours „Campus in Bewegung" auf dem Saarbrücker Uni-Gelände eingeweiht werden. ▸▸ Die Corona-Pandemie stellte ab 2020 zweifelsohne einen Einschnitt für den Hochschulsport dar, doch profitierten die Studierenden davon, dass die Verantwortlichen schon seit Langem auf Online-Angebote gesetzt hatten, die sich nun als Minimalprogramm fortführen ließen.

▸ *Fitness-Parcours* S. 271

Mit zahlreichen populären Sportevents wie der Campusliga Futsal, dem zum Uni-Großereignis gewordenen Firmenlauf oder dem All-Night-Long-Turnier hat sich der Hochschulsport zu einem der größten Sportanbieter des Saarlands entwickelt. Uniintern stellt er nicht zuletzt auch eine wichtige Anlaufstelle und Integrationsmöglichkeit für internationale Studierende dar. Das neueste Projekt „fit4more – gesund studieren" befasst sich seit 2021 mit der studentischen Gesundheitsförderung und bündelt bisherige Einzelaktivitäten, um allen Studierenden eine gesunde Arbeits-, Lebens- und Lernumgebung zu bieten. Und auch für die Zukunft des Hochschulsports sind die Weichen gestellt: Noch im Jubiläumsjahr ist der Baubeginn eines neuen Hochschulsportzentrums geplant, das in Funktionseinheit mit dem Fitnessstudio annähernd alle Angebote und administrativen Tätigkeiten zusammenführen soll.[89]

Philipp Didion

Ionenfalle

Die Labore der Experimentalphysik an der Universität des Saarlandes sind ein gefährlicher Ort für Atome: dort werden einzelne Kalzium-Ionen in die Falle gelockt. Einmal in einem elektrischen Feld fixiert, werden diese Kleinstteilchen durch den gezielten Beschuss mit (Laser-)Licht in ihrem quantenmechanischen Verhalten manipuliert und kontrolliert.

Solche Forschung geschieht auch anderenorts; sehr besonders ist allerdings die Art der Falle, die in der Arbeitsgruppe um den Quantenphysiker Jürgen Eschner entwickelt wurde. Damit wird ein früheres, importiertes Gerät durch ein saarländisches, um den Faktor 10 verkleinertes Modell ersetzt. Es wurde in der eigenen feinmechanischen Werkstatt und mit Hilfe der Arbeitsgruppe des Werkstoffwissenschaftlers Frank Mücklich gefertigt – nur die Galvanisierung einzelner Metallteile erfolgte extern. So entstand ein Meisterstück in Hochpräzisionsmechanik und -elektronik, mit dem sich durch ein ausgefeiltes Spiegelsystem dem Gefangenen noch weitere verborgene Geheimnisse in Form einzelner Lichtquanten entlocken lassen.

Das vom Bundesministerium für Bildung und Forschung geförderte Instrument ist Dreh- und Angelpunkt für eine „Quantentechnologie 2.0", die etwa mittels Glasfaserkopplung auf einer Teststrecke zwischen dem Uni-Campus und der HTW Saar in Alt-Saarbrücken neue Verfahren gesicherter Informationsübertragung erprobt. Dies soll für die Quantenkommunikationsforschung einen Riesenschritt bedeuten – den sprichwörtlichen (wenn auch physikalisch gesehen keineswegs korrekt so benannten) Quantensprung.[90] *tk*

Antike Trinkschale

Zu den der Öffentlichkeit verborgenen, den Studierenden aber durchaus zugänglichen und sogar zugeeigneten Schätzen der Universität des Saarlandes gehören die Artefakte der Studiensammlung des Archäologischen Instituts. Der Aufbau dieser wertvollen Sammlung wurde ermöglicht durch Privatsammler und Antikenhändler, die sich aus besonderer Neigung zur Saar-Uni engagierten, und durch Professoren, die einen Teil ihres Privatvermögens dafür investierten.

Ein Beleg für die besondere Qualität der Sammlung ist die Trinkschale aus der Schule des berühmten athenischen Vasenmalers Onesimos. Die Schale ist mit ihrer feinen Zeichnung der Physiognomie und des Faltenwurfs des Gewands ein Musterbeispiel der rotfigurigen Malerei, in der insbesondere die Gefäße bemalt wurden, die bei Symposien Verwendung fanden. Ein solches Symposion, eine Art intellektuelles Trinkgelage, zeigt auch die Saarbrücker Schale, die etwa 490 vor Christus entstand. Der dargestellte Aulet, ein athenischer Bürger, der den Aulos, ein verbreitetes, aus zwei Rohren bestehendes Musikinstrument spielt, hat sicher dem Wein bereits in gehörigem Maße zugesprochen, da das Gewand sich gelockert hat und nicht einmal mehr die Blöße bedeckt. Abschreckend sollte die Malerei auf dem Schalenboden, die sich dem Trinker dann darbot, wenn der Wein zur Neige ging, allerdings nicht wirken. Im Gegenteil ist davon auszugehen, dass das Bild als eine Art Verhaltenskodex aufgefasst werden kann und darstellte, was im Rahmen eines Symposions (noch) statthaft war.[91]

tk

Campus per Bus: 75 Jahre Verbindungen

Die Omnibusse des öffentlichen Personennahverkehrs (ÖPNV) haben die Universität und insbesondere den Saarbrücker Campusbereich von Anfang an geprägt. Grund war zum einen die besondere Situation der Abgelegenheit im Stadtwald, zum anderen aber die Eignung des ÖPNV als günstiges Verkehrsmittel gerade für junge Menschen ohne eigenes Auto oder Führerschein. Hinzu kam seit den 80er Jahren das Argument der Umweltfreundlichkeit. Die langen Fahrzeuge auf dem Campus stellen daher für viele nichts anderes als einen Teil der Daseinsvorsorge dar.

Die Geschichte begann am 12. November 1948 mit der Linie 26 der Gesellschaft für Straßenbahnen im Saartal AG (GSS), die den Hauptbahnhof mit dem Uni-Campus und Dudweiler verband. Der Fahrplan vom Mai 1951 weist einen Halbstundentakt an Werktagen von 6:30 bis nach 23:00 Uhr sowie einen Stundentakt an Sonntagen aus. Damals waren es Busse der französischen Hersteller Berliet und Chausson, die ihre Fahrgäste transportierten. Bereits wenige Jahre später forderten die Studierenden aufgrund ständig überfüllter Busse die Einführung eines Viertelstundentakts. 1963 steigerte sich der Protest zu einer Demonstration von über 3.000 Studierenden in der Saarbrücker Innenstadt, bei der unter anderem der Senat aufgefordert wurde, die Einrichtung einer durch die Uni selbst betriebenen Buslinie zu prüfen.[92]

Im Jahr darauf wurde dann auch wirklich die Verbindung zur Uni verstärkt, und zwar durch die Linien 14 von St. Arnual zur Universität und 15/16 von der Goldenen Bremm über den Hauptbahnhof und die Universität nach Dudweiler. Die 26 wurde zu einer reinen Verstärkerlinie zwischen Innenstadt und Campus an Vorlesungstagen. Dies blieb bis zum April 1988 so. In dieser Zeit übernahmen die Busse des deutschen Herstellers MAN die Regie, die teils bis heute das Bild des ÖPNV an der Universität prägen. Außer der Linie 27 über Scheidt, die nur am Stuhlsatzenhaus hielt, und der Schnellverkehrs-Linie 50, die gemeinsam mit dem damaligen Post- und Bahnbusbetrieb ab 1975 nach Neuweiler fuhr, war die Bus-Anbindung der Universität sehr stark auf die Innenstadt Saarbrückens ausgerichtet.[93]

Eine Änderung ergab sich erst nach und nach mit der Liniennetzreform 1988, als immer mehr Linien und Strecken die Universität mit ihrem Umfeld verbanden, um den steigenden Fahrgastzahlen gerecht zu werden. Immerhin war die Universität inzwischen auf rund 20.000 Studierende angewachsen. Die Linien 11 und 19 (später auch 49, 61 und 69) übernahmen die Anbindung an die Innenstadt und Dudweiler, die Linien 12 und 13 (später auch 48 und 68) an das östliche Saarbrücken (wie Rotenbühl, Scheidt, zeitweise sogar Brebach). Die Linie 6370 des damaligen Regionalbusbetriebes war außer der Gemeinschaftslinie 50 die erste Buslinie eines anderen Verkehrsunternehmens als der GSS: Sie verband ab 1989 die Universität erstmals direkt mit St. Ingbert. Motoren dieser Entwicklungen im Liniennetz waren das gestiegene Umweltbewusstsein, der hohe Parkdruck und nicht zuletzt die Einführung des Semestertickets 1994.[94]

So rückten die 90er Jahre den ÖPNV stärker in den Fokus der Uni-Gemeinschaft. Der Innenbereich des Campus war zuvor nur von dort endenden Linien angefahren worden, während die anderen Linien die Route durch den Stuhlsatzenhausweg genommen hatten. Dies änderte sich Anfang der 90er Jahre, als alle Linien durch den Campus fuhren und dort für Diskussionsstoff sorgten. Denn die schweren Busse verursachten auf dem alten Kopfsteinpflaster aus Kasernenzeiten nicht nur erheblichen Lärm, sondern auch Vibrationen, die empfindliche Messgeräte in den naturwissenschaftlichen Instituten störten. Die Linienführung blieb schließlich, dafür wurde 1993 das Kopfsteinpflaster durch eine Asphaltdecke ersetzt.[95]

Auch für den Campus Homburg verbesserte sich die Anbindung. Innerhalb des Geländes wurde ein kostenloser Ringbus eingeführt, und die alte Bahnbuslinie wurde von den 1998 eingeführten Stadtbuslinien S1 und S2 (heute 511 und 512) im 15-Minuten-Takt abgelöst.

In Saarbrücken kamen in den 90er Jahren auch immer mehr Gelenkbusse zum Einsatz, was bis heute der Normalfall ist. Die GSS, seit 1982 auch Saartal-Linien genannt, ging in den 2000er Jahren in die Saarbahn GmbH über, die bis heute den Uni-Campus anbindet. Heftigen Streit

Französische Busse beförderten in den frühen Jahren die Studierenden: Ein Wagen der Marke Berliet auf dem Stuhlsatzenhausweg (im Hintergrund das 2019 abgerissene Stuhlsatzenhaus).

gab es nochmals 2002, als die zentrale Campus-Haltestelle nach außen vor das Haupttor verlagert wurde, vor allem als die Maßnahme mit der Notwendigkeit begründet wurde, zusätzlichen Parkraum bereitzustellen. Nach massiven Protesten der Studierenden lenkte die Unileitung ein und verlegte die Bus-Route ab 2003 wieder über den Campus. Durch den Beschluss zum Bau der Buswendeschleife am Stuhlsatzenhausweg wurde sogar eine deutliche Verbesserung der Anbindung des gesamten Campusgeländes erreicht und damit auch den baulichen Erweiterungen nach Nordosten Rechnung getragen.[96]

2006 wurden die dreistelligen Liniennummern eingeführt, die den Uni-Angehörigen heute vertraut sind. Heute fahren nicht weniger als zwölf Linien über den Uni-Campus, neben den Saarbahn-Linien auch drei Linien anderer, zum Teil privater Anbieter in Richtung Sulzbach, St. Ingbert und Neunkirchen. Hinzu kommt der von der Universität selbst organisierte Shuttle-Bus, der seit 2008 den Saarbrücker mit dem Homburger Campus verbindet und der zunächst aus Studiengebühren, nach deren Abschaffung aus diese ersetzenden Kompensationsmitteln finanziert wurde. Das Projekt war wegen der teilweise geringen Nutzung lange umstritten, wurde aber nicht zuletzt aufgrund der symbolischen Bedeutung dieser Direktverbindung zwischen beiden Uni-Standorten letztlich doch fortgesetzt.[97]

Die Preise für die Beförderung waren über Jahrzehnte hinweg ein heiß diskutiertes Thema. Tariferhöhungen führten etwa in den 60er Jahren zu Boykottaktionen und zu verstärktem Trampen sowie der Bildung von Fahrgemeinschaften. ▸▸ Lange Zeit gab es nur die regulären Fahrkarten zum vollen oder ermäßigten Tarif für Studierende und Angestellte der Universität. So war die Einführung des Semestertickets im Wintersemester 1994/95 ein Meilenstein des ÖPNV nicht nur an der Universität. Durch den Pauschalbeitrag, der damals 90 D-Mark betrug, wurde die Nutzung von Bus und Bahn im ganzen Saarland für Studierende günstiger und einfacher als je zuvor. So galt schon lange vor der Einführung des Verkehrsverbundes saarVV 2005 für Studierende der Slogan „Ein Land – ein Ticket". Und seit dem Jubiläumsjahr 2023 kann das Semesterticket kostengünstig sogar zum Deutschlandticket aufgestockt werden.[98]

▸ *Auto-Uni* S. 340

Zu bilanzieren ist, dass trotz steigender Nutzerzahlen und stark verbesserter Anbindung für viele Studierende und Unibeschäftigte das Auto weiterhin Verkehrsmittel Nummer eins bleibt. So werden auch nach 75 Jahren und erst recht vor dem Hintergrund des Klimawandels weitere Anstrengungen von Nöten sein, den Verkehr zur Uni umweltfreundlicher und sozialverträglicher zu gestalten.

Markus Philipp

Der Campus – belebt von Tieren

Es ist keine Neuigkeit, wird aber meist kaum beachtet: Den Campus bevölkern neben Studierenden, Lehrenden und sonstigem Uni-Personal auch zahlreiche tierische Mitbewohner. Wissenschaftlich gilt die größte Aufmerksamkeit den Sechsbeinigen unter ihnen, denn Entomologie, Insektenkunde, zählt zu den Forschungsgebieten des Saarbrücker Fachbereichs Zoologie. Der Schwerpunkt liegt dabei auf der Arbeit mit Honigbienen; sie hausen in Stöcken im früheren Botanischen Garten und werden außer zu den neurobiologischen Forschungsbelangen des Lehrstuhls und zur studentischen Ausbildung auch zu didaktischen Projekten wie der Weiterbildung der Lehrkräfte in Schulen und Kindergärten herangezogen. In Imkerkursen und als Botschafterinnen der Nachhaltigkeit auf dem Campus kommen sie ebenfalls zum Einsatz.

Über die nützliche Honigbiene hinaus findet, wer aufmerksam über den Campus läuft, von der Ameise bis zum Zipfelkäfer ein sehr bunt und wunderschön gestaltetes Insektenleben. Der Teich bietet Libellen ein Habitat, in

Wildschweine verunstalten bei der Nahrungssuche regelmäßig die Campus-Grünflächen – allerdings nicht die AC-Wiese.

Honigbienen hausen im früheren Botanischen Garten. Sie kommen in der neurobiologischen Forschung ebenso zum Einsatz wie in Imkerkursen und bei der Produktion von Uni-Honig.

den großen Bäumen siedelt sich auch schon einmal ein Hornissenvolk an, in lockeren Sand-Erd-Hängen finden sich Sandbienenkolonien, eine Wildbienen-Nisthilfe hinter dem Biologie-Hörsaal (A1 7) beherbergt Solitärbienen, die gerne Mauern bauen. Der alte Baumbestand ◂◂ ist Kinderstube und Wohnzimmer für Käfer, Florfliegen, Ohrkneifer, (Baum-)Wanzen und viele mehr, eben Insekten unglaublicher Vielfalt. Daneben bietet er aber auch eine Heimat für insektenjagende Fledermäuse – die schon mal im Noteinsatz der Zoologie in die Tierauffangstation gefahren werden, wenn sie zu Fasching in eine verklebte Federboa geraten sind.

▸ Bäume S. 336

Ihre flugunfähigen Fast-Namensvetterinnen, die Brand- und Spitzmäuse, sind gerne auf den studentischen Gemüsebeeten und an den Bienenstöcken unterwegs, wo sie alles nur irgend Essbare abgreifen. Die Wühlmäuse treiben oft die Gärtner und Gärtnerinnen in die Verzweiflung, wenn Wegplatten und Pflanzen unterhöhlt werden. Erdhaufen auf den – früher übrigens von Schafherden kurzgehaltenen – Rasenflächen machen sie auch, aber in dieser Disziplin haben sie ernsthafte Konkurrenten: die Campus-Wildschweine, die abends aus dem Wald kommen und ohne Rücksicht auf Schäden und Verluste die Käfer-Engerlinge und anderes Nahrhafte in den Wiesenflächen ausgraben. Nur die zentrale „AC-Wiese" blieb bisher verschont, wohl wegen der regeren menschlichen Nutzung und weil hier wegen des Unterbaus für die frühere Nutzung als Exerzier- und Parkplatz der Mutterboden nicht tief genug ist. Was den Kummer durch die Mäuse angeht, so eilen den Landschaftsgestaltenden die Falken und die Bussarde als „Racheengel" zu Hilfe, die immer wieder über den Campus fliegen und die Mäuse dezimieren.

Dem Mäusefang schließen sich Katz' und Fuchs an, die vor allem nachts auf Campus-Jagd gehen. Singende Greifvogel-Cousinen sind Meise, Mönchsgrasmücke, Rotkehlchen, Rotschwanz und der scheltende Spatz. Sie sind findige Insektenjäger, dezimieren die ungeliebten Blattfresser, bedienen sich nebenher aber auch mal an ausfliegenden Honigbienensammlerinnen. Das sei ihnen gegönnt, die Bienenvölker können es verkraften, und der Gesang von Rotkehlchen und Mönchsgrasmücke ist im Konzert mit Singdrossel und Amsel eine Pausenbereicherung für uns Zweibeinige.

Auf dem Campus finden sich etliche kleine Teiche, die meisten sind von Fischen bewohnt.

Immer gern gesehen: Die vielen Bäume am Campus sind das Zuhause des allseits beliebten Eichhörnchens.

Besonders schön ist es, wenn die Campusclownsfamilie mit der roten Gesichtsmaske schwatzend durch Büsche und Bäume turnt: die Distelfinken, die nie alleine kommen. Nie alleine kommen auch die Krähen, die mit Vorliebe die Angestellten der Müllentsorgung ärgern: Sie räumen nach Feierabend der Zweibeiner mit großem Geschick die Mülleimer aus und sammeln Essbares aus den Pausenüberbleibseln.

All diese sind hier nur in Vertretung der noch viel zahlreicheren, bunten Campus-Tierwelt genannt. Sie ist, über 24 Stunden und an 365 Tagen im Jahr, die eigentliche Besitzerin des Uni-Areals.

Susanne Meuser

Theater, Theater ...

Schon in den Anfangsjahren der Universität gab es trotz aller materiellen und räumlichen Knappheiten etliche Anläufe zur Gründung eines Theaterensembles, so wurde etwa im März 1949 von einer Studentengruppe Klopstocks „Messias" in der Aula aufgeführt. Doch meist verschwanden diese Gruppen nach kurzer Zeit „wieder im Bühnendunkel ", wie es die Saarbrücker Zeitung in einem rückblickenden Bericht 1962 schilderte. Einer der Gründe mag darin gelegen haben, dass die künstlerische Leistung der ersten Schauspielgruppen manchem noch zu wünschen übrig ließ. Dies galt auch für das 1957 gegründete Bühnenensemble: Falls die Gruppe ihr erstes Stück, den „Lampenschirm" von Curt Goetz, erneut auf die Bühne bringen wolle, so „möchten wir ihr doch empfehlen, schneller, flüssiger zu spielen" und „außerdem noch anregen, deutlicher – das heißt schlicht besser – zu sprechen", hieß es in der Kritik der Lokalpresse.[99]

Beispiele höherer studentischer Bühnenkunst erhielt das Theaterpublikum allerdings gerade zu diesem Zeitpunkt, denn im Sommer 1957 war der Saarbrücker Campus Spielstätte der „8. Internationalen Theaterwoche der Studentenbühnen", der sogenannten Erlanger Woche, die aufgrund von Raum-Problemen am Entstehungsort an die jüngste deutsche Universität an der Saar ausgelagert worden war. Die internationalen Ensembles spielten hier vor vollem Haus, denn „der universitätseigene Theatersaal mit 800 Plätzen war ständig (trotz der Semesterferien) nicht nur von Studenten durchweg gut besetzt — und dies, obwohl innerhalb einer Woche bei täglich meist zwei Aufführungen 14 Stücke in sieben Sprachen gegeben wurden."[100]

Bis zur Bildung einer etwas festeren lokalen Formation sollte es dennoch wieder fünf Jahre dauern. Erst 1962 öffnete sich der Vorhang für die von Studierendenschaft, Kultusministerium, Universität und Staatstheater geförderte „Saarbrücker Studentenbühne", deren Startprogramm („Heiratsantrag" von Anton Tschechow und „Traumspiele" von Thornton Wilder) einen Bogen spannte zwischen Unterhaltungstheater und zeitgenössisch-kritischer Bühnendarbietung, wobei die Wilderschen Stücke ein gellendes Pfeifkonzert hervorriefen, „aber nur, weil die unkritischen Kritiker weder Problematik noch tieferen Sinn eines der Stücke erfaßten". Dieses – von der örtlichen Presse durchaus kritisierte –„Verlangen des Saarbrücker

Mit hohem Aufwand in Kulisse und Kostüm: Aufführung von Shakespeares „Macbeth" im Juli 1952.

Studentenpublikums, etwas Einfaches, Alltägliches zu sehen, etwas, das ganz ihrem Sinn und Gemüt angepaßt ist", änderte sich erst in den Nach-Achtundsechziger-Jahren.[101]

Jetzt war die Bühne bereitet für die 1976 gegründete Gruppe „Thunis", die mit ihrem breiten, auch politisch und zeitkritisch ausgerichteten Repertoire die folgenden Jahrzehnte dominierte und das Kunststück fertigbrachte, trotz der unvermeidbar häufigen Personalwechsel bis zum heutigen Tag fortzubestehen. Wöchentliche Sprech- und Spielübungen, teilweise unter professioneller Anleitung, gehörten nun zum Alltag einer Truppe, die sich über alle Unterschiede in Studienfach, Lebensalter oder schauspielerischer Vorerfahrung hinweg durch besonderen Zusammenhalt auszeichnete. Gesellschaftskritische Stücke mit hohem Bekanntheitsgrad wie „Einer flog über das Kuckucksnest" (1978) wechselten mit politischen Aufführungen, die durchaus Sprengstoff boten, etwa „Bambule" von Ulrike Meinhof (1980). Klassische und zeitgenössische Dramen wie „Don Karlos" (2018) oder „Der Gott des Gemetzels" (2019) befanden sich ebenfalls unter den annähernd neunzig Produktionen bis zum Jahr 2022, die längst auch die Bühnen der Stadt erreicht hatten: Nicht nur Szenekneipen wie das „Gasthaus Bingert", auch die „Alte Feuerwache" und die „Sparte4" des Staatstheaters wurden zu Spielstätten eines sich zunehmend professionalisierenden Ensembles.[102]

Wirklich professionelles Theater bot der Campus in der Spielzeit 1988/89, als das Saarländische Staatstheater infolge von Renovierungsarbeiten seinen Spielbetrieb in Aula und Audimax der Universität auslagerte. Die Universitätsleitung hatte diesem Wunsch in der Annahme entsprochen, dass durch die Präsenz des Staatstheaters auf dem Campus „die Bürger des Landes [der Universität] nicht nur räumlich näher kommen". Hoffnungen auf eine dauerhafte Zusammenarbeit zwischen Staatstheater und Uni-Gruppen erfüllten sich zwar nicht, doch das Gastspiel der Profis versetzte auch den studentischen Theaterschaffenden zweifellos einen Schub. „Auf dem Campus gibt es ständig Theater", überschrieb Mitte der 90er Jahre die Kulturreferentin des AStA einen Campus-Beitrag über das studentische Bühnenengagement: Zum etablierten Thunis-Ensemble kamen neue Gruppierungen, die, wie die englischsprachige Gruppe „ACT" (Anglicists' Contemporary Theatre) mit „Pygmalion" von George Bernard Shaw oder wie das innovative „Theater per se" mit experimentellen Stücken, besondere Akzente setzten. Das Echo war nun äußerst positiv: „Studentische Gruppen bieten ein breites Repertoire und erfreuen sich großer Beliebtheit". Der Zuspruch wuchs weiter an, so dass ein Jahrzehnt später durch die neu formierten Ensembles „Los Mutantes" und

Premiere des internationalen Studententheater-Festivals 2010 – eine Szene aus „Tabataba" vom Théatre Universitaire de Metz.

„Le Pont" auch spanische und französische Stücke im Original aufgeführt werden konnten.[103]

Angesichts dieses breiten Fundaments konnte sogar an die internationalen Anfänge der „Erlanger Woche" im universitären Theaterleben angeknüpft werden. Angefeuert von der Äußerung Patricia Oster-Stierles, der Vizepräsidentin für Europa und Kultur, dass an der Uni Metz studentisches Theater „wesentlich professioneller eingebettet" sei, veranstalteten Thunis, Los Mutantes, ACT, Le Pont und die internationale Uni-Gruppe S.N.O.W. im April 2010 ein Theaterfestival in Saarbrücken. In geschicktem Einklang mit der Idee der „Universität der Großregion" ▸▸ und auch der „Quattropole"-Städtenetz-Initiative gelang es anschließend, das unter dem Namen „GrAFiTi" firmierende Theatertreffen in jährlichem Turnus in den Partnerstädten zu etablieren.[104]

▸ *UniGr* S. 266

Die seit 2016 als Verein agierenden Theaterenthusiasten begründeten so an wechselnden Spielstätten in der Innenstadt und auf dem Campus in regelmäßig ausverkauften Vorstellungen eine studentische Festivalinstitution, die selbst die Corona-Krise überstand und sich zu einem der kulturellen Highlights der Region entwickelte. Und mehr noch: In bester Uni-Tradition überwanden die Theatergruppen Grenzen: „GrAFiTi ist dabei mehr als nur ein Theaterfestival", so die Quattropole-Webseite, „es steht für studentisches Engagement im Herzen Europas, ein Forum für den grenzüberschreitenden und multikulturellen Austausch".[105]

Thomas Kees

Musik auf dem Campus... und darüber hinaus

Im Gegensatz zum Theaterleben, das sich über die Jahrzehnte aus studentischen Initiativen entwickelte, bunt und reichhaltig, aber auch „sprunghaft" war, sind die musikalischen Aktivitäten an der Saar-Uni durch bemerkenswerte Kontinuität gekennzeichnet. Und diese Kontinuität hat einen Namen: Collegium Musicum. Der ab 1953 aufgebaute Universitäts-Chor bildete die Keimzelle einer Musikinstitution, die drei Jahre später ein Orchester und im weiteren Verlauf Kammerchor, A-Capella-Chor und Bigband „Windmachine" in sich aufnahm.

Bemerkenswert ist dabei, dass 1954 mit Wendelin Müller-Blattau ein Student die Leitung des Chors übernahm und sich dieser Student anschließend zum prägenden Charakter des Collegiums entwickelte, das er als „Musiklehrer" und Universitäts-Musikdirektor von 1956 bis 1987 leitete. Gleich die erste Auslandsreise im Jahr 1953 führte den Chor an die Pariser Sorbonne. Ist eine Konzertreise nach Frankreich in dieser Frühphase der Universität auch nicht verwunderlich, so kann die erneute Festival-Teilnahme in Lille im Jahr 1956, also nach der prodeutschen Wende im Saarland, durchaus als Bekenntnis für ein bewusstes Festhalten an den Kontakten zum Nachbarland gelten. Eine Hinwendung, die Bestand hatte und von der etwa die bis heute andauernde Kooperation mit dem „Institut Gouvy" in Hombourg-Haut Zeugnis ablegt.[106]

Internationale Auftritte und Konzerte gehörten neben den Darbietungen auf dem Campus bald zum regelmäßigen Geschäft. Blieb man bei der Frankreich-, Spanien- und Portugal-Rundreise 1966 und dem Finnland-Gastspiel von Chor und Orchester 1969 und 1972 noch innerhalb der Grenzen Europas, wurden diese Grenzen mit der Amerika-Tournee des Chores 1974 und drei Jahre später in die kanadischen Spielorte Toronto, Montreal und Ottawa weit überschritten.

Die Aufführungsschwerpunkte des Collegiums lagen indessen weiterhin auf dem Campus und in der Region. Einer Region, in der sich das Ensemble, so der damalige Kultusminister Breitenbach in einem Grußwort zum 40-jährigen Bestehen, mit „anspruchsvollen Konzerten" zu einer „unverwechselbare[n] Konstante [ihrer] musikalischen Kultur" entwickelt hatte. Diese Leistungen des Ensembles blieben nicht ohne Prämierung, denn Mitte der 80er Jahre machte besonders der damals aktive Kammerchor mit mehreren Spitzenplatzierungen in nationalen und internationalen Chorwettbewerben auf sich aufmerksam.[107]

Wendelin Müller-Blattau prägte über vier Jahrzehnte das musikalische Schaffen an der Universität, hier bei einem Orchesterkonzert im Audimax.

Gegen Ende der 80er Jahre hatte das Collegium musicum alle Sparten ausgebildet. Dem Chor war schon in den 50er Jahren das Orchester zur Seite getreten, und wenn auch der Kammerchor eine vorübergehende Erscheinung blieb,

Die Bigband mit Christoph Mudrich setzte in den 2000er Jahren neue musikalische Akzente auf dem Campus.

so rundeten doch der A-Capella-Chor und vor allem die Bigband das musikalische Angebot ab. Unter dem neuen Musikdirektor Jürgen Böhme (1989–2000) war es nun an der Zeit, Neues auszuloten und ungewohnte Konstellationen auf die Bühne zu bringen. „In der Uni swingt es", überschrieb die Saarbrücker Zeitung einen Bericht über den gemeinsamen Auftritt von Chor und Bigband, die unterstützt vom Jazz-Trio um Christoph Mudrich ▸▸ mit einer „Mischung aus Jazz und Musical offensichtlich den Geschmack des Publikums getroffen" hatten und mit stürmischem Schlussapplaus belohnt wurden.[108]

Als noch innovativer erwies sich das Collegium Musicum zusammen mit dem Musikwissenschaftlichen Institut bei der Beteiligung an der Initiative „Netzwerk Musik Saar", einem Verein zur Förderung der neuen Musik und des Interpretennachwuchses. Die Initiative sei „als Modell vergleichbar mit der Pariser Cité de la Musique, wo ebenfalls Conservatoire, Ensemble InterContemporain … und ein reich facettierter Konzertbetrieb miteinander ‚vernetzt' sind", kommentierte die Frankfurter Allgemeine Zeitung den deutschlandweit beachteten Vorstoß.[109]

Neben der Freude an der Musik zeigten Chor und Orchester bei ihren Auftritten auch immer wieder gesellschaftliches Engagement. Die Beteiligung der Homburger Chormitglieder an den jährlichen Trauerfeiern für die „Körperspender" der Anatomie gehört ebenso in diesen Zusammenhang wie verschiedene Benefizkonzerte für soziale Zwecke. Auch der Flashmob am 18. September 2021 ist hier zu nennen, als 850 Musikerinnen und Musiker aus siebzehn deutschen Städten im Rahmen des EU-Programms „17-Ziele" für eine nachhaltige Entwicklung Beethovens „Ode an die Freude" intonierten. Mit einem Auftritt vor der Europa-Galerie war das Collegium Musicum selbstverständlich beteiligt.[110]

Seine Führung lag zu dieser Zeit bereits seit längerem in den Händen des Musikdirektors Helmut Freitag. Seit 2002 setzte er die Kontinuitätslinie fort, die mit nur drei Leitern in siebzig Jahren einen Schlüssel des Erfolgs bildete. Diese Dauerhaftigkeit war um so bedeutsamer, als die Ensembles einer hohen Fluktuation unterlagen. Denn obschon die enge Anbindung an die Musikwissenschaft mit verpflichtender Beteiligung der Studierenden immer ein Rückgrat des Collegiums bildete, brachte die fürs Studierendenleben typische Wechselhaftigkeit manche Herausforderung: „Da wandern geigende Wirtschaftswissenschaftler zum Praktikum nach Indien aus, und bratschende Dolmetscher flüchten ans Goethe-Institut nach Korea. Gähnende Leere herrscht dann im Musiksaal …", beschrieb der studentische „Champus" die wiederkehrende Problematik.[111]

▸ *Biogramm* S. 296

Allerdings gelang es verlässlich, die Lücken zu füllen, denn sonst wären die regelmäßigen Konzerte und die traditionelle Einrahmung universitärer Veranstaltungen – wie etwa die Auftritte der Bigband Windmachine unter Christoph Mudrich zu den Semestereröffnungsfeiern – kaum denkbar. Die unmittelbar nach den Corona-Einschränkungen wieder einsetzenden Auftritte zeigen, dass die Pandemie-Unterbrechung bloße Episode in der Geschichte des Collegium Musicum bleiben wird. Der Chor wird zweifellos die beliebte Tradition des „Campus-Singens" fortführen und im Dezember an verschiedenen Stationen auf dem Uni-Gelände Adventslieder vortragen. Die Geschichte dieser saarländischen Musikinstitution geht also mit Unterstützung des Vereins der „Freunde der Musik an der Universität des Saarlandes" weiter. Dessen Name: Musica Continua.

Thomas Kees

ZEITZEUGNIS

Christina Weiss

UdS-Alumna, Publizistin und Kulturpolitikerin

Geboren 1953 in St. Ingbert, ab 1972 Studium u.a. der Komparatistik, 1984 Promotion an der UdS, ab 1987 Kulturjournalistin, Literatur- und Kunstkritikerin sowie Fernsehmoderatorin, 1991–2001 Hamburger Kultursenatorin, 2002–2005 Staatsministerin für Kultur und Medien im Bundeskanzleramt, seit 2006 Publizistin, Honorarprofessorin an der UdS.
Der Erinnerungstext wurde von Christina Weiss eigens für den Jubiläumsband verfasst.

Standortvorteil

„Giorgio Manganelli – einer meiner liebsten italienischen Sprachkünstler – hat einen Ruf als Professor an die renommierte Universität Bologna abgelehnt mit der Begründung ‚a Bologna si mangia troppo male': er konnte und wollte nicht in einer Stadt lehren und leben, in der ihm die Qualität des Essens nicht genügte.

Mit Saarbrücken hätte ihm dies nicht passieren müssen! Die Universität des Saarlandes hat mit ihrer Lage im Dreiländereck Saarland, Frankreich und Luxemburg einen erheblichen kulinarischen Standortvorteil in Deutschland. Ich erinnere mit genüsslichem Vergnügen die samstäglichen Ausflüge zur Metzer Markthalle in der Zeit meines Studiums, meiner frühen Dozentinnentätigkeit und meiner späten Honorarprofessur!"

Meine Wahl: Saarbrücken

„1972, kurz vor dem Abitur, blätterte ich im Vorlesungsverzeichnis der Universität des Saarlandes und – der französischen Gründung der Universität sei Dank – fand wie eine Offenbarung mein Studienfach: ‚Komparatistik – Vergleichende Literaturwissenschaft – Littérature comparée', was an französischen Universitäten selbstverständlich war, an deutschen Universitäten aber nur selten angeboten wurde. Es war möglich, über enge Fachgrenzen hinaus zu studieren: Ich wollte nämlich die Kunsttheorie der Künste des 20. Jahrhunderts ergründen – worin bestand die künstlerische Revolution, die in dieser Zeit alle Künste grenzüberschreitend erfasste, das wollte ich wissen, das wurde schließlich auch das Thema meiner Doktorarbeit ‚Seh-Texte'. Das entdeckte Fachgebiet der Komparatistik hieß etwas altmodisch ‚wechselseitige Erhellung der Künste' und erschien mir als das Feld, in dem ich fachübergreifend würde forschen können.

Also war Saarbrücken meine Wahl! Saarbrücken, die Stadt der Grenzüberschreitung in historischer, kultureller, sprachlicher und kulinarischer Hinsicht!"

Grenzen überschreiten

„Die Campusuniversität bot eine zusätzliche Möglichkeit, alle Grenzen lässig zu überschreiten, auch die Fachgrenzen jenseits der eingeschriebenen Studienfächer. Ich stöberte in allen Fachrichtungen nach den Themen, die mich interessierten – und damals waren wir als Studierende nicht in enge Zeitpläne gezwungen, wir konnten neugierig sein und uns frei durch die Fakultät bewegen. Ich entdeckte sprechwissenschaftliche Interpretationen poetischer Texte bei Hellmut Geissner, formale Logik und besondere kunstwissenschaftliche Avantgardeforschung in der Philosophie bei Kuno Lorenz, ich fand den Zugang zur Bewegung der ‚konkreten Poesie' bei August Stahl – das war die Initialzündung zum Thema meiner späteren Dissertation. Und August Stahl war es, der nach meiner Antrittsvorlesung zur Honorarprofessur, als ich mit heftigem Engagement über die zündende, irritierende, aus der Denkbahn werfende Kraft der Künste gesprochen hatte, zu mir kam und in alterszartem Tonfall sagte: ‚Aber ein bisschen Balsam darf doch auch sein.'

Natürlich darf uns die Begegnung mit Kunst auch emotional berühren, das muss sie sogar, aber die Balsamwirkung tritt erst in Kraft, wenn wir die revolutionierende Power vorher bereits erfahren haben: Balsam, nicht genussorientierter Konsum, darauf kommt es an. Die kreative, grenzüberschreitende Orientiertheit der Universität des Saarlandes sollte auch für heutige Studierende eine besondere Attraktivität darstellen. Neugier auf kulinarische Variationen, Neugier auf die Themen jenseits des gewählten Fachzwangs, Lust auf Sprengung der Stundenpläne kann ich nur von Herzen jeder/jedem Studierenden wünschen und eine Umgebung, die diese Freiheitstriebe befördert: Saarbrücken scheint ein besonders guter Ort dafür zu sein."

ZEITZEUGNIS

Nils Minkmar

UdS-Alumnus, Journalist und Schriftsteller

Geboren 1966 in Saarbrücken, an der UdS Geschichtsstudium und Promotion, AStA-Vorsitz und Hochschulratsmitglied, ab 1997 Fernsehredakteur, später Redakteur großer Tages- und Wochenzeitungen, 2012–2014 Feuilletonchef der FAZ, ab 2014 Buchpublikationen zum Politikbetrieb, aktuell Feuilletonredakteur der Süddeutschen Zeitung, Blogger und Romanautor. Den Beitrag schrieb Nils Minkmar speziell für den vorliegenden Jubiläumsband.

Eine besondere Fähigkeit

„Bei meiner ersten Mensa-Mahlzeit war ich ein kleines Kind, der Uni-Kindergarten war gerade in den Mensa-Bau eingezogen und bezog sein Essen aus der riesigen Küche. Bei meiner vorerst letzten hatte ich promoviert und war kurz davor, das Saarland zu verlassen, um in Hamburg als Redakteur bei der ZDF-Sendung „Willemsens Woche" anzufangen. Manchmal dachte ich darüber nach, dass mein Körper mehrheitlich aus transformierten Mensa-Menüs bestand. Ich bildete mir damals ein, eine besondere Fähigkeit erworben zu haben: Wenn ich am Campus aus dem Bus stieg, sah ich vor meinem geistigen Auge, was auf dem Speiseplan stehen würde. Ich irrte mich fast nie. Lieber hätte ich die Fähigkeit entwickelt, die Lottozahlen vorherzusehen, aber man sucht es sich nicht aus. In all den Jahren war die Universität mein Abenteuerspielplatz. Ich habe dort gelernt, gearbeitet, Politik gemacht und vor allem viele unvergessliche Menschen kennen lernen dürfen."

Bunt und verrückt

„Gleich im ersten Semester geriet ich in Philosophie an den akademischen Rat Doktor Nessler. Wir waren nur zu dritt in der Veranstaltung, also war ich hoch willkommen, denn sonst hätte der Kurs gar nicht stattfinden können. Nessler las ein von ihm selbst verfasstes Märchen vor, das in Afrika spielte. Am Ende wurde jemandem der Kopf abgeschnitten. Nessler pausierte und fragte dann in die Runde, ob wir die erotische Spannung bemerkt hätten, die im Akt der Enthauptung liegt. Ich war begeistert von all diesem Wahnsinn. Aber das war nur der Anfang, das Studium, die Typen und Persönlichkeiten, es wurde alles immer bunter, interessanter und verrückter. Damals war eine Universität noch recht wenig reguliert, ein Feld der milden Anarchie. Hätte man den ProfessorInnen vorgeschlagen, Drittmittel einzuwerben oder sich einer Evaluierung zu unterziehen, hätten sie es für einen Scherz gehalten. Man konnte froh sein, wenn sie im weitesten Sinne in ihrem Fachgebiet forschten und lehrten."

Der saarländische Dreh

„Eine ganz andere Form der Bildung war die Hochschulpolitik. Die Dynamik einer Gremiensitzung, das Getöse einer Protestaktion, die Kontroversen im Studentenparlament boten Erfahrungen, die mich bis heute prägen. Dabei hatte alles den umwerfend charmanten saarländischen Dreh. Als eine Demonstration in der Stadt durch übereifrige KommilitonInnen in Richtung Landtag umgelenkt wurde, blieb der zuständige Kollege von der Polizei, die die Sache absicherte, ganz cool: Er werde einfach den Landtagspräsidenten zuhause anrufen, damit er kurz die Bannmeile aufhebt, dann könne der Zug die Franz-Josef-Röder-Straße entlang ziehen und alles würde friedlich verlaufen. Und so wurde es dann auch gemacht."

Zwei Wunder

„Nun wäre diese Skizze einer Erinnerung unvollständig, ohne die romantische Dimension des Studierendenlebens zumindest anzudeuten. Die auf dem Campus begonnenen Ehen und Familien kann man gar nicht mehr zählen, es war ehrlich gesagt ein zentrales Thema des Uni-Lebens, auch weil die Kontaktaufnahme in der Zeit vor SMS und E-Mail so ein echter Huddel war. Riskant, voller missglückter Versuche und peinlicher Szenen. Aber dass es dann doch mal gefunkt hat, ist eines der großen Wunder dieser Zeit. Das zweite ist, dass all der Spaß, die ganze gute Zeit wirklich die beste Aus- und Herzensbildung ergaben, die ich mir hätte wünschen können."

Kapitel 10

Ausblicke: Zukunftswünsche und -prognosen aus der Universität

Björn Diehl

Seit 2009 Studienkoordinator am Zentrum für Human- und Molekularbiologie, langjährig aktives Mitglied im Studienausschuss

„Ich wünsche meiner Universität, dass sie sich die Tugenden unserer Heimat bewahrt. Das saarländische Herz schlägt mit Pragmatismus und Bescheidenheit, in Gemeinschaft und Verlässlichkeit. Für die Zukunft gilt es, Chancen zu erkennen und zu ergreifen, aber auch mal die Größe zu haben, zu Großes vorüberziehen zu lassen; kleine Dienstwege und saarländische Lösungen zu erhalten und dennoch Standardisierung und Digitalisierung konsequent voranzutreiben; verstaubte Einstellungen abzulegen, um das Potenzial aller auszuschöpfen. Wenn das gelingt, werden wir auch künftig ein Ort sein, den Studierende und Mitarbeiter, Generationen von Lehrern und Wissenschaftlern und alle Saarländer mit Stolz ‚ihre' Universität nennen. Eine stete Flamme – auf Kohle entfacht."

„2040: Alisa studiert Europäische Kulturstudien mit Schwerpunkt Osteuropa. Sie besucht das Seminar ‚Theorie und Praxis des Commoning', das selbstverständlich interdisziplinär aufgebaut ist. Als Bestandteil des Studiums wirbt sie im Bürger*innenrat der Stadt für die gemeinsame Nutzung eines Grünstreifens. Die juristischen und finanziellen Rahmenbedingungen muss sie kennen und verständlich diskutieren können.
In der Bibliothek kontaktiert sie die Betreiber*innen eines Gemeinschaftsgartens in Florenz. Dazu nutzt sie eine Konferenzkabine, in der dank der KI-App der Universität die Verständigung kein Hindernis ist.
Der Kontakt ist Teil eines Netzwerks, das Alisa bei ähnlichen Projekten im nun demokratischen Moskau helfen wird."

Christine Hohnschopp

Fachreferentin Germanistik und Romanistik in der SULB, seit 1996 zuständig für die Öffentlichkeitsarbeit der Bibliothek

Kurt Mehlhorn

Informatikprofessor, 1990–2019 Direktor am Max-Planck-Institut für Informatik

„Die Informatik hat sich in den letzten 50 Jahren stürmisch entwickelt. Das gilt besonders für die UdS: Ein blühender Fachbereich, Brückenprofessuren in anderen Fächern, vier Forschungsinstitute von Weltruf auf dem Campus.
Was wird die Zukunft bringen? Der Standort wird sich zum Innovations Hub entwickeln. Mehrere erfolgreiche Ausgründungen gingen bereits aus den Informatiken hervor, und Ansiedlungen kamen hinzu, zum Beispiel IDS Scheer, DACOS (nun SAP Retail Solutions), Sirrix (nun Teil von Rohde und Schwarz) und der Airbus-CISPA Digital Innovation Hub. Das Ansiedlungstempo wird sich beschleunigen, und auch große Player werden nach Saarbrücken kommen, angezogen von der erstklassigen Forschungslandschaft und den vielen Absolventen."

„So wünsche ich mir die UdS der Zukunft: Alle Universitätsmitglieder fühlen sich wohl und erleben ein harmonisches Miteinander an unserer florierenden Campus-Universität in renovierten Gebäuden. Die Gefahr einer ausgreifenden Bürokratisierung, die der Flexibilität ihren Elan nimmt, ist gebannt.. Die Universität hat einen Forschungsbau für den Europaschwerpunkt erhalten, der sternförmig angeordnet die europabezogenen Drittmittelprojekte der Fächer, das Käte Hamburger Kolleg und mindestens einen SFB sowie mehrere Graduiertenkollegs beherbergt. Eine kluge Berufungspolitik hat das Alleinstellungsmerkmal unserer französischen Universitätsgründung weiter gestärkt, zahlreiche deutsch-französische Studiengänge und Forschungsprojekte sind die Folge."

Patricia Oster-Stierle

Professorin für Französische Literaturwissenschaft, 2007–2012 Vizepräsidentin für Europa und Kultur

Julia Kümmel

Stellvertretende Fachschaftsratsvorsitzende Humanmedizin

Janina Riebes

Teddyklinik Leitung

Selina Gebhardt

Fachschaftsratsvorsitzende Humanmedizin

„Wir sind voller Zuversicht, was das Morgen der Medizinischen Fakultät der UdS angeht, da sie zukunftsorientiert handelt, wie u. a. der Bau des neuen Hörsaalgebäudes zeigt. Neben neuester Technik weist das Gebäude ein Simulationszentrum auf, in dem medizinische Fallbeispiele in geschütztem Rahmen nachgestellt werden können. Die Fakultät wird somit den Anforderungen an die praktische Ausbildung künftig besser gerecht, die simulationsgestützte Lehre gewinnt an Bedeutung. Besonders wichtig sind zudem die bestehenden studentischen AGs, die weiter gefördert werden und Raum zum Entwickeln von praktischen Fertigkeiten für Berufs- und Lebensalltag schaffen. Wir sind uns einig: Die UdS geht mit der Zeit, ohne ihren familiären Charme zu verlieren!"

„Die Klimakatastrophe verändert unser aller Leben fundamental. Um eine lebenswerte Zukunft zu schaffen, ist ein radikales Umdenken auf gesellschaftlicher und politischer Ebene notwendig. Ich hoffe, dass die Universität des Saarlandes rückblickend als einer der treibenden Kräfte dieses Wandels wahrgenommen werden wird. Dies kann aber nur gelingen, wenn die Universität sich und bestehende Strukturen kritisch(er) hinterfragt. Dafür wünsche ich der Universität eine Studierendenschaft, die den notwendigen radikalen Wandel vehement einfordert."

Katharina Waller

Jurastudentin 2011–2021, AStA-Vorsitzende 2017/18, derzeit Rechtsreferendarin beim OLG Dresden

Karin Jacobs

Professorin für Experimentalphysik, seit 2021 Vizepräsidentin der DFG

„Die UdS ist in 20 Jahren weitgehend autofrei, per Seilbahn angeschlossen an die Saarbahn. Renovierte Hörsäle ermöglichen aktivierende Lehrformen, durch neue Dauerstellen werden Forschung und Lehre unterstützt. Zwei neue Forschungsschwerpunkte wurden entwickelt, ein privater Geldgeber finanziert ein Postdoc-Programm, eine Stiftung sorgt für die Gartengestaltung. Ihren Strom erzeugt die UdS mit Solarzellen auf den Dächern und einem Windrad im Stadtwald. Ein neues Dezernat kümmert sich um die gute Stimmung an der Universität. Die Uni bietet viel Wohnraum für Studierende und ist ein lebendiges kulturelles Zentrum. Sie genießt das Vertrauen der Landesregierung, denn die UdS und ihre Absolvent:innen haben den Strukturwandel des Saarlandes gelingen lassen."

„Die Saar-Universität zu ihrem 100. Jubiläum, ein Traum? Im Herzen eines friedlichen, freien und klimafreundlichen Europas arbeiten an der Saar-Uni kluge Studierende und begeisternde Lehrende und Forschende aus aller Welt in einer Atmosphäre von Toleranz und Wertschätzung. Politik und Gesellschaft unterstützen durch Anerkennung und Bereitstellung notwendiger Mittel, unter Verzicht auf Einflussnahme und hindernde Bürokratie. Die Universitätsverwaltung, wieder komplett auf dem Campus, hat das uneingeschränkte Vertrauen der Wissenschaft. Vermeintliche Gruppen- oder Gremieninteressen sind überwunden. Gegenseitiger Respekt und Anerkennung stärken das gemeinsame Ziel, beste Leistungen in Forschung und Lehre zu erbringen und zu ermöglichen. Glück auf!"

Gerhard Korz

Langjähriger Justiziar und Leiter des Personal- und Rechtsreferats, stellvertretender Verwaltungschef 2000–2019

Hacane Hechehouche

Student der Informatik, Initiator des Erasmus Student Network an der UdS

„Based on the impressive adaptability the university has shown in recent years, UdS will in future have the highest ratio of international students in Germany. It will be an important hub for research especially in the fields of IT and Law. And due to the strategic location in the vicinity of several capital cities and important borders, it will be a leading university in terms of cultural diversity and progression.
I wish that new dorms will be built both on and around campus and that additional businesses will be attracted, so that campus life will become even more lively and dynamic."[2]

„Quo vadis, Alma Mater? Wie mag sich die UdS der Zukunft gestalten – wird sie auf die Bedürfnisse ihrer Mitglieder achten, veränderten Anforderungen der Gesellschaft folgen? Werden die Themen, die wir uns wünschen, in ihr verankert sein? Also Inklusion und Diversität, Exzellenz in Lehre und Forschung, gesellschaftliche Verantwortung, Nachhaltigkeit, bedachtsamer Umgang mit künstlicher Intelligenz? Werden mutige, integre Menschen diese Aspekte im Arbeitsalltag leben, so dass unsere Universität zu einem besonderen Ort der Begegnung und der Vielfalt menschlicher Begabungen wird?
Um mit Rainer Maria Rilke zu sprechen: ‚Lebe jetzt die Fragen. Vielleicht lebst du (Alma Mater) dann allmählich, ohne es zu merken, eines Tages in die Antwort hinein.'"

Anne Müller-Leist

Studienbüro-Leiterin der Philosophischen Fakultät, Vertrauensperson der Schwerbehindertenvertretung

Ulrike Freidinger

Seit 2002 Geschäftsführerin der Medizinischen Fakultät

„Ich wünsche mir für die Medizinische Fakultät hier in Homburg, dass sich in zwanzig Jahren die finanziellen und infrastrukturellen Rahmenbedingungen für Lehre und Forschung, aber auch für die Patientenversorgung so entwickelt haben, dass wir unseren Studierenden einen attraktiven Campus und eine fundierte wissenschaftliche Ausbildung bieten und unseren Wissenschaftlerinnen und Wissenschaftlern großzügige Freiräume für ihre Forschung anbieten können.
Gut ausgebildete Ärzte sowie eine innovative, hochwertige und leistungsstarke Forschung, die die Praxis befruchtet, kommen schließlich uns allen zugute."

„Herzlichen Glückwunsch meiner Alma Mater! In den 75 Jahren ihres Bestehens hat sie sich immer wieder neu erfunden, Schlüsselthemen frühzeitig erkannt und mutig besetzt. Wie z. B. mit der Gründung des Lehrstuhls für IT, an dem ich studiert und promoviert habe. Damit wurde die Grundlage für das Excellenz-Cluster Informatik gelegt, zusammen mit der Forschung zu neuen Materialien heute Alleinstellungsmerkmal der Uni. Aber nicht nur das, sie bündelt eine Forschungskompetenz, die weltweit ihresgleichen sucht. Bei Technologien wie KI, VR oder autonomem Fahren setzt sie bedeutende Impulse. Mit Mut und wissenschaftlicher Exzellenz wird sie ihre Erfolgsgeschichte in den nächsten Dekaden fortschreiben und unsere Gesellschaft prägend mitgestalten."

Ferri Abolhassan

Student der Informatik 1985–1988, Geschäftsführer Vertrieb und Service Telekom Deutschland, seit 2022 Aufsichtsratsvorsitzender des DFKI

Tiziana Chiusi

Professorin für Zivilrecht, Römisches Recht und Europäische Rechtsvergleichung, Gründungsmitglied und 2012–2018 Vorsitzende des Europa-Kollegs der UdS (CEUS)

„Es geht nach wie vor darum, die UdS zum „Werkzeug einer wahrhaft europäischen Gesinnung" zu machen", wie ihr Gründungsrektor Jean Barriol sagte. Auch in 20 Jahren wird die Verwirklichung dieser Berufung die tiefste Daseinsberechtigung der Universität darstellen, ihr wahres, einziges Alleinstellungsmerkmal. Auf dem Feld der internationalen, europäischen wissenschaftlichen Kompetenz, Erfahrung, Leidenschaft: Nur hier ist die UdS wirklich unschlagbar, damit überzeugt sie Professoren und Studenten, ins Saarland zu kommen. Deshalb soll sie sich auf ihre wahren Aufgaben, exzellente Forschung und Lehre, konzentrieren, stark durch ihre Verbundenheit mit dem Saarland und der saarländischen Politik, deren überzeugte Unterstützung ihr erhalten bleiben möge."

„À l'occasion des 75 ans de notre université, j'ai immédiatement pensé à l'importance que celle-ci a eu, et continue à avoir, dans ma vie. J'ai pu la vivre en tant qu'étudiante, mais également en tant qu'employée comme assistante de recherche. Aujourd'hui, je la vis en tant que doctorante et boursière du centre doctoral GradUS. Je souhaite à notre université, au cœur de la Grande Région et d'héritage franco-allemand, de continuer à rayonner aussi bien sur le plan régional qu'international. Au vu de toutes les initiatives qui existent et qui se créent, je suis persuadée que l'Université de la Sarre ne fera que continuer à s'affirmer en tant qu'université interculturelle, plurilingue et ouverte au monde." [3]

Fatma Pia Hotait

Doktorandin der Romanistik, Mitarbeiterin im Projekt Transmediterrane Jugendpolitik (UdS, Uni Aix-Marseille und Uni Mahmoud el Materi/Tunis)

Anke Rehlinger

Jurastudentin 1995–2000, seit 2022 Ministerpräsidentin des Saarlandes

„Seit 75 Jahren ist die Universität des Saarlandes dank ausgezeichneter Lehre und Forschung, stetiger Weiterentwicklung sowie engagierter Mitarbeitender ein attraktiver Ort zum Lernen, Forschen, Leben und Arbeiten.
Doch was bringt die Zukunft? Wo steht die Universität in den nächsten 75 Jahren? Wie wirken sich die gesellschaftlichen Veränderungen auf Bildung, Wissenschaftsvermittlung und Forschungsarbeit aus? Spannende Fragen und große Herausforderungen, die es gemeinsam zu lösen gilt. Ich bin sicher, dass universitäre Forschung und Wissenschaft im Saarland für die Zukunft gut aufgestellt sind und den digitalen Wandel fundiert begleiten werden. Auf diesem Weg wird das Land die Universität auch künftig nach Kräften unterstützen."

„Neben dem nach wie vor unverzichtbaren Unterricht am Patienten erfolgt die Ausbildung der Studierenden der Fakultät M in den nächsten 20 Jahren zunehmend an Simulatoren, mit denen die Patientensituation quasi lebensecht imitiert wird. Im Zentrum der Ausbildung steht die personalisierte Medizin, die ein auf den individuellen Patienten zugeschnittenes Spektrum der Diagnostik und Therapie anbietet unter Anwendung von Biomarkern, Nanosensorik, Gentherapie, Tissue Engineering und Bioprinting, aber auch genderspezifische Aspekte berücksichtigt. Alle Fakultäten sind in den fächerübergreifenden Unterricht der Medizin-Studierenden involviert, und die grenzüberschreitende medizinische Ausbildung in Kooperation mit Frankreich und Luxemburg ist gelebte Realität."

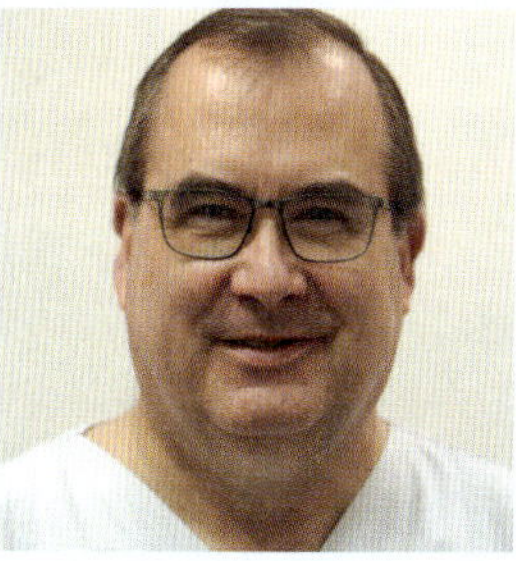

Matthias Hannig

Professor für Zahnmedizin, 2010–2014 Vizepräsident für Forschung und Technologietransfer

Lukas Redemann

Lukas Redemann, Student der „Border Studies", AStA-Vorsitzender 2018/19, Senator 2018–2023.

„Unsere UdS vollzieht in den letzten Jahren einen spürbaren Wandel: längst überfällige Baumaßnahmen werden endlich angegangen; die Geisteswissenschaften ziehen mit dem Käte Hamburger Kolleg nicht nur eine Millionenförderung, sondern auch internationale Spitzenforscher*innen ins Saarland; die erste Vizepräsidentin für Gesellschaftliche Verantwortung und Nachhaltigkeit ist gewählt. Ich wünsche unserer Universität, dass sie Veränderungen noch stärker als Chance wahrnimmt, die aktive Rolle der Studierenden bei der Gestaltung unserer Zukunft fördert und ideale Studienbedingungen zu ihrer Priorität macht. Als Student im Master ‚Border Studies' wünsche ich ihr auch, dabei europäisch zu denken, von anderen Unis zu lernen und ihre Grenzen zu überwinden."

„Die Universität des Saarlandes wird weiterhin ein Ort sein, an dem neugiergetriebene und hochleistungsfähige Wissenschaftler und Wissenschaftlerinnen der Suche nach Wahrheit und Erkenntnis nachgehen und die talentierten und wissbegierigen Studierenden daran beteiligen. Die Studierenden werden ihre Kompetenzen zum rationalen Austausch von Standpunkten und Meinungen stärken und ihre Fähigkeiten zur demokratischen Teilhabe weiterentwickeln. Die UdS wird international sichtbar sein, auch weil sie sich den aktuellen Herausforderungen der Gesellschaft stellt. Der Campus wird als liebenswerter Ort der Begegnung und Kommunikation durch seine Gebäude und Gartenflächen zum Miteinander einladen – auch in der Zeit zwischen Seminaren und Vorlesungen."

Margret Wintermantel

Professorin für Sozialpsychologie, Präsidentin der UdS 2000–2006

ISBN 978-3-949983-11-5

www.geistkirch.de

1. Auflage 2023

Verlag: Geistkirch Verlag, Saarbrücken
Titelgestaltung: seresse design, Martina Seresse, Saarbrücken
Satz und Layout: Harald Hoos, Landau
Printed in EU

In: Vom „Erbfeind“ zum „Erneuerer“. Aspekte und Motive der französischen Deutschlandpolitik nach dem Zweiten Weltkrieg. Hg. von Stefan Martens. Sigmaringen 1993 (Beihefte der Francia; 27), S. 201–243

Schneiders, Pionierin: Teresa, Schneiders: Pionierin einer ökonomischen Theorie der Sozialpolitik. Die Volkswirtin Elisabeth Liefmann-Keil (1908–1975). In: Frühe deutsche Nationalökonominnen – eine Spurensuche. Hg. von Elisabeth Allgoewer. Marburg 2018 (Beiträge zur Geschichte der deutschsprachigen Ökonomie; 39), S. 295–334

Scholl-Latour, Reminiszenzen: Peter Scholl-Latour: Reminiszenzen an die Universität des Saarlandes. In: Champus 35 (2005), Nr. 3, S. 36–45

Scholz, Bologna-Krake: Christian Scholz: Die Bologna-Krake. Unangenehme Wahrheiten zum Zustand unserer Universitäten. Augsburg 2020

Schoengen, Erinnerungen: Gert Schoengen: Erinnerungen an Homburg 1947–1948. In: Unter der Ägide der Universität Nancy – Streiflichter zur Gründung des Homburger Hochschulinstituts vor 60 Jahren. Hg. von Wolfgang Müller. Saarbrücken 2007. Aktualisierter Nachdruck Saarbrücken 2009, S. 92–104

Schreiber, Eulenrätsel: Harald Schreiber: Eulenrätsel. In: Abhandlungen der Delattinia 35/36 (2010), S. 5–10

Schrempf, LebensRaum: LebensRaum MenSaar. Mittagessen, Erleben, Nutzen, Spielen, Arbeiten. 1970–2020. Projektmanagementseminar I+II (WiSe 2019/20, SoSe 2020), interdisziplinäres Modul HoK zum 50-jährigen Jubiläum der Mensa. Studentische Broschüre der Historisch orientierten Kulturwissenschaften HoK, Fachbereich Kunst- und Kulturwissenschaften, Universität des Saarlandes. Hg. von Mona Schrempf. Saarbrücken 2021

Schrempf, Niederschrift: Walter Schrempf: Niederschrift seines Vortrags vor der Mensa-Baukommission am 12.03.1965. In: Nachlass Walter Schrempf. Digitales Bauarchiv Saar+ / HTW Saar / Schule für Architektur, Saar

Schrempf, Plastik: Mona Schrempf: Die Plastik Blau. In: Mon Trésor – Europas Schatz im Saarland. Ausstellungskatalog Weltkulturerbe Völklinger Hütte. Hg. von Ralf Beil und Frank Krämer. Esslingen 2020, S. 316–317

Schuster, Entwicklung: Hermann Josef Schuster: Zur rechtlichen und organisatorischen Entwicklung der Universität des Saarlandes seit 1957. In: Universität des Saarlandes 1948–1973. Herausgegeben vom Präsidenten der Universität des Saarlandes. Saarbrücken o.J., S. 51–76

Schuster, Modell: Hermann Josef Schuster: „Saarbrücker Modell“ auf dem Prüfstand. In: SZ, 10./11.6.1978, S. 15

Schuster, Schicksal: Hermann Josef Schuster: Modelle und ihr Schicksal betrachtet am Beispiel der Freien Universität Berlin und der Universität des Saarlandes. In: Wissenschaftsrecht 34 (2001), Nr. 2, S. 115–134

Schuster, Streiflichter: Hermann Josef Schuster: Streiflichter auf meine Saarbrücker Jahre. In: Zeitschrift für die Geschichte der Saargegend 49 (2001), S. 192–206

Schwartz, Tradition: Christina Schwartz: Tradition mit Innovation. Die Rektoratsreden an den deutschen Universitäten und Technischen Hochschulen der Nachkriegszeit 1945–1950. Göttingen 2019 (Schriftenreihe der Historischen Kommission bei der Bayerischen Akademie der Wissenschaften; 103)

Seeliger, Universität: Braune Universität. Deutsche Hochschullehrer gestern und heute. Dokumentation mit Stellungnahmen. Hg. von Rolf Seeliger. Teil 1. München 1964

Seidl-Hohenveldern, Erinnerungen: Ignaz Seidl-Hohenveldern: Erinnerungen an die Saarbrücker Universität. In: Zeitschrift für die Geschichte der Saargegend 40 (1992), S. 189–199

Senat, Stellungnahme zum „Simon“-Gutachten: Der Senat der Universität des Saarlandes: Stellungnahme zum „Simon“-Gutachten. In: Universität des Saarlandes. Der Universitätspräsident. Jahresbericht 1997. Saarbrücken 1998

Senf, Mann: Jochen Senf: Von Mann zu Mann – eine autobiographische Skizze. In: Berliner Forum Gewaltprävention (2002), Nr. 1, S. 41–45 (https://web.archive.org/web/20040106051602/http://www.sensjs.berlin.de/jugend/landeskommission_berlin_gegen_gewalt/veroeffentlichungen/berliner_forum_gewaltpraevention_1_2002/bfg_1_2002_09senf.pdf)

SHSG 2016 s. Auflistung der Rechtsnormen unter Nr. 3

Sigmann, Nazi: Jean Sigmann: Qu’est-ce qu’un nazi? Préface de Raymond Schmittlein. Freiburg 1949

Spangenberg, Institut: Ilse Spangenberg: Vom Institut d’Etudes Superieures zur Universität des Saarlandes. In: Universität des Saarlandes 1948–1973. Hg. vom Präsidenten der Universität des Saarlandes. Saarbrücken o.J., S. 5–49

Speculum s. Auflistung der Zeitschriften unter Nr. 2

Spitta u.a., Campus-Management Systeme: Thorsten Spitta u.a.: Campus-Management Systeme als Administrative Systeme. Basiswissen und Fallbeispiele zur Gestaltung und Einführung. Wiesbaden 2015 (essentials)

Springer, Hochschulkurse: René Springer: Die medizinischen Hochschulkurse 1946 im Landeskrankenhaus Homburg/Saar. In: Saarbrücker Hefte 11 (1965), Nr. 22, S. 49–65

Statut … s. Auflistung der Rechtsnormen unter Nr. 3

Studentenwerk, Konstanz: Konstanz und Wandel. 50 Jahre Psychologisch-Psychotherapeutische Beratung. Hg. vom Studentenwerk im Saarland e.V. Saarbrücken 2018

Tascher, Nationalsozialismus: Gisela Tascher: Nationalsozialismus und Landeskrankenhaus. In: Festschrift

1909–2009. Von der Pfälzischen Heil- und Pflegeanstalt zum Universitätsklinikum des Saarlandes. 100 Jahre. Hg. vom Vorstand des Universitätsklinikums des Saarlandes. Homburg/Saarbrücken 2009, S. 15–24

Tascher, Staat: Gisela Tascher: Staat, Macht und ärztliche Berufsausübung 1920–1956. Gesundheitswesen und Politik: Das Beispiel Saarland. Paderborn 2010 (Sammlung Schöningh zur Geschichte und Gegenwart)

Tascher, Strukturen: Gisela Tascher: „Alt bewährte" Strukturen, Funktionsträger und gesetzliche Bestimmungen. Gesundheitswesen und Politik im Saarland 1945–1957. In: Last aus tausend Jahren. NS-Vergangenheit und demokratischer Aufbruch im Saarstaat. Hg. von Ludwig Linsmayer und Peter Wettmann-Jungblut. Saarbrücken 2013 (Echolot. Historische Beiträge des Landesarchivs Saarbrücken; 12), S. 253–297

Thieme, Erinnerungen: Werner Thieme: Erinnerungen an die Jahre an der Universität des Saarlandes (1956–1962). In: Magazin Forschung 9 (1997), Nr. 1, S. 66–68

Thomas, Kaserne: Lil Helle Thomas: Kaserne, Platz und Forum. Manifestationen eines academical village. Campus-Konzeptionen der Universität des Saarlandes. In: Architectura. Zeitschrift für Geschichte der Baukunst 46 (2016), Nr. 2, S. 215–237

Thunis, Archiv: Wiki-Archiv der Theater-Gruppe „Thunis", URL: https://web.archive.org/web/20230602012412/https://wiki.thunis.eu/wiki/Chronik

Torque s. Auflistung der Zeitschriften unter Nr. 2

Triem, Präsident: Franz Ludwig Triem: Präsident der Studentenschaft 1953. In: Studentische Impressionen aus den frühen Jahren der Universität des Saarlandes. Hg. von Wolfgang Müller. Saarbrücken 2006, S. 67–69

Tücks, Mensa: Petra Tücks: Mensa, „Rosengarten" und „Universitätszeichen". In: Kunst auf dem Campus. Hg. von Jörg Pütz und Henry Keazor. Unter Mitarb. von Urszula Czymerska. Merzig 2012, S. 48–51

Turner, Hochschulreformen: George Turner: Hochschulreformen. Eine unendliche Geschichte seit den 1950er Jahren. Berlin 2018

Turner, Massenuniversität: Turner, George: Massenuniversität und Ausbildungsnotstand. Wie die Krise überwunden werden kann. Frankfurt/M. 1984

Ullmann, Baubeschreibung: Heinrich Ullmann: Baubeschreibung der Pfälzischen Heil- und Pflegeanstalt Homburg. In: Denkschrift zur Errichtung der Pfälzischen Heil- und Pflegeanstalt Homburg. Hg. vom Kreise Pfalz. Speyer 1910, Nachdruck Homburg/Saar 1989, S. 44–160

Ulmcke, Homburg: Reiner Ulmcke: Homburg. Vergangenheit und Gegenwart. Homburg/Saar [3]2018

Universität des Saarlandes, 25 Jahre Partnerschaft: 25 Jahre Partnerschaft Universität des Saarlandes – Staatliche Ivane-Iavachischvili-Universität Tbilissi / Tiflis (Georgien). 1983–2008. Festakt zum Partnerschaftsjubiläum am 29. Juni 2009 in Tiflis. Hg. von der Universität des Saarlandes. Saarbrücken 2009 (Universitätsreden; 81)

Universität des Saarlandes, 30 Jahre Partnerschaft: 30 Jahre Partnerschaft St.-Kliment-Ochridski-Universität Sofia – Universität des Saarlandes. Beiträge zum Festakt in Saarbrücken am 7. Dezember 2010. Hg. von der Universität des Saarlandes. Saarbrücken 2011 (Universitätsreden; 90)

Universitätsarchiv, Eulen: Eulen für Leistung – Die Geschichte eines Preises. Undatierte Aufzeichnung in der Akte „Geschichte" des Depositums „Vereinigung der Freunde der Universität des Saarlandes". Universitätsarchiv Saarbrücken

Universitätsgesetz … s. Auflistung der Rechtsnormen unter Nr. 3

Universitätsentwicklungsplan 1982: Universität des Saarlandes: Zweiter Universitätsentwicklungsplan. Saarbrücken 1982

Universitätsentwicklungsplan 2020–2021: Universität des Saarlandes: Universitätsentwicklungsplan 2020–2021. Saarbrücken 2020, URL: https://web.archive.org/web/20220308121427/https://www.uni-saarland.de/fileadmin/upload/universitaet/praesidium/UEP_2020-2021.pdf

Universitätsentwicklungsplan 2030: Universität des Saarlandes: Universitätsentwicklungsplan 2030. Saarbrücken 2022, URL: https://web.archive.org/web/20230907133032/https://www.uni-saarland.de/fileadmin/upload/universitaet/praesidium/UEP_2030.pdf

Van Dülmen, Akademische Gedenkfeier: Akademische Gedenkfeier für Universitätsprofessor Dr. Richard van Dülmen. Saarbrücken 2005 (Universitätsreden; 58)

Veauthier, Campus: Andreas Veauthier: Der Campus soll attraktiver werden. In: Campus 31 (2001), Nr. 3, S. 4

Veauthier, Idee: Werner Veauthier: Idee und Entwicklung der Universität des Saarlandes. In: Das Saarland. Ein Beitrag zur Entwicklung des jüngsten Bundeslandes in Politik, Kultur und Wirtschaft. Hg. von Klaus Altmeyer u. a. Saarbrücken 1958, S. 235–268

Veith, Begrüßung: Michael Veith: Begrüßung. In: Oft gescholten, doch nie zum Schweigen gebracht. Treffen zum Dienstende von Stefan Hüfner. Anmerkungen, Reden, Vorträge. Saarbrücken 2006 (Universitätsreden; 62), S. 5–7

Verfassung … s. Auflistung der Rechtsnormen unter Nr. 3

Vinzent, Universitätsbibliothek: Vinzent, Otwin: Die Universitätsbibliothek. In: Universität des Saarlandes 1948–1988. Hg. im Auftr. des Universitätspräsidenten von Armin Heinen und Rainer Hudemann. Saarbrücken [2]1989, S. 155–159

Volz, Zeiten: Günther Volz: Bewegte Zeiten auf dem Saarbrücker Campus – Die Studentenzeitschrift „Speculum" 1955–1957. In: Studentische Impressionen aus den frühen Jahren der Universität des Saarlandes. Hg. von Wolfgang Müller. Saarbrücken 2006, S. 90–92

Wagner, Wissenschaft: Christoph Wagner: Die Wissenschaft als Thema der Kunst? Ortsbeziehungen der Kunst im öffentlichen Raum an der Universität des Saarlandes. In: Kunst im öffentlichen Raum – Saarland, Bd. 2: Universität des Saarlandes 1945 bis 1999. Aufsätze und Dokumentation. Campus Saarbrücken, Campus Homburg, Universitätskliniken des Saarlandes. Hg. von Jo Enzweiler. Saarbrücken 1999, S. 21–27

Wehlen, Wandgestaltung: Bernhard Wehlen: Wandgestaltung. In: Kunst auf dem Campus. Hg. von Jörg Pütz und Henry Keazor. Unter Mitarb. von Urszula Czymerska. Merzig 2012, S. 66–69

Wehler, Gesellschaftsgeschichte: Hans-Ulrich Wehler: Deutsche Gesellschaftsgeschichte, Bd.5: Bundesrepublik und DDR 1949–1990. München 2008

Weiand, Präsident: Hermann Weiand: Präsident der Studentenschaft 1951–1952. In: Studentische Impressionen aus den frühen Jahren der Universität des Saarlandes. Hg. von Wolfgang Müller. Saarbrücken 2006, S. 34–40

Weick, Organizations: Karl Weick: Educational Organizations as Loosely Coupled Systems. In: Administrative Science Quarterly 21 (1976), Nr. 1, S. 1–19

Weihsmann, Bauen: Helmut Weihsmann: Bauen unterm Hakenkreuz. Architektur des Untergangs. Wien 1998

Wiesner, Hochschulbau: Achim Wiesner: Der alte und der neue Hochschulbau – die immerwährende Gemeinschaftsaufgabe. In: Die Gemeinschaftsaufgaben von Bund und Ländern in der Wissenschafts- und Bildungspolitik. Analysen und Erfahrungen. Hg. von Margrit Seckelmann, Stefan Lange und Thomas Horstmann. Baden-Baden 2020 (Interdisziplinäre Studien zur Wissenschaftsforschung; 11), S. 195–213

Wilhelm, Anfängen: Horst Wilhelm: Aus den Anfängen der Studentenzeitung „Speculum". In: Studentische Impressionen aus den frühen Jahren der Universität des Saarlandes. Hg. von Wolfgang Müller. Saarbrücken 2006, S. 84–89

Wilhelm, Flaggschiff: Reinhard Wilhelm: Ein Flaggschiff der neuen Zeit. Wie sich die Informatik an der Universität des Saarlandes in 40 Jahren eine deutsche Spitzenstellung erarbeitete. In: Saar-Geschichten 5 (2009), Nr. 2, S. 2–6

Wille, Bruderschaft: Karsten Wille: Die Bruderschaft der „Entwickler" – Zur Etablierung der Entwicklungspolitik in der Bundesrepublik Deutschland 1956–1974. Göttingen 2021

Wilss, Wandlungen: Wolfram Wilss: Wandlungen eines Universitätsinstituts. Vom „Dolmetscherinstitut" zur „Fachrichtung Angewandte Sprachwissenschaft sowie Übersetzen und Dolmetschen" der Universität des Saarlandes. St. Ingbert 2000 (Annales Universitatis Saraviensis. Philosophische Fakultät; 1414)

Windolf, Expansion: Paul Windolf: Die Expansion der Universitäten 1870–1985. Ein internationaler Vergleich. Stuttgart 1990

Wissenschaftsrat, Bibliotheken: Empfehlungen des Wissenschaftsrates zum Ausbau Wissenschaftlicher Einrichtungen. Teil 2: Wissenschaftliche Bibliotheken. Bonn 1964

Wissenschaftsrat, Empfehlungen: Empfehlungen des Wissenschaftsrates zur Struktur und Verwaltungsorganisation der Universitäten. Bonn 1968

Wittenbrock, Geschichte: Geschichte der Stadt Saarbrücken. Hg. von Rolf Wittenbrock. Unter Mitwirkung von Marcus Hahn. 2 Bde. Saarbrücken 1999

Wittenbrock, Universität: Rolf Wittenbrock: Die Universität der Großregion. Ein grenzüberschreitendes Interreg-Projekt 2007–2013. Unveröffentlichtes Manuskript Saarbrücken 2013. Sammlung Wittenbrock, Universitätsarchiv Saarbrücken

Witz, Autexier: Claude Witz: Christian Autexier und das Centre Juridique Franco-Allemand. In: Akademische Gedenkfeier für Universitätsprofessor Dr. Christian Autexier 14. Dezember 2012. Saarbrücken 2013 (Universitätsreden; 98), S. 9–12

Wojciechowicz, Großes Hallo: Thomas Wojciechowicz: Großes Hallo. In: Universität des Saarlandes, Campus Homburg. Baumaßnahme CIPMM – Neubau für die Physiologie. Hg. von Beatrice Ferber und Jo Enzweiler. Saarbrücken 2015 (Wettbewerbe Kunst im öffentlichen Raum im Saarland; 8), S. 20f.

Wolfschlag, Leben: Claus Wolfschlag: Das Leben der Studenten im Neubau. Der Campus als Vorbild. Universitätsplanungen in der Reformphase der Bundesrepublik. In: FAZ, 4.6.2003, S. N3

Zinsmeister, Garten: Hans D. Zinsmeister: Botanischer Garten der Universität des Saarlandes. Von 1952 bis heute. Saarbrücken 1998 (Informationsschriften aus dem Botanischen Garten der Universität des Saarlandes; 14)

Bildnachweis

Einzelrechte

Ursula Abt: S. 227.
Uli Barbian: S. 222.
Walter Barbian: S. Umschlag Innenseite vorne, 168, 190, 219, 356.
Becker und Bredel: S. Umschlag Außenseite (u. m.), 283 (o.), 311, 364.
Uwe Bellhäuser: S. 47, 48, 238 (r.), 278, 286 (l.), 328, 353, 363 (u.).
Wonge Bergmann: S. 151, 172 (r.).
Bild- und Filmstelle Universität Leipzig: S. 193.
© BioNTech SE 2023: 297 (r.).
Bundesarchiv, Bild B 145 Bild-F079276-0010, Engelbert Reinecke (Fotogr.): S. Umschlag Außenseite (u. l.)
Büro Saarlandbotschafter c/o SHS Foundation: S. 355.
© CDU Saar: S. 203 (r.), 296 (l.).
DAAD, Eric A. Lichtenscheid (Fotogr.): S. 150.
Degenhardt (Fam.), Thomas Range (Fotogr.): S. 147 (r.).
Deutsche José Carreras Leukämie-Stiftung e.V.: S. 287 (r.).
Deutsche Telekom Service GMBH, Strategic Transformation & Business Excellence (SB 01): S. 361 (u.).
Deutscher Hochschulverband: S. 181 (l.).
Oliver Dietze: S. 268, 269, Umschlag Innenseite hinten.
dpa: S. 133, 135.
Alexander P. Englert: S. 354.
Dr. Marianne Gayko-Roth: S. 164 (r.).
Marion Geib: S. 299.
Gmeiner-Verlag GmbH: S. 103 (m.).
Christel Gross-Geiger: S. 42, 184.
Bernt Haberland: S. 316 (r.).
Paul Hartmann/Gabi Hartmann: S. 58, 335.
Heisel (Fam.): S. 233 (l.).
Gerhard Heisler: S. 129, 167.
Helmholtz-Zentrum für Infektionsforschung GmbH: S. 297 (l.).
Historisches Museum Saar: S. 314 (l.).
Doris Ibach: S. 342.
IDS Scheer Holding: S. 232 (l.).
Industrieluftbild: S. 225.
Institut für aktuelle Kunst im Saarland, Archiv: S. 111 (r.), 314 (r.).
Leo Jungmann: S. 87, 99.
Kaufmann (Fam.): S. 117 (r.)
Keystone: S. 17, 20.
Reinhard Klimmt, Günther Ruschel (Fotogr.): S. 147 (l.).
Ottmar Lambach: S. 137.
Landesarchiv, Erich Oettinger (Fotogr.): S. 63 (r.), 93.
Landesarchiv, Ferdinand Hartung (Fotogr.): S. Umschlag Außenseite (o. l.), 138, 159, 163, 192, 205, 212 (r.), 332.
Landesbildstelle des LPM Saar: S. 152, 160, 321.
Landesbildstelle des LPM Saar, Erich Isenhuth (Fotogr.): S. 155.
Landesbildstelle des LPM Saar, Marcel Klippel (Fotogr.): S. 92.
Landesbildstelle des LPM Saar, Gerd Kügelgen (Fotogr.): S. 56.
Landesbildstelle des LPM Saar, Joachim Lischke (Fotogr.): S. 98 (r.), 111 (l.), 125, 127, 157, 166.
Jo Leinen: S. 143 (r.).
Library of the London School of Economics and Political Science: S. 83 (r.).
Luftbild Winkler GmbH: S. 211.
Iris Maurer: S. 112, 179, 235, 248, 251, 252, 255, 258, 259 (l.), 262 (l.), 265, 267, 273, 279, 285, 295, 298, 317 (r.), 318, 343, 351, 359 (o.).
Fritz Mittelstädt: S. 64, 65, 71, 75 (u.).
Barbara Mudrich: S. 296 (r.).
Österreichische Nationalbibliothek (ÖNB): S. 82 (r.).
Markus Philipp: S. 347.
Max R. Platte: S. 90, 115, 309.
Heinz Portz: S. 37.
Presse Photo Aktuell: S. 102 (l.), 108 (l.), 108 (r.), 116 (l.).
Presse- und Informationsamt der Bundesregierung, Plass (Fotogr.): S. 94, 96.
Armin Rohr: S. 280.
Rolf Ruppenthal: S. 201.
Saarländischer Rundfunk: S. 209 (l.), 245 (l.).
Julius C. Schmidt/Stefan Andreas Schmidt: S. 95, 101, 109 (l.), 122 (l.), 130, 134, 136, 141, 142 (l.), 144, 146 (l.), 156, 174, 189, 195, 196 (l.), 305, 324, 334, 352.
SH Consulting, Elke Pouchet (Fotogr.): S. 274 (r.).
© SPD Saar, Susi Knoll (Fotogr.): S. 317 (l.), 362 (u.).
Stadtarchiv Homburg: S. 25, 26, 28, 79.
Stalter (Fam.): S. 213 (l.).

Südwest Archiv für Architektur: S. 178.
Universitätsklinikum des Saarlandes: S. 34 (r.), 208 (r.), 363 (o.).
Thieme/Volkmann (Fam.): S. 128.
Katharina Waller: S. 359 (u.).
Thomas Wieck: S. 209 (r.).
Klaus Winkler: S. 308.
Kurt Winter: S. Umschlag Außenseite (u. r.), 21, 22, 59.
Werner Wunderlich: S. 158, 187, 188, 220, 241, 313.

Universität des Saarlandes

Sigrid Albert: S. 247.
Junes R. Arib: S. 100, 171, 207, 261, 291, 293 (l.), 315 (r.), 320, 333, 339 (u.), 360 (u.).
Björn Diehl: S. 358 (o.).
Ute E. Flieger: S. 230, 289, 359 (m.), 361 (m.).
Fotobestände Pressestelle: S. Umschlag Außenseite (m. r.), 43, 72 (l.), 81, 146 (r.), 164 (l.), 165 (l.), 180 (r.), 183, 203 (l.), 208 (l.), 213 (r.), 215, 216, 224, 238 (l.), 239 (l.), 244 (l.), 244 (r.), 260, 263 (l.), 263 (r.), 274 (l.), 275 (l.), 275 (r.), 286 (r.), 290, 307, 315 (l.), 322, 331, 362 (o.).
Hochschulsport: S. 271.
Fatma P. Hotait: S. 362 (m.).
Institut für Klassische Archäologie: S. 345.
Institut für Kunstgeschichte: S. 110.
Peter Jacob: S. 221.
Karin Jacobs: S. 360 (o.).
Gerhard Korz: S. 360 (m.).
Kurt Mehlhorn: S: 262 (r.), 358 (u.).
Thorsten Mohr: S. 256, 276, 277 (u.), 336, 338 (r.), 339 (o.).
Susanne Meuser: S. 348 (l.).
Jörg Pütz: S. Umschlag Außenseite (o. m.), Umschlag Außenseite (m. l.), 31, 38, 39, 66, 67, 75 (o.), 76, 77, 84, 107, 113, 120, 124, 126, 148, 149, 169, 170, 175 (l.), 175 (r.), 177, 198, 199, 206, 228, 229, 231, 237, 242, 243, 259 (r.), 264, 270, 277 (o.), 281, 282, 283 (u.), 287 (l.), 288, 293 (r.), 323, 344, 348 (r.), 349 (l.), 349 (r.), 358 (m.), 361 (o.), 363 (m.).
Wolfgang Stein: S. 337 (o.), 337 (u.), 338 (l.).
Universitätsarchiv:
Fotobestände Universitätsarchiv: S. 33, 35 (r.), 44, 45, 46, 49, 50, 61, 62 (l.), 62 (r.), 63 (l.), 73 (l.), 73 (r.), 80, 85, 88, 89, 98 (l.), 102 (r.), 103 (l.), 104, 105, 116 (r.), 117 (l.), 121, 122 (r.), 123 (l.), 123 (r.), 142 (l.), 142 (r.), 143 (l.), 165 (r.), 172 (l.), 173 (l.), 173 (r.), 176, 180 (l.), 181 (r.), 182, 196 (r.), 197 (l.), 197 (r.), 202 (l.), 202 (r.), 212 (l.), 214, 232 (r.), 233 (r.), 239 (r.), 246, 257, 327, 341.
Sammlung José Adams: S. 41.
Sammlung Joseph-François Angelloz: S. Umschlag Außenseite (m. m.), 23, 52, 54, 57, 64 (l.), 69, 72 (r.), 74, 82 (l.), 83 (l.), 103 (r.), 326.
Sammlung Elisabeth Barriol-Masson: S. 70.
Sammlung Ambrosius Fritzen: S. 86.
Sammlung Dr. Raymond Jochum: S. 19.
Sammlung Regina Paquet: S. Umschlag Außenseite (o. r.), 35 (l.), 350.
Sammlung Rektorat: S. 14, 29, 30, 36, 53, 55, 97, 106.
Monika Zorn: S. 119, 161, 330, 340.

Bilder aus Veröffentlichungen

Abb. S. 27 aus: Ullmann, Denkschrift, S. 72.
Abb. S. 34 (l.) aus: Saarbrücker Bergmannskalender 1947.
Abb. S. 109 (r.) aus: Beiträge zu einer Theorie der Sozialpolitik. Festschrift für Elisabeth Liefmann-Keil zum 65. Geburtstag. Herausgegeben von Bernhard Külp und Wolfgang Stützel. Berlin 1973, S. 2.
Abb. S. 162 aus: Champus 1 (1986), Nr. 1, S. 2.
Abb. S. 236 aus: http://oswaldhiery.de [3.8.2023].
Abb. S. 245 (r.) aus: Campus 24 (1994), Nr. 2, S. 3.
Abb. S. 292 aus: Iphone_4G.jpg: DanielZanetti derivative work: Saibo (Δ) (https://commons.wikimedia.org/wiki/File:Iphone_4G-3_trans_screen.xcf), „Iphone 4G-3 trans screen", https://creativecommons.org/licenses/by-sa/3.0/legalcode [14.8.2023].
Abb. S. 300 aus: Der Tintenfisch. Das humoristische Blatt des Saarlandes 1 (1948), Nr. 11, S. 12 (bearbeitet).
Abb. S. 302 aus: https://www.uni-saarland.de/einrichtung/hochschulsport/service/bilder/2023/firmenlauf-2023.html [3.7.2023].
Abb. S. 310 aus: Rahmenplanentwurf, S. 40.
Abb. S. 316 (l.) aus: Mozamaniac (https://commons.wikimedia.org/wiki/File:Richard_Lutz_(2022).jpg), https://creativecommons.org/licenses/by-sa/4.0/legalcode [7.5.2023].
Abb. S. 325 aus: Facebook (https://www.facebook.com/people/Wir-bleiben-im-Heim-We-will-stay-at-Wohnheim-D/100069518679182/?sk=photos) [24.5.2023].

Personenregister

Anhang

Mitglieder der Universitätsleitung seit 1948

	Rektor, Universitätspräsident/in	Prorektor, Vizepräsident/in	Vizepräsident/in Forschung	Vizepräsident/in Lehre und Studium	Vizepräsident/in Europa	Verwaltungsleitung
1948	Rektor Jean Barriol Theoretische Chemie	Prorektor Carl Erich Alken Urologie				
1949						Generalsekretär André Charles Schneider
1950	Joseph-François Angelloz Germanistik					
1951		Gottfried Koller Zoologie				
1952						
1953						
1954						
1955						Karl Hemmer
1956	Heinz Hübner Zivilrecht und Römisches Recht					
1957		Adolphe M. Jung Chirurgie				Verwaltungsdirektor Karl Hemmer
1958	Heinz Diedrich Wulff Botanik	Friedrich Doenecke Innere Medizin				
1959		Heinz Hübner				
1960	Helmut Stimm Romanische Philologie	Heinz Diedrich Wulff				Franz Letzelter
1961						
1962	Gerhard Kielwein Kriminologie	Helmut Stimm				
1963						
1964	Conrad v. Fragstein Experimentalphysik	Gerhard Kielwein				
1965	Hermann Krings Philosophie	Conrad v. Fragstein				
1966		Hugo J. Seemann Metallphysik				
1967	Werner Maihofer Rechts- und Sozialphilosophie	Hermann Krings				Hermann Josef Schuster
1968						
1969	Hellmuth Sitte Zellenlehre und Elektronenmikroskopie	Friedrich Loew Neurochirurgie				
1970		Werner Maihofer				
1971		Heinz König Mathematik				
1972						
Einführung der Präsidialverfassung						
1973	UP Hans Faillard Biochemie	VP Haushalt und Planung Peter Steinmetz Klassische Philologie	VP Forschung Erich Oberhausen Biophysik	VP Lehre und Studium Henning Schwaiger Wirtschafts- und Europarecht		Kanzler Hermann Josef Schuster
1974						
1975		Günther Jahr Zivilrecht und Römisches Recht	Robert Berger Mathematik	Günter Endruweit Soziologie		
1976						
1977						
1978		Robert Berger kommissarisch		Günther Jahr		
1979	Johann Paul Bauer Privatrecht kommissarisch	Lothar Schmidt Med. Psychologie kommissarisch	Ludwig Heck Anorg. Chemie	Ludwig Kötter Erziehungswiss. kommissarisch		

	Rektor, Universitätspräsident/in	Prorektor, Vizepräsident/in	Vizepräsident/in Forschung	Vizepräsident/in Lehre und Studium	Vizepräsident/in Europa	Verwaltungsleitung
1980	Paul Müller Biogeographie	Erster VP Johann Paul Bauer	Klaus-Dieter Zang Humangenetik	Ludwig Heck		Manfred Redelberger kommissarisch
1981						
1982		Richard Johannes Meiser	Gerd Wittstock Mathematik	Jürgen Domes Politikwissenschaft		
1983	Richard Johannes Meiser Innere Medizin					Hartwig Cremers
1984		Werner Tack Psychologie	Werner Dinkelbach Betriebswirtschaftslehre	Hans Dietmar Zinsmeister Botanik		
1985						
1986		Georg Ress Öffentliches Recht, Völker-, Europarecht	Henner Ruppersberg Werkstoffphysik	Peter Erdmann Anglistik		
1987						
1988		Volker Steinmetz Statistik und Ökonometrie	VP Forschung und Technologietransfer Hans-Jürgen Koglin Energieversorgung			
1989						
1990						
1991			Jörn Petersson Technische Physik	Günther Hönn		
1992	Günther Hönn Bürgerliches, Handels-, Wirtschafts-, Arbeitsrecht	Pedro Mestres-Ventura* Anatomie und Histologie		Rainer Hudemann Neuere und Neueste Geschichte		
1993						
1994				Margret Wintermantel Sozialpsychologie		
1995			Hartmut Janocha Prozessautomatisierung			
1996						
1997		Alfred Louis Mathematik	Arthur Konnerth Physiologie	Johannes Engelkamp Psychologie		
1998						
1999		Reinhard Daugs Sportwissenschaft	Raimund Seidel Theoretische Informatik	Walter Hoffmann Kinderkardiologie		
2000	Margret Wintermantel Sozialpsychologie					
2001		VP Planung und Strategie Stefan Hüfner Experimentalphysik		Wolfgang Tilgen Dermatologie		
2002						
2003		Heinz Kußmaul Betriebswirtschaftslehre	Rolf Hartmann Pharmazeutische Chemie	Peter Falkai Psychiatrie und Psychologie		VP Verwaltung und Wirtschaftsführung
2004						
2005		Patricia Oster-Stierle Französische Literaturwissenschaft		Mathias Herrmann Medizinische Mikrobiologie		Gerhard Korz kommissarisch
2006	Rolf Hartmann kommissarisch					
2007	Volker Linneweber Sozialpsychologie	Klaus Faßbender Neurologie	Manfred Lücke Theoretische Physik	Ulrike Demske Deutsche Sprachwissenschaft	VP Europa und Kultur Patricia Oster-Stierle Französische Literaturwissenschaft	Martina Petermann
2008						
2009		Matthias Hannig Zahnmedizin		Manfred Schmitt Mikrobiologie		
2010		Alexander Baumeister Betriebswirtschaftslehre, insbes. Controlling	Matthias Hannig Zahnmedizin			
2011						
2012						
2013					VP Europa und Internationales Uwe Hartmann	
2014		Uwe Hartmann Experimentalphysik	Thorsten Herfet Nachrichtentechnik	Sigrun Smola Virologie	Astrid Fellner Nordamerikanische Literatur- und Kulturwissenschaft	Roland Rolles
2015						
2016				Martina Sester		
2017	Manfred Schmitt Mikrobiologie	Christian Wagner Experimentalphysik	Martina Sester Transplantations- und Infektionsimmunologie	Roland Brünken Empirische Bildungsforschung	Claudia Polzin-Haumann Romanische Sprachwissenschaft	
2018						
2019						
2020						
2021			Veit Flockerzi Pharmakologie und Toxikologie	Tina Hellenthal-Schorr Psychologie	Cornelius König Arbeits- und Organisationspsychologie	
2022		VP Gesellschaftliche Verantwortung und Nachhaltigkeit Annemarie Matusche-Beckmann Bürgerliches Recht				
2023						

* 1992 Beauftragter des UP für Angelegenheiten der Medizinischen Fakultät, 1994 Erster VP

Gestaltung: Julian Wichert

Statistische Streiflichter

Die folgenden Seiten erheben nicht den Anspruch einer Hochschulstatistik, sondern bieten lediglich zahlenbasierte Skizzen für einige ausgewählte Themenbereiche. Statistisches Material über längere Zeiträume hinweg zu verfolgen birgt erhebliche Schwierigkeiten in Bezug auf wechselnde Datengrundlagen, Erhebungsmethoden, Stichtage etc. Die Angaben und Schaubilder sind daher nur als Hinweise zu verstehen, die allein der Orientierung und groben Einordnung dienen. Das zugrunde gelegte Zahlenmaterial kann über die Webseite der Arbeitsstelle Universitätsgeschichte eingesehen werden.

Studierende

Die Kurve der Studierendenzahlen kennt, angefangen von den 648 Studentinnen und Studenten des ersten Semesters, mehr als vier Jahrzehnte lang nur eine Richtung: nach oben. Das anhaltende Wachstum wurde angesichts von Raum- und Personalnot spätestens seit den 1970er Jahren zum Problem, und das Erreichen des Allzeithochs von 21.028 Studierenden 1992/93 erschien manchem Hochschulplaner als Höhepunkt einer Fieberkurve. Insgesamt entsprach die Entwicklung durchaus dem bundesweiten Trend, sie zeigt aber auch saarländische Spezifika wie den Rückgang zu Anfang des Jahrtausends, der mit den Sparmaßnahmen und Schwerpunktänderungen der 90er Jahre zusammenhängen dürfte.

Kaum Auswirkungen scheint dagegen (trotz vieler damals geäußerter Warnungen) die Einführung der Studiengebühren 2006 gehabt zu haben. Ab 2009/10 sorgte die Umstellung auf das zwölfjährige Gymnasium (G8) erneut für einen deutlichen Zuwachs, dem dann allerdings die rückläufige demographische Entwicklung entgegenwirkte. Ab 2017 stabilisieren sich die Zahlen wieder; für die Zukunft lassen sie noch keinen deutlichen Trend erkennen. Inzwischen sind allerdings Raum- und Lehrangebot in einem Maß entwickelt, das die Größenordnung von etwa 17.000 Studierenden nunmehr als gesunde und gut handhabbare Größe erscheinen lässt.

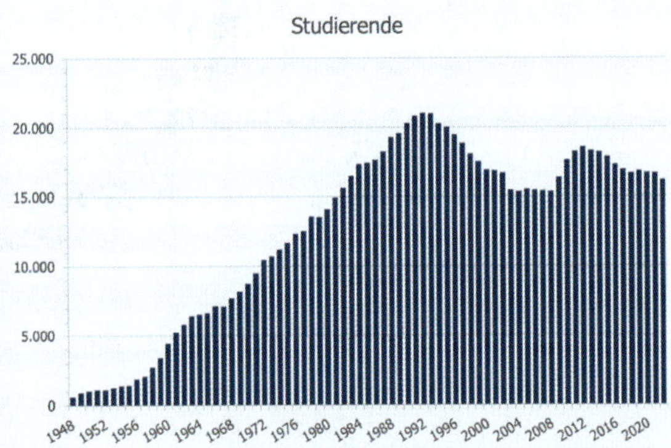

Geschlechterverteilung Studierende

Betrachtet man das Geschlechterverhältnis der Studierendenschaft, so muss die Universität für eine lange Zeit als Männerdomäne bezeichnet werden. Verlässliche Zahlen liegen hierzu erst ab 1958 vor, und von dieser Zeit bis in die frühen 1970er Jahre waren – dem Bundesdurchschnitt entsprechend – nur etwa ein Viertel der Studierenden Frauen. Bis Mitte der 80er steigerte sich der Wert auf etwas über 40 Prozent, wo er etwa zehn Jahre lang stagnierte. Ab 1995/96 wuchs der Frauenanteil erneut an, und im Wintersemester 2003/04 waren erstmals mehr Frauen als Männer an der Universität des Saarlandes eingeschrieben – ein Schritt, der bundesweit, auf die Gesamtzahl der Hochschulen gesehen, erst 2021/22 erreicht war. An der Saar-Uni stellen Frauen nun bereits seit über zwanzig Jahren konstant die Mehrheit der Studierendenschaft, ihr Anteil liegt nahezu unverändert zwischen 51 und 53 Prozent.

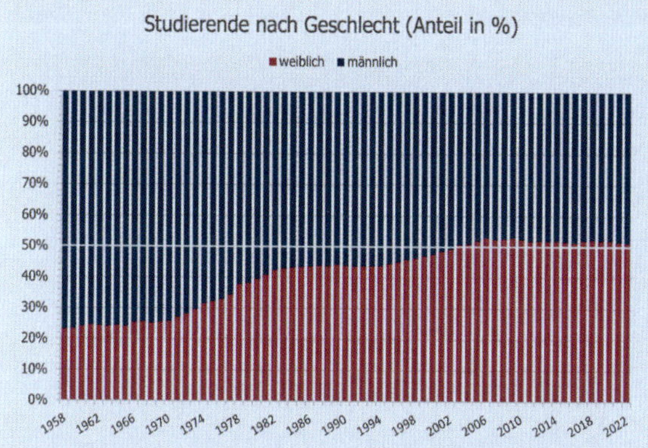

Studienanfängerinnen und -anfänger

Die Grafik lässt zum einen die Verteilung der Studienanfängerinnen und -anfänger auf die beiden Halbzeiten des akademischen Jahres erkennen: Während früher die Mehrzahl der Schulabsolventen im Sommer das Studium aufnahm, ist seit 1966 das Verhältnis umgekehrt; Grund dafür war die Umstellung der Schuljahre, die bis 1965 in fast allen Bundesländern an Ostern endeten.

Vor allem aber verblüfft in dieser Statistik die relative Konstanz der Anfänger-Zahlen, die sich von wenigen Ausnahmen abgesehen während des gesamten Zeitraums innerhalb der Spanne von rund 2.000 bis 3.000 Neu-Studierenden bewegen. Dass sich die Gesamtstudierendenzahl zwischen 1963 und 1993 verdreifachte, ist diesen Zahlen nicht abzulesen und muss wohl im Zusammenhang mit anderen Faktoren erklärt werden, insbesondere der erhöhten Studiendauer, dem erhöhten Anteil internationaler Studierender (die per se als Studienanfänger gelten) und einer Zunahme der Studienortwechsler. Erkennbar sind aber in jüngerer Vergangenheit der Anstieg infolge des G8-Doppeljahrgangs 2010/11 und der Rückgang aufgrund der Corona-Pandemie 2021/22.

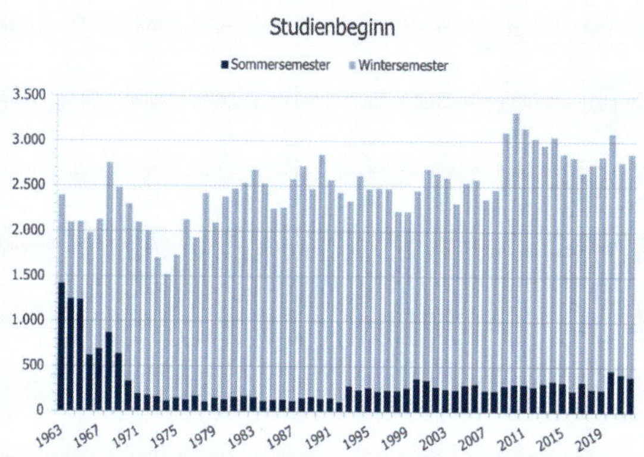

Professuren

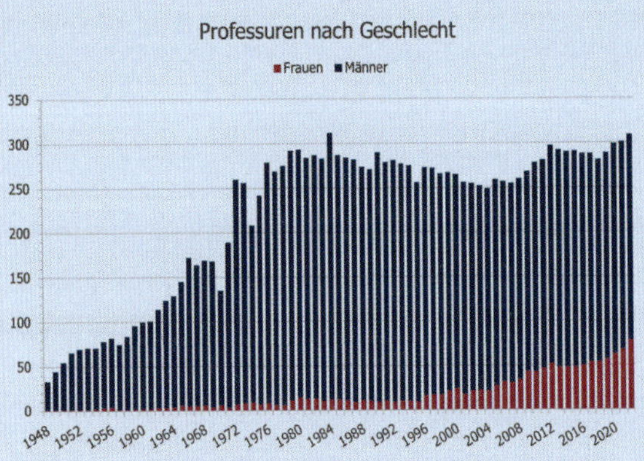

Die Zahl der Professuren zeigt einen kontinuierlichen Aufwuchs bis in die späten 1970er Jahre und anschließend ein recht stabiles Niveau, das im Bereich zwischen 260 und 300 Lehrstühlen liegt. Der leichte Rückgang ab Mitte der 90er Jahre dürfte ähnlich wie bei den Studierenden auf die Restrukturierungsbeschlüsse dieser Jahre zurückzuführen sein; ab circa 2005 wird dann das vorherige Niveau in etwa wieder erreicht.

Frauen stellten an der UdS wie auch an anderen Universitäten lange Zeit krasse Ausnahmen innerhalb der Professorenschaft dar, ihr Anteil lag anfangs bei Null und kam bis in die 1990er Jahre nicht über marginale drei bis vier Prozent hinaus. Die Veränderung der mentalen und sozialen Bedingungen im Geschlechterverhältnis wirkte sich nur mit großer Verzögerung auf die akademischen Spitzenpositionen aus; erst gegen Ende der 90er Jahre zeigt sich ein deutlicherer Zuwachs in Richtung auf zehn Prozent. Seitdem steigt die Kurve beständig an, mit allmählich zunehmender Geschwindigkeit; 2020 überschritt sie erstmals die 20-Prozent-, 2022 die 25-Prozent-Marke.

Studierende pro Professur

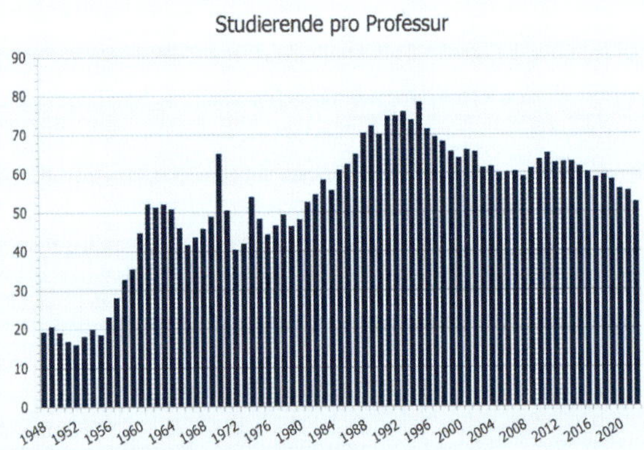

Weniger ist besser, zumindest im Hinblick auf das Betreuungsverhältnis von Studierenden zu Professorinnen und Professoren. Die anfänglichen Zahlen, die kaum über eine Klassenstärke hinausgingen, belegen auch empirisch das persönliche Klima, das der Saar-Uni der frühen Jahre von Zeitzeugen attestiert wurde. Der drastische Anstieg der Studierendenzahlen, besonders in den 1960er und 1980er Jahren, führte zusammen mit einer eher moderaten Aufwärtsentwicklung der Professuren 1995 zu einem Spitzenwert von rund 75 Studierenden pro Professur. In den Folgejahren ging der Wert zurück, um sich in den letzten 20 Jahren in einem Bereich von 50 bis 60 betreuten Studierenden zu bewegen. Im Vergleich der Bundesländer, der freilich nur eingeschränkt auf die UdS zu übertragen ist, bewegt sich das Saarland mit seinen Betreuungsschlüsseln aktuell durchaus im oberen Bereich.[1]

Wissenschaftliches Personal

Ab den 1970er Jahren liegen verlässliche Angaben zur Zahl der wissenschaftlichen Mitarbeiterinnen und Mitarbeiter an der UdS vor, und im Vergleich zu der in dieser Zeit nahezu konstanten Professurenzahl ist hier eine deutliche Zunahme festzustellen. Mit dem Anstieg der Studierendenzahlen hielten diese Zuwächse allerdings kaum mit, zudem sind die Zahlen mit Vorsicht zu bewerten, da das mit den Stellen verbundene Lehrdeputat stark differierte. Dass besonders seit den 2000er Jahren mehr „Mittelbau"-Stellen besetzt wurden, dokumentiert nicht zuletzt die wachsende Bedeutung projektbezogener Drittmittel. Die „Drehtürproblematik" des weit überwiegend befristet beschäftigten wissenschaftlichen Nachwuchses geht aus der reinen Zahlenübersicht naturgemäß nicht hervor.

Herkunft der Studierenden

Die Saar-Uni gilt hinsichtlich der Zusammensetzung ihrer Studierendenschaft traditionell als stark regional und stark international geprägt. In der Tat belegt die Übersicht den hohen Anteil saarländischer Studierender, der über die Jahre meist mehr als die Hälfte, zeitweise rund zwei Drittel ausmachte. Nach dem Doppeljahrgang 2009 wurden hier nochmals Spitzenwerte erreicht, während 2013 ein statistischer Effekt für einen scharfen Knick sorgte: Ab diesem Jahr richtete sich die Bundesland-Zuordnung nicht mehr nach dem Wohnort, sondern nach dem Ort der Hochschulzugangsberechtigung, also in der Regel dem Standort der besuchten weiterführenden Schule.

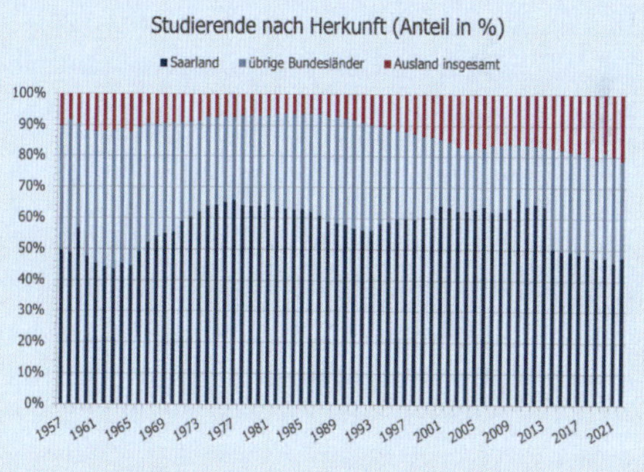

Der spürbare Aufwuchs im Bereich der internationalen Studierenden verdeutlicht den Erfolg der Internationalisierungsbemühungen, mit denen die UdS seit den 1980er Jahren verstärkt an ihre international geprägten Anfangsjahre anzuknüpfen versuchte. Inzwischen bewegt sich der Anteil von Studierenden aus dem Ausland, unter denen Französinnen und Franzosen über die Gesamtzeit hinweg die stärkste Gruppe stellten, schon bald in Richtung eines Viertels der Gesamtzahl. Die Universität des Saarlandes wird also internationaler, und sie wird „bundesdeutscher".

Internationale Studierende

Sowohl die Zahl der ausländischen Studierenden als auch die der an der UdS vertretenen Nationen entwickeln sich seit langem stetig nach oben. Von den im Jahr 2023 195 international anerkannten Staaten finden sich rund zwei Drittel, nämlich 127 Länder, auf dem Campus vertreten, und der leichte aktuelle Rückgang zum Vor-Corona-Jahr 2019/20 wird sich in den kommenden Jahren angesichts der Gesamtentwicklung vermutlich als temporäre „Delle“ erweisen.

Die wichtigsten Herkunftsländer sind in der Grafik für einige Jahre exemplarisch dargestellt und in den Kreisdiagrammen auch hinsichtlich ihres Mengen-Anteils erkennbar; sie lassen eine gewisse Stabilität ebenso erkennen wie politische Großwetterlagen und erfolgreiche Hochschul-Partnerschaften: Die Nachbarländer Frankreich und Luxemburg sind so gut wie immer vertreten, ihnen folgten zeitweise aber geographisch entfernte Staaten wie der Iran (60er/70er Jahre), Bulgarien (2004/05) und Syrien (2019/20). Der anfangs große Anteil der drei wichtigsten Herkunftsländer geht über die Jahrzehnte gesehen deutlich zurück und macht einer noch vielfältigeren Zusammensetzung der internationalen Studierendenschaft Platz. Die letzten Jahre zeigen mit dem starken Aufkommen indischer und chinesischer Studierender einen Trend, der mit der globalen Ausrichtung von Fächern wie der Informatik zusammenhängen und sich in Zukunft noch verstärken dürfte.

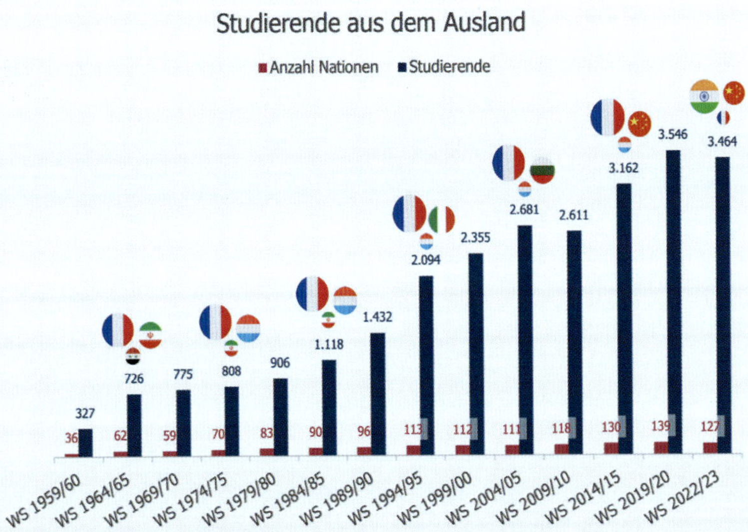

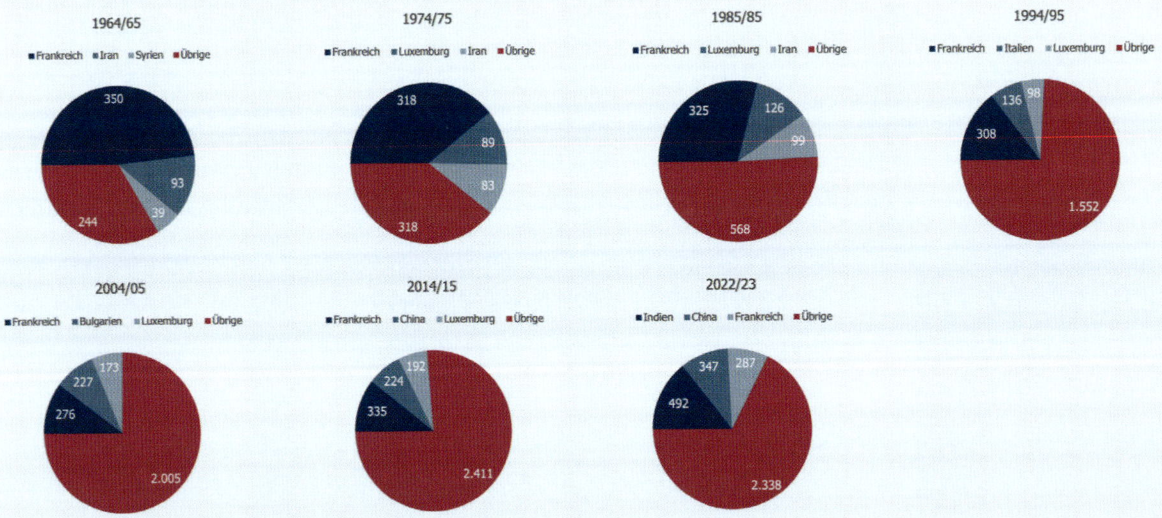

Flächenentwicklung

Neben den Zahlen von Studierenden und Lehrenden erlaubt der Umfang der genutzten Fläche einen gewissen Aufschluss über die größenmäßige Entwicklung der Universität: Der Hauptstandort in Saarbrücken wuchs in seiner Fläche über die Jahre auf mehr als das Fünffache an. Bemerkenswert ist hier der beispiellos steile Anstieg während der Phase von „Ausbau und Aufschwung" in den 1960er Jahren. Die generelle Aufwärtsentwicklung hielt, wenn auch in deutlich moderaterer Dynamik, bis in die 2010er Jahre hinein an, doch prägt seither und wohl auch in Zukunft statt weiterer Expansion eher die Neu- und Nachnutzung bereits bebauter Flächen das Bild.

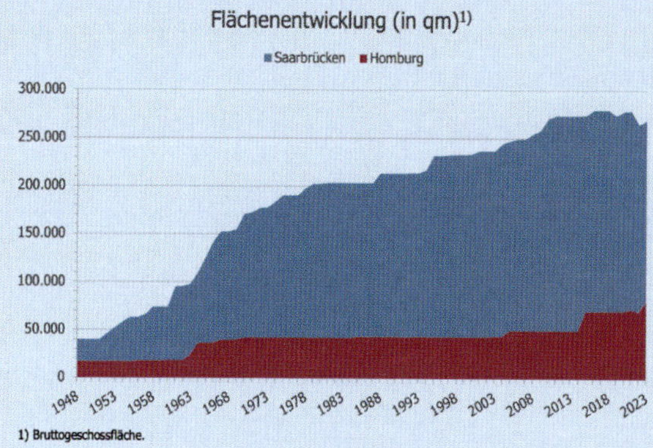

1) Bruttogeschossfläche.

Die für den Standort Homburg aus der Grafik ablesbare Stagnation ist mit einem gewissen Vorbehalt zu betrachten, da Klinik und Universitätsmedizin die Homburger Flächen teilweise gemeinsam nutzen. Doch bleibt festzuhalten, dass eigene Universitäts-Neubauten erst in jüngster Zeit in nennenswertem Umfang entstanden, insbesondere durch das neue Hörsaalgebäude und die Forschungsbauten des CIPMM und des PZMS.

Jörg Hormann / Thomas Kees / Thilo Offergeld
Grafiken: Matthias Russer

Campus-Bebauung im Wandel der Zeit – Homburg

Die im folgenden abgebildeten Planskizzen, die sich in angepasster Form und abweichender Farbcodierung auch auf den Anfangsseiten der Epochenkapitel finden, illustrieren die bauliche Entwicklung der beiden Campus-Standorte der Saar-Universität von 1948 bis heute. Inhaltlich erläutert wird diese Entwicklung in den Kapiteln „Ein Campus entsteht" (S. 60) und „Rechte Winkel und bauliche Vielfalt" (S. 308).

bis 1948

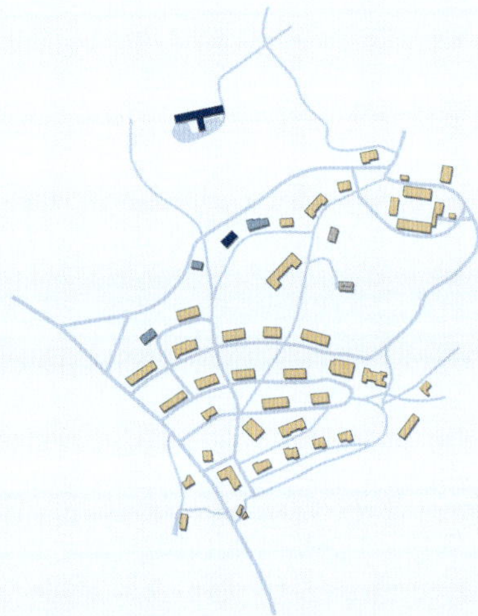

1948–1956

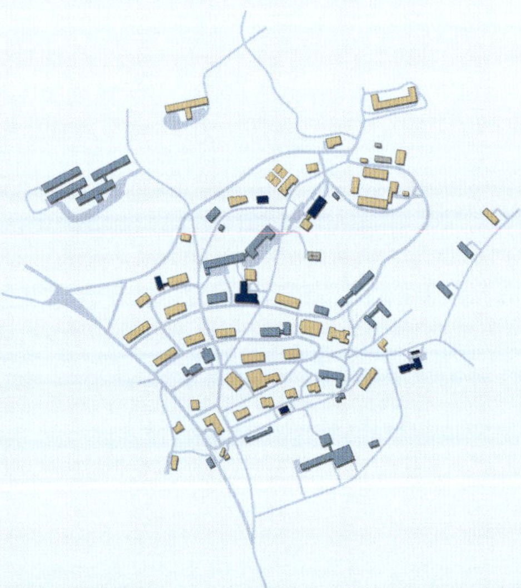

1957–1967

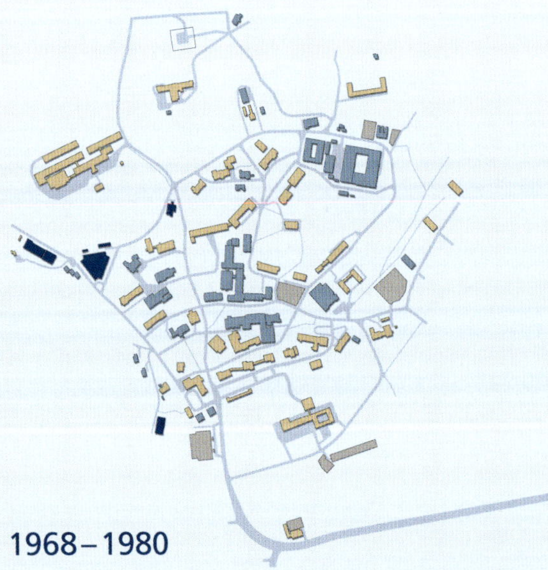

1968–1980

In den Lageplänen zeigt die blaue Farbe die im jeweiligen Zeitabschnitt neu errichteten oder neu in Nutzung genommenen Gebäude an: dunkelblau für Universitätsbauten, hellblau für nicht zur Universität gehörende Gebäude. Bereits bestehende Gebäude gleich welcher Nutzung sind in beiger Farbe dargestellt. Die Pläne geben den jeweils jüngsten Bau- und Nutzungsstand der einzelnen Zeitabschnitte wieder.

Zur besseren Orientierung sind im Anschluss außerdem die offiziellen Campus-Lagepläne nach aktuellem Stand des Jahres 2023 abgedruckt. Sie werden ergänzt durch zwei Vergleichstabellen, aus denen sich die Gebäudenummern nach heutigem und nach früherem Stand ablesen lassen.

(Gestaltung der Pläne: Julian Wichert)

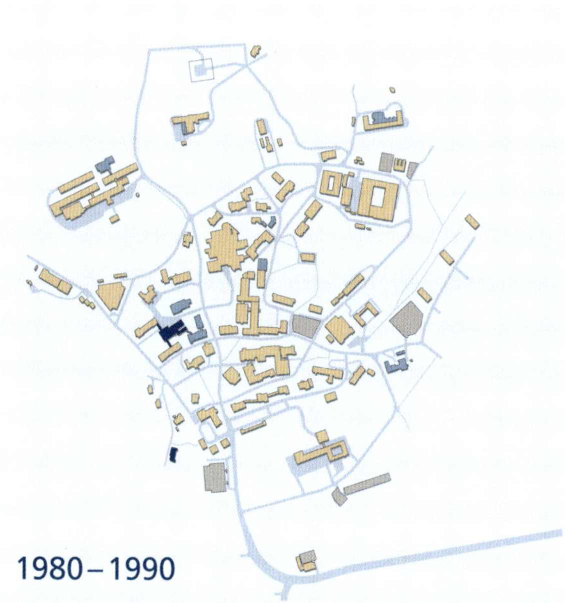

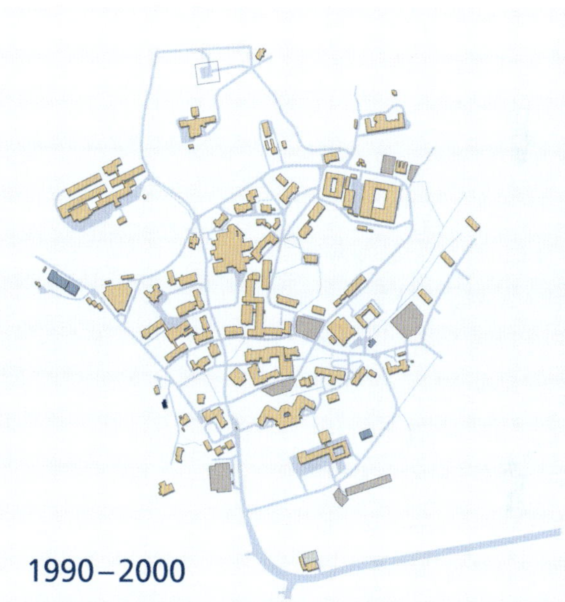

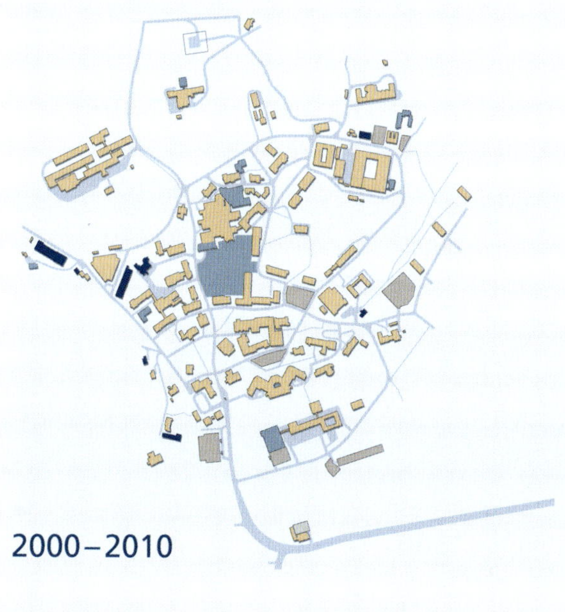

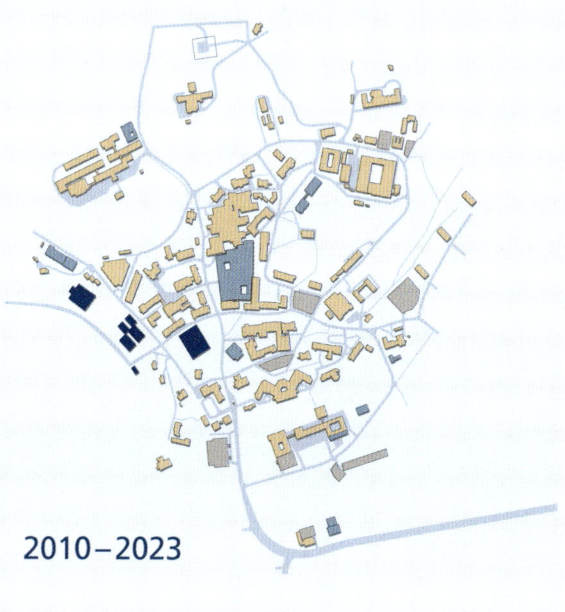

Campus-Bebauung im Wandel der Zeit – Saarbrücken

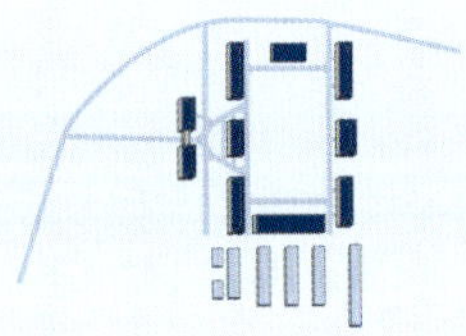

bis 1948

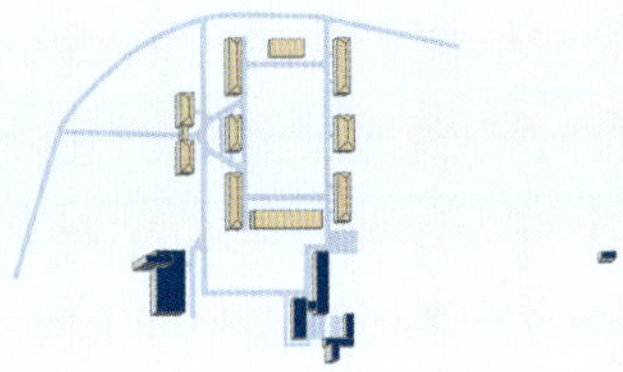

1948–1956

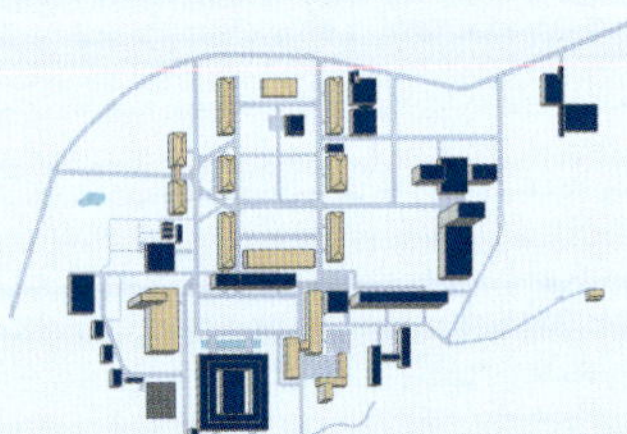

1957–1967

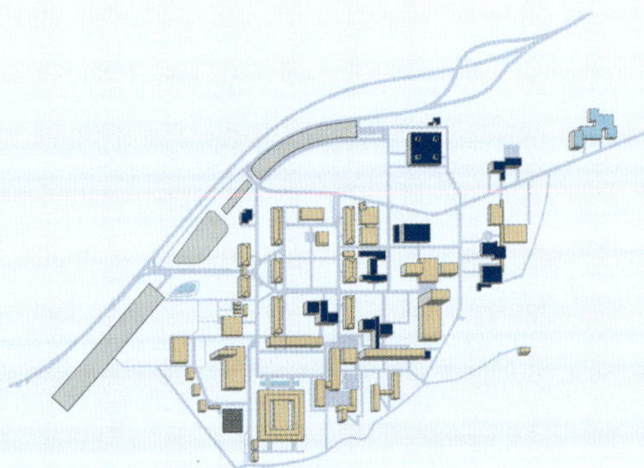

1968–1980

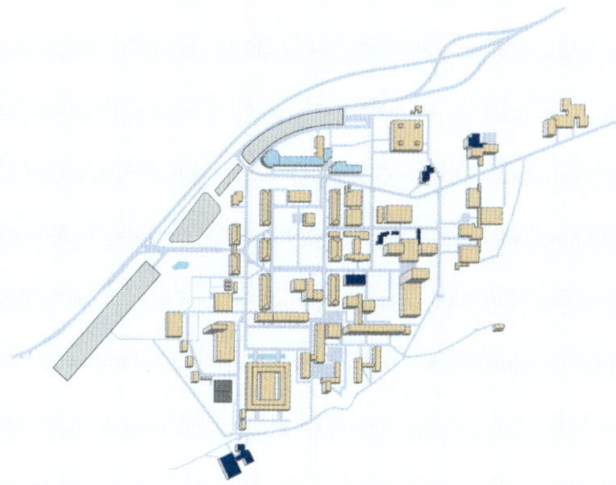

1980–1990

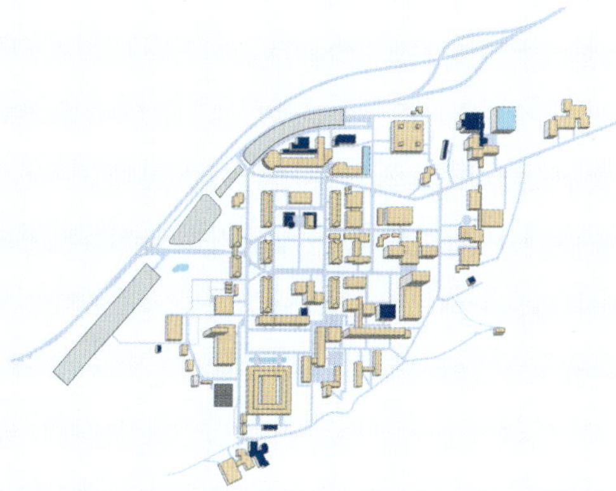

1990–2000

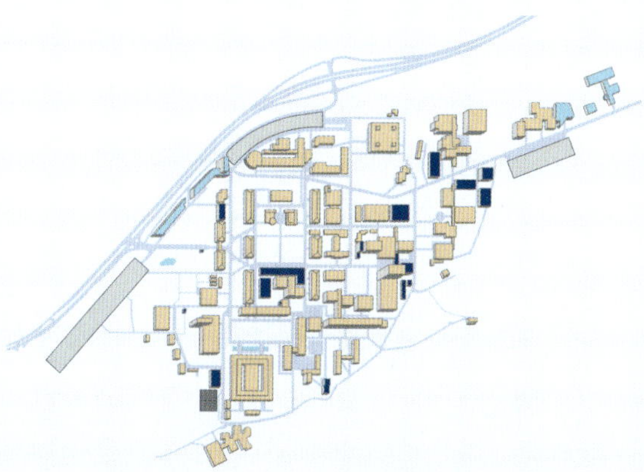

2000–2010

2010–2023

Aktueller Campus-Plan Homburg

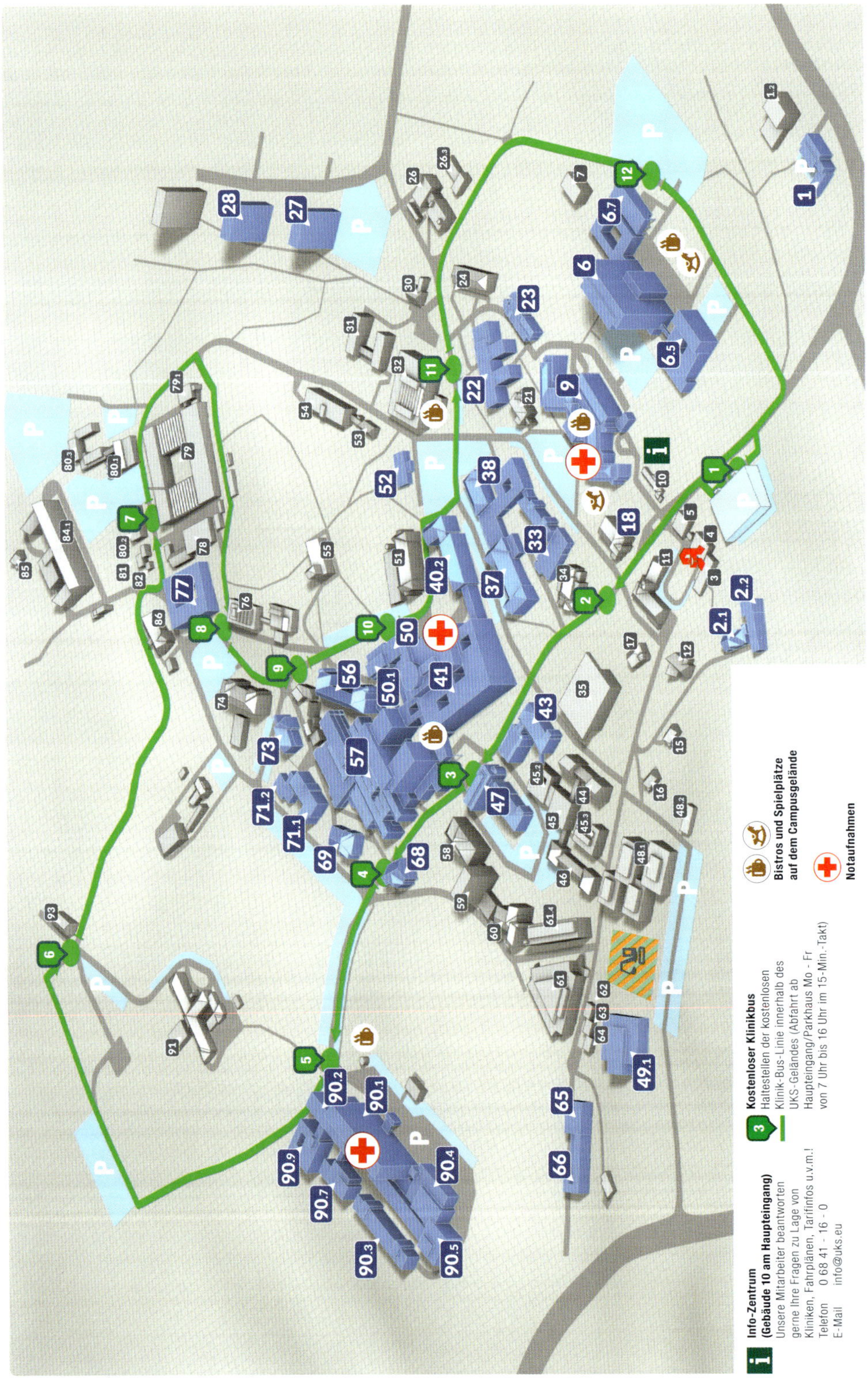

Übersicht Gebäudenummern (neu und alt)

1976 – 2023	1968 – 1975	1957 – 1967	1948 – 1956
35	14	14	1
60	34	33	2
44	18	17	3
46	27	25	4
43	19	18	5
47	28	26	6
41	20	19	7
58 (abgerissen 2022/23)	36	34b	8
41	29	27	10
41	30	28	12
73	44a	40	20
74 (Mensa)	44 (Mensa)	41 (Mensa)	22 (Mensa)
68	43a	ohne Nummer	13e
34	13	13	5e (Aula)
30	Friedhof	Friedhof	Friedhof
2.1	ohne Nummer		
7	3a	2	
9	6a	6a	
15	ohne Nummer		
16	ohne Nummer		
26	10	10	
45	26		
59 (abgerissen 2022/23)	35	34a	
61	41		
64	ohne Nummer		
65	55		
66	40		
69	42	38	16 (Studentinnenheim)
76	39	37	
80.2			
45.2 + 45.3			
48.1 + 48.2			
49.1			
61.4			

blaue Felder zeigen eine Nutzung durch die Universität an.

Aktueller Campus-Plan Saarbrücken

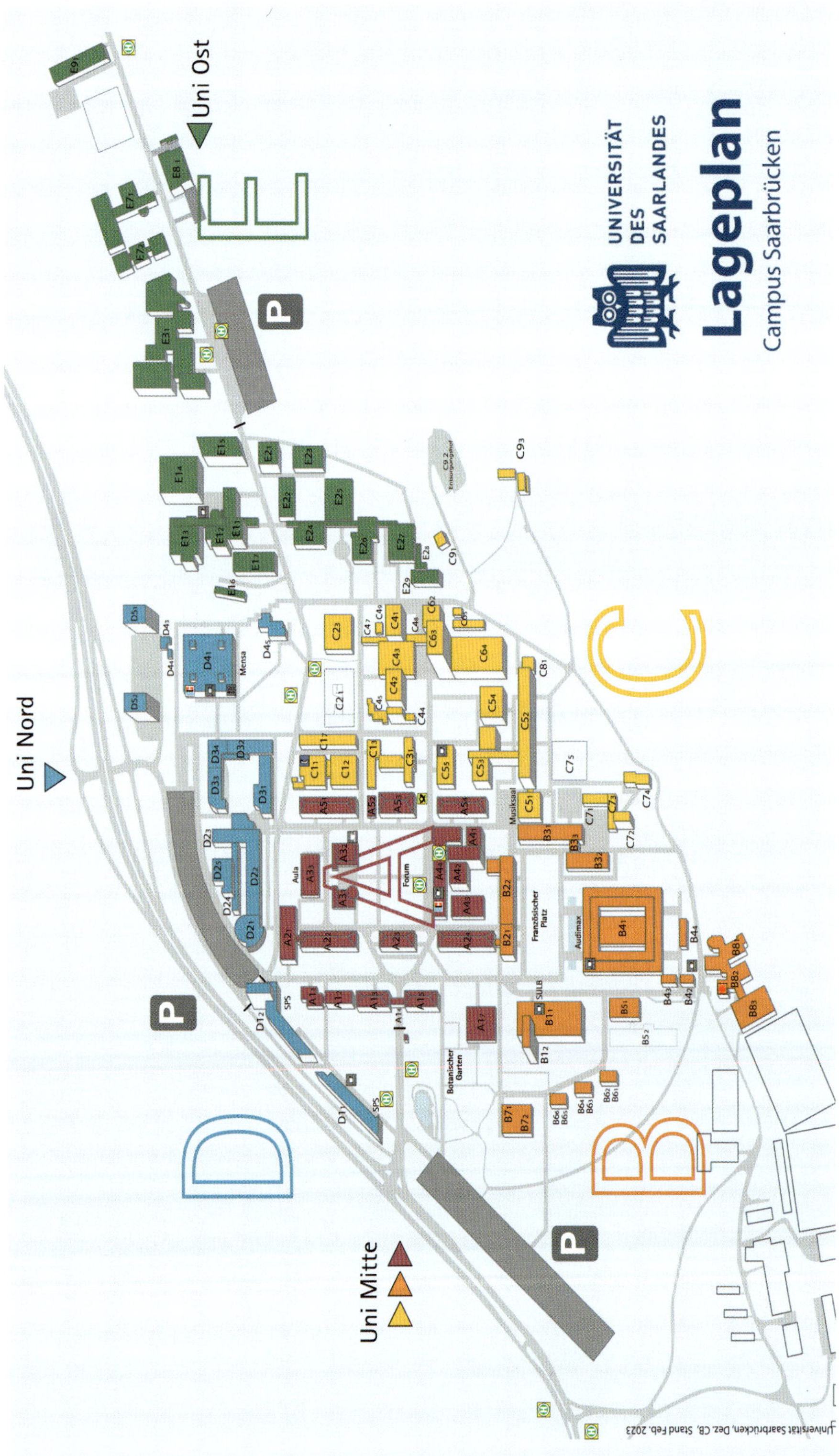

Übersicht Gebäudenummern (neu und alt)

2005 – 2023	1957 – 2005	1948 – 1956
A1 1	34/34.1	
A1 2	1.2 und 34.2	
A1 3	1.1	2
A1 5	2	1
A1 7	24	
A2 2	4	4
A2 3	5	7
A2 4	6.1/2	3
A3 1	19.2	
A3 2	19.1	
A3 3	7.1	10
A4 1/2	8.1/2	9
A4 3	8.6	
A4 4	8.7	
A5 1	13	5
A5 2	14.2	
A5 3	14.1	8
A5 4	15	6
B1 1	3.1	
B1 2	3.2	
B1 3	3.4	
B2 1	9.1	
B2 2	9.2	
B3 1	10	
B3 2	12.1	
B3 3	12.2	
B4 1	16.1	
B4 2	16.2	
B4 3	16.3	
B4 4	16.4	
B5 1	39.4	
B5 2 (in Vorbereitung)		
B6 1	26.1	
B6 2	26.2	
B6 3	26.3	
B6 4	26.4	
B6 5	26.5	
B6 6	26.6	
B7 1	25.1	
B7 2	25.2	
B7 3	25.3	
B8 1	39.3	
B8 2	39.1	
B8 3	39.2	
C1 1	20/20.1	
C1 2	21.1	
C1 3	21.2	
C1 4	21.3	
C2 1 (im Bau)	32.2	
C2 2 (abgerissen 2022)	32.1	
C2 3	23.8	
C3 1	31	
C4 1	23.1	
C4 2	23.2	
C4 3	23.3	
C4 4	23.4	
C4 5	23.5	
C4 7	23.7	
C4 8	23.6	
C4 9	23.9	
C5 1	11.2	
C5 2	11.1	
C5 3	35	
C5 4	44	
C5 5	41	
C6 1	22.3	
C6 2	22.8	
C6 3	22.2	
C6 4	22.1	
C6 5	22.4	
C7 1	17.1	
C7 2	17.2	
C7 3	17.3	
C7 4	17.4	
C7 5 (im Bau)	18.2 (Wohnheim D)	
C7 6 (abger. 2021/22)	18.1 (Wohnheim D)	
C7 7 (abger. 2021/22)	18.3 (Wohnheim D)	
C8 1	40/40.1	
C8 2	22.6	
C9 3	Jägerheim	
D2 1	43.6	
D2 2	43.2	
D2 3	43.3	
D2 4	43.6	
D2 5	43.6	
D3 1	43	
D3 2	43.1	
D3 3	47	
D4 1	28.1	
D4 3	28.2	
D4 4	28.2	
D4 5	42/42.1	
E1 1	36.1	
E1 2	36.2	
E1 3	45	
E1 4	46	
E1 7	36.3	
E2 1	27.4	
E2 2	27.5	
E2 3	27.6	
E2 4	27.1	
E2 5	27.2	
E2 6	38	
E2 7	33.1	
E2 8	33.2	
E2 9	33.3	
E3 1	37	
E7 1/2	48	

Herausgeber-Hinweise und Dank

Dieses Buch schildert die Geschichte der Universität des Saarlandes von ihren Anfängen 1947/48 bis zur Gegenwart, konkret bis zum Juli 2023. Doch das historische Interesse an der Saar-Universität soll und wird an diesem Punkt nicht stehen bleiben, vielmehr ist die Erarbeitung einer digitalen Ergänzung geplant, die aktuelle Entwicklungen im Universitätsgeschehen dokumentieren wird. Sie soll auch zusätzliches Material enthalten, welches im gedruckten Buch keine Aufnahme finden konnte. Nicht zuletzt wird dort auf die Personen der Universitätsgeschichte näher eingegangen werden, da im vorliegenden Band sowohl bei den Biogrammen relevanter Akteure als auch bei den Zeitzeugenerinnerungen jeweils nur eine eng begrenzte Auswahl aufgenommen werden konnte. Zu den Biogrammen sei an dieser Stelle noch ausdrücklich angemerkt, dass sie sich auf Personen beschränken, deren berufliche Lebensleistung als im Wesentlichen abgeschlossen gelten kann, die also nicht mehr im aktiven Dienst der Universität stehen.

Die geplante Digital-Version wird über die Webseiten der Arbeitsstelle Universitätsgeschichte zu erreichen sein und soll neben darstellenden Texten und Quellen auch historische Bild- und Tondokumente für Interessierte zugänglich machen. Sie wird auch weitere Literaturhinweise geben, insbesondere zu den geschichtlichen Darstellungen einzelner Fächer der Universität, die in diesem Band – mit Ausnahme zweier knapper exemplarischer Skizzen zur Informatik und zum Dolmetscherinstitut – keine Rolle spielen konnten. Gerade im Umfeld des Jubiläumsjahres sind erfreulicherweise noch einmal einige solcher Vorhaben unternommen worden, so etwa eine Fachgeschichte der Philosophie, eine Fakultätsgeschichte der Rechtswissenschaft und eine Neubearbeitung der Geschichte der Chemie.

Zum Zustandekommen dieses Jubiläumsbandes haben zahlreiche Menschen beigetragen, denen die Herausgeber ihren Dank abstatten möchten. In erster Linie zu nennen sind die Autorinnen und Autoren, die Textbeiträge für den Band verfasst haben, die Zeitzeuginnen und Zeitzeugen, die sich für ausführliche Erinnerungsgespräche zur Verfügung gestellt haben, und die Universitätsmitglieder, die bereit waren, mit ihren Ausblicken im Schlusskapitel in die Zukunft der Saar-Universität zu schauen.

Für die Konzeption des Bandes waren die Gespräche mit Fachvertretern des Historischen Instituts ausgesprochen fruchtbar, insbesondere mit Dietmar Hüser, Rainer Möhler, Gabriele Clemens und Wolfgang Behringer. Mit Rat und Tat hat außerdem Bernd Hagenau die Entstehung des Bandes befördert. Um die Korrekturarbeiten haben sich Petra Roscheck und Thomas Junker verdient gemacht, und als studentische Hilfskräfte haben in der Anfangsphase Lea Talida Klüß und im Schlussabschnitt Alexander Schmidt tatkräftig zum Gelingen des Projekts beigetragen.

Für die Recherche über die universitätseigene historische Überlieferung hinaus waren Unterstützung und Hilfestellung durch die einschlägig relevanten Einrichtungen unverzichtbar: Unser Dank gilt der Saarländischen Universitäts- und Landesbibliothek, wo Dieter Hoffmann und Thomas Ochs unsere wichtigsten Ansprechpartner waren, dem Landesarchiv Saarbrücken, in dem sich die Mitarbeitenden um Peter Wettmann-Jungblut um unsere Anliegen gekümmert haben, dem Stadtarchiv Saarbrücken, wo Ruth Bauer, Michael Rupp und Yasmin Batak umfangreiches Material bereitgestellt haben. Viel Verständnis und Hilfsbereitschaft fanden wir dankenswerterweise auch im Statistischen Landesamt (Sarah Kees), in der Landesbildstelle (Mechthild Schneider) und im Stadtarchiv Homburg (Karina Kloos).

Herzlicher Dank geht an Jörg Pütz, Julian Wichert und Matthias Russer, die wesentlich an der fotografischen und grafischen Gestaltung des Bandes mitgewirkt haben, und nicht zuletzt an die zahlreichen Kolleginnen und Kollegen an der Universität, die in größeren und kleineren Fragen stets ansprechbar waren und ihr Wissen beigesteuert haben. Namentlich seien genannt aus der Universitätsverwaltung Johannes Abele, Michael Aulbach, Manfred Besch, Miriam Bilke, Bernhard Blank, Heide ElSioufy-Bauer, Alois Etringer, Alexandra Hemprich, Carola Hodyas, Jörg Hormann, Dietmar Hümbert, Theo Jäger, Gerhard Korz, Verena Krenberger, Meike Kunert, Wolfgang Lorenz, Bernd Mohnhaupt, Thorsten Mohr, Gudrun Scherer, Rolf

Schlicher, Petra Schmidt, Dominikus Tiator, Petra Tücks, Beate Wehrle, aus den Fakultäten Jürgen Eschner, Veit Flockerzi, Carl-Martin Kirsch, Hannes Ludyga, Patricia Oster-Stierle, Britta Özen-Kleine, Wolfgang Paul, Sabine Penth, Jörn Petersson, Hans-Peter Richter, Hermann Josef Schieffer, Peter Thorau, Reinhard Wilhelm, Rolf Wittenbrock. Auch Heike Savelkouls-Diener, Kerstin Hallauer und Thomas Molitor aus dem Studierendenwerk und Christine Kasper von der Klinikumsverwaltung haben die Arbeit an dem Band freudig und bereitwillig unterstützt. Danken möchten wir auch den zahlreichen Familienmitgliedern und Nachkommen von Universitätsakteuren, die uns Bild- und Quellenmaterial zur Verfügung gestellt und auf vielfältige Weise ihre anhaltende Verbundenheit zur Universität bekundet haben.

Möglich gemacht hat das gesamte Unterfangen die entschlossene Unterstützung des Universitätspräsidiums, in dem namentlich Universitätspräsident Manfred Schmitt für sein reges Interesse gedankt sei. Last but not least geht herzlicher Dank für eine engagierte und kundige Begleitung des Buches an Harald Hoos und Florian Brunner vom Geistkirch-Verlag.

Die Herausgeber freuen sich, wenn der Geschichte der Universität auch über das Jubiläumsjahr hinaus weiterhin Interesse entgegengebracht wird, und sind für entsprechende Anregungen, Hinweise und Materialien jederzeit empfänglich und dankbar.

Anmerkungen

Die in den Anmerkungen aufgeführten Belege beschränken sich auf den Nachweis der benutzten Quellen und Literatur für die Ausführungen des jeweils vorangegangenen Absatzes. Die Adressierung frei zugänglicher Webseiten erfolgt in der Regel mit Hilfe des „Internet Archive", da die hier gesammelten Daten ein Maximum an dauerhafter Zugänglichkeit gewährleisten. Die zugehörigen URLs sind zwar durch ihre Länge im Gebrauch sperrig, ermöglichen aber sowohl die Information über den „letzten Abruf" als auch den Zugriff auf die aktuelle Version der gespeicherten Seite.*

Vorwort der Herausgeber

1 Knoch/Jessen/Ullmann, Neue Universität; zu Stand und Tendenzen der Universitätsgeschichtsschreibung zusammenfassend Prüll/George/Hüther, Universitätsgeschichte, außerdem Gerber, Universitätsgeschichte; Füssel, Universitätsgeschichte; Paletschek, Stand.

2 Übersicht über die Gründungen von Universitäten in Europa seit 1945: Rüegg, Verzeichnis.

Kapitel 1 — Vorgeschichte und Gründung: 1945–1948

1 Zum Kapitel insgesamt Heinen, Sachzwänge, S. 23–37; Küppers, Bildungspolitik, S. 114–131; Spangenberg, Institut, S. 9–32; Veauthier, Idee, bes. S. 240f.; Müller, Beginn; Müller, Pflegestätte, S. 266–271; Müller, Nancy, S. 197–199; Schmidt, Saarpolitik, S. 653–664. Zu den kurzlebigen Ansätzen saarländischer Hochschulgründungen in der NS-Zeit Muskalla, NS-Politik, S. 546–550.

2 Zur französischen Saarlandpolitik und der Rolle des Bildungswesens Hudemann, Wiederaufbau; Laux, Quelque chose, S. 78–88. Grundsätzlich ähnlich war die Lage in der französischen Besatzungszone, wo durch Hochschulgründungen die Demokratisierung Deutschlands gefördert werden sollte, vgl. Defrance, Westalliierten, bes. S. 37f. und 42–44.

3 Müller, Institut, S. 10f.; Doenecke, Kindheit, bes. S. 40–44.

4 Müller, Erinnerungskultur, S. 234.

5 Müller, Erinnerungskultur, S. 233f. Zitate aus den Festansprachen: Centre Universitaire, S. 24f., 80f.

6 Grandval-Zitate: Centre Universitaire, S. 80–83.

7 Centre universitaire, S. 71.

8 Der Spiegel, 22.3.1947, abgedruckt in Müller, Ägide, S. 50. Zur saarländischen Presseresonanz Müller, Institut, S. 10f.; Müller, Gründung, S. 28 (Zitat).

9 Erinnerungsberichte gesammelt in Müller, Ägide und Müller, Impressionen; außerdem Paquet, Ab ovo, bes. S. 21–45.

10 Heinen, Sachzwänge, S. 33–35; Spangenberg, Institut, S. 23–26; Küppers, Bildungspolitik, S. 125f.

11 Heinz, Gründerzeit; Heinen, Sachzwänge, S. 35–37; Spangenberg, Institut, S. 27–30; Paquet, Ab ovo, S. 46–81; Schoengen, Erinnerungen, S. 99–102.

12 Die Denkschrift bei Schmidt, Saarpolitik, S. 658.

13 Paquet, Ab ovo, S. 68.

14 Limburg, Präsident, S. 18 („Entweder: Wir bekamen eine richtige Universität, oder wir setzten unser Studium an deutschen Universitäten fort."); Heinen, Sachzwänge, S. 37.

15 Paquet, Ab ovo, S. 81.

16 Springer, Hochschulkurse, S. 49–65.

17 Murken, Entwicklung.

18 Ullmann, Baubeschreibung, S. 52f.

19 Müller, Heil- und Pflegeanstalt, S. 4–9.

20 Müller, Heil- und Pflegeanstalt, S. 9 (Zitat aus der Satzung); Leppien, Landeskrankenhaus, S. 153.

21 Braß, Zwangssterilisation, bes. S. 20; Tascher, Nationalsozialismus, S. 15–24.

22 Tascher, Nationalsozialismus, S. 20f.; Feifel, Nutzung, S. 25–30.

23 Dittmann, Masterplan, S. 44.

24 Zitat: Ullmann, Baubeschreibung, S. 50.

25 Ullmann, Baubeschreibung; Leppien, Landeskrankenhaus, S. 150f.

* Hierfür ist lediglich eine einfache Veränderung der zitierten URL vorzunehmen; Beispiel: https://web.archive.org/web/20230403130336/http://www.memotransfront.uni-saarland.de/ [= dauerhaft gespeicherte Version vom 3.4.2023] http://www.memotransfront.uni-saarland.de/ [aktuelle Version, sofern erreichbar]

[26] Ullmann, Baubeschreibung, S. 54 (Zitate); Dietsch, Architektur, S. 75–84; Dittmann, Masterplan, S. 44–46; Leppien, Landeskrankenhaus.

[27] Spangenberg, Institut, S. 15; Persönliche Erinnerungen Dr. Claudius Friedrich Doenecke und Dr. Peter Doenecke. Die deutsche Übersetzung der Inschrift lautet: „Im Jahr des Herrn 1947, am achten Tag des Monats März, hat in Anwesenheit des Chefs der Militärregierung Koenig, des Militärgouverneurs Grandval, des Leiters der Verwaltungskommission der Saargebiets Müller, der Magnifizenz Donzelot, Rektor der Universität Nancy, sowie führender Persönlichkeiten sowohl des französischen Volks als auch des Saargebiets der französische Bildungsminister, Exzellenz Marcel Edmond Naegelen, in der Stadt Homburg dieses dem Studium aller Wissenschaften gewidmete Gebäude eingeweiht."

[28] Paquet, Ab ovo (Zitate S. 65 u. 75); Klein, Erinnerungen.

[29] SZ, 27.11.1938; Saarbrücker Landes-Zeitung, 26.11.1938; Müller, Erinnerungskultur, S. 235.

[30] Ostermann, Denkmalensemble, S. 11.

[31] Dank für fachkundige Informationen an Dominikus Tiator, Dezernat Campusentwicklung und Baumanagement UdS.

[32] Lemmes, Zwangsarbeit, S. 271–275.

[33] Leerstand: Paquet, Ab ovo, S. 91.

[34] Thomas, Kaserne, S. 216f., Hudemann, Kulturpolitik, S. 19–24.

[35] Thomas, Kaserne, S. 217. Zu Mainz: Müller/Tauber, Architektur, S. 498–501.

[36] Schneider, Grandval, Zitat S. 230, Anm. 133 (MdB Karl Mommer, SPD); Hudemann, Saar, bes. S. 56f.; Grandval, Grandval.

[37] Braß, Rassismus; Tascher, Staat (Zitat S. 365); Brill, Umgang; Müller, Erinnerungskultur.

[38] Paquet, Ab ovo.

[39] Limburg, Präsident (Zitat S. 22); Müller, Limburg.

[40] Ostermann, Denkmalensemble; Quasten, Denkmalschutz, S. 18.

[41] Zu A2 3: Die detaillierte Beschreibung des Gebäudeinneren in der Saarbrücker Zeitung vom 27.11.1938 lässt keinen Raum für die häufig geäußerte Ansicht, der Bau sei Sitz der Kommandantur gewesen.

[42] Ostermann, Denkmalensemble, S. 12; Krebs, Universität; Weihsmann, Bauen, S. 59–62, 108–110; Militärisches Bauen, S.29f.; Mertens, Kunst, S. 209f.; Klein, Forum, S. 20.

[43] SZ, 27.11.1938 (Tag der Wehrmacht in Saarbrücken); Schmidt, Nutzung, S. 37–39.

[44] Saarbrücker Landes-Zeitung, 27.11.1938 (Kunst in der Von-Below-Kaserne).

[45] Zum Kapitel allg. Heinen, Voraussetzungen; Hudemann, Saarland; Hüser, Struktur- und Kulturgeschichte; Hüser, Saar-Politik; Linsmayer, Geburt.

[46] Heinen, Sachzwänge, bes. S. 23–32.

[47] Hüser, Saar.

[48] Ullmann, Baubeschreibung, S. 68–72; Dittmann, Masterplan, S. 45; Dietsch, Architektur, S. 78f.

[49] Wissenschaftsrat, Bibliotheken, S. 182.

[50] Müller, Erinnerungskultur, S. 235; https://fr.wikipedia.org/w/index.php?title=5e_regiment_de_tirailleurs_marocains&oldid=205219403

[51] Paquet, Ab ovo, S. 90.

[52] Schmidt, Nutzung, bes. S. 40–45.

[53] Zu Heidelberg: Mertens, Kunst.

[54] Müller, Festkultur, S. 235.

[55] Auszug aus Paquet, Ab ovo, S. 18–25, 84–91.

[56] Zitiert aus: Limburg, Präsident, S. 17–19.

Kapitel 2 — Anfänge und französische Zeit: 1948–1956

[1] Zum Kapitel insgesamt Heinen, Sachzwänge, S. 37–62; Spangenberg, Institut, S. 30–48; Küppers, Bildungspolitik, S. 126–130 und S. 208–229; Linsmayer, Gründervisionen; Ansprache Alken: Saarländische Volkszeitung, 20.11.1948; Ansprache Grandval: Vorlesungs-Verzeichnis WS 1948/49, S. 3.

[2] Vorlesungs-Verzeichnis WS 1948/49, S. 5.

[3] Limburg, Präsident, S. 22; Paquet, Ab ovo, S. 119f.

[4] Paquet, Ab ovo, S. 120.

[5] Küppers, Bildungspolitik, S. 225f.; Heinen, Sachzwänge, S. 42; Jahr, Fakultät, S. 74–76; Müller, Primär französisch, S. 432.

[6] Antrittsrede: SZ 7.11.1950; Antrag: Küppers, Bildungspolitik, S. 224.

[7] Giegerich/Bungenberg, Europa-Institut, S. 2f.; Müller, Brücke, S. 239.

[8] Antrittsrede Angelloz, Saarländische Volkszeitung, 8.11.1950.

[9] Jahr, Fakultät, S. 73–79.

[10] Gätje, Entwicklung, S. 91f.; Heinen, Sachzwänge, S. 42; Thomas, Kaserne, S. 231; Lamprecht, Entwicklung, S. 99–101.

[11] Heinen, Sachzwänge, S. 43; Kulenkampff, Entwicklung, S. 88.

[12] Heinen, Sachzwänge, S. 43f. und S. 58f.; Müller, Primär französisch, S. 430.

[13] Küppers, Bildungspolitik, S. 226; Müller, Impressionen, S. 228f.; Hamburger Anzeiger, 16.5.1953 („Eine Universität aus europäischem Geist"); SZ, 11.6.1951.

[14] Müller, Impressionen, S. 227–229; Heinen, Sachzwänge, S. 55f.; SZ, 22.2.1956, Saar-Korrespondenz 3 (1953), 6.1.1953. Landesarchiv Saarbrücken (LA SB), Pressearchiv Staatskanzlei 550-1; Küppers, Bildungspolitik, S. 208f.; Müller, Primär französisch, S. 432; Linsmayer/Reichelt, Saarland, S. 322. Der Frauenanteil scheint sich allerdings recht bald wieder bei einem Viertel eingependelt zu haben, vgl. die Angaben des Statistischen Handbuchs für das Saarland, etwa https://web.archive.org/web/20230828084732/https://www.statistischebibliothek.de/mir/servlets/MCRFileNodeServlet/SLHeft_derivate_00005175/

SL_Handbuch_1963_Kapitel_04_Unterricht_Bildung_Kultur_Sport.pdf. Allerdings ist die Datenbasis gerade der frühen Jahrzehnte nicht ganz zweifelsfrei; vgl. die Ausführungen unter Statistische Streiflichter im Anhang.

15 Küppers, Bildungspolitik, S. 218–220 und 213f.; Heinen, Sachzwänge, S. 49–51.

16 Müller, Umbruchsituation, S. 414.

17 Deutsche Saar, 15.12.1955; Müller, Umbruchsituation, S. 417; Müller, Gestalt.

18 Müller, Beibehaltung, S. 483f.

19 Zitiert nach Müller, Beibehaltung, S. 481.

20 Müller, Umbruchsituation, S. 418–424; Speculum 1 (1956), Nr. 4, S. 7.

21 Saarländische Volkszeitung, 2.10.1956; Müller, Umbruchsituation, S. 423–425.

22 Zur Thematik insgesamt Thomas, Kaserne; Ostermann, Denkmalensemble, bes. S. 12–14.

23 Zitat: SZ, 6.11.1952.

24 Introvertiertheit: Thomas, Kaserne, S. 16. Zeitgenössischer Vergleich mit Oxford: Journal de Genève, 3.10.1951 („Installé dans une caserne").

25 Mainz als im engeren Sinne erste deutsche Campus-Uni (1946): Klein, Forum, S. 15.

26 Müller/Fliser/Köhler, Nephrologie, S. 30f.

27 Müller, Alken.

28 Personalakte Barriol, Universitätsarchiv Saarbrücken; Guinier, Barriol.

29 Müller, Angelloz; Heinen, Sachzwänge, S. 46–49.

30 Thomas, Kaserne, S. 228; Böcker, Entwicklung, S. 23; Müller, Schuller, S. 59f. (Zitat); Müller, Architektur, S. 29f.

31 Vinzent, Universitätsbibliothek, S. 156.

32 Hagenau, Universität, bes. S. 12–17; Lampl, Architekt, S. 48f.; Löffler, Rückblicke, S. 165.

33 Hagenau/Hohnschopp/Schäpermeier, Was lange währt, bes. S. 59f.

34 Personalakte Jean Barriol, Universitätsarchiv Saarbrücken.

35 Kulturabkommen 1948, S. 1203; SZ, 16.12.1948; Müller, Festkultur, S. 236.

36 SZ, 7.11.1950 (Zitat Angelloz); Burg, Projekt, S. 205 (Zitat Bindeglied); Saarländische Volkszeitung, 12.11.1952; Burg, Projekt, S. 207 (Zitat Krone und Symbol); Heinen, Sachzwänge, S. 58 und 34 (hier auch Zitate Grandval und Hoffmann).

37 SZ, 7.11.1950 (Zitat); Hamburger Anzeiger, 16.5.1953; The New York Herald Tribune, 18.1.1954 (Zitat); Journal de Genève, 3.10.1951; Die Zeit, 9.12.1954 (Zitat); Heinen, Sachzwänge, S. 21.

38 Saarländische Volkszeitung, 25.8.1950; Burg, Projekt, S. 202f., 212 und 213.

39 Heinen, Sachzwänge, S. 51 u. 21; Burg, Projekt, S. 208 u. 212; Heinen, Sachzwänge, S. 42 und 53–55; Linsmayer, Gründervisionen, S. 33 (Zitat).

40 Giegerich/Bungenberg, Europa-Institut, S. 7 (Zitat Propagandazentrale); FAZ, 2.2.1956; SZ, 18.4.1956 (Zitat Versöhnung); Deutsche Saar, 27.4.1956 (Zitat Produkt); SZ, 7.2.1956.

41 Müller, Brücke, S. 241; SZ, 26.1.1957; Saarbrücker Volkszeitung, 28.3.1957 (Zitat Gastprofessoren).

42 Speculum 12 (1966), Nr. 2, S.10f.; SZ, 9.4.1965; Faillard, Bilanz; FAZ, 11.12.1986 (Zitat); Müller, Brücke, S. 243; Hüser, Vorwort 2017, S. 5.

43 Müller, Brücke, S. 240; Giegerich/Bungenberg, Europa-Institut, S. 9f.

44 Müller, Brücke, S. 241f.; Campus 18 (1988), Nr. 2, S. 1–3.

45 Hüser, Vorwort 2019/20, S. 4.

46 Schmoll, Anfänge (Zitat S. 53); FAZ, 16.2.2005.

47 Müller, Le maître; Müller, Beibehaltung, S. 480–484.

48 Müller, Koller.

49 Müller, Jung.

50 Zum Kapitel Thomas, Kaserne, bes. S. 220–225; Müller, Architektur, S. 39.

51 Wehlen, Wandgestaltung.

52 Thomas, Kaserne, S. 231.

53 Rau, Saar, S. 13.

54 Dienstblatt der Universität des Saarlandes, 26.9.2016, Nr. 46, S. 396 (erstes Zitat); Ordnung über die Dienstsiegel und Dienststempel der Universität des Saarlandes (Universitäts-Siegelordnung) vom 17.5.1961. In: Dienstblatt der Universität des Saarlandes, Oktober 1961, Nr. 2, S. 22 (zweites Zitat).

55 Universitätsarchiv, Eulen.

56 Akademische Ehrungen, Röchling u. a., S. 33–39; allgemein zur Geschichte der Saarregion im 20. Jahrhundert: Herrmann, Saarland; Hudemann, Saar.

57 Zum Umgang mit der NS-Vergangenheit nach 1945: Brechtken, Aufarbeitung; Frei, 1945; Frei, Vergangenheitspolitik.

58 Der außerordentliche Professor in der Volkswirtschaftslehre Eric-Jean Teich (1886–1964) ist einer der wenigen Remigranten in der Gründungsphase der Universität des Saarlandes: Müller, Zwischen Saarbrücken. Allgemein zur Gründungsgeschichte der Universität: Heinen/Hudemann, Universität; Küppers, Bildungspolitik.

59 Universitätsarchiv Saarbrücken, Bestand Kandidaturen 1.

60 Zur Gründungsgeschichte der Universität Mainz: Hüther, Diversität, sowie Kißener, Kontinuität, S. 104; Seeliger, Braune Universität, S. 25–27; zu Heydte: Müller, Universitätsgründung, S. 613–619; zu Vialon: Friedman/Müller, Nazi-Professor, S. 137. Allgemein zur Entnazifizierung in der französischen Besatzungszone und im Saarland: Defrance, Entnazifizierung; Möhler, Entnazifizierung.

61 Hierzu die zeitgenössische Schrift: Sigmann, Nazi; s. a.: Benz, Parteigenosse sowie Möhler, Reichsuniversität, S. 696ff.

62 Erste Informationen über eine NS-Belastung bieten: Klee, Personenlexikon und Grüttner, Lexikon.

63 Zitate aus: Müller-Blattau, Horst-Wessel-Lied, S. 327f.; Müller-Blattau, Erbe, S. 112, zitiert nach: Prieberg, Handbuch, S. 4750; zur Person von Müller-Blattau: Möhler, Reichsuniversität, S. 382ff. und Müller, Zur Geschichte; zu Scheller: Mantel, Betriebswirtschaftslehre, S. 246.

64 Müller, Stock; Universitätsarchiv Saarbrücken: Personalakte Erhardt Landt.

65 Zu Hermann Arnold: Lotto-Kusche, Völkermord; zu den personellen Kontinuitäten im saarländischen Gesundheitsbereich über 1945 hinaus: Tascher, Staat.

66 Schildt, Kern; Braß, Zwangssterilisation; Flöter, Zwangssterilisation; Müller, Erinnerungskultur.

67 Müller, Duroselle.

68 Müller, Zur Geschichte; Finscher, Müller-Blattau; Custodis, Adorno (Zitat S. 185).

69 Campus 35 (2005), Nr. 2, S. 51; Dubois, Erinnerungen.

70 Dahrendorf, Grenzen; Meifort, Dahrendorf; Personalakte, Universitätsarchiv Saarbrücken.

71 Müller, Buch.

72 Champus 28 (2013), Nr. 3, Juni 2013, S. 4f.; Wilhelm, Anfängen; Volz, Zeiten.

73 Linsmayer/Reichelt, Saarland, S. 336.

74 Weiand, Präsident, S. 38; Müller, Primär französisch, S. 433; Denne, Außenreferent, S. 60f.; Kühn/Contier/Silvanus, Impressionen, bes. S. 255f., 259, 262–265; Schaefer, Präsident, S. 48f.

75 Müller, Primär französisch, bes. S. 433 und 435–437.

76 Burgard, Nein, bes. S. 152–156.

77 Triem, Präsident, S. 69; Müller, Impressionen, S. 237; Müller, Umbruchsituation, S. 414.

78 Müller, Umbruchsituation, S. 414f.; Linsmayer, Gründervisionen, S. 33; Müller, Primär französisch, S. 437 und 439 (Zitate); Rhein-Neckar-Zeitung, 19.5.1952; Die Zeit, 9.12.1954 (Heinrich David: Alma Mater Saraviensis); FAZ, 15.10.1955 (Joachim Schwelien: Universitas Saraviensis).

79 Zitiert aus Müller, Impressionen, S. 34f.

80 Zitiert aus Scholl-Latour: Reminiszenzen.

Kapitel 3 — Ausbau und Aufschwung: 1956–1967

1 SZ, 18.4.1956; Deutsche Saar, 27.4.1956; Saarbrücker Neueste Nachrichten, 3.5.1956.

2 Maihofer, Universitätsgesetz, S. 377; Schuster, Streiflichter, S. 196; Müller, Umbruchsituation, S. 423–425.

3 Schuster, Schicksal, S. 131; Schuster, Entwicklung, S. 52–54; Fragstein, Impressionen, S. 54f.

4 Schuster, Schicksal, S. 132; Maihofer, Universitätsgesetz, S. 383; Herrmann, Wiederaufbau, S. 435f.; Autexier, Centre, S. 148f.

5 Z.B. Handelsblatt, 5.4.1957; FAZ, 28.4.1960; Rheinischer Merkur, 10.11.1961; Brandt, Universität, S. 124–126; Repgen, Erinnerungen, S. 102; Zitat: Schuster, Schicksal, S. 132.

6 Linneweber, Würdigung, S. 9; Heinen, Hinweise, S. 162; vgl. Statistische Streiflichter im Anhang.

7 Speculum 4 (1959), Nr. 9, S. 9 (Zitat); Herrmann, Röder, S. 62; Schmitt, Kielwein, S. 12; Speculum 7 (1961), Nr.1, S. 10f.

8 Speculum 11 (1965), Nr. 5, S. 8; Speculum 12 (1966), Nr. 1, S. 4f.; Jahresbericht 1963/64, S. 20.

9 Maihofer, Universitätsgesetz, S. 379; Schuster, Streiflichter, S. 200; Schmitt, Kielwein, S. 13; Saarbrücker Allgemeine Zeitung, 27.6.1958; Brandt, Universität, S. 124f.

10 SZ, 19.2. sowie 3., 4. und 6.3.1958; SZ, 26.11.1958.

11 Maihofer, Universitätsgesetz, S. 376 und S. 382 (Zitat); Schuster, Streiflichter, S. 197f.; Thieme, Erinnerungen, S. 67f.

12 SZ („Ein Vorzug in Saarbrücken zu studieren"), undatiert, wohl Oktober/November 1960. Landesarchiv Saarbrücken, Pressearchiv Staatskanzlei 550-1; Speculum 11 (1965), Nr. 2, S. 8.

13 Jahresbericht 1961/62, S. 28f.; SZ, 19.7. und 20.9.1963.

14 Pressemitteilung 9.6.1962. Landesarchiv Saarbrücken, Pressearchiv Staatskanzlei 550-1; SZ, 14.7.1959; Saarbrücker Allgemeine Zeitung, 24.7.1959 (Zitat); SZ, 30.4.1960; Kirchmeyer, Hochschulreferent, S. 37f.

15 Speculum 2 (1957), Nr. 5, S. 3; SZ, 12.6.1959 sowie 31.5. und 2.6.1961; Speculum 6 (1961), Nr. 8, S. 3; Speculum 9 (1963), Nr. 7, S. 6.

16 Jahresbericht 1961/62, S. 17 (Zitat); Saarbrücker Allgemeine Zeitung, 8.1.1963; FAZ, 18.1.1967; SZ, 28.1.1967.

17 Picht, Bildungskatastrophe; Turner, Hochschulreformen, S. 21; Bartz, Expansion, S. 156–158; Rohstock, Ordinarienuniversität, S. 17–33; SZ, 2.7.1965; Saarbrücker Allgemeine Zeitung, 11.11.65.

18 Bartz, Expansion, S. 163–165; SZ, 9.4.1960 (Zitat Magister); FAZ, 22.12.1965 (Zitat Krings); Jahresberichte 1965/66, S. 21–23 und 1966/67, S. 18–22; Landeszeitung, 13.1.1966; Speculum 12 (1966), Nr. 4, S. 2–4; Speculum 13 (1967), Nr. 4, S. 2f.; Speculum 12 (1966), Nr. 5, S. 2f.; FAZ, 26.8.1967; SZ, 26.10.1967.

19 Saarbrücker Allgemeine Zeitung, 23.11.66; Speculum 13 (1967), Nr. 5, S. 2 (Zitat) und S. 15.

20 Mälzer, Chance, S. 77 (Zitat); Jarausch, Humboldt-Syndrom, S. 60–63; Oehler/Bradatsch, Hochschulen, S. 420f.; Bartz, Universitätsleitbilder, S. 105f.; Führ, Bildungswesen, S. 201–203, Turner, Hochschulreformen, S. 17–19.

21 Beispiele zu Angelloz: Speculum 1 (1955), Nr. 1, S. 1.; SZ, 7.11.1950 (Antrittsrede); SZ, 6.11.1952 (Kathedrale); Angelloz, Warum, S. 4f.; Saar-Europa 3 (1956), S. 12; ähnlich früher schon Barriol in Saarländische Volkszeitung, 20.11.1948 oder auch Ministerpräsident Hoffmann im Vorlesungsverzeichnis 1948/49 („Erneuerung einer abendländischen Gesinnung", S. 6); allgemein: Großmann, Internationale, S. 65f. und 72f. (Akademie); Schwartz, Tradition, S. 211–224; Laux, Queleque chose, S. 197–199 (beide zu Europa/Abendland).

22 Burg, Projekt, S. 204–208; Giegerich/Bungenberg, Europa-Institut, S.1–8; Großmann, Internationale, S. 72.

23 Turner, Hochschulreformen, S. 20; Jessen, Massenausbildung, S. 268–270; Knoch/Jessen/Ullmann, Neue Universität, S. 121.

24 Paletschek, Erfindung; Jarausch, Humboldt-Syndrom, S. 61–63 (Zitat); Bartz, Universitätsleitbilder, S. 106f.; Beispiele UdS: Hübner-Vortrag SZ, 16.5.1957; Speculum 6 (1961), Oktober, S. 3; Interview v. Fragstein in SZ, 6.5.1965; Festvortrag Krings in SZ, 11.11.1965.

25 Oehler/Bradatsch, Hochschulen, S. 413; Keller, Hochschulreform, S. 49–57; Jessen, Massenausbildung, S. 265; UdS: Schaefer, Präsident, S. 48; Weiand, Präsident, S. 35; Rohrer, Studentenschaft, S. 71f.; Maihofer, Universitätsgesetz, S. 379.

26 Jessen, Massenausbildung, S. 274; Jarausch, Humboldt-Syndrom, S. 66 und S. 170f.; Bartz, Universitätsleitbilder, S. 110f.; Barblan, Universität, S. 487f., 504–506.

27 Müller, Stämpfli; Müller, Beibehaltung; Richter, 70 Jahre.

28 Müller, Homeyer.

29 Müller, Senf; Campus 28 (1998), Nr. 3, S. 32; Senf, Mann.

30 Boesch, Boesch; Boesch, Discovering.

31 SZ, 16.5.1957; SZ, 24.7.1961 sowie 4.6.1960.

32 Thomas, Kaserne, bes. S. 221 und 230f.; Dittmann, Baukultur, S. 101f.

33 SZ, 6.12.1997.

34 SZ, 26.4.2008; SZ, 6.6.1963; Wagner, Wissenschaft, S. 23 (Zitat); Keazor, Wandgestaltung, S. 84.

35 Personalakte Jean Barriol, Universitätsarchiv Saarbrücken.

36 Kulturabkommen 1948, S. 1203; SZ, 16.12.1948; Müller, Festkultur, S. 236.

37 Müller, Rathjens; Rathjens, Geographen; Müller, Schmithüsen.

38 Müller, Reformationsgedenken; Horstmann/Müller, Kraft; Oberg, Pfarrer, S. 29 (Zitat).

39 Feld/Horn/Paquet, Zeitalter; Munzinger, Giersch.

40 Schneiders, Pionierin; Goldschmidt/von Klinckowstroem, Liefmann-Keil; Nachlass im Universitätsarchiv Saarbrücken.

41 Müller, Architektur, S. 40f.; https://web.archive.org/web/20230516154207/https://www.uni-saarland.de/standort/saarbruecken/lageplan/gebaeude/c52.html (Grundrisspläne).

42 https://web.archive.org/web/20230516154207/https://www.uni-saarland.de/standort/saarbruecken/lageplan/gebaeude/c52.html

43 Bonner, Wandgestaltung, S. 106f.; Everinghoff, Dokumentation, S. 121.

44 SZ, 2.6.2017; Champus 32 (2017); Nr. 3, S. 8f.; https://web.archive.org/web/20220712075148/https://www.saarland.de/mibs/DE/aktuelles/newsletter/medieninformationen/_documents/2021/pm164_2021-11-26-Uni-Bauarbeiten.html; https://web.archive.org/web/20230317064453/https://www.sr.de/sr/home/nachrichten/panorama/mangelhafter_brandschutz_uni_philosophische_fakultaet_gebaeude_c52_100.html; SZ, 27.12.2021 und 20.2.2018.

45 Keazor, Justitia; Wagner, Wissenschaft, S. 25.

46 SZ, 7.9.2022.

47 John, Symbolpolitik, bes. S. 146, 164f., 176–182; Bode, Hochschulen; Mitgliederliste HRK 2023: https://web.archive.org/web/20230604001743/https://www.hrk.de/mitglieder/mitgliedshochschulen/universitaeten/

48 Laufer, Saarbecken, S. 3f.; zur Parallele im Sport: Harres, Sportpolitik, bes. S. 189f.

49 Campus 31 (2001), Nr. 2, S. 6.

50 Campus 31 (2001), Nr. 3, S. 31.

51 Matheus, Universität, S. 35f.; Hammerstein, Geschichte, S. 132; John, Symbolpolitik, S. 166 und 181.

52 Müller, Erinnerungskultur, S. 242, 252–254; Niemann, Pressereferent, S. 271.

53 Burg, Projekt, S. 206 mit Anm. 32; Schaefer, Universität, S. 52 und 56.

54 SZ, 14.7.1947 und 17.4.1948; Volksstimme, 23.3.1948.

55 Regitz u.a., Eistert; Eicher/Speicher/Veith, Geschichte, S. 61; Campus 33 (1978), Nr. 3, S. 7; Personalakte Universitätsarchiv Saarbrücken.

56 Müller, Stahl.

57 Wille, Bruderschaft (Zitate S. 132 und 133); Friedman/Müller, Nazi-Professor, S. 137.

58 Grote, Kaufmann (Zitat S. 280); Kaufmann, Trauerfeier, S. 10 (Ansprache Ulfried Neumann, Zitat); Campus 31 (2001), Nr. 3, S. 35; Gesprächsnotizen 1.3.1995, Universitätsarchiv Saarbrücken.

59 SZ, 23.11.1964.

60 Grewenig, Wandplastik, S. 40f. (erstes Zitat); Everinghoff, Dokumentation, S. 109; Dittmann, Wandgestaltung, S. 116f.; Everinghoff, Dokumentation, S. 123 (zweites Zitat).

61 SZ, 23.11.1964; SZ, 30.11.1967; für ergänzende Hinweise Dank an Alois Etringer (Facility Management, UdS).

62 Decker, Baubeschreibung; für nähere Informationen Dank an Dominikus Tiator (Campusentwicklung und Baumanagement, UdS).

63 Müller, Festkultur (Zitat Angelloz S. 238); https://web.archive.org/web/20230401180543/https://institut-aktuelle-kunst.de/kuenstlerlexikon/raacke-peter (zweites Zitat).

64 Schmitt, Grußwort; Linneweber, Grußwort.

65 Jantzen, Krings; Krings, Reminiszenzen; Müller, Krings.

66 Müller, Gräser-Kapuano; Eicher/Speicher/Veith, Geschichte.

67 Müller, Vorsitzenden, S. 594–596; Müller, Ennen; Paletschek, Ermentrude; Leiverkus, Wunsch (Zitat S. 191).

68 Müller, Streiflicht; Akte Ehrensenatoren I im Universitätsarchiv Saarbrücken.

69 Saarbrücker Allgemeine Zeitung, 12.9.1959; SZ, 28.1.1960; Herrmann, Wiederaufbau, S. 422–424; Müller, Architektur, S. 212f.

70 SZ, 17.9.1960.

71 https://web.archive.org/web/20230129114929/https://www.uni-saarland.de/standort/saarbruecken/lageplan/gebaeude/b61-62-63-64-65-66.html.

72 Richter, Physiologisches Institut, S. 22f.; Everinghoff, Dokumentation, S. 165; Enzweiler, Homburg, S. 25.

73 https://web.archive.org/web/20230326084303/https://institut-aktuelle-kunst.de/kunstlexikon/homburg-sessler-wandgestaltung-1392; Everinghoff, Dokumentation, S. 165; Enzweiler, Homburg, S. 25.

74 Lampe, Wandgestaltung, S. 140.

75 https://web.archive.org/web/20230401171831/https://institut-aktuelle-kunst.de/kuenstlerlexikon/sessler-robert.

76 Forschung & Lehre 23 (2016), Nr. 8, S. 698.

77 Abgedruckt nach: Thieme, Erinnerungen, S. 66f.

78 Auszüge aus Kirchmeier, Hochschulreferent, ergänzt durch Zeitzeugeninterview Kirchmeier 17.11.2022.

Kapitel 4 — Unruhe und Umbau: 1967–1970

1 Allgemein zur 68er Bewegung: Frei, Jugendrevolte; Gilcher-Holtey, Ereignis; Gilcher-Holtey, Bewegung; Gilcher-Holtey, Zeitreise; Gilcher-Holtey, Wahrnehmungsrevolution; Kraushaar, 1968; Kraushaar, Mythos; Kraushaar, Flecken; Kraushaar, Bewegung; Loth, Revolution; zum Hochschulbereich Rohstock, Ordinarienuniversität.

2 Allgemein zu '68 in Saarbrücken: AStA-Kulturprojekt, 30 Jahre; Müller, Universität; Abel u. a., Wucht; hier bes. König, Meinung, S. 21–25; Speculum 14 (1968), Nr. 4, S. 4f. Speziell zur evangelischen Studierendengemeinde als Forum von Protestinitiativen Müller, Gemeindeleben; Müller, Studentengemeinde.

3 Bellhäuser, Impressionen, S. 44. Reinhard Klimmt wurde in Berlin geboren und kam nach dem Abitur von Osnabrück nach Saarbrücken, er hatte das Studium hier allerdings schon 1962 aufgenommen.

4 Landeszeitung, 25.5.1968; SZ, 20.3.2021; Loth, Revolution, S. 210.

5 Maihofer, Universitätsgesetz, S. 394f.; Müller, Affären, bes. S. 44–46; Müller, Krockow; Krockow, Erinnerungen, S. 198–200; SZ, 12.6.1968; König, Meinung, S. 26–28; Eisfeld, Leute, S. 59–61.

6 König, Meinung, S. 28; SZ, 26.10.1968; Müller, Studenten, S. 30f.; Speculum 14 (1968), Nr. 6/7, S. 6 (Maihofer-Interview).

7 König, Meinung, S. 28; Abel u. a., Wucht, S. 109; Schuster, Entwicklung, S. 55f.; SZ, 19.11.1968.

8 Flugblattsammlung Universitätsarchiv Saarbrücken.

9 SZ, 22. und 23.11.1968; SZ, 4.12.1968; Maihofer, Universitätsgesetz, S. 400f.; SZ, 13.12.1968.

10 Das Folgende nach Müller, Universität, S. 5–12.

11 SZ, 14.2.1969; Müller, Universität, S. 6f.

12 Speculum 15 (1969), Nr. 1, S. 6f.; SZ, 5.11.1969.

13 Müller, Universität, S. 10; SZ, 13.2.1970.

14 SZ, 8.7.1970.

15 Busse, Bericht, S. 25; Müller, Chefredakteur, S. 30; König, Meinung, S. 21f.; Speculum 14 (1968), Nr. 6/7, S. 4–7 (Interview Maihofer); Müller, Studenten, S. 29; FAZ, 11.9.1969 (Zitat); Eichenhofer/Kopp, Maihofer, S. 107–111.

16 Beispielsweise Müller, Zimmermann, S. 625–629; Richter, Studium, S. 66–84.

17 Kraushaar, 1968.

18 Baring, Machtwechsel; Mitterrand, Changer.

19 Verfassung 1958, Art. 3, Art. 6, Art. 20; Schuster, Entwicklung, S. 51–55; Maihofer, Universitätsgesetz, S. 380–382.

20 König, Meinung, S. 21f.; Maihofer, Universitätsgesetz, S. 390–399; SZ, 18.6.1968.

21 Leicht, Lage; FAZ, 23.5.1968; Maihofer, Universitätsgesetz, S. 390.

22 Verfassung 1969, Art. 3 und Art. 14; Schuster, Entwicklung, S. 55f.

23 SZ, 19.10.1968; Maihofer, Universitätsgesetz, S. 390, Schuster, Streiflichter, S. 200.

24 König, Meinung, S. 28; SZ, 19. und 21.11.1968 (Zitat); Maihofer, Universitätsgesetz, S. 398–400; Abel u. a., Wucht, S. 109.

25 Verfassung 1969, Art. 5–10 und 20f.; Schuster, Entwicklung, S. 55f.

26 Schuster, Streiflichter, S. 198–201; Schuster, Modell.

27 Universitätsgesetz 1971, bes. §§ 20 und 21; Verfassung 1972; Schuster, Entwicklung, S. 56–68.

28 Maihofer, Universitätsgesetz; Nachruf 2009: https://web.archive.org/web/20230622224024/https://idw-online.de/de/news339778; Eichenhofer/Kopp, Maihofer (Zitat S. 81).

29 Müller, Loew; Hasselmann, Loew.

30 Campus 32 (2002), Nr. 2, S. 50; Müller, Krockow; Krockow, Erinnerungen, S. 199 (Zitat Röder) sowie S. 200 (Zitat Rotstift); Eisfeld, Leute; Maihofer, Universitätsgesetz, S. 395 (Zitat Mitstreiter).

31 Munzinger, Leinen; https://web.archive.org/web/20230609204548/http://www.joleinen.de/ueber-mich/; https://www.zeitzeugen-portal.de/videos/SwwHpQn1z5w [1.9.2023]; Champus 19 (2004), Nr. 5, S. 28–33; SZ, 15.10.2018 und 1.6.2019.

32 Wehler, Gesellschaftsgeschichte, S. 384.

33 Habermas, Demokratisierung; Herbert, Geschichte.

34 Picht, Bildungskatastrophe; Dahrendorf, Bildung.

35 Leicht, Lage.

36 SZ, 3.2. und 13.7.1968; Universitätsgesetz 1971, §§ 20 und 21; Universitätsgesetz 1978, §§ 26 und 27; Depositum SZ 250 (I), 1970, Stadtarchiv Saarbrücken.

37 Müller, Sitte; Müller, Universität.

38 Schuster, Streiflichter, S. 203; Campus 30 (2000), Nr. 2, S. 40 (Nachruf); Zeitzeugengespräch Hartwig Cremers, 18.8.2022.

39 Klimmt, Grenze; Klimmt, Rückblick; Klimmt, Minirock.

40 Der Spiegel, 15.12.1968; Die Welt, 3.12.2021; https://web.archive.org/web/20230322201336/https://www.literaturland-saar.de/personen/franz-josef-degenhardt/.

41 Maihofer, Universitätsgesetz, bes. S. 398f.; SZ, 19.11.1968.

42 SZ, 25.5.1968.

43 Abgedruckt aus SZ, 23./24.11.1968.

44 Auszüge aus Richter, Studium, S. 77, 82–84, 94f.

Kapitel 5 — Wachstum und Überforderung: 1970–1980

1 Turner, Massenuniversität, S. 36f.; Statistisches Bundesamt, https://web.archive.org/web/20221128021829/https://www.datenportal.bmbf.de/portal/de/Tabelle-2.5.23.html; Studierendenstatistik UdS.

2 Picht, Bildungskatastrophe; Turner, Hochschulreformen, S. 21, 31, 142ff.; Führ, Bildungspolitik, S. 77; Oehler/Bradatsch, Hochschulen, S. 416f.

3 SZ, 16.12.1970.

4 Verfassung 1972; Schuster, Entwicklung, S. 51–76; Konvolut Flugblätter, Abänderungsvorschläge, Stellungnahmen 10/11 1970, 1.12.1970, Erklärung der Studentenschaft 21.1.1971. Stadtarchiv Saarbrücken, SZ Depositum. 268 II; SZ, 1.6.1970, 21., 22.10.1970, 18.12.1970, 21.7.1971 etc.

5 Turner, Hochschulreformen, S. 62f., 65–69; Schuster, Entwicklung, S. 65; Universitätsgesetz 1971, bes. § 51, S. 514f.; §§ 19–21, S. 509f.; §§ 27–31, S. 511f., und §§ 13–17, S. 508f.

6 Schuster, Streiflichter, S. 200.

7 Führ, Bildungswesen, S. 192–194; Schuster, Entwicklung, S. 71f.; SZ, 16.12.1971.

8 SZ, 29.3.1973.

9 SZ, 14.2.1973, 29.3.1973, 9.5.1979, 5.7.1979; Bauer, Leiden, S. 2; Campus 9 (1979), Nr. 4, S. 1; Müller, Präsident, S. 1f.

10 Turner, Hochschulreformen, S. 34f. (Zitat); Bartz, Expansion, S. 166; Burgard/Linsmayer, Saarland, S. 177, 188, 198; Herrmann, Dauerkrise, S. 362–374; SZ, 29.5.1975 sowie 15.12.1976 und 1.12.1977 (Proteste); SZ, 1.7.1977 (Antwort auf Rüge).

11 SZ, 7.7.1976.

12 Jahresbericht 1974, S. 3.

13 Heinen, Hinweise, S. 170; Jahresbericht 1975, S. 30ff.

14 Die Welt, 22.12.1969; SZ, 3.4.1971; Saarland-Informationen, 19.1.1977, Landesarchiv Saarbrücken, Pressearchiv Staatskanzlei 500-7.

15 SZ, 3., 6. und 11.5.1977, 26.10.1978, 24.3.1979, 24.10.1979; Jahresbericht1979, S. 66f.

16 Turner, Hochschulreformen, S. 42; Jessen, Massenausbildung, S. 268–270; SZ, 26.10.1978.

17 Führ, Bildungswesen, S. 206; Rohstock, Ordinarienuniversität, S. 413–415.

18 SZ, 6.12.1978.

19 SZ, 6., 7., 10., 12., 14.12.1978, 15.11.1979; Jahresbericht 1980, S. 43.

20 Führ, Bildungswesen, S. 221; Bartz, Expansion, S. 163; Schuster, Entwicklung, S. 73; Metzger u. a., Chronik, S. 47.

21 SZ, 18.10.1977; Campus 7 (1977), Nr. 5, S.1f.; Reumann, Superlehrer, 19.4.1978; Campus 8 (1978), Nr. 2, S. 3f.; Jahresbericht 1979, S. 60ff.; Bauer, Leiden, S. 2; Müller, Präsident, S. 2f.

22 Schuster, Streiflichter, S. 202, 204f.; SZ, 17.11.1979; Saarbrücker Landeszeitung, 29., 30.9.1971 sowie 21., 22.4.1972.

23 Lundgreen, Berufliche Schulen, S. 82–84; Heinen, Sachzwänge, S. 56f.; Heinen, Hinweise, S. 172–181; Hartmann, Eliten, S. 62f.; Jessen, Massenausbildung, S. 268–270.

24 Hartmann, Eliten, S. 62f. (Zahlen bundesweit); Heinen, Hinweise, S. 162–165 (Zahlen UdS); Studierendenstatistik UdS.

25 SZ, 13.11.1971; SZ, 15.12.1976; SZ, 26.10.1978 (Zitat); SZ, 9.11.1974; SZ, 21.11.1979.

26 Turner, Hochschulreformen, S. 170–190; Oehler/Bradatsch, Hochschulen, S. 431f.; Ellwein, Universität, S. 261–263; SZ, 21.1.1969; SZ, 23.7.1969; SZ, 13.11.1971; Speculum 16 (1970), Nr. 1, S. 2–4.

27 Speculum 16 (1970), Nr. 3, unpag.; Flugblätter gegen das Universitätsgesetz in Depositum SZ 268 II, 1970,1 (Fachschaft Naturwissenschaften: Chemie), Stadtarchiv Saarbrücken; SZ, 15.12.1976.

28 SZ, 9.12.1968; Handelsblatt, 2.11.1970; Saarbrücker Landeszeitung, 9.6.1970; Saarbrücker Landeszeitung, 20.7.1970.

29 Saarbrücker Landeszeitung, 21.4.1970; Handelsblatt, 2.11.1970.

30 Studierendenstatistik UdS 2023.

31 Süddeutsche Zeitung, 8.1.2008; Döring, Wöhe, S. 16; Campus 34 (2004), Nr. 2, S. 25.

32 Pressemitteilung zum 85. Geburtstag, URL: https://web.archive.org/web/20230904133224/https://idw-online.de/mobile/de/news434306; Müller, Germanistin.

33 Messerschmidt/Molitor/Steimle, Festschrift; Biographische Sammlung Universitätsarchiv Saarbrücken; SZ, 17.11.2016 und 7.2.2023.

34 Müller, Leben; Mittelmeier/Hänle, Mittelmeier; Finkbeiner/Hess/Schmitt, Orthopädie.

35 Nerdinger/Tafel, Architekturführer, S. 368 (Zitat).

36 Müller, Architektur, S. 10 (Zitat); Hartz, Schrempf, S. 314–317; Schrempf, Lebensraum.

37 Bugs, Schrempf, S. 45.

38 Schrempf, Niederschrift.

39 SZ, 14.12.2022; https://www.mensa50.bauarchiv.org/ [25.9.2023.].

40 Spangenberg, Institut, S. 45; Heinen, Sachzwänge, S. 51.

41 Wiesner, Hochschulbau, S. 196–205; Prenzel, Lösung, S. 173f.; Heinle/Heinle, Bauen, S. 71f.

42 SZ, 30.6.2015.

43 SZ, 30.6.2015; SZ, 2. und 28.2.2012; SZ, 18., 19. und 22.9.2015; SZ, 3.6. und 26.7.2017.

44 Lagebericht UdS 2021, S. 33f.; SZ, 10.4.2021.

45 SZ, 10.10.2017; SZ, 6.12. und 27.12.2021.

46 Müller, Architektur, S. 31.

47 https://web.archive.org/web/20230531110543/https://www.uni-saarland.de/standort/saarbruecken/lageplan/gebaeude/a17.html; Bonner, Wandgestaltung, S. 64f.; Aktuelle Kunst Saar: https://web.archive.org/web/20230423042732/https://institut-aktuelle-kunst.de/kuenstlerlexikon/huschens-wolfram/.

48 Zitat: Bonner, Wandgestaltung, S. 64; Everinghoff, Dokumentation, S. 119.

49 Brenner, Huschens, S. 128f.

50 Pfister, Akademische Feier; Pfister, Romanistik.

51 Pressemitteilung zum 95. Geburtstag, URL: https://web.archive.org/web/20230322223916/https://www.uni-saarland.de/aktuell/universitaetsprofessor-dr-dr-hc-rudolf-richter-wird-95-jahre-alt-24022.html; Akademische Feier, Richter; Richter, Studium.

52 https://de.wikipedia.org/w/index.php?title=Werner_Nachtigall&oldid=235838060; Pressemitteilung zum 80. Geburtstag, URL: https://web.archive.org/web/20210309045611/https://idw-online.de/de/news590031.

53 SZ, 18.1.1995; Campus 25 (1995), Nr. 1, S. 20; Martinek/Zentes, Reden; Gröppel-Klein, Geschichte, S. 197–203.

54 Thomas, Kaserne, S. 232f.; Ostermann, Denkmalensemble, S. 11; Die Welt, 22.12.1969; SZ, 17.3.1970.

55 SZ, 24.4.1975.

56 SZ, 25.3.2010.

57 Zeitzeugeninterview Manfred Besch, 30.9.2022.

58 Bugs, Schrempf.

59 Schmoll, Genial; Schrempf, Plastik.

60 Tücks, Mensa, S. 50; Gerbing, Mensa (Zitat).

61 https://web.archive.org/web/20230906074342/http://www.welt-der-form.net/Otto_Herbert_Hajek/index-leben.html.

62 Rauber, Hummel; Rauber, Universität; Hummel, Gedenkfeier.

63 Müller, Zang.

64 Dörr, Macht.

65 Langenfeld, Ress; https://web.archive.org/web/20230906080129/https://idw-online.de/de/news729807; Vorlass Georg Ress, Universitätsarchiv Saarbrücken.

66 Auszüge aus: Schuster, Streiflichter, S. 198–202.

67 Zeitzeugengespräch Wolfgang Lorenz, 3.11.2022.

Kapitel 6 — Zwischen Sparzwängen und Strukturwandel: 1980–1990

1 Windolf, Expansion, S. 200–237; Führ, Bildungswesen, S. 208–211; Turner, Hochschulreformen, S. 42–46. Oehler/Bradatsch, Hochschulen, S. 425; Müller-Böling, Entfesselung, S. 253ff.; Jessen, Massenausbildung, S. 272.

2 Führ, Bildungswesen, S. 201; Turner, Hochschulreformen, S. 42–46, 143–148.

3 Burgard/Linsmayer, Saarland, S. 212f.; SZ, 5.12.1980; Jahresbericht 1982, S. 59; Jahresbericht 1990, S. 18f.; S. 50f.

4 SZ, 16.2.1980; Landtag des Saarlandes, Drucksache 8/251 (8/214), 4.12.1980, Stadtarchiv Saarbrücken, SZ Depositum 273 IV; SZ, 12.2.1981; SZ, 11. und 14.8.1981; Zeitzeugengespräch Wolfgang Lorenz, Universitätsarchiv Saarbrücken; SZ, 5.10., 16.10., 19.10.1990.

5 SZ, 1.2.1980, 3.2 und 29.7.1981; AStA-Dokumentation zu Guckelsberg, Konvolut 2/1981, Stadtarchiv Saarbrücken, SZ Depositum 273 IV; Schreiben des Bundesministers für Bildung und Wissenschaft an den Vorsitzenden der CDU-Fraktion im Saarländischen Landtag, 5.3.1981, Stadtarchiv Saarbrücken, SZ Depositum 273 IV; Pressemitteilung des Ministers für Kultus, Bildung und Sport 147/83, 28.10.1983, Stadtarchiv Saarbrücken, SZ Depositum 273 V; SZ, 24.2.1982, 28.10. und 9.12.1983.

6 SZ, 15.4., 5.5.1981 und 9.11.1988.

7 Landtag des Saarlandes, Drucksache 8/580 (8/498), 23.06.1981, Stadtarchiv Saarbrücken, SZ Depositum 273 IV; Jahresbericht 1980, S. 44–47; Jahresbericht 1990, S. 73–78.

8 SZ, 24.10.1979; SZ, 30.1., 9.2.1980; SZ, 5.2., 26.11.1981; Campus 11 (1981), Nr. 2, S. 1.

9 SZ, 5.2.1981.

10 Stefan Hüfner in SZ, 14.2.1981.

11 SZ, 14.2.1981.

12 Campus 12 (1982), Nr. 4, S. 1; Jahresbericht 1982, S. 59.

13 Herrmann, Saarland, S. 374f.; Herrmann, Strukturwandel, S. 118f.; Burgard/Linsmayer, Saarland, S. 212f., 271; SZ, 14.6.1985, 25.10. und 26.11.1986.

14 Campus 21 (1991), Nr. 5, S. 6; FAZ, 24.08.1989; Campus 11 (1981), Nr. 1, S. 1; Pressemitteilung Universität des Saarlandes, 12.11.1984, Stadtarchiv Saarbrücken, SZ Depositum 268 V; SZ, 14.11.1984.

15 Ansprache Paul Müller zur Eröffnung des Studienjahres 1982/83 im Jahresbericht 1982, S. 13.

16 Burgard/Linsmayer, Saarland, S. 285f.; SZ, 15.09.1986, 29.10.1988, 28.3.1987, 5.12.1989.

17 Burgard/Linsmayer, Saarland, S. 212f.; SZ, 21.1.1987; Jahresbericht 1986, S. 129f.

18 SZ, 30.5.1988; FAZ, 7.5.1988; Jahresbericht 1984, S. 25f.; FAZ, 25.8. und 11.12.1986.

19 Jahresbericht 1985, S. 12ff.; FAZ, 11.12.1986; Campus 18 (1988), Nr. 2, S. 1.

20 SZ, 28.5.1987, 13.10.1990; Campus 21 (1991), Nr. 1, S. 1.

21 SZ, 30.5.1988; FAZ, 7.5.1988; Die Zeit, 28.8.1981; Campus 16 (1986), Nr. 3, S. 3; SZ, 5.12.1984.

22 Siehe das Fokus-Kapitel über die Ostpartnerschaften im vorl. Band, S. 204f.

23 Petersson u. a., Kooperation; FAZ, 15./16.11.1985 und 3.6.1987.

24 SZ, 25. und 30.6., 31.7.,28.9., 23.11.1988 und 9.3.89; Campus 19 (1989), Nr. 4, S. 5; https://web.archive.org/web/20200221140553/http://archiv.jura.uni-saarland.de/Gesetze/Uni/ug/.

25 SZ, 30.1., 9.2.1980; Campus 19 (1989), Nr. 2/3, S. 4; Offener Brief an den Präsidenten, 13.2.1980, Stadtarchiv Saarbrücken, SZ Depositum 317; SZ, 31.1., 1., 3. und 4.2. sowie 20.9.1989.

26 SZ, 4.2.1989 (Zitat); Turner, Hochschulreformen, S. 46f.; Führ, Bildungspolitik, S. 77.

27 SZ, 15.3.1989.

28 SZ, 6./7.7.1985.

29 SZ, 20.7.1970. Zum Gesamtkomplex Wilhelm, Flaggschiff.

30 SZ, 4.12.1980.

31 Campus 18 (1988), Nr. 2, S. 5.

32 SZ, 28.3.1987 (DFKI); SZ, 8.11.1990 (MPI) und 13.5.1989 (Schloss Dagstuhl); Beschreibungen der Gründungsdirektoren bzw. Beteiligten in 50 Years, S. 30–47.

33 Campus 34 (2004), Nr. 4, Titelseite.

34 SZ, 4.7.1991.

35 Schmitt/Schreiber, Müller; Pressemitteilung 2.6.2010. URL: https://web.archive.org/web/20230904094605/https://idw-online.de/de/news372460.

36 Pressemitteilung zum 85. Geburtstag. URL: https://web.archive.org/web/20230201023657/https://www.uni-saarland.de/aktuell/85-geburtstag-von-prof-joern-petersson-24383.html; Petersson u. a., Kooperation.

37 Müller, Schieffer.

38 Pressemitteilung zum 95. Geburtstag. URL: https://web.archive.org/web/20230330165209/https://www.uni-saarland.de/aktuell/hans-joachim-kornadt-95-jahre-25278.html.

39 Speculum 2 (1957), Nr. 2/3, S. 1.

40 Saarbrücker Allgemeine Zeitung, 27.11.1957; Saarbrücker Allgemeine Zeitung, 6.12.1960; Saarbrücker Landeszeitung, 3.12.1960.

41 Handelsblatt, 2.11.1970.

42 Zusammenstellung in Stadtarchiv Saarbrücken, SZ Depositum 268 V (Juni 1983).

43 FAZ, 11.12.1986; Beck, Weiterentwicklung, S. 25–28.

44 Champus 18 (2003), Nr. 2, S. 10 (Frankreich-Zentrum); Frankfurter Rundschau, 7.7.1994 (Interkulturelle Kommunikation).

45 Rheinpfalz, 2.2.1991 (Zitat); Campus 25 (1995), Nr. 5, S. 1f.; Meiser, Reden.

46 https://web.archive.org/web/20230703062737/https://www.leopoldina.org/fileadmin/redaktion/Mitglieder/CV_Gleiter_Herbert_D.pdf; https://web.archive.org/web/20230906121221/https://www.leuze-verlag.de/fachzeitschriften/galvanotechnik/item/547-prof-herbert-gleiter-erhaelt-eine-der-hoechsten-auszeichnungen-im-bereich-advanced-materials; https://web.archive.org/web/20230906121658/https://ceramics.org/event-subpage/gomd-2022-award-lecturers/.

47 https://web.archive.org/web/20221027143231/http://www.saarland-biografien.de/frontend/php/ergebnis_detail.php?id=3981; Sandig, In memoriam.

48 Munzinger, Müller; FAZ, 6.9.2007 (Leserbrief Ohlig).

49 Marti, Trau keinem, S. 26.

50 Universität des Saarlandes, 30 Jahre Partnerschaft (Sofia); Universität des Saarlandes, 25 Jahre Partnerschaft (Tiflis).

51 Dethloff, Universitätspartnerschaft, S. 62.

52 Albeck, Auch Ökonomen; Hummel, Auszüge, S. 58 (Zitat).

53 Miron/Orthmann/Abramišvili, Unterwegs.

54 Brücken nach Osten.

55 Everinghoff, Dokumentation, S. 171; SZ, 13.9.2022.

56 Czymerska, Sitzende.

57 Paul, Lesende; Enzweiler, Kunst, S. 133; SZ, 26.7.2022.

58 Campus 34 (2004), Nr. 2, S. 32; Müller, Van Dülmen; Van Dülmen, Akademische Gedenkfeier.

59 Menger/Müller, Feifel.

60 Die Welt, 13.4.2003; https://de.wikipedia.org/w/index.php?title=Ellen_Arnhold&oldid=236088435 [3.8.2023].

61 Munzinger, Steinbach.

62 SZ, 17.5.1958.

63 SZ, 15.9.1979 (Podiumsveranstaltung); SZ, 14.8.1980 (Forschungsbericht); SZ, 7.7.1985 (Hüfner).

64 SZ, 26.3.2013; Emrich u. a., Bildungsinvestitionen; Meyer/Emrich/Gassmann, Universitäten, bes. S. 270–276; Emrich u. a., Unternehmensgründungen; Schmidt/Emrich/Gassmann, Investitionen; Scheer, Universität, S. 17.

65 Vinzent, Universitätsbibliothek, bes. S. 156; Hagenau, Universität, S. 18; SZ, 19.10.1982; Müller, Weiterbildung; Berrang/Giessen/Penth, Zentrum, bes. S. 35–51; Campus 35 (2005), Nr. 3, S. 6–9.

66 SZ, 19.2.1970 (Hochschule); Campus 20 (1990), Nr. 2, S. 1 sowie SZ, 20.12.2012 (zur grundsätzlichen Kooperation Uni-HTW); SZ, 23.6.2015 und 29.8.2017 (Campus-Management-System).

67 SZ-Spezial zum UKS, 30.6.1992; SZ, 2.10.2019 und 24.3.2023.

68 Fritsche, Verantwortung; SZ, 9.2.1991; Fritsche, Frühphase; Campus 35 (2005), Nr. 1, S. 29.

69 Lorenz, Lafontaine; Munzinger, Lafontaine.

70 https://de.wikipedia.org/w/index.php?title=Hedwig_Stalter&oldid=234497240 [10.6.2023], Biographische Daten autorisiert von Familie Stalter Dezember 2022); zur Hedwig-Stalter-Stiftung s. https://web.archive.org/web/20230610205254/https://www.uni-saarland.de/lehrstuhl/meese/forschung.html; SZ, 3.11. sowie 5.11.2016.

71 Campus 12 (1982), Nr. 4, S. 1; Campus 35 (2005), Nr. 4, S. 18–20; Pressemeldung: https://web.archive.org/web/20230907082016/https://idw-online.de/de/news128596; Zeitzeugeninterview 18.8.2022.

Kapitel 7 — Gestaltung unter Druck: 1990–2000

1 Müller-Böling, Entfesselung, S. 355–360; Mayer, Universitäten, bes. S. 130f.; Keller, Hochschulreform, S. 347–351.

2 Jahresbericht 1989/90, S. 11–13; Interview Breitenbach in Frankfurter Rundschau, 7.11.1993.

3 Campus 21 (1991), Nr. 3, S. 1.

4 Spar-„Anekdoten“: SZ, 18. und 19.11.1991; Sparauflage: Campus 21 (1991), Nr. 2, S. 3 und Champus 7 (1992), Juli.

5 Bartz, Wissenschaftsrat, bes. S. 244–246; Jahresbericht 1993, S. 21f.; SZ, 19.5.1993.

6 SZ, 28./29.7.1993; Studierenden-Proteste: SZ, 4.12.1993.

7 Stefan Hüfner, SZ, 25./26.7.1992.

8 Hönn, Axt (Zitat Überschrift); Süddeutsche Zeitung, 22.1.1994; SZ, 9.7.1994 (Zitat).

9 Campus 26 (1996), Sonderausgabe, 23. Mai 1996; Champus 11 (1996), Juni, S. 4f.; SZ, 11.7.1996; Bild von der „Protest“-Vorlesungen unter freiem Himmel in: Müller, Bewegte Geschichte, S. 116.

10 Süddeutsche Zeitung, 22.1.1994.

11 SZ, 6.7.1996 und 12.7.1996.

12 Champus 11 (1996), Oktober, S. 6; SZ, 20.12.1997 und 27.3.1998.

13 Simon-Zitate: Der Spiegel, 8.12.1991 („verrottet“) und SZ, 24.2.1997; zum Gutachten: Jahresbericht 1997, Kap. 2.2: Universitätsstrukturplanung; das Gutachten selbst: Empfehlungen Sachverständigenkommission.

14 Senat, Stellungnahme, URL: https://wayback.archive-it.org/9925/20150428102027/http://www.uni-saarland.de/fileadmin/user_upload/Info/Universitaet/Praesidium/jahresberichte/1997/anhang.pdf.

15 Senat, Stellungnahme; SZ, 27.3.1998; zur Volkswirtschaftslehre und den Protesten der Fachcommunity: FAZ, 27.6.1998.

16 Müller-Adams: FAZ, 25.4 und 30.6.1998; Lautenschlager: Champus 13 (1998), April, Sonderbeilage; SZ, 2.,3.,4.10.1998; Süddeutsche Zeitung, 30.6.1998.

17 Zitat: Mayer, Universitäten, S. 126; Jahresbericht 1999, S. 1.

18 SZ, 26.10. und 28.10.2000.

19 Zur deutschlandweiten Entwicklung solcher Transferstellen Mayer, Universitäten, S. 61; zur KWT: Jahresbericht 1989/90, S. 35f.; zur Kooperationsstelle: Campus 24 (1994), Nr. 5, S. 7.

20 SZ, 30.9.1997; Campus 26 (1996), Nr. 1, S. 6.

21 Frankfurter Rundschau, 7.11.1993; Campus 26 (1996), Nr. 4, S. 6 (Zitat).

22 Jahresbericht 1997, Kap. 1.2: Forschung; Jahresbericht 1999.

23 Forschungsüberblick im Jahresbericht 2000, Kap. 2: Forschung, S. 20–22.

24 Campus 21 (1991), Nr. 1, S. 14f.; SZ, 22.6.1999 (HOK); FAZ, 7.5.1994 (IK); Campus 21 (1991), Nr. 6, S. 14; SZ, 11.5.1993 (Computerlinguistik).

25 SZ, 27.2.1992; Campus 25 (1995), Nr. 2, S. 16.

26 SZ, 14.9.1994 (Zitat); zum Gesamtkomplex Giersch, Land, S. 57–94; Herrmann, Strukturwandel, bes. S. 118–120; Giersch, Ausbruch; Roscher, Entstehung; Forschung und Technologie.

27 SZ, 22.12.1987 (Gespräch mit Rüdiger Pernice, Abteilungsleiter Hochschule und Forschung im Kultusministerium); zu vergleichbaren Transferstellen bundesweit Mayer, Universitäten, S. 61.

28 Universitätsgesetz 1989, § 117, S. 642f.; Campus 26 (1996), Nr. 5, S. 4 (Interview Breitenbach); SZ, 30.8.1994 (An-Institute).

29 Jahresbericht 1993, S. 21f.

30 SZ, 7.10.1992.

31 SZ, 20.7.1990; SZ, 2.3.1991.

32 Zum Kontext Giersch, Land, S. 75–83; Frankfurter Rundschau 17.11.1993 (Interview Breitenbach); zu den Uni-Aktivitäten Jahresbericht 1989/90, S. 36; Campus 26 (1996), Nr. 1, S. 6 sowie 29 (1999), Nr. 1, S. 1; SZ, 16.3.1994 (Science Park I); SZ, 17.12.1998 (Starterzentren).

33 Pressemitteilung des Wirtschaftsministeriums in: Saarland: Informationen für die Presse, Nr. 98/98, 30.6.1998. Pressearchiv Staatskanzlei 7.11.1, Landesarchiv Saarbrücken (Expertengutachten); Landesregierung, Innovationsstrategie, bes. S. 8 und 53–61; SZ, 11.1.2013 (Gründerhochschule); SZ, 22.2.2017, 6.4.2021, 17.2.2023 und 4.7.2023 (Rankings); SZ, 8.12.2020 (Innovation Center) und 10.2.2023 (Triathlon).

34 SZ, 8.12.2000 (Zitat); Campus 31 (2001), Nr. 3, S. 4; Campus 32 (2002), Nr. 1, S. 4; Rahmenplanentwurf; Dank für sachkundige Information an Meike Kunert und Dominikus Tiator vom Dezernat Campusentwicklung und Baumanagement.

35 Katalognachweis: https://kxp.k10plus.de/DB=2.0/PPNSET?PPN=1144345413

36 Allgemein: Keazor, Torque, S. 138f.; Loebens, Streitfall, bes. S. 57–59.

37 Dittmann, Erfahrungen, S. 5–7; Loebens, Torque, S. 34–49 und S. 17 sowie S. 22f.

38 SZ, 9.3. und 18.3.2010.

39 Leber, Skulptur; Campus 22 (1992), Nr. 5, S. 2.

40 Horras, Geburtstag; FAZ, 27.7.2021; SZ, 10.11.2000; SZ, 2.4.2002; SZ, 29.6.2015.

41 Pauly, Hasenhüttl.

42 Campus 26 (1996), Nr. 6, S. 9; SZ, 31.7.2001; Campus 36 (2006), Nr. 2, S. 37.

43 Pressemitteilung zum 80. Geburtstag, URL: https://web.archive.org/web/20230325020819/https://www.uni-saarland.de/aktuell/80-geburtstag-von-universitaetsprofessor-wilfried-kindermann-22319.html.

44 Heinen, Sachzwänge, S. 35; Limburg, Präsident, S. 16f.; Dubois, Erinnerungen, S. 67; SZ, 20.8.1953; Schuster, Entwicklung, S. 59.

45 Schuster, Entwicklung, S. 60–62; Wissenschaftsrat, Empfehlungen, S. 20f.; Turner, Hochschulreformen, S. 30; Führ, Bildungswesen, S. 205f.

46 Universitätsgesetz 1989, § 117; zur Kritik u. a. SZ, 30.6.1988.

47 Empfehlungen Sachverständigenkommission, S. 102–104; SZ,

9.7.1999; Universitätsgesetz 1999, § 16 Abs. 3; Jahresbericht 1999, S. 9f.; Jahresbericht 2000, S. 3.

48 Jahresbericht 2015, S. 82f.; Jahresbericht 2016, S. 80; SZ, 16.6.2015; zur heftigen Kritik u. a. SZ, 4.10.2016 und Champus 30 (2015), Nr. 3, S. 7.

49 Czymerska, Automedon, S. 62f.

50 Homer, Ilias, IX 209, XVII 429, 536, XVI 145, XVII 516.

51 Dittmann, Architektur, S. 32; Leber, Automedon, S. 5f.; Hiery/Gulden, Geburt, S. 26 (Zitat).

52 Online-Dokumentation des Werks von Oswald Hiery durch Udo H. A. Schwarz https://web.archive.org/web/20230711221148/http://oswaldhiery.de/; Automedon: https://web.archive.org/web/20230606155931/http://oswaldhiery.de/werke/automedon/.

53 https://web.archive.org/web/20230616090149/https://www.leopoldina.org/mitgliederverzeichnis/mitglieder/member/Member/show/wolfgang-wahlster//; https://de.wikipedia.org/w/index.php?title=Wolfgang_Wahlster&oldid=235495684 [15.7.2023]; Campus 32 (2002), Nr. 1, S. 16–19.

54 SZ, 19.12.2009, Eicher/Speicher/Veith, Geschichte, S. 91; https://web.archive.org/web/20230907122306/https://www.leopoldina.org/fileadmin/redaktion/Mitglieder/CV_Veith_Michael_D.pdf.

55 Hoth/Müller, Symposium; Richter, Institut, S. 44; Müller, Schulz-Hofer; https://web.archive.org/web/20220625225840/https://www.leopoldina.org/mitgliederverzeichnis/mitglieder/member/Member/show/irene-schulz-hofer/.

56 SZ, 15.11.2000; Campus 31 (2001), Nr. 1, S. 8–10; https://web.archive.org/web/20230321172817/https://saarland-informatics-campus.de/piece-of-news/ehemaliger-universitaetspraesident-professor-guenther-hoenn-wird-80-jahre-alt/.

57 Wilss, Wandlungen, bes. S. 4–9.

58 Müller, Zwischen, S. 29; Wilss, Wandlungen, S. 12–19.

59 Wilss, Wandlungen, S. 50 bzw. S. 20.

60 SZ, 9.7.1994; Wilss, Wandlungen, S. 138.

61 https://web.archive.org/web/20230607081634/https://uepo.de/2014/07/14/uni-saarbruecken-laesst-konferenzdolmetscher-ausbildung-perspektivisch-auslaufen/; https://web.archive.org/web/20230609183904/https://www.uni-saarland.de/fakultaet-p/uebersetzer-der-zukunft.html.

62 Dittmann, Architektur, S. 33.

63 Keazor, Solarplastik; Everinghoff, Dokumentation, S. 108; Dittmann, Erb, S. 27 (Zitat).

64 https://de.wikipedia.org/w/index.php?title=Nikolaus_M%C3%BCller-Lantzsch&oldid=227401946

65 https://web.archive.org/web/20230318102802/http://hans.uszkoreit.net/bio.pdf; FAZ, 9.6.2023 und 21.8.2008; Die Zeit, 16.3.2023; https://web.archive.org/web/20230330123925/https://www.bpb.de/themen/kalter-krieg/prag-1968/274305/proteste-mit-folgen-1968-in-berlin-ein-erinnerungsmosaik/.

66 Champus 11 (1996), Nr. 6, S. 6; FAZ, 30.6.1998, S. 4; https://de.wikipedia.org/w/index.php?title=Armgard_Müller-Adams&oldid=229663304; Müller-Adams, Moderatoren.

67 SZ, 15.4.1994; SZ, 11. und 12.2.1998; https://web.archive.org/web/20230307205040/https://www.uni-saarland.de/page/geben/stiftungen/pagliarello.html.

Kapitel 8 — Profilbildung, Einschnitte, Exzellenzprojekt: 2000–2023

1 SZ, 26.6.2001 (Zitat) und 8.12.2001; zur Entrepreneurial University s. Mayer, Universitäten, S. 304; Hechler/Henke/Pasternack, Konzepte, S. 140–142.

2 Jahresbericht 2004, Lagebericht, S. 4f. und S. 16.

3 Interview mit Margret Wintermantel in Campus 33 (2003), Nr. 2, S. 6f.; zu Globalhaushalten und dem Neuen Steuerungsmodell generell: Mayer, Universitäten, bes. S. 164–198; Turner, Hochschulreformen, S. 226–235; Hechler/Henke/Pasternack, Konzepte, S. 158–161; zur Kritik durch Studierende, U-Rat und CHE sowie den Protesten: Champus 19 (2004), Februar, S. 5–10; SZ, 4.5. und 24.6.2004.

4 Zum Fächer-Ranking: SZ, 10.6.2003; Themenheft zur Informatik: Campus 34 (2004), Nr. 4; zum NanoBioNet vgl. SZ, 17.1.2001; Stimmen der Prof. Sauder, Lüsebrink und Oster-Stierle in SZ, 25.1.2005.

5 SZ, 14.08.2001.

6 Zur Exzellenzinitiative vgl. Bartz, Wissenschaftsrat, S. 241; Mayer, Universitäten, S. 295–316; zu Weggang und Würdigung Wintermantels Süddeutsche Zeitung, 31.3.2006 sowie SZ, 22.3.2006 und Campus 37 (2007), Nr. 1, S. 10f.; zu Volker Linneweber SZ, 29.8.2006 und 2.1.2007.

7 SZ, 10.11.2004 sowie 13.12.2005; Champus 20 (2005), März, S. 6–11; Campus 35 (2005), Nr. 2, S. 36; Champus 21 (2006), Nr. 2, S. 6f.

8 Champus 21 (2006), Nr. 4, S. 10.

9 Campus 37 (2007), Nr. 2, S. 30f.; SZ, 15.12.2009; SZ, 12.1.2010.

10 SZ, 29.10.2001; Scholz-Zitat: Champus 19 (2004), Juni, S. 12.

11 SZ, 17.10.2001.

12 Campus 39 (2009), Nr. 7, S. 9–16; Jahresabschluss 2007, D-12, Anlage IV; Jahresbericht 2020, Lagebericht, S. 6; Imhof, Bologna emeritus.

13 SZ, 5.1.2005; Jahresabschluss 2010, Lagebericht, S. A50 (Exzellenzanztrag); SZ, 1.3.2011 und 24.9.2018 (CISPA).

14 Zum SFB: Campus 43 (2013), Nr. 1, S. 8 und Nr. 2, S. 12; zum HIPS: Jahresbericht 2009, Lagebericht, S. A46; SZ, 24.07.2018, S. 13.

15 Champus 19 (2004), Nr. 5, S. 28–33 und Champus 20 (2005), Nr. 1, S. 22 (Europa-Konzept); https://web.archive.org/web/20230907131723/https://idw-online.de/mobile/de/news512578 (CEUS); SZ, 17.10.2008 (UniGR); SZ, 20.11.2012 (Graduiertenkolleg).

16 Champus 28 (2013), Nr. 5, S. 5–7 und 29 (2014), Nr. 4, S. 6; Jahresbericht 2013, S. 84.

17 Jahresbericht 2013, S. 6.

18 SZ, 24. und 25.1. sowie 11.2.2014.

19 SZ, 9.5.2014 und 3.6.2014; FAZ, 3.7.2014.

20 Jahresbericht 2016, S. 80; SZ, 16.12.2014.

21 Zu den Protesten Champus 30 (2015), Nr. 1, S. 5; deutliche Kritik im Jahresbericht 2014, S. 82, dagegen Jahresbericht 2015, S. 5.

22 SZ, 16.12.2016; vgl. auch SZ, 31.8., 6.9., 8. und 24.11.2016.

23 Zum „Zukunftskonzept" SZ, 19.6.2018; zum Scheitern des Exzellenzantrags Jahresbericht 2018, Lagebericht, S. 25; SZ, 28.9. und 16.10.2018.

24 SZ, 25.7.2017 und 8.1.2019; Universitätsentwicklungsplan 2020–2021, bes. S. 4f.; Universitätsentwicklungsplan 2030, bes. S. 36f.; SZ, 9.3.2021.

25 SZ, 26.9.2017 und 17.9.2019; SZ, 30.6.2018 (Biophysik); SZ, 2.10.2021; https://web.archive.org/web/20230321212637/https://www.uni-saarland.de/aktuell/leibniz-preis-fuer-pharmazie-professor-rolf-mueller-22749.html.

26 SZ, 9.3.2021.

27 SZ, 22.10. 2019; Champus 35 (2020), Nr. 1, S. 5–13.

28 Jahresabschluss 2020, Lagebericht, Anlage 4, S. 6 (SLCM); https://web.archive.org/web/20200918233808/https://blog.sulb.uni-saarland.de/2018/12/20/start-des-zentralen-moodle-servers-an-der-uds/; https://web.archive.org/web/20230205065258/https://www.uni-saarland.de/projekt/digitalisierung/uebergreifende-digitalisierungsthemen/microsoft365.html; SZ, 17.3.2020; SZ, 14.6.2021; SZ, 3.12.2021 (Corona).

29 https://web.archive.org/web/20230320231012/https://www.uni-saarland.de/projekt/digitalisierung/digitalisierungsprojekte/projekt-data-pin.html; SZ, 6.2.2023; SZ 10.10.22; https://web.archive.org/web/20230907133807/https://www.uni-saarland.de/page/energiesparen/news/energiesparen-25584.html; https://web.archive.org/web/20230907133921/https://www.uni-saarland.de/page/energiesparen/news/energiesparen-hohe-energiekosten-fuer-die-universitaet-des-saarlandes-25875.html.

30 SZ, 13.9.2022 (Transformationsfonds); SZ, 5.7.2022 (CISPA); SZ, 10.2.2023 (Innovation Center).

31 Turner, Hochschulreformen, S. 193–205; Barblan, Universität, S. 500–504; Bologna-Erklärung: https://web.archive.org/web/20150713220228/https://www.bmbf.de/pubRD/bologna_deu.pdf; allgemein zum Bologna-Prozess: https://web.archive.org/web/20230722162510/https://www.kmk.org/themen/hochschulen/internationale-hochschulangelegenheiten.html.

32 SZ, 17.10. und 29.10.2001; Campus 31 (2001), Nr. 4, S. 4–7.

33 Champus 22 (2007), Nr. 6, S. 10–12.

34 SZ, 18.5. und 28.5.2004.

35 Campus 35 (2005), Nr. 3, S. 10–12; Jahresbericht 2012, S. 82.

36 Champus 23 (2008), Nr. 3, S. 5–7; zum „Bildungsstreik" s. Champus-Themenheft 24 (2009), Nr. 7; Champus 25 (2010), Nr. 1, S. 3f.

37 Imhof, Bologna, bes. S. 125–135; ausgesprochen scharfe Kritik übte nicht zuletzt der Saarbrücker Wirtschaftswissenschaftler Christian Scholz: Scholz, Bologna-Krake.

38 https://web.archive.org/web/20230606220216/https://www.uni-saarland.de/aktuell/universitaetsprofessor-werner-tack-wird-85-jahre-alt-22559.html.

39 Campus 25 (1995), Nr. 1, S. 17.

40 Querdenker-Zitat: Kultusminister Jürgen Schreier im Presse-Info (2003), Nr. 185 vom 30.9.2003. Biographische Sammlung Universitätsarchiv Saarbrücken; Veith, Begrüßung, S. 7 und S. 6 (weitere Zitate).

41 https://web.archive.org/web/20230606035817/https://www.uni-saarland.de/aktuell/80-jahre-wolfgang-haubrichs-26072.html.

42 SZ, 23.4.2010; Ballhausen, Campus Center; Champus 25 (2010), Nr. 3, S. 23.

43 SZ, 3.2.2009 und 25.3.2010; https://web.archive.org/web/20220809230100/https://anderhalten.com/projekte/campus-center.

44 https://web.archive.org/web/20230606105248/https://www.baunetzwissen.de/flachdach/objekte/bildung/campus-center-der-uni-in-saarbruecken-1307525.

45 Thomas, Kaserne, S. 234.

46 Zur Charta Wittenbrock, Universität, S. 1 und Beck, Weiterentwicklung, S. 28–30.

47 SZ, 4.1.2000.

48 Wittenbrock, Universität; Müller, Hochschulraum; Campus 38 (2008), Oktober, S. 18 (Sondernummer 60 Jahre UdS).

49 Wittenbrock, Universität; Jahresbericht 2012, S. 82; Jahresbericht 2017, S. 29 und 37.

50 https://web.archive.org/web/20221216172829/https://www.uni-gr.eu/sites/tst-uni-gr.univ-lorraine.fr/files/users/documents/strategieplan_unigr_2020.pdf; zu UniGR-CIRKLA vgl. https://web.archive.org/web/20221031165131/https://www.uni-gr.eu/de/CIRKLA.

51 Vgl. Pressemitteilung zur erfolgreichen Bewerbung: https://web.archive.org/web/20220626153538/https://www.uni-saarland.de/aktuell/universitaet-des-saarlandes-wird-mit-mehreren-partnern-eine-europaeische-hochschule-22101.html; Projektseite: https://web.archive.org/web/20221122114812/https://www.uni-saarland.de/global/transform4europe.html.

52 SZ, 19.12.2008, 19.5.2015 und 6.6.2016.

53 Richter, 70 Jahre, S. 18f. und S. 97f.

54 Richter, 70 Jahre, S. 95; Ferber/Enzweiler, CIPMM, S. 4–9.

55 Ferber/Enzweiler, CIPMM, S. 4f.

56 Artikel zur Einführung der Karte in Campus 34 (2004), Nr. 2, S. 15.

57 Schlicher, Campus.

58 Mayer, Universitäten, S. 26–33.

59 SZ, 17.11.1979; Universitätsentwicklungsplan 1982, S. 2 und S. 60–69.

60 SZ, 14.1.1993; SZ, 3.4.1998; Empfehlungen Sachverständigenkommission, S. 122f.

61 U.a. Campus 21 (1991), Nr. 3, S. 1f.; SZ, 11.6.1992; SZ, 4.2.1997; Champus 13 (1998), Sondernummer 30.6.1998; SZ, 27.3.2001; SZ, 10.6.2003; Aktenbestand Arbeitskreis Leistungsorientierte Mittelverteilung, Universitätsarchiv Saarbrücken.

62 Campus 34 (2004), Nr. 2, S. 6f.; SZ, 10.2.2004.

63 SZ, 3.12.2019; SZ, 9.3.2021; Universitätsentwicklungsplan 2020/21, bes. S. 4f.; Universitätsentwicklungsplan 2030, bes. S. 36f.

64 SZ, 11.11.2014 (GK Traumkulturen); SZ, 20.12.2021 (Kooperationsplattform Europa); SZ, 29.7.2022 (Politikwissenschaft); SZ, 13.2.2023 (Käte-Hamburger-Kolleg).

65 Grupp, Autexier (Zitate S. 13); Witz, Autexier.

66 Obama, Leben; https://web.archive.org/web/20230320131000/https://campus.uni-saarland.de:8443/node/903.

67 https://de.wikipedia.org/w/index.php?title=Wolfgang_Paul_(Informatiker)&oldid=232808762; SZ, 4.7.1986; Paul, Bauen.

68 Campus 21 (1991), Nr. 2, S. 18; https://www.uni-bremen.de/mathematiker-alfred-k-louis-wird-ehrendoktor-der-universitaet-bremen-1 (abgerufen 12.5.2023); https://idw-online.de/de/news724736 (abgerufen 12.5.2023).

69 Masterplan UKS, URL: https://web.archive.org/web/20230207050004/https://uks-projekt-zukunft.de/baulicher-masterplan.

70 SZ, 11. sowie 15.11.2021.

71 https://web.archive.org/web/20230707075716/https://www.codeunique.de/projekte.html.

72 Einblicke: https://web.archive.org/web/20230516155026/https://www.uni-saarland.de/studium/campus/homburg.html; SZ, 15.11.2021; https://web.archive.org/web/20230201120648/https://www.uniklinikum-saarland.de/de/aktuelles/einzelansicht_news/aktuelle_meldungen/article/einweihung-des-neuen-hoersaal-seminar-und-bibliotheksgebaeudes-auf-dem-uks-campus.

73 Zum Thema generell Pasternack: Feldversuch; Götz: Gestaltungsmöglichkeiten; für den internationalen Vergleich s. Garritzmann, Political Economy.

74 SZ, 31.7.2001; Champus 17 (2002), Nr. 1, S. 5f.

75 Champus 20 (2005), Nr. 6, S. 3.

76 Champus 20 (2005), Nr. 5, S. 8; SZ, 14.2.2006.

77 SZ, 13.12.2005; Champus 21 (2006), Nr. 2, S. 5f.; SZ, 25.2.2006.

78 Champus 21 (2006), Nr. 2, S. 6 (erstes Zitat); SZ, 7.7. und 13.7.2006; Champus 21 (2006), Nr. 5, S. 14 (zweites Zitat).

79 SZ, 19.12.2006; Champus (22) 2007, April/Mai, S. 5.

80 Jahresbericht 2007, Lagebericht, D-14 (Tabelle 4).

81 Jahresbericht 2009, Lagebericht, A-47f.; SZ, 23.11.2010, 23.7.2013, 11.6.2015 und 16.6.2015.

82 Lampe, Gemälde, S. 126; Torque 3 (1997), Nr. 7, S. 9.

83 Lampe, Gemälde, S. 126f.; Gerl-Falkovitz, Edith Stein, bes. S. 13f.

84 https://web.archive.org/web/20230614070918/https://www.rheinische-geschichte.lvr.de/Persoenlichkeiten/edith-stein/DE-2086/lido/57c955388d2530.08514747; https://web.archive.org/web/20230908100937/https://www.edith-stein.eu/portfolio/kurzbiographie/.

85 https://web.archive.org/web/20230208201036/https://art.arminrohr.de/2013/05/02/hl-edith-stein/.

86 Zinsmeister, Garten, S. 1–3.

87 SZ, 27.4.1999.

88 Campus 21 (1991), Nr. 7, S. 16; SZ, 27.4.1999.

89 SZ, 14.1.2016.

90 FAZ, 23.3.2016; SZ, 1.4.2016; Lillig, Garten; Nachwirkungen: Kavgić, Schulkinder; SZ, 28.9.2021 (Zitat).

91 16. und 17. Jahresbericht 1989/90, S. 13; SZ, 30.5.1991; Campus 23 (1993), Nr. 5, S. 6; 21. Jahresbericht 1994, S. 10; Campus 27 (1997), Nr. 4, S. 12 (Frauenförderplan).

92 Champus 21 (2006), Nr. 2, S. 35f.; Campus 37 (2007), Nr. 3/4, S. 54; Champus 25 (2010), Nr. 4, S. 32; FAZ, 9.4.2011; Jahresabschluss 2010, Lagebericht, A-34.

93 Berrang/Giessen/Penth, Zentrum; zum Sprachenzentrum SZ, 19.1.1999; zur Psychologisch-Psychotherapeutischen Beratungsstelle s. Studentenwerk, Konstanz; zum Sucht- und Präventionsbeauftragten s. Campus 41 (2011), Nr. 1, S. 18f.; zur Kontaktstelle Studium mit Behinderung s. Campus 42 (2013), Nr. 1, S. 12f.

94 Zum Zentrum für Schlüsselkompetenzen s. Champus 24 (2009), Nr. 2, S. 24–27; zu GradUS s. Campus 2010, Nr. 2, S. 12 sowie Jahresabschluss 2011, Lagebericht, A29.

95 https://web.archive.org/web/20220706034157/https://www.uni-saarland.de/verwaltung/wisna/i-q-wisna-und-prowis-science-net.html

96 SZ, 2.9.2000 (Zitat) und 27.10.2000; FAZ, 3.4.2017; Munzinger, Wintermantel.

97 Menger, Pfreundschuh; SZ, 8.3. und 10.3.2018.

98 Eicher/Speicher/Veith, Geschichte, S. 96; Bernhardt, Geheimnisse.

99 https://web.archive.org/web/20230831000149/https://carreras-stiftung.de/; Carreras/Carol, Vollem Herzen; Carreras, Documentary; SZ, 7. und 9.3.2018; SZ, 5.4.2004.

100 https://web.archive.org/web/20230402033055/https://institut-aktuelle-kunst.de/kuenstlerlexikon/wojciechowicz-thomas; Wojciechowicz, Großes Hallo, S. 20f.

101 Wojciechowicz, Großes Hallo, S. 21.

102 Ferber/Enzweiler, CIPMM, S. 4f.

103 Ferber/Enzweiler, CIPMM, S. 22 (Zitat); Richter, Institut, S. 100; Wojciechowicz, Großes Hallo, S. 21 (Zitat).

104 Grundsätzlich: Hochberg/Wild/Bastiaens, Hochschulen; Barton/Müller/Seel, Hochschulen; Demantowsky u.a., Digitalisierung.

105 SZ, 10.12.1960; Campus 5 (1975), Nr. 2, S. 8.

106 Held, Geschichte.

107 Campus 32 (2002), Nr. 1, S. 46f. und Nr. 2, S. 38 (Berichte der IT-Leiterin Marion Geib).

108 Zu HIS s. Spitta, Campus-Management Systeme; zu LIBERO s. die Jahresberichte der Saarländischen Universitäts- und Landesbibliothek (SULB) ab 2002, Universitätsarchiv Saarbrücken.

109 Campus 36 (2006), Nr. 1, S. 11–13.

110 https://web.archive.org/web/20230325163458/https://www.fairtrade-universities.de/kampagne.

111 SZ, 15.1.1988; Champus 5 (1990), Nr. 5, S. 19–21; Champus 7 (1992), Nr. 4, S. 10.

112 Champus 8 (1993), Nr. 4, S. 9.

113 Champus 13 (1998), Nr. 5, S. 21; Campus 44 (2014), Nr. 1, S. 14.

114 Campus 40 (2010), Nr. 3, S. 11.

115 Champus 27 (2012), Nr. 2, S. 12.

116 Süddeutsche Zeitung, 12.5.2010; https://web.archive.org/web/20230728182001/https://idw-online.de/de/news389685; SZ, 15.10.2021; eine Übersicht der Aktivitäten im Jubiläumsjahr 2023 unter https://web.archive.org/web/20230325165213/https://www.uni-saarland.de/verwaltung/nachhaltigkeit/uebersicht.html.

117 https://web.archive.org/web/20230326000658/https://lapageverteuds.wordpress.com/; https://web.archive.org/web/20230327235919/https://asta.uni-saarland.de/der-asta/nachhaltigkeit/.

118 https://web.archive.org/web/20230720173133/https://www.uni-saarland.de/page/energiesparen.html.

119 Otzelberger, Macht; Munzinger, Kramp-Karrenbauer.

120 Champus 21 (2006), Nr. 6, S. 22; Campus 41 (2011), Nr. 2, S. 18; Todesanzeige von Musikdirektor Helmut Freitag vom 18.12.2019, URL: https://www.facebook.com/WindmachineSB/photos/a.166093676797938/3314112401996034/ [8.9.2023].

121 Eicher/Speicher/Veith, Geschichte, S. 127; SZ, 25.7.2006.

122 FAZ, 9.10.2021; Miller/Türeci/Şahin, Projekt; SZ, 2.1.1996 und 12.11.2020.

Kapitel 9 — UdS-Spektrum 75: Uni-Themen quer durch die Jahrzehnte

1 Saarbrücker Landeszeitung, 3.12.1960; Saarbrücker Allgemeine Zeitung, 6.12.1960 (Zitate).

2 Speculum 6 (1961), Nr. 9, S. 6; Westpfälzische Rundschau, 2.12.1961 („Menschen“-Zitat); SZ, 15.10.1968; Obama-Zitat: https://web.archive.org/web/20230320131000/https://campus.uni-saarland.de:8443/node/903.

3 SZ, 22.8.1974 (Zitat); Mbia, DaF-Unterricht, S. 22.

4 Zur Studierendenstatistik siehe Statistische Streiflichter im Anhang; SZ, 31.7.1981.

5 SZ, 16.11.1989; SZ, 24.4.1997; Campus 28 (1998), Nr. 3, S. 14.

6 Vgl. Statistische Streiflichter im Anhang; Angaben des International Office 2023 auf Basis des HSI-Monitors, URL: https://web.archive.org/web/20230603220324/https://www.hsi-monitor.de/; Campus 25 (2005), Nr. 2, S. 7–9 (Markenzeichen Internationalität); SZ, 27.10.2015 (Flüchtlingsprojekt).

7 SZ, 7.2.1961.

8 Speculum 6 (1961), Nr. 9, S. 18.

9 Becker, Alma Mater, S. 278f.; Angaben des Studierendensekretariats für das Wintersemester 2022/23: 48,2 Prozent männliche und 51,2 Prozent weibliche Studierende sowie 0,6 Prozent Studierende, die sich keinem der beiden Geschlechter zuordnen.

10 Speculum 6 (1961), Nr. 6, S. 14f.; Speculum 6 (1961), Nr. 9, S. 9; Campus 11 (1981), Nr. 1, S. 3.

11 SZ, 29.1.1988 und 16.10.1986; Campus 18 (1988), Nr. 1, S. 8; Becker, Alma Mater, S. 282–284.

12 Becker, Alma Mater, S. 287f.; Drucksache „Verbesserung der beruflichen Möglichkeiten von Frauen an den Hochschulen des Saarlandes“ in Depositum SZ 250 (II), 1991, Stadtarchiv Saarbrücken; Campus 27 (1997), Nr. 4, S. 12; Campus 23 (1993), Nr. 5, S. 6 (Gespräch mit der Gleichstellungsbeauftragten); Campus 34 (2004), Nr. 4, S. 38 (Zertifikat).

13 Vgl. Statistische Streiflichter im Anhang; Becker, Alma Mater, S. 279–281.

14 SZ, 8.9.1998; Süddeutsche Zeitung, 21.3.2006.

15 Grundlegend Thomas, Kaserne; Schindler, Wandel; zum Campus-Begriff Elbe/Wilhelm/Goldschmidt, Campus, bes. S. 92–104.

16 Rahmenplanentwurf; Pisani, Stadt.

17 Schindler, Wandel, S. 91–94; Muthesius, University, S. 203–230; Muthesius, Nachkriegsuniversität, S. 20f., S. 27–31; expliziter Bezug auf das College-Modell: SZ, 17.9.1960.

18 Schindler, Wandel, S. 93f. Die Bedeutung des Wohnens auf dem Campus ließ freilich später deutlich nach und erreicht natürlich bei weitem nicht die Dimension amerikanischer Universitäten, siehe Elbe/Wilhelm/Goldschmidt, Campus, bes. S. 54–60.

19 Pisani, Stadt; Schindler, Wandel, S. 96; Muthesius, Nachkriegsuniversität, S. 30f.; Wolfschlag, Leben.

20 Danke für diesen Hinweis an Meike Kunert vom Dezernat Campusentwicklung und Baumanagement.

21 Rahmenplanentwurf.

22 https://web.archive.org/web/20230528054225/https://www.fzs.de/2005/04/16/die-geschichte-der-verfassten-studierendenschaft/; Müller, Institut, S. 10; Müller, Nesseler, S. 78f.; Schoengen, Erinnerungen, S. 99f.; Der Student an der Saar 1 (1947), Nr. 2, S. 22.

23 Vorlesungsverzeichnis Wintersemester 1948/1949, S. 46f.; Vorlesungsverzeichnis Wintersemester 1962/1963, S. 42f.; Vorlesungsverzeichnis Wintersemester 1956/1957, S. 30f.

26 https://web.archive.org/web/20230619210725/https://wiki.asta-kit.de/geschichte:studentische_selbstverwaltung; Müller, Weiand (Teil 2), S. 55f.; Schuster, Entwicklung, S. 54–57; SZ, 4.7.1968.

25 Vorlesungsverzeichnis 1956/1957, S. 30f.; Müller, Biehl, S. 37f.; SZ, 6.7.1970; https://web.archive.org/web/20230911084024/https://stupa.uni-saarland.de/wp-content/uploads/2022/11/StuPa68_Protokoll_konstituierende_Sitzung.pdf.

26 SZ, 12.12.1978; SZ, 6.12.1978; SZ, 30.6.1988; SZ, 1.2.1980.

27 Speculum 5 (1960), Nr. 5; Speculum 7 (1961), Nr. 2, S. 15; Speculum 8 (1962), Nr. 4, S. 4; Speculum 10 (1964), Nr. 3, S. 2; Speculum 11 (1965), Nr. 6, S. 1; SZ, 15.7.1969; SZ, 6.7.1970; SZ, 25.6.1979; SZ, 22.9.1998; SZ, 19.12.2006; SZ, 24.7.2012; SZ, 8.12.2020.

28 SZ, 3.2.1994; Champus 12 (1997), Nr. 1, S. 9–11; Champus 10 (1995), Nr. 1, S. 3f.; Champus 24 (2009), Nr. 7, S. 3–5; Champus 33 (2018), Nr. 2, S. 4.

29 SZ, 4.3.1968; SZ, 16.2.1978; Champus 26 (2011), Nr. 3, S. 18–20; Champus 28 (2013), Nr. 1, S. 15f.; Champus 9 (1994), Nr. 3, S. 14; Champus 5 (1990), Nr. 5, S. 19–21.

30 https://web.archive.org/web/20230911084024/https://stupa.uni-saarland.de/wp-content/uploads/2022/11/StuPa68_Protokoll_konstituierende_Sitzung.pdf.

31 Eine gewisse Ausnahme stellt allenfalls, aus naheliegenden Gründen, die Tierärztliche Hochschule Hannover dar, sie führt ebenfalls ein Eulen-Signet. Siehe Festschrift Hannover, bes. S. 13.

32 Müller, Festkultur, S. 238f.

33 Müller, Festkultur, S. 242.

34 Eintrag Robert Sessler im „Künstlerlexikon": https://web.archive.org/web/20230401171831/https://institut-aktuelle-kunst.de/kuenstlerlexikon/sessler-robert; Campus 31 (2001), Nr. 3, S. 31.

35 Campus 31 (2001), Nr. 2, S. 6; Zitat „Zeitlos unmodisch": Campus 41 (2011), Nr. 1, S. 12; Schaffrinna, Logo.

36 Schreiber, Eulenrätsel.

37 Munzinger, Lutz; FAZ, 3.9.2021; Handelsblatt, 1.2.2017.

38 Süddeutsche Zeitung, 9.12.2016 (Zitat); SZ, 26.7.2014; Havener, Ich, S. 13; https://www.youtube.com/watch?v=H0pSMQMiyRE [11.9.2023]; https://web.archive.org/web/20220523080318/https://thorsten-havener.com/vita.html.

39 Munzinger, Rehlinger; https://web.archive.org/web/20230715074502/https://www.saarland.de/stk/DE/aktuelles/medieninfos/medieninfo/2022/Q4_2022/pm_2022-10-21-wahl-bevollmächtigte-deutsch-französischer-beziehungen.html;SZ, 1.4.2022;https://web.archive.org/web/20230323040149/https://www.landtag-saar.de/abgeordnete-und-fraktionen/abgeordnete/detail/anke-rehlinger/1340/.

40 Munzinger, Maurer; SZ, 3.5.2022.

41 Die Rundschau, 30.12.1960.

42 Saarländische Volkzeitung, 22.2.1958; Saarbrücker Landeszeitung, 3.3.1960.

43 Speculum 6 (1960/61), Nr. 5, S. 10f.; Speculum 6 (1960/61), Nr. 7, S. 12f.; SZ, 9.7.1977.

44 SZ, 17.4.1986; Campus 16 (1986), Nr. 2, S. 2.

45 Wittenbrock, Geschichte; Campus 29 (1999), Nr. 3, S. 24.

46 https://web.archive.org/web/20230331055214/https://www.giu.de/grundstueck/innovationscampus-saar/.

47 Campus 35 (2005), Nr. 4, S. 6.

48 SZ, 22.12.1965.

49 Müller, Heil- und Pflegeanstalt; Müller, 75 Jahre; Vor allem Oberbürgermeister Reiner Ulmcke hat immer wieder auf Homburg als Ursprungsort der „ersten saarländischen Universität" hingewiesen: Ulmcke, Homburg, S. 62.

50 Heinrichs, Geschichte.

51 Fritsche, Verantwortung, S. 18 (erstes Zitat); https://de.wikipedia.org/w/index.php?title=Liste_der_Ehrenbürger_von_Homburg&oldid=209409159 (Zitat zu Orth); Brill, Umgang; https://de.wikipedia.org/w/index.php?title=Liste_der_Ehrenbürger_von_Homburg&oldid=209409159 (Zitat zu Alken).

52 Fritsche, Verantwortung; Brill, Umgang. Dank für umfangreiche Hinweise an Prof. Hans-Peter Richter (Homburg).

53 Zitat: Erstsemesterzeitschrift der Medizinstudenten Homburg. Von Studenten für Studenten [Nebentitel: Homburg Hope] 2 (2001), S. 1.

54 Fritsche, Verantwortung; Freundliche Hinweise von Prof. Hans-Peter Richter sowie die verschiedenen Angaben in den Fachschaftszeitungen. Universitätsarchiv Saarbrücken.

55 Universitätsarchiv Saarbrücken, Eulen.

56 https://kxp.k10plus.de/DB=2.0/PPNSET?PPN=1152587706 (Inkunabel); https://kxp.k10plus.de/DB=2.0/PPNSET?PPN=114366356X und https://kxp.k10plus.de/DB=2.0/PPNSET?PPN=1143663578 (Palmblattbücher); https://kxp.k10plus.de/DB=2.0/PPNSET?PPN=1151247049 (Karte); https://kxp.k10plus.de/DB=2.0/PPNSET?PPN=1079417346 (Codex Aureus); https://kxp.k10plus.de/DB=2.0/PPNSET?PPN=1603323694 (Weltchronik).

57 Champus 26 (2001), Juni.

58 Fritzen, Erinnerungen, S. 62; Seidl-Hohenveldern, Erinnerungen, S. 196 (Zitat).

59 SZ, 7.7.1995.

60 SZ, 30.8.1982 und 25.7.2000.

61 Grundsätzlich zu Studierenden-Wohnheimen: Mutius/Nußberger, Bauen, v. a. S. 8–10; Studentisches Wohnen in der Bundesrepublik Deutschland.

62 SZ, 7.2.1961; Campus 26 (1996), Nr. 2, S. 8.

63 SZ, 1.8.2022.

64 Müller, Streiflicht; https://web.archive.org/web/20230323104218/https://www.unigesellschaft-saarland.de/startseite; Depositum „Vereinigung der Freunde der Universität" im Universitätsarchiv Saarbrücken.

65 SZ, 15.1.1985; Champus 7 (1992), Nr. 4, S. 10; Champus 13 (1998), Nr. 4, S. 21; Champus 26 (2011), Nr. 1, S. 7.

66 Saarbrücker Allgemeine Zeitung, 12.6.1959; SZ, 5.2.1960 und 15.4.1961; Speculum 9 (1963), Nr. 7, S. 6; Speculum 10 (1964), Nr. 7, S. 11.

67 Speculum 4 (1958), Nr. 1, S. 4.

68 Speculum 9 (1963), Nr. 7, S. 6.

69 Champus 26 (2011), Nr. 1, S. 21; SZ, 26.3.2019.

70 SZ, 26.12.2008.

71 Champus 26 (2011), Nr. 1, S. 21–23 (Übersicht); Champus 18 (2003), Nr. 7, S. 44–47 (KHG); Campus 40 (2010), Nr. 2, S. 10 (Campus Center); SZ, 29.10.1968, 14.12.1978 und 12.8.2021 (AC).

72 SZ, 18.11.2020 (Zitate) und 24.5.2023.

73 Finkenstaedt, Universität, S. 121; SZ, 29.10.1999. Zur frühen Zeit s. Müller, Impressionen.

74 SZ, 2.2.1973; SZ, 5.10., 16.10. und 19.10.1990.

75 SZ, 2.2.1973, 19.10.1990 und 15.2.1996.

76 Schaefer, Präsident, S. 51; SZ, 19.11.1964 und 6.11.1969; Champus 11 (1996), Juni, S. 32.

77 SZ, 13.8.1982.

78 Westpfälzische Rundschau, 11.12.1964; Campus 26 (1996), Nr. 2, S. 8; SZ, 7.2.1961.

79 Speculum 1 (1955), Nr. 1, S. 10f.; SZ, 7.6.1979 und 29.12.1988.

80 Speculum 8 (1962), Mai, S. 3.

81 SZ, 19.5.1973.

82 Saarbrücken, Studierende; Veauthier, Campus.

83 SZ, 18.6.1997.

84 Metzger u. a., Chronik, S. 15–23; Müller, Universitätssport; Harres, Sportpolitik, S. 187–191.

85 Metzger u. a., Chronik, S. 47f.

86 SZ, 7.7.1978; Metzger u. a., Chronik, S. 67–71.

87 Metzger u. a., Chronik, S. 92–95.

88 SZ, 20.4.1994; Campus 35 (2005), Nr. 1, S. 50; Campus 42 (2012), Nr. 3, S. 4f.

89 Tätigkeitsberichte des Hochschulsportzentrums 1999–2021: https://web.archive.org/web/20221029154109/https://www.uni-saarland.de/einrichtung/hochschulsport/kontakt/taetigkeitsberichte.html.

90 Dank für Informationen und Mitgestaltung des Textes an Professor Jürgen Eschner, Leiter der Arbeitsgruppe Experimentalphysik – Quanten-Photonik.

91 Dank für einen Teil der zugrundeliegenden Informationen geht an Britta Özen-Kleine vom Institut für Klassische Archäologie.

92 Fahrplan GSS gültig ab 1.5.1951. ÖPNV- und Regionalarchiv Markus Philipp, Saarbrücken; Speculum 1 (1955), Nr. 1, S. 15; Speculum 9 (1963), Nr. 7, S. 2.

93 Fahrpläne GSS zwischen 1.6.1964 und 30.4.1988. ÖPNV- und Regionalarchiv Markus Philipp, Saarbrücken; Sammlung / Nachlass H.-J. Schmitt (Saarbrücken). ÖPNV- und Regionalarchiv Markus Philipp, Saarbrücken.

94 Fahrpläne GSS/Saarbahn 1.5.1988 bis 2006. ÖPNV- und Regionalarchiv Markus Philipp, Saarbrücken; SZ, 25.10.1989; VGS-Fahrplan zur Universität Oktober 1990. ÖPNV- und Regionalarchiv Markus Philipp, Saarbrücken.

95 SZ, 29.9.1993.

96 SZ, 10.9.2002.

97 Fahrplan Saarbahn GmbH, gültig ab 1.11.2006. ÖPNV- und Regionalarchiv Markus Philipp, Saarbrücken; https://web.archive.org/web/20230911133829/https://idw-online.de/de/news282229; Champus 28 (2013), Nr. 4, S. 16.

98 Speculum 6 (1961), Nr. 5, S. 3 und Nr. 9, S. 3; Saarbrücker Allgemeine Zeitung, 4.7.1960; Tarifangaben aus Bestand M. Philipp, H.-J. Schmitt u. a. ÖPNV- und Regionalarchiv Markus Philipp, Saarbrücken. Champus 10 (1995), Nr. 1, S. 5; SZ, 15.6.1994.

99 SZ, 15.12.1962 und 7.6.1957.

100 SZ, 7.8.1957.

101 Speculum 8 (1962), Nr. 4, S. 9; SZ, 15.12.1962; Müller, Festkultur, S. 239.

102 Übersicht aller Stücke in Thunis, Archiv; zu Thunis auch SZ, 8.1.2020.

103 Campus 18 (1988), Nr. 1, S. 2f.; Campus 26 (1996), Nr. 6, S. 10.

104 SZ, 20.4.2010.

105 https://web.archive.org/web/20230708081829/https://quattropole.org/quattropole_projekte/kultur/grafiti.

106 Speculum 1 (1956), Nr. 4, S. 5; Mitteilungsblatt Nr. 396 (24.4.1956), S. 1.

107 Breitenbach, 40 Jahre.

108 SZ, 17.2.1989.

109 FAZ, 21.6.1996.

110 SZ, 14.12.2017; https://web.archive.org/web/20230530213000/https://17ziele.de/17ziele-freude-flash.html; https://www.youtube.com/watch?v=gvXYYISf6G0.

111 Champus 14 (1999), November, S. 29f.

Kapitel 10 — Ausblicke / Anhang

1 https://de.statista.com/statistik/daten/studie/653256/umfrage/betreute-studenten-pro-professor-in-deutschland-nach-bundeslaendern/

2 Deutsche Übersetzung: „Aufgrund der beeindruckenden Anpassungsfähigkeit, die die Universität in den letzten Jahren gezeigt hat, wird die UdS in Zukunft den höchsten Anteil an internationalen Studierenden in Deutschland haben. Sie wird insbesondere in den Bereichen IT und Recht ein wichtiger Knotenpunkt für die Forschung sein. Auch aufgrund der strategischen Lage in der Nähe mehrerer Hauptstädte und wichtiger Grenzen wird sie eine führende Universität in Bezug auf kulturelle Vielfalt und Fortschritt sein.
Ich wünsche mir, dass neue Wohnheime auf dem Campus und in seiner Umgebung gebaut und dass zusätzliche Unternehmen angesiedelt werden, damit das Campusleben noch lebendiger und dynamischer wird."

3 Deutsche Übersetzung: „Anlässlich des 75-jährigen Bestehens unserer Universität habe ich sofort daran gedacht, welche Bedeutung diese in meinem Leben hatte und noch immer hat. Ich konnte sie als Studentin erleben, aber auch als angestellte Forschungsassistentin. Heute erlebe ich sie als Doktorandin und Stipendiatin des GradUS-Doktorandenzentrums. Ich wünsche unserer Universität, im Herzen der Großregion und mit deutsch-französischem Erbe, dass sie weiterhin Ausstrahlungskraft sowohl auf regionaler als auch auf internationaler Ebene zeigt. Angesichts all der bestehenden und neu entstehenden Initiativen bin ich überzeugt, dass sich die Universität des Saarlandes als interkulturelle, mehrsprachige und weltoffene Universität weiterhin behaupten wird."

Abkürzungsverzeichnis

AC	Ausländerclub
AG	Aktiengesellschaft oder: Arbeitsgruppe
ACM	Association for Computing Machinery
ACT	Anglicists' Contemporary Theatre
ADN	Allgemeiner Deutscher Nachrichtendienst
AES	Association des Etudiants Sarrois
AK	Arbeitskreis
APO	Außerparlamentarische Opposition
ARD	Arbeitsgemeinschaft der öffentlich-rechtlichen Rundfunkanstalten der Bundesrepublik Deutschland
Art.	Artikel
AStA	Allgemeiner Studentenausschuss / Allgemeiner Studierendenausschuss
BAföG	Bundesausbildungsförderungsgesetz
BASF	Badische Anilin- und Sodafabrik
BWL	Betriebswirtschaftslehre
c.t.	cum tempore
CANTUS	Campus-überdeckendes Netz der Universität des Saarlandes
CC VISU	Competence Center Virtuelle Saar-Universität
CDU	Christlich Demokratische Union Deutschlands
CEUS	Collegium Europaeum Universitatis Saraviensis
ChatGPT	Generative Pre-trained Transformer
CHE	Centrum für Hochschulentwicklung
CIO	Chief Information Officer
CIPMM	Centrum für Integrative Physiologie und Molekulare Medizin
CISPA	Center for IT Security, Privacy and Accountability
COVID	Coronavirus Disease
CVP	Christliche Volkspartei des Saarlandes
DAAD	Deutscher Akademischer Austauschdienst
DaF	Deutsch als Fremdsprache
DARC	Documentation and Automated Research of Correlations
DFG	Deutsche Forschungsgemeinschaft
DFKI	Deutsches Forschungszentrum für Künstliche Intelligenz
DI	Dolmetscher-Institut
DIN	Deutsches Institut für Normung
DOSB	Deutscher Olympischer Sportbund
DP	displaced person
DVO	Datenverarbeitung und Organisation
EATCS	European Association for Theoretical Computer Science
ECTS	European Credit Transfer and Accumulation System
EDV	Elektronische Datenverarbeitung
ERASMUS	European Community Action Scheme for the Mobility of University Students
ESG	Evangelische Studentengemeinde / Studierendengemeinde
ETH Zürich	Eidgenössische Technische Hochschule Zürich
EU	Europäische Union
FAZ	Frankfurter Allgemeine Zeitung
FDP	Freie Demokratische Partei
FIFA	Fédération Internationale de Football Association
FU Berlin	Freie Universität Berlin
GEMITEC	Gesellschaft zur Förderung der Mikrosystemtechnik im Saarland
GEPA	Gesellschaft zur Förderung der Partnerschaft mit der Dritten Welt
GK	Graduiertenkolleg
GmbH	Gesellschaft mit beschränkter Haftung
GradUS	Graduiertenprogramm der Universität des Saarlandes
GSS	Gesellschaft für Straßenbahnen im Saartal AG
HIPS	Helmholtz-Institut für Pharmazeutische Forschung
HIS	Hochschul-Informations-System
HIV	Humanes Immundefizienz-Virus
HOK	Historisch orientierte Kulturwissenschaften
HORUS	Hochgeschwindigkeits-Rechnernetz der Universität des Saarlandes
HRK	Hochschulrektorenkonferenz
HSZ	Hochschulsportzentrum
HTW	Hochschule für Technik und Wirtschaft
IBM	International Business Machines Corporation

ICMI	International Commission on Mathematical Instruction
IDS Scheer-AG	Integrated Data-Processing Systems der Scheer-AG
IK	Interkulturelle Kommunikation
INM	Institut für Neue Materialien
ISCA	Institut für Scientific Computing und Anwendungen
ISS	International Space Station
IT	Information Technology / Informationstechnologie
IÜD	Institut für Übersetzen und Dolmetschen
KI	Künstliche Intelligenz
KWT	Kontaktstelle für Wissens- und Technologietransfer
LEDA	Library of Efficient Data types and Algorithms
LEI	Lessico Etimologico Italiano
LSF	Lehre, Studium, Forschung – Campus-Management-System
M.A.N.	Maschinenfabrik Augsburg-Nürnberg AG
MdB	Mitglied des Bundestages
MINT	Mathematik, Informatik, Naturwissenschaften, Technik
MPI	Max-Planck-Institut
mRNA	Messenger Ribonucleic Acid
MuTra	Multidimensional Translation
NADA	Nationale Anti-Doping-Agentur
NATO	North Atlantic Treaty Organization
NC	Numerus Clausus
NOK	Nationales Olympisches Komitee
NS	Nationalsozialismus
NSDAP	Nationalsozialistische Deutsche Arbeiterpartei
NTF	Naturwissenschaftlich-Technische Fakultät
ÖPNV	Öffentlicher Personennahverkehr
OLG	Oberlandesgericht
PH	Pädagogische Hochschule
PROWIS	Förderprogramm für promovierte Wissenschaftlerinnen und Wissenschaftler der Universität des Saarlandes
PZMS	Präklinisches Zentrum für Molekulare Signalverarbeitung
QR-Code	Quick-Response-Code
RAF	Rote Armee Fraktion
RWTH Aachen	Rheinisch-Westfälische Technische Hochschule Aachen
RZ	Rechenzentrum
SA	Sturmabteilung der NSDAP
SaarLB	Landesbank Saar
SAP SLCM	Student Lifecycle Management - Campus-Management-System der SAP AG
SAP	Systemanalyse Programmentwicklung Softwareentwickler
SDR	Süddeutscher Rundfunk
SDS	Sozialistischer Deutscher Studentenbund
SEREX	Serologische Identifikation von Antigenen durch rekombinantes Expressionsklonieren
SFB	Sonderforschungsbereich
SMS	Short Message Service
SPD	Sozialdemokratische Partei Deutschlands
SR	Saarländischer Rundfunk
SS	Schutzstaffel der NSDAP
SUSY	Saarbrücker Übersetzungs-System
SWR	Südwestrundfunk
SZ	Saarbrücker Zeitung
TH	Technische Hochschule
UdS	Universität des Saarlandes
UGR	Universität der Großregion (frühere Bezeichnung, s. UniGR)
UKS	Universitätsklinikum des Saarlandes
UNESCO	United Nations Educational, Scientific and Cultural Organization
UNICEF	United Nations Children's Fund
UniGR	Universität der Großregion (spätere Bezeichnung, s. UGR)
UniGR-CBS	UniGR-Center for Border Studies
UNRRA	United Nations Relief and Rehabilitation Administration
URL	Uniform Resource Locator
VISU	Virtuelle Saar-Universität
VR	Virtual Reality / Virtuelle Realität
VSE	Vereinigte Saarländische Elektrizitätswerke
VW	Volkswagen
VWL	Volkswirtschaftslehre
WISNA	Bund-Länder-Programm zur Förderung des wissenschaftlichen Nachwuchses
WM	Weltmeisterschaft
WS	Wintersemester
ZDF	Zweites Deutsches Fernsehen
ZeMa	Zentrum für Mechatronik und Automatisierungstechnik
ZHMB	Zentrum für Human- und Molekularbiologie
ZVS	Zentralstelle für die Vergabe von Studienplätzen

Autorinnen und Autoren

Junes Raphaele Arib, M. A., Wissenschaftlicher Mitarbeiter der Arbeitsstelle Universitätsgeschichte an der Universität des Saarlandes

Melanie Bardian, Dipl.-Kulturwiss., Wissenschaftliche Mitarbeiterin der Professur für Europäische Zeitgeschichte an der Universität des Saarlandes *(mb)*

Gabriele B. Clemens, Prof. Dr. phil., Professorin für Neuere Geschichte und Landesgeschichte an der Universität des Saarlandes

Philipp Didion, Wissenschaftlicher Mitarbeiter der Professur für Europäische Zeitgeschichte an der Universität des Saarlandes *(pd)*

Ute Elisabeth Flieger, M. A., Wissenschaftliche Mitarbeiterin der Arbeitsstelle Universitätsgeschichte an der Universität des Saarlandes *(uef)*

Bernd Hagenau, Prof. Dr. phil., ehemaliger Leiter der Saarländischen Universitäts- und Landesbibliothek *(bh)*

Jörg Hormann, Dipl.-Geologe, Referent für Kapazitätsplanung und Statistik im Dezernat Lehre und Studium an der Universität des Saarlandes

Dietmar Hüser, Prof. Dr. phil., Professor für Europäische Zeitgeschichte an der Universität des Saarlandes

Thomas Kees, M. A., Wissenschaftlicher Mitarbeiter der Arbeitsstelle Universitätsgeschichte an der Universität des Saarlandes *(tk)*

Lea Talida Klüß, B. A., Kulturwissenschaftlerin

Susanne Meuser, Dr. rer. nat., Wissenschaftliche Mitarbeiterin der Professur für Zoologie und Physiologie an der Universität des Saarlandes

Rainer Möhler, Dr. phil. habil., Studiendirektor i. H. am Historischen Institut der Universität des Saarlandes

Wolfgang Müller, Dr. phil., Leiter des Universitätsarchivs der Universität des Saarlandes *(wm)*

Jasmin Nicklas, M. A., Wissenschaftliche Mitarbeiterin der Professur für Europäische Zeitgeschichte an der Universität des Saarlandes

Thilo Offergeld, Dr. phil., Leiter der Arbeitsstelle Universitätsgeschichte an der Universität des Saarlandes *(to)*

Markus Philipp, Dipl.-Geograph, Autor, Dozent und Gästeführer

Mona Schrempf, Dr. phil., Kulturanthropologin, Projektleiterin „Denk_mal anders – 50 Jahre BauKunst Mensa" an der Universität des Saarlandes

Wolfgang Stein, Dr. rer. nat., ehemaliger Leiter des Botanischen Gartens der Universität des Saarlandes

Dominikus Tiator, Dipl.-Ing. Architekt AKS, Dezernatsleiter Campusentwicklung und Baumanagement an der Universität des Saarlandes

Beate Wehrle, ehemalige Mitarbeiterin des Präsidialbüros der Universität des Saarlandes *(bw)*

Quellen- und Literaturverzeichnis

Das Verzeichnis führt die verwendeten Informationsmittel auf, die in den Anmerkungen mit Verfasser- und Titelkürzel genannt werden. Reine Webressourcen, die in den Anmerkungen mit vollständiger URL erscheinen, werden nur in wenigen Ausnahmefällen aufgelistet.

1. Offizielle Berichte der Universität des Saarlandes (in chronologischer Reihenfolge)

Jahresabschluss: Jahresabschluss / Universität des Saarlandes. Saarbrücken 1952–1965

Bericht über das Akademische Jahr: Bericht über das Akademische Jahr … [z.B. 1960/61, erstattet am 8. November 1961 vom Rektor Professor Dr. Helmut Stimm]. Saarbrücken 1956–1970

Jahresbericht an den Universitätsrat: Jahresbericht an den Universitätsrat … Saarbrücken 1974–

Jahresbericht für das Jahr …: Jahresbericht für das Jahr … / Universität des Saarlandes. Saarbrücken 1974-2004, 2007–2008
Online 1996–2004, 2007–2008: https://wayback.archive-it.org/9925/20150428102027/http://www.uni-saarland.de/info/universitaet/organisation/praesidium/veroeffentlichungen/jb/archiv.html

Bericht Universität des Saarlandes: Bericht Universität des Saarlandes. Prüfung des Jahresabschlusses zum … und des Lageberichts für das Geschäftsjahr … / PricewaterhouseCoopers Aktiengesellschaft. Saarbrücken 2004–2008

Jahresabschluss: Jahresabschluss / Universität des Saarlandes. Saarbrücken 2009–2011
Online 2009-2011: https://saardok.sulb.uni-saarland.de/solrsearch/index/search/searchtype/collection/id/31201 [darin: Lagebericht]

Jahresbericht des Präsidiums: Jahresbericht des Präsidiums / Universität des Saarlandes. Saarbrücken 2012–2017

Online 2012-2017: https://saardok.sulb.uni-saarland.de/solrsearch/index/search/searchtype/collection/id/31037

Jahresabschluss …: Jahresabschluss … / Universität des Saarlandes. Saarbrücken 2018–2021

Online 2018–2021: https://saardok.sulb.uni-saarland.de/solrsearch/index/search/searchtype/collection/id/33048 [darin: Lagebericht für das Geschäftsjahr …]

2. Zeitschriften an der Universität des Saarlandes (in Auswahl)

Campus: Campus. Hg. von der Präsidentin / vom Präsidenten der Universität des Saarlandes. Saarbrücken 1971–2015.
2006–2015 online: https://saardok.sulb.uni-saarland.de/solrsearch/index/search/searchtype/collection/id/32255
Ab 2016 ausschließlich online: https://campus.uni-saarland.de/ [Archiv: https://wayback.archive-it.org/9925/*/https://campus.uni-saarland.de/]

Champus: Champus. AStA-Magazin der Universität des Saarlandes. Hg. vom AStA der Universität des Saarlandes. Saarbrücken 1986–
Ab 2004 online: https://asta.uni-saarland.de/der-asta/publikationen/champus/ [Archiv: http://nbn-resolving.de/urn:nbn:de:bsz:291-saardok-zdb2391442-77]

Magazin Forschung: Universität des Saarlandes: Magazin Forschung. Saarbrücken 1989–2014
2010–2014 online: https://nbn-resolving.org/urn:nbn:de:bsz:291-saardok-zdb2091482-92

Mitteilungsblatt: Universität des Saarlandes / Université de la Sarre: Mitteilungsblatt/ Communications officielles. Redaktion: Pressestelle / Service de Presse. Saarbrücken 1949–1970

Speculum: Speculum. Saarbrücker Studentenzeitschrift. Hg. von der Studentenschaft der Universität des Saarlandes. Saarbrücken 1955–1971

Der Student an der Saar: Der Student an der Saar. Hochschulblätter der Universität Homburg. Eine Zeitschrift saarländischer Studenten. Hg. von der Association des Etudiants Sarrois. Homburg/Saar 1947–1948

Torque: Torque. Die Zeitung der Katholischen Hochschulgemeinde Saarbrücken-Homburg. Saarbrücken 1995–1997

3. Rechtsnormen (in chronologischer Reihenfolge)

Landesnormen

Kulturabkommen 1948: Kulturabkommen zwischen der Regierung des Saarlandes und der Regierung der Französischen Republik vom 15. Dezember 1948, Amtliche Übersetzung. In: Amtsblatt des Saarlandes 1949, Nr. 89, S. 1203–1205. Online: https://web.archive.org/web/20230718091837/https://www.amtsblatt.uni-saarland.de/hefte/1949/1949-089.pdf

Universitätsgesetz 1957: Gesetz Nr. 573 „Universitätsgesetz“. Vom 26. März 1957. In: Amtsblatt des Saarlandes 1957, Nr. 41, S. 291–295. Online: https://web.archive.org/web/20230718110310/https://www.amtsblatt.uni-saarland.de/hefte/1957/1957-041.pdf

Universitätsgesetz 1964: Gesetz Nr. 790 zur Änderung des Gesetzes Nr. 573 „Universitätsgesetz“ vom 26. März 1957. Vom 4. März 1964. In: Amtsblatt des Saarlandes 1964, Nr. 21, S. 226–229. Online: https://web.archive.org/web/20210830220426/https://www.amtsblatt.uni-saarland.de/hefte/1964/1964-021.pdf

Universitätsgesetz 1971: Gesetz Nr. 934 „Saarländisches Universitätsgesetz“. Vom 7. Juli 1971. In: Amtsblatt des Saarlandes 1971, Nr. 29, S. 506–522. Online: https://web.archive.org/web/20230718090853/https://www.amtsblatt.uni-saarland.de/hefte/1971/1971-029.pdf

Universitätsgesetz 1978: Gesetz Nr. 1093 „Saarländisches Universitätsgesetz“. Vom 14. Dezember 1978. In: Amtsblatt des Saarlandes 1978, Nr. 56, S. 1085–1113. Online: https://web.archive.org/web/20230718091046/https://www.amtsblatt.uni-saarland.de/hefte/1978/1978-056.pdf

Universitätsgesetz 1989: Gesetz Nr. 1242 über die Universität des Saarlandes (Universitätsgesetz — UG). Vom 8. März 1989. In: Amtsblatt des Saarlandes 1989, Nr. 26, S. 609–643. Online: https://web.archive.org/web/20230718092142/https://www.amtsblatt.uni-saarland.de/hefte/1989/1989-026.pdf

Universitätsgesetz 1999: Gesetz über die Universität des Saarlandes (Universitätsgesetz – UG). Artikel 1 des Gesetzes Nr. 1433 zur Reform der saarländischen Hochschulgesetze und zur Änderung anderer hochschulrechtlicher Vorschriften (2. Hochschulrechtsänderungsgesetz). Vom 23. Juni 1999. In: Amtsblatt des Saarlandes 1999, Nr. 32, S. 982–1014. Online (lizenzbeschränkt): https://www.juris.de/perma?d=VB-SL-AD-ABl1999-32-982

Universitätsgesetz 2004: Gesetz Nr. 1556 über die Universität des Saarlandes (Universitätsgesetz — UG). Vom 23. Juni 2004. In: Amtsblatt des Saarlandes 2004, Nr. 38, S. 1782–1821. Online (lizenzbeschränkt): https://www.juris.de/perma?d=VB-SL-AD-ABl2004-38-1782

SHSG 2016: Saarländisches Hochschulgesetz (SHSG). Vom 30. November 2016. In: Amtsblatt des Saarlandes I (2016), S. 1080–1127. Zuletzt geändert durch Artikel 3 des Gesetzes vom 15. Februar 2023. In: Amtsblatt des Saarlandes I (2023), S. 270. Online: http://www.lexsoft.de/cgi-bin/lexsoft/justizportal_nrw.cgi?t=169357675782408317&xid=7725001,1

Universitätsnormen

Statut 1950: Verordnung betreffend Errichtung einer Universität des Saarlandes als Körperschaft des öffentlichen Rechts. Vom 3. April 1950. In: Amtsblatt des Saarlandes 1950, Nr. 37, S. 460–470. Online: https://web.archive.org/web/20230719083744/https://www.amtsblatt.uni-saarland.de/hefte/1950/1950-037.pdf

Verfassung 1958: Verfassung der Universität des Saarlandes 1958. In: Amtsblatt des Saarlandes 1958, Nr. 142, S. 1393–1396. Online: https://web.archive.org/web/20230718093750/https://www.amtsblatt.uni-saarland.de/hefte/1958/1958-142.pdf

Verfassung 1969: Verfassung der Universität des Saarlandes in der Fassung vom 9. Januar 1969. In: Dienstblatt der Universität des Saarlandes 1969, Nr. 10, S. 124–144

Verfassung 1972: Verfassung der Universität des Saarlandes vom 6. Juli 1972. In: Dienstblatt der Hochschule [sic!] des Saarlandes 1972, Nr. 29, S. 328–374

Verfassung 1982: Verfassung der Universität des Saarlandes. Vom 25. Januar 1982. Saarbrücken 1982

Verfassung 1991: Verfassung der Universität des Saarlandes. Vom 25. Juni 1991. Saarbrücken 1991. In: Dienstblatt der Hochschulen des Saarlandes 1991, Nr. 19, S. 186–204

Grundordnung 1999: Grundordnung der Universität des Saarlandes. Vom 8. Dezember 1999 mit Änderung vom 16. Februar 2000. In: Dienstblatt der Hochschulen des Saarlandes 2000, Nr. 4, S. 41–64

Grundordnung 2005: Grundordnung der Universität des Saarlandes. Vom 18. Mai 2005. In: Dienstblatt der Hochschulen des Saarlandes 2005, Nr. 47, S. 623–648

Grundordnungsänderung 2012: Ordnung zur Änderung der Grundordnung der Universität des Saarlandes. Vom 16. November 2011. In: Dienstblatt der Hochschulen des Saarlandes 2012, Nr. 10, S. 69. Online: https://nbn-resolving.org/urn:nbn:de:bsz:291-saardok-66789105-9bf1-4bda-84f5-31b11457b2735

Grundordnungsänderung 2016: Zweite Ordnung zur Änderung der Grundordnung der Universität des Saarlandes. Vom 16. Dezember 2015. In: Dienstblatt der Hochschulen des Saarlandes 2016, Nr. 14,

S. 110f. Online: https://nbn-resolving.org/urn:nbn:de:bsz:291-saardok-a93bf5b8-3c39-4555-8347-177e18d892fc1

Grundordnung 2017: Grundordnung der Universität des Saarlandes. Vom 13. Dezember 2017. In: Dienstblatt der Hochschulen des Saarlandes 2018, Nr. 12, S. 68–87. Online: https://nbn-resolving.org/urn:nbn:de:bsz:291-saardok-92edb4c8-91e3-4c0a-a259-c286aea943837

Grundordnungsänderung 2020: Ordnung zur Änderung der Grundordnung. Vom 17. Juni 2020. In: Dienstblatt der Hochschulen des Saarlandes 2020, Nr. 31, S. 296f. Online: https://nbn-resolving.org/urn:nbn:de:bsz:291-saardok-158723

Grundordnungsänderung 2022/Februar: Zweite Ordnung zur Änderung der Grundordnung. Vom 16. Februar 2022. In: Dienstblatt der Hochschulen des Saarlandes 2022, Nr. 41, S. 420f. Online: https://nbn-resolving.org/urn:nbn:de:bsz:291-saardok-198272

Grundordnungsänderung 2022/Mai: Dritte Ordnung zur Änderung der Grundordnung. Vom 11. Mai 2022. In: Dienstblatt der Hochschulen des Saarlandes 2022, Nr. 41, S. 422. Online: https://nbn-resolving.org/urn:nbn:de:bsz:291-saardok-198272

Grundordnung 2022: Grundordnung der Universität des Saarlandes. In: Dienstblatt der Hochschulen des Saarlandes 2022, Nr. 42, S. 425–444. Online: https://nbn-resolving.org/urn:nbn:de:bsz:291-saardok-198287

4. Literatur

50 Years: 50. 50 Years Informatics Saarland University. Hg. von der Universität des Saarlandes / Fachrichtung Informatik. Saarbrücken 2019

Abel u. a., Wucht: Yannic Abel u. a.: „Die emotionale Wucht hat viel verändert". Auf den Spuren der 68er im Saarland. In: Zeitschrift für die Geschichte der Saargegend 63 (2015), S. 85–110

Akademische Ehrungen, Röchling u. a.: Akademische Ehrungen: Ernst Röchling, Heinrich Welsch, Eduard Martin, Kurt Schluppkotten, Luitwin von Boch-Galhau [Reden und Urkundentexte der feierlichen Ernennung zu Ehrensenatoren]. Saarbrücken 1967

Albeck, Ökonomen: Hermann Albeck: Auch Ökonomen kooperieren. In: 30 Jahre Partnerschaft St.-Kliment-Ochridski-Universität Sofia – Universität des Saarlandes. Beiträge zum Festakt in Saarbrücken am 7. Dezember 2010. Hg. von der Universität des Saarlandes. Saarbrücken 2011 (Universitätsreden; 90), S. 63–68

Angelloz, Warum: Joseph-François Angelloz: Warum? Pourqoi? In: Saar-Europa 1 (1955), S. 2–9

Association des Étudiants Sarrois: Association des Étudiants Sarrois – Verband saarländischer Studenten. In: Der Student an der Saar. Hochschulblätter der Universität Homburg 1 (1947), Nr. 1, S. 20

AStA-Kulturprojekt, 30 Jahre: AStA-Kulturprojekt in Zusammenarbeit mit dem Universitätsarchiv: 30 Jahre '68. Studentenbewegung in Saarbrücken. Eine Ausstellung in Dokumenten. Saarbrücken 1998

Autexier, Centre: Christian Autexier: Das Centre d'Etudes Juridiques Françaises 1955–1988. In: Universität des Saarlandes 1948–1988. Hg. im Auftr. des Universitätspräsidenten von Armin Heinen und Rainer Hudemann. Saarbrücken [2]1989, S. 141–154

Ballhausen, Campus Center: Nils Ballhausen: Campus Center Saarbrücken. In: Bauwelt 102 (2011), Nr. 8, S. 28–33

Barblan, Universität: Andris Barblan: Von der „Universität in Europa" zu den Universitäten Europas. In: Geschichte der Universität in Europa. Hg. von Walter Rüegg. Bd. IV: Vom Zweiten Weltkrieg bis zum Ende des 20. Jahrhunderts. München 2010, S. 485–506

Baring, Machtwechsel: Arnulf Baring: Machtwechsel. Die Ära Brandt-Scheel. Stuttgart [3]1982

Barton/Müller/Seel, Hochschulen: Hochschulen in Zeiten der Digitalisierung. Lehre, Forschung und Organisation. Hg. von Thomas Barton, Christian Müller und Christian Seel. Wiesbaden 2019 (Angewandte Wirtschaftsinformatik)

Bartz, Expansion: Olaf Bartz: Expansion und Umbau. Hochschulreformen in der Bundesrepublik Deutschland zwischen 1964 und 1977. In: Reform des Studiensystems. Analysen zum Bologna-Prozess. Hg. von Martin Winter. Wittenberg 2007 (zugleich: Die Hochschule 16 (2007), Nr. 2), S. 154–170

Bartz, Universitätsleitbilder: Olaf Bartz: Bundesrepublikanische Universitätsleitbilder. Blüte und Zerfall des Humboldtianismus. In: Konjunkturen und Krisen. Das Studium der Natur- und Technikwissenschaften in Europa. Wittenberg 2005 (zugleich: Die Hochschule 14 (2005), Nr. 2), S. 99–113

Bartz, Wissenschaftsrat: Olaf Bartz: Der Wissenschaftsrat. Entwicklungslinien der Wissenschaftspolitik in der Bundesrepublik Deutschland 1957–2007. Stuttgart 2007

Bauer, Leiden: Johann Paul Bauer: Die Leiden eines Dekans. Unveröff. Manuskript. Universitätsarchiv Saarbrücken

Beck, Weiterentwicklung: Dieter Beck: Weiterentwicklung der Hochschulkooperation in der Großregion. Saarland, Lorraine, Luxembourg, Rheinland-Pfalz, Région Wallone, Communauté Française de Belgique, deutschsprachige Gemeinschaft Belgiens. Speyer 2006

Becker, Alma Mater: Eva D. Becker: Alma Mater – Mutter Universität? Zur Geschichte der Frauen an der Universität des Saarlandes. In: Die Saarbrückerinnen. Beiträge zur Stadtgeschichte. Hg. von Annette Keinhorst und Petra Messinger. Unter Mitarbeit von Hilde Hoherz. St. Ingbert 1998, S. 277–294

Bellhäuser, Impressionen: Günter Bellhäuser: Impressionen zur Saarbrücker Studentenbewegung um 1970. In: Magazin Forschung 10 (1998), Nr. 2, S. 43f.

Benz, Parteigenosse: Wie wurde man Parteigenosse? Die NSDAP und ihre Mitglieder. Hg. von Wolfgang Benz. Frankfurt/M. 2009

Bericht über das Akademische Jahr s. Auflistung der Offiziellen Berichte unter Nr. 1

Bericht Universität des Saarlandes s. Auflistung der Offiziellen Berichte unter Nr. 1

Bernhardt, Geheimnisse: Ingolf Bernhardt: Die Geheimnisse eines Wissenschaftlers zwischen Ost und West. Leipzig 2021

Berrang/Giessen/Penth, Zentrum: Das Zentrum für lebenslanges Lernen an der Universität des Saarlandes. Zu Aufgabe und Geschichte einer wissenschaftlichen Weiterbildungsinstitution. Hg. von Thomas Berrang, Hans Giessen und Sabine Penth. Saarbrücken 2022

Böcker, Entwicklung: Axel Böcker: Architektonische Entwicklung im Saarland. In: 50 Jahre Saarland im Wandel. Hg. von H. Peter Dörrenbächer, Olaf Kühne und Juan Manuel Wagner. Saarbrücken 2007 (Saarbrücker geographische Arbeiten; 53/Veröffentlichungen des Instituts für Landeskunde im Saarland; 44), S. 17–44

Bode, Universitäten: Universitäten in Deutschland / Universities in Germany. Hg. von Christian Bode u. a. München/London/New York 2015

Boesch, Boesch: Ernst E. Boesch: Ernst E. Boesch. In: Psychologie in Selbstdarstellungen, Bd. 3. Hg. von Ernst G. Wehner. Bern 1992, S. 67–106

Boesch, Discovering: Discovering cultural psychology. A profile and selected readings of Ernest E. Boesch. Hg. von Walter J. Lonner und Susanna A. Hayes. Charlotte 2007 (Advances in Cultural Psychology)

Bonner, Wandgestaltung: Marc Bonner: Wandgestaltung. In: Kunst auf dem Campus. Hg. von Jörg Pütz und Henry Keazor. Unter Mitarb. von Urszula Czymerska. Merzig 2012, S. 106f.

Brandt, Universität: Sebastian Brandt: Universität und Öffentlichkeit in der Expansions- und Reformphase des deutschen Hochschulwesens (1955–1967). In: Universität, Wissenschaft und Öffentlichkeit in Westdeutschland (1945 bis ca. 1970). Hg. von Sebastian Brandt u. a. Stuttgart 2014, S. 115–140

Braß, Rassismus: Christoph Braß: Rassismus nach Innen. Erbgesundheitspolitik und Zwangssterilisation. St. Ingbert 1993 (Beiträge zur Regionalgeschichte; 14)

Braß, Zwangssterilisation: Christoph Braß: Zwangssterilisation und „Euthanasie" im Saarland 1933–1945. Paderborn/München 2004

Brechtken, Aufarbeitung: Aufarbeitung des Nationalsozialismus. Ein Kompendium. Hg. von Magnus Brechtken. Göttingen 2021

Breitenbach, 40 Jahre: Dieter Breitenbach: 40 Jahre Collegium Musicum der Universität des Saarlandes. In: 40 Jahre Collegium Musicum an der Universität des Saarlandes. Festschrift zum Winterball 1994. Hg. vom Präsidenten der Universität des Saarlandes. Red. Bearb. von Jürgen Böhme. Saarbrücken 1994, S. 2

Brenner, Huschens: Frank Brenner: Wolfram Huschens – Künstler und Pädagoge. Magisterarbeit, Universität des Saarlandes (Betreuer: Lorenz Dittmann). Saarbrücken 1997

Brill, Umgang: Werner Brill: Der öffentliche Umgang mit NS-Tätern. Das Beispiel des Mediziners Oscar Orth. In: „Euthanasie" in Großschweidnitz. Regionalisierter Krankenmord in Sachsen 1940–1945. Hg. von Dietmar Schulze und Maria Fiebrandt. Köln 2016 (Berichte des Arbeitskreises zur Erforschung der nationalsozialistischen „Euthanasie" und Zwangssterilisation; 11), S. 160–170

Brücken nach Osten: Brücken nach Osten – Partnerschaften der Universität des Saarlandes. In: Campus 21 (1991), Nr. 4, S. 14f.

Bugs, Schrempf: Monika Bugs: Walter Schrempf im Gespräch mit Monika Bugs über die Mensa, das Studentenhaus der Universität des Saarlandes. In: Kunst im öffentlichen Raum – Saarland, Bd. 2: Universität des Saarlandes 1945 bis 1999. Aufsätze und Dokumentation. Campus Saarbrücken, Campus Homburg, Universitätskliniken des Saarlandes. Hg. von Jo Enzweiler. Saarbrücken 1999, S. 43–51

Burg, Projekt: Peter Burg: Das Projekt einer Europäischen Universität des Saarlandes (1948–1957) im Spiegel eines „saar-französischen" Memorandums. In: Zeitschrift für die Geschichte der Saargegend 56/57 (2008/2009), S. 195–217

Burgard, Nein: Paul Burgard: Nein oder nicht Nein? Die Geburt eines Landes im Konflikt. Die Geburt des Saarlandes. Zur Dramaturgie eines Sonderwegs. Hg. von Ludwig Linsmayer. Saarbrücken 2007 (Echolot. Historische Beiträge des Landesarchivs Saarbrücken; 3), S. 149–183

Burgard/Linsmayer, Saarland: Paul Burgard/Ludwig Linsmayer: 50 Jahre Saarland. Von der Eingliederung in die Bundesrepublik bis zum Landesjubiläum. Saarbrücken 2007 (Echolot. Historische Beiträge des Landesarchivs Saarbrücken; 5)

Busse, Bericht: Rolf Busse: Bericht des Zweiten Studentenpfarrers der ESG Saarbrücken 1964–1969. In: „Mit innerer Kraft und mit dem Segen Gottes wirksam sein". Betrachtungen zur Geschichte der Evangelischen Studierendengemeinde des Saarlandes zwischen gestern und heute, 1956–2006. Hg. von Kai Horstmann und Wolfgang Müller. Saarbrücken 2006, S. 24–28

Campus s. Auflistung der Zeitschriften unter Nr. 2

Carreras/Carol, Aus vollem Herzen: José Carreras/Màrius Carol: Aus vollem Herzen. Über das Geschenk des Lebens und die Kraft der Musik. München 2012

Centre universitaire: Centre universitaire d'Etudes superieures de Hombourg. Saarländische Hochschule Homburg. Hg. von der Verwaltungskommission des Saarlandes. Saarlouis 1947

Champus s. Auflistung der Zeitschriften unter Nr. 2

Custodis, Adorno: Michael Custodis: Theodor W. Adorno und Joseph Müller-Blattau. Strategische Partnerschaft. In: Archiv für Musikwissenschaft 66 (2009), Nr. 3, S. 185–2008

Czymerska, Automedon: Urszula Czymerska: Automedon 1993. In: Kunst auf dem Campus. Hg. von Jörg Pütz und Henry Keazor. Unter Mitarb. von Urszula Czymerska. Merzig 2012, S. 62f.

Czymerska, Sitzende: Urszula Czymerska: Sitzende. In: Kunst auf dem Campus. Hg. von Jörg Pütz und Henry Keazor. Unter Mitarb. von Urszula Czymerska. Merzig 2012, S. 154f.

Dahrendorf, Bildung: Ralf Dahrendorf: Bildung ist Bürgerrecht. Plädoyer für eine aktive Bildungspolitik. Hamburg 1965

Dahrendorf, Grenzen: Ralf Dahrendorf: Über Grenzen. Lebenserinnerungen. München 2002

Decker, Baubeschreibung: Bernd Decker: Einzeldokumente Baubeschreibung Umbauten für die Physik – Universität des Saarlandes. Schaus Decker Architekten GmbH, Sulzbach. Universitätsarchiv Saarbrücken

Defrance, Entnazifizierung: Corine Defrance: Entnazifizierung an westdeutschen Universitäten in der Besatzungszeit. In: Deutsche und Franzosen im zusammenwachsenden Europa. 1945–2000. Kolloquium des Frankreich-Zentrums der Albert-Ludwig-Universität Freiburg, des Institut Français Freiburg und des Staatsarchivs Freiburg aus Anlass der 50-Jahr-Feiern des Landes Baden-Württemberg am 11./12.04.2003 in Freiburg im Breisgau. Hg. von Kurt Hochstuhl. Stuttgart 2003 (Werkhefte der Staatlichen Archivverwaltung Baden-Württemberg, Serie A; 18), S. 43–59

Defrance, Westalliierten: Corine Defrance: Die Westalliierten als Hochschulreformatoren (1945–1949). Ein Vergleich. In: Zwischen Idee und Zweckorientierung. Vorbilder und Motive von Hochschulreformen seit 1945. Hg. von Andreas Franzmann und Barbara Wolbring. Berlin 2007 (Wissenskultur und gesellschaftlicher Wandel; 21), S. 35–45

Demantowsky u. a., Digitalisierung: Was macht die Digitalisierung mit den Hochschulen? Einwürfe und Provokationen. Hg. von Marko Demantowsky u. a. Berlin 2020

Denkschrift Homburg: Denkschrift zur Errichtung der Pfälzischen Heil- und Pflegeanstalt Homburg. Hg. vom Kreise Pfalz. Speyer 1910, Nachdruck Homburg/Saar 1989

Denne, Außenreferent: Ludwig Denne: Außenreferent der Studentenschaft 1951–1952. In: Studentische Impressionen aus den frühen Jahren der Universität des Saarlandes. Hg. von Wolfgang Müller. Saarbrücken 2006, S. 57–61

Dethloff, Universitätspartnerschaft: Uwe Dethloff: Universitätspartnerschaft aus der Perspektive der Romanisten. In: Impressionen zur Universitätspartnerschaft Saarbrücken Warschau. Hg. von der Universität des Saarlandes. Saarbrücken 2020, S. 59–64 (Universitätsreden; 109)

Dietsch, Architektur: Volkmar Dietsch: Architektur und Denkmalpflege. Der Campus Homburg der Universität des Saarlandes. In: Kunst im öffentlichen Raum – Saarland, Bd. 2: Universität des Saarlandes 1945 bis 1999. Aufsätze und Dokumentation. Campus Saarbrücken, Campus Homburg, Universitätskliniken des Saarlandes. Hg. von Jo Enzweiler. Saarbrücken 1999, S. 75–84

Dittmann, Architektur: Marlen Dittmann: Architektur und Kunst im öffentlichen Raum – drei Beispiele. In: Kunst im öffentlichen Raum – Saarland, Bd. 2: Universität des Saarlandes 1945 bis 1999. Aufsätze und Dokumentation. Campus Saarbrücken, Campus Homburg, Universitätskliniken des Saarlandes. Hg. von Jo Enzweiler. Saarbrücken 1999, S. 29–33

Dittmann, Baukultur: Marlen Dittmann: Die Baukultur im Saarland 1945–2010. Saarbrücken 2011 (Saarland-Hefte; 4)

Dittmann, Erb: Lorenz Dittmann: Licht und Bewegung – Ein Traum von Freiheit. Zur Kunst von Leo Erb. In: Leo Erb – ein Leben in Weiß. Retrospektive zum 80. Geburtstag. Hg. von Ulrike Lehmann. Bielefeld 2003, S. 27–31

Dittmann, Erfahrungen: Lorenz Dittmann: Erfahrungen mit Serras „Torque". In: Campus 22 (1992), Nr. 4, S. 5–7

Dittmann, Masterplan: Marlen Dittmann: Vom Pavillon zum Masterplan – Ein Abriss der hundertjährigen Baugeschichte des Homburger Universitätscampus. In: Festschrift 1909–2009. Von der Pfälzischen Heil- und Pflegeanstalt zum Universitätsklinikum des Saarlandes. 100 Jahre. Hg. vom Vorstand des Universitätsklinikums des Saarlandes. Homburg/Saarbrücken 2009, S. 43–54

Dittmann, Wandgestaltung: Lorenz Dittmann: Wandgestaltung. In: Kunst auf dem Campus. Hg. von Jörg Pütz und Henry Keazor. Unter Mitarb. von Urszula Czymerska. Merzig 2012, S. 116f.

Doenecke, Kindheit: Claus Doenecke: Aus „Meine Kindheit im Landeskrankenhaus Homburg – Persönliche Erinnerungen an den 8. März 1947". In: Unter der Ägide der Universität Nancy – Streiflichter zur Gründung des Homburger Hochschulinstituts vor 60 Jahren. Hg. von Wolfgang Müller. Saarbrücken 2007. Aktualisierter Nachdruck Saarbrücken 2009, S. 40–45

Domanowsky/Jochum/Zapp, Beiträge: Karl Domanowsky/Raymond Jochum/Franz-Josef Zapp/N.N.: Universität des Saarlandes. Beiträge zur Gründungsphase aus studentischer Sicht. In: Zeitschrift für die Geschichte der Saargegend 41 (1993), S. 228–245

Döring, Wöhe: Ulrich Döring: Günter Wöhe – Der lange Weg vom Würzburger Privatdozenten zum Lehrbuchklassiker der deutschen Betriebswirtschaftslehre. In: Akademische Gedenkfeier für Universitätsprofessor Dr. Dr. h.c. mult. Günter Wöhe 7. Januar 2009. Saarbrücken 2011 (Universitätsreden; 87), S. 15–25

Dörr, Macht: Dieter Dörr: Die Macht des Geistes. Festschrift für Hartmut Schiedermair. Heidelberg 2001

Dubois, Erinnerungen: Jacques-Emile Dubois: Erinnerungen an die Saarbrücker Jahre. In: Magazin Forschung 10 (1998), Nr. 1, S. 66–68

Eichenhofer/Kopp, Maihofer: Eberhard Eichenhofer/Reinhold Kopp: Werner Maihofer. Vordenker des Sozialliberalismus. Saarbrücken 2022 (J.G. Seume Passagen)

Eicher/Speicher/Veith, Geschichte: Theophil Eicher/Andreas Speicher/Michael Veith: Zur Geschichte der Chemie an der Universität des Saarlandes (1948–2018). Saarbrücken 2018

Eisfeld, Leute: Rainer Eisfeld: „Dafür haben wir diese Leute nicht nach Saarbrücken geholt." Der „Notstands"-Konflikt 1968 an der Universität des Saarlandes. Zugleich ein Beitrag zur Röder-Debatte. In: Saarbrücker Hefte 68/69 (2022/23), Nr. 126, S. 57–61 und 69 (2023), Nr. 127, S. 52–57

Elbe/Wilhelm/Goldschmidt, Campus: Judith Elbe/Martin Wilhelm/Julia Goldschmidt: Der Campus. Zur Zukunft deutscher Hochschulräume im internationalen Vergleich. Darmstadt 2004 (ZiT-Publik; 20/04)

Ellwein, Universität: Thomas Ellwein: Die deutsche Universität. Vom Mittelalter bis zur Gegenwart. Wiesbaden 1997

Empfehlungen Sachverständigenkommission: Empfehlungen der Sachverständigenkommission Hochschulentwicklung Saarland-Trier-Westpfalz. Köln 1998

Emrich u.a., Bildungsinvestitionen: Eike Emrich u.a.: Saarländische Bildungsinvestitionen und regionalökonomische Effekte der Universität des Saarlandes. In: Die Universität des Saarlandes in sozio-ökonomischer Perspektive. Ausgewählte Analysen und Effekte. Hg. von Eike Emrich, Wolfgang Meyer und Luitpold Rampeltshammer. Saarbrücken 2013 (Schriften der Kooperationsstelle Wissenschaft und Arbeitswelt), S. 71–100

Emrich u.a., Unternehmensgründungen: Unternehmensgründungen im Umfeld saarländischer Hochschulen. Empirische Ergebnisse und regionalökonomische Effekte. Hg. von Eike Emrich u. a. Saarbrücken 2020

Enzweiler, Homburg: Kunst im öffentlichen Raum. Universitätsklinikum Homburg / Medizinische Fakultät. Hg. von Jo Enzweiler. Saarbrücken 2007

Enzweiler, Kunst: Kunst im öffentlichen Raum – Saarland, Bd. 2: Universität des Saarlandes 1945 bis 1999. Aufsätze und Dokumentation. Campus Saarbrücken, Campus Homburg, Universitätskliniken des Saarlandes. Hg. von Jo Enzweiler. Saarbrücken 1999

Everinghoff, Dokumentation: Rita Everinghoff: Dokumentation Kunst im öffentlichen Raum. Universität des Saarlandes, 1949 bis 1999. Campus Saarbrücken, Campus Homburg/Universitätskliniken. In: Kunst im öffentlichen Raum – Saarland, Bd. 2: Universität des Saarlandes 1945 bis 1999. Aufsätze und Dokumentation. Campus Saarbrücken, Campus Homburg, Universitätskliniken des Saarlandes. Hg. von Jo Enzweiler. Saarbrücken 1999, S. 105–173

Faillard, Bilanz: Hans Faillard: Bilanz deutsch-französischer Beziehungen der Universität des Saarlandes. In: Saarheimat 22 (1978), Nr. 11, S. 308

Feifel, Nutzung: Gernot Feifel: Militärische Nutzung im Ersten und Zweiten Weltkrieg. In Festschrift 1909–2009. Von der Pfälzischen Heil- und Pflegeanstalt zum Universitätsklinikum des Saarlandes. 100 Jahre. Hg. vom Vorstand des Universitätsklinikums des Saarlandes. Homburg/Saarbrücken 2009, S. 25–30

Feld/Horn/Paqué, Zeitalter: Das Zeitalter von Herbert Giersch. Wirtschaftspolitik für eine offene Welt. Hg. von Lars P. Feld, Karen I. Horn und Karl-Heinz Paqué. Tübingen 2013

Ferber/Enzweiler, CIPMM: Universität des Saarlandes, Campus Homburg. Baumaßnahme CIPMM – Neubau für die Physiologie. Hg. von Beatrice Ferber und Jo Enzweiler. Saarbrücken 2015 (Wettbewerbe Kunst im öffentlichen Raum im Saarland; 8)

Festschrift Hannover: 225 Jahre Tierärztliche Hochschule Hannover im Dienste von Tier und Mensch 1778–2003. Festschrift. Hannover 2003

Finkbeiner/Hess/Schmitt, Orthopädie: Geschichte der Orthopädie im Saarland. Hg. von Günther F. Finkbeiner, Heinrich Hess und Eduard Schmitt. Alsting 2019

Finkenstaedt, Universität: Thomas Finkenstaedt: Die Universität des Saarlandes. In: Hochschulführer. Hg. von Petra Kipphoff. Hamburg 1964 (Die Zeit-Bücher), S. 121–125

Finscher, Müller-Blattau: Ludwig Finscher: Müller-Blattau, Joseph Maria. Biographie. In: MGG Online. Hg. von Laurenz Lütteken. New York/Kassel/Stuttgart 2016ff., zuerst veröffentlicht 2004, digital veröffentlicht 2016, URL: https://www.mgg-online.com/mgg/stable/48469

Flöter, Zwangssterilisation: Claudia Flöter: Zwangssterilisation und Euthanasie an neurologisch-psychiatrischen Patienten sowie Umgang mit ausländischen Patienten und Zwangsarbeitern im Landeskrankenhaus Homburg/Saar. Homburg/Saar 2016

Forschung und Technologie: Forschung und Technologie im Saarland. Abschlußbericht der Sachverständigenkommission Forschung, Technologietransfer, Arbeit. Hg. vom Ministerium für Bildung, Kultur und Wissenschaft. Saarbrücken 1996

Fragstein, Impressionen: Conrad von Fragstein: Autobiographische Impressionen. In: Magazin Forschung 9 (1997), Nr. 2, S. 53–56

Frei, 1945: Norbert Frei: 1945 und wir. Das Dritte Reich im Bewußtsein der Deutschen. München 2009

Frei, Jugendrevolte: Norbert Frei: 1968. Jugendrevolte und globaler Protest. München [2]2018

Frei, Vergangenheitspolitik: Norbert Frei: Vergangenheitspolitik. Die Anfänge der Bundesrepublik und die NS-Vergangenheit. München 2012

Friedman/Müller, Nazi-Professor: Alexander Friedman/Wolfgang Müller: Nazi-Professor in Saarbrücken. Der Fall Friedrich Karl Vialon (1905–1990). In: OPUS – Das Kulturmagazin der Großregion im Herzen Europas 10 (2017), Nr. 60, März/April, S. 137

Fritsche, Frühphase: Paul Fritsche: Die Frühphase der Anästhesiologie an der Medizinischen Akademie „Carl Gustav Carus". In: Medizinische Fakultät. Gegenwart und Rückblick. Dresden 2002 (Schriften der Medizinischen Fakultät Carl Gustav Carus, N.F.; 5), S. 72–80

Fritsche, Verantwortung: Paul Fritsche: In Verantwortung und Demut. Erfüllte Jahre im Dienste der Medizinischen Fakultät 1983 bis 1990 in Homburg/Saar und deren 40-Jahr-Feier. Homburg/Saar o. J. [nach 1990]

Fritzen, Erinnerungen: Ambrosius Fritzen: Persönliche Erinnerungen an die frühen Jahre des studentischen Sports. In: Champus 14 (1999), Mai, S. 31f.

Führ, Bildungspolitik: Führ, Christoph: Zur Koordination der Bildungspolitik durch Bund und Länder. In: Handbuch der deutschen Bildungsgeschichte, Bd. VI: 1945 bis zur Gegenwart. Hg. von Christoph Führ und Carl-Ludwig Furck. Erster Teilband: Bundesrepublik Deutschland. München 1998, S. 68–86

Führ, Bildungswesen: Christoph Führ: Deutsches Bildungswesen seit 1945. Grundzüge und Probleme. Neuwied/Kriftel/Berlin 1997

Füssel, Universitätsgeschichte: Marian Füssel: Wie schreibt man Universitätsgeschichte? In: NTM – Zeitschrift für Geschichte der Wissenschaften, Technik und Medizin, N.S. 19 (2011), Nr. 4, S. 287–293

Garritzmann, Political Economy: Julian L. Garritzmann: The Political Economy of Higher Education Finance. The Politics of Tuition Fees and Subsidies in OECD Countries, 1945–2015. Cham 2016

Gätje, Entwicklung: Helmut Gätje: Die Entwicklung der Philosophischen Fakultät seit 1957. In: Universität des Saarlandes 1948–1973. Hg. vom Präsidenten der Universität des Saarlandes. Saarbrücken o.J., S. 91–98

Gerber, Universitätsgeschichte: Wie schreibt man zeitgemäße Universitätsgeschichte? In: NTM – Zeitschrift für Geschichte der Wissenschaften, Technik und Medizin, N.S. 22 (2014), Nr. 4, S. 277–286

Gerbing, Mensa: Chris Gerbing: Hajeks Mensa in Saarbrücken. In: Moderne Regional 4 (2017), Nr. 3, S. 16–20

Gerl-Falkovitz, Stein: Hanna-Barbara Gerl-Falkovitz: Edith Stein. In: Edith Stein zur Heiligsprechung am 11. Oktober 1998. Hg. von der Deutschen Bischofskonferenz. Bonn 1988 (Arbeitshilfen; 144), S. 8–21

Giegerich/Bungenberg, Europa-Institut: Thomas Giegerich/Marc Bungenberg: Das Europa-Institut: 70 Jahre wissenschaftliche Begleiterin des europäischen Integrationsprozesses als „Krone und Symbol" der Universität des Saarlandes. In: „Europa lässt sich nicht mit einem Schlag herstellen" – 70 Jahre Europa-Institut der Universität des Saarlandes. Hg. von Marc Bungenberg und Thomas Giegerich. Baden-Baden 2021 (ZEuS-Sonderband), S. 1–14

Gilcher-Holtey, Bewegung: Ingrid Gilcher-Holtey: Die 68er Bewegung. Deutschland, Westeuropa, USA. München [5]2017

Gilcher-Holtey, Ereignis: 1968 – vom Ereignis zum Gegenstand der Geschichtswissenschaft. Hg. von Ingrid Gilcher-Holtey. Göttingen 1998 (Geschichte und Gesellschaft, Sonderheft; 17)

Gilcher-Holtey, Wahrnehmungsrevolution: „1968" – eine Wahrnehmungsrevolution? Horizont-Verschiebungen des Politischen in den 1960er und 1970er Jahren. Hg. von Ingrid Gilcher-Holtey. München 2013 (Zeitgeschichte im Gespräch; 17)

Gilcher-Holtey, Zeitreise: Ingrid Gilcher-Holtey: 1968. Eine Zeitreise. Frankfurt/M. 2008

Giersch, Ausbruch: Volker Giersch: Ausbruch aus dem Teufelskreis. In: Saarwirtschaft 6 (1988), S. 315

Giersch, Land: Volker Giersch: Land im Wandel. 65 Jahre Wirtschaftspolitik und Strukturwandel an der Saar. Strukturkrisen, Ansiedlungserfolge, Standortaufwertung und Wirtschaftsförderung. Saarbrücken 2021

Goldschmidt/von Klinckowstroem, Liefmann-Keil: Nils Goldschmidt/Wendula von Klinckowstroem: Elisabeth Liefmann-Keil. Eine frühe Ordoliberale in dunkler Zeit. Freiburg 2004 (Freiburger Diskussionspapiere zur Ordnungsökonomik; 04/9)

Götz, Gestaltungsmöglichkeiten: Wolfgang Götz: Gestaltungsmöglichkeiten von Studienbeitragssystemen und deren Auswirkungen auf die universitäre Hochschulbildung. München 2014 (Studien zur Hochschulforschung; 85)

Grandval, Grandval: Bertrand Grandval: Gilbert Grandval. In: Die Saar 1945–1955/La Sarre 1945–1955. Ein Problem der europäischen Geschichte/Un problème de l'histoire européenne. Hg. von Rainer Hudemann, Raymond Poidevin und Armin Heinen. Unter Mitarbeit von Thomas Kees. Berlin [3]2022, S. 171–174

Grewenig, Wandplastik: Meinrad Maria Grewenig: Wandplastik. In: Kunst auf dem Campus. Hg. von Jörg Pütz und Henry Keazor. Unter Mitarb. von Urszula Czymerska. Merzig 2012, S. 40f.

Gröppel-Klein, Geschichte: Andrea Gröppel-Klein: Geschichte der BWL – Die Konsumentenverhaltensforschung in Marketing und Betriebswirtschaftslehre. In: Produktion, OR, Innovation, Marketing, Finanzierung, Nachhaltigkeit, ÖBWL, Internationales Management. Hg. von Wenzel Matiaske und Dieter Sadowski. Wiesbaden 2022 (Ideengeschichte der BWL; 2), S. 179–212

Großmann, Internationale: Johannes Großmann: Die Internationale der Konservativen. Transnationale Elitenzirkel und private Außenpolitik in Westeuropa seit 1945. München 2014 (Studien zur Internationalen Geschichte; 35)

Grote, Kaufmann: Stefan Grote: Arthur Kaufmann, Strafrechtslehrer und Rechtsphilosoph. In: Baden-württembergische Biographien, Bd. VII. Stuttgart 2019, S. 280–284

Grupp, Autexier: Klaus Grupp: Christian Autexier – französischer Professor in Deutschland. In: Akademische Gedenkfeier für Universitätsprofessor Dr. Christian Autexier 14. Dezember 2012. Saarbrücken 2013 (Universitätsreden; 98), S. 13–15

Grüttner, Lexikon: Michael Grüttner: Biographisches Lexikon zur nationalsozialistischen Wissenschaftspolitik. Heidelberg 2004 (Studien zur Wissenschafts- und Universitätsgeschichte; 6)

Guinier, Barriol: Georges Guinier: Jean Barriol. In: Association Amicale de Secours des Anciens Elèves de l'Ecole Normale Supérieure 83 (1991), S. 336–338

Habermas, Demokratisierung: Jürgen Habermas: Demokratisierung der Hochschule. In: Demokratisierung in Staat und Gesellschaft. Hg. von Martin Greiffenhagen. München 1973 (Piper-Sozialwissenschaft; 19: Reader zur Politologie, Soziologie und Ökonomie), S. 338–344

Hagenau, Universität: Bernd Hagenau: Für Universität und Land. Ein Blick auf 50 Jahre Bibliotheksgeschichte. In: 50 Jahre Universitätsbibliothek des Saarlandes. Hg. von Christine Hohnschopp und Bernd Hagenau. St. Ingbert 2000 (Schriften der Saarländischen Universitäts- und Landesbibliothek; 7), S. 11–26

Hagenau/Hohnschopp/Schäpermeier, Was lange währt: Bernd Hagenau, Christine Hohnschopp und Anne Schäpermeier: Was lange währt … Der Umbau der Saarländischen Universitäts- und Landesbibliothek. In: BuB. Forum für Bibliothek und Information 65 (2013), Nr. 1, S. 59–62

Hammerstein, Geschichte: Notker Hammerstein: Zur Geschichte der Johann Wolfgang Goethe-Universität zu Frankfurt am Main. In: Wissenschaftsgeschichte seit 1900. 75 Jahre Universität Frankfurt. Frankfurt/M. 1992, S. 124–141

Harres, Sportpolitik: Wolfgang Harres: Sportpolitik an der Saar 1945–1947. Saarbrücken [2]1999

Hartmann, Eliten: Michael Hartmann: Eliten und Macht in Europa. Ein internationaler Vergleich. Frankfurt/M./New York 2007

Hartz, Schrempf: Rainer Hartz: Walter Schrempf/Otto Herbert Hajek. Studentenhaus der Universität des Saarlandes, 1965–1970. In: Mon Trésor – Europas Schatz im Saarland. Ausstellungskatalog Weltkulturerbe Völklinger Hütte. Hg. von Ralf Beil und Frank Krämer. Esslingen 2020, S. 314–317

Hasselmann, Loew: Constanze Hasselmann: Prof. Dr. Friedrich Loew. Vita eines deutschen Neurochirurgen. Diss., Lübeck 2006

Havener, Ich: Thorsten Havener: Ich weiß, was du denkst. Das Geheimnis, Gedanken zu lesen. Reinbek [6]2009

Hechler/Henke/Pasternack, Konzepte: Daniel Hechler/Justus Henke/Peer Pasternack: Ökonomisch inspirierte Konzepte. In: Die Ideen der Universität. Hochschulkonzepte und hochschulrelevante Wissenschaftskonzepte. Hg. von Peer Pasternack, Daniel Hechler und Justus Henke. Bielefeld 2018, S. 135–163

Heinen, Hinweise: Armin Heinen: Statistische Hinweise zur Entwicklung der Universität des Saarlandes 1948–1988. In: Universität des Saarlandes 1948–1988. Hg. im Auftr. des Universitätspräsidenten von Armin Heinen und Rainer Hudemann, Saarbrücken [2]1989, S. 161–192

Heinen, Sachzwänge: Armin Heinen: Sachzwänge, politisches Kalkül, konkurrierende Bildungstraditionen. Die Geschichte der Universität des Saarlandes 1945–1955. In: Universität des Saarlandes 1948–1988. Hg. im Auftr. des Universitätspräsidenten von Armin Heinen und Rainer Hudemann. Saarbrücken [2]1989, S. 21–62

Heinen, Voraussetzungen: Armin Heinen: Von den Voraussetzungen geschichtswissenschaftlichen Arbeitens und den Erträgen der Forschung. In: Die Saar 1945–1955/La

Sarre 1945–1955. Ein Problem der europäischen Geschichte / Un problème de l'histoire européenne. Hg. von Rainer Hudemann, Raymond Poidevin und Armin Heinen. Unter Mitarbeit von Thomas Kees. Berlin [3]2022, S. 1–29

Heinen/Hudemann, Universität: Universität des Saarlandes 1948–1988. Hg. im Auftr. des Universitätspräsidenten von Armin Heinen und Rainer Hudemann. Saarbrücken [2]1989

Heinle/Heinle, Bauen: Erwin Heinle/Thomas Heinle: Bauen für Lehre und Forschung. Stuttgart/München 2011

Heinrichs, Geschichte: H. E. Heinrichs: Aus der Geschichte der Universitätsstadt Homburg. In: Der Student an der Saar 1 (1948), Nr. 4, S. 14

Heinz, Gründerzeit: Joachim Heinz: Aus der Gründerzeit der Universität des Saarlandes. Der Homburger Studentenstreik im Mai 1948. In: Universität des Saarlandes 1948–1988. Hg. im Auftr. des Universitätspräsidenten von Armin Heinen und Rainer Hudemann. Saarbrücken [2]1989, S. 63–72

Held, Geschichte: Geschichte der Zusammenarbeit der Rechenzentren in Forschung und Lehre. Vom Anfang des Informationszeitalters in Deutschland. Hg. von Wilhelm Held. Bd. 1: Vom Betrieb der ersten Rechner bis zur heutigen Kommunikation und Informationsverarbeitung (Wissenschaftliche Schriften der WWU Münster. Reihe 19; 1). Münster 2009 und Bd. 2: ZKI, Rechnerverbünde, Anwendervereine und Anwendungen sowie Ereignisse, Erkenntnisse und Kurioses. Münster 2018 (Wissenschaftliche Schriften der WWU Münster. Reihe 19; 4)

Herbert, Geschichte: Ulrich Herbert: Geschichte Deutschlands im 20. Jahrhundert. München 2014 (Europäische Geschichte im 20. Jahrhundert)

Herrmann, Dauerkrise: Hans-Christian Herrmann: Das Saarland als Bundesland – trotz Dauerkrise auch eine Geschichte der Erfolge. In: Das Saarland. Geschichte einer Region. Hg. vom Verein für die Saargegend e.V. durch Hans-Christian Herrmann und Johannes Schmitt. St. Ingbert 2021, S. 339–398

Herrmann, Röder: Hans-Christian Herrmann: Franz Josef Röder. Das Saarland und seine Geschichte. St. Ingbert 2017

Herrmann, Saarland: Das Saarland: Geschichte einer Region. Hg. von Hans-Christian Herrmann. St. Ingbert 2012

Herrmann, Strukturwandel: Hans-Christian Herrmann: Strukturwandel an der Saar. Trotz Erfolgen am Ende ein Land im dauerhaften Finanznotstand. In: Die Strukturkrise an der Saar und ihr langer Schatten. Bilanz und Perspektiven von Montanregionen im europäischen Vergleich. Hg. von Hans-Christian Herrmann. St. Ingbert 2020, S. 81–125

Herrmann, Wiederaufbau: Hans-Christian Herrmann: Vom Wiederaufbau zur Landeshauptstadt, Europastadt und Grenzmetropole (1945–1974). In: Geschichte der Stadt Saarbrücken, Bd. 2: Von der Zeit des stürmischen Wachstums bis zur Gegenwart. Hg. von Rolf Wittenbrock. Saarbrücken 1999, S. 339–452

Hiery/Gulden, Geburt: Geburt des Hephaistos. Ausstellung vom 4.12.2008 bis 4.1.2009 im Saarländischen Künstlerhaus Saarlouis / Oswald Hiery im Gespräch mit Alfred Gulden. Saarbrücken 2008

Hochberg/Wild/Bastiaens, Hochschulen: Jana Hochberg/Rüdiger Wild/Theo J. Bastiaens: Hochschulen der Zukunft. Anforderungen der Digitalisierung an Hochschulen, hochschulstrategische Prozesse und Hochschulbildungspolitik. Münster 2019

Hodenberg, Achtundsechzig: Christina von Hodenberg: Das andere Achtundsechzig. Gesellschaftsgeschichte einer Revolte. München 2018

Homer, Ilias: Homer: Ilias. Griechisch-Deutsch. Mit Urtext, Anhang und Registern. Übertragen von Hans Rupé. Berlin [16]2014

Hönn, Axt: Günther Hönn: Die Axt im Stadtwald. In: Campus 26 (1996), Sonderausgabe 23, Mai 1996, S. 1–3

Horras, Geburtstag: Joachim Emilian Horras: Zum 80. Geburtstag von Prof. August-Wilhelm Scheer – Die herausragende Lebensleistung des profilierten Wissenschaftlers und Entrepreneurs. In: OPUS. Kulturmagazin der Großregion 14 (2021), Juli/August, S. 148f.

Horstmann/Müller, Kraft: „Mit innerer Kraft und mit dem Segen Gottes wirksam sein" – Betrachtungen zur Geschichte der Evangelischen Studierendengemeinde des Saarlandes zwischen gestern und heute. 1956–2006. Hg. von Kai Horstmann und Wolfgang Müller. Saarbrücken 2006

Hoth/Müller, Symposium: Markus Hoth/Wolfgang Müller: Internationales Homburger Physiologisches Symposium [zum 65. Geburtstag von Prof. Dr. Irene Schulz]. In: Saarländisches Ärzteblatt 59 (2006), Nr. 3, S. 14f.

Hudemann, Kulturpolitik: Rainer Hudemann: Kulturpolitik im Spannungsfeld der Deutschlandpolitik. Frühe Direktiven für die französische Besatzung in Deutschland. In: Frankreichs Kulturpolitik in Deutschland. Hg. von Franz Knipping, Jacques Le Rider und Karl Mayer. Tübingen 1987, S. 15–31

Hudemann, Saar: Rainer Hudemann: Die Saar zwischen Frankreich und Deutschland 1945–1947. In: Die Saar 1945–1955 / La Sarre 1945–1955. Ein Problem der europäischen Geschichte / Un problème de l'histoire européenne. Hg. von Rainer Hudemann, Raymond Poidevin und Armin Heinen. Unter Mitarbeit von Thomas Kees. Berlin [3]2022, S. 35–59

Hudemann, Saarland: Rainer Hudemann: Das Saarland und die Neubegründung der deutsch-französischen Zusammenarbeit nach dem Zweiten Weltkrieg. In: Zäsuren und Kontinuitäten an der Saar 1815–1935–1955. Hg. von Gabriele Clemens. Saarbrücken 2017, S. 145–159

Hudemann, Wiederaufbau: Rainer Hudemann: Wiederaufbau und Interessenpolitik. Zu den politischen Rahmenbedingungen der Gründung der Universität des Saarlandes. In: Universität des Saarlandes 1948–1988. Hg. im Auftr. des Universitätspräsidenten von Armin Heinen und Rainer Hudemann. Saarbrücken ²1989, S. 7–20

Hummel, Auszüge: Gert Hummel: Auszüge aus den im Universitätsarchiv verwahrten Jahresberichten 1987–1997 des Initiators und langjährigen Beauftragten des Universitätspräsidenten für die Partnerschaft mit der Universität Tiflis. Ausgewählt von Wolfgang Müller. In: 25 Jahre Partnerschaft Universität des Saarlandes – Staatliche Ivane-Iavachischvili-Universität Tbilissi / Tiflis (Georgien). 1983–2008. Festakt zum Partnerschaftsjubiläum am 29. Juni 2009 in Tiflis. Hg. von der Universität des Saarlandes. Saarbrücken 2009 (Universitätsreden; 81), S. 53–59

Hummel, Gedenkfeier: Gedenkfeier für Bischof Prof. Lic. theol. Dr. phil. Dr. h.c. mult. Gert Hummel – 3. Juni 2004. Saarbrücken 2004 (Universitätsreden; 56)

Hunt, Carreras: José Carreras – A Life Story. A Documentary by Chris Hunt. London 1991

Hüser, Saar: Dietmar Hüser: Die Saar in den internationalen Beziehungen nach dem Zweiten Weltkrieg – Ungewisse Planspiele, zögerliche Praxis und funktionales Potential in einem nachgeordneten Politikfeld. In: Grenz-Fall. Das Saarland zwischen Frankreich und Deutschland 1945–1960. Hg. von Rainer Hudemann, Burkhard Jellonnek und Bernd Rauls. Unter Mitarbeit von Marcus Hahn. St. Ingbert 1997 (Schriftenreihe Geschichte, Politik & Gesellschaft der Stiftung Demokratie Saarland; 1), S. 97–120

Hüser, Saar-Politik: Dietmar Hüser: Die Saar-Politik und die deutsch-französische Geschichte an der Grenze – Herausforderungen, Handlungsmargen, „Frankreich-Strategien" in Völkerbunds-, Saarstaats- und frühen Bundeslandzeiten. In: „Alles Frankreich oder was?" Die saarländische Frankreichstrategie im europäischen Kontext. Interdisziplinäre Zugänge und kritische Perspektiven / „La France à toutes les sauces?" La „stratégie France" de la Sarre dans le contexte européen. Approches interdisciplinaires et perspectives critiques. Hg. von Hans-Jürgen Lüsebrink, Claudia Polzin-Haumann und Christoph Vatter. Bielefeld 2017 (Frankreich-Forum; 15), S. 39–66

Hüser, Strukturgeschichte: Dietmar Hüser: Struktur- und Kulturgeschichte französischer Außenpolitik im Jahre 1945 – Für eine methodenbewusste Geschichte der internationalen Beziehungen. In: Historische Mitteilungen 16 (2003), S. 155–170

Hüser, Vorwort 2017: Hüser, Dietmar: Vorwort der Leitung. In: Jahresbericht des Frankreichzentrums 2017, S. 5

Hüser, Vorwort 2019/20: Hüser, Dietmar: Vorwort des geschäftsführenden Direktors. In: Jahresbericht des Europakollegs CEUS 2019/20, S. 4

Hüther, Diversität: Frank Hüther: Diversität und Korpsgeist. Die Berufung der ersten Mainzer Professoren. In: 75 Jahre Johannes Gutenberg-Universität Mainz: Universität in der demokratischen Gesellschaft. Hg. vom Präsidenten der Johannes Gutenberg-Universität Mainz. Regensburg 2021, S. 364–377

Imhof, Bologna: Bologna emeritus? 20 Jahre hochschulpolitische Integration Europas. Analyse und Kritik. Hg. von Franz-Dominik Imhof. Bielefeld 2019 (GEW-Materialien aus Hochschule und Forschung; 125)

Jahr, Fakultät: Günther Jahr. Die Rechts- und Wirtschaftswissenschaftliche Fakultät. In: Universität des Saarlandes 1948–1988. Hg. im Auftr. des Universitätspräsidenten von Armin Heinen und Rainer Hudemann. Saarbrücken ²1989, S. 73–87

Jahresabschluss … s. Auflistung der Offiziellen Berichte unter Nr. 1

Jahresbericht … s. Auflistung der Offiziellen Berichte unter Nr. 1

Jantzen, Krings: Jörg Jantzen: Nachruf Hermann Krings. In: Akademie Aktuell 4 (2004), Nr. 1, S. 24–26

Jarausch, Humboldt-Syndrom: Konrad H. Jarausch: Das Humboldt-Syndrom. Die westdeutschen Universitäten 1945–1989 – Ein akademischer Sonderweg? In: Mythos Humboldt. Vergangenheit und Zukunft deutscher Universitäten. Hg. von Mitchell G. Ash. Wien/Köln/Weimar 1999, S. 58–79

Jessen, Massenausbildung: Ralph Jessen: Massenausbildung, Unterfinanzierung und Stagnation. Ost- und westdeutsche Universitäten in den siebziger und achtziger Jahren. In: Gebrochene Wissenschaftskulturen. Universität und Politik im 20. Jahrhundert. Hg. von Michael Grüttner u. a. Göttingen 2010, S. 261–278

John, Symbolpolitik: Jürgen John: „Nutzlose Symbolpolitik"? Universitäre Namen, Namensvergaben und Namensdebatten in Deutschland. Eine typologische Übersicht mit Fallbeispielen. In: Ambivalente Orte der Erinnerung an deutschen Hochschulen. Hg. von Joachim Bauer u. a. Stuttgart 2016 (Quellen und Beiträge zur Geschichte der Universität Jena; 13), S. 139–193

Kaufmann, Trauerfeier: Arthur Kaufmann. Trauerfeier am 20. April 2001. Heidelberg 2001

Kavgić, Schulkinder: Sadija Kavgić: Fahren Schulkinder jetzt nach Metz? Chronik der Zerstörung des Botanischen Gartens in Saarbrücken. In: Saarbrücker Hefte 67 (2021), Nr. 123, S. 29–33

Keazor, Justitia: Henry Keazor: Justitia und Hermes. In: Kunst auf dem Campus. Hg. von Jörg Pütz und Henry Keazor. Unter Mitarb. von Urszula Czymerska. Merzig 2012, S. 112–115

Keazor, Solarplastik: Henry Keazor: Solarplastik 1996. In: Kunst auf dem Campus. Hg. von Jörg Pütz und Henry Keazor. Unter Mitarb. von Urszula Czymerska. Merzig 2012, S. 32f.

Keazor, Torque: Henry Keazor: Torque. In: Kunst auf dem Campus. Hg. von Jörg Pütz und Henry Keazor. Unter Mitarb. von Urszula Czymerska. Merzig 2012, S. 138f.

Keazor, Wandgestaltung: Henry Keazor: Wandgestaltung. In: Kunst auf dem Campus. Hg. von Jörg Pütz und Henry Keazor. Unter Mitarb. von Urszula Czymerska. Merzig 2012, S. 184–85

Keller, Hochschulreform: Andreas Keller: Hochschulreform und Hochschulrevolte. Selbstverwaltung und Mitbestimmung in der Ordinarienuniversität, der Gruppenhochschule und der Hochschule des 21. Jahrhunderts. Marburg 2000 (Reihe Hochschule; 4)

Kirchmeier, Hochschulreferent: Johannes Kirchmeier: Der erste Hochschulreferent der Studentenschaft, Johannes Kirchmeier, blickt vier Jahrzehnte zurück. In: Champus 15 (2000), Oktober, S. 36–40

Kißener, Kontinuität: Michael Kißener: Kontinuität oder Wandel? Die erste Professorengeneration der Johannes Gutenberg-Universität Mainz. In: Ut omnes unum sint. Teil 1: Gründungspersönlichkeiten der Johannes Gutenberg-Universität. Hg. von Michael Kißener. Stuttgart 2005 (Beiträge zur Geschichte der Johannes-Gutenberg-Universität Mainz, N.F.; 2), S. 97–123

Klee, Personenlexikon: Ernst Klee: Das Personenlexikon zum Dritten Reich. Wer war was vor und nach 1945. Frankfurt/M. 2005

Kleimann, Universitätsorganisation: Bernd Kleimann: Universitätsorganisation und präsidiale Leitung – Führungspraktiken in einer multiplen Hybridorganisation. Wiesbaden 2016 (Organization & Public Management)

Klein, Erinnerungen: Hanns Klein: Erinnerungen an den Homburger Studentenstreik im Mai 1948. In: Champus 16 (2001), Dezember, S. 37–39

Klein, Forum: Almuth Klein: Forum. In: Von der Flak-Kaserne zum Glashaus. Mainzer Universitäts-Architektur 1938–1998. Hg. von Birgit Kita u. a. Stuttgart 2008 (Beiträge zur Geschichte der Johannes-Gutenberg-Universität Mainz, N.F.; 6), S. 13–22

Klimmt, Grenze: Reinhard Klimmt: Auf dieser Grenze lebe ich. Die sieben Kapitel der Zuneigung. Blieskastel [4]2009

Klimmt, Minirock: Minirock und Literbombe. Das Saarland in den 1960er Jahren. Hg. von Reinhard Klimmt. Köln 2018

Klimmt, Rückblick: Yannic Abel u. a.: „Die emotionale Wucht hat viel verändert“. Auf den Spuren der 68er im Saarland. In: Zeitschrift für die Geschichte der Saargegend 63 (2015), S. 85–110 (darin: Reinhard Klimmt: Rückblick eines späteren Ministerpräsidenten. „Wir zogen mit der Zeit“, S. 102–110)

Knoch/Jessen/Ullmann, Neue Universität: Die Neue Universität zu Köln. Ihre Geschichte seit 1919. Hg. von Habbo Knoch, Ralph Jessen und Hans-Peter Ullmann. Köln/Wien/Weimar 2019

König, Meinung: Alexander König: Wir können Ihnen diese Entscheidung nicht abnehmen und Ihnen Ihre politische Meinung vorschreiben. „Studentenbewegung“ und „1968“ in Saarbrücken. In: Saarbrücker Hefte 49 (2003), Nr. 90, S. 21–28

Kraushaar, 1968: Wolfgang Kraushaar: 1968. Das Jahr, das alles verändert hat. München/Zürich [2]1998

Kraushaar, Bewegung: Wolfgang Kraushaar: Die 68er-Bewegung international. Eine illustrierte Chronik. Ein Projekt der Hamburger Stiftung zur Förderung von Wissenschaft und Kultur, 4 Bde. Stuttgart 2018

Kraushaar, Flecken: Wolfgang Kraushaar: Die blinden Flecken der 68er-Bewegung. Stuttgart 2018

Kraushaar, Mythos: Wolfgang Kraushaar: 1968 als Mythos, Chiffre und Zäsur. Hamburg 2000

Krebs, Universität: Gerhild Krebs: Universität des Saarlandes. In: Stätten grenzüberschreitender Erinnerung – Spuren der Vernetzung des Saar-Lor-Lux-Raumes im 19. und 20. Jahrhundert / Lieux de la mémoire transfrontalière – traces et réseaux dans l'espace Sarre-Lor-Lux aux 19e et 20e siècles. Hg. von Rainer Hudemann. Unter Mitarbeit von Marcus Hahn, Gerhild Krebs und Johannes Großmann. Saarbrücken 2002, 3., technisch überarbeitete Auflage 2009. Publiziert als CD-ROM sowie online unter https://web.archive.org/web/20230403130336/http://www.memotransfront.uni-saarland.de/

Krings, Reminiszenzen: Hermann Krings: Saarbrücker Reminiszenzen. In: Magazin Forschung 6 (1995), Nr. 1, S. 55–58

Krockow, Erinnerungen: Christian Graf von Krockow: Erinnerungen. Zu Gast in drei Welten. Stuttgart 2000

Kühn/Contier/Silvanus, Impressionen: Edgar Kühn/Winfried Contier/Wilhelm Silvanus: Studentische Impressionen und Reminiszenzen aus den frühen fünfziger Jahren an der Universität des Saarlandes. In: Zeitschrift für die Geschichte der Saargegend 44 (1996), S. 252–266

Kulenkampff, Entwicklung: Helmut Kulenkampff: Die Entwicklung der Medizinischen Fakultät. In: Universität des Saarlandes 1948–1973. Hg. vom Präsidenten der Universität des Saarlandes. Saarbrücken o.J., S. 81–89

Kulturabkommen 1948 s. Auflistung der Rechtsnormen unter Nr. 3

Küppers, Bildungspolitik: Heinrich Küppers: Bildungspolitik im Saarland 1945–1955. Saarbrücken 1984 (Veröffentlichungen der Kommission für saarländische Landesgeschichte und Volksforschung; 14)

Lampe, Gemälde: Franziska Lampe: Gemälde & Portrait Edith Stein. In: Kunst auf dem Campus. Hg. von Jörg Pütz und Henry Keazor. Unter Mitarb. von Urszula Czymerska. Merzig 2012, S. 126f.

Lampe, Wandgestaltung: Franziska Lampe: Wandgestaltung. In: Kunst auf dem Campus. Hg. von Jörg Pütz und Henry Keazor. Unter Mitarb. von Urszula Czymerska. Merzig 2012, S. 140f.

Lampl, Architekt: Sabine Lampl: Der Architekt Richard Döcker (1894–1968) – Zu Leben und Werk. In: 50 Jahre Universitätsbibliothek des Saarlandes. Hg. von Christine Hohnschopp und Bernd Hagenau. St. Ingbert 2000 (Schriften der Saarländischen Universitäts- und Landesbibliothek; 7), S. 43–49

Lamprecht, Entwicklung: Erich Lamprecht: Die Entwicklung der Mathematisch-Naturwissenschaftlichen Fakultät. In: Universität des Saarlandes 1948–1973. Hg. vom Präsidenten der Universität des Saarlandes. Saarbrücken o.J., S. 99–106

Landesregierung, Innovationsstrategie: Innovationsstrategie für das Saarland. Hg. von der Landesregierung des Saarlandes. Saarbrücken 2001

Langenfeld, Ress: Christine Langenfeld: Georg Ress zum 70. Geburtstag. In: Archiv des öffentlichen Rechts 130 (2005), Nr. 1, S. 1–4

Laufer, Saarbecken: Wolfgang Laufer: Saarbecken, Saargegend, Saargebiet. Wie unser Land im Laufe eines Jahrhunderts zu seinem Namen kam. In: Saargeschichten 3 (2007), Nr. 2, S. 2–4

Laux, Quelque chose: Stephan Laux: „Quelque chose d'assez mystérieux". Die gescheiterte Universitätsgründung in Trier 1945–1948. Motive, Planungen, Reaktionen. Trier 2020 (Publikationen aus dem Stadtarchiv Trier; 9)

Leber, Automedon: Manfred Leber: Kennen Sie Automedon? In: Campus 35 (2005), Nr. 1, S. 6f.

Leber, Skulptur: Manfred Leber: Serras bislang größte Skulptur auf dem Saarbrücker Campus errichtet. In: Campus 22 (1992), Nr. 3, S. 1–3

Leicht, Lage: Robert Leicht: Zur Lage der Universität. Bericht über ein Gespräch mit dem Rektor Werner Maihofer. In: Speculum 14 (1968), Nr. 1, S. 2f.

Leiverkus, Wunsch: Yvonne Leiverkus: „Wunsch und wissenschaftliche Neigung liessen mich den Archivberuf ergreifen." Edith Ennen (1907–1999). Archivarin und Historikerin. In: Doch plötzlich jetzt emanzipiert will Wissenschaft sie treiben. Frauen an der Universität Bonn (1818–2018). Hg. von Andrea Stieldorf, Ursula Mättig und Ines Neffgen. Göttingen 2018 (Bonner Schriften zur Universitäts- und Wissenschaftsgeschichte; 9), S. 165–191

Lemmes, Zwangsarbeit: Fabian Lemmes: Zwangsarbeit in Saarbrücken. Stadtverwaltung, lokale Wirtschaft und der Einsatz ausländischer Zivilarbeiter und Kriegsgefangener 1940–1945. St. Ingbert 2004

Leppien, Landeskrankenhaus: Rudolf Leppien: Das Landeskrankenhaus Homburg-Saar. Keimzelle der Universität des Saarlandes. In: Saarheimat 19 (1975), S. 149–155

Lillig, Garten: Martin Lillig: Botanischer Garten geschlossen. Armutszeugnis für das Saarland. In: Umweltmagazin Saar 14 (2016), Nr. 2, S. 26

Limburg, Präsident: Ludwig Limburg: Präsident der Studentenschaft 1948–1949. In: Studentische Impressionen aus den frühen Jahren der Universität des Saarlandes. Hg. von Wolfgang Müller. Saarbrücken 2006, S. 16–23

Linneweber, Grußwort: Volker Linneweber: Grußwort des Universitätspräsidenten. In: Keio-Tage 2014. Medizinrechtliches Symposium an der Universität des Saarlandes. Japanisch-Deutsche Konferenz vom 12. bis 14. Mai 2014. Hg. von Annemarie Matusche-Beckmann. Saarbrücken 2018 (Iurisprudentia saraviensis; 7), S. V-VII

Linneweber, Würdigung: Volker Linneweber: Würdigung. In: Akademische Gedenkfeier zu Ehren von Herrn Universitätsprofessor Dr. Rolf Hachmann am 28. November 2014. Saarbrücken 2021 (Universitätsreden; 121), S. 7–10

Linsmayer, Geburt: Die Geburt des Saarlandes. Zur Dramaturgie eines Sonderwegs. Hg. von Ludwig Linsmayer. Saarbrücken 2007 (Echolot. Historische Beiträge des Landesarchivs Saarbrücken; 3)

Linsmayer, Gründervisionen: Ludwig Linsmayer: Gründervisionen. Politik und Kultur im Saarstaat (1947–1955). In: Die Geburt des Saarlandes. Zur Dramaturgie eines Sonderwegs. Hg. von Ludwig Linsmayer. Saarbrücken 2007 (Echolot. Historische Beiträge des Landesarchivs Saarbrücken; 3), S. 19–101

Linsmayer/Reichelt, Saarland: Ludwig Linsmayer/ Bernd Reichelt: Das autonome Saarland 1945–1956. In: Das Saarland. Geschichte einer Region. Hg. vom Historischen Verein für die Saargegend e. V. durch Hans-Christian Herrmann und Johannes Schmitt. St. Ingbert 2012, S. 313–338

Loebens, Streitfall: Uwe Loebens: Ein Streitfall. Richard Serras „Torque" an der Universität des Saarlandes. In: Kunst im öffentlichen Raum – Saarland, Bd. 2: Universität des Saarlandes 1945 bis 1999. Aufsätze und Dokumentation. Campus Saarbrücken, Campus Homburg, Universitätskliniken des Saarlandes. Hg. von Jo Enzweiler. Saarbrücken 1999, S. 55–60

Loebens, Torque: Uwe Loebens: Torque. Richard Serra. Dokumentation zu der Großskulptur auf dem Campus der Universität des Saarlandes. Saarbrücken 1993 (Schriftenreihe des Instituts für aktuelle Kunst im Saarland an der Hochschule der Bildenden Künste Saar Saarlouis; 2)

Löffler, Rückblicke: Klaus Löffler: Rückblicke. In: 50 Jahre Universitätsbibliothek des Saarlandes. Hg. von Christine Hohnschopp und Bernd Hagenau. St. Ingbert 2000 (Schriften der Saarländischen Universitäts- und Landesbibliothek; 7), S. 165–172

Lorenz, Lafontaine: Robert Lorenz: Oskar Lafontaine. Portrait eines Rätselhaften. Münster 2013

Loth, Revolution: Wilfried Loth: Fast eine Revolution. Der Mai 68 in Frankreich. Frankfurt/M./New York 2018

Lotto-Kusche, Völkermord: Sebastian Lotto-Kusche: Der Völkermord an den Sinti und Roma und die Bundesrepublik. Der lange Weg zur Anerkennung 1949–1990. Berlin 2022 (Schriftenreihe der Vierteljahrshefte für Zeitgeschichte; 125)

Lundgreen, Berufliche Schulen: Peer Lundgreen: Berufliche Schulen und Hochschulen in der Bundesrepublik Deutschland 1949–2001. Göttingen 2008 (Datenhandbuch zur deutschen Bildungsgeschichte; 8).

Maihofer, Universitätsgesetz: Werner Maihofer: Vom Universitätsgesetz 1957 zur Verfassungsreform 1969. Persönliche Erinnerungen an eine bewegte Zeit der Universität des Saarlandes. In: Jahrbuch für westdeutsche Landesgeschichte 22 (1996), S. 373–403

Mälzer, Chance: Moritz Mälzer: „Die große Chance, wie einstens die Berliner Universität so heute eine Modell-Universität zu schaffen". Die frühen 1960er Jahre als Universitätsgründungszeiten. In: Universitätsreformen vom Mittelalter bis zur Gegenwart. Hg. von Rainer Christoph Schwinges. Stuttgart 2010 (Jahrbuch für Universitätsgeschichte; 13), S. 73–92

Mantel, Betriebswirtschaftslehre: Peter Mantel: Betriebswirtschaftslehre und Nationalsozialismus. Eine institutionen- und personengeschichtliche Studie. Wiesbaden 2010

Marti, Trau keinem: Roland Marti: Trau keinem über dreißig!? In: 30 Jahre Partnerschaft St.-Kliment-Ochridski-Universität Sofia – Universität des Saarlandes. Beiträge zum Festakt in Saarbrücken am 7. Dezember 2010. Hg. von der Universität des Saarlandes. Saarbrücken 2011 (Universitätsreden; 90), S. 25–32

Martinek/Zentes, Reden: Reden der akademischen Trauerfeiern für Werner Pommerehne, Werner Kroeber-Riel, Bruno Tietz. Zum Leben und zum Werk der Verstorbenen. Hg. von Michael Martinek und Joachim Zentes. Stuttgart 1997

Masterplan UKS: Masterplan zur baulichen und funktionellen Entwicklung des Universitätsklinikums des Saarlandes und der Medizinischen Fakultät der Universität des Saarlandes am Campus Homburg. Erstellt von Nickl & Partner Architekten AG. München 2007

Matheus, Universität: Michael Matheus: Die „alte" Universität Mainz und ihre Bedeutung für die Wiedergründung 1946. In: 75 Jahre Johannes Gutenberg-Universität Mainz. Universität in der demokratischen Gesellschaft. Hg. vom Präsidenten der Johannes Gutenberg-Universität Mainz. Regensburg 2021, S. 27–36

Mayer, Universitäten: Alexander Mayer: Universitäten im Wettbewerb. Deutschland von den 1980er Jahren bis zur Exzellenzinitiative. Stuttgart 2019 (Wissenschaftskulturen. Reihe III, Pallas Athene; 52)

Mbia, DaF-Unterricht: Mbia, Claude-Marie-Roger: DaF-Unterricht in Afrika. Chancen, Grenzen, Möglichkeiten. Am Beispiel Kameruns. Diss., Freiburg 1998

Mehlhorn/Waldmann/Wilhelm, Ganzinger: Kurt Mehlhorn, Uwe Waldmann und Reinhard Wilhelm: Harald Ganzinger 31.10.1950 – 3.6.2004. In: Max-Planck-Gesellschaft, Jahrbuch 2005, S. 107f.

Meifort, Dahrendorf: Franziska Meifort: Ralf Dahrendorf. Eine Biographie. München 2017

Meiser, Reden: Reden aus Anlaß der Verabschiedung von Altpräsident Richard Johannes Meiser. Gehalten am 26. Mai 1993. Saarbrücken 1994 (Universitätsreden; 37)

Menger, Pfreundschuh: Michael D. Menger: In memoriam Univ.-Prof. Dr. med. Michael Pfreundschuh. In: Saarländisches Ärzteblatt 71 (2018), Nr. 4, S. 45

Menger/Müller, Feifel: Michael D. Menger/Wolfgang Müller: In memoriam Prof. Dr. Gernot Feifel. In: Saarländisches Ärzteblatt 72 (2019), Heft 5, S. 45

Mertens, Kunst: Melanie Mertens: Kunst und Kaserne. Die Großdeutschlandkaserne in Heidelberg. In: Denkmalpflege in Baden-Württemberg 44 (2015), Nr. 4, S. 209–214

Messerschmidt/Molitor/Steimle, Hotz: Festschrift zum 90. Geburtstag von Prof. Dr. Dr. h.c. mult. Günter Hotz. Hg. von Jan Messerschmidt, Paul Molitor und Jürgen Steimle. Wiesbaden 2022

Metzger u. a., Chronik: Katja Metzger u. a.: Chronik des SWI. Zur Geschichte des Sportwissenschaftlichen Instituts der Universität des Saarlandes. Saarbrücken 2000

Militärisches Bauen: Militärisches Bauen in den 30er und 40er Jahren. Eine Dokumentation der städtebaulichen Strukturen, einzelner Bauwerkstypen und ihrer Teile sowie beispielhafte Lösungen für den Umgang mit der zeitgenössischen Bausubstanz durch die Bundeswehr heute. Im Rahmen der Fachdokumentation „Entwicklung des militärischen Bauens" hg. vom Bundesministerium der Verteidigung. Manuskript erarb. von Thomas Meyer-Bohe. Bonn 2005

Miller/Türeci/Şahin, Projekt: Joe Miller/Özlem Türeci/Uğur Şahin: Projekt Lightspeed. Der Weg zum BioNTech-Impfstoff – und zu einer Medizin von morgen. Hamburg ^{2}2021

Miron/Orthmann/Abramišvili, Unterwegs: Unterwegs zum Goldenen Vlies. Archäologische Funde aus Georgien. Hg. von Andrei Miron, Winfried Orthmann und Mixeili Abramišvili. Stuttgart 1995

Mittelmeier/Hänle, Mittelmeier: Wolfram Mittelmeier/ Maximilian Haenle: Heinz Mittelmeier – Leben für die Orthopädie – Life for Orthopaedics – Vida por la ortopedia. Aachen 2011

Mitterrand, Changer: François Mitterrand: Changer la vie. Programme de gouvernement du Parti Socaliste. Paris 1972

Möhler, Entnazifizierung: Rainer Möhler: Entnazifizierung in Rheinland-Pfalz und im Saarland unter französischer Besatzung von 1945 bis 1952. Mainz 1992 (Veröffentlichungen der Kommission des Landtages für die Geschichte des Landes Rheinland-Pfalz; 17)

Möhler, Reichsuniversität: Rainer Möhler: Die Reichsuniversität Straßburg 1940–1944. Eine nationalsozialistische Musteruniversität zwischen Wissenschaft, Volkstumspolitik und Verbrechen. Stuttgart 2020 (Veröffentlichungen der Kommission für Geschichtliche Landeskunde in Baden-Württemberg. Reihe B, Forschungen; 227)

Müller, 75 Jahre: Wolfgang Müller: 75 Jahre Medizinische Fakultät. In: Saarländisches Ärzteblatt 75 (2022), Nr. 8, S. 31–33

Müller, Affären: Wolfgang Müller: „Affären" und Widerstände. Auseinandersetzungen um die Notstandsgesetze und Widerstand gegen die Universitätsreform in Saarbrücken. In: Evangelische Aspekte 16 (2006), Nr. 1, S. 44–48

Müller, Ägide: Unter der Ägide der Universität Nancy – Streiflichter zur Gründung des Homburger Hochschulinstituts vor 60 Jahren. Hg. von Wolfgang Müller. Saarbrücken 2007, Aktualisierter Nachdruck Saarbrücken 2009

Müller, Alken: Wolfgang Müller: Prof. Dr. Carl Erich Alken (12. Okt. 1909 – 21. Dez. 1986) – Biographische Annäherungen an den Nestor der deutschen Urologie. In: Geschichte der Urologie im Saarland. Hg. von Karl-Michael Gib. Sulzbach 2005, S. 18–41

Müller, Angelloz: Wolfgang Müller: Angelloz, Joseph-François. In: Lexikon der deutsch-französischen Kulturbeziehungen nach 1945. Hg. von Nicole Colin u. a. Tübingen [2]2015, S. 98f.

Müller, Architektur: Bastian Müller: Architektur der Nachkriegszeit im Saarland. Hg. vom Landesdenkmalamt im Ministerium für Umwelt, Energie und Verkehr. Saarbrücken 2011 (Denkmalpflege im Saarland; 4)

Müller, AStA-Akten: Wolfgang Müller: AStA-Akten im Universitätsarchiv. In: Champus 28 (2013), Nr. 3, Juni 2013, S. 4f.

Müller, Beginn: Wolfgang Müller: Vor 50 Jahren: 15. Januar 1946. Beginn der Homburger Hochschulkurse. In: Saarländisches Ärzteblatt 49 (1996), Nr. 1, S. 15–17

Müller, Beibehaltung: Wolfgang Müller: „Nur unter Beibehaltung des übernationalen Universitätscharakters". Eine Denkschrift über die Universität des Saarlandes 1956. In: Zwischen Saar und Mosel. Festschrift für Hans-Walter Herrmann zum 65. Geburtstag. Hg. von Wolfgang Haubrichs, Wolfgang Laufer und Reinhard Schneider. München 1995 (Veröffentlichungen der Kommission für Saarländische Landesgeschichte und Volksforschung; 24), S. 473–485

Müller, Bewegte Geschichte: Wolfgang Müller: Die Universität des Saarlandes. Impressionen aus einer bewegten Geschichte. Erfurt 2017

Müller, Biehl: Müller, Wolfgang: Dieter Biehl: Erinnerungen eines Präsidenten der Studentenschaft um 1955. In: Champus 15 (2000), Nr. 4, S. 36–38

Müller, Brücke: Wolfgang Müller: Die Universität des Saarlandes als Brücke zwischen Frankreich und Deutschland. Aspekte ihrer internationalen Vernetzung. In: 50 Jahre Elysée-Vertrag (1963–2013)/Les 50 ans du traité de l'Elysée (1963–2013). Traditionen, Herausforderungen, Perspektiven/Traditions, défis, perspectives. Hg. von Mechthild Gilzmer, Hans-Jürgen Lüsebrink und Christoph Vatter. Bielefeld 2014 (Frankreich-Forum; 13), S. 234–255

Müller, Buch: Wolfgang Müller: Das „Goldene Buch der Medizinischen Fakultät" der Universität des Saarlandes. In: Saarländisches Ärzteblatt 72 (2019), Nr. 6, S. 33

Müller, Chefredakteur: Wolfgang Müller: Der frühere Chefredakteur der Studentenzeitung „Speculum" erinnert sich an die sechziger Jahre (Interview). In: Champus 16 (2001), Nr. 4, S. 29f.

Müller, Duroselle: Wolfgang Müller: „Un des meilleurs ambassadeurs de notre Université à l'extérieur". Jean-Baptiste Duroselles Wirken an der Universität des Saarlandes 1950–1957. In: Zeitschrift für die Geschichte der Saargegend 45 (1997), S. 201–210

Müller, Ennen: Wolfgang Müller: Erinnerungen – Prof. Dr. Edith Ennen. In: Jubiläumsschrift zum sechzigjährigen Bestehen des Historischen Instituts der Universität des Saarlandes. Hg. vom Historischen Institut der Universität des Saarlandes in Verbindung mit dem Universitätsarchiv. Saarbrücken 2009, S. 95f.

Müller, Entscheidungsspielräume: Folker Müller: Entscheidungsspielräume von Hochschulleitungen in universitären Entscheidungsprozessen. Diss., Flensburg 2019, URL: https://www.zhb-flensburg.de/fileadmin/content/spezial-einrichtungen/zhb/dokumente/dissertationen/mueller-folker/dissertation-mueller-entscheidungsspielraeume-von-hochschulleitungen-in-universitaeren-entscheidungsprozessen30.07.2019.pdf

Müller, Erinnerungskultur: Wolfgang Müller: Erinnerungskultur an der Medizinischen Fakultät der Universität des Saarlandes. Symposium der Paul-Fritsche-Stiftung

Wissenschaftliches Forum und der Medizinischen Fakultät zur Geschichte der Medizin in Homburg in den Jahren 1933–1945. In: Saarländisches Ärzteblatt 69 (2016), Nr. 4, S. 33f.

Müller, Festkultur: Wolfgang Müller: Universitäre Erinnerungs- und Festkultur am Beispiel einer besonderen Nachkriegsgründung – Die Universität des Saarlandes. In: Ambivalente Orte der Erinnerung an deutschen Hochschulen. Hg. von Joachim Bauer u. a. Stuttgart 2016 (Quellen und Beiträge zur Geschichte der Universität Jena; 13), S. 231–254

Müller, Gemeindeleben: Wolfgang Müller: Zwischen Gemeindeleben und Umbruch. Die Evangelischen Studentengemeinden in Bonn, Köln und Saarbrücken um 1968, 3 Teile. In: Monatshefte für Evangelische Kirchengeschichte des Rheinlandes 55 (2006), S. 123–140 (Teil 1), 56 (2007), S. 89–106 (Teil 2) und 57 (2008), S. 73–90 (Teil 3)

Müller, Germanistin: Wolfgang Müller: Eine europäische Germanistin – Marie Louise Roth. In: „Dem verdienten Verständnis begegnen … auf diesem Gebiet der kulturellen Beziehungen". Impressionen zu Verbindungen der Universität des Saarlandes zur Universität Strasbourg und zum Elsaß. In: Terres d'Alsace, Chemins de l'Europe. Mélanges offerts à Bernard Vogler. Textes réunis par Dominique Dinet et François Igersheim. Strasbourg 2003, S. 463–465

Müller, Gestalt: Wolfgang Müller: „Über die zukünftige Gestalt der Saarbrücker Universität" – eine gerade entdeckte Denkschrift Eugen Meyers über den „Ausbau einer neuen deutschen Universität im Westen des deutschen Kulturbodens". In: Zwischen Stadt, Staat und Nation, Festschrift für Hans-Werner Hahn zum 65. Geburtstag, Bd. 2. Hg. von Stefan Gerber u. a. Göttingen 2014, S. 803–817

Müller, Gräser-Kapuano: Wolfgang Müller: Die Universität trauert – Prof. Dr. Lili Gräser-Kapuano verstorben. In: Campus 36 (2006), Nr. 4, S. 43

Müller, Gründung: Wolfgang Müller: Vor 75 Jahren: Gründung des Homburger Hochschulinstituts. In: Saarländisches Ärzteblatt 75 (2022), Nr. 1, S. 27–29

Müller, Heil- und Pflegeanstalt: Wolfgang Müller: Die Pfälzische Heil- und Pflegeanstalt 1909–1922. In: Festschrift 1909–2009. Von der Pfälzischen Heil- und Pflegeanstalt zum Universitätsklinikum des Saarlandes. 100 Jahre. Hg. vom Vorstand des Universitätsklinikums des Saarlandes. Homburg/Saarbrücken 2009, S. 3–14

Müller, Hochschulraum: Peter Müller: Interregionaler Hochschulraum SaarLorLux – Impulse zu grenzüberschreitender Forschung und Lehre. In: Universitäten in europäischen Grenzräumen. Konzepte und Praxisfelder. Ergebnisse eines vom Frankreichzentrum durchgeführten internationalen Kolloquiums im November 2002 in Saarbrücken / Universités et frontières en Europe. Concepts et pratiques. Hg. von Manfred Schmeling und Michael Veith. Bielefeld 2005 (Frankreich-Forum; 5), S. 35–38

Müller, Homeyer: Wolfgang Müller: Älteste Professorin der UdS gestorben – Die klassische Philologin Prof. Dr. Helene Homeyer war eine akademisch engagierte Lehrerin. In: Campus 26 (1996), Nr. 6, S. 19

Müller, Impressionen: Wolfgang Müller: Impressionen zur Studentenschaft in den frühen Jahren 1948–1955 – Organisationen, Aktivitäten, Vernetzungen. In: Von Professorenzirkeln, Studentenkneipen und akademischem Networking. Universitäre Geselligkeiten von der Aufklärung bis zur Gegenwart. Hg. von Matthias Asche und Dietmar Klenke. Köln 2017 (Abhandlungen zum Studenten- und Hochschulwesen; 19), S. 221–239

Müller, Institut: Wolfgang Müller: „Dieses Institut am Leben zu erhalten und zu entwickeln" – Impressionen zur Kooperation der Medizinischen Fakultäten Homburg/Saar und Nancy. In: Unter der Ägide der Universität Nancy – Streiflichter zur Gründung des Homburger Hochschulinstituts vor 60 Jahren. Hg. von Wolfgang Müller. Saarbrücken 2007. Aktualisierter Nachdruck Saarbrücken 2009, S. 4–21

Müller, Jung: Wolfgang Müller: Le Professeur Adolphe Michel Jung (1902–1992). La vie mouvementée d'un chirurgien strasbourgeois. In: Annuaire de la Société des Amis du Vieux Strasbourg 35 (2010), S. 137–147 (Traduction de Petra Roscheck)

Müller, Koller: Wolfgang Müller: Prof. Dr. Gottfried Koller. Aus den Tagebüchern 1945–1959. In: Zeitschrift für die Geschichte der Saargegend 46 (1998), S. 158–181

Müller, Krings: Wolfgang Müller: Die Universität trauert – Prof. Dr. Dr. h.c. Hermann Krings. In: Campus 34 (2004), Nr. 2, S. 33

Müller, Krockow: Wolfgang Müller: Erinnerungen des ersten Saarbrücker Professors für Politikwissenschaft Dr. Christian Graf von Krockow. Historisches Streiflicht aus dem Universitätsarchiv. In: Champus 27 (2012), Nr. 5, S. 4f.

Müller, Le maître: Wolfgang Müller: „Le maître qui représente si dignement l'humanisme belge à l'Université Européenne de la Sarre" – Jacques Moreaus Wirken an der Universität des Saarlandes. In: „50 Jahre Alte Geschichte" an der Universität des Saarlandes. Hg. von Klaus Martin Girardet. Saarbrücken 2001 (Universitätsreden; 47), S. 59–83

Müller, Leben: Wolfgang Müller: Ein Leben für die Orthopädie – Prof. Dr. Dr. h.c. Heinz Mittelmeier 95 Jahre. In: Saarländisches Ärzteblatt 75 (2022), Nr. 10, S. 36

Müller, Limburg: Wolfgang Müller: Impressionen des ersten Präsidenten der Studentenschaft der Universität des Saarlandes. In: Champus 20 (2005), Nr. 3, S. 42–49

Müller, Loew: Wolfgang Müller: Prof. Dr. Friedrich Loew 95 Jahre. In: Saarländisches Ärzteblatt 68 (2015), Nr. 8, S. 43

Müller, Nancy: Wolfgang Müller: „Von Nancy gegründet und zur europäischen Universität proklamiert". Beiträge des Archivs der Universität des Saarlandes zur Überlieferungssicherung und Erforschung der Universitätsgeschichte. In: Bulletin der Polnischen Historischen Mission 6 (2011), S. 196–214

Müller, Nesseler: Wolfgang Müller: Dr. Hans Nesseler (1923–1967). Eine biographische Skizze. In: Unter der Ägide der Universität Nancy – Streiflichter zur Gründung des Homburger Hochschulinstituts vor 60 Jahren. Hg. von Wolfgang Müller. Saarbrücken 2007. Aktualisierter Nachdruck Saarbrücken 2009, S. 75–81

Müller, Pflegestätte: Wolfgang Müller: „Eine Pflegestätte des Geistes, der die Enge zu überwinden sucht und nach europäischer Weite strebt" – Impressionen zur Geschichte der Universität des Saarlandes. In: „Grenzen" ohne Fächergrenzen. Interdisziplinäre Annäherungen. Hg. von Bärbel Kuhn, Martina Pitz und Andreas Schorr. St. Ingbert 2007 (Annales Universitatis Saraviensis. Philosophische Fakultäten; 26), S. 265–302

Müller, Präsident: Paul Müller: Präsident der Universität – Erinnerung. Unveröff. Manuskript, Universitätsarchiv Saarbrücken

Müller, Primär französisch: Wolfgang Müller: „Primär französisch gesteuerte und orientierte Einrichtung" oder „wesentliche Stütze des Deutschtums an der Westgrenze". Die Perzeption der Universität des Saarlandes aus der Bonner Perspektive in den frühen fünfziger Jahren. In: Grenzen erkennen – Begrenzungen überwinden. Festschrift für Reinhard Schneider zur Vollendung seines 65. Lebensjahrs. Hg. von Wolfgang Haubrichs, Kurt-Ulrich Jäschke und Michael Oberweis. Sigmaringen 1999, S. 425–441

Müller, Rathjens: Wolfgang Müller: Rathjens, Carl. In: Neue Deutsche Biographie (NDB), Bd. 21. Berlin 2013, S. 179f.

Müller, Reformationsgedenken: Wolfgang Müller: Reformationsgedenken und Studentenseelsorge – Zwei Quellentexte aus dem Nachlaß des Saarbrücker Studentenpfarrers Dr. Egon Franz. In: Monatshefte für Evangelische Kirchengeschichte des Rheinlandes 47/48 (1998/99), S. 373–384

Müller, Schieffer: Wolfgang Müller: Prof. Dr. Hermann J. Schieffer 85 Jahre. In: Saarländisches Ärzteblatt 72 (2019), Nr. 4, S. 41

Müller, Schmithüsen: Wolfgang Müller: Schmithüsen, Josef. In: Neue Deutsche Biographie (NDB), Bd. 23. Berlin 2007, S. 232f.

Müller, Schuller: Wolfgang Müller: Norbert Schuller (1910–1988) – „un remarquable Directeur de Bibliotheque". In: 50 Jahre Universitätsbibliothek des Saarlandes. Hg. von Christine Hohnschopp und Bernd Hagenau. St. Ingbert 2000 (Schriften der Saarländischen Universitäts- und Landesbibliothek; 7), S. 51–65

Müller, Schulz-Hofer: Wolfgang Müller: Universitätsprofessorin Dr. Irene Schulz-Hofer 80 Jahre. In: Saarländisches Ärzteblatt 74 (2021), Nr. 1, S. 38

Müller, Senf: Wolfgang Müller: Ausführliche Notizen über ein Gespräch mit Paul Senf am 2.7.1991, Universitätsarchiv Saarbrücken

Müller, Sitte: Wolfgang Müller: In memoriam Alt-Rektor Prof. Dr. Hellmuth Sitte. In: Saarländisches Ärzteblatt 72 (2019), Nr. 2, S. 36

Müller, Stahl: Wolfgang Müller: Stahl, Egon Peter Gustav. In: Neue Deutsche Biographie (NDB), Bd. 25. Berlin 2013, S. 30f.

Müller, Stämpfli: Wolfgang Müller: Stämpfli, Robert. In: Neue Deutsche Biographie (NDB), Bd. 25. Berlin 2013, S. 27f.

Müller, Stock: Wolfgang Müller: Ulrich Stock und Ernst Seelig. Biographische Skizzen zu zwei Professoren der frühen Jahre der Universität des Saarlandes. In: Unrecht und Recht. Kriminalität und Gesellschaft im Wandel (von 1500–2000). Gemeinsame Landesausstellung der rheinland-pfälzischen und saarländischen Archive. Wissenschaftlicher Begleitband. Hg. von Heinz-Günther Borck. Koblenz 2002 (Veröffentlichungen der Landesarchivverwaltung Rheinland-Pfalz; 98), S. 210–228

Müller, Streiflicht: Wolfgang Müller: Historisches Streiflicht – Die Anfänge der „Vereinigung der Freunde der Universität des Saarlandes" – Die Präsidenten der „Vereinigung der Freunde der Universität des Saarlandes". In: Festveranstaltung zum Auftakt der Universitätsgesellschaft des Saarlandes e.V. 7. Mai 2014. Saarbrücken 2014 (Universitätsreden; 105), S. 31–34

Müller, Studenten: Wolfgang Müller: Was wollen die Studenten? Saarbrücker Impressionen zum Thema „1968". In: Evangelische Aspekte 15 (2005), Nr. 4, S. 28–31

Müller, Studentengemeinde: Wolfgang Müller: Evangelische Studentengemeinde 1968. Eine Erkundung am Beispiel der ESG Saarbrücken. In: 1968 und die Religionspädagogik. Hg. von Folkert Rickers und Bernd Schröder. Neukirchen-Vluyn 2010 (Neunkircher Theologie), S. 162–175

Müller, Studierendenproteste: Wolfgang Müller: Studierendenproteste im Wandel der Zeit. Historisches Streiflicht aus dem Universitätsarchiv. In: Champus 27 (2013), Nr. 5, S. 8–11

Müller, Umbruchsituation: Wolfgang Müller: Die Universität des Saarlandes in der politischen Umbruchsituation 1955/56. In: Grenz-Fall. Das Saarland zwischen Frankreich und Deutschland 1945–1960. Hg. von Rainer Hudemann, Burkhard Jellonnek und Bernd Rauls. Unter

Mitarbeit von Marcus Hahn. St. Ingbert 1997 (Schriftenreihe Geschichte, Politik & Gesellschaft der Stiftung Demokratie Saarland; 1), S. 413–425

Müller, Universität: Wolfgang Müller: Die Universität des Saarlandes um 1970 – Rückblende in eine bewegte Zeit. In: Denk mal anders. 50 Jahre Baukunst Mensa. Hg. von Mona Schrempf. In Vorbereitung

Müller, Universitätsgründung: Wolfgang Müller: Von der Universitätsgründung bis zur Errichtung eines Seminars für Völkerrecht: Charles Chaumont, Hans Wiebringhaus, Friedrich August Freiherr von der Heydte, Karl Zemanek, Ignaz Seidl-Hohenveldern und Wilhelm Karl Geck als Repräsentanten des Fachgebiets Völkerrecht an der Universität des Saarlandes. In: Verfassung – Völkerrecht – Kulturgüterschutz. Festschrift für Wilfried Fiedler zum 70. Geburtstag. Hg. von Michaela Wittinger, Rudolf Wendt und Georg Ress. Berlin 2011 (Staats- und völkerrechtliche Abhandlungen der Studiengruppe für Politik und Völkerrecht; 26), S. 605–628

Müller, Universitätssport: Wolfgang Müller: Aus den Anfängen des Universitätssports. In: Champus 21 (2006), Mai, S. 52–61

Müller, Van Dülmen: Wolfgang Müller: Gedenkfeier für Prof. Dr. Richard van Dülmen. In: Campus 35 (2005), Nr. 3, S. 52

Müller, Vorsitzenden: Wolfgang Müller: Die Vorsitzenden und Stellvertretenden Vorsitzenden der Kommission für Saarländische Landesgeschichte und Volksforschung. Eine bio-bibliographische Übersicht. In: Historische Blicke auf das Land an der Saar. 60 Jahre Kommission für Saarländische Landesgeschichte und Volksforschung. Hg. von Brigitte Kasten. Saarbrücken 2012 (Veröffentlichungen der Kommission für Saarländische Landesgeschichte und Volksforschung; 45), S. 589–618

Müller, Weiand: Wolfgang Müller: Hermann Weiand. Reminiszenzen an die frühen Jahre als Präsident der Studentenschaft der Universität des Saarlandes 1951/52. In: Champus 17 (2002), Nr. 7, S. 32–34 (Teil 1) und Champus 17 (2002), Nr. 10, S. 55–58 (Teil 2)

Müller, Weiterbildung: Wolfgang Müller: Die Geschichte der wissenschaftlichen Weiterbildung an der Universität des Saarlandes. Von den Anfängen zum ZelL. In: Das Zentrum für lebenslanges Lernen an der Universität des Saarlandes. Zu Aufgabe und Geschichte einer wissenschaftlichen Weiterbildungsinstitution. Hg. von Thomas Berrang, Hans Giessen und Sabine Penth. Saarbrücken 2022, S. 23–33

Müller, Zang: Wolfgang Müller: Universitätsprofessor Klaus Dieter Zang 85 Jahre. In: Saarländisches Ärzteblatt 73 (2020), Nr. 7, S. 42

Müller, Zimmermann: Wolfgang Müller: Harald Zimmermann. Erinnerungen an meine Saarbrücker Zeit 1967–1978. In: Frankenreich – Testamente – Landesgeschichte. Festschrift für Brigitte Kasten zum 65. Geburtstag. Hg. von Christian Vogel u. a. Saarbrücken 2020 (Veröffentlichungen der Kommission für Saarländische Landesgeschichte; 53), S. 617–631

Müller, Zur Geschichte: Wolfgang Müller: Zur Geschichte des Musikwissenschaftlichen Instituts an der Universität des Saarlandes. In: 50 Jahre Musikwissenschaftliches Institut der Universität des Saarlandes 1952–2002. Hg. von Herbert Schneider und Rainer Schmusch. Saarbrücken 2006, S. 9–16

Müller, Zwischen Saarbrücken: Wolfgang Müller: Zwischen Saarbrücken und Frankreich. Eine biografische Spurensuche zu Eric-Jean Teich und der Universität des Saarlandes. In: Tour de France. Eine historische Rundreise. Festschrift für Rainer Hudemann. Hg. von Armin Heinen und Dietmar Hüser. Stuttgart 2008, S. 24–31

Müller/Fliser/Köhler, Nephrologie: Wolfgang Müller/Danilo Fliser/Hans Köhler: 75 Jahre Nephrologie im Saarland. In: Saarländisches Ärzteblatt 75 (2022), Nr. 3, S. 30–39

Müller/Tauber, Architektur: Matthias Müller und Antonia Tauber: Architektur als Visitenkarte einer Universität. Der Mainzer Universitätscampus im Kontext nachkriegsmoderner Baukultur. In: 75 Jahre Johannes Gutenberg-Universität Mainz. Universität in der demokratischen Gesellschaft. Hg. vom Präsidenten der Johannes Gutenberg-Universität Mainz. Regensburg 2021, S. 498–521

Müller-Adams, Moderatoren: Armgard Müller-Adams: „Wir sind Moderatoren des gesellschaftlichen Diskurses". SR-Interview mit Armgard Müller-Adams, 01.10.2019, URL: https://web.archive.org/web/20211127105525/https://www.sr.de/sr/home/der_sr/so_sind_wir/armgard_mueller-adams_neue-chefredakteurin100.html

Müller-Blattau, Erbe: Joseph Müller-Blattau: Germanisches Erbe in deutscher Tonkunst. Berlin 1938

Müller-Blattau, Horst-Wessel-Lied: Josef Müller-Blattau: Das Horst-Wessel-Lied. Wege des Volksliedes. In: Die Musik 26 (1933/34), S. 322–328

Müller-Böling, Entfesselung: Detlef Müller-Böling: Entfesselung von Wettbewerb. Von der Universität zum differenzierten Hochschulsystem. In: Gebrochene Wissenschaftskulturen. Universität und Politik im 20. Jahrhundert. Hg. von Michael Grüttner u. a. Göttingen 2010, S. 353–365

Munzinger, Giersch: Herbert Giersch. In: Munzinger Online/Personen – Internationales Biographisches Archiv, URL: https://www.munzinger.de/document/00000012218 [11.9.2023]

Munzinger, Kramp-Karrenbauer: Annegret Kramp-Karrenbauer. In: Munzinger Online/Personen – Internationales Biographisches Archiv, URL: https://www.munzinger.de/document/00000023561 [11.9.2023]

Munzinger, Lafontaine: Oskar Lafontaine. In: Munzinger Online/Personen – Internationales Biographisches Archiv, URL: https://www.munzinger.de/document/00000015012 [11.9.2023]

Munzinger, Leinen: Jo Leinen. In: Munzinger Online/Personen – Internationales Biographisches Archiv, URL: https://www.munzinger.de/document/00000017369 [11.9.2023]

Munzinger, Lutz: Richard Lutz In: Munzinger Online/Personen – Internationales Biographisches Archiv, URL: https://online.munzinger.de/document/00000031002 [11.9.2023]

Munzinger, Maurer: Matthias Maurer In: Munzinger Online/Personen – Internationales Biographisches Archiv, URL: https://online.munzinger.de/document/00000032646 [11.9.2023]

Munzinger, Müller: Peter Müller. In: Munzinger Online/Personen – Internationales Biographisches Archiv, URL: https://www.munzinger.de/document/00000021141 [11.9.2023]

Munzinger, Rehlinger: Anke Rehlinger. In: Munzinger Online/Personen – Internationales Biographisches Archiv, URL: http://www.munzinger.de/document/00000029870 [11.9.2023]

Munzinger, Steinbach: Klaus Steinbach. In: Munzinger Online/Personen – Internationales Biographisches Archiv, URL: https://www.munzinger.de/document/01000052458 [11.9.2023]

Munzinger, Wintermantel: Margret Wintermantel. In: Munzinger Online/Personen – Internationales Biographisches Archiv, URL: https://www.munzinger.de/document/00000025687 [11.9.2023]

Murken, Entwicklung: Axel Hinrich Murken: Die bauliche Entwicklung des deutschen Allgemeinen Krankenhauses im 19. Jahrhundert. Göttingen 1979 (Studien zur Medizingeschichte des Neunzehnten Jahrhunderts; 9)

Muskalla, NS-Politik: Dieter Muskalla: NS-Politik an der Saar unter Josef Bürckel. Gleichschaltung, Neuordnung, Verwaltung. Saarbrücken 1995 (Veröffentlichungen der Kommission für Saarländische Landesgeschichte und Volksforschung; 25)

Muthesius, Nachkriegsuniversität: Stefan Muthesius: Die Nachkriegsuniversität: „Stadt" vor der Stadt. In: Stadt und Universität. Hg. von Johann Jessen. Stuttgart 2003 (zugleich: Die Alte Stadt. Vierteljahreszeitschrift für Stadtgeschichte, Stadtsoziologie, Denkmalpflege und Stadtentwicklung 30 (2003), Nr. 1), S. 20–31

Muthesius, University: Stefan Muthesius: The Postwar University. Utopianist Campus and College. New Haven/London 2000

Mutius/Nußberger, Bauen: Bauen für Studenten. Wohnanlagen in Deutschland seit 1990. Hg. von Albert von Mutius und Jörg Nußberger. Basel/Berlin/Boston 1994

Nerdinger/Tafel, Architekturführer: Winfried Nerdinger/Cornelius Tafel: Architekturführer Deutschland. 20. Jahrhundert. Basel/Boston/Berlin 1996

Niemann, Pressereferent: Roger Niemann: Als Pressereferent der Universität des Saarlandes im Dienst der deutsch-französischen Verständigung. In: Zeitschrift für die Geschichte der Saargegend 52 (2004), S. 260–274

Obama, Leben: Auma Obama: Das Leben kommt immer dazwischen. Stationen einer Reise. Köln 2010

Oberg, Pfarrer: Anne Oberg: Lieber Herr Pfarrer! In: Totus Christus. Festgabe für Egon Franz zum Achtzigsten, 19. März 1995. Hg. von Erich Spier. Berlin 1995, S. 29

Oehler/Bradatsch, Hochschulen: Christoph Oehler/Christiane Bradatsch: Die Hochschulentwicklung nach 1945. In: Handbuch der deutschen Bildungsgeschichte, Bd. VI: 1945 bis zur Gegenwart. Hg. von Christoph Führ und Carl-Ludwig Furck. Erster Teilband: Bundesrepublik Deutschland. München 1998, S. 412–446

Ostermann, Denkmalensemble: Patrick Ostermann: Zum Denkmalensemble der Universität des Saarlandes in Saarbrücken. In: Kunst im öffentlichen Raum – Saarland, Bd. 2: Universität des Saarlandes 1945 bis 1999. Aufsätze und Dokumentation. Campus Saarbrücken, Campus Homburg, Universitätskliniken des Saarlandes. Hg. von Jo Enzweiler. Saarbrücken 1999, S. 10–16

Otzelberger, Macht: Manfred Otzelberger: Die Macht ist weiblich. Annegret Kramp-Karrenbauer. Die Biografie. München 2018

Paletschek, Erfindung: Sylvia Paletschek: Die Erfindung der Humboldtschen Universität. Die Konstruktion der deutschen Universitätsidee in der ersten Hälfte des 20. Jahrhunderts. In: Historische Anthropologie 10 (2002), S. 183–205

Paletschek, Ermentrude: Sylvia Paletschek: Ermentrude und ihre Schwestern. In: Politische Gesellschaftsgeschichte im 19. und 20. Jahrhundert. Festgabe für Barbara Vogel. Hg. von Henning Albrecht u. a. Hamburg 2006, S. 175–187

Paletschek, Stand: Sylvia Paletschek: Stand und Perspektiven der Neueren Universitätsgeschichtsschreibung. In: NTM – Zeitschrift für Geschichte der Wissenschaften, Technik und Medizin, N.S. 19 (2011), Nr. 2, S. 169–189

Paquet, Ab ovo: Regina Paquet: Ab ovo – aus den Anfängen der Universität des Saarlandes. Erinnerungen und Impressionen einer Studentin 1948–1952. Redaktionell betreut von Wolfgang Müller. St. Ingbert 1994 (Annales Universitatis Saraviensis; 3)

Pasternack, Feldversuch: Peer Pasternack: Konkurrenzföderalistischer Feldversuch – Studiengebühren im Bildungsföderalismus. In: Vom Studentenberg zum Schuldenberg? Perspektiven der Hochschul- und Studienfinanzierung. Hg. von Andrea Adams und Andreas Keller. Bielefeld 2008 (GEW-Materialien aus Hochschule und Forschung; 113), S. 151–159

Paul, Bauen: Wolfgang Paul: Über das Bauen von Türmen. In: Festschrift zum 90. Geburtstag von Prof. Dr. Dr. h.c. mult. Günter Hotz. Hg. von Jan Messerschmidt, Paul Molitor und Jürgen Steimle. Wiesbaden 2022, S. 32–35

Paul, Lesende: Minoti Paul: Lesende. In: Kunst auf dem Campus. Hg. von Jörg Pütz und Henry Keazor. Unter Mitarb. von Urszula Czymerska. Merzig 2012, S. 150f.

Pauly, Hasenhüttl: Wolfgang Pauly: Gotthold Hasenhüttl. Theologie und Kirche im Konflikt. Darmstadt 2016

Petersson u.a., Kooperation: Jörn Petersson u.a.: Kooperation der Universitäten Leipzig und Saarbrücken – Unserem lieben Freund Prof. Dr. Dieter Michel zum 80. Geburtstag. Saarbrücken 2020. URL: https://web.archive.org/web/20230128094157/https://www.uni-saarland.de/fileadmin/upload/universitaet/geschichte/dr_wolfgang_mueller/Petersson-Leipzig.pdf

Pfister, Akademische Feier: Akademische Feier zum 80. Geburtstag von Herrn Universitätsprofessor Dr. Dr. h.c. mult. Max Pfister. 27. April 2012. Saarbrücken 2012 (Universitätsreden; 95)

Pfister, Romanistik: Max Pfister: Romanistik als Passion. In: Romanistik als Passion. Sternstunden der neueren Fachgeschichte, Bd. 3. Wien/Berlin/Münster 2014 (Fachgeschichte: Romanistik; 4), S. 213–222

Picht, Bildungskatastrophe: Georg Picht: Die deutsche Bildungskatastrophe. Analyse und Dokumentation. Freiburg i. Br. 1964

Pisani, Stadt: Salvatore Pisani: Die etwas andere Stadt. Der Saarbrücker Universitätscampus als Raum des Urbanen. In: Denk mal anders. 50 Jahre Baukunst Mensa. Hg. von Mona Schrempf. In Vorbereitung

Prenzel, Lösung: Manfred Prenzel: Kurzfristige Lösung dringend gesucht. Zur schwierigen Lage des allgemeinen Hochschulbaus in Deutschland. In: Forschung & Lehre 22 (2015), S. 172–175

Prieberg, Handbuch: Fred K. Prieberg: Handbuch Deutsche Musiker 1933–1945. Kiel 2004 [CD-ROM]

Prüll/George/Hüther, Universitätsgeschichte: Universitätsgeschichte schreiben. Inhalte – Methoden – Fallbeispiele. Hg. von Livia Prüll, Christian George und Frank Hüther. Unter Mitarbeit von Stefanie Martin. Mainz 2019 (Beiträge zur Geschichte der Universität Mainz, N.F.; 14)

Quasten, Denkmalschutz: Heinz Quasten: Erweiterter Denkmalschutz im Campus-Bereich? In: Campus 27 (1997), Nr. 3, S. 18f.

Rahmenplanentwurf: Rahmenplanentwurf Campus Saarbrücken der Universität des Saarlandes. Dokumentation, vorgelegt von der ARGE Rahmenplanung UdS. Berlin/Saarbrücken 2001

Rathjens, Geographen: Carl Rathjens. Wege eines Geographen. Aus dem Nachlass hg. von Wolfgang Müller. St. Ingbert 1997 (Annales Universitatis Saraviensis. Philosophische Fakultät; 10)

Rau, Saar: Die Saar. Mein Heimatland. Das Saarland im Bilde der Philatelie. Hg. von Josef Rau. Saarlouis 1975

Rauber, Hummel: Jörg Rauber: Hummel, Gerd. In: Biographisch-Bibliographisches Kirchenlexikon, Bd. 28. Nordhausen 2007, Spalten 836–854

Rauber, Universität: Jörg Rauber: Die Universität trauert um Professor Gert Hummel. In: Campus 34 (2004), Nr. 2, S. 23

Regitz u.a., Eistert: Manfred Regitz u.a.: Bernd Eistert. In: Chemische Berichte 113 (1980), Nr. 3, XXIX–LVIII

Repgen, Erinnerungen: Konrad Repgen: Erinnerungen. In: Jubiläumsschrift zum sechzigjährigen Bestehen des Historischen Instituts der Universität des Saarlandes. Hg. vom Historischen Institut der Universität des Saarlandes. Red. Bearb. von Wolfgang Müller. Saarbrücken 2009, S. 102f.

Ress, Europa-Institut: Ress, Georg: Das Europa-Institut der Universität des Saarlandes. In: Universität des Saarlandes 1948–1988. Hg. im Auftr. des Universitätspräsidenten von Armin Heinen und Rainer Hudemann. Saarbrücken [2]1989, S. 131–140

Richter, 70 Jahre: Hans-Peter Richter: 70 Jahre Physiologisches Institut der Medizinischen Fakultät der Universität des Saarlandes in Homburg/Saar. Chronik 1948–2018 vor und nach dem Übergang zum Centrum für Integrative Physiologie und Molekulare Medizin CIPMM. Homburg/Saar 2018

Richter, Akademische Feier: Akademische Feier zum 80. Geburtstag von Rudolf Richter. 2. Februar 2007. Saarbrücken 2007 (Saarbrücker Universitätsreden; 70)

Richter, Institut: Hans-Peter Richter: Das Physiologische Institut der Medizinischen Fakultät der Universität des Saarlandes in Homburg/Saar am Übergang zum Centrum für Integrative Physiologie und Molekulare Medizin CIPMM. Homburg/Saar 2015

Richter, Studium: Rudolf Richter: Studium und Lehre der Wirtschaftswissenschaften. Westdeutschland nach 1945. Erlebnisse und Gedanken eines ehemaligen Ordinarius für Volkswirtschaftslehre. Tübingen 2018

Rohrer, Studentenschaft: Leander Rohrer: Erinnerungen des Präsidenten der Studentenschaft 1954. In: Champus 14 (1999), S. 39–41

Rohstock, Ordinarienuniversität: Anne Rohstock: Von der „Ordinarienuniversität“ zur „Revolutionszentrale“? Hochschulreform und Hochschulrevolte in Bayern und

Hessen 1957–1976. München 2010 (Quellen und Darstellungen zur Zeitgeschichte; 78)

Roscher, Entstehung: Roland Roscher: Die Entstehung neuer Industrien im Saarland am Beispiel von Informationstechnologie sowie Nano- und Biotechnologie. In: 50 Jahre Saarland im Wandel. Hg. von H. Peter Dörrenbächer, Olaf Kühne und Juan Manuel Wagner. Saarbrücken 2007 (Saarbrücker geographische Arbeiten; 53 / Veröffentlichungen des Instituts für Landeskunde im Saarland; 44), S. 147–154

Rüegg, Verzeichnis: Walter Rüegg: Verzeichnis der in Europa 1945–1995 gegründeten Universitäten. In: Geschichte der Universität in Europa. Hg. von Walter Rüegg. Bd. IV: Vom Zweiten Weltkrieg bis zum Ende des 20. Jahrhunderts. München 2010, S. 509–527

Saarbrücken, Studierende: Landeshauptstadt Saarbrücken: Studierende. Leben und Wohnen in der Hochschulstadt, Wohnen und Verkehrsverhalten. Saarbrücken 1990 (Stadtentwicklung, Stadtforschung, Statistik. Berichte)

Saarländisches Hochschulgesetz s. Auflistung der Rechtsnormen unter Nr. 3

Sandig, In memoriam: In memoriam Prof. Dr. Barbara Sandig (1939–2013). Erinnerungen und Würdigungen. Saarbrücken 2016 (Universitätsreden; 110)

Schaefer, Präsident: Eduard Schaefer: Präsident der Studentenschaft 1952–1953. In: Studentische Impressionen aus den frühen Jahren der Universität des Saarlandes. Hg. von Wolfgang Müller. Saarbrücken 2006, S. 48–51

Schaefer, Universität: Eduard Schaefer: Universität Saarbrücken. In: Studentische Impressionen aus den frühen Jahren der Universität des Saarlandes. Hg. von Wolfgang Müller. Saarbrücken 2006, S. 52–56

Schaffrinna, Logo: Alwin Schaffrinna: Universität des Saarlandes modifiziert Logo. In: Design-Tagebuch, 3. Mai 2010, URL: https://www.designtagebuch.de/universitaet-saarland-modifiziert-logo/ [11.9.2023]

Scheer, Universität: August-Wilhelm Scheer: Die Universität und ihre Region. In: Festveranstaltung zum Auftakt der Universitätsgesellschaft des Saarlandes e.V.: 7. Mai 2014. Saarbrücken 2014, S. 15–26

Schildt, Kern: Axel Schildt: Im Kern gesund? Die deutschen Hochschulen 1945. In: Vertuschte Vergangenheit. Der Fall Schwerte und die NS-Vergangenheit der deutschen Hochschulen. Hg. von Helmut König, Wolfgang Kuhlmann und Klaus Schwabe. München 1997, S. 223–240

Schindler, Wandel: Susanne Schindler: Der historische Wandel des Campus-Bildungsideals. In: Campus 2002. Anlässlich des Jahresprojekts „Campus" 2002. Ein Kunstprojekt der Stiftung Industriedenkmalpflege und Geschichtskultur / Kokerei Zollverein, Zeitgenössische Kunst und Kritik. Hg. von Marius Babias und Florian Waldvogel. Essen 2002, S. 84–99

Schlicher, Campus: Rolf Schlicher: Campus in Bewegung. In: Bewegt studieren – Studieren bewegt. Eine Initiative des Allgemeinen Deutschen Hochschulsportverbands (adh) und der Techniker Krankenkasse (TK). Hg. von Benjamin Schenk. Berlin 2019 (DUZ. Magazin für Wissenschaft und Gesellschaft 75 (2019), Nr. 11, Spezial), S. 19–21

Schmidt, Nutzung: Wolfgang Schmidt: Nutzung und Bauform von Kasernenbauten in den dreißiger Jahren. In: Militärbauten und Denkmalpflege. Vortragstexte zur Fachtagung Militärbauten und Denkmalpflege am 8. und 9. Dezember 1998 in Mühlheim an der Ruhr. Hg. von Udo Mainzer. Essen 2000 (Arbeitshefte der rheinischen Denkmalpflege; 54), S. 35–56

Schmidt, Saarpolitik: Robert H. Schmidt: Saarpolitik 1945–1957, Bd. 2: Entfaltung der Saarpolitik zwischen „Wirtschaftsanschluß" und „Europäisierung" 1945–1953. Berlin 1960

Schmidt/Emrich/Gassmann, Investitionen: Jakob Schmidt/Eike Emrich/Freya Gassmann: Investitionen in die Universität rechnen sich. In: Forum (2014), Nr. 9, S. 74–79

Schmitt, Grußwort: Manfred Schmitt: Grußwort. In: Rechtsprobleme der Risikogesellschaft. Japanisch-Deutscher Rechtsdialog. Keio-Japan-Tage Saarbrücken 2018. Hg. von Annemarie Matusche-Beckmann und Takuma Sato. Saarbrücken 2020 (Iurisprudentia saraviensis; 15), S. VII

Schmitt, Kielwein: Manfred Schmitt: Prof. Dr. Gerhard Kielwein – Der sechste Rektor der Universität des Saarlandes. In: Akademische Gedenkfeier für den Altrektor und Ehrensenator der Universität des Saarlandes Universitätsprofessor Dr. Gerhard Kielwein. 5. Juni 2013. Saarbrücken 2013 (Universitätsreden; 99), S. 9–16

Schmitt/Schreiber, Müller: Thomas Schmitt/Harald Schreiber: Nachruf: Prof. Dr. Dr. h. c. mult. Paul Müller (1940–2010). In: Abhandlungen der Delattinia 35/36 (2010), S. 585–591

Schmoll, Anfänge: Josef A. Schmoll genannt Eisenwerth: Die Anfänge der Kunstwissenschaft an der Universität des Saarlandes im Rahmen der Kulturpolitik zwischen 1948 und 1966. In: Das Kunstgeschichtliche Institut der Universität des Saarlandes. Hg. von Christa Lichtenstern und Wolfgang Müller. St. Ingbert 2006 (Annales Universitatis, Philosophische Fakultäten; 25), S. 13–82

Schmoll, Genial: Josef A. Schmoll gen. Eisenwerth: Genial? Verrückt? Bemerkenswert! Der Weg zu Hajeks Saar-Mensa und andere Stationen einer Freundschaft. In: Otto Herbert Hajek – ein Leben im öffentlichen Raum. Hg. von Johanna Stulle und Martin Rupps. Stuttgart/Leipzig 2002, S. 66–74

Schneider, Grandval: Dieter Marc Schneider: Gilbert Grandval. Frankreichs Prokonsul an der Saar 1945–1955.